首 钢 年 鉴

2015

首钢总公司史志年鉴编委会　编

人民出版社

魅力京唐

2014 年，京唐公司坚持稳中求进、改革创新，做精产品，创优品牌，稳定工艺，强化营销，升级环境，做好扭亏增效重点突破和企业竞争力全面提升。全年实现利润 1.23 亿元。（摄影　王京广）

党建与群众路线教育

图01：1月28日，首钢召开党的群众路线教育实践活动第一批总结暨第二批部署会议。（摄影　袁德祥）

图02：2月27日，通钢集团召开群众路线教育动员会。（通钢提供）

图03：5月23日，首钢纪委组织党员干部和相关人员参观北京反腐倡廉警示教育基地，进行反腐倡廉教育。（摄影　王京广）

图04：6月30日，首钢庆祝中国共产党成立93周年暨先进基层党组织优秀共产党员表彰大会在文馆举行。（摄影　王京广）

图05：7月1日，首建集团召开纪念中国共产党成立93周年大会，表彰先进基层党组织和优秀共产党员。（摄影　何志国）

图06：8月29日，中首公司党委理论学习中心组扩大会成员赴国家博物馆参观"复兴之路"展览，加深对中华民族历史的了解。（摄影　谢　跃）

图07：10月31日，首钢召开基层党委书记会，靳伟强调，基层党组织要在首钢改革发展过程中提供坚强组织保障。（摄影　袁德祥）

图08：11月5日，首钢举办学习贯彻党的十八届四中全会精神报告会，邀请中央党校政法教研部人权教研室主任王立峰作"全面推进法治中国建设"专题报告。（摄影　王京广）

图09：贵钢群众路线教育实践活动动员大会。（贵钢提供）

图10：首钢纪委与首钢党校联合举办"党史党章党纪法规知识测试"，首钢第二期领导干部特训班101名学员参加测试。（摄影　王国安）

京津冀协同发展

图01：8月22日～23日，"2014'转型发展·钢铁强国之路'高峰论坛暨京津冀协同发展首钢实践研讨会"在北京会议中心举行。（摄影　王京广）

图02：徐匡迪、蒲海清、殷瑞钰、吴溪淳、刘振江及宝钢、武钢、鞍钢、河钢、沙钢等企业领导出席会议。（摄影　王京广）

图03：徐匡迪结合首钢京唐公司实践作《创新驱动促进钢铁业转型发展》主旨演讲。图为徐匡迪阅读《首钢日报》。（摄影　王京广）

图04：蒲海清（左一）、殷瑞钰（左二）、苗治民（右一）、靳伟（右二）深入交流。（摄影 袁德祥）

图05：徐凝、王毅（左二）等参加京津冀协同发展首钢实践研讨会。（摄影 王京广）

图06：李新创、何巍参加京津冀协同发展首钢实践研讨会。（摄影 袁德祥）

图07：企业、协会、研究机构、政府管理部门的领导、专家、企业家、行业精英等300余人出席京津冀协同发展首钢实践研讨会。（摄影 袁德祥）

上级关心指导

图01：3月11日，贵州省副省长慕德贵就水钢6号、7号烧结机烟气脱硫设施建设情况，到水钢进行专题调研。（摄影 王 波）

图02：3月18日，吉林省省长巴音朝鲁到通钢调研。（通钢提供）

图03：4月9日，中共中央政治局委员、国务院副总理马凯视察贵钢。（摄影 刘 刚）

图04：4月17日至18日，北京市委副书记、市长王安顺到首钢京唐公司调研，高度肯定首钢为国家钢铁工业和北京建设发展作出的巨大贡献。（摄影 王京广）

图05：4月，王安顺到首钢京唐公司调研。图为王安顺等领导到张新国茶室看望职工，与职工交流。（摄影 王京广）

图06：5月17日，中共中央政治局委员、北京市委书记郭金龙，市人大常委会主任杜德印，市政协主席吉林等参观第十七届中国北京国际科技产业博览会首钢展台。（摄影 王京广）

图07：5月20日，北京市副市长张延昆一行到鲁家山垃圾焚烧发电项目调研。（摄影 王京广）

图08：6月18日，国家开发银行评审二局副局长沈良军，国家开发银行北京分行高级客户经理李玉华等到首钢调研。（摄影 王亚朋）

图09：6月28日，中共中央政治局委员、北京市委书记郭金龙，市委副书记、市长王安顺等到首钢京唐公司调研，并在京唐公司指挥中心听汇报。（摄影 王京广）

图10：6月28日，中共中央政治局委员、北京市委书记郭金龙，市委副书记、市长王安顺等到首钢京唐公司调研和慰问。图为京唐公司一对新婚夫妻给领导送上喜糖。（摄影 袁德祥）

总公司重要会议

图01：1月13日，中共首钢总公司第十七届委员会第八次全体（扩大）会议召开。靳伟作《深入贯彻党的十八届三中全会精神，坚持改革创新，推动转型发展》报告。（摄影　王京广）

图02：1月13日，中共首钢总公司第十七届委员会第八次全体（扩大）会议在首钢篮管中心举行。（摄影　王京广）

图03：1月14日，首钢第十八届职工代表大会第二次会议暨集团工作会议会场。（摄影　王京广）

图04：1月14日，首钢第十八届职工代表大会第二次会议暨集团工作会议召开。徐凝作《深化改革创新，全面加强管理，着力打好首钢转型发展攻坚战》报告。（摄影　王京广）

图05：3月31日，首钢科技大会在文馆召开。（摄影　王京广）

图06：4月28日，首钢召开庆"五一"暨先进集体、先进个人表彰大会。靳伟强调，要依靠诚实劳动、依靠劳模先进、依靠全体职工，再创首钢辉煌。（摄影　王京广）

图07：5月4日，首钢召开纪念五四运动95周年暨首钢团系统表彰会。（摄影　袁德祥）

图08：5月24日，首钢领导干部周末大讲堂开课。靳伟作《关于首钢集团未来战略定位和转型发展的思考》讲座。（摄影　王军军）

图09：7月28日，首钢召开集团钢铁业上半年经济活动分析会。靳伟强调，要统一思想认识，强化问题导向和目标措施，真抓实干，依靠全面深化改革破解难题。（摄影　袁德祥）

图10：8月2日，首钢领导干部周末大讲堂举办第十九讲。靳伟作《关于加强企业基础管理的思考》讲座。（摄影　袁德祥）

图11：9月28日，以"全面深化改革，激发发展活力，深入创新创优创业，为建设有世界影响力的综合性大型企业集团而奋斗"为主题的2014年首钢"创新创优创业"交流会在首钢文馆召开。（摄影　王京广）

后备干部特训

图01：5月6日，首钢第一期后备干部特训班开学典礼在文馆举行，后备干部短训班和领导干部周末大讲堂同期开课。（摄影　王京广）

图02：在首钢后备干部特训班开学典礼上，靳伟代表首钢党委为学员班授旗。（摄影　王京广）

图03：特训，整齐划一，严格要求。（摄影　王京广）

图04：巾帼不让须眉。烈日下四十分钟的军姿，照样能挺过来。（摄影　王京广）

图05：每天6点10分开始的早操是学员的必修课。（摄影　王京广）

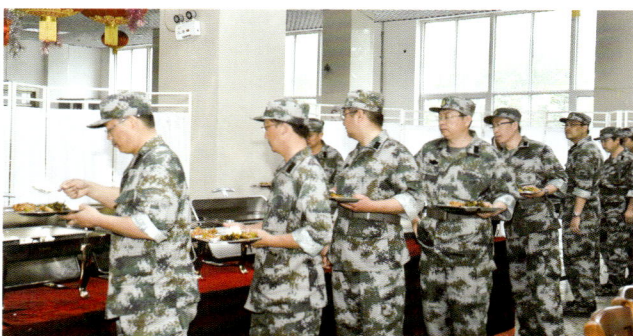

图06：列队取餐。（摄影　王京广）

图07：5月16日，首钢后备干部特训班84名学员迈着整齐的步伐做军训成果汇报。（摄影　王京广）

图08：6月10日，首钢后备干部特训班学员参观北京市反腐倡廉警示教育基地。（摄影　袁德祥）

图09：6月18日，首钢后备干部特训班学员到中关村国家自主创新示范区展示中心参观。（摄影　王京广）

图10：6月23日，首钢后备干部特训班参观首钢矿业公司。（摄影　李所牛）

图11：6月23日，首钢后备干部特训班参观迁钢生产线。（摄影　李所牛）

图12：9月5日，首钢领导干部特训班、短训班典型答辩暨结业典礼举行。靳伟作重要讲话，许建国主持结业典礼。（摄影　王京广）

钢铁做优做强

图01：京唐公司生产、生活相得益彰。（摄影　袁德祥）

图02：京唐港的每艘船都有一位信号指挥工，负责整船的指挥装卸工作。（摄影　李春满）

图03：京唐公司1580热轧线职工正在核对产品批号。（摄影　李春满）

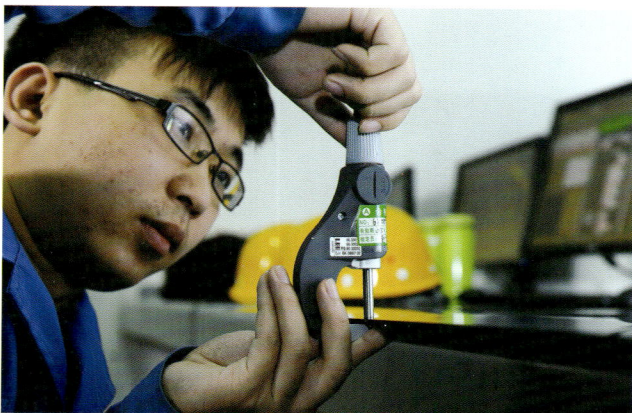

图04：京唐公司工作者度量每一个环节，确保达到质量标准。（摄影　王京广）

图05：京唐公司钢铁大动脉。（摄影　袁德祥）

图06：京唐公司海水淡化项目，每年可节约地表水资源
2400 万立方米，相当于 10 个昆明湖的储水量。经处理后的海
水可直接饮用。（摄影 李春满）

图07：京唐公司炼钢作业部作业长王建斌的炉火情
怀。（摄影 钟国庆）

图08：京唐公司炼铁部强化红线意识，做好各级安全责任
制落实，营造良好安全生产氛围。图为职工细心巡查指标参数、
认真操作设备，保障设备安全顺稳运行。（摄影 张 雨）

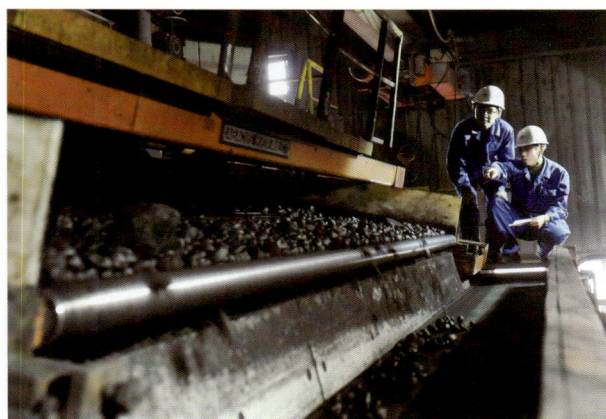

图09：京唐公司炼铁部球团厂经过摸索和改造升级，
球团矿合格的粒度明显改善，达到 90% 以上，为优化高
炉炉内煤气流分布创造良好条件。图为职工正在检查双层
辊筛的筛分效果。（摄影 赵石岩）

图10：京唐公司炼铁作业部保持高水平生产。（摄影
王京广）

图11：京唐公司确保每项操作制度化。（摄影
王京广）

图12：京唐公司推动多项指标节节攀升，进一步提高盈利水平。（摄影　王　平）

图13：京唐公司职工将吊装带穿过刚刚从库房倒运过来的冷轧产品，准备吊装。（摄影　李春满）

图14：京唐公司职工抓住细小环节，认真做好记录。（摄影　赵石岩）

图15：京唐公司最大限度循环利用企业有限资源，挖潜增效；努力提高两座300兆瓦燃煤——燃气混烧供热发电机组的煤气掺烧量，把钢铁工序产生的余能充分回收。图为岗位职工正调节阀门。（摄影　李春满）

图16：京唐公司最大限度循环利用企业有限资源，最大限度挖潜增效，硬碰硬达到节能减排指标。（摄影　李春满）

图17：京唐女工奉献在点滴之间。（摄影　李春满）

图18：京唐综合管网用责任守护工厂"动脉"。（摄影 李春满）

图19：迁钢电力作业部一循环发电作业区岗位职工调整磷酸盐加药泵进药量。（摄影 李所牛）

图20：迁钢公司电力作业部一循环发电作业区运行甲班岗位职工用听针检测设备。（摄影 李所牛）

图21：迁钢公司电力作业部一循环发电作业区运行甲班岗位职工查看润滑油过滤净化压差表，密切监测压差变化情况。（摄影 李所牛）

图22：迁钢公司电力作业部一循环发电作业区主控室岗位人员精心操作。（摄影 李所牛）

图23：迁钢公司动力作业部岗位职工给设备注油嘴，戴"小红帽"。（摄影 李所牛）

图24：迁钢公司动力作业部一供水作业区配水泵站岗位人员用听针检测水泵传动系统震动情况。（摄影　李所牛）

图25：迁钢公司供应管理部汽运作业区职工给油桶盖盖子。（摄影　李所牛）

图26：迁钢供应管理部汽运作业区叉车班班组职工对叉车进行自检自修。（摄影　李所牛）

图27：迁钢供应管理部职工正在擦拭抽油器。（摄影　李所牛）

图28：迁钢公司经过充分论证和多次试验，制作出自己的第一辆背罐车。图为第一辆渣坨运输背罐车投入使用。（摄影　李所牛）

图29：迁钢热轧作业部卷取岗位人员正在认真检查卷取机夹送辊表面。（摄影　李所牛）

图30：迁钢扎实推进"制造＋服务"体系建设，精益兑现产品"账单"。（摄影　李旭龙）

图31：冷轧公司管理者、技术人员、岗位操作人员尽心竭力履行自己的职责，努力控制带出品。（摄影　何志国）

图32：冷轧公司技术人员与岗位操作人员共同探讨。（摄影　何志国）

图33：冷轧公司加大高端产品生产力度，实现宝马汽车板批量供货。图为职工精心操作，确保高端产品质量达到标准要求。（摄影　何志国）

图34：冷轧公司技术人员追求精细确保产品质量。（摄影　王京广）

图35：2月11日，韩国现代徐德源常务一行到首秦公司参观。（摄影　侯志刚）

图07：首钢老工业区西十筒仓改造项目是国家城区老工业区搬迁改造首批试点项目，主体工程建设已接近尾声。（摄影 王亚朋）

图08：首钢抢占健康养老产业制高点，努力打造一流城市综合服务商。图为职工关注首钢一耐养老项目。（摄影 袁德祥）

图09：首钢以前用作生产的火车，变身为参观游览观光车，负责火车运行的职工也率先"转型"为以提供安全优质服务为先的"微笑乘务员"。图为游客乘坐小火车参观游览，感受首钢深厚文化底蕴。（摄影 李春满）

图10：铁区管理处职工努力实现就地转型和二次再就业。图为蒋辉与职工讨论雕塑设计图形。（摄影 谢 跃）

图11：鲁家山生物质能源一期项目运行顺利。这是一期项目全景图。（摄影 高晓罡）

矿产资源产业

图01：首钢矿业公司大石河铁矿岗位人员正在调整喷水嘴角度。（摄影　李所牛）

图02：首钢矿业公司水厂铁矿动力车间电工修复高压柜微机综保装置。（摄影　李所牛）

图03：首钢矿业公司物资公司总料场82米站内，挖掘机正从火车上卸载矿粉。（摄影　李所牛）

图04：首钢矿业公司协力公司职工技能运动会开幕。图为选手们进行吊装操作比赛。（摄影　李所牛）

图05：首钢矿业公司杏山铁矿地层深处创新故事多。（摄影　李所牛）

图06：首钢矿业公司修旧利废活动小组成员对修复好的备品备件进行登记。（摄影　李所牛）

图 07：首钢矿业公司质检中心运用新工具进行含铁物料快速检。（摄影　李所牛）

图 08：首钢矿业协力公司维检五车间岗位职工修理矿车。（摄影　李所牛）

图 09：首钢秘鲁铁矿采矿设备。（首钢秘铁提供）

图 10：首钢秘鲁铁矿采场一景。（首钢秘铁提供）

图 11：通钢矿业公司 2014 年生产成品铁矿 312.5 万吨，球团矿 122.8 万吨，实现利润 3023 万元。（摄影　刘正达）

图 12：通钢矿业公司积极建设绿色矿山，努力实现和谐发展。（摄影　刘正达）

体育文化活动

图01：3月30日，首钢男篮再获总冠军。图为莫里斯为球迷签名留念。（摄影　袁德祥）

图02：4月1日，首钢篮球中心门前，女球迷展示北京球迷的心声。（摄影　袁德祥）

图03：4月18日，首钢地勘院举办"春季趣味运动会"。（摄影　李春满）

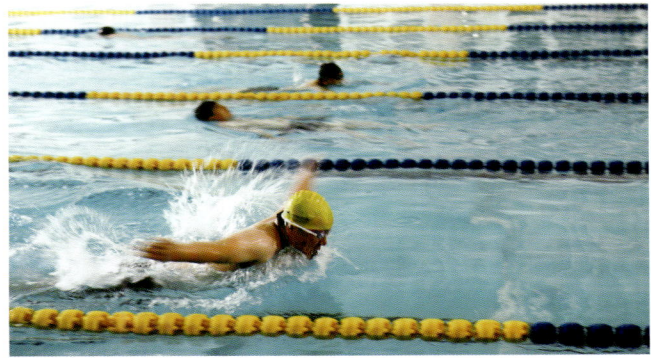

图04：7月4日，供应公司举办职工游泳比赛，丰富员工业余生活，陶冶员工情操，增强员工体质。（摄影　谢　跃）

图05：7月30日，北京首钢女乒客场迎战山西大同金地矿业队，以3比0战胜对手，迎来2014赛季中国乒乓球俱乐部超级联赛第14场胜利。（摄影　赵石岩）

图06：9月12日，京唐公司与曹妃甸工业区联合举办"爱在曹妃甸·携手建家园"青年集体婚礼。65对青年幸福地步入婚姻殿堂。这已是京唐公司与曹妃甸工业区为青年职工联合举办的第6次集体婚礼。（摄影　乔智玮）

图07：9月17日，迁钢公司炼钢作业部庆祝投产十周年环厂跑比赛在炼钢综合楼前鸣枪，近400名职工参与赛事活动。（摄影　李所牛）

图08：9月24日，首秦公司第八届青年集体婚礼隆重举行，19对新人喜结良缘。（摄影　侯志刚）

图09：2014年，奔腾中的马布里。（摄影　付建伟）

图10：京唐公司在露天篮球广场举行"全民健身·舞动京唐"职工广场舞大赛，11个代表队、180人参加，千余人观看比赛。（谢艳平提供）

图11："三高"走进曹妃甸，唱响新首钢。（摄影　袁德祥）

图12：中首公司首荣工会组织职工包饺子迎新年。（摄影　谢跃）

学习交流培训

图01："要做一个好焊工，必须先学会吃苦耐劳！焊字就是守着火，顶着日头干活！"图为全国劳模王文华与同事们深度交流。（摄影 赵石岩）

图02：4月26日，首钢党委中心组走进北京经济技术开发区进行集体学习。图为参观北京奔驰汽车有限公司。（摄影 袁德祥）

图03：7月10日，首钢团委组织北京地区青年骨干赴"798艺术区"进行参观交流，旨在拓宽青年视野，加强对老工业区改造的认识，切身感受"798艺术区"的时尚创意及艺术魅力。（摄影 李春满）

图04：7月17日，由总公司工会、团委主办的"梦想杯"2014电子竞技对抗赛圆满结束。首钢京唐、迁钢、长钢、贵钢等单位260余名选手参赛。（摄影 李春满）

图05：9月1日，以"新材料、新装备、新生活"为主题的第三届中国国际新材料产业博览会在哈尔滨举行，首钢机电公司高强度道路防撞桩成为北京材料装备新亮点。（李磊 提供）

图06：国际工程公司组织团员青年到鲁家山垃圾焚烧发电厂学习参观。（摄影 李春满）

图07：首钢保卫武装部民兵应急分队多次参加北京市民兵预备役点验活动。图为首钢民兵应急分队队员在演练中展示"防爆网枪"的使用方法。（摄影 赵石岩）

图08：首钢举办民防大演练。救援队成员分别来自动力厂等单位的一线职工。（摄影 赵石岩）

图09：在岸边，民防演练队员们正在实操救生抛投器，施救远方的落水者。（摄影 赵石岩）

图10：首钢大地古城幼儿园参加第十五届全国青少年儿童书画大赛，17幅软陶作品获金奖。（摄影 王亚朋）

图11：首钢集团2014年供应专业信息化培训开班典礼。（摄影 谢跃）

图12：首自信公司李洁创新工作室，大家共同探讨破题路径。（摄影 王军军）

企业社会责任

图01：1月10日，首钢机关献爱心捐助启动仪式在文馆举行。（摄影 王京广）

图02：2月7日，职工清扫"门"前雪。（摄影 何志国）

图03：5月，首钢月季园月季花开，姹紫嫣红，300多个品种竞相开放，满园春色，游人如织。（摄影 王京广）

图04：5月12日护士节前夕，白文辉获"北京市优秀护士"称号，成为北大首钢医院唯一获此殊荣的白衣天使。（摄影 谢跃）

图05：6月4日，园区综合服务公司以"坚守红线意识、强化打非治违，确保安全发展"为主题开展安全签名活动。（摄影 张雨）

图06：6月24日，靳伟、胡雄光、韩庆、刘桦、梁朝生等总公司领导到西十筒仓施工现场检查安全生产。（摄影 王京广）

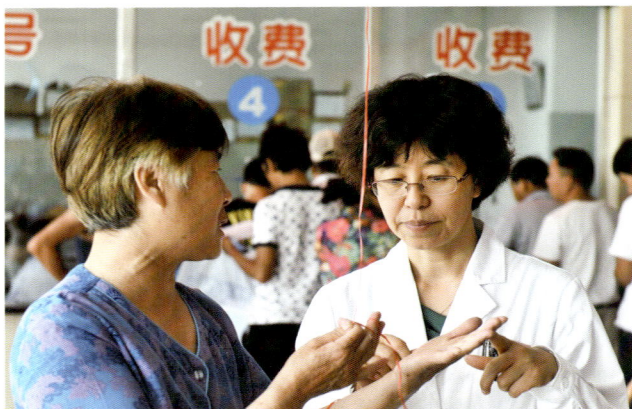

图07："七一"之际，北大首钢医院泌尿外科、骨科等十几个科室的党员专家，前往大兴区红星医院开展对口支援及义诊。（摄影 谢 跃）

图08：8月3日，云南昭通市鲁甸县发生6.5级地震。8月12日，首钢水钢慰问组购买优质大米等紧缺物品送往灾区。（水钢提供）

图09：9月25日，由首钢制作安装的天安门广场主花坛"祝福祖国"花篮呈现在世人面前。大花篮高18.2米，篮盘直径15米，中心花坛直径50米，是天安门广场历年最大花篮。（摄影 赵泽民）

图10：11月2日，由首钢建设集团制作安装的APEC立体会徽精彩亮相。（摄影 赵泽民）

图11：京唐公司冷轧部夯实6S基础管理，办公环境井然有序，生产现场焕然一新。图为冷轧部职工清扫生产现场。（摄影 张 雨）

目　录

十大新闻

2014 年首钢十大新闻 ……………………………（2）

特　载

习近平给京津冀注入国家动力：从各自为战到
　协同发展 …………………………………（4）
靳伟接受人民日报采访 ……………………（6）
钢铁工业转型发展是一篇大文章 …………（6）
首钢"曹妃甸时代" …………………………（8）
北京市人民政府关于推进首钢老工业区改造
　调整和建设发展的意见 ………………（16）
点亮引航明灯　高举旗帜前行
　　——首钢全面深化改革指导意见诞生记
　　………………………………………（19）
2014 年，首钢特训在行动 …………………（23）
敢为天下先，谱写新篇章 …………………（27）
"北京名片"的成就传奇
　　——北京首钢男篮夺得 2013～2014 赛季
　　中国男子篮球职业联赛冠军综述 ………（32）

文　选

深化改革创新　全面加强管理　着力打好
　首钢转型发展攻坚战
　　——在首钢第十八届二次职代会暨集团
　　工作会议上的报告 …………徐　凝（38）
在首钢党风廉政建设工作会议上的讲话
　　………………………………靳　伟（46）
在首钢后备干部推荐选拔和培训工作动员
　大会上的讲话 ………………靳　伟（50）

在首钢第一期后备干部特训班短训班结业典礼
　上的讲话 ……………………靳　伟（54）

专　辑

创新创优创业

全面深化改革　激发发展活力
　　——在 2014 年首钢"创新创优创业"
　　交流会上的报告 ……………靳　伟（60）
发挥中关村科技创新中心作用　为首都构建
　高精尖经济结构作出新贡献
　　——在首钢总公司集体学习会议上的
　　专题报告 ……………………郭　洪（69）
坚持问题导向　加强基础管理　为实现扭
　亏增盈提供有力保障 …………高志平（75）
2014 年首钢"创新创优创业"交流会总结
　讲话 …………………………靳　伟（81）

科技创新

坚持科技创新，打好首钢转型发展攻坚战
　　——在 2014 年首钢科技大会上的
　　报告 …………………………赵民革（90）
在 2014 年首钢科技大会上的讲话 ………靳　伟（96）
首钢总公司关于 2013 年度首钢科学技术特殊
　贡献奖的表彰决定 ……………………（99）
首钢总公司关于 2013 年度首钢科学技术项目
　奖的表彰决定 ………………………（100）
首钢总公司关于 2013 年度首钢钟香崇青年科
　技奖的表彰决定 ……………………（100）
首钢总公司关于表彰第六批"首钢优秀青年
　人才"的决定 ………………………（101）

首钢总公司关于表彰第十四届管理创新成果的
　决定 …………………………………………（101）
2013 年度首钢科学技术特殊贡献奖 ………（102）
2013 年度首钢钟香崇青年科技奖 …………（102）
2013 年度首钢科学技术奖获奖项目 ………（102）

管理创新

2014 年首钢第十五届管理创新成果获奖项目 …（107）
2014 年荣获冶金企业管理现代化创新成果奖 …（109）
2014 年荣获北京市企业管理现代化创新
　成果奖 ……………………………………（109）

党建与文化创新

首钢第十二届党建和思想文化创新成果获奖
　项目 ………………………………………（110）

组织机构

首钢（集团）总公司组织架构示意图
　（2014.12）………………………………（114）
2014 年首钢总公司领导 ……………………（115）

企业管理

规划发展部

规划发展部领导名录 …………………………（118）
综　述 …………………………………………（118）
京津冀协同发展平台 …………………………（118）
首钢资质体系建设 ……………………………（118）
"一揽子"工程 ………………………………（118）
马城铁矿 ………………………………………（118）
战略合作 ………………………………………（118）
土地管理 ………………………………………（118）

计财部

计财部领导名录 ………………………………（119）
综　述 …………………………………………（119）
经济运营管理 …………………………………（119）
降低成本 ………………………………………（119）
资金管理 ………………………………………（120）

税务管理工作 …………………………………（120）
价格管理工作 …………………………………（121）
统计核算工作 …………………………………（121）
第三次经济普查工作 …………………………（121）
会计核算工作 …………………………………（122）
项目管理 ………………………………………（122）
项目专项管理 …………………………………（122）
资产管理 ………………………………………（122）
服务园区工作 …………………………………（122）
股份资产置换工作 ……………………………（123）
新钢清撤注销后续工作 ………………………（123）
财务公司申筹工作 ……………………………（123）
投资企业管理 …………………………………（123）
制度建设 ………………………………………（123）
队伍建设 ………………………………………（123）

资本运营部

资本运营部领导名录 …………………………（123）
综　述 …………………………………………（123）
运营指标 ………………………………………（124）
资本市场运作 …………………………………（124）
投资项目管理 …………………………………（124）
投资项目清理 …………………………………（124）
改制企业管理 …………………………………（125）
闲置资产处置 …………………………………（125）
组织和人才队伍建设 …………………………（125）
获奖成果 ………………………………………（126）

审计部

审计部领导名录 ………………………………（126）
综　述 …………………………………………（126）
经济责任审计 …………………………………（126）
工程审计 ………………………………………（126）
离任审计 ………………………………………（126）
专项审计 ………………………………………（126）
提升审计监督实效 ……………………………（127）
首钢主要领导离任审计 ………………………（127）
探索审计人员派驻制 …………………………（127）
建设项目审计办法 ……………………………（127）
审计人员培训 …………………………………（127）

监事会工作办公室

监事会工作办公室领导名录 …………… （127）

综　述 …………………………………… （127）

工作思路 ………………………………… （127）

制度建设 ………………………………… （128）

集中检查 ………………………………… （128）

联合检查 ………………………………… （128）

整改帮促 ………………………………… （129）

动态监督 ………………………………… （129）

试行常驻制 ……………………………… （129）

项目后评价 ……………………………… （129）

参与深化改革 …………………………… （129）

业务培训 ………………………………… （129）

建立微信平台 …………………………… （130）

应知应会 ………………………………… （130）

践行群众路线 …………………………… （130）

信息部

信息部领导名录 ………………………… （130）

综　述 …………………………………… （130）

集团经营管理平台项目 ………………… （131）

迁顺在线订单评审项目 ………………… （131）

集团采购信息化项目 …………………… （131）

首钢营销服务平台项目 ………………… （131）

集团进口矿信息化平台项目 …………… （131）

首钢资金管理平台升级项目 …………… （132）

迁钢质量过程控制项目 ………………… （132）

职工健康管理信息系统项目 …………… （132）

系统优化 ………………………………… （132）

计量管理 ………………………………… （132）

信息化专业管理 ………………………… （133）

顶层设计规划编制 ……………………… （133）

生产部

生产部领导名录 ………………………… （133）

综　述 …………………………………… （133）

铁前生产组织 …………………………… （134）

炼铁生产组织 …………………………… （134）

炼钢生产组织 …………………………… （134）

成品钢材 ………………………………… （135）

物流管理 ………………………………… （136）

生产管控中心工作 ……………………… （136）

设备部

设备部领导名录 ………………………… （137）

综　述 …………………………………… （137）

设备管理指标 …………………………… （137）

设备功能精度管理 ……………………… （137）

汽车板五大体系项目 …………………… （137）

设备功能精度管理 ……………………… （137）

强化设备检修管理 ……………………… （138）

设备技术支持平台 ……………………… （138）

完善专业管理制度 ……………………… （138）

强化备件专业管理 ……………………… （138）

管理技术成果汇编 ……………………… （138）

首钢环境产业有限公司

环境公司领导名录 ……………………… （139）

综　述 …………………………………… （139）

生物质项目 ……………………………… （139）

建筑垃圾资源化利用项目建成 ………… （139）

炉渣加工生产线建成 …………………… （139）

土壤修复项目立项 ……………………… （139）

节能环保技术创新 ……………………… （140）

企业文化建设 …………………………… （140）

能源环保部

能源环保部领导名录 …………………… （140）

综　述 …………………………………… （140）

节能管理 ………………………………… （140）

环保管理 ………………………………… （140）

制度建设 ………………………………… （140）

重污染日减排 …………………………… （141）

能源管理体系建设 ……………………… （141）

环境监测 ………………………………… （141）

碳排放权交易 …………………………… （141）

建设工程管理部

建工部领导名录 ………………………… （141）

综　述 …………………………………… （141）

生物质能源项目 ………………………… （141）

首钢科教大厦工程 …………………（142）
冷轧罩式退火项目 …………………（142）
北京老厂区利旧拆迁 ………………（142）
设备供应及库存设备处置 …………（142）
建筑行业管理 ………………………（142）

总工程师室

总工程师室领导名录 ………………（143）
综　述 ………………………………（143）
钢铁项目方案研究及审查 …………（143）
科技工作 ……………………………（144）
专题研究及调研指导 ………………（144）
园区开发及新产业项目工作 ………（145）
其他工作 ……………………………（147）

技术研究院

技术研究院领导名录 ………………（147）
综　述 ………………………………（148）
公司领导调研 ………………………（148）
重要会议 ……………………………（148）
首钢品牌产品和推进产品 …………（149）
新产品开发和短平快项目 …………（149）
科技成果 ……………………………（149）
开展质量月活动 ……………………（150）
降本增效 ……………………………（150）
用户技术领域 ………………………（150）
技术支持效果明显 …………………（150）
国家重点新产品计划项目 …………（150）
对外开放合作 ………………………（150）
科技信息工作 ………………………（150）
国内外学术交流 ……………………（150）
改善科研环境 ………………………（151）
人才队伍建设 ………………………（151）
凝聚力工程建设 ……………………（151）
技术市场化 …………………………（151）

供应公司

供应公司领导名录 …………………（151）
综　述 ………………………………（151）
资源体系建设 ………………………（152）
降本增效 ……………………………（152）

调整采购策略 ………………………（152）
专业管理 ……………………………（152）
服务体系建设 ………………………（153）
党建工作 ……………………………（153）

销售公司

销售公司领导名录 …………………（153）
综　述 ………………………………（153）
主要经销指标 ………………………（153）
确定工作要求 ………………………（153）
扩大市场份额 ………………………（154）
营销体系建设 ………………………（154）
物流体系建设 ………………………（154）
客户服务体系建设 …………………（154）
提升管理运营水平 …………………（154）
加强党建工作 ………………………（155）

发展研究院

发展研究院领导名录 ………………（155）
综　述 ………………………………（155）
组织建设 ……………………………（156）
科研成果 ……………………………（156）
交流开放 ……………………………（156）
管理创新 ……………………………（156）
优化管理 ……………………………（156）
队伍建设 ……………………………（156）
党群工作 ……………………………（156）
效能监察 ……………………………（156）

劳动工资部

劳动工资部领导名录 ………………（157）
综　述 ………………………………（157）
完善集团管控架构 …………………（157）
薪酬分配制度改革 …………………（157）
考核挂钩分配 ………………………（158）
加强劳动纪律管理 …………………（158）
规范劳务用工管理 …………………（158）
职工培训开发 ………………………（158）
职业技能竞赛 ………………………（159）
高技能人才工程 ……………………（159）
职业技能鉴定 ………………………（159）

为职工办实事 …………………………（159）
专业建设 ……………………………（159）
突出工作 ……………………………（160）
努力方向 ……………………………（160）

管理创新部

管理创新部领导名录 ………………（160）
综　述 ………………………………（160）
管理创新 ……………………………（161）
管理创新专业机构职责设置 ………（161）
制度管理体系建设 …………………（161）
管理创新成果 ………………………（162）
推广和应用管理新方法 ……………（162）
外埠企业沟通 ………………………（162）
管理评价 ……………………………（162）
参与总公司平台建设 ………………（162）
客户满意度调查 ……………………（162）

保卫武装部

保卫武装部领导名录 ………………（163）
综　述 ………………………………（163）
加强指导强化职能 …………………（163）
治安管理 ……………………………（163）
成立园区安全保卫处 ………………（163）
维稳工作 ……………………………（164）
抓获厂区抛尸嫌疑人 ………………（164）
消防安全管理 ………………………（164）
专项治理 ……………………………（164）
保障交通安全 ………………………（164）
国防后备力量组织建设 ……………（164）
国防后备力量建设 …………………（165）
国防教育 ……………………………（165）
"双拥月"活动 ………………………（165）
军事训练 ……………………………（165）
防洪抢险工作 ………………………（165）
民防救援演练 ………………………（165）

办公厅

办公厅领导名录 ……………………（166）
综　述 ………………………………（166）

文件起草 ……………………………（166）
信息工作 ……………………………（166）
会议工作 ……………………………（166）
文秘与保密工作 ……………………（166）
行政管理 ……………………………（166）
派出董事管理 ………………………（167）
研究工作 ……………………………（167）
对外交往 ……………………………（167）
信访维稳 ……………………………（167）
档案管理 ……………………………（168）
外埠钢铁企业服务 …………………（168）

法律事务部

法律事务部领导名录 ………………（168）
综　述 ………………………………（168）
队伍建设 ……………………………（168）
参与决策 ……………………………（168）
参与谈判 ……………………………（169）
合同审查 ……………………………（169）
加强管控 ……………………………（169）
案件管理 ……………………………（169）
评审工作 ……………………………（169）
法制宣传 ……………………………（169）

海外事业管理部

海外部领导名录 ……………………（169）
综　述 ………………………………（169）
基础管理 ……………………………（170）
境外信息上报 ………………………（170）
管理创新 ……………………………（170）
出国(境)团组 ………………………（170）
进口贴息 ……………………………（170）

党群工作

党委组织部(组织人事部、党委统战部)

党委组织部领导名录 ………………（172）
综　述 ………………………………（172）
干部交流调整 ………………………（172）
干部队伍新老交替 …………………（172）

完善干部培训 …………………… （172）

教育实践活动 …………………… （172）

创先争优主题活动 ……………… （172）

基层党组织建设 ………………… （173）

人才引进 ………………………… （173）

人才培养 ………………………… （173）

统战工作 ………………………… （173）

老干部工作 ……………………… （173）

党委宣传部（企业文化部）

宣传部领导名录 ………………… （174）

综　述 …………………………… （174）

贯彻中央精神 …………………… （174）

群众路线教育实践活动 ………… （174）

召开"三创"交流会 …………… （174）

首钢人的故事 …………………… （175）

形势任务宣传 …………………… （175）

经营生产建设宣传 ……………… （175）

宣传系统会议 …………………… （175）

宣传系统培训工作 ……………… （176）

对外宣传报道 …………………… （176）

企业文化活动 …………………… （177）

首钢十大新闻评选 ……………… （177）

首钢日报 APP 上线运行 ……… （178）

首钢博物馆筹建 ………………… （178）

加强首钢网络宣传管理 ………… （178）

获奖与荣誉 ……………………… （178）

纪委（监察部）

纪委（监察部）领导名录 ……… （178）

综　述 …………………………… （179）

正风肃纪专项整治 ……………… （179）

党风廉政教育 …………………… （179）

廉政风险防控 …………………… （179）

效能监察 ………………………… （179）

案件查处 ………………………… （180）

队伍建设 ………………………… （180）

调研培训 ………………………… （180）

市级荣誉 ………………………… （180）

努力方向 ………………………… （180）

巡视工作领导小组办公室

巡视办领导名录 ………………… （180）

综　述 …………………………… （180）

机构成立 ………………………… （181）

主要职能 ………………………… （181）

巡视制度体系 …………………… （181）

编辑巡视信息 …………………… （182）

调研交流 ………………………… （182）

工　会

首钢工会领导名录 ……………… （182）

综　述 …………………………… （182）

荣誉称号 ………………………… （182）

民主管理与厂务公开 …………… （182）

维护职工权益稳定劳动关系 …… （183）

弘扬劳模精神 …………………… （183）

群众性经济技术创新 …………… （183）

送温暖工程 ……………………… （184）

推进全民健身 …………………… （184）

送文化到基层 …………………… （184）

女职工风采 ……………………… （184）

发展体育事业 …………………… （184）

组织建设 ………………………… （184）

重要会议 ………………………… （185）

团　委

首钢团委领导名录 ……………… （185）

综　述 …………………………… （185）

团建基础 ………………………… （185）

党建带团建 ……………………… （186）

青年思想引导 …………………… （186）

青年安全 ………………………… （186）

全媒体建设 ……………………… （186）

最美青工 ………………………… （187）

青年榜样 ………………………… （187）

青年主题活动 …………………… （187）

岗位建功 ………………………… （187）

青年志愿者 ……………………… （188）

机关党委

机关党委领导名录 ……………… （188）

综　述 …………………………………（188）
教育实践活动 ……………………………（188）
远程培训 …………………………………（188）
争优创先 …………………………………（188）
组织建设 …………………………………（189）
党风廉政建设 ……………………………（189）
文体活动 …………………………………（189）
送温暖活动 ………………………………（189）
表彰先进 …………………………………（189）

总公司党校

首钢党校领导名录 ………………………（189）
综　述 ……………………………………（189）
首钢领导干部特训班 ……………………（189）
周末大讲堂 ………………………………（190）
基层培训服务 ……………………………（190）
科研工作 …………………………………（190）
教材和资料信息建设 ……………………（190）
党校领导机构 ……………………………（190）

钢　铁　业

北京首钢股份有限公司

首钢股份领导名录 ………………………（192）
综　述 ……………………………………（194）
年度经营情况 ……………………………（195）
资产置换 …………………………………（195）
股东会、董事会、监事会情况 …………（196）
社会责任情况 ……………………………（197）

北京首钢冷轧薄板有限公司

冷轧公司领导名录 ………………………（198）
综　述 ……………………………………（198）
主要指标 …………………………………（198）
产品认证 …………………………………（198）
高端产品生产 ……………………………（199）
新钢种开发 ………………………………（199）
技术创新 …………………………………（199）
体系建设 …………………………………（199）
六西格玛管理 ……………………………（199）

TPM 管理 …………………………………（199）
完善内部管理 ……………………………（199）
人才量化评聘机制 ………………………（199）
学习培训 …………………………………（199）
节能环保 …………………………………（199）
群众路线教育实践活动 …………………（199）
队伍建设 …………………………………（200）
大事记 ……………………………………（200）

河北省首钢迁安钢铁有限责任公司
（首钢股份公司迁安钢铁公司）

迁钢公司领导名录 ………………………（201）
综　述 ……………………………………（201）
主要指标 …………………………………（201）
重要会议 …………………………………（201）
配合资产重组 ……………………………（202）
降本增效 6 亿元 …………………………（202）
制造周期标准化 …………………………（202）
技术开发 …………………………………（202）
用户技术服务 ……………………………（202）
设备全优润滑管理 ………………………（202）
能源管理体系建设 ………………………（202）
能源合同管理 ……………………………（202）
环保自行监测 ……………………………（202）
落实新安全法 ……………………………（203）
重点工程 …………………………………（203）
土地工作 …………………………………（203）
薪酬改革 …………………………………（203）
矿业球烧整合 ……………………………（203）
后勤工作 …………………………………（203）
党群工作 …………………………………（203）
专家领导指导工作 ………………………（204）

迁钢公司炼铁作业部

炼铁部领导名录 …………………………（204）
概　况 ……………………………………（204）
高炉技术指标 ……………………………（204）
停产检修和恢复 …………………………（204）
年度冠军炉 ………………………………（204）
专利技术及科技成果 ……………………（205）
科研项目 …………………………………（205）

配合硅钢冶炼 …………………………（205）
油品国产化 ………………………………（205）
工程改造 …………………………………（205）
技能竞赛 …………………………………（205）
队伍建设 …………………………………（205）
TPM 管理 …………………………………（205）
安全管理 …………………………………（205）
环保管理 …………………………………（206）
组织建设 …………………………………（206）
企业文化建设 ……………………………（206）
廉政建设 …………………………………（206）

迁钢公司炼钢作业部

炼钢作业部领导名录 ……………………（206）
概　况 ……………………………………（206）
产量和指标 ………………………………（206）
降成本工作 ………………………………（207）
品种钢生产 ………………………………（207）
六西格玛管理 ……………………………（207）
规程管理 …………………………………（207）
专利、专有技术 …………………………（207）
取向硅钢生产 ……………………………（207）
无取向硅钢生产 …………………………（207）
QPC 系统建立 ……………………………（207）
天车梁纠偏 ………………………………（207）
板坯精整燃气管网改造 …………………（208）

迁钢公司热轧作业部

热轧作业部领导名录 ……………………（208）
概　况 ……………………………………（208）
主要指标 …………………………………（208）
品种钢开发 ………………………………（208）
质量管理 …………………………………（208）
技术进步 …………………………………（208）
1580 平整机组调试及产能攻关 ………（209）
设备检修 …………………………………（209）
2160 维护区域管理 ……………………（209）
热轧点检管理体系 ………………………（209）
轧钢作业区机构整合 ……………………（209）
党群工作 …………………………………（209）
安全与环保 ………………………………（209）

TPM 管理 …………………………………（209）

迁钢公司硅钢事业部

硅钢事业部领导名录 ……………………（210）
概　况 ……………………………………（210）
主要指标 …………………………………（210）
销售情况 …………………………………（210）
技术创新 …………………………………（210）
产品开发与认证 …………………………（210）
理化检验 …………………………………（210）
工程施工 …………………………………（210）
设备改造 …………………………………（211）
检修维护 …………………………………（211）
用户技术服务 ……………………………（211）
保卫管理体系 ……………………………（211）
TPM 管理 …………………………………（211）
人才培训 …………………………………（211）
党群工作 …………………………………（211）

迁钢公司线材作业部

线材部领导名录 …………………………（211）
概　况 ……………………………………（211）
主要指标 …………………………………（212）
设备检修 …………………………………（212）
设备改造 …………………………………（212）
新产品开发 ………………………………（212）
加热炉改造 ………………………………（212）
尺寸控制 …………………………………（212）
规程修订 …………………………………（212）
安全管理 …………………………………（212）
人员培训 …………………………………（213）
组织建设 …………………………………（213）

迁钢公司钢材加工作业部

钢材加工作业部领导名录 ………………（213）
概　况 ……………………………………（213）
主要指标 …………………………………（213）
品种钢开发与认证 ………………………（213）
设备管理 …………………………………（213）
安全环保工作 ……………………………（214）
党建工作 …………………………………（214）

培训工作 …………………………（214）
设备持续改进项目 …………………（214）
试车投产 ……………………………（214）

迁钢公司动力作业部

动力作业部领导名录 ………………（214）
概　况 ………………………………（214）
主要指标 ……………………………（215）
安全生产 ……………………………（215）
增收节支 ……………………………（215）
设备检修维护 ………………………（215）
技术改造 ……………………………（215）
人才工作 ……………………………（215）
专利情况 ……………………………（215）

迁钢公司电力作业部

电力作业部领导名录 ………………（215）
概　况 ………………………………（215）
主要指标 ……………………………（216）
增收节支 ……………………………（216）
生产组织 ……………………………（216）
设备改造 ……………………………（216）
管理标准化 …………………………（216）

迁钢公司制氧作业部

制氧作业部领导名录 ………………（216）
概　况 ………………………………（216）
主要指标 ……………………………（217）
安全工作 ……………………………（217）
技术攻关 ……………………………（217）
设备改造 ……………………………（217）
加强管理 ……………………………（217）
人才队伍建设 ………………………（217）
党群工作 ……………………………（217）

迁钢公司质量检查站

质检站领导名录 ……………………（218）
概　况 ………………………………（218）
主要指标 ……………………………（218）
严把质量关 …………………………（218）
技术攻关 ……………………………（218）

检验标准修订 ………………………（218）
质量体系建设 ………………………（218）
基础管理 ……………………………（218）
管理创新 ……………………………（219）
六西格玛管理 ………………………（219）
设备管理 ……………………………（219）
降本增效 ……………………………（219）
自制标样 ……………………………（219）
人才队伍建设 ………………………（219）
党风廉政建设 ………………………（219）

迁钢公司设备维检中心

设备维检中心领导名录 ……………（219）
概　况 ………………………………（220）
主要指标 ……………………………（220）
设备维护与检修 ……………………（220）
完善设备维护指标体系 ……………（220）
积分制管理 …………………………（220）
优化检修组织模式 …………………（220）
指导书和手顺书 ……………………（220）
合理化建议 …………………………（221）
六西格玛应用 ………………………（221）
专利技术开发应用 …………………（221）
掌握高精尖核心技术 ………………（221）
TPM 管理 …………………………（221）
安全管理 ……………………………（221）
人才队伍建设 ………………………（221）
党群工作 ……………………………（222）

首钢京唐钢铁联合有限责任公司

京唐公司领导名录 …………………（222）
综　述 ………………………………（222）
京津冀协同发展 ……………………（223）
重要会议 ……………………………（224）
生产经营 ……………………………（225）
增收节支降成本 ……………………（225）
优化产品结构 ………………………（226）
工艺稳定攻关 ………………………（226）
企业管理 ……………………………（227）
节能环保 ……………………………（227）
薪酬分配制度改革 …………………（227）

行业交流与合作 …………………………（227）

校企合作 …………………………………（228）

项目建设 …………………………………（228）

干部和职工队伍建设 ……………………（228）

党建工作 …………………………………（228）

宣传和企业文化建设 ……………………（229）

改善职工生活 ……………………………（229）

创新成果 …………………………………（229）

荣誉称号 …………………………………（230）

京唐公司部门负责人 ……………………（230）

首钢京唐2014年大事记 …………………（232）

首钢凯西钢铁有限公司

首钢凯西公司领导名录 …………………（234）

综　述 ……………………………………（234）

主要指标 …………………………………（234）

降本增效 …………………………………（234）

设备改造 …………………………………（235）

新产品开发 ………………………………（235）

技术攻关 …………………………………（235）

管理改进 …………………………………（236）

北京首钢特殊钢有限公司

特钢公司领导名录 ………………………（236）

综　述 ……………………………………（236）

主要指标 …………………………………（236）

工作思路 …………………………………（236）

园区项目开发 ……………………………（237）

创收增效 …………………………………（237）

投资企业运营 ……………………………（237）

汽车园区管理 ……………………………（237）

首特钢创业公寓运营 ……………………（237）

钢材加工出口及贸易 ……………………（238）

体制机制建设 ……………………………（238）

职工队伍建设 ……………………………（238）

党群工作 …………………………………（238）

职工生活 …………………………………（238）

市委讲师团调研 …………………………（238）

理论宣讲示范基地 ………………………（238）

监督检查 …………………………………（239）

泰康医院 …………………………………（239）

秦皇岛首秦金属材料有限公司

首秦公司领导名录 ………………………（239）

综　述 ……………………………………（239）

主要指标 …………………………………（240）

市场营销 …………………………………（240）

降本增效 …………………………………（240）

生产线保障 ………………………………（240）

技改成效 …………………………………（240）

设备中修 …………………………………（241）

节能环保 …………………………………（241）

经营渠道 …………………………………（241）

计量、投料和信息化管理 ………………（241）

自主创新 …………………………………（241）

TPM管理 …………………………………（241）

安全活动 …………………………………（241）

治安保卫 …………………………………（241）

党建工作 …………………………………（242）

群众路线教育实践活动 …………………（242）

队伍建设 …………………………………（242）

调研交流 …………………………………（242）

秦皇岛首钢板材有限公司

板材公司领导名录 ………………………（242）

概　况 ……………………………………（242）

对标降本 …………………………………（243）

系统建设 …………………………………（243）

秦皇岛首钢机械厂

秦机厂领导名录 …………………………（243）

概　况 ……………………………………（243）

主要指标 …………………………………（243）

重点工作 …………………………………（244）

基础管理 …………………………………（244）

党群工作 …………………………………（244）

秦皇岛首秦钢材加工配送有限公司

首秦加工公司领导名录 …………………（244）

概　况 ……………………………………（244）

主要指标 …………………………………（244）

产品研发 …………………………………（244）

机构调整 …………………………………（244）

队伍建设 ……………………………（245）

秦皇岛首秦龙汇矿业有限公司

首秦龙汇领导名录 …………………（245）

概　况 ………………………………（245）

秦皇岛首秦嘉华建材有限公司

首秦嘉华领导名录 …………………（245）

概　况 ………………………………（245）

首钢长治钢铁有限公司

长钢公司领导名录 …………………（246）

综　述 ………………………………（246）

主要指标 ……………………………（247）

对标挖潜降本增效 …………………（247）

新产品开发 …………………………（247）

科技项目 ……………………………（248）

信息系统开发 ………………………（248）

完善基础管理 ………………………（248）

节能环保 ……………………………（248）

科研专利 ……………………………（248）

技改工程项目 ………………………（248）

民主评价制度 ………………………（248）

群众路线教育实践活动 ……………（249）

特色帮扶为民生 ……………………（249）

企业文化建设 ………………………（249）

长钢2014年大事记 …………………（249）

首钢水城钢铁（集团）有限责任公司

水钢公司领导名录 …………………（252）

综　述 ………………………………（252）

主要指标 ……………………………（252）

降本增效 ……………………………（252）

科技创新 ……………………………（253）

科技成果 ……………………………（253）

品种钢开发 …………………………（253）

制度管理 ……………………………（253）

改革改制 ……………………………（253）

辅业发展 ……………………………（253）

企业管理 ……………………………（253）

安全管理 ……………………………（253）

环境保护 ……………………………（254）

节能降耗 ……………………………（254）

设备管理 ……………………………（254）

效能监察 ……………………………（254）

内部审计 ……………………………（254）

党群工作 ……………………………（254）

教育实践活动 ………………………（255）

干部人才工作 ………………………（255）

绩效、薪酬管理 ……………………（255）

劳动组织工作 ………………………（255）

职工培训工作 ………………………（255）

宣传思想文化工作 …………………（255）

十讲十重十做到 ……………………（255）

水钢2014年大事记 …………………（256）

水钢公司技术中心

技术中心领导名录 …………………（259）

概　况 ………………………………（259）

降本增效 ……………………………（260）

质量管理 ……………………………（260）

设备管理 ……………………………（260）

基础管理 ……………………………（260）

原燃料打假堵漏 ……………………（260）

党建创新 ……………………………（260）

水钢公司原材料（进出口）公司

原材料（进出口）公司领导名录 ……（260）

概　况 ………………………………（261）

经济保供 ……………………………（261）

港口管理 ……………………………（261）

克难减亏 ……………………………（261）

水钢公司销售分公司

销售分公司领导名录 ………………（261）

概　况 ………………………………（261）

主要指标 ……………………………（261）

销售管理 ……………………………（261）

党群工作 ……………………………（262）

水钢公司炼铁厂

炼铁厂领导名录 ……………………（262）

概　况 …………………………………（262）

设备管理 …………………………………（262）

设备改造 …………………………………（262）

科研成果 …………………………………（262）

安全管理 …………………………………（262）

环保工作 …………………………………（263）

人才工作 …………………………………（263）

党建工作 …………………………………（263）

文化建设 …………………………………（263）

民主管理 …………………………………（263）

职工文化 …………………………………（263）

水钢公司炼钢厂

炼钢厂领导名录 …………………………（263）

概　况 …………………………………（263）

主要指标 …………………………………（264）

降本增效 …………………………………（264）

科技创新 …………………………………（264）

节能降耗 …………………………………（264）

全员设备管理 ……………………………（264）

安全环保工作 ……………………………（264）

制度管理 …………………………………（264）

党群工作 …………………………………（264）

人才队伍建设 ……………………………（265）

企业管理 …………………………………（265）

人力资源管理 ……………………………（265）

企业文化建设 ……………………………（265）

水钢公司轧钢厂

轧钢厂领导名录 …………………………（265）

概　况 …………………………………（265）

年度指标 …………………………………（265）

科技成果 …………………………………（266）

品种钢生产 ………………………………（266）

全员设备管理 ……………………………（266）

企业管理 …………………………………（266）

安全环保 …………………………………（266）

党建工作 …………………………………（266）

人才队伍建设 ……………………………（266）

班组团队竞赛 ……………………………（266）

困难职工帮扶 ……………………………（267）

水钢公司煤焦化公司

煤焦化公司领导名录 ……………………（267）

概　况 …………………………………（267）

主要指标 …………………………………（267）

管理创新 …………………………………（267）

技改项目 …………………………………（267）

安全管理 …………………………………（267）

环境保护 …………………………………（267）

设备管理 …………………………………（268）

科技进步 …………………………………（268）

基础管理 …………………………………（268）

岗位练兵、技术比武 ……………………（268）

精神文明建设 ……………………………（268）

水钢公司动力厂

动力厂领导名录 …………………………（268）

概　况 …………………………………（268）

主要指标 …………………………………（269）

科技成果 …………………………………（269）

技术攻关与维修 …………………………（269）

安全环保 …………………………………（269）

管理创新 …………………………………（269）

党群工作 …………………………………（269）

创新创效 …………………………………（269）

水钢公司运输部

运输部领导名录 …………………………（270）

概　况 …………………………………（270）

主要指标 …………………………………（270）

管理创新 …………………………………（270）

技改项目 …………………………………（270）

安全管理 …………………………………（270）

环境保护 …………………………………（270）

设备管理 …………………………………（270）

机构整合 …………………………………（271）

创新创效 …………………………………（271）

精神文明建设 ……………………………（271）

水钢公司水电（氧气）厂

水电（氧气）厂领导名录 ………………（271）

概　况 …………………………………（271）

主要指标 …………………………………（271）
降本增效 …………………………………（271）
设备管理 …………………………………（272）
安全环保 …………………………………（272）
党群工作 …………………………………（272）

水钢公司观音山矿业分公司

观音山矿业分公司领导名录 ……………（272）
概　况 ……………………………………（272）
主要指标 …………………………………（272）
生产组织 …………………………………（272）
安全环保 …………………………………（273）
节能降耗 …………………………………（273）
对外经营发展 ……………………………（273）
人力资源与机构整合 ……………………（273）
党群工作 …………………………………（273）

水钢公司职教中心

职教中心领导名录 ………………………（273）
概　况 ……………………………………（273）
主要指标 …………………………………（273）
职工培训 …………………………………（273）
社会办学 …………………………………（274）
内部管理 …………………………………（274）
党群工作 …………………………………（274）

贵州水钢物流有限责任公司

物流公司领导名录 ………………………（274）
概　况 ……………………………………（274）
年度指标 …………………………………（275）
设备管理 …………………………………（275）
后勤服务 …………………………………（275）
改革改制 …………………………………（275）
党群工作 …………………………………（275）

贵州六盘水盛鸿达机械设备制造有限公司

盛鸿达公司领导名录 ……………………（275）
概　况 ……………………………………（275）
主要指标 …………………………………（275）

水钢公司瑞泰物产有限责任公司

瑞泰公司领导名录 ………………………（275）

概　况 ……………………………………（275）

水钢公司总医院

总医院领导名录 …………………………（276）
概　况 ……………………………………（276）
人才工作 …………………………………（276）
对外交流 …………………………………（276）

水钢公司赛德建设有限公司

赛德公司领导名录 ………………………（276）
概　况 ……………………………………（276）

贵州博宏实业有限责任公司

博宏公司领导名录 ………………………（277）
概　况 ……………………………………（277）
主要指标 …………………………………（277）
年度亮点 …………………………………（277）
压力和挑战 ………………………………（277）
节能减排 …………………………………（278）
社会责任 …………………………………（278）
党群工作 …………………………………（278）

水钢公司工贸有限责任公司

水钢工贸公司领导名录 …………………（278）
概　况 ……………………………………（278）

水钢公司电气自动化分公司

自动化分公司领导名录 …………………（278）
概　况 ……………………………………（278）
主要业绩 …………………………………（279）
管理创新 …………………………………（279）
安全工作 …………………………………（279）
设备管理 …………………………………（279）
技术开发 …………………………………（279）
降本增效 …………………………………（279）
党群工作 …………………………………（279）

首钢贵阳特殊钢有限责任公司

首贵公司领导名录 ………………………（280）
综　述 ……………………………………（280）
群众路线教育实践活动 …………………（280）

市场营销 ……………………………………（280）
安全环保 ……………………………………（280）
企业文化建设 ………………………………（281）
首贵公司 2014 年大事记 …………………（281）

首钢通化钢铁集团股份有限公司

通钢集团领导名录 …………………………（282）
综　述 ………………………………………（282）
生产经营 ……………………………………（283）
安全管理 ……………………………………（283）
环保管理 ……………………………………（283）
技术成果 ……………………………………（283）
项目建设 ……………………………………（283）
购销工作 ……………………………………（283）
企业管理 ……………………………………（283）
党的建设 ……………………………………（284）
通钢大事记 …………………………………（284）

通化钢铁股份有限公司

通化钢铁领导名录 …………………………（287）
概　况 ………………………………………（287）
主要指标 ……………………………………（287）
工艺装备 ……………………………………（287）
生产组织 ……………………………………（288）
产品研发 ……………………………………（288）
工程建设 ……………………………………（288）
安全环保 ……………………………………（288）
设备管理 ……………………………………（288）
党群工作 ……………………………………（288）

吉林通钢矿业有限公司

通钢矿业领导名录 …………………………（289）
概　况 ………………………………………（289）
主要指标 ……………………………………（289）
工艺装备 ……………………………………（289）
资源储量情况 ………………………………（289）
生产经营 ……………………………………（289）
降本增效 ……………………………………（289）
工程建设 ……………………………………（290）
企业管理 ……………………………………（290）

吉林通钢国际贸易有限公司

通钢国贸领导名录 …………………………（290）
概　况 ………………………………………（290）
主要指标 ……………………………………（290）
钢材销售 ……………………………………（290）
国际业务 ……………………………………（290）
物流业务 ……………………………………（291）
融资及资金运作 ……………………………（291）
投资贸易 ……………………………………（291）

磐石无缝钢管有限公司

磐石钢管领导名录 …………………………（291）
概　况 ………………………………………（291）
主要指标 ……………………………………（291）
工艺装备 ……………………………………（291）

吉林市焊管有限公司

吉林焊管领导名录 …………………………（292）
概　况 ………………………………………（292）
主要指标 ……………………………………（292）
工艺装备 ……………………………………（292）

四平钢铁制品有限公司

四平制品领导名录 …………………………（292）
概　况 ………………………………………（292）
主要指标 ……………………………………（292）
工艺装备 ……………………………………（292）

吉林通钢自动化信息技术有限公司

通钢自信领导名录 …………………………（292）
概　况 ………………………………………（292）
主要指标 ……………………………………（293）
工艺装备 ……………………………………（293）

首钢伊犁钢铁有限公司

首钢伊钢领导名录 …………………………（293）
综　述 ………………………………………（293）
主要指标 ……………………………………（293）
差异化发展 …………………………………（294）
挖潜降本 ……………………………………（294）
发展循环经济 ………………………………（294）

重点工程 ……………………………（294）

人才建设 ……………………………（294）

群众路线 ……………………………（294）

调研交流 ……………………………（294）

巴州凯宏矿业有限责任公司

凯宏矿业领导名录 …………………（295）

概　况 ………………………………（295）

主要指标 ……………………………（295）

降本增效 ……………………………（295）

党群工作 ……………………………（295）

库车县天缘煤焦化有限责任公司

天缘焦化领导名录 …………………（295）

概　况 ………………………………（295）

发展沿革 ……………………………（296）

二期概述 ……………………………（296）

经营管理目标 ………………………（296）

存在问题 ……………………………（296）

矿产资源业

首钢矿业公司

首钢矿业公司领导名录 ……………（298）

综　述 ………………………………（298）

主业生产经营 ………………………（298）

相关产业发展 ………………………（298）

对标挖潜 ……………………………（299）

科技创新 ……………………………（299）

管理创新 ……………………………（299）

选矿标准流程建设 …………………（299）

皮带管理创一流 ……………………（299）

工序管理升级 ………………………（299）

制度管理体系建设 …………………（299）

设备管理 ……………………………（299）

资源接替 ……………………………（299）

资源综合再利用 ……………………（300）

重点工程 ……………………………（300）

数字矿山建设 ………………………（300）

绿色矿山建设 ………………………（300）

安全管理 ……………………………（300）

综合治理 ……………………………（300）

员工提素 ……………………………（300）

人才工作 ……………………………（301）

党群工作 ……………………………（301）

纪检监察 ……………………………（301）

群众路线教育活动 …………………（301）

全员健康 ……………………………（302）

教育医疗 ……………………………（302）

和谐矿山 ……………………………（302）

形势任务 ……………………………（302）

调研交流 ……………………………（302）

首钢矿业公司大石河铁矿

大石河铁矿领导名录 ………………（303）

概　况 ………………………………（303）

主要指标 ……………………………（304）

降本增效 ……………………………（304）

生产组织 ……………………………（304）

工艺升级 ……………………………（304）

设备管理 ……………………………（304）

重点工程 ……………………………（304）

人才建设 ……………………………（304）

突出工作 ……………………………（304）

首钢矿业公司水厂铁矿

水厂铁矿领导名录 …………………（304）

概　况 ………………………………（305）

主要指标 ……………………………（305）

成本增效 ……………………………（305）

科技创新 ……………………………（305）

数字矿山 ……………………………（305）

技术管理 ……………………………（305）

设备管理 ……………………………（305）

资源利用 ……………………………（305）

和谐矿山 ……………………………（305）

首钢矿业公司杏山铁矿

杏山铁矿领导名录 …………………（306）

概　况 ………………………………（306）

主要指标 ……………………………（306）

生产组织 ……………………………（306）
工程管理 ……………………………（306）
地采管理 ……………………………（306）
人才工作 ……………………………（306）
安全和谐 ……………………………（306）

首钢矿业公司烧结厂

烧结厂领导名录 ……………………（306）
概　况 ………………………………（307）
主要指标 ……………………………（307）
铁前一体化 …………………………（307）
工艺升级 ……………………………（307）
设备管理 ……………………………（307）
科技创新 ……………………………（307）
节能减排 ……………………………（307）
职工培训 ……………………………（307）
行业荣誉 ……………………………（307）

首钢矿业公司球团厂

球团厂领导名录 ……………………（308）
概　况 ………………………………（308）
主要指标 ……………………………（308）
生产组织 ……………………………（308）
设备管理 ……………………………（308）
环保管理 ……………………………（308）
安全管理 ……………………………（308）

首钢矿业公司协力公司

协力公司领导名录 …………………（308）
概　况 ………………………………（308）
检修服务 ……………………………（309）
挖潜创效 ……………………………（309）
人才工作 ……………………………（309）
信息化建设 …………………………（309）
党群工作 ……………………………（309）

首钢矿业公司物资公司

物资公司领导名录 …………………（309）
概　况 ………………………………（309）
主要指标 ……………………………（309）
降本增效 ……………………………（309）

生产供应 ……………………………（310）
管理创新 ……………………………（310）
工程项目 ……………………………（310）

首钢矿业公司计控室

计控室领导名录 ……………………（310）
概　况 ………………………………（310）
优化管理 ……………………………（310）
团队建设 ……………………………（310）
科技成果 ……………………………（310）
资质升级 ……………………………（310）
社会市场 ……………………………（311）

首钢矿业公司质量检验中心

质检中心领导名录 …………………（311）
概　况 ………………………………（311）
主要指标 ……………………………（311）
质检服务 ……………………………（311）
质检攻关 ……………………………（311）
质检自动化 …………………………（311）
实验室认可 …………………………（311）
优化管理 ……………………………（311）
风险防控 ……………………………（311）

首钢矿山机械制造厂

首钢矿机领导名录 …………………（312）
概　况 ………………………………（312）
主要指标 ……………………………（312）
产品质量 ……………………………（312）
降本增效 ……………………………（312）
产品开发 ……………………………（312）
队伍建设 ……………………………（312）

首钢矿业公司耐磨材料厂

耐磨材料厂领导名录 ………………（312）
概　况 ………………………………（312）
主要指标 ……………………………（312）

首钢矿业公司电力修造公司

电修公司领导名录 …………………（312）
概　况 ………………………………（313）
主要指标 ……………………………（313）

节能减排 …………… （313）
资质升级 …………… （313）
科技创新 …………… （313）

北京首钢矿山建设工程有限责任公司

首矿建公司领导名录 …………… （313）
概 况 …………… （313）
社会市场 …………… （314）
合作开发 …………… （314）

北京首钢重型汽车制造股份有限公司

重汽公司领导名录 …………… （314）
概 况 …………… （314）
新产品研发 …………… （314）
降本增效 …………… （314）

北京首矿工程技术有限公司

首矿工程公司领导名录 …………… （314）
概 况 …………… （314）
主要指标 …………… （315）
市场开发 …………… （315）

首钢矿业实业公司

实业公司领导名录 …………… （315）
概 况 …………… （315）
后勤保障 …………… （315）
环保治理 …………… （315）

北京首钢矿业投资有限责任公司

矿投公司领导名录 …………… （316）
综 述 …………… （316）
体制机制建设 …………… （316）
资源整合 …………… （316）
重点项目 …………… （316）

首钢控股有限责任公司

首钢控股领导名录 …………… （317）
综 述 …………… （317）
首钢伊犁项目 …………… （317）
首钢通钢项目 …………… （317）
首旺煤业项目 …………… （318）
西沟煤矿项目 …………… （318）

华兵矿业项目 …………… （318）
宜昌铁矿项目 …………… （318）
村镇银行项目 …………… （318）
柔性加工及无人机项目 …………… （318）
人才队伍建设 …………… （318）
荣誉称号 …………… （319）

北京首钢鲁家山石灰石矿有限公司

首钢鲁矿领导名录 …………… （319）
综 述 …………… （319）
主要指标 …………… （319）
重点工作任务 …………… （319）
环保治理项目 …………… （319）
人员安置工作 …………… （320）
会议服务 …………… （320）
技术创新 …………… （320）
市场开发 …………… （320）
企业管理 …………… （320）
党群工作 …………… （320）

园区开发管理

新产业开发管理部

新产业开发管理部领导名录 …………… （322）
综 述 …………… （322）
新产业开发 …………… （322）
新产业协调 …………… （322）
政策研究与对接 …………… （322）
综合管理 …………… （323）

园区管理部

园区管理部领导名录 …………… （323）
综 述 …………… （323）
资产处置 …………… （323）
拆迁工作 …………… （323）
基础设施建设 …………… （324）
转型分流 …………… （324）
费用节降 …………… （324）
综合管理 …………… （324）

北京首钢建设投资有限公司（园区开发部）

首建投公司领导名录 …………………………（324）

综　述 …………………………………………（324）

政策争取 ………………………………………（325）

基础设施 ………………………………………（325）

专项规划 ………………………………………（325）

招商合作 ………………………………………（325）

项目建设 ………………………………………（325）

北京首钢园区综合服务有限公司

园区服务公司领导名录 ………………………（326）

综　述 …………………………………………（326）

经营指标 ………………………………………（326）

经济增长点 ……………………………………（326）

维修看护 ………………………………………（326）

拆解拆除 ………………………………………（327）

设备设施安装 …………………………………（327）

基础设施 ………………………………………（327）

租赁业务 ………………………………………（327）

贯标工作 ………………………………………（327）

物业服务 ………………………………………（327）

园林绿化 ………………………………………（327）

培训转型 ………………………………………（327）

薪酬分配 ………………………………………（328）

党群工作 ………………………………………（328）

信息化建设 ……………………………………（328）

安全保卫 ………………………………………（328）

北京首钢源景文化发展有限公司

源景公司领导名录 ……………………………（328）

综　述 …………………………………………（328）

首钢文化创意产业 ……………………………（329）

重点项目 ………………………………………（329）

首钢雕塑艺术馆 ………………………………（329）

文化活动 ………………………………………（329）

影视拍摄 ………………………………………（330）

工业旅游 ………………………………………（330）

文化产品开发 …………………………………（330）

争取政策资金支持 ……………………………（330）

学习培训 ………………………………………（330）

获评资质 ………………………………………（330）

获奖荣誉 ………………………………………（330）

北京首钢基金有限公司

首钢基金公司领导名录 ………………………（331）

综　述 …………………………………………（331）

首钢基金记事 …………………………………（331）

电子机电制造

北京首钢自动化信息技术有限公司

首自信公司领导名录 …………………………（334）

综　述 …………………………………………（334）

技术水平 ………………………………………（334）

科研体系建设 …………………………………（335）

科研成果 ………………………………………（335）

专利技术 ………………………………………（335）

软件著作权 ……………………………………（335）

论文及学术交流 ………………………………（335）

成果转化 ………………………………………（335）

迁钢 SGRS 工艺模型开发 ……………………（335）

热连轧自动化系统升级 ………………………（336）

单机架二级系统研发 …………………………（336）

棒材卷取自动控制研究 ………………………（336）

平整机过程自动化研究 ………………………（336）

首钢采购电子商务平台 ………………………（336）

国家电子基金招标项目 ………………………（336）

国家 863 计划项目 ……………………………（336）

智慧城市顶层设计 ……………………………（336）

迁顺合同评审项目 ……………………………（336）

首钢 EDI 系统项目 ……………………………（337）

迁钢质量过程控制（QPC）项目 ……………（337）

台塑 LIMS、ARMS 项目 ……………………（337）

重庆旗能电铝 MES 项目 ……………………（337）

首钢长钢信息化规划项目 ……………………（337）

冷轧薄板厂搬迁项目 …………………………（337）

京唐自动化工程 ………………………………（337）

迁钢自动化工程 ………………………………（337）

贵阳特钢自动化工程 …………………………（338）

信息维护工作 …………………………………（338）

运行维护工作 …………………………（338）

劳动管理改进工作 ……………………（338）

薪酬奖励机制 …………………………（338）

员工培训 ………………………………（338）

管理创新 ………………………………（339）

荣誉称号 ………………………………（339）

党群工作 ………………………………（339）

群众路线教育实践活动 ………………（339）

首自信 2014 大事记 …………………（339）

先进集体和先进个人 …………………（340）

北京首钢机电有限公司

首钢机电领导名录 ……………………（342）

综　述 …………………………………（342）

主要指标 ………………………………（343）

市场开发 ………………………………（343）

产品开发 ………………………………（343）

基地建设和搬迁调整 …………………（343）

深化改革和转变机制 …………………（343）

人员分流安置 …………………………（343）

党建工作 ………………………………（344）

北京京西重工有限公司

京西重工领导名录 ……………………（344）

综　述 …………………………………（344）

年度指标 ………………………………（344）

市场和工程开发 ………………………（344）

公司上市工作 …………………………（345）

群众路线教育实践活动 ………………（345）

京西重工大事记 ………………………（345）

年度亮点 ………………………………（345）

北京首钢金属有限责任公司

北京首钢金属有限责任公司领导名录 …………（345）

综　述 …………………………………（346）

夯实基础管理 …………………………（346）

人员招聘和培训 ………………………（346）

降低生产成本 …………………………（346）

质量体系培训 …………………………（346）

合资公司简介 …………………………（346）

建筑与房地产

北京首钢国际工程技术有限公司

首钢国际工程公司领导名录 …………（348）

综　述 …………………………………（348）

主要经济指标 …………………………（348）

明确发展战略 …………………………（349）

市场营销 ………………………………（349）

服务首钢园区 …………………………（349）

项目实施 ………………………………（349）

管理创新 ………………………………（349）

科技创新 ………………………………（349）

开展"三化三力"活动 …………………（349）

投资企业管理 …………………………（349）

人才工作 ………………………………（349）

党群工作 ………………………………（350）

企业文化 ………………………………（350）

首钢地质勘查院

首钢地勘院领导名录 …………………（350）

综　述 …………………………………（350）

年度经营指标 …………………………（350）

创新发展 ………………………………（351）

开拓市场 ………………………………（351）

科研工作 ………………………………（351）

强化管理 ………………………………（351）

信息化建设 ……………………………（351）

党建与队伍建设 ………………………（351）

为职工办实事 …………………………（352）

北京首钢建设集团有限公司

首建集团领导名录 ……………………（352）

综　述 …………………………………（352）

主要指标 ………………………………（353）

科技创新 ………………………………（353）

市场开发 ………………………………（353）

工程管理 ………………………………（353）

企业管理 ………………………………（353）

人才建设 ………………………………（353）

党群工作 …………………………………………（353）
大事记 ……………………………………………（354）

北京首钢房地产开发有限公司

首钢地产领导名录 …………………………………（354）
综 述 ……………………………………………（354）
主要指标 …………………………………………（355）
项目开发建设 ……………………………………（355）
园区建设 …………………………………………（355）
企业管理 …………………………………………（355）
党群工作 …………………………………………（356）
深化改革 …………………………………………（356）
努力方向 …………………………………………（356）

服 务 业

生活管理办公室

生活办领导名录 …………………………………（358）
综 述 ……………………………………………（358）
为职工家属办实事 ………………………………（358）
生活服务 …………………………………………（358）
老旧小区综合整治 ………………………………（358）
公共卫生管理 ……………………………………（358）
房改房管专业管理 ………………………………（359）
专业管理 …………………………………………（359）

北京首钢实业有限公司

首钢实业领导名录 ………………………………（359）
综 述 ……………………………………………（359）
深化改革 …………………………………………（359）
开拓市场 …………………………………………（359）
信息化建设 ………………………………………（360）
科技创新 …………………………………………（360）
培训体系 …………………………………………（360）
人才晋升 …………………………………………（360）
提升软实力 ………………………………………（360）
首欣物业 …………………………………………（360）
首钢饮食 …………………………………………（361）
首融汇 ……………………………………………（361）
幼教中心 …………………………………………（361）

老年福敬老院 ……………………………………（362）
首钢国旅 …………………………………………（362）
先进集体和先进个人 ……………………………（362）

北京大学首钢医院

首钢医院领导名录 ………………………………（363）
综 述 ……………………………………………（363）
机构设置 …………………………………………（363）
改革与管理 ………………………………………（364）
医疗工作 …………………………………………（364）
护理工作 …………………………………………（365）
科研工作 …………………………………………（365）
医学教育 …………………………………………（365）
信息化建设 ………………………………………（365）
医院管理 …………………………………………（366）

首钢总公司培训中心

培训中心领导名录 ………………………………（366）
综 述 ……………………………………………（366）
发展思路 …………………………………………（367）
职工教育培训 ……………………………………（367）
社会教育培训 ……………………………………（367）
国家级建设项目 …………………………………（367）
校园文化建设 ……………………………………（367）
人才工作 …………………………………………（367）
教学成果 …………………………………………（367）
学生工作 …………………………………………（368）
为师生办实事 ……………………………………（368）

独立经营单位

北京首钢耐材炉料有限公司

首钢耐材领导名录 ………………………………（370）
综 述 ……………………………………………（370）
年度经营指标 ……………………………………（370）
创收增效 …………………………………………（370）
定型产品生产线建设 ……………………………（370）
鲁矿公司托管首钢耐材 …………………………（371）
党群工作 …………………………………………（371）

北京首钢吉泰安新材料有限公司

吉泰安公司领导名录 …………………………… （371）

综　述 …………………………………………… （371）

主要指标 ………………………………………… （371）

技术质量管理 …………………………………… （372）

节能环保 ………………………………………… （372）

党群工作 ………………………………………… （372）

北京北冶功能材料有限公司

北冶公司领导名录 ……………………………… （372）

综　述 …………………………………………… （372）

主要指标 ………………………………………… （373）

科技创新 ………………………………………… （373）

科研新产品 ……………………………………… （373）

技术改造 ………………………………………… （374）

管理创新 ………………………………………… （374）

安全环保 ………………………………………… （374）

职工培训 ………………………………………… （374）

党群建设 ………………………………………… （374）

企业文化 ………………………………………… （374）

北冶公司 2014 年大事记 ……………………… （375）

北京首钢氧气厂

氧气厂领导名录 ………………………………… （376）

综　述 …………………………………………… （376）

主要指标 ………………………………………… （376）

新稀有氪氙精制工程 …………………………… （376）

安全生产 ………………………………………… （376）

国军标质量体系认证管理 ……………………… （376）

武器装备科研生产管理 ………………………… （376）

资产盘活处置 …………………………………… （376）

碳排放交易创收 ………………………………… （377）

薪酬改革实施 …………………………………… （377）

职工培训 ………………………………………… （377）

党建工作 ………………………………………… （377）

凝聚力工程 ……………………………………… （377）

差距与不足 ……………………………………… （377）

海外事业

中国首钢国际贸易工程公司

首钢国际领导名录 ……………………………… （380）

综　述 …………………………………………… （380）

矿石进口 ………………………………………… （380）

钢材出口 ………………………………………… （380）

设备引进 ………………………………………… （380）

海外工程 ………………………………………… （381）

综合服务业 ……………………………………… （381）

投资项目 ………………………………………… （381）

教育实践活动 …………………………………… （381）

高效协同 ………………………………………… （381）

队伍建设 ………………………………………… （381）

首钢国际 2014 年大事记 ……………………… （381）

首钢秘鲁铁矿股份有限公司

首钢秘铁领导名录 ……………………………… （382）

综　述 …………………………………………… （382）

主要经营指标 …………………………………… （383）

生产组织 ………………………………………… （383）

提高产品产量质量 ……………………………… （383）

设备管理 ………………………………………… （383）

装船销售 ………………………………………… （383）

新技术攻关 ……………………………………… （383）

新区建设 ………………………………………… （383）

安全生产和员工培训 …………………………… （383）

社区关系 ………………………………………… （383）

视察与交流 ……………………………………… （384）

首钢控股（香港）有限公司

香港首控领导名录 ……………………………… （385）

综　述 …………………………………………… （385）

开辟融资新通道 ………………………………… （385）

京西重工上市 …………………………………… （385）

资产重组 ………………………………………… （385）

大　事　记

2014 年首钢总公司大事记 …………………… （388）

荣誉表彰

2014 年度首钢先进党组织 …………………… （394）

2014 年度首钢先进共产党员 ………………… （398）

2014 年度首钢"三创"先进集体 ……………… （400）

首钢职工创新工作室 …………………………… （402）

2014 年度首钢先进职工 ……………………… （402）

统计资料

2014 年首钢集团主要工业产品产量完成
情况 ……………………………………… （406）

2014 年首钢集团主要综合效益指标完成
情况 ……………………………………… （407）

2014 年首钢主要技术经济指标完成情况 ……… （408）

2014 年首钢集团专利申请项目 ……………… （409）

2014 年首钢专利授权项目 …………………… （426）

2014 年末首钢集团各单位职工分类构成情况 … （439）

2014 年末首钢集团离退休人员和费用构成
情况 ……………………………………… （441）

2014 年末首钢集团职工年龄和政治面貌构成
情况 ……………………………………… （442）

制度目录

2014 年首钢总公司颁发制度性文件目录索引 … （444）

2014 年首钢总公司废止制度性文件目录索引 … （448）

《首钢年鉴 2015》编辑人员

《首钢年鉴 2015》组稿编辑人员 …………… （454）

索　引 ………………………………………… （456）

CONTENTS

SHOUGANG GENERAL COMPANY/ ·· (1)

BEIJING SHOUGANG CO.,LTD./ ·· (192)

HEBEI SHOUGANG QIAN'AN IRON & STEEL CO.,LTD./ ····································· (201)

SHOUGANG JINGTANG UNITED IRON & STEEL CO.,LTD./ ······························· (222)

BEIJING SHOUGANG SPECIAL STEEL CO.,LTD./ ·· (236)

QINHUANGDAO SHOUQIN METAL MATERIAL CO.,LTD./ ······························· (239)

SHOUGANG CHANGZHI IRON & STEEL CO.,LTD/ ·· (246)

SHOUGANG SHUICHENG IRON & STEEL(GROUP)CO.,LTD./ ····························· (252)

SHOUGANG GUIYANG SPECIAL STEEL CO.,LTD./ ·· (280)

SHOUGANG TONGGANG GROUP/ ·· (282)

SHOUGANG YILI STEEL CO.,LTD./ ·· (293)

SHOUGANG MINING CORP./ ·· (298)

BEIJING SHOUGANG AUTOMATION INFORMATION TECHNOLOGY CO.,LTD./ ··· (334)

BEIJING SHOUGANG MACHINERY & ELECTRIC CO.,LTD./ ····························· (342)

BEIJING WEST INDUSTRY CO.,LTD/ ·· (344)

BEIJING SHOUGANG INTERNATIONAL ENGINEERING TECHNOLOGY CO.,LTD./ ··· (348)

BEIJING SHOUGANG CONSTRUCTION GROUP CO.,LTD./ ··································· (352)

BEIJING SHOUGANG REAL ESTATE(GROUP)CO.,LTD/ ····································· (354)

BEIJING SHOUGANG INDUSTRY CO.,LTD/ ··· (359)

CHINA SHOUGANG INTERNATION TRADE & ENGINEERING CORP./ ··············· (380)

十 大 新 闻

2014 年首钢十大新闻

◆ 首钢坚持改革创新激发活力实现集团盈利目标

◆ 总公司党委加强中心组学习,举办周末大讲堂,自觉学习自信运用习总书记系列重要讲话精神

◆ 首钢股份公司重大资产重组圆满完成

◆ 郭金龙王安顺等领导到京唐公司调研慰问干部职工,勉励首钢在促进京津冀协同发展上作出更大贡献

◆ 首钢京唐公司首次实现扭亏为盈

◆ 推动京津冀协同发展,首钢基金公司成立,打造资本运营平台

◆ 首钢总公司党委颁发全面深化改革指导意见

◆ 首钢召开"三创"交流会,为全面深化改革激发发展活力

◆ 首钢高端领先产品开发生产创好水平

◆ 首钢北京园区开发找准定位稳步推进

特　载

习近平给京津冀注入国家动力：
从各自为战到协同发展

今年2月，习近平总书记将京津冀协同发展提升到重大国家战略。这是三省市一直在等的"东风"。

京津冀三省市，地缘相接、人缘相亲、历史渊源深厚，具备相互融合、协同发展的良好条件。然而，长期以来，三地在行政壁垒下各自为政，经济联系松散，在区域合作上成了"最熟悉的陌生人"。

作为京畿重地、北方腹地，京津冀被寄望能够带动北方经济、连接南北发展，成为我国新的经济增长极。然而长期以来，三地发展极不平衡，河北省人均财政收入仅为北京、天津的1/5左右，单位面积年产出不足北京的1/10，存在着巨大的"经济断崖"；此外，京津冀总人口已超过1亿人，面临着生态环境持续恶化、城镇体系发展失衡等突出问题。

京津冀的长远发展需要更高层次的统筹，需要用"一盘棋"的思路来考虑。京津冀协同发展战略应运而生。

今年8月，官方消息披露，国务院成立京津冀协同发展领导小组，副总理张高丽任组长。作为顶层设计的"京津冀协同发展规划"也正在紧锣密鼓地编制中。

京津冀迎来崭新的发展阶段。三省市面临的关键问题是如何"各就各位"，找到差异化的定位，融入协同发展，寻求合作共赢。目前，三省市就生态环境合作、教育协同发展、交通一体化等签署了多项合作协议。协同发展带来的政策红利已初步显现。

与此同时，更深层次的改革，诸如跨区域GDP分计方式、税收分成机制、财政转移支付制度、生态补偿机制等，也在探索之中。

习近平给京津冀注入"国家动力"

9个月前的2月26日，京津冀两市一省的发展新路，响起了一声发令枪。习近平总书记把京津冀协同发展上升为重大国家战略。

地缘相亲但长期以来各自为政的"三兄弟"，开始了更为频繁的"串门"，商量彼此之间的合作共赢。

眼皮子底下的京津冀，如何行稳致远，探寻全新动力，一直是习近平总书记思虑的重点。去年以来，他分赴三地考察，多次就京津冀协同发展作出重要指示。

天津是习近平三地考察的第一站。2013年5月14日，习近平从北京乘坐城际列车前往天津考察调研。两天时间里，他先后到武清区的农田、滨海新区生物医药研究院、中新天津生态城等处考察，就发展都市型农业、科技创新、建设资源节约型和环境友好型社会进行调研。

就是在这次调研期间，习近平提出，要谱写新时期社会主义现代化的京津"双城记"，积极推进京津冀区域合作，促进优势互补、共赢发展。

由春入夏，八月铄金。去年8月，习近平在北戴河主持研究河北发展问题时，再度提出要推动京津冀协同发展。

今年2月25日，习近平在北京调研。他强调，北京要强化首都功能，成为"四大中心"——全国政治中心、文化中心、国际交往中心、科技创新中心。与此同时，北京要调整疏解非首都核心功能，优化产业结构，提升城市建设质量，遏制"摊大饼"式发展。

首钢总公司党委副书记何巍对习近平在北京视察时的情形仍记忆犹新："总书记对北京市管理工作和京津冀

协同发展战略发表重要讲话,讲话中唯一提到的企业就是首钢,总书记指出'首钢搬迁到曹妃甸就是具体行动。要继续坚定不移地做下去'。"

三地调研后,今年2月26日,习近平在北京主持召开专题座谈会,听取京津冀协同发展工作汇报。

座谈会上,北京市委书记郭金龙首先汇报,他表示,总书记关于京津冀协同发展的重要指示,使北京的同志豁然开朗,北京要克服行政辖区惯性思维的束缚,自觉把工作放在京津冀协同发展的大局中去谋划和推进。

天津市委书记孙春兰谈道,京津冀协同发展适应国家改革发展要求,回应社会各界关切,恰逢其时,水到渠成,天津要扎扎实实做好工作。

河北省领导表示,京津冀协同发展是多赢之举,河北要把握好战略定位和历史机遇,在区域良性互动、协同发展中实现自身更好发展。

正是在这次座谈会上,习近平强调,京津冀协同发展意义重大,对这个问题的认识要上升到国家战略层面。各地要打破自家"一亩三分地"的思维定式,抱成团朝着顶层设计的目标一起做。

随后,今年全国"两会"上,国务院总理李克强作新一届政府首份工作报告,将"加强环渤海及京津冀地区经济协作"写入其中。

11月26日,在人民日报社举办的京津冀协同发展论坛上,交通运输部副部长冯正霖透露,交通一体化作为推进京津冀协同发展的先行领域,在国务院的统一部署下,交通运输部正会同有关方面组织编制京津冀协同发展交通一体化规划。

中央搭台,三地唱戏。作为"演员"的京津冀颇为卖力,实质性的合作加速推进。截至今年8月底,京冀、京津、津冀分别签署了7项、6项、5项合作协议,涉及北京新机场建设、生态环境合作、教育协同发展、交通一体化等多方面内容。

全国人大常委会副委员长、民建中央主席陈昌智寄望京津冀能成为真正的经济协作区。与以往的经济协作区由于行政分割而难以落地相比,"京津冀协作区不一样,因为它得益于总书记的重视,得益于国务院的重视,得益于各部委的支持。"陈昌智在上述论坛讲话中说。

习近平:七方面推进京津冀协同发展

一、着力加强顶层设计,抓紧编制首都经济圈一体化发展的相关规划,明确三地功能定位、产业分工、城市布局、设施配套、综合交通体系等重大问题,并从财政政策、投资政策、项目安排等方面形成具体措施。

二、着力加大对协同发展的推动,自觉打破自家"一亩三分地"的思维定式,抱成团朝着顶层设计的目标一起做,充分发挥环渤海地区经济合作发展协调机制的作用。

三、着力加快推进产业对接协作,理顺三地产业发展链条,形成区域间产业合理分布和上下游联动机制,对接产业规划,不搞同构性、同质化发展。

四、着力调整优化城市布局和空间结构,促进城市分工协作,提高城市群一体化水平,提高其综合承载能力和内涵发展水平。

五、着力扩大环境容量生态空间,加强生态环境保护合作,在已经启动大气污染防治协作机制的基础上,完善防护林建设、水资源保护、水环境治理、清洁能源使用等领域合作机制。

六、着力构建现代化交通网络系统,把交通一体化作为先行领域,加快构建快速、便捷、高效、安全、大容量、低成本的互联互通综合交通网络。

七、着力加快推进市场一体化进程,下决心破除限制资本、技术、产权、人才、劳动力等生产要素自由流动和优化配置的各种体制机制障碍,推动各种要素按照市场规律在区域内自由流动和优化配置。

(来自2014年12月《中国经济周刊》;记者:姚冬琴、陈惟杉报道;略有改动)

靳伟接受人民日报采访

6月9日，人民日报采访团成员，山东分社采访部主任刘成友、北京分社记者余荣华、湖南分社记者颜珂、人民网北京频道记者邵鹏飞等一行到首钢采访调研，就首钢在推动京津冀协同发展中的新思考、新举措、新趋势等对总公司党委书记、董事长靳伟进行采访。总公司领导何巍、梁宗平及办公厅、党委宣传部负责人陪同。

靳伟首先对人民日报记者的到来表示欢迎，对人民日报等新闻媒体对首钢的关注表示感谢。靳伟说，进入21世纪，首钢兑现承诺，在党中央、国务院的亲切关怀下，在北京市委、市政府，河北省委、省政府及各界的大力支持下，广大干部职工拼搏奉献，克服重重困难，率先进行了搬迁调整，开启转型发展新篇章，本身就是京津冀协同发展的先锋队。首钢搬迁调整的过程，也是转型升级的过程。首钢作为国有企业，要承担起经济责任和社会责任，带动周边地区发展，并在企业的环保建设上起到标杆示范作用。在谈到京津冀协同发展时，靳伟说，近段时期，首钢全体干部职工自觉学习、自信运用习近平总书记视察北京时的重要讲话精神，提出了下一步全面深化改革的思路。我们坚持深刻理解并按照经济社会发展规律、城市发展规律、企业发展规律踏踏实实做好应该做的事，努力在推动京津冀协同发展中发挥示范带动作用。谈到首钢在北京地区的转型发展，靳伟说，首钢将按照市委、市政府的要求，坚持"绿色、高端"定位，使首钢成为传统产业转型发展的一面旗帜。

靳伟还分别就企业环保工作、老厂区开发建设等方面的具体问题回答了记者提问。

何巍、梁宗平分别介绍了首钢搬迁调整、京唐公司建设发展等情况。

人民日报记者在党委宣传部领导陪同下，参观了陶楼老厂区未来规划沙盘、"首钢的昨天、今天、明天"展览、群明湖，登上石景山俯瞰老厂区全貌。

（来自《首钢日报》）

钢铁工业转型发展是一篇大文章

原题：2014"转型发展·钢铁强国之路"高峰论坛
暨京津冀协同发展首钢实践研讨会举行

8月22日至23日，由中国钢铁工业协会指导、首钢总公司和中国冶金报社共同举办的"2014'转型发展·钢铁强国之路'高峰论坛暨京津冀协同发展首钢实践研讨会"在北京会议中心举行。论坛以创新驱动、转型发展为理念，推动钢铁行业转型升级；同时，在京津冀协同发展的大背景下，通过解析首钢搬迁调整建设京唐公司，并实现转型发展的成功案例，总结实践经验，为钢铁行业发展提供借鉴，探索中国钢铁工业的强国之路。

第十届全国政协副主席、中国工程院主席团名誉主席、中国金属学会理事长徐匡迪，中国钢铁工业协会名誉会长、原国家冶金局局长蒲海清，中国工程院院士、原冶金工业部副部长殷瑞钰，中国钢铁工业协会名誉会长、原冶金工业部副部长吴溪淳，中国钢铁工业协会党委书记兼副会长刘振江、常务副会长朱继民、副会长王晓齐，工业和信息化部原材料工业司副司长苗治民，中国金属学会常务副理事长王天义，宝钢集团总经理陈德荣，武钢集团总经理马国强，鞍钢股份总经理王义栋，中国钢研科技集团董事长、党委书记才让，太钢集团董事长、党委书记李晓波，河北钢铁集团副总经理王新东,山钢集团总经理陈启祥,本钢集团党委副书记董事,沙钢集团党委副书记陈晓东,渤海钢铁集团总经理严泽生,泰山钢铁集团董事局主席、党委书记王守东,中天钢铁集团常务副总裁高一平,中国钢铁工业协会常务副秘书长李新创,中国钢铁工业协会副秘书长李克敏、屈秀丽、王利群,中国冶金报社社长、总编辑陆闻言,中国冶金报社党委书记陈贵民,以及来自企业、协会、研究机构、政府管理部门的领导、专家、企业家、行业精英等300余人出席论坛。

首钢总公司领导靳伟、徐凝、何巍、王毅、张功焰、梁宗平、赵民革、顾章飞、刘建辉及首钢各有关部厅领导和四地钢铁企业、矿业公司等从事技术研究、产品管理的相关人员出席论坛。

王天义、王晓齐分别主持了上午和下午的论坛。

刘振江首先在致辞中代表中国钢铁工业协会和中国金属学会,对论坛的举办致以热烈的祝贺,对各位嘉宾的莅临表示热烈的欢迎。他指出,钢铁产业调整和产业转移与转型升级相结合,与创新驱动相结合,与区域协调发展相结合,与化解过剩产能和治理污染相结合,做起来并不容易。首钢搬迁完成了世界钢铁史上最大规模的搬迁调整,首钢京唐公司集成了国内外最先进的技术,也因此开创了曹妃甸工业园区,不但积累了钢铁升级的经验,也经历了刚搬迁就遇到全球金融危机的市场考验。首钢搬迁调整的经验,可以为京津冀地区的产业转移及产业发展提供借鉴,也可以为我国大钢铁基地建设提供经验,有助于我们解决钢铁工业转型发展中的一些困难。钢铁工业的转型发展是一篇大文章,转型发展需要智慧,需要奋斗,需要政府和社会支持。

徐匡迪作题为《创新驱动促进钢铁业转型发展》的主旨演讲。他以首钢京唐公司为例,讲解了建设资源可循环的绿色钢铁厂的三大功能:优质洁净钢生产平台;高效能源转化、梯级利用的工业过程;各种固体废弃物和粉尘充分利用的、近零排放的循环经济示范区。他说,在各工序高效化生产的基础上,京唐公司建立起全流程高效快节奏的生产体系,余热蒸汽近零排放,用发电余热建设国内最大海水淡化厂,固体废弃料循环利用,全流程实现节能减排,成为能源转换型的节能钢铁厂。他指出,改革开放30年来,中国经济高速发展的奇迹举世震惊。但随着国内外环境的变化,原有依靠生产要素低廉(土地、劳动力、能源等)吸引外资,从而争取国际市场空间的路子已日渐狭窄,同时国内环境、资源的约束则更加严峻。因此,经济发展模式从要素投入转向创新驱动,并使发展速度回落到合理的区间,是可持续发展的必然选择。世界各国凡是经济发展速度回归合理区间并以最终消费为主要动力时,钢铁工业都会出现产能过剩。在此前提下,无利或亏损运营将是"常态"。钢铁企业的经营理念也要从做大规模转向全生产链的工艺、技术创新,努力做低成本运营来保持生存条件。钢铁工业的新一轮"洗牌"——削减过剩产能在所难免。这将是在政府主导下,市场发挥主要作用的"减量重组"(如宝钢和广钢的重组)模式,或以环境容量,用水"红线"为制约的"涅槃重生"(如首钢搬迁调整)模式。不论是哪一种,都必须走资源节约和环境友好的新型工业化道路,建设具有三大功能的绿色钢铁厂。

王毅代表首钢总公司党委书记、董事长靳伟作题为《践行钢铁强国之路,在京津冀协同发展中发挥更大作用》的主旨演讲,围绕本次会议的主题:"转型发展·钢铁强国"和京津冀协同发展,介绍了首钢的思路和做法。他表示,首钢搬迁调整是党中央、国务院的重大决策,是国家第一个批准钢铁业整体迁出大城市,真正向沿海发展,涉及国家、地方、企业、职工利益的复杂系统工程。首钢京唐公司与先期启动的迁钢公司、首秦公司、首钢冷轧公司相继建成投产,总体技术装备达到世界一流水平,搬迁调整的新钢厂、新布局、新优势基本形成,促进了钢铁工业自主创新能力的提高。同时,首钢京唐公司通过探索规律、加强管理、全面推进达产、达标、达效,到今年5月份已全面实现盈利。这表明京唐公司的综合优势正在逐步发挥出来,表明中国人能够建设和驾驭好世界一流水平的钢铁企业,为实现钢铁强国梦迈出了新的步伐。首钢通过搬迁调整,促进了我国钢铁工业的优化布局调整、自主创新和发展循环经济,促进了北京市与河北省的经济结构调整和区域环境治理,促进了京津冀的协同发展,对建设钢铁强国、加快我国经济发展方式的转变都具有重要意义。在京津冀协同发展已成为国家战略的新形势下,首钢更应在区域协同发展上有所作为,更应在区域环境治理上有所作为。首钢要积极发挥更重要作用,成为实施京津冀协同发展战略的平台和纽带,在京津冀协同发展中发挥好示范带动作用。

吴溪淳作题为《探索中国钢铁行业脱困图强之路》的主旨演讲。他通过大量的数据对比,对当前钢铁行业的严峻形势做了透彻的分析,提出了要靠改革创新探索中国钢铁强国之路。他指出,解决中国钢铁行业脱困图强的问题,只有真正发挥市场配置资源的决定性作用和更好发挥政府的作用才能实现,两者缺一不可。一是必须加快营造公平竞争的市场环境,通过公平竞争实现优胜劣汰。当前最重要的是严格税收征管和严格环保执法,建议加快建筑业和房地产业"营业税改为增值税"步伐。二是深化国有或国有控股钢铁企业改革。建议政府有关部门研究国有钢铁企业体制机制改革和国有钢铁企业联合重组,提高集中度的相关思路,增强控制力和市场影响力。

殷瑞钰以《论曹妃甸钢铁基地的设计思路》为题,介绍了首钢京唐公司的设计思路。他指出,新一代钢铁制造流程理论研究遇上了首钢搬迁的实践机遇,为建设临海钢铁基地与循环经济示范区进行了顶层设计。顶层设计以实现三个功能为目标,即钢铁产品制造功能、能源高效转换功能、大宗废弃物处理—消化—再资源化功能。同时,在设计上必须建立起动态—有序、协同—连续运行的概念。他表示,首钢京唐公司是高效率、低成本洁净钢制造的集成技术研发平台,是新一代"三个功能"钢厂的工程示范,实现了"氢"的分析和高值利用、"海水淡化"与化工利用、"煤气回收"与发电利用、炉渣加工与建筑利用,以及低能阶余热与社区供热利用。

马国强、王新东、严泽生、王义栋分别以《加快调整优化推动转型发展》《建立适应行业新常态的经营发展模式》《加快渤海钢铁转型发展迎接行业"新常态"》《城市因"钢铁"而不同——鞍钢在沿海基地的实践》为题,介绍了转型发展方面的思考与实践。中国钢铁工业协会专家李拥军就钢铁工业转型升级的走向作了专题报告。他们在发言中给予首钢搬迁调整很高的评价,认为首钢搬迁调整是我国钢铁行业为实现转型发展和钢铁强国梦而进行的有效实践和大胆探索,是创新驱动发展战略的体现,代表着钢铁行业未来发展和竞争力提升的方向;同时,首钢搬迁调整也体现了首钢人奉献、奋斗、改革创新的精神,为京津冀协同发展作出了表率,具有明显的示范意义。

8月23日,参加高峰论坛的领导、专家学者来到京唐公司,先后参观考察了指挥中心、5500立方米高炉、2250热轧生产线、第三冷轧分厂、海水淡化和成品码头。干净整洁的厂区、先进的工序、有序的管理、高效的运输,给各位代表留下了深刻的印象。大家认为,首钢京唐公司积极探索现代化大型装备和先进工艺运行规律,充分体现了"产品一流、管理一流、环境一流、效益一流"的定位要求和建设目标,成为具有国际先进水平的精品板材生产基地和自主创新的示范工厂,成为节能减排和发展循环经济的标志性工厂。

论坛的召开受到国内各大媒体的高度关注,人民日报、经济日报、新华社、中央电视台、中国冶金报、科技日报、中国企业报、中国证券报、中央人民广播电台、北京电视台、北京人民广播电台、北京日报、首都建设报等十余家新闻媒体记者到会进行了重点采访报道。总公司党委副书记何巍就首钢转型发展的有关问题接受了中央电视台等新闻媒体记者的采访。

(来自首钢集团网站;作者:王军军、李春满、王亚朋)

首钢"曹妃甸时代"

每周日下午,张新国都会准时出现在北京石景山区老首钢的东门,坐车去唐山曹妃甸。周五下午,再从曹妃甸坐车回京。

张新国是首钢京唐钢铁联合有限责任公司(下称首钢京唐公司)炼钢部脱磷区转炉作业区作业长。2005年3月,首钢搬迁到曹妃甸,开始吹沙造地,2010年6月一期工程建厂投产。从此,首钢京唐公司的4000多名北京籍员工便成了"候鸟",定期往返于京冀两地。

原来在北京上班时,张新国坐公交车,距离也只有3站地,现在去唐山,坐长途大巴需要4个小时。

一辆大巴可乘坐 50 人，如果 4000 人同时乘坐大巴往返，就要 100 多辆大巴。如果一字排开，相当壮观。

首钢搬迁始于 2005 年，拉开了首都功能疏解的大幕。2014 年 2 月，习近平在京津冀协同发展座谈会上，高度肯定了首钢搬迁是京津冀协同发展的范例。

京津冀一体化上升为重大国家战略后，一场产业大迁徙正在叩打京津冀的门环。但不少企业仍在观望，担心产业转移是否会出现水土不服，如何持续发展？

9 年试水，首钢搬迁曹妃甸已成为区域产业融合的样板。

"人稳住，企业就稳住了"

早在 1994 年，首钢要搬迁到曹妃甸的消息就在京冀两地传播开来。

一污染二缺水三没铁矿石，首钢扎根北京的理由正变得稀薄。经过多年论证，2003 年，首钢决定迁址曹妃甸。

首钢在向国家发改委提出搬迁到曹妃甸的申请上写道："不占国家一亩耕地，建设一座现代化的钢铁厂。"这一决定得到了中央政府和北京市、河北省政府的肯定和支持。2008 年首钢停产 400 万吨产能，为奥运年的 256 个蓝天作出了贡献。

此外，首钢还给北京腾出了 8.56 平方公里主厂区用地。昔日热水朝天的钢厂，变身为文化创意产业区、综合办公区、滨水生态休闲区和城市综合服务区四大板块，成为京西新地标。北京因为首钢搬迁减少的税收，也因环境的改善吸引了更多企业进驻，得到弥补。

"首钢搬迁为北京解决环境问题、落实城市功能定位作出了巨大贡献。"曾参与新首钢规划的第十届全国政协副主席、中国工程院原院长徐匡迪说。

首钢重生，曹妃甸亦新生。首钢带到曹妃甸的是中国第一个千万吨级临海钢铁企业，项目总投资 677.31 亿元。曹妃甸把最好的甸头留给了首钢，占地比整个澳门特别行政区的面积还大。

首钢给曹妃甸除了带来千万吨级钢铁产能，还带来了 4000 多名技术工人。产业转移带来的人口迁移和流动已成为大势所趋。

张新国是 2008 年 6 月较早来到曹妃甸的首钢工人。当时的曹妃甸是一片繁忙工地。生活设施不完善，也没有娱乐设施，吃完饭就在一片荒地上遛弯。

"从建设到开炉不容易，我心里早有准备。"张新国说。然而，还是有很多同行的人选择了离开。有些人离去是因为岛上医疗条件差，医保社保难以衔接；还有一些人则是因为与家人长期两地分居。

中国长期以来施行的户籍政策给人口流动带来了一定阻碍。当年的首钢搬迁，解决办法之一就是首钢员工待遇不变，户口不变，才使得"工作在唐山，生活在北京"成为可能。而户籍制度上附着的教育、医疗、就业和社保等综合福利，短时间内仍难以打破。

"从这一点来看，京津冀一体化不只是经济问题，还需要国家从政策方面进行更多顶层设计才行。"中央政策研究室原副主任郑新立接受《财经国家周刊》记者采访时说。

张新国在岛上曾有一次突发脑梗，从此他就多了几项业余活动：看养生书籍，在宿舍给自己艾灸。

在首钢京唐公司 8500 多名职工中，除张新国这些京籍职工，还有近 4000 个岗位吸纳了河北当地就业，并创造出近 1.2 万个相关生产性服务业岗位。

现在，张新国的年轻徒弟们多在附近买了房，首钢京唐公司也在曹妃甸区（原唐海县）建了职工住房。这些年轻职工在当地娶妻生子，很多都是唐山本地姑娘。

"他们每天下班回家，很稳定。人稳住，企业就稳住了。"张新国说。

几年前，张新国也在岛上离公司 20 公里处买了一套房子，是套"海景房"。张新国说，等妻子退休后，他们会一起搬到"海景房"。到那一天，他也真正成为一个曹妃甸人。

"简直是一场革命"

京津冀三地产业对接最大的分歧，是作为转出方的北京对高端产业不愿意放，而作为承接地的天津、河北对低端的产业也不想要。

"承接北京和天津的产业，我们的底线是什么？是不污染环境！这个底线，我们三方都是坚持的。"河北省领导多次表示，污染企业河北不会接受，"但如果有些产业通过转型升级，可以排除污染。北京的容量有限，放到河北来也是理所当然的。"

首钢搬到曹妃甸就属于此类。"首钢的搬迁调整是创新重生，凤凰涅槃。"徐匡迪说。

在搬迁过程中，首钢是不是在转移污染，一直是焦点话题。

首钢京唐公司党委副书记顾章飞告诉《财经国家周刊》记者，首钢搬迁不是将原有的设备和工艺搬迁，那些采购于20世纪七八十年代的陈旧装备，除留一些标志性设施当作纪念之外，该拆的都拆，"新钢厂全部采用国际最先进的装备，走循环经济的新路"。

搬迁后的首钢进行了产业升级。过去首钢老厂区主要生产建筑材，现在主要生产高技术含量、高附加值、社会需求比较高的高端板材，如汽车、家电板材、管线钢等。

刚开始的时候，张新国等老技术工人对一些新技术、新理念也不适应：过去30吨小转炉，现在300吨大转炉；过去一炉浇8支4吨模铸小锭，现在一炉10块2150大板坯；过去看碳花、甩钢钎、凭经验、拼体力，现在"一键式"炼钢，用电脑、点鼠标；过去主要生产"面条"、"裤腰带"，现在生产20大系列160多个品牌的高端板材。

如今，张新国坐在主控室里，就能知道一炉钢水的温度、氧含量和成分。用电脑控制副枪扎进高炉取出钢水样品，一按按钮，装着样品的小炮弹通过管道就到了化验室。8分钟内，化验室装置就能自动检测出结果。

过去，首钢的钢铁生产过程是靠人工排程。现在，新一代可循环钢铁流程采用"全干法"、"一包到底"、"全三脱"等技术工艺，都是靠信息化自动排程。

在25万吨级的矿石码头，从澳大利亚、巴西运来的煤矿和铁矿石用连续式链斗卸载机或抓斗运送到皮带链，再通过这条皮带链输送到首钢的炼钢厂。而生产出来的成品钢只需移动200米，就直接可以出港运往上海等地，大大减少了运输成本。

"这些新技术让每吨成品平均可节约100元至150元成本，按每年900万吨的产量算，年节约9亿多元。"顾章飞说。

在新首钢，炼铁高炉到炼钢转炉的运输距离只有900米，成为运距最短的大型钢厂。炼钢连铸到热轧实现了工艺零距离衔接，1580毫米热轧成品库到1700毫米冷轧原料库只隔一条马路。整个钢铁厂在功能序、空间序、时间序等方面都处于国际先进行列。

"这对我们来说，简直是一场革命。"张新国说，经过长时间学习、提素，他们才适应了这种先进的生产流程。

首钢搬到曹妃甸后，对环保要求控制得非常严格。顾章飞介绍，在首钢京唐钢铁厂的建设中，约有76亿元用作环境投资，占首钢一期全部投入的11.2%，是国内最高水平。每吨钢材在环保方面的投入是170元左右，远超同行业水平。

"炼钢过程中产生的烟，都经过一次除尘、二次除尘、房顶除尘。如果烟还冒出厂房，冒一次公司对作业部罚款5000到1万元。"张新国说。

根据《京津冀大气污染防治行动计划》，到2017年底，北京市要调整退出高污染企业1200家，天津市钢铁、水泥产能控制在2000万吨和500万吨，河北省钢铁产能压缩淘汰6000万吨以上。

"产业结构优化、高污企业搬迁等工作，既可以从源头上解决污染问题，也是倒逼产能过剩行业进行调整的路径。"国家发改委宏观经济研究院副院长马晓河告诉《财经国家周刊》记者。

"我们都是一体的"

京津冀三地协同发展,必将催生一批产业聚集区。

首钢入驻曹妃甸以来,极大地促进了曹妃甸矿石港、原油港、煤炭港等港口群的建设。这些港口群犹如一个强大的磁场:1500 万吨精品钢、1000 万吨炼油和 100 万吨乙烯、1500 万原油储备、400 万千瓦火力发电、日产 30 万吨海水淡化,以及超大型造船、LNG 等相关重化工产业竞相向曹妃甸集聚配套。

截至 2014 年上半年,从北京搬迁到曹妃甸的央企和北京企业已达到了 19 家,总投资 1446 亿元。

"循环经济是曹妃甸立区之本,这里上下游产业链关联度非常高,招商时,也要看企业是不是在产业链上。"曹妃甸工业区党工委副书记王雪增说。

这里的企业和企业之间密切相关,形成一个庞大的循环产业生态链。在京唐首钢公司内部,炼钢形成的 100 摄氏度低温废气用于加热进行海水淡化;海水淡化后的高浓度浓盐水用于唐山三友集团制碱制盐;炼钢生产出的废渣被作为冀东水泥、汇鑫嘉德等企业生产原材料,副产品煤焦油则可输送至中泓碳素项目进行深加工。

在北控阿科凌曹妃甸海水淡化有限公司院内,淡水通过管道流进一路之隔的华润电力有限公司一期,用作发电冷却水;浓盐水成了新岛化工的生产原料,用以提炼溴、钾等化工产品。华润电力则把发电中产生的蒸汽余热输送到海水淡化项目,用加热法生产淡水。

2014 年 7 月 17 日,中国石化北京燕山分公司曹妃甸千万吨级炼油项目环评获得了国家环保部批复,年内有望正式落地。该项目的亮点在于成品油生产标准高,高于欧 V 标准,是中国同行业最高标准。此外,该项目与其他行业循环发展,利用首钢京唐钢铁厂副产的焦炉煤气提取氢气,所产生的二氧化碳用于油田采油作业等。

这些企业之间的循环链,仅仅是曹妃甸打造"中循环"的一个缩影。企业与社会之间也有循环体系,如企业生产过程中的余热、蒸汽并入官网集中回收、统一调配,用于供暖、洗浴等,并可作为循环水、补充水、城市绿化和景观用水等加以利用。

首钢京唐投产时,遭遇金融危机和经济下行风险,业绩一度受到很大困扰。"每次听到首钢负债的消息,心里非常不舒服。"张新国说。首钢搬到曹妃甸初期,只投产了 1000 万吨产能的项目一期,二期工程的基础设施也耗资巨大。"小马拉大车",为此背负了不小的成本负担。

2014 年 5 月,首钢京唐公司扭亏为盈,让张新国心里踏实不少:"说实在的,就是看着有前景、有成就感,才来到岛上的。"

全国其他地方都反对上石油炼化项目,但张新国并不反对这样的项目就坐落在自己工作生活之地的旁边。"岛上缺人,只要有人来,就有人气。"张新国说,"曹妃甸的发展直接关系首钢京唐公司发展,我们都是一体的。"

十年"第二春"

"我应该是见过中央常委最多的老百姓了。"王钟敏是曹妃甸第一批上岛的建设者。十余年里,他以一个建设者代表的身份,向到访曹妃甸的十几位党和国家领导人介绍过曹妃甸。

2005 年 2 月,首钢搬迁方案获国家发改委批复,正式落户曹妃甸。之后一年多时间里,中央政治局常委密集奔赴曹妃甸考察。2009 年,李克强考察曹妃甸,调研应对金融危机之策。2010 年,习近平到访曹妃甸,围绕转变经济增长方式进行调研。

在王钟敏的记忆中,每一位到访曹妃甸的领导人,对这块"黄金宝地"都寄予厚望。

曹妃甸位于渤海湾北岸的河北省唐山市境内,卧伺环渤海区域。传说唐太宗李世民跨海东征,最疼爱的曹妃病死在海上,遂在岛上立了一个曹妃殿之后黯然离去,一个沉睡几千年的沙岛因此得名曹妃甸。

几百年来,这条带状小岛只是渔民和过往船只避难的港湾。直至近百年前,孙中山在《建国方略》里提出在这里建设"与纽约等大"的北方大港构想。2003年起,在数千亿元资金的推动下,这个涨潮时只有4平方公里的沙岛通过围海造地已形成一个近220平方公里的新型工业化基地;整个曹妃甸新区总面积达1943平方公里,面积相当于两个香港特别行政区,或三个新加坡。

2014年2月,习近平强调京津冀协同发展意义重大,是"一个重大国家战略"。曹妃甸成为京津冀一体化的战略核心区。

十年来,这个小岛的起伏腾挪,恰如中国区域经济发展的缩微影像。它经历了大规模国家投资的高速驱动期,遭遇了政策调整引发的债务和招商困境,也迎来了京津冀一体化提速带来的挑战和机遇。

向东是大海。曹妃甸在"柳暗花明"中,印证着中国经济最前沿的潮涨潮落。

"向大海宣个誓吧"

讲解曹妃甸的故事,要"过去未来共斟酌"。

2003年3月,以通岛公路开工为标志,曹妃甸正式拉开建设序幕。

2004年是曹妃甸建设最艰苦的时节。是年2月,时任曹妃甸实业港口有限公司总经理的王钟敏和十几名同事,坐着渔船登陆曹妃甸岛。薄雾蔼蔼,海风刺骨,10海里路,用了整整三个小时。

那时的曹妃甸岛,不过是涨潮时不足4平方公里的小浅滩。寥无人烟,连飞鸟的痕迹都没有,只有一座孤零零的灯塔,还有肆虐的海沙和密集的蚊虫。

王钟敏和同事们的任务,是在这样一个小岛上,始建现代化北方大港,给首钢乃至北京找一个新的出海口。

由于没有通岛公路,只有涨潮时才能把机器设备送上岛。稍有延迟,就只能等候下一次涨潮。夜幕降临,大伙裹着大衣趴在船的发动机上,哆哆嗦嗦过一夜。最长的一次,在岛上困了6天,没有淡水,来船时,大家激动得又喊又跳,泪如雨下。

小岛几乎寸草不生。大伙小心翼翼在沙地上种小草,怕活不了,把省下来的食用水给它们浇上。

岛上沙尘弥漫。吃饭满嘴是沙子,睡觉满鼻孔是沙子。门窗堵严实了,第二天门外已堆了个沙丘,门都打不开。

荒凉无比的不毛之地,却是修建巨港的黄金宝地。曹妃甸岛前500米远的海面下,绵亘着一条36米深的海槽,还有一条27米深的航道可以通向渤海海峡,25万吨的油轮可以轻易开进曹妃甸,这对于平均深度18米的渤海沿线来说异常难得。曹妃甸岛的后面,则是滩涂浅海,吹填土地非常方便,能为临港工业和城市发展提供充足且成本低廉的建设用地。

2004年5月,通岛公路实现简易通车。时任河北省常务副省长郭庚茂上岛,在浸泡于海水中的岛上对王钟敏说:"钟敏,你在这儿向大海宣个誓吧,保证2005年底之前建成码头,完成省委、省政府交给你们的任务!"

这是一个艰难的任务。他们要在18个月内完成包括吹填造地、基础处理、设备基础、场地土建房建等一系列工作。宣誓完,王钟敏咬咬牙,用脚使劲踩了踩刚刚吹填出来的、只有大半个足球场大小的土地。

曹妃甸吹沙填海工程,最初规划仅30平方公里,随后规模一再扩大,从250平方公里到310平方公里,一举超过上海临港新城的填海造地工程,成为中国在建的最大填海项目。最新的规划将曹妃甸工业区、南堡经济开发区、唐海县和曹妃甸新城纳为一体,规划面积达1943.7平方公里。

过去的海岸线处被命名为零加,从原海岸线开始,每填平一公里,就称为一加。到首钢厂区是十五加,过去的灯塔处,叫十八加,港口和过去的大陆之间距离正好是18公里。10年来,这条带状沙岛逐渐升级成为副地市级的曹妃甸区。

2006年,曹妃甸工业区被列入国家"十一五"发展规划。2008年,《曹妃甸循环经济示范区产业发展总体规划》获国家批准,中央为此专门成立由国家发改委牵头的曹妃甸开发建设协调小组并设立专家咨询委员会。

2007 年,曹妃甸迎来建设发展的巅峰时刻。是年 5 月 3 日,中石油宣布,在渤海湾滩海地区发现储量规模达 10 亿吨的大油田——冀东南堡油田。这个让总理一晚上没睡着觉的大油田,再次把世界目光聚集到曹妃甸。此后两个月,曾培炎副总理来到曹妃甸现场部署首钢搬迁。大港口、大钢铁、大石油,使曹妃甸风头极尽。

光环下的曹妃甸投资规模逐年上升。2011 年即累计完成投资近 3000 亿元,政府与企业的投资占比约为 1∶3,仅首钢一次投入的炼钢厂项目就有 677 亿元。彼时,曹妃甸被称为“中国投资最大的单体项目工地”。

2008 年全球金融危机发生后,中国推出 4 万亿投资计划,宽松的货币政策让银行沉淀大量资金。无数银行抢着放贷,投资高峰时,每天有 4 亿元砸向曹妃甸。岛上近十万建设大军昼夜劳动,一天要吃掉 5 万公斤土豆,上千辆卡车昼夜不停向曹妃甸运送物资。曹妃甸当时的口号宏大:成为渤海经济圈的一极、环渤海地区发展的引擎。

但这样的光辉日子并没持续多久。曹妃甸的风头很快被隔海相望的天津滨海新区超越。

大投资后遗症

似乎是一夜之间,曹妃甸的情形急转直下。

2011 年以后,“负债”、“烂尾”等词语频繁地与“曹妃甸”一起出现在新闻里。“曹妃甸不行了”的流言,如同一个幽灵,在河北、在全国徘徊。风头正劲的“中国鹿特丹”,陷入困境。

无论是否到过曹妃甸,人们都热衷于评论“失败案例”。曹妃甸工业区建设之初确定的“大港口、大钢铁、大化工、大电力”四大战略产业面临窘境:大港口无物可运;大钢铁陷入产能过剩;大化工因与天津近距离争夺而无法上马;大电力无法转化发电余热。

4 万亿投资之后,货币政策逐渐转向稳健,这迅速影响到曹妃甸。由于投资人在内蒙古鄂尔多斯的总部资金链出现问题,曹妃甸一大型综合商业楼项目停工缓建。加上中日关系起伏,曹妃甸中日工业园区有些项目搁浅。此外,后来的石油系统反腐,也让一些相关项目进展缓慢。

“好几个项目盯着盯着,投资人就没了。”一名参与项目招商的人士说。这个小岛上的每一个角落,都反映着中国宏观经济形势的起伏变化。

债务是曹妃甸建设中一道巨大的鸿沟。曹妃甸的建设一度沿袭了中国过去土地开发、投资拉动式的发展模式。用于基础设施开发的巨额投入,容易在短期内迎来偿债高峰。据媒体报道,2013 年,曹妃甸一位领导在一次招商大会上透露,曹妃甸每天要还利息 1000 万元左右。2009 年、2010 年曹妃甸新增投资每年为 1000 亿元,此后逐年有所下降。

唱衰曹妃甸的言论通过腾讯的新闻框弹出来时,在曹妃甸管委会工作的金星和很多同事们“心都碎了”。

“完了,全国都知道了。”金星说,这些消息给曹妃甸带来了“非常坏”的影响。

在这些曹妃甸建设者的心中,曹妃甸有着特有的磁性,给他们自豪和归属感。在他们眼里,曹妃甸就是一个孩子,一年一个样,一天一个样。当听到负面言论后,金星和同事们如鲠在喉,“一个沙岛,辛辛苦苦做了这么多,全都白做了”。

曹妃甸文丰木业有限公司总裁贾振武回忆说,当时文丰木业正准备在曹妃甸大干一场,计划建立中国北方最大的专业化木材码头,打造一个全球木材的集散、加工基地。在和国外木材大鳄谈判时,关于曹妃甸的负面信息被国际媒体转载,成为对方谈判的砝码。

“对方要你让步,接招就要吃亏。”那段时间,贾振武频繁往返国内国外,“腿都跑细了”。

“曹妃甸真正的产业聚集才四五年,还像个婴儿一样,处于成长初期,有一定规模债务是正常的。”曹妃甸工业区党工委副书记王雪增说,“那时候压力的确很大。”

在王雪增看来,如果科学客观地分析曹妃甸债务结构和投入产出比,可以清晰地发现,曹妃甸建设初期政府性融资有 80% 投资在填海造地、修建铁路、高速、道桥等基础设施上,特别是有近二分之一投在围海造地上。综合配套的港口、道路、供水、供电、供气、电信等重大基础设施相继完成,为未来大规模产业集聚奠定了坚实基础。"债务虽大,但从整体看债务结构是好的,没有形成不良资产。"王雪增说。

"现在再花三倍的钱也造不出来这些土地。"唐山市委书记姜德果告诉《财经国家周刊》记者,曹妃甸"面向大海有深槽,背靠陆地有浅滩,腹地广阔有支撑"的地理优势,越来越明显。

"面对一时的困难,既要有紧迫感,更要有平常心。"姜德果说。

2014年6月底北京市代表团考察河北,河北省领导也对曹妃甸拥有的土地和空间优势推崇有加,"北京最发愁的问题就是拆迁,而唐山最大的优势就是不用拆迁"。

"这样大规模的开发建设,在数年的推进过程中,出现一些内在的、外在的波折,是很正常的,这在全国开发区具有普遍性。"王雪增说。

滨海新区"亦敌亦友"

时过境迁。曹妃甸新区和天津滨海新区成为京津冀协同发展中最大的两个亮点。

多年来,从"京津冀都市圈"到"京津冀一体化",京津冀总体规划一直难以出台。受行政区划梗阻,区域合作中始终伴随竞争。这在曹妃甸发展中尤为突出。

"曹妃甸跟滨海新区完全是一种发展模式,都是依托港口建设一些适合大进大出的中大型项目。所以,无论在产业发展、港口腹地,还是经济条件上,都形成了非常明显的竞争关系。"中国社科院工业经济研究所工业布局与区域经济研究室主任陈耀分析说。

相距仅38海里,两个新区"亦敌亦友"。既要共同为京津冀区域协同发展出力,又因依托的资源、产业结构相似而相互竞争。

港口是争夺的焦点。不同的是,曹妃甸是天然深水良港,滨海新区是每年要花数亿清淤费的人工大港。相似的是,曹妃甸港位于天津航道上游,航道也几乎与天津港航道重合。

独特的地理位置让曹妃甸港占据优势。2007年,天津港计划投资曹妃甸港,未能成功。在市场争夺中,渤海西岸已经有秦皇岛港、京唐港、天津港和黄骅港多个港区。

天津港和曹妃甸港一直暗中较劲。曹妃甸的工作人员学习港口管理,都是去南方省份,不去较近的天津港。2013年曹妃甸港2.45亿吨的吞吐量,都是从别的港口碗里刨食刨出来的,成品钢的吞吐量已领先天津港。在运费方面,如果天津定价35元,曹妃甸就定在30元,集装箱运输还会有补贴。在唐山和天津企业界有个不成文的潜规则,唐山企业的货物一般不从天津港走,否则会有被清除出本地市场的危险;天津亦有同样的规则。

在曹妃甸和滨海新区的竞争中,有一个不可忽略的因素,是行政级别。滨海新区享受副省级待遇,唐山是地级市,曹妃甸只是副地级市的区。

行政壁垒在中国是一个非常特殊的现象。"过去我们一直从体制安排上优先发展北京和天津这样的大城市,优先配置优质资源。"国家发改委宏观经济研究院副院长马晓河接受《财经国家周刊》记者采访时说。

长期以来按不同的行政层级来配置经济资源,层级越高,掌握的财政、投资、用地资源和机会越多。未来京津冀三地协同发展中,如果每个行政区域都像过去那样追求单一利益最大化,就有可能重复低水平的竞争。

"现阶段京津冀一体化目标是把过去的鸿沟填补上来,终极目标是各种要素能在三地之间自由流动。"马晓河说。

让曹妃甸人念念不忘的两件事,都与此相关。10年前,中石化与河北省政府签订协议,在曹妃甸建设大型原油码头和原油炼化一体化基地,至今尚在跑办中仍未完全落地。而较晚申请的中石化滨海新区项目早已落地,并已开始申请二期工程。

在曹妃甸开发初期,曹妃甸向国家开发银行申请贷款,跑了两年多才拿下百亿元贷款,而滨海新区建设时期,争取到的资金配套让曹妃甸人咋舌。

同样,过去由于行政壁垒,交通规划、建设各自为政,京津冀三地交通一体化一直难以互联互通。据报道,京津冀三地之间仅"断头路"就多达2300公里。目前河北与京津之间仍有18条"断头路"和24条"瓶颈路"。

2014年2月26日,胶着多年的京津冀协同发展迎来了习近平总书记的"总动员令",进入实质性提速阶段。当天,习近平主持召开座谈会,要求北京、天津、河北三地打破"一亩三分地"的思维定式。

津冀两港竞争大于合作的问题也被提上解决日程。根据津冀签订的协议,天津港发展定位于强化综合性枢纽和集装箱干线港地位,而河北港口建设着眼于成为国际能源大港,以能源、原材料等大宗物资运输为重点。

但对曹妃甸与滨海新区而言,由竞争走向合作仍然需要时间。曹妃甸面对的沉重现实是2013年生产总值374亿元、财政收入76.1亿元,分别是滨海新区的5%和17%。滨海新区已是渤海地区名副其实的增长极,曹妃甸地区生产总值还不及唐山的10%。

北京积极行动

京津冀协同发展被提升至国家战略高度,曹妃甸终于迎来"第二春"。

曹妃甸早已暗自发力。从2013年10月起,在国家发改委尚未公开发布"京津冀协同发展"规划前,曹妃甸已开始全面招商。60人的队伍"搜索"京城,走访了北京有可能外迁转移的400多个项目,逐一建立档案。

为此,曹妃甸专门成立了推动京津冀协同发展领导小组。领导小组分为9个工作组,事无巨细,统筹协调。比如谁负责产业转移、谁负责城市建设、谁负责功能疏解、谁负责组织协调,均明确责任人。

……人烟稀少的曹妃甸重新变得热闹起来。从政府部门到企业,都主动来曹妃甸考察。

"这一阵子比以往增加了几十倍都不止。现在三番五次地来,有相见恨晚的感觉。"上述参与招商的工作人员说。招商之余,更多人谈及习近平总书记的河北情结,"做好对接,是在给总书记交答卷"。

2014年6月底,北京市委书记郭金龙和市长王安顺率领北京市代表团一行80余人到曹妃甸考察。7月底,京冀两地7项合作协议签署,其中最引人关注的是《共同打造曹妃甸协同发展示范区框架协议》。

"只有这个协议是政府主导的。其他协议都是政府引导、支持和鼓励。"王雪增解释说,这是一个非常珍贵的协议,"比黄金还珍贵,潜在的长远影响比任何想象都大得多"。

但采访中不少人士也认为,真正的协同发展路还很漫长。一旦深入对接,就会碰到很多现实问题。比如,企业转移中各地经济账怎么算? 首钢一个企业的纳税额,曾占整个北京市税收总额的5%。多年来,三地合作主要障碍就是企业转移带来的GDP、税收和政绩转移。

在京冀座谈中,河北方面以"最大的诚意"提出,应将创新政策机制作为当务之急。

河北方面认为,在共建方面,可以京冀共同研究设立曹妃甸发展基金,无论是产业园区还是城市建设,可以双方合建,共同出资组建投资公司合作开发,也可以由曹妃甸提供岸线、土地,北京方面独立投资建设。

在共管方面,由两地政府共同编制规划,具体运行中既可以是双方明确职责分工,合作共管,也可以是北京主导,全权管理,甚至可以借鉴50多年前首钢在迁安的建设模式,一些社会事务和公共服务等都可以交由北京方面管理。

在共享方面,产值分计、税收分享,既可以制定统一的政策,在确保北京既得利益不受损失的前提下,存量转移合作以北京收入为主,增量发展合作双方收益共享,按一定比例分成。也可以一事一议,一企一策,在具体项目上另行商议。

"北京迁移过来的企业,以前在北京交一个亿的税,搬到曹妃甸来,仍可以交给北京一个亿的税收。什么时候超过一个亿了,超出部分再分成,五五、四六都可以。企业到曹妃甸如果十年超不过一个亿,我们一分钱都不要。"唐山市委书记姜德果说。

情形正在发生变化。2014年9月的一天清晨,曹妃甸港25万吨级矿石码头一片繁忙景象。这里已经是全球最大的铁矿石码头,6个泊位,能停靠40万吨的船。6部卸船机正紧张有序地从货轮上卸着铁矿石,卸船机一抓72吨,一船铁矿石连续24小时可以卸完。

曾经饱受磨难的文丰木业,其专用码头也已通航。装卸机将一捆捆原木从船上卸下,来自北美、大洋洲的辐射松、花旗松、云杉、铁杉、冷杉等巨大原木堆望无尽。五年内,这里将成为世界级的木材集散中心。

不远处,在曹妃甸实业港务有限公司办公大楼里,王钟敏静静地伫立窗前,欣赏着阳光下这一"壮美景象"。此时的曹妃甸港,人流车流已与10年前不可同日而语,港口、钢铁、炼化,三个方向明确的产业格局,正在托起一座新城。

曹妃甸春秋

曹妃甸,这座渤海湾畔地造天成的岛屿,自2003年启动大规模开发建设至今,已届十余年。

十余年间,曹妃甸经历了国家大规模开发建设的高速驱动,遭遇了国际金融危机和经济下行背景的困扰,历经磨砺,终于迎来了京津冀一体化带来的利好机缘。这个小岛十余年的起伏腾挪,恰如中国区域经济发展的缩微影像。

在京津冀一体化上升为重大国家战略后,作为战略核心区的曹妃甸,如何发挥禀赋优势,撬动河北与京津两地的协同发展,至为关键。

(来自《财经国家周刊》;作者:罗海岩、庞清辉;有删改)

北京市人民政府关于推进首钢老工业区改造调整和建设发展的意见

(京政发〔2014〕28号)

各区、县人民政府,市政府各委、办、局,各市属机构:

首钢搬迁调整是党中央、国务院作出的重大战略决策,首钢老工业区(首钢老工业区是指新首钢高端产业综合服务区中首钢总公司的权属用地范围,包括首钢主厂区、首钢二通厂区、首钢特钢厂区、首钢第一耐火材料厂区,面积约9平方公里。)已被国家确定为首批城区老工业区搬迁改造试点。推进首钢老工业区改造调整和建设发展,是坚持和强化首都城市战略定位、构建"高精尖"经济结构、推动京津冀协同发展的重大举措,对调整疏解非首都核心功能、孵化培育新兴产业、深化服务业综合改革具有重要作用。为深入贯彻落实《国务院办公厅关于推进城区老工业区搬迁改造的指导意见》(国办发〔2014〕9号),有序推进首钢老工业区改造调整和产业转型升级,现提出如下意见。

一 总 体 要 求

深入贯彻党的十八大、十八届三中全会和习近平总书记系列重要讲话特别是考察北京工作时的重要讲话精神,全面落实国家关于城区老工业区搬迁改造工作的战略部署,立足首都城市战略定位,坚持以城市功能精细再造和产业结构深度调整为导向,以生态园区和智慧园区建设为重点,科学规划,有序推进,推动首钢老工业区实现产城融合,促进区域人口、资源、环境协调可持续发展;充分发挥市场配置资源的决定性作用,积极支持社会各方面力量参与,加快新首钢高端产业综合服务区建设发展;注重发挥首钢在京津冀协同发展中的战略支点作用,推动首钢老工业区和曹妃甸北京产业园双基地建设,实现首钢外埠钢铁主业和在京城市服务业融合发展,努力将首钢老工业区打造成在全国乃至国际上有影响力的传统工业转型升级示范区和国家绿色低碳示范园区。

二　主　要　任　务

(一)有序开展土地开发再利用。创新土地开发利用模式,按照优先保障首钢总公司在京发展新产业用地需求的原则,采取自主开发建设、产业定向开发和土地开发上市相结合的方式,加快推进首钢老工业区土地开发再利用。鼓励多元市场主体参与,引入中央企业、大型金融机构及外资企业等企业主体合作发展。根据土地新规划用途和产业类别确定供地方式,强化土地节约、集约、高效开发利用。合理安排土地开发时序,条件成熟一块,开发建设一块,实现滚动开发。优先做好废旧厂房拆除和土壤污染治理修复工作,为开发建设创造良好条件。

(二)先行推进基础设施建设。坚持高起点规划、高标准建设、精细化运营,适度超前建设一批重大功能性基础设施。科学编制区域综合交通规划、市政管线综合规划、地下空间开发利用规划等专项规划。加快建设中低速磁浮交通示范线(S1线)、地铁6号线西延,实施丰沙铁路入地改造。建设长安街西延、北辛安路、古城南街、锅炉厂南路,构建"五横六纵"骨干路网。同步建设晾水池东路、滨河路等城市次干路,推动苹果园交通枢纽等节点设施建设,提高公共交通换乘效率。配建安全高效的市政设施,加快西北燃气热电中心管线及调峰锅炉房建设,完善区域供排水系统,因地制宜建设雨洪利用设施,加快推进首钢厂区居民用电设施升级改造,建设永定、石景山等220千伏及首钢、石龙等110千伏变电站。布局建设建筑垃圾资源化等项目,建成鲁家山静脉产业基地,积极打造国内首个国家循环经济示范园区。结合永定河绿色生态发展带建设,推动生态系统与城市开放空间联通融合,打造多层级生态体系。坚持绿色低碳发展理念,并贯穿于规划设计、开发建设、运营管理等各个环节,构建高端、高效、低碳的生态型生产生活体系。

(三)培育构建现代产业体系。发挥国家城区老工业区搬迁改造试点、国家服务业综合改革试点区、北京保险产业园、中关村国家自主创新示范区的政策优势,突出科技创新和文化创新双轮驱动,紧抓产业链和创新链高端环节,吸引中央企业、民营企业、华商侨商等国内外优势资源落户,引进和培育金融保险、商务、设计、咨询等生产性服务业,打造全国制造业总部基地。发挥首钢总公司技术优势,提升研发设计水平,引导新技术和新产品的应用展示交易中心、产业创新联盟等集聚发展。积极培育创新能力强、市场前景好的新兴产业,巩固壮大节能环保、信息通信等高技术服务业。鼓励改造利用老厂区老厂房老设施,培育发展文化创意、工业旅游等新兴特色服务业。支持首钢总公司建设养老服务、健康医疗、教育、城市停车等方面的公用设施,发展城市综合服务产业。支持配套发展商业、康体娱乐、社区服务等生活性服务业,完善园区综合服务功能。严格产业准入门槛,提高园区产出效率。

(四)提升公共配套服务能力。立足首钢老工业区发展和高端产业新区建设需求,建立功能完备、运营高效、布局合理的社会公共服务体系。积极承接城市核心区功能疏解,引导教育、医疗等领域优质公共服务资源向该区域转移。采取就地改造提升、高水平转移引进和社会投资配建等三种模式,完善配套公共服务设施,力求实现公共服务便利化、多样化、精细化和均衡化。促进首钢总公司自办的教育、医疗、物业等内设服务机构向独立经营主体转变,推动区域公共服务社会化、市场化改革。适应产业发展需求,合理开发建设产业配套住房,推进产城融合发展。

(五)加强工业遗存保护再利用。深入挖掘首钢老工业区工业遗存的历史价值,科学做好工业遗存保护,规划建设首钢博物馆等文化设施。合理开发利用工业遗存资源,适当引入文化休闲、展览展示、工业旅游等功能,建设科学普及、爱国主义教育等基地。处理好建设与保护的关系,建立工业遗存保护开发利用的工作机制。

三 政 策 措 施

（一）按照新规划用途落实供地政策。利用首钢老工业区原有工业用地发展符合规划的服务业（含改扩建项目），涉及原划拨（或原工业出让）土地使用权转让或改变用途的，按新规划条件取得立项等相关批准文件后，可采取协议出让方式供地。经行业主管部门认定的非营利性城市基础设施用地，可采取划拨方式供地。对于首钢老工业区范围内规划用途为 F 类的多功能用地，可采取灵活的供地方式。

对于土地权属明晰、无纠纷，能够确权给首钢的项目，可按时序、分批次、相对集中地办理协议出让手续。对首钢特钢厂、二通厂、第一耐火材料厂区等无土地证，但土地权属明晰、无争议的土地，相关区国土部门可依照《确定土地所有权和使用权的若干规定》等有关政策规定进行土地确权，报区政府同意后，可由区政府出具土地权属认定意见，办理立项等前期手续，国土部门核发国有土地使用权证。建立健全市相关部门、区政府和首钢总公司统筹协调和协同联动的工作机制，会商解决边界相邻土地置换使用等问题。

（二）专项使用土地收益。首钢权属用地土地收益由市政府统一征收，专项管理，定向使用。扣除依法依规计提的各专项资金外，专项用于该区域市政基础设施项目红线内征地拆迁补偿、城市基础设施、土壤污染治理修复、地下空间公益性设施等开发建设。

首钢权属用地土地收益按照规定实行"收支两条线"管理。首钢总公司依照基本建设程序，采取项目管理的方式，就符合规划和资金使用范围的项目，向市新首钢高端产业综合服务区发展建设领导小组办公室申请使用该专项资金。专项资金使用要依法依规，确保专款专用。

（三）创新投融资模式。市政府与首钢总公司共同出资设立产业投资基金，吸引社会资本，扩大基金规模，创新基金管理和运营模式，支持首钢老工业区和曹妃甸北京产业园建设发展。支持首钢总公司开展资产证券化、房地产信托投资基金等金融创新业务，充分利用股权投资基金、企业债、中期票据、短期票据和项目收益性票据等融资工具，进行多种渠道融资。

积极争取国家发展改革委安排的城区老工业区搬迁改造专项资金，以及国务院有关部门安排的产业发展、市政基础设施和公共服务设施建设、污染治理等专项资金，支持首钢老工业区改造调整和建设。按照现行体制及政策，进一步加大市政府固定资产投资倾斜力度，优先支持区域重大基础设施和社会公共服务设施建设，安排国家专项资金配套投资。积极利用市相关部门设立的科技、文化等产业专项资金，加大对首钢老工业区改造调整和建设的支持力度。

（四）推进行政审批制度改革试点。按照"加快、简化、下放、取消、协调"的要求，深入推进行政审批制度改革试点，进一步简化行政审批程序，提高行政审批效率。根据项目类别、投资主体、建设规模、产业政策等明确市、区两级项目审批、核准、备案事权，由市区相关部门依法依规办理项目前期手续，重大建设项目纳入市政府绿色审批通道。

（五）加大合作招商选资引智力度。相关区政府落实招商选资引智主体责任，充分利用国家和本市各类试点政策，创建良好区域发展软环境，做好资本、人才双引进工作。首钢总公司积极引进符合未来产业发展需求的人才队伍，加强职业教育培训和转岗人员再就业培训，定向培养专业技能人才。加强区企合作，鼓励相关区政府与首钢总公司搭建联合招商平台，创新招商选资引智模式，积极吸引社会投资。市区相关部门落实好国家和本市相关政策，研究建立区企利益共享机制，做好各类市场主体投资服务，实现合作共赢。

（六）建立健全工作机制。市新首钢高端产业综合服务区发展建设领导小组要加强统筹，定期召开领导小组会议，研究议定重大事项，部署开展重点工作。加强领导小组办公室机构建设，协调推进新首钢高端产业综合服务区建设发展，组织做好相关政策规划制定实施，督促落实重点工作。相关区政府和首钢总公司按照领导小组工作部署，充分发挥主体作用，积极有效落实好土地开发、基础设施建设、项目招商、产业培育发展等任务。领导小组各成员单位要切实履行各自职能，落实相关政策，形成工作合力，共同推进首钢老工业区改造调整和建设发展。

北京市人民政府

2014 年 9 月 23 日

（来源：中华人民共和国国家发展和改革委员会官方网站）

点亮引航明灯　高举旗帜前行

——首钢全面深化改革指导意见诞生记

2014 年 9 月 9 日，首钢总公司党委颁发全面深化改革指导意见，明确了首钢全面深化改革的指导思想、总体思路、基本原则，提出了改革目标和重点任务。这是一份立意高远、思想深刻、战略清晰、措施明确的改革文件；这是一份在首钢 95 年历史上具有里程碑意义的蓝图，向世界传递出首钢走改革之路、大踏步跟上时代潮流、再创首钢辉煌的坚定信心。

《中共首钢总公司委员会关于首钢全面深化改革的指导意见》的诞生，是一个顶层设计、集思广益、反映民意、凝聚人心的过程；是一个反复锤炼、不断升华、不断学习、达成共识的过程。首钢的改革发展又站在了一个新的历史起点上，首钢人再一次迎来了共创企业美好未来、谱写人生崭新篇章的广阔舞台。

今年是深入贯彻落实党的十八届三中全会精神、全面深化改革的开局之年。按照中央、北京市委市政府的部署，首钢总公司党委顺应时代发展趋势和改革要求，遵循市场经济规律和企业发展规律，以推动企业科学发展和维护职工根本利益为出发点和落脚点，在新的历史起点上积极推进全面深化改革工作。

从年初首钢"两会"举起全面深化改革的旗帜，到成立全面深化改革工作筹备组，迅速着手深化改革的系统筹划；从学习贯彻习近平总书记视察北京时的重要讲话精神，到抓住千载难逢的机遇，进一步理清改革发展思路；从统一思想、凝聚共识，到整体设计、分步实施等，首钢全面深化改革的各项工作正在系统、高效、积极、稳妥推进。

9 月 9 日，《中共首钢总公司委员会关于首钢全面深化改革的指导意见》已下发各单位，明确了全面深化改革的指导思想、总体思路、基本原则、改革目标和重点任务等，涉及职工切身利益、集团管控体系构建以及领导能力建设等方面的改革正在有序展开。

自觉学习自信运用

——奠定深化改革思想基础

党的十八届三中全会吹响了全面深化改革的号角，今年初的首钢"两会"深入贯彻党的十八届三中全会精神，举起了全面深化改革的旗帜。

为了深刻理解党的十八届三中全会关于全面深化改革的精神实质，总公司党委提出首钢各级领导班子和领导干部要静下心来自觉学习新一代中央领导集体的新思想、新观点、新论断、新要求，沉下心来冷静思考首钢面临的问题，提起神来自信运用习近平总书记发表的系列重要讲话这一强大思想武器，并采取了一系列措施，解决好真学、真信、真用的问题，为首钢全面深化改革不断解放思想、凝聚共识。

通过加强和改进党委中心组学习等多种方式，解放思想、凝聚共识。

从 1 月份开始，举办系列报告会，邀请国内知名学者、相关领域专家作学习贯彻党的十八届三中全会精神专题讲座。

从 2 月份开始，坚持每周六举行党委中心组集体学习，精心设计学习主题，严密组织专题讲座、辅导报告，认真安排重点发言,有针对性地进行学习讲评;从统一领导干部的思想出发,把党委中心组学习参加范围扩大到各二级单位党政一把手和部厅领导;把"课堂"搬到中关村、北京经济技术开发区等地,学习先进经验,开阔视野。

从4月份开始,举办首钢领导干部周末大讲堂,总公司党委专题设计课程安排、研究每一讲的主题,总公司党委主要领导亲自审定讲课内容,靳伟、徐凝等总公司领导身体力行,在大讲堂上授课,大讲堂既有总公司领导讲解首钢未来发展战略、钢铁业发展、企业文化,又有相关部厅领导讲解改革的有关制度。

步步深入的学习过程,成为不断提高认识、统一思想的过程。

通过总结回顾弘扬首钢的历史、首钢的精神和首钢的优秀文化,解放思想、凝聚共识。总公司党委采取多种形式,不断总结和提升首钢的优秀思想文化,"首钢人从来没有在严峻的形势面前退缩过,从来没有在困难面前吓倒过,从来没有在问题面前绕着走过","良好的精神状态和过硬的作风是首钢的传家宝","首钢人身体里流淌着敢为天下先的血液","首钢人对改革开放认识和理解比别人更深刻"等一系列论述,进一步激发广大干部职工继承和发扬首钢人"敢为天下先"的精神,进一步启发引导各级领导干部深入思考、积极探索破解首钢改革发展的难题。

各级领导干部围绕首钢改革发展,如饥似渴地加强学习,一刻不停地增长本领。

自觉学习、自信运用,正在形成浓厚氛围;因势而谋、应势而动、顺势而为,正在成为思考改革发展的自觉行动;做全面深化改革的参与者、实践者、推动者,正在成为广大干部职工的共同追求。

树立世界眼光加强战略思维
——理清改革发展思路

面对新形势、新任务、新要求,总公司党委深刻领会习总书记关于"必须善于观大势、谋大事","事物都是不断发展、相互联系的,只有眼界非常宽阔,正确认识和积极顺应中国和世界发展大势,正确认识和妥善处理党和国家面临的大事,才能把握主动权、跟上时代前进步伐","自觉地在大局下想问题、做工作"等一系列思想,把"世界眼光、战略思维"贯穿于推动改革发展各项工作的始终,以辩证的、实事求是的、唯物主义条件论的战略思维和世界眼光,认真思考未来首钢在全球坐标系中的战略定位,更好地整合利用创新资源,激发内在活力,逐步确立了新时期首钢转型发展的总体战略思路。

在这一过程中,总公司党委抓住创新驱动、京津冀协同发展重大国家发展战略带来的机遇,对集团未来战略定位、首钢转型发展设想、破解发展难题提出了建设性意见;就集团新型管理体系、钢铁业和城市综合服务商的经营战略进行了系统梳理,提出了全面深化改革的指导思想。

在这一过程中,总公司党委确立了全面深化改革"六个必须"的战略思路,即:"首钢全面深化改革工作必须与明确首钢集团的战略定位紧密结合起来,必须坚持集团的战略定位服从于创新驱动和京津冀协同发展的国家战略,必须坚持集团的战略定位服从于首都'四个中心'的城市战略定位和'五个之都'的要求,必须坚持统筹首钢综合资源和'有取有舍'、'有进有退'相适应,必须坚持长远发展和解决当前突出矛盾、历史遗留难题相协调,必须坚持做优做强实体经济和实现产融结合相统一",并得到北京市委、市政府领导的充分肯定。

在这一过程中,总公司党委明确了全面深化改革要"坚持问题导向、坚持实事求是、坚持战略思维、坚持全员参与、坚持党的领导"的"五个坚持"基本原则,为推进全面深化改革的实践提供了可遵循的指导方针。

坚持问题导向实事求是
——寻求解决问题的突破点

问题是时代的声音、实践的向导。

总公司党委深刻领会习近平总书记关于"改革都是由问题倒逼而产生,又在不断解决问题中而深化"的思想,深刻认识到今天的首钢由于集团规模迅速扩大，带来了管理体制不适应、基础工作不牢靠等自身问题；前所未有的钢厂搬迁、早人一步的兼并重组、8平方公里的园区开发等，让首钢提前遇到了一些新情况新问题；发展中的问题和发展后的问题，一般矛盾和深层次矛盾，有待完成的任务和新提出的任务多重叠加，错综复杂。

总公司党委坚持问题导向，进一步增强全面深化改革的紧迫感和责任感。

一次次调研、一场场座谈、一次次讨论，为《指导意见》的起草奠定了坚实基础。

为了使改革更具针对性、科学性、合理性，总公司党委把调查研究、了解情况、发现问题、分析问题、听取意见建议作为寻求解决深层次问题、推动改革发展的有效方法贯穿其中。靳伟等总公司领导分别针对加强集团管控、提升钢铁业竞争力、加强产融结合等课题，到相关基层单位开展分类调研，为制定科学的改革发展方案奠定了基础：

——针对如何维护首钢广大职工根本利益，到首钢医院、矿业公司、通钢公司等单位调研，强调要把干部职工的冷暖放在心上，当成重要大事来抓，到职工最需要的地方去；

——针对干部的领导能力建设，到首钢党委组织部、党校等单位调研，强调要把培训和教育好干部作为重中之重的任务；

——针对园区开发工作，到园区开发部等单位调研，强调要牢记使命、精准定位、时不我待；

——针对改制企业发展，到机电公司、首建集团等单位调研，强调要紧抓机遇，在京津冀协同发展中发挥更大作用。

随着调研不断深入、认识逐步提升，首钢全面深化改革的基本思路逐步清晰。

总公司党委坚持顶层设计的科学性，正确处理好改革指导意见与改革方案设计的关系。3月份，成立全面深化改革工作筹备组，并迅速形成"首钢全面深化改革筹备工作方案"，同时深入细致开展了首钢集团现有企业组织机构等一系列的摸底工作。为使首钢的全面深化改革方案既有导向性，又有操作性，总公司党委打破先有指导意见后有工作方案的普遍做法，提出先有改革《工作方案》后有改革《指导意见》的原则，然后按照《指导意见》，进一步完善改革《工作方案》，使两者相辅相成。

4月份，在总公司党委领导下，筹备组开始研究起草《指导意见》和《首钢全面深化改革筹备工作方案》，4月底完成初稿。

5月20日和5月30日，总公司党委书记、董事长靳伟两次主持召开首钢全面深化改革专题会，总公司全体领导和有关部门深入讨论《指导意见》和《工作方案》，提出修改意见。筹备组再次修改后，6月8日、14日、21日、30日，靳伟先后主持召开专题讨论会，听取汇报、梳理起草原则……

酝酿、起草、修改、征求意见、再修改，不断完善，形成了《指导意见》征求意见稿，为进一步细化完善改革《工作方案》奠定了坚实基础。

总公司党委坚持实事求是的思想路线，把党和国家的方针政策与首钢的具体实践紧密结合起来，一切从实际出发，一切按客观规律办事。

针对集团管控体系不科学、总部管理职责不清、基础管理不扎实、钢铁业核心竞争能力不强、园区开发进度慢、产融结合不适应转型发展需要等方面存在的重点难点问题，总公司党委一一作出思考，要求在推动京津冀协同发展中发挥示范带动作用上；在首钢总公司改组成为国有资本投资运营公司上；在首钢发展钢铁和城市综合服务商两大主导产业上；在积极发展混合所有制、增强国有资本带动力上；在健全完善首钢集团管控体系、提升管理能力上；在完善创新驱动体系，提高创新能力上；在加强学习、提高干部领导能力上；在深化三项制度改革上等八个方面要有新认识。

通过大量细致的工作，总公司对全面深化改革重点环节的认识步步深入，问题越来越清晰，全面深化改革的突破点越来越明了，改革的实践基础越来越扎实。

在调研中把握方向，在修改中不断完善。《指导意见》的起草是一个顶层设计、集思广益、反映民意、凝聚人心的过程；是一个反复锤炼、不断升华、不断学习、达成共识的过程。

7月4日,《指导意见》(征求意见稿)下发各单位,广泛征求各方面意见。与此同时,总公司于7月10日和7月18日先后召开座谈会征求意见。7月19日,总公司有关领导利用周末大讲堂,就《指导意见》(征求意见稿)的形成背景和主要内容作了说明。

截至7月19日,共收到49家单位的书面反馈意见。

选其要者,择其大端。筹备组召开专题会,对征求到的意见和建议进行认真研究,将其主要观点归纳、汇总、整理出32条,充分吸收采纳了关注度高、对全面深化改革有重大推动作用的意见和建议,反馈意见的吸收率超过34%。

8月15日,总公司党委召开常委会征求意见。根据常委会征求到的意见和8月22日北京市新首钢高端产业综合服务区发展建设领导小组第二次会议精神,筹备组对《指导意见》做出修改,并提交总公司。

蹄疾步稳把握节奏
——扎实有序推进改革工作

首钢集团是一个跨行业、跨地区、跨所有制、跨国经营的多元化企业,当前,首钢正处于转型发展的关键时期,工作千头万绪,情况错综复杂,急需突破的事情很多,全面深化改革的任务繁重,很难一蹴而就、一步到位。

基于这样的认识,总公司党委坚持正确处理解放思想和实事求是、整体推进和重点突破、顶层设计和摸着石头过河、胆子要大和步子要稳的关系,结合首钢实际、寻求最大公约数,把改革的力度、发展的速度和职工承受的程度统一起来,大胆探索,勇于实践,稳妥推进。

总公司党委回应广大职工的期盼,率先推进了涉及广大职工切身利益的薪酬分配制度改革,并按照先职工、后领导的原则,对于涉及职工利益的改革项目优先安排,整体工作试点先行,改革措施成熟一个、出台一个、推行一个。

总公司党委紧抓最急需解决的问题,从加强集团管控高度,出台了《首钢总公司派出董事管理办法(试行)》、《首钢总公司内部监事会管理制度(试行)》、《首钢总公司特聘研究员管理办法(试行)》等一系列制度,修订完善了针对会议、公文处理、简报和信息报送等制度,下发了《关于认真执行有关工作制度严格遵守各项纪律的通知》,按照总公司党委关于"谁制定谁负责、谁制定谁培训、谁制定谁检查、谁制定谁改进"的要求,专业部门领导在首钢领导干部周末大讲堂上分别对相关制度进行讲解,狠抓贯彻执行,确保制度落实到位。

总公司党委还集中力量研究、破解干部新老交替矛盾突出的问题,系统推进干部队伍和干部的领导能力建设,出台了《中共首钢总公司委员会领导干部退出现职领导岗位的规定(试行)》、《中共首钢总公司委员会直管领导干部退休和返聘管理办法(试行)》和《首钢总公司退出现职领导岗位和退休返聘薪酬待遇实施办法(试行)》,组织召开贯彻落实领导干部退出机制专题培训会,要求各单位认真学习领会制度精神,制定好实施细则,更好地贯彻执行促进干部新老交替、规范干部退出机制的系列制度。首钢领导干部周末大讲堂举办26讲,在广大领导干部中引起强烈反响;首钢第一期领导干部特训班、短训班,第二期领导干部特训班的学员推荐、考察工作也已开展。

全面深化改革势在必行,首钢全面深化改革已经在路上。

总公司党委要求,要深刻认识首钢在国有企业改革中的历史地位、责任和使命,抓住战略机遇,做改革的先行者、实践者、示范者,为把首钢建设成为具有世界影响力的综合性大型企业集团提供强大动力和体制机制保障,为推动国有企业全面深化改革作出首钢新的贡献。

(来自《首钢日报》;作者:王军军;略有改动)

2014年，首钢特训在行动

2014年是首钢全面深化改革的起步之年，总公司提出"一根扁担挑两头"的战略构想，出台全面深化改革指导意见，各项改革措施持续推进，转型发展进入新阶段。"政治路线确定之后，干部就是决定的因素"。在转型发展新时期，结合实际加强领导干部教育培训，培养政治上可靠、业务上精通、作风上过硬的干部队伍，为实施首钢新的发展战略提供组织保证和人才支撑，是关系到首钢当前和长远发展不容回避的重要课题。

"好干部不会自然而然产生，成长为一个好干部，一靠自身努力，二靠组织培养，前者是基础，后者是保障。"创新首钢转型期领导干部培训工作，是贯彻党的十八以来中央和北京市委关于组织工作和干部培训工作一系列重要指示精神的重要任务，是解决首钢当前干部队伍知识结构、专业结构和年龄结构不合理、后继人才匮乏等突出问题的现实选择，也是加强学习型企业建设、促进干部集体学习，提高干部队伍政治理论水平、转变思维方式、凝聚改革共识、加强作风建设、提高综合能力的具体措施。按照总公司党委的决策和部署，首钢在2014年先后开展了两期领导干部培训，进行了一系列探索和尝试。

一　基　本　思　路

（一）坚持党委对干部培训工作的全面领导。总公司党委成立领导小组和工作小组，对干部推荐选拔和培训进行专题研究，做出决策，加强重点环节、重点事项审批把关和全过程的统一领导，形成党委领导下的组织部全面负责、党校具体实施、各有关部门和单位全力支持配合的干部培训工作格局，为搞好首钢新时期领导干部培训工作奠定强有力的组织基础。

（二）坚持从严要求，把好学员选拔关。首钢把高标准选拔学员作为搞好干部培训的首要条件，按照中央提出的新时期"五好"干部要求，制定明确标准、充分发扬民主、严格履行程序，经总公司党委常委会审议批准，确定参加领导干部特训班、短训班学员名单，真正把素质好、有潜力、有发展前途、肯于"自身努力"的中青年干部推荐出来。

（三）坚持高标准定位，把好正确办学方向。干部培训坚持理论武装、党性锻炼和提高领导力相结合，讲党的信仰、首钢的信仰、职工的信仰三者协调一致，让参加培训的干部、学员抽出身子、沉下心来，学会蹲方步、冷思考，通过培训切实增强党性修养，改善心智模式，拓宽工作视野，提升理论水平，锤炼工作作风，为完成更加艰巨的工作任务打好基础，为实现首钢长远发展做好人才准备。

（四）坚持统筹规划，创新办学模式。在培训方式上，把脱产培训、在岗学习和集体学习结合来，形成重点突出、点面结合、全面推动的干部学习格局；在培训内容上，把提高政治素养和党性修养放在首位，自觉学习、自信运用中央一系列新思想、新观点、新论断、新要求指导首钢工作，为创新发展统一思想，凝聚智慧和力量；在作风养成上，实行军事化管理，开展警示教育和党性分析，学习首钢优良传统，培养集体荣誉感和团队合作精神；在教学方法上，采取多角度、多方式提高新形势下领导干部理论水平、管理素质和领导能力。

二　实　施　过　程

首钢领导干部培训工作从2013年12月下旬开始筹备，2014年3月下旬正式启动。其中，第一期培训2014年5月6日开始，9月5日结束；第二期培训2014年10月8日开始，2015年2月6日结束；前后历时1年2个月。

（一）前期调研。从2013年12月开始，靳伟书记等总公司领导先后到党委组织部、宣传部、纪委（监察部）、首钢党校及部分基层企业调研，深入了解首钢干部队伍现状，广泛听取各方面意见建议。在2014年1月召开的首钢党委扩大会上，总公司党委提出，"在首钢改革发展的新形势下要把培训和教育好干部作为重中之重的任务，坚持把党性教育作为必修课，坚持讲党的信仰、首钢的信仰、职工的信仰三者协调一致，坚持理论武装、党性锻炼和提高领导力，使讲党性、讲道德成为首钢干部的职业操守"，为首钢干部培训工作创新得出了要求，指明了方向。

（二）制订方案。一是制订整体工作方案。党委组织部牵头对干部队伍进行全面调查摸底，在此基础上起草《关于在全集团开展后备干部推荐选拔和培训的工作方案》，"方案"制订过程中，总公司主管领导多次听取汇报，组织研究讨论，进行修改完善。工作方案认真贯彻中央和北京市委关于组织工作和干部教育培训的指示精神，正确理解和体现总公司党委战略意图，紧扣首钢转型期干部队伍建设需要，对后备干部推荐选拔和培训做出具体规定。二是做好教学计划。根据总公司党委要求和工作方案确定的原则，首钢党校先后走访中央党校、北京市委党校学习取经，并协同组织部等部门经过多次修改，几易其稿，完成《首钢领导干部培训工作方案》、《首钢领导干部特训班（第一期）教学计划》、《首钢领导干部短训班（第一期）教学计划》、《首钢领导干部特训班学员管理和纪律规定》及领导干部周末大讲堂教学安排等。工作方案和教学计划经总公司党委常委会正式批准，为全面开展首钢领导干部培训工作提供指南。

（三）加强领导，广泛动员。总公司成立以靳伟同志为组长的后备干部推荐选拔和培训工作领导小组，下设工作小组，许建国副书记任组长，工作小组办公室设在党委组织部。总公司党委指派一位组织部主要领导专职负责此项工作。2014年3月28日，总公司召开后备干部推荐选拔和培训工作动员大会，正式颁发《关于在全集团开展后备干部推荐选拔和培训的工作方案》，靳伟书记作重要讲话，要求各单位党委统筹做好后备干部推荐选拔和培训各环节工作，推动整个干部队伍建设，通过认真负责、扎实细致的工作，为首钢新时期转型发展提供组织和人才保障。

（四）高标准推荐选拔学员。总公司动员大会以后，各单位党委按照工作方案要求，严格按照干部管理权限，采取领导推荐、组织推荐、个人自荐、组织考察和总公司党委研究决定相结合的方式，产生集团部厅和二级单位领导班子后备干部。推荐和选拔过程坚持德才兼备、以德为先，凭党性、凭人品、凭能力、凭实绩、凭公认的原则，坚持严格的考察程序，多方面听取部门和职工群众意见，结合干部交流调整配备工作和急缺岗位需求，从推荐出的优秀后备干部中选拔学员。

（五）同步举办领导干部特训班、短训班和周末大讲堂。对选拔出来的学员，分期分批安排参加特训班培训，重要讲课以周末大讲堂的方式进行，听课人员范围扩大到总公司全体领导、各单位党政主要领导和机关部厅处级以上干部，讲授内容与实际工作紧密结合，与党委中心组学习相结合，带动全集团干部学习。

一是优秀年轻后备干部参加特训班培训。第一期特训班84名学员参加培训，83名学员结业，共进行了四个模块的学习训练，即：军训、政治素养与党性修养、首钢改革与发展和工作方法与领导艺术，总计100学日。学员共参加模块或单元考试、测试2次，每人提交研讨提纲、体会文章、个人报告等文字性材料11篇，完成5000字以上具有结业论文性质的调研报告。第二期特训班共有101人参加培训，学员全部结业。两期特训班共组织军训20天，专题辅导110学时，高端报告56学时，专题报告124学时，参观考察和现场学习164学时，研讨交流136学时，视频学习107学时，集中研读40学时。

二是短训班与特训班同期开学，同班上课，同期结业。短训班主要安排不宜参加军训和长时间脱产培训的学员，除参加周末大讲堂的学习，还利用短期脱产时间，集中进行"十八届三中全会和习近平系列讲话精神研读"及"作风建设和党性锻炼"两个教学单元的学习。其中，第一期短训班学员46人，第二期短训班学员71人。

三是举办周末大讲堂带动全集团领导干部学习。共开设大讲堂37讲课，参加学习人员约14000人次，内容涉及党的十八届四中全会、中央经济工作会议和上级指示精神的学习贯彻、钢铁行业发展、首钢发展战略、新制度宣讲、优良传统和文化、当前形势任务和工作要求、领导干部队伍建设、加强企业管理等。

三　主要做法和特点

（一）领导高度重视，组织工作严密。总公司成立首钢后备干部推荐选拔和培训领导小组，负责指导工作开展。通过专题会、书记办公会、党委常委会层层过关的方式审定工作方案、学员名单和教学计划，明确各项工作安排和具体要求。成立首钢后备干部推荐选拔和培训工作小组，负责具体组织工作开展，协调解决问题，制定教学计划，提出工作安排方案和意见。

首钢各有关部门通力协作。党委组织部在做好整体工作方案制订的基础上，组织专门力量开展学员考察，并指导培训计划的制订和实施；宣传部做好重点课程影视资料的拍摄编辑工作，并对干部培训工作进行及时报道；纪监委负责大讲堂等集中教学活动纪律保障、北京市党风廉政教育基地现场学习和党纪条规考试；培训中心腾出学员宿舍、开辟食堂专区，保障特训班学员集中住宿和集中用餐；保卫武装部落实学员军训安排；办公厅负责每次大讲堂通知和会场布置；工会为学员在篮馆开设专门活动场所；信息部及时开通党校视频分会场；京唐、迁钢、矿业、首秦、生物质能源、首建投、房地产等单位组织学员现场学习考察活动；等等。为搞好领导干部培训，各方面作出各自的贡献，保证了干部培训各个工作环节的落实。

（二）培训内容紧密结合首钢实际。一是贯彻中央、北京市关于组织工作和干部培训工作指示精神，把坚定理想信念摆在第一位，扎实开展理论学习培训，加强党性党风教育，严明党的纪律，促进首钢领导干部队伍牢固树立责任意识、使命意识、学习意识，使讲党性、讲道德成为领导干部的职业操守。二是针对干部队伍能力、素质、结构不适应等一系列困扰和制约首钢发展的因素，通过强化理论武装，加强党性修养，提升领导能力，推动干部队伍的思想建设、组织建设和作风建设，为首钢培养适应转型发展新要求的领军人才。三是把学习培训与思考谋划首钢发展战略结合起来，学习贯彻习近平总书记视察北京工作时的重要讲话精神和北京市委的一系列指示要求，抓住京津冀协同发展的战略机遇，研讨和完善"一根扁担挑两头"的战略构想，凝聚智慧，达成共识，坚定信心，增强合力。

（三）不断创新培训方式。一是运用多种方式实现教学目标。围绕教学单元和专题，邀请五矿、GE、联想、华为等知名公司高管与学员对话交流；组织当代世界经济、国际政治、世界科技等领域的高端报告；邀请总公司领导和相关部门领导授课，参与双向交流，进行训练指导；组织学员到北京市规划展览馆、中关村、优秀企业考察学习；组织学员到京唐、迁钢、矿业、生物质能源基地等首钢重点企业现场学习；组织开展军训，加强作风锻炼；组织开展党性分析，加强党性修养；组织开展课题调研，提出深化首钢改革的意见建议。二是实行"两个带来、一个留下"，不断提高和持续改进培训质量。即，特训班学员在入学时"带来"一个需要通过学习解决的思想理论问题和一个干部职工关心的热点难点问题，经过汇总、整理、分类，纳入课堂教学、双向交流和课题研究；在结业时以不记名方式"留下"对教学工作的意见和建议，经过整理、归类，作为持续改进办学的依据。根据学员提出的问题，及时、多次调整教学培训计划，在制订第二期领导干部教学计划时，充分考虑和采纳学员的意见建议。三是开发信息化教学手段。建立网络学习平台和教学信息系统，开办首钢领导干部特训班网站，组建总支微信群，满足学员课程选修需要，实现学员之间、教与学之间的充分交流。

（四）作风锻炼和严格管理贯穿始终。一是坚持全程军事化管理。坚持严格的封闭式军训，组织军训成果汇报表演，并把军训期间强调的纪律和作风贯穿学员在学期间的每一天。坚持严格执行内务制度、请假制度、作息制度，严格遵守课堂纪律、会议纪律要求，独立完成在校期间所有个人事务，不享受任何特殊待遇。坚持统一着装、统一住宿、统一行动，坚持出早操，集体外出整队，集体活动和一日三餐前唱歌，严格内务制度，加强督促检查，坚持每天收看《新闻联播》等。三是试行项目组负责制，对教务、教学和后勤等各方面工作做好分工，对教学计划进行分解、细化、优化，各项计划安排到人、到点，实现任务、责任、考核"三落实"。三是成立学员临时党组织，试行学员自主管理。秉承首钢卢沟工校优良传统，特训班成立临时党总支、党支部、党小组，对学员出勤、纪律、学习、月考核、评选先进、文体活动、生活内务等实行自主管理。组织党性分析、研讨论坛、学员讲坛、拓展讲座和主题党日活动，营造交流交锋、争优创先、团结互助的良好氛围,培育竞争意识、合作精神和集体荣誉感。

(五)及时总结经验,完善制度规范。一是及时总结第一期干部培训的经验教训,向总公司党委常委会和经理办公会汇报,并编印首钢领导干部培训系列资料,包括第一期领导干部培训工作资料汇编、大讲堂讲稿汇编和特训班学员调研报告选编三个分册共约70万字,报送总公司领导并印发各二级单位党委、总公司部厅、特训班及短训班学员供学习参考。二是制定领导干部培训工作汇报和信息反馈制度,建立总公司领导、组织部、党校和基层党委之间常态化沟通渠道。实行培训工作周反馈制度,加强重大事项和活动安排请示汇报,建立干部培训成绩考核、考察结果、学习鉴定、素质测评、办班总结、党性分析、调研报告等系统资料的汇报和反馈机制。

四 取得的主要成效

(一)为适应首钢领导干部新老交替和满足首钢事业发展需要培养和储备一批干部。首钢第一、二期干部培训,共培训学员302人,其中特训班185人,短训班117人。通过培训,一是系统学习掌握马克思主义立场、观点、方法,中国特色社会主义理论以及习近平总书记系列重要讲话精神,提高理论水平和政治素养;二是通过查思想、查宗旨和严肃组织生活,学员对共产党员、对党的事业、对领导干部的职责有了更深刻的认识和理解,增强了党性修养;三是通过军训、军事化管理和严格落实培训期间的各项纪律规定,磨炼了意志,强化了作风,树立了样板;四是通过与知名企业高管对话交流,学习首钢发展战略,了解掌握首钢各项事业发展动态,开阔了视野,启迪了思路,树立了信心;五是通过学习关于加强干部队伍建设、加强党的建设、践行群众路线等一系列文件,对依靠党组织、依靠群众开展工作以及如何带好队伍等重大问题有了更深的认识,提高了政策水平;六是通过学习管理知识、交流管理经验、调研管理实践,提高了企业管理水平和驾驭企业生产经营的能力;七是通过学习各项制度和工作方法,对如何立足本岗位更好地发挥作用有了新的认识和体会,提高了领导意识,增长了领导才干,为完成更加艰巨的工作任务打好基础。

(二)促进干部队伍转变观念,推进工作开展。通过重点培训和集体学习,首钢各级领导干部对首钢未来的发展定位和发展思路有了更清晰的认识,对首钢全面深化改革的重大意义、指导思想、总体要求、基本原则、改革目标、主要内容和组织领导有了准确的理解和把握;对首钢领导干部实现新老交替机制的改革与制度、加强首钢内部监事会工作的思路和方法、建立首钢巡视制度的思路和方法、首钢派出董事管理办法、首钢特聘研究员管理办法、工作制度和会议纪律等一批新出台的制度有了深刻的理解和把握;对钢铁行业当前形势及新常态的主要特征、新《环境保护法》实施对钢铁企业生存发展带来的影响及对策、钢铁电子商务平台建设、上海自贸区相关政策、钢铁行业人力资源现状及人力资源机构优化等相关知识有了进一步的了解,更新了知识,拓宽了视野、开阔了眼界;对加强企业基础工作、加强企业领导工作、加强企业党组织建设等有了更加清醒的认识,增强了做好工作的危机感、责任感和使命感。

首钢各级领导干部通过参与授课和学习,促进了深入思考,在转变观念、更新知识的同时,深刻领会上级精神,集中研讨当前工作,认真谋划今后发展,取得了较好效果,为形成良好学习风气,推动学习型企业建设和干部队伍作风建设发挥了一定的示范带动作用。

(三)初步形成首钢转型期领导干部培训新格局。通过一年多的探索和实践,首钢转型期干部培训工作新格局已现雏形,初步搭建起与建设有世界影响力的综合性大型企业集团相适应的干部培训体系基本框架。一是完善党委统一领导的干部培训工作机制。通过党委研究决策、组织严格考察、部门通力协作、多种方式结合,保证培训工作有序推进。二是健全以党委需求为导向的培训计划生成机制。培训内容紧扣首钢干部队伍现状和深化改革、转型发展对人才培养的实际需要,把提高理论水平和政治素养、增强党性修养、强化作风锻炼、研讨首钢发展、交流管理经验、提高领导能力和开展课题调研相结合,全面提高干部综合素质。三是形成领导干部脱产培训、在岗学习和集体学习相结合的学习格局。在探索理论与实践相结合、集中与分散相结合等方面做出有益尝试,为完善首钢干部教育培训体系,加强培训能力建设积累了经验。

探索首钢领导干部培训体系建设,推进培训工作制度化、规范化、常态化,是关系到首钢当前改革和长远发展的重要基础性工作,首钢干部培训将按照总公司党委的总体部署和要求,坚持点滴完善,持续改进,不断创新培训模式,提高培训质量,为首钢新的发展战略培养大批合格人才,努力把首钢干部培训工作打造成北京市国有企业干部教育培训的标杆和旗舰。

(首钢组织部、首钢党校供稿)

敢为天下先,谱写新篇章

始建于1919年的首钢,在创造巨大物质财富的同时,也形成了优秀的企业文化。改革开放以来,首钢以"敢为天下先"的精神,率先实行承包制,成为中国国有企业改革的一面旗帜。2003年,首钢又率先进行史无前例的搬迁调整,开创性地走出了一条适应市场经济发展要求和具有自身特色的大型钢铁企业搬迁调整的发展之路。近年来,首钢在顺利实施搬迁之后,进入转型发展新阶段,努力建设"具有世界影响力的综合性大型企业集团"。首钢深刻理解到,思想是行动的先导,即使有再好的方法、再新的措施,如果思维方式、思想观念跟不上,行为与决策就无法落地生根,更谈不上变革与发展。首钢迫切需要树立统领企业发展的鲜明旗帜和支撑首钢再创辉煌的精神力量,不断夯实转型发展的思想文化基础。为此,首钢以社会主义核心价值观为根本指导,把企业文化作为驱动转型发展最深层次的力量,在梳理传承"敢闯、敢坚持、敢于苦干硬干"等优秀文化传统的基础上,弘扬首钢人"敢为天下先"的精神,打造企业核心竞争力,推进首钢转型发展。

一　立足使命责任,突出战略引领,形成首钢特色

首钢取得的成绩得益于高起点的战略定位和超前的全局规划,而首钢战略性谋篇布局与成功实施又得益于首钢领导班子从"我们为什么要办企业"、"怎么办好国有企业"来思考首钢的定位。首钢将战略起点提升至服务于首都调整城市战略定位,服务于京津冀协同发展,肩负为国家、社会、员工创造价值、创造财富的责任,以此开启构筑首钢优秀企业文化的系统工程。基于不辱使命、不负众望的责任担当,首钢在转型发展过程中,始终牢固树立世界眼光和战略思维,注重根据经济发展新常态的趋势特点和地方经济社会发展需求,找准自身定位,准确把握本企业的功能,调整企业发展战略,培育发展具有比较优势的新兴产业,追求社会效益与企业效益双赢,从而逐步确立新时期首钢转型发展的总体战略思路,首钢努力当好北京市率先落实京津冀协同发展战略的实施主体、平台和纽带,不断拓展战略发展空间。

首钢确立新时期"一根扁担挑两头"的战略定位,即:通过打造全新的资本运营和金融平台这根扁担,实现钢铁和城市综合服务商两大主导产业协同并重发展,为首钢转型发展提供战略蓝图。在这一战略定位指导下,首钢的经营模式和经营理念逐步清晰。

关于做优做强钢铁业,首钢提出,要依照国家钢铁产业结构调整的要求,围绕打造"制造+服务"的综合竞争力,以满足高端客户需求为目标,实现从产品制造商向综合服务商转变,集中力量在重点区域做优做强,打造一批具有国际竞争力的钢铁产品,成为高端客户依赖的服务商。首钢京唐公司等钢铁新基地的工作核心是提升精细化管理水平、扩大独有产品比重、增强面向用户的差异化服务意识;外埠钢铁企业的工作核心是加强基础管理、大幅降低成本、改善品种结构和提高劳动效率。

关于打造城市综合服务商,首钢提出,要透彻分析新型城市发展规律,认真把握国家相关政策,深入再认识首钢自然禀赋,冷静思考首钢搬迁过程中形成的设计、建筑、节能环保、信息化等独特优势和发展潜力,着力发展城市基础设施、节能环保、健康医疗、文化体育、金融服务、房地产等六个潜力业务板块。首钢鲁家山生物质能源项目试生产运行顺利,受到社会高度关注和充分肯定,获得"北京市环境教育基地"称号,同时餐厨垃圾"收运处"一体化项目完成前期工作;建筑垃圾资源化利用项目建成试生产;京唐公司海水淡化设施项目取得实质性创新成果。

关于园区开发,首钢园区的开发建设要起引领作用,要秉承"绿色、高端"的开发理念,找准定位,稳步推进。北京园区要打造传统工业转型升级和国家绿色低碳示范区,建成世界一流和谐宜居之都的示范区;曹妃甸园区要以绿色和智慧园区建设为核心,加强钢铁与石化、汽车、盐化工及其他产业的融合,实现"产产融合"、"产城融合"。首钢老厂区西十筒仓改造,注重充分利用工业文化遗产、人文景观等资源,将文化传承与产业发展相结合,深度植入钢铁文化,让"炼铁料场"变身为"创意广场"。首钢二型材互联网·金融产业园项目正式启动,充分融入绿色生态建筑设计理念,将为国家和北京市重点支持的现代服务业企业提供孵化和成长空间,也将促进完善北京市金融产业格局,是北京市石景山区国家服务业综合改革试点区互联网金融产业基地之一。

首钢的每一项经营策略,源自对自身使命与责任的思考,体现出"善于观大势、谋大事"、"自觉在大局下想问题、做工作"的战略思维,体现出公司决策者善于洞察先机、抢占战略制高点的商战韬略和敢为人先、果断决策的经营风格,生动彰显出首钢"敢为天下先"的文化品格。

二 着眼理念创新,转变思维先行,提升实践水平

首钢提出,评价转型发展工作,关键要看是否扭转"靠天吃饭"的局面、是否左右自己、是否转变观念。"靠天吃饭"是一种依赖客观、强调客观的惯性思维。市场好,企业"靠天吃饭"的确有饭可吃,但钢铁"寒冬"已经成为新常态,首钢如果还幻想通过市场转暖来渡过危机,无异于坐以待毙。首钢必须要主动转变思想观念,冲破思想局限,自觉打破"靠天吃饭"局面,主动适应新常态,通过提升内功赢得生机。因此,首钢不断创新文化理念,树立"交账意识"、问题意识、创新意识和学习意识,并在战略、管理、人才等有助于形成长期竞争优势的关键层面落地,有效传导压力、激发活力,增强首钢转型发展的内生动力。

一是树立"交账意识"。首钢党委书记、董事长靳伟指出:"要把'交账意识'深深根植于首钢每一位干部职工的思想和行动当中,成为首钢人的基因。"首钢各相关单位要把"交账意识"作为落实总公司决策部署的重要行为准则,做到"科学决策,说一条是一条,条条坚持;庄严承诺,定一项是一项,项项兑现;做事到位,做一件是一件,件件落实"。为了进一步强化"交账意识",首钢第一季度经济活动分析会采取了"讲、评、议"的方式,先由汇报单位自己分析自己的情况,对标找差距、定措施,再由总公司领导及专业部门进行点评,之后邀请总工室专家、技术服务组组长、首钢出席北京市党代会的党代表和一线职工代表等打分评议,评议结果现场公布。党代表、职工代表和技术专家参加评议,在首钢历史上还是第一次。通过这种方式传导压力,倒逼各相关单位找差距,检查工作落实结果,形成"言必行、行必果"的"交账意识"。

二是树立问题意识。首钢越是面临严峻的市场形势,越要直奔问题,不躲不绕,坚持把找差距、查问题作为一项长期工作来抓,"想到深处、点到痛处、落到实处",目的是在钢铁"寒冬"中突出重围。首钢反复强调,坚持问题导向要找准、找狠,找得冒汗脸红、如坐针毡;要聚焦目标措施,不讲空话,真抓实干;要眼睛向内,用更高的标准做好自己的工作,不仅要与自己比,还要树立更高的标杆,对比找差,培育竞争要素;钢铁板块要严格用降低成本、调整产品结构、产品销售、国内原燃料、进口矿价格这"五把尺子"衡量工作,深入剖析经营活动中存在的问题及原因,把自己能够左右得了的工作,按照更高的标准,一项一项落实到位。首钢京唐公司在干部职工中树立"问题就是资源"的观念,深入查找影响铁水质量的问题,建立问题管理运行机制,为提升铁水质量提供保障;针对降低带出品问题,成立攻关组,制定提高工艺稳定性等十余项措施,使带出品率连续下降,达到0.61%的好水平。

坚持问题导向、调查研究,寻求解决问题的突破点,已成为全体首钢人共同遵循的思维方式和行为准则,对首钢改革创新、经营管理的方方面面都产生了深刻影响。在全面深化改革方面,首钢进一步提高对"推进国企改革要奔着问题去"的认识,更加注重围绕转型发展面临的突出问题推进改革,敢于触及思想、触及利益,不畏困难,在取得实效上下功夫,2014年制定出《关于首钢全面深化改革的指导意见》,明确全面深化改革的指导思想、总体思路、基本原则、改革目标和重点任务,提出要在搭建钢铁板块管理平台,完善集团管控体系、建立与集团战略定位相适应的预算体系、深化薪酬分配和用工制度改革等方面重点突破,使大家更加清楚改革要解决的问题,把问题导向变成支撑发展的内在动力。

三是树立创新意识。创新是首钢与生俱来的文化基因。面对发展中遇到的问题和困难,首钢深刻认识到,创新驱动,是推动发展的第一引擎;只有结合未来发展战略定位,着眼产业链和价值链部署创新链,在自主创新、协同创新、全员创新上下功夫,全面推进科技创新、管理创新、商业模式创新、金融创新,才能切实提高企业的发展质量和效益。首钢注意到,先进生产力往往在最具创新意识和创新激情的文化环境中孕育;只有继承发扬首钢人"敢为天下先"的精神,积极培育崇尚创新的企业文化,才能从根本上保证首钢的创新事业。因此,首钢在思想意识上高度重视创新,切实把创新战略作为企业长远发展的核心战略,大力倡导开拓进取、敢于探索、敢为人先的创新精神,充分调动各方面的积极因素,积极营造浓厚的创新创业氛围。首钢不是将创新停留在口号层面,而是在运营管理、绩效分配、队伍建设、作风建设等方面,坚决打破那些束缚员工创新意识、压抑员工创新活力的种种桎梏。倡导在岗职工收入与企业发展质量和效益紧密挂钩,更加注重导向清楚、激励有效,通过建立与预算体系相结合的工资总额周期预算制,完善三支人才队伍薪酬激励机制,有效激发内生创新动力;通过构建整体协同、精干高效、业务清晰的钢铁板块管理平台,以及深化用工制度改革、提高劳动效率,持续推进瘦身健体,给干部职工传导必须不断学习创新、提高市场竞争力的压力。

为了进一步解放思想,增进创新共识,首钢连续十几年开展"创新创优创业"实践活动。已成为思想文化建设品牌的首钢"三创"会,每年一个主题,会议围绕首钢改革发展中面临的突出问题,通过总公司领导主题报告、外单位典型介绍、基层代表发言和专家点评,推动大家深度思考、对比找差,探讨首钢发展之道。2014年的"三创"会以"全面深化改革,激发发展活力,深入创新创优创业,为建设有世界影响力的综合性大型企业集团而奋斗"为主题,通过专家报告、典型交流、分组讨论、设立分会场、会议主题报告提前下发等方式,统一了思想、提振起信心,赋予"三创"活动新的内涵和生命力。可以说,"三创"会是首钢人进行团队学习、自我超越的一个平台,是推动完成全年任务的"加油站",起到了加油鼓劲、启迪思维的作用。

四是树立学习意识。首钢提出,要"如饥似渴地加强学习,一刻不停地增强本领",解决"本领恐慌"问题。首钢坚持广泛深入地开展学习培训。长期开展党委中心组学习,特别是2014年以来,坚持每周六集体学习,总公司领导带头重点发言,讲学习体会和收获,进一步启发各级领导干部深入思考;结合首钢后备干部特训班、短训班,举办领导干部周末大讲堂,总公司领导、部厅领导走上讲台,讲述探索实践、分享成功失败、释疑解惑,并通过视频方式,扩展学习范围,每次学习者多达400人以上。2014年以来,首钢党委共组织中心组集体学习、专题报告会、周末大讲堂达51次,成为提升首钢领导干部素质的大轮训,成为共谋首钢发展的"头脑风暴"活动,上万人次直接参加学习。

在首钢党委的示范带动下,集团各级党组织不断丰富学习方法,创新学习模式,努力把学习成果转化为谋划工作的思路、促进工作的举措、领导工作的本领。许多基层单位的党委中心组学习已突破"你讲我听"的传统方式,在培训方面也探索出一系列新颖、独特的互动式学习模式,有力地推动了经营工作的全面开展。学习,成为首钢各级领导干部统一思想、谋划首钢创新发展的基础性工作。

三　坚持以人为本,重在激发活力,培养高素质人才

企业文化建设根本上是人的建设。在首钢看来,人才是企业的黄金资本,只有彻底解放人的生产力,才有企业

的发展。首钢把人才战略作为企业发展的核心战略之一,努力维护职工权益,有计划、有重点地推进人才队伍建设,特别注重基层优先、重心下移,激发一线活力,并将这些工作纳入企业文化建设中。

一是把推动企业科学发展和维护职工根本利益作为工作的出发点和落脚点。首钢始终强调涉及职工切身利益的事要摆在前面,用什么样的干部、收入向谁倾斜是一个导向性极强的问题,必须旗帜鲜明、敢于回应;始终关注职工利益,促进企业和谐发展,广泛开展送温暖和帮困救助活动,为职工办实事、解难题;始终坚持从群众中来、到群众中去,把调查研究作为寻求解决深层次问题的有效方法贯穿始终;始终强调调查研究必须识民情、接地气、博采众长、集合众智。"圈要跑圆,理要讲全;要蹲下去看清蚂蚁;要深入下去看到问题"。2014年,首钢领导班子成员到基层单位调研200多次。通过到首钢医院、矿业公司等单位调研,加深了把干部职工的身体健康放在心上、当成重要大事来抓的认识;通过到组织部、党校等单位调研,加深了把培训和教育好干部作为重中之重任务的认识;通过到首秦公司、通钢公司等单位调研,加深了到最困难的地方去、到职工最需要的地方去的认识;通过到机电公司、首建集团等单位调研,加深了越是困难越要依靠职工、共渡难关的认识。

二是深化薪酬分配制度改革,激发基层活力。为使一线职工焕发劳动热情、释放创造潜能,首钢制定出《深化薪酬分配制度改革的思路方案》,明确指导思想、主要目标、工作内容及实施时间表,选择首钢京唐公司等5个单位进行分类试点。改革中坚持先职工后领导、坚持向一线倾斜,充分体现劳动在收入分配中的主导地位。改革措施成熟一个、出台一个、推行一个。涉及一线职工利益的异地补贴、年功工资、艰苦岗位津贴、技能操作系列作业岗位分档核定方案等4项改革政策已颁发实施,回应了广大职工的期盼,产生了积极反响。改革前,同样是炼钢岗位,高温补贴水平不尽相同;改革后,无论在哪个单位,只要是首钢相同的岗位,都执行一样的高温补贴标准。有了明晰的标准,职工在异地或艰苦岗位工作更加安心,更有动力。

三是坚持干部能上能下,系统推进干部队伍建设。首钢以创新领导干部新老交替机制为突破口,稳步实施《领导干部退出现职领导岗位的规定(试行)》,2014年制定颁发4大类12项相关制度,调整干部181人次,其中部厅级干部89人,党政一把手58人次,涉及60个单位和部门;加大年轻干部选拔培养力度,选拔一批责任担当意识强、有基层工作经验、群众基础好的年轻干部充实到关键领导岗位,促进干部年龄结构梯次化趋于合理;选拔和引进园区开发、资本运作和产业培育等首钢转型发展紧缺的专业人才;公开推荐、选拔后备干部,举办后备干部特训班、短训班。

四是加强各类人才培养,促进人的全面发展。通过学习,首钢干部员工感到了本领恐慌,思想作风不再浮躁,希望依靠学习走向更加美好的未来。因此,首钢把加强学习作为重中之重,本着干什么学什么、缺什么补什么的原则,不断加强职业技能培训,注重提高各类管理人才的专业能力与水平,在"真懂"上蓄能量,立志做学习型企业。除每年举办大量干部特训班、短训班等活动,首钢还多次评选劳动模范、技术能手、"三创"标兵、优秀党员等各类先进,组织职业技能竞赛,表彰"首钢优秀青年人才",鼓励以员工名字命名创新工作室,开展"首钢技术专家"、"首钢技术带头人"的推荐选拔工作。2014年,首钢举办各类培训班842个,计23万人次;组织职业技能竞赛,参赛职工达到2.5万人。截至2015年元月底,首钢已建立职工创新工作室264个,参与职工3723名。首钢以团队学习为重要方式,通过组织经验交流会、建设网络论坛、组建研发小组和QC小组、建设团队学习室、联合清华大学举办高技能人才培训班等,激发全员学习积极性。党的十八大代表、全国劳模、全国百姓学习之星、首钢技术研究院焊工刘宏荣获第十二届中华技能大奖。这是我国技能操作岗位工人最高级别的奖项,刘宏则成为全国钢铁行业第一个获此殊荣的一线职工。

五是把维护职工根本利益放在第一位,凝聚发展向心力。首钢始终坚持以人为本,强化民主管理,维护职工合法权益,不断满足职工物质需求、学习进步需求、情感需求和事业需求。落实厂务公开,对全面深化改革方案等重要制度和举措,广泛征求干部职工意见建议;首钢京唐公司、迁钢公司、首秦公司、矿业公司、冷轧公司及外埠企业都采取多种方式改善职工住宿、食堂、物业管理、交通条件,千方百计为职工排忧解难。迁钢公司2014年底启动后勤保障配套工作,把最好的住房、最好的办公条件提供给新职工,打造"拎包入住"的住宿环境,为新职工快速适应环境铺就"绿色通道"。关注干部职工身体健康,首钢职工健康管理信息系统于2015年4月1日上线试运行,为职工提供了解自身健康状况、接受健康指导、学习保健知识的专业化平台。广泛开展送温暖活动,加大帮困救助力度,帮困资金总额提高70%,促进和谐企业建设。

四 加强文化传播,打造特色载体,优化文化土壤

首钢历经百年发展,已成为拥有500多家成员企业和10万名员工的大家庭。只有打造出能够得到广泛认同的企业文化,使其如同血脉相连的精神纽带,把首钢拧成一股奔向共同目标的奋斗力量,让每一个寻求归属感的首钢人浸润在温馨和谐、健康向上的精神滋养中,才能淬炼出真正的文化软实力。为此,首钢根据价值观培育规律,结合自身特点,精心构建大量的文化载体,使首钢文化成为看得见、摸得着的实实在在的文化,从而形成一种文化环境,通过不断熏陶教化,将首钢先进的文化因子潜移默化地植入首钢人的心田,化作维系企业发展的巨大力量。

一是注重突出文化的激励作用。首钢2014年广泛开展"首钢人的故事"宣传活动,面向普通一线职工,深入挖掘和大力宣传首钢人的故事,5月~12月,首钢各基层单位共推荐人物故事线索202个,首钢日报、首钢电视台开设"首钢人的故事"专栏,宣传报道"首钢人的故事"162个,在全集团营造出处处有故事、层层有典型的浓厚氛围。首钢由干部职工评选出10个最感动人的"首钢人的故事",召开弘扬社会主义核心价值观"首钢人的故事"演讲报告会,展示首钢文化品牌,激发员工的荣誉感和创业激情。首钢党委书记、董事长靳伟同志感慨道:"我们眼中的故事精彩,我们所发掘的故事传播广,示范带动作用性强,说明我们的单位、我们的团队正能量四处涌现,说明我们的单位风清气正。"

二是注重突出大宣传和大传播。首钢适应转型发展对宣传思想工作带来的新变化,着眼首钢"多业多地"的大环境,进一步树立大宣传理念,在集团内部建立广覆盖、多层次的传播网络,为推进首钢管控体系和管理能力建设提供思想文化支持;通过各种公共传播手段,对外传播首钢文化,塑造首钢品牌,形成辐射内外的大宣传格局。

在企业内部,首钢日报、首钢电视、首钢日报网站、首钢网络电视、情况通报、理论学习、宣传简报等宣传媒介,成为首钢向集团各单位、全体员工宣传、传播企业文化的重要载体和平台。2012年,《首钢新闻》联播在首钢北京地区、京唐公司、迁钢公司、矿业公司、水钢公司、长钢公司、通钢公司、通钢矿业公司正式开通,五省八地的领导干部和普通员工都可以同时收看《首钢新闻》;《首钢日报》扩大异地发行量,适应手机新媒体发展的新形势,开发《首钢日报》移动客户端,成为国内率先应用手机APP的企业报刊,为首钢进一步创新融合、转型发展提供强有力的支撑。

首钢开展知识竞赛、演讲比赛、职工宣讲、座谈会等大量生动活泼、形式各异的文化活动。通过吸引、带动职工群众广泛参与,这些活动成为传播时代精神、传承首钢优良传统的有效载体。2013年,首钢开展"我的梦·中国梦"职工宣讲活动;首钢企业文化建设协会开展"通钢杯"电视好新闻评选、"东星杯"我的首钢我的家征文、"水钢杯"图片故事摄影比赛、"长钢杯·决胜生存之战"好新闻竞赛活动,加强集团企业文化融合。2014年,首钢企业文化建设协会开展"制造+服务——走访高端用户"、"走进京唐、宣传京唐"系列采访报道及"电视业务研讨培训班"等系列活动。首钢通过主流媒体、大型活动、冠名赞助、发行首钢文化作品等手段辐射首钢品牌;举办"转型发展·钢铁强国之路"高峰论坛暨京津冀协同发展首钢实践研讨会;在人民日报社"京津冀协同发展论坛"上发表演讲;做好北京市发改委"首钢老工业区改造调整意见和实施计划新闻发布会";通过报纸专版、电视片、展览等形式,宣传首钢落实国家战略,在京津冀协同发展中发挥先锋队示范作用以及作出的贡献。

首钢在转型发展新阶段的企业文化建设取得了令人瞩目的成效,为推进首钢转型发展、深化改革发挥出重要作用。首钢企业文化建设也得到上级领导、专家及社会各界的高度评价。首钢先后荣获全国企业文化优秀案例、改革开放35周年企业文化竞争力十大典范组织、新中国60年最具影响力十大企业精神等荣誉;2014年,首钢成为北京市首批企业文化建设示范单位。具有光荣传统又富有创造力的首钢人,一定会继续弘扬"敢为天下先"的精神,坚定信心,迎难而上,奋力开创首钢转型发展新局面。

(首钢宣传部供稿)

"北京名片"的成就传奇

—— 北京首钢男篮夺得2013～2014赛季中国男子篮球职业联赛冠军综述

【编者按】北京首钢男篮的冲冠历程，给处在搬迁调整、转型发展和深化改革关键时期的首钢传递出太多的正能量。"首钢人从来没有在严峻的形势面前退缩过，从来没有在困难面前吓倒过，从来没有在问题面前绕着走过"，"良好的精神状态和过硬的作风是首钢的传家宝"，"首钢人身体里流淌着敢为天下先的血液"，这些首钢文化元素，在北京首钢男篮这支团队中随时、随地充分展现出来。传递、扩散北京首钢男篮这支团队所释放出来的若干正能量，目的就是倍增首钢集团敢为人先、再创辉煌的信心和毅力。

历史，不仅是记载和传承，也是用来改写和创造的。它神奇般地在两年中的同一天，将象征中国篮坛最高竞技水平的CBA总冠军宝鼎，颁给了成功举办过奥运会的国际大都市——北京；颁给了正在转型发展中阔步前进的中国钢铁巨人——首钢。

2012年3月30日，北京五棵松体育馆，首次打进CBA总决赛的北京首钢男篮，在七战四胜制的总决赛中以4比1的总比分彻底击碎"宏远王朝"的卫冕之梦，夺得2011～2012赛季中国男子篮球职业联赛总冠军，时隔29年后再次登上中国篮坛最高水平赛事的冠军领奖台。

2014年3月30日，乌鲁木齐红山体育馆，在半决赛中再次淘汰卫冕冠军"宏远王朝"的北京首钢男篮，又以总比分4比2击败"4年3亚"、被称为"无冕冠军"的新疆广汇，仅隔一个赛季，成功加冕2013～2014赛季CBA总冠军。

神奇的巧合，两年中的同一天，北京首钢男篮创造了历史，续写着辉煌。三年两冠，作为首都的一支竞技运动队，他们以卓越的赛场英姿展示着北京精神；作为首钢人，他们以竞技场上的血性拼搏诠释着首钢精神。

再次夺冠的当晚第一时间，中共北京市委、北京市政府，首钢总公司党委、首钢总公司分别向北京首钢男篮发去贺电，对队员们的出色表现给予褒奖。

"全队上下团结一致、斗志昂扬、敢于拼搏、敢于担当，充分展示了首都体育健儿积极向上的精神风貌，充分诠释了北京精神的丰富内涵……创造了历史，成为北京的骄傲，极大地振奋和鼓舞了北京市民……"北京市委、市政府在贺电中，高度评价北京男篮在运动场上践行北京精神的豪迈英姿。

"你们为首都争得了荣誉，为首钢争得了荣誉，为我国和北京市体育事业的发展作出了突出贡献。你们是北京的骄傲，是首钢的骄傲，是广大球迷心目中的英雄……你们在比赛中，尤其是遭遇极其困难时，表现出的自强不息、顽强拼搏的精神和永不抛弃、永不放弃的韧劲，充分体现了北京精神、首钢精神……"首钢总公司党委、首钢总公司在贺电中，对首钢男篮在竞技场上的出色表现，表达出了首钢全集团职工的感谢和敬意。

血性和泪水涸染的风雨彩虹，看起来的确很美

夺得2011～2012赛季CBA总冠军后，接下来的上赛季，北京首钢男篮的联赛目标就是杀入总决赛，力争再次冲冠。然而，半决赛中被拥有三外援的"黑马"山东男篮淘汰出局后，北京首钢男篮最终只名列第三。卧薪尝胆一年后，首钢男篮这个赛季依然坚持着自己的联赛目标：冲击总决赛。虽然只字不提"冲冠"，但这是全队心中的终极目标。

上赛季一结束,北京首钢男篮就开始为这个赛季秣马厉兵。续签了马布里、莫里斯,在北京市体育局的协调下,又引进了北京奥神队的孙悦、张松涛等4名队员,从人员方面来看,球队的内外线都得到一定程度的"补强"。

一支竞技运动队拥有出色的球员当然是取得好成绩的基础,但这并不是1加1等于2那么简单,融合得好,能够起到"化学反应"发挥超水平,否则就会打折扣。事实上,刚刚"补强"的北京男篮第一次出征,成绩并不尽如人意。但仅仅几个月后,在更加被看重的中国篮坛职业联赛竞技场上,北京首钢男篮却一举成功登顶,是"北京精神"和"首钢精神"将这支球队完全融合,迅速起到了1加1大于2的"化学反应"。

常规赛开赛不久,核心外援马布里就因伤离队回国,北京首钢男篮艰难地以第4名的排位进入季后赛。虽然打进前四,但北京首钢男篮绝非季后赛的夺冠热门,在34轮常规赛中,北京首钢23胜11负,胜率只有67.6%,明显不及常规赛排名第1、胜率达到88.8%的卫冕冠军广东宏远,也与常规赛排名第2、胜率达到76.5%的新疆广汇差距不小。

进入季后赛之后,北京首钢却是越战越勇,渐进展露出"坚定、坚守、坚韧"的王者风范。四分之一决赛,北京首钢击败浙江广厦,兵不血刃打进半决赛;半决赛,最聚焦点的京粤之战,北京首钢强势彰显出舍我其谁的咄咄霸气,在不被看好的情境下,于"抢三大战"中攻陷了卫冕冠军的主场,将夺冠最大热门、连续12年打进总决赛的广东宏远淘汰出局。总决赛中,北京首钢延续着如虹气势和上佳状态,在赛制设计的七局大战中,先是大快朵颐般地在客场获取两连胜,随后在遭遇主场1胜2负挫折后,背负压力再次踏上"魔鬼客场"。最终,在惊心动魄的京疆强强对话中,敢于超越自己的北京首钢男篮笑到了最后,以总比分4比2胜出,捧鼎凯旋。

跌宕起伏的总决赛,尽管没能上演最激烈的"抢七大战",但精美绝伦的场面依然看上去很美。如果说两年前北京首钢首次夺冠还有一些幸运成分的话,那么今年的再次加冕含金量更高。这个赛季,北京首钢男篮尽显了一支真正意义上的冠军级球队所应有的王者气质。球队获得至尊宝鼎,闵鹿蕾被授予赛季最佳教练员,马布里被评为赛季最佳外援,莫里斯摘得总决赛MVP(最有价值球员)。

难怪冠军到手的那一刻,按捺不住激动心情的场下队员们,欢呼着飞奔到赛场上,与淌满汗水的场上队友、教练紧紧拥抱在一起,任激动的热泪恣意飘洒,尽情陶醉在夺冠的喜悦中。不辱使命的他们,有太多的理由去释放蓄满的激情,有太多的理由去享受篮球的幸福。

包容是一种精神,凝聚是一种力量

"我为此骄傲,北京是一个非常神奇的城市,能够让你在赛场上做到一些从来没有想到和能做到的事情……"这是马布里从北京市长王安顺手中接过"北京市荣誉市民"证章和金钥匙后说的话。老马所感慨的神奇之处,无不凸显着北京这座城市的一种文化和精神。

"我打球的时候,队里基本都是北京人,但现在不同了,队里已经没有几个是北京孩子了。"北京男篮老队员、前首钢男篮主教练、现担任北京首钢篮球俱乐部副总经理的袁超对记者说,"现在这些孩子能聚成一团儿,特别体现了北京文化中的'包容'精神。"

这个赛季的北京首钢男篮,阵容来自四面八方。老马和大莫是"国际友人",翟晓川和孙悦来自河北,朱彦西是重庆人,吉喆、陈磊是东北人,李学林来自宝岛台湾。

"北京队一直有包容的传统,不管你来自哪里,包括外援在内,都能让大家体会到家的感觉。我觉得北京球迷也是这样,不管队员是哪里人,都无条件支持他们。所以,队员现在也愿意为球队打球,为这座城市作出贡献。"袁超说。

包容精神,不仅凝聚起这支来自四面八方的队伍,成为步调一致的战斗团队,也成为凝聚球队与球迷之间的黏合剂,球队与球迷同甘共苦。这种凝聚起来的力量,演绎出这座城市的诸多神奇。

3月28日晚,北京首钢与新疆广汇总决赛的第五场比赛已经结束。返程的大巴车上异常沉寂。闵鹿蕾疲惫地靠在座位上双眼紧闭，队员们则垂着头一言不发。在主场痛失夺冠良机，沮丧的心情如同车窗外混沌的雾霾。

就在大巴驶出万事达中心北门时，窗外"北京队加油！""北京是冠军！"的喊声打破了车内令人窒息的沉寂。从比赛结束到首钢男篮离开，几十名球迷在这里等待了40分钟，为的就是抓住这一时机向球队送上鼓励和安慰。

此前的3个小时，1.8万名球迷齐声呐喊的场面震撼人心，几乎全北京的目光，都聚焦在五棵松这座华丽的体育馆里。终场的时候，球迷们迟迟不肯离去，没能亲眼见证北京男篮在家门口拿下第二座CBA总冠军宝鼎，他们心有不甘，但他们没有抱怨，在球队最需要鼓励的时候，他们做到了雪中送炭。这份包容，已经达到荣辱与共的境界。

"四九城儿的老少爷们儿，兄弟姐妹，今儿都到齐了吗？"每逢北京首钢男篮主场，都会听到现场主持人的这句开场白。京腔京味儿中，让每一个到场的人都能深深感受到，篮球带给北京这座城市的激情与荣耀。北京篮球已经成为北京的一张名片，而彰显北京精神的包容和大气，成就了这张漂亮的城市名片。

三年两冠，乍现北京篮球"王朝"曙光

"我们的下一个目标，就是在北京建立篮球王朝。"再次夺冠之后，北京首钢男篮的精神领袖马布里甩出了这样的豪言："北京的球迷在期待我们，相信我们一定能够建立这个王朝。"老马的壮志固然值得称赞，但要想真正建立起"北京王朝"，绝不是期待和雄心能够蹴就的。

在19年的CBA历史中，被称为"王朝"时代的球队只有八一男篮和广东男篮，这两支队伍都曾分别8次问鼎。北京首钢男篮的三年两冠，相对于曾经的八一王朝、广东王朝来说，还远谈不上开启了真正意义上的王朝时代。但从某种程度上可以认为，北京首钢在近三年的两次夺冠已然建立了一个CBA的"准王朝"。

这可以客观地从三个方面来看。首先，在CBA近三个赛季的成绩上，北京首钢队绝对称得上是表现最好的球队，特别是本赛季在半决赛中淘汰了公认实力最为强大的广东宏远，使"广东王朝"12年来首次被挡在总决赛门外。其次，在队伍的综合实力与人员的配置上，北京首钢也已经跻身于CBA第一集团第三，另外，不论是主赛场还是分赛场，北京首钢男篮球迷基数和球市经营在CBA位居领先地位。

可以这样说，北京首钢男篮第二次夺冠，为CBA开启了一个新篇章，是最有实力和机会建立下一个王朝的球队，"北京王朝"已然曙光乍现。

不过，北京首钢男篮要在下个赛季实现卫冕，要建立起一个"王朝"，其难度要远比这个赛季的夺冠大得多。"北京队不可能像前八一、广东那样称霸下去，因为他们的根基是一匹'老马'。"一位篮坛宿将一语点中北京首钢男篮的要穴。马布里是北京首钢男篮最重要的核心球员，在赛场上是球队的"精神领袖"，但他毕竟已快38岁了，岁月不饶人，更何况这匹老马还有比较严重的膝盖伤势。

八一和广东之所以能建立起两个王朝，靠的是源源不断的人才储备。抛开特殊体制的八一队不说，广东宏远是对外援依赖性最小的。强大的国内球员配置，是"王朝"能够多年纵横篮坛的资本。在这方面，北京首钢必须未雨绸缪。

当然，北京球迷完全有理由期待，北京首钢男篮借三年两冠契机，在随后的赛季更上一层楼，建立CBA新秩序，打造出一个新的王朝。

赢就一起狂，输就一起扛

"球迷们太让我们感动了！不论是胜利还是失败，他们都义无反顾地支持我们，不离不弃，我们只有用成绩来回报他们。"这是北京首钢男篮主教练闵鹿蕾对球迷发自内心的感慨。

3月31日，再夺CBA总冠军的首钢男篮从乌鲁木齐凯旋。在机场迎接他们的，不仅有首钢总公司和北京市体

育局的领导,还有众多与他们"赢就一起狂,输就一起扛"的北京球迷。

北京男篮乘坐的航班预计13点左右抵京,可不到11点,首都机场T2航站楼内就已经聚集了上百名球迷,得到消息的球迷还在陆续向这里赶来。没能在夺冠现场和球队"一起狂"的球迷们,选择去机场迎接他们心目中的英雄。临近13点,期待的球迷越聚越多,已近3000人,机场安保方面采取了设置"隔离线"的安全措施。

13点15分,身穿冠军服的北京首钢男篮队员陆续出现在球迷的视野中,接机大厅立刻沸腾起来。球迷们有节奏地高喊着"北京是冠军!北京是冠军!""MVP!MVP!"冲向前去,热烈气氛几近爆棚。机场方面先是拉起"安全线",然后又采取"封门"的临时安保措施,最后不得不关闭到达出口,让北京男篮改道而行。

此情此景,令队员们感动不已。"北京的球迷太可爱了,我们能走到今天,与这些热情的北京球迷是分不开的。没有他们,我们什么都不是。"在现场接受采访时,闵鹿蕾激动地说。

北京篮球之所以能够成为北京的一张名片,一种时尚,甚至一种文化,和北京这座城市以及北京人的性格密切相关。"北京队的主场气氛特别好,现场观众热情特别高。北京人爱抱团,很执着。不管球队是输是赢,球迷都会挺它到底,都会一直支持。"一位"北漂"的女球迷说:"我特喜欢这句'赢就一起狂,输就一起扛',感觉北京的球迷和球队就是一家人。"

其实,最初喊出这句经典口号的,是上个赛季北京首钢男篮从山东铩羽而归的时候。当时有数百名球迷到北京南站打着"赢就一起狂,输就一起扛"的横幅,在出站口迎接归来的北京队。现在回想起当时的情景,仍让袁超非常感动:"球迷确实非常可爱,给了我们球队很大的支持。最开始的时候,从球队的角度觉得球迷过于热情会给队里带来压力,但我们后来意识到,这是球队的动力。现在队员们都知道,自己在为谁打球,知道他们肩负的责任,所以努力训练好好打球就成为一种自觉。"

从乌鲁木齐回来的第二天,首钢篮球俱乐部就组织球队答谢球迷的互动活动。"虽然再夺冠军,但我们不会停下脚步,我们会给大家带来更多的惊喜!"闵鹿蕾再次感谢球迷的支持。马布里说:"北京球迷是最棒的!你们的支持,对我们是激励,我们还会创造更多的奇迹!"莫里斯说:"北京球迷热情支持我们的场面是难忘的,这也是我们为什么要练得那么苦的原因,是球迷们激励着我们要在赛场上勇往直前。"

不论赢球还是低谷,"赢就一起狂,输就一起扛",既是球迷与球队同甘共苦的豪情,也是北京首钢男篮在竞技场上超越自己的动力。

篮球,展示首都和首钢风采的亮丽名片

短短三个赛季,北京首钢男篮两夺CBA总冠军。首钢男篮的出色表现,让篮球这项竞技体育运动成为展示北京精神、展示新首钢风采的一张亮丽名片。

4月2日下午,在北京市领导与北京首钢男篮的座谈会上,市委书记郭金龙从北京球迷的视角,与队员们共同回顾一年来夺冠路上的欢乐与艰辛。他深情寄语全体队员:体育是强健体魄、陶冶身心的美好事业,也是一个城市必不可少的名片。你们以团结拼搏为北京争得了荣誉,也给全国球迷带来了喜悦,充分体现了北京精神,为首都各项事业发展振奋了人心,鼓舞了士气。

当晚,首钢总公司也和载誉凯旋"终于回家"的北京首钢男篮将士们进行了座谈。首钢总公司领导告诉队员们:篮球带给人们无限的快乐和享受,其影响力远远超越了篮球,超越了体育,影响到社会的各个方面。首钢男篮不仅创造了奇迹,再次抒写了历史,同时也展示了首钢人的风采,诠释了北京精神,提升了北京创新向上的人气,谱写了首都新的城市传奇。

三年两冠,北京首钢男篮创造了CBA历史上的一个个传奇,堪当"名片"。从来没有一支首次打进总决赛的队伍竟最终登顶,北京首钢男篮在2011~2012赛季做到了;从来没有一支在常规赛排位前两名以外的队伍最终在总决赛中加冕,北京首钢男篮在这个赛季做到了;从来没有一支队员来自国内外、来自五湖四海的队伍彰显出那么强

有力的团队精神,北京首钢男篮在这个赛季也做到了,以至于外援莫里斯在夺冠之后兴奋地振臂高呼"Team-work"。

团结,拼搏,包容,作为运动员,北京首钢男篮在运动场上展示出来的北京精神,让世人礼敬和赞叹。

坚定,坚守,坚韧,作为首钢人,北京首钢男篮在竞技场上诠释"敢为人先、永争第一"的首钢人精神,更值得礼敬和喝彩。

（来自《首钢日报》;作者:李四京）

文　选

深化改革创新　全面加强管理
着力打好首钢转型发展攻坚战

——在首钢第十八届二次职代会暨集团工作会议上的报告

首钢党委副书记、总经理　徐　凝

（2014 年 1 月 14 日）

各位代表、特邀代表，同志们：

现在我向大会报告工作，请审议。

一　2013 年首钢计划任务完成情况

2013 年首钢广大干部职工在总公司党委的领导下，认真学习党的十八大文件、习近平总书记一系列重要讲话和党的十八届三中全会精神，认真贯彻中央和北京市工作要求，围绕年初"两会"确定的目标任务，深入开展"三创"活动，不断加大钢铁业减亏扭亏工作力度，着力推进北京园区建设和非钢新产业发展，在市场环境极为艰难的情况下，经过全体干部职工共同努力，预计集团销售收入 2170 亿元，同比减少 107 亿元；实现利润 3.45 亿元，完成计划；上缴税收 60.4 亿元，同比减少 6.57 亿元；国有资本保值增值率 99.36%，流动资产周转率 1.74 次/年。

（一）狠抓调结构降成本工作，钢铁业同比大幅度减亏

进一步强化日常运行管理，确保生产稳定顺行。集团生铁产量 3257 万吨，完成计划的 98.13%，同比增加 29 万吨；钢 3152 万吨，完成计划的 97.40%，同比增加 11 万吨；钢材 3037 万吨，完成计划的 97.84%，同比增加 10 万吨。出口钢材 104.7 万吨，完成计划的 58.33%，同比减少 22.4 万吨。

调结构降成本工作取得较大成效。四地完成推进产品 996.8 万吨，超计划 68.7 万吨，同比增加 186.5 万吨。其中高端领先产品 307.7 万吨，超计划 14.6 万吨，同比增加 102.9 万吨。完成重点产品 649.7 万吨，超计划 50.3 万吨，同比增加 173.3 万吨。推进产品比普通产品增收 47.26 亿元，增效 18.04 亿元。全方位抓好降成本任务落实，对外包外委进行清理，预计降低费用 2.57 亿元；加强进口矿和国内原燃料市场运作，全年采购进口矿比当期普氏指数价格降低 6.35 亿元，国内原燃料采购比年计划降低 18.59 亿元；进一步清理压缩库存，年末四地原燃料及备件资金占用 68.5 亿元，同比降低 16.8 亿元。入炉焦炭、钢铁料消耗、吨钢综合能耗、成材率等主要技术指标持续进步。

经过努力，钢铁业降低成本和减亏幅度实现近三年最好水平。四地全年降成本 39.4 亿元，吨钢降成本 212 元。钢铁业整体减亏幅度 29%；其中四地减亏幅度 45%，外埠企业同比增亏。

四地钢铁企业中，京唐公司、顺义冷轧公司进步显著。京唐公司全面加强管理，提升系统运行质量，各工序费用创历史最好水平，同比减亏幅度 66%。顺义冷轧公司强化产销衔接，提高高端领先产品比例，同比减亏幅度 40%。迁钢公司提高整体合同订单和重点产品整单兑现率，电工钢产销量 108 万吨，进入全国前三。首秦公司面对困难加大工作力度，同比亏损基本持平。外埠钢铁企业中，通钢公司、长钢公司、贵钢公司同比减亏；水钢公司同比增亏；首控伊钢实现利润 1 亿元，同比增利。

（二）加强体系建设，北京园区部分项目启动实施

在北京市"新首钢高端产业综合服务区发展建设领导小组"领导下，积极探索首钢园区开发和管控体制，调整了组织架构。转变开发思路，以项目促政策落实，启动实施了西十筒仓改造、首钢广场综合体、古城南路、二型材厂房利旧改造、二通园区、特钢绿能港科技中心等9个项目，其中西十筒仓改造通过国家发改委组织的专家评审，获得中央预算资金支持2600万元。首钢园区被国家发改委列入全国城市老工业区改造试点，被北京市列入首批绿色生态示范区。

加快推进基础设施建设，完成供水、供电等专项规划审批11项，以及首钢广场项目概念性设计方案征集。与市有关部门研究提出2013～2014年基础设施建设安排，重点启动"一街两线"、园区道路和"两站一厂"项目建设。完成西十筒仓余料清理4万余吨及设备设施、电力脱硫装置等14个项目拆除，累计拆除设备设施近2200台套、建构筑物超过10万平方米。组织开展园区场地环境调查和风险评估工作。园区管理部和办公厅在压缩厂区费用方面做了大量工作，完成压缩1亿元任务。

继续推进招商引资，与百余家企业进行深入洽谈，与招商局集团签署"中国网谷"项目合作协议。

（三）整合资源开拓市场，非钢新产业盈利能力进一步提升

非钢新产业实施资源整合，初步搭建金属公司、矿业投资公司、源景公司、医疗投资公司、体育文化公司、环境产业公司；积极推进重点项目建设，大力开拓外部市场，促进经济效益增长。全年盈利63.59亿元，比计划增利16.15亿元，同比增利25.33亿元，增长66%。其中子公司、独立单位52.72亿元，比计划增利4.92亿元，同比增利14.91亿元；控股参股企业6.9亿元，比计划欠0.2亿元，同比增利0.96亿元；对外投资收益13.69亿元，超计划7.54亿元，同比增利5.55亿元。

矿业公司落实"铁前一体化"要求，千方百计保迁钢烧结、球团经济稳定生产，全年自产精矿粉481万吨，供迁钢炉料1416万吨，实现利润3.7亿元，超额完成计划，同比增利1亿元。

矿业投资公司实现利润1.44亿元，超计划4.85%。

首控公司实现利润5000万元，完成计划的50%，同比增利6448万元。

环保事业部组建能源环保产业平台，实现利润2410万元，完成计划。鲁家山生物质能源发电项目12月23日投入试生产。

机电公司盈亏持平。

京西重工新增订单10.7亿美元，全年实现利润7000万元，超计划2.94%，同比增利352万元。

国际工程公司实现利润1.9亿元，超计划0.12%，同比增利1723万元。

首自信公司实现利润1.1亿元，超计划1.14%，同比增利2105万元。

实业公司实现利润4042万元，超计划1.05%，同比增利742万元。

培训中心为首钢培训高层次人才、专业技术人员、技师等3.2万人次。

首钢医院门急诊94万人次，同比增长11.63%，实现收入10.6亿元，同比增长16%。

5月份成立医疗投资公司，开始进行药品集中采购，实现利润1808万元。

源景公司举办"铁色记忆"——中国三大男高音"唱响首钢"商演等系列活动，首钢园区被授予国家级工业文化旅游AAA级景区。

整合组建的首钢体育文化公司开始运营。

首建集团完成开发签约量90.42亿元，同比增加10.07亿元，实现利润1.1亿元，完成计划的88.13%。

房地产公司实现利润4亿元，超计划29.06%，同比增利8737万元。

中首公司实现利润42.94亿元，超计划8.71%，同比增利12.32亿元。其中秘鲁铁矿28.5亿元，超计划

2.52%,同比增利 6.52 亿元。

香港首控实现利润 2 亿元,完成计划,同比增利 0.74 亿元。

(四)调整加强集团管控体系,专业管理工作进一步完善

按照钢铁板块、北京园区和非钢新产业板块、综合管理板块进一步调整总公司领导分工,成立了新产业开发管理部、海外事业管理部、园区开发部、园区管理部、园区服务公司。加强对外投资管理,对改制及合资合作企业经营情况开展调研,完成 36 家企业清撤。

完善分配激励制度。调整考核指标体系,改进挂钩考核办法,加大对领导班子的考核力度,对经营者的年收入进行调整。建立了绩效考核结果发布制度。实施三支人才队伍职务晋升和择优升级。对收入差距不合理的问题进行调研和部分调整,提出深化分配改革的设想。

强化资金集中管理。按照"看得见、管得住、可调用"的要求,建立集团资金动态反馈体系,实现部分资金归集。资金预算管理范围从原来的总公司及四地钢铁业,扩展到全资子公司和园区管理相关部门。将压缩库存资金占用纳入月度资金预算和考核管理。周密安排到期贷款续贷工作,在总公司没有新增贷款的情况下,基本满足了生产经营、园区建设、新产业开发及困难企业的资金需求。

加强制度建设。对 754 项行政管理制度进行清理,其中,继续适用 257 项,修订完善 143 项,废止 184 项,不再纳入制度范围 170 项,至年底完成修订 56 项,颁发 21 项。进一步规范法人治理结构,细化工作流程,修订党委会、董事会、经理层工作规则。制定颁发《首钢总公司法律事务管理制度》和《首钢法人授权管理制度》。

加强监察和监督工作。全年实施效能监察项目 56 项,提出监察建议 409 条,督促建立完善规章制度 88 项,对发生事故的责任人进行责任追究。组织对矿业公司、实业公司等 6 家企业开展系统集中检查,与北京市国有企业监事会联合开展对通钢、长钢、水钢 3 家企业监督检查试点。组织实施 37 个审计项目,审计资产总额 1029.6 亿元,工程报审额 181.37 亿元;查出问题 84 项,披露重大经济事项及风险提示 176 项,提出整改建议 112 条。

(五)改进工作作风,加强人才队伍建设,进一步改善职工生活

认真贯彻落实中央八项规定,深入开展党的群众路线教育实践活动,对领导干部存在着的形式主义、官僚主义、享乐主义、奢靡之风方面的问题进行了梳理分析,努力做到边查边改,在全公司进行办公用车、用房的整顿。起草了《公务接待管理办法》、《大型会议活动管理办法》等 8 项制度(修订稿)。

加强人才队伍建设。开展职工培训,全集团共培训 21.8 万人次,举办主技能培训班 279 个,多技能培训班 57 个,班组长培训班 32 个,管理岗位培训班 179 个。评选并表彰第六批"首钢技术专家"77 人,"首钢技术带头人"161 人。全年共引进高层次专家、高端人才 27 人。目前,首钢集团有专业技术人员 3.2 万人,其中博士 234 人、硕士 2961 人、本科 14338 人,高级职称 3223 人,高技能人才占技工总数比例 41%。

在经营困难的情况下,努力改善职工生活。集团在岗职工人均年收入 6.19 万元,同比增长 1.9%。首钢北京三期集资建房 9 栋楼,已有 6 栋结构封顶。北京家属区完成 8 项服务设施改造,完成 5 万户高清电视机顶盒安装。京唐公司组织 1277 名职工团购社会商品房,建设渤海家园小区幼儿园。矿业公司完成新建 6 栋 780 套集资住房分调房工作。迁钢公司完成夫妻公寓 130 户的再分配,扩大迁钢幼儿园招生。冷轧公司新建公寓楼正式投入使用,解决近 400 名职工的住宿问题。各外埠企业采取多种方式改善职工生活。完善职工健康管理,继续实施体检,提高职工健康水平。广泛开展送温暖活动,加大帮困救助力度,促进和谐企业建设。

首钢 2013 年的工作,得到党中央、国务院及北京市委市政府、有关地方政府的亲切关怀和大力支持,广大干部职工拼搏奉献,付出了艰苦努力,我代表首钢总公司,向各级政府和社会各界,向首钢全体干部职工及家属,向始终关心首钢工作的离退休老同志,表示衷心的感谢和崇高的敬意!

我们既要看到成绩,也要正视存在的问题。十八届一次职代会报告中提出了十四个方面问题,本着"看准的立

即整改,涉及历史、全局或综合性、深层次问题逐步解决"的原则,一年来做了大量工作,有的得到解决,有的取得进展,还有的解决起来需要一定时间。

在钢铁业方面,四地企业的思想观念、经营理念有很大转变,基地与职能的协同得到增强,调整了挂钩考核分配办法,部分理顺了生产线的关系,调结构取得新进步,降成本取得新成效。但钢铁业持续亏损,产品开发制造服务能力不足、财务费用和人工成本相对较高、管理不到位不精细等问题,依然是制约钢铁业扭亏增盈的瓶颈,需要坚持不懈地改进;外埠企业在基础管理、压缩富余人员上还有大量工作要做。

在北京园区开发和非钢新产业方面,调整了组织机构,部分项目启动实施并取得政策突破,但开发体制尚需进一步理顺,园区开发仍无明显进展,人才结构不合理。非钢新产业盈利水平虽然有所提高,资源整合取得进展,但发展不平衡,盈利支撑点在矿产资源业,"散弱小"、距行业领先地位和产业集群差距大的问题依然存在,有的业务整合没有按计划完成。

在综合管理方面,清理了部分投资项目和领导兼职,制定并实施了资金等有偿使用办法,审计范围有所扩大,法律队伍有所加强,干部作风有所改进,对职工收入分配关系进行了部分调整。但集团管控体制仍处于过渡期,对四地及外埠钢铁企业、北京园区开发及新产业如何管理,业务界面和流程如何理顺,尚待解决。资金依然紧张,资产负债率居高不下。职工收入分配关系还没有完全理顺。一些单位和部门人员老化、岗位老化、知识老化、管理方式方法老化。部分干部职工的工作作风和精神状态跟不上形势发展。审计工作没有做到全覆盖,审计深度还有差距。法律事务工作对风险防范有差距。

任何事物都是在不断解决矛盾和问题中向前发展的,原有的问题解决了,又会出现新的问题。发展起来以后的问题不比不发展时少,改革开放35年后遇到的问题和矛盾,比改革前更多,利益矛盾与复杂问题交织。今天首钢面临的问题同样如此,钢厂搬迁、兼并重组、园区开发没有经验可以借鉴,很多还没弄清楚,很多亟待解决,有的长时间没有解决又变成老问题。我们要牢固树立"问题导向"、"问题倒逼"意识,进一步提高解决问题的能力。各级领导干部要善于发现问题,勇于提出问题,敢于直面问题,在破解难题上狠下功夫。

二　2014年首钢工作思路和计划指标

2014年首钢总体工作思路是:深入贯彻党的十八届三中全会、中央经济工作会议和北京市委十一届三次、四次全会精神,以推动企业科学发展和维护职工根本利益为出发点和落脚点,坚持稳中求进、改革创新,切实提高经济发展质量和效益,加大钢铁业扭亏力度,加快北京园区建设,加强新产业培育,抓好党建、企业文化和人才工作,努力开创首钢改革发展新局面。

我们要深入落实首钢党委扩大会精神,以确保盈利4亿元为底线,坚持"稳中求进、改革创新",坚持"多挣一分钱、少花一分钱、用好一分钱"。加强环境治理,树立良好形象;着力解决一些影响企业发展的重大问题;加强预算动态管理和检查分析,减少偏差,提高兑现率;加强资金管控,防范资金风险。要牢固树立进取意识、机遇意识、责任意识,进一步改进工作作风、工作方法,进一步完善管理体制、创新机制,进一步夯实基础管理、加强精细化管理,进一步强化对比找差,提高发现问题、分析问题、解决问题的能力,把改革创新贯穿于首钢转型发展的各个领域,把加强管理贯穿首钢转型发展的各个环节,以改革促转型,以创新促发展,以管理促效益,大胆探索,敢于突破,力争在新的一年取得更大进步。

主要计划指标安排如下:

(一)集团主要指标

销售收入2150亿元。实现利润4亿元,同比增利0.55亿元。上缴税收59亿元。资产保值增值率99.49%,流动资产周转率1.74次/年。集团销售收入劳动生产率182万元/人·年,年末集团在册职工人数控制在12.5万人以内。

（二）钢铁业指标

销售收入 1436 亿元,控亏额 22.42 亿元。四地吨钢降低成本 125 元;推进产品比普通产品增收 56.85 亿元,增利 19.26 亿元;存货资金占用 132.9 亿元,同比压缩 15 亿元。

生铁 3316 万吨,钢 3248.7 万吨,钢材 3138.55 万吨。四地安排推进产品 1125.35 万吨,其中高端产品 159.35 万吨,领先产品 200.65 万吨,支撑产品 765.35 万吨。安排重点产品 827.6 万吨。钢材出口 156 万吨。吨钢综合能耗 619 千克。

（三）子公司利润安排

实现利润 41.44 亿元。其中,中首公司 34.7 亿元,房地产公司 3.6 亿元,矿业投资公司 1.2 亿元,香港首控公司 2 亿元,京西重工 0.77 亿元,环保事业部安排控亏 0.7 亿元。

（四）控股参股企业利润安排

实现利润 6.56 亿元。其中,首建公司 1.21 亿元,国际工程公司 1.9 亿元,首自信公司 1.22 亿元,实业公司 0.41 亿元,机电公司盈亏持平,二类改制企业安排盈利 1.47 亿元。

（五）投资收益安排

全年投资收益 8.92 亿元。

（六）总公司费用安排

全年费用 22.19 亿元。其中,总公司部厅管理费用 9.87 亿元,财务费用 12.09 亿元,营业外净支出 0.23 亿元。

（七）园区管理费用安排

全年安排 6.78 亿元。其中,运输管理处 0.9 亿元,铁区管理处 0.93 亿元,钢区管理处 0.68 亿元,轧区管理处 0.63 亿元,动力厂 1.38 亿元,维检中心 0.29 亿元;园区管理部 1255 万元,园区服务公司 3361 万元,薄板厂 5634 万元,一线材厂 9440 万元。

（八）职工物质文化生活

坚持收入分配与效益、效率"双挂钩",职工收入按照"完成经营生产目标保持上年水平,超额完成同步增长,未完成降低水平"的原则把控,积极推进首钢北京三期集资房建设,充分利用国家政策、多渠道多种方式帮助职工解决住房问题。进一步完善家属区服务设施,开展丰富多彩的文体活动,建立干部职工身体健康管理体系。

三　2014 年首钢重点工作任务

做好今年的工作,必须深化改革创新,全面加强管理,进一步改进工作作风。

（一）深化体制机制改革,全面加强管理工作

按照"推进集团管控体系和管理能力建设,大踏步跟上时代潮流"的改革目标,坚持公平公正,激发发展活力,在总公司党委领导下,做好协调、推进和落实工作。

深化集团管理体制改革。一是完善集团总部管理架构,强化板块管理和全覆盖管理,继续调整机构设置,增强集团总部的系统调控、价值创造、变革整合、风险防控能力,打造精干高效的集团总部架构。二是积极探索企业集团不同板块、不同类型实体的管理模式,该管的一定管到位、不该管的坚决放下去,妥善处理集团总部与成员企业"集权"与"放权"的关系,充分发挥集团总部和基层企业两方面积极性,达到协同高效。三是完善钢铁业管理体制,充分发挥各企业主观能动性。各基地和企业要进一步增强市场主体意识,基地要积极参与供销两头业务,更加贴近市场;专业部门要快捷向基地提供各类市场信息。结合股份公司资产置换,做好机构整合及人员调整工作。加强和完善对外埠钢铁企业的管理,提升其生存能力。四是完善北京园区建设和新产业管理体制,优化园区运行模式,逐步从职能管理向园区运行服务开发转变,成为园区综合服务商。非钢新产业要顺应首都城市快速发展,在成为城市服务商方面创新思路,大力发展城市服务产业。五是完善控股参股企业的管控模式。对控股参股企业、合资企业要进一步分析,实施优化整合,按照"有进有退"要求继续做好清撤。继续严格控制对外投资,各企业、各单位的对外投资无论多少都必须上报总公司相关会议批准,各附属全资、控股、参股子公司向外转让首钢方股权或含有首钢方股权的公司,必须上报总公司相关会议批准。转让与首钢合资合股公司的非首钢股权,首钢方应认真行使优先权,放弃优先权也要经总公司同意。六是在产融有机融合、发展混合所有制、职业经理人队伍建设等方面进行大胆尝试,力争取得进展。

深化分配制度改革。把推进首钢科学发展和维护职工根本利益作为深化薪酬分配制度改革的指导思想。一是坚持挂钩分配原则,在岗职工收入增长要与企业效益、效率增长挂钩,建立职工收入正常增长机制。二是按照"限高调低"原则,对钢铁业三支人才队伍薪酬分配制度进行调整和改革。理顺分配关系,逐步解决不合理的收入分配差距。三是实现全集团薪酬管控全覆盖,按照分类管理原则,通过全面清理,使集团所有单位的薪酬全部纳入总公司管控体系。四是完善绩效考核指标体系,建立科学合理的挂钩考核办法,鼓励多创多超多得。五是按照"业绩优先,结构合理,激励有效"原则,加强领导干部的任期考核,优化薪酬结构,实现年度考核与任期考核有机结合。六是坚持公平公正公开原则,薪酬制度、考核办法和考核结果公开,接受基层单位和职工的监督。在企业提高效益的基础上,通过深化分配制度改革,让广大职工更多地享受企业改革发展成果。

深化用工制度改革,完善与现代企业制度相适应的劳动用工制度,依法规范劳动关系,统筹研究建立职工能进能出的用工机制,严格控制劳务用工数量。进一步规范劳务用工管理,探索试行优秀劳务人员转正的激励机制,使之成为首钢大家庭的一员,增加他们对企业的亲切感、责任感和归属感。

全面加强企业管理。一要对规章制度进行常态化、动态化、标准化管理,打造与集团管理体制相适应的制度体系,继续做好制度修订工作,按照"谁定制度谁负责、谁定制度谁培训、谁定制度谁检查、谁定制度谁改进"的要求,狠抓贯彻执行,总公司按季组织抽查,确保各项管理工作规范、有序进行。二要进一步健全完善基础管理工作,包括计量、原始数据、统计指标体系、统计会计核算口径,要规范统一,严格执行统计法、会计准则,严禁虚报、瞒报。三要深化和拓展以六西格玛为重点的精细化管理,制定实施方案,确定推进的短期、中期、长期目标,逐步从生产基地拓展到钢铁流程的各个环节,实现系统协同效应,促进质量稳定提高。要把加强基础管理、精细化管理与信息化结合起来,努力实现业务流程信息化、精益协同高效化、持续改进规范化、管理决策科学化。四要加强资金管理,健全资金保障、使用、平衡监控体系,建立现金流预算管理体系。加快探索建立钢铁业资金统一管理调度平台,进一步减少资金占用,加快资金周转,做好资金风险防范工作。抓紧年内组建完成财务公司,提高资金运作水平。牢固树立资金成本意识,盘活存量,控制增量,拓宽融资渠道,优化贷款结构,降低财务费用。继续做好降低总公司费用工作。五要继续清理总公司和部厅领导各类兼职,研究改进外派高管、财务人员工作。继续加强审计、法律等专业管理,各单位都要加强风险防控管理。加快对可能造成风险的遗留经济纠纷的处置和解决,启动实施项目后评价工作。

(二)推进经济技术创新,提高钢铁业综合竞争力

创新驱动是首钢科学发展的第一引擎。要以扭亏增盈为目标,以稳定顺行为基础,以调结构降成本为重点,以

信息化、精细化管理为支撑,做好以下工作:

一是推进技术和产品创新,完善科技创新支撑体系,提升特色产品市场占有率,增强首钢差异化竞争能力;推进组织创新,以提高集团管理、指挥、协调能力为重点,着力推进"三个优化";推进商业模式和市场创新,继续坚持由产品制造商向综合服务商转变的发展方向,增强市场预判和平衡协调能力。

二是进一步优化产品结构。建立重大专项攻关机制,对制约产品生产,影响成本控制、接单能力、质量稳定与提升、合同兑现等突出问题重点攻关。推进首钢板材一贯制质量管理体系(升级版)建设,以汽车板为抓手,完善生产线制造能力、技术营销、产品研发、数据应用开发平台和用户服务等五大体系。围绕国家七大战略性新兴产业及重点产业,挖掘环保设备、交通运输、海洋工程、新型能源领域的用钢需求,做好产品开发和技术储备。统筹集团技术进步,按轻重缓急安排产品开发、科研开发、工艺攻关、短平快、节能降耗项目,增加产品附加值。做好首钢核心技术、重点项目及高端产品项目的开发应用,推动科技进步向生产力转化。推进能源管理体系标准化、规范化建设,深化环境治理,促进污染物减排。

三是全方位抓好系统降成本工作。加强安全管理,确保生产稳定。安全工作必须常抓不懈,要夯实安全基础,强化日常管理。生产顺稳,炼铁是重点,要加强运行监护,提高适应原燃料条件变化的能力。做好对标挖潜,找出影响成本的每一项因素。进一步加强管理、改进工艺、精细操作,充分挖掘每一个环节的成本潜力。完善成本管控,推进实际成本与标准成本、信息化有机结合。严格管控隐性成本,对直供与中间商价格差异、外包外委、物流、劳动生产率等隐性成本,要加大管控力度。坚持低库存运行。

四是着力推进"三个优化"。优化生产线和产品结构,结合京唐、迁钢和顺义冷轧后步工序不断完善的实际,从月度计划制订开始,更加注重各生产线的盈利关系,优先安排高端高效产品的生产;优化铁前矿料结构,减少对传统渠道和原有品种的依赖度,加快新渠道、新资源的开发,利用矿业公司熟料生产优势,合理调整生熟料比例;优化物流结构,抓住铁路、汽车运输和港口集散三个环节,搭建总公司结算费用监控平台,推进和完善基地物流标准化工作,进一步降低物流费用。

五是增强分析预测能力,提高市场运作水平。加强销售服务体系建设,完善大客户代表制,进一步改进服务,强化与用户的技术、生产、研发人员对接,与用户形成长期稳定的合作关系。深化产业链建设,提高直供比例。建立信息化平台,构建科学的采购体系,采取招标、议价、波段、点价和期货操作等方式,实现采购效益最大化。做好进口矿和国内资源统一配置,建立供应商动态管理机制,进一步优化供应商结构,为低成本保供提供有力支撑。

各钢铁基地和企业要结合自身特点,扬长避短,发挥优势,进一步提高运行质量和效益。京唐公司、迁钢公司、首秦公司、顺义冷轧公司确保完成控亏任务,矿业公司实现利润1.64亿元。外埠钢铁企业要采取有力措施,进一步加强管理,加大对标挖潜、降本增效工作力度,确保生产顺稳,努力实现减亏。通钢公司、长钢公司、水钢公司、贵钢公司、凯西公司确保完成控亏任务,首控伊钢实现利润1.2亿元。

(三)积极探索开发模式,促进北京园区开发建设

按照"符合市、区两级政府对新首钢高端产业综合服务区的产业定位,符合国家发改委关于城市老工业区搬迁改造的产业定位,首钢自主开发一块、合作开发一块、市场招商一块,提升城市功能、人文环境、生态质量、区域竞争力"的思路,立足做首都最有活力的区域之一,做首都创新驱动发展的承载平台,成为解决首都人口资源环境突出矛盾的示范区,成为首都深度调整产业结构、转型升级的新增长极。探索以企业为主体的园区开发模式,用科学的态度、先进的理念、专业的知识建设和管理园区。一是积极争取政策支持,尽快将二型材改造、首钢广场以及特钢绿能港科技中心项目纳入试点,争取园区土地收益分配、财税等支持政策落地。二是推动项目建设,今年10月底前完成西十筒仓一期、二期改造工程,并通过国家发改委验收,取得项目的示范效应。按照打造互联网金融产业园的要求,四季度实施二型材厂房改造项目。配合国家保险产业园入驻,尽快推进首钢广场项目建设。首钢博物馆力争开工建设。按照与招商局集团的合作协议,继续推进"中国网谷"项目建设。三是抓好基础设施建设,启动晾水池东

路、四焦炉北路等 6 条城市次干路,及料仓街等 5 条城市支路建设,推进园区综合交通规划、热源、水源出入口规划设计等工作。四是完善新首钢高端产业综合服务区北区的整体规划,做好园区资产产权登记、厂房拆迁,加快园区停产资产的处置和利用,相关部门要加强沟通,密切配合,尽快提出具体意见。五是加大主厂区、二通、特钢三大园区对外宣传力度,加强与市、区两级政府的沟通合作,围绕先期启动项目开展招商引资,力争更多大项目落地。六是做好园区增收节支工作。园区服务公司等单位要完善园区服务,积极承揽工程,努力增加收入,进一步降低费用支出。

(四)优化资源配置,促进非钢新产业发展

稳步推进非钢新产业发展,强化协同,增强盈利能力。一是制定完成首钢新产业中长期发展规划(2014 年～2020 年),进一步完善管理架构和体系,明晰战略目标和发展方向。二是发挥新产业平台作用。环保事业部(环境产业公司)要继续推进股权重组、资产划转等工作,做好建筑垃圾、餐厨垃圾处理等节能环保重点项目;积极创建国家循环经济产业示范园,做好碳排放权交易。医疗产业要通过医疗投资公司运营,筹建 2 个～3 个高端医疗产业项目。加快制定健康养老产业、文化创意产业发展规划。"铁色记忆"大型实景剧力争商业演出,进一步完善 AAA 景区设施。三是结合新首钢高端产业综合服务区的开发建设,研究推进首钢大物业项目;结合石景山区发展互联网金融业、打造"长安金轴"的发展定位,研究发展首钢金融物业、金融服务等业务。四是研究全面进入市政基础设施、节能环保设施和自住房项目建设市场。

矿业投资公司要做好在营项目的经营获利、投资回报和资产保值增值等管控工作。首控公司要进一步优化资源配置,集中发展优势项目。环保事业部要加快整合组建首钢环境产业公司,尽快完成注册,推进鲁家山园区项目建设,确保生物质能源发电生产安全顺稳,开展土壤修复、飞灰处理等工艺技术方案研究。机电公司要着力打好搬迁投产、产品开发、市场开发、盘活存量资产四个攻坚战,全面提升自我"造血"功能。京西重工要适度调整产业结构和产品结构,优化投资项目,加快市场开发。国际工程公司要以优质资源服务首钢钢铁业的技术改造和产品升级,以优势技术开发国内外市场。首自信公司要围绕提高首钢信息化水平,推进铁前、炼钢、连铸二级控制数学模型开发,积极参与北京园区通信、信息服务等工作。实业公司要进一步规范法人治理结构,创新服务集成商业模式,不断拓展社会市场。培训中心要围绕首钢新产业发展调整专业设置,开发培训项目,打造特色品牌。首钢医院要加强学科建设,增强核心技术能力,进一步完善院区规划和设施建设。首建集团要做强高层建筑、市政桥梁等钢结构拳头产品,强化海外项目总包职能。房地产公司要全力做好二通园区土地开发,完成征地、拆迁、基础设施建设和分块土地上市,力争在北京市场取得政策性地块,实现土地储备和项目开发的新突破。中首公司在保证公司用矿的同时,做好进口矿经营,加强对所属企业管理,抓好海外工程项目建设。秘鲁铁矿要加快新区扩产工程,确保按计划节点完成。香港首控要积极推进债券发行和上市公司重组,真正成为首钢海外资本运作窗口和融资平台。源景公司要通过文艺演出、工业旅游、影视服务、会展服务、广告经营、文化产品研发销售等项目实现创收创效。

(五)实施人才工作创新,促进职工与企业共同成长

转型发展必须高度重视各类人才培养、教育和使用,优化人才结构,提升人才质量。

继续推进后备干部、青年技术人才"双千培训工程"和"千名高级技师、百名技能操作专家培养工程",全方位建设"三支人才队伍"培训体系。充分利用社会资源,开辟更广阔的人才培养空间。积极组织申报"引进国外技术、管理人才项目",争取国家资金支持。探索完善"短期试用期"、"谈判工资制"、"假日专家"等用人方式。建设新首钢高端产业综合服务区"人才特区"。制定首钢技能操作专家工作室标准,推进首席技师工作室建设,发挥高技能人才的引领、示范、带动作用。组织开展首钢 2014 年职业技能竞赛,选拔优秀选手参加北京市和全国钢铁行业技能竞赛。组织有关专业开展信息化培训,满足信息化建设对人才的需求,确保培训后全部持证上岗。加强对一线生产骨干和技师、高级技师培训。加大对富余人员转型培训力度,结合首钢园区开发和非钢新产业发展对人才的需求,有

步骤地开展培训。充分发挥党校、培训中心、基层教育基地的作用,大力提升干部和职工队伍素质。继续深化与高等院校和社会科研机构合作,为职工学历教育和业务进修创造条件。组织1500名班组长任职资格培训。要加强首钢驻外人员的培养、使用和管理,建立定期正常的考核评价和轮换制度,有针对性地选拔优秀人员到驻外公司、机构锻炼培养。

继续改善职工学习、工作、生活条件。建立覆盖全集团的干部职工身体健康管理体系。首钢北京三期集资建房完成7栋楼和配套设施建设,其余两栋楼根据加油站拆迁进度组织实施。抓好家属区9项办实事项目。提高职工工作餐质量。调整非政策性住房供暖费报销标准。针对异地工作职工、青年职工较多的特点,抓好职工身心健康、业余文化生活、交通等工作。首钢"一业五地"和外埠企业,要结合所在地区和企业自身情况,进一步改善医疗、住房、食堂等生活设施,为职工创造更好的生产生活环境。

(六)加强作风建设,为首钢转型发展提供有力保障

领导干部的作风关乎企业转型发展,关系职工切身利益。从贯彻中央八项规定到党的群众路线教育实践活动,首钢做了大量工作,取得了初步成效。我们要巩固成果,坚决反对形式主义、官僚主义、享乐主义、奢靡之风,在全集团形成风清气正、公平正义、阳光透明、求真务实的氛围,切实做到按规律办事,按规矩办事,按制度办事。治理"庸懒散"。进一步规范领导干部行为,严格执行工作规则、制度、程序,坚决杜绝个人说了算。进一步提高领导干部把握运用市场规律、自然规律、社会发展规律解决实际问题的能力,提高科学决策、民主决策能力,提高领导首钢转型发展的能力。加强调查研究,广泛听取各方面意见,多为基层解决实际问题。牢固树立艰苦奋斗、勤俭节约的思想,坚决反对大手大脚、铺张浪费,严格控制各项费用支出。加强厂务公开、民主监督。对群众路线教育实践活动和北京市审计查出的问题,下功夫做好整改。

同志们,2014年的目标已经明确,任务十分艰巨。我们要认真贯彻党委扩大会精神,统一思想,坚定信心,以过硬的工作作风、良好的精神状态,积极进取,扎实工作,确保完成今年的各项任务。

在首钢党风廉政建设工作会议上的讲话

首钢党委书记、董事长 靳 伟

(2014年3月14日)

同志们:

今年以来,中央和北京市相继召开了十八届中央纪委三次全会、市纪委十一届三次全会、市国资委党风廉政建设工作会议,我们要深入学习贯彻落实。刚才,建国同志作了工作报告,总结了2013年工作,对首钢今年党风廉政建设和反腐败工作进行了具体安排,我完全赞同。2013年,首钢各级纪检监察组织围绕中心、服务大局,扎实做好反腐倡廉各项工作,为推进首钢转型发展作出了新贡献。我代表总公司党委,向纪检监察战线的同志们表示衷心感谢,向受到表彰的先进集体和个人表示热烈祝贺!下面,我再强调五点意见。

一 认真学习贯彻习近平总书记重要讲话精神

1月14日,习近平总书记在十八届中央纪委三次全会上发表重要讲话,从党和国家发展全局和战略的高度,科

学分析了当前党风廉政建设和反腐败工作面临的形势，深刻阐述了事关党的建设重大理论和现实问题，再次宣示了我们党改进作风、惩治腐败的坚强意志和坚定决心。我们要把学习贯彻总书记讲话精神作为重要政治任务，把思想和行动统一到总书记讲话精神上来。

一是通过学习总书记讲话精神，深刻认识当前党风廉政建设和反腐败斗争形势。总书记指出，2013年，党中央进一步加强党风廉政建设和反腐败斗争，提出了一些新理念、新思路和新举措，在强化党的纪律特别是政治纪律、强化执纪监督、强化查办案件等方面形成了鲜明的工作特点。从中央做起带头执行八项规定，以上带下，赢得广大群众的衷心拥护；以解决突出问题为切入口，开展党的群众路线教育实践活动，聚焦"四风"，针对调查研究、新闻报道、出国访问、办公用房、公务接待、楼堂馆所、公款消费、铺张浪费、礼品礼券等方面存在的问题，一项一项抓，既抓大问题，也对"月饼"、"贺卡"、"会员卡"这样的小问题不放过，逐项整治，积小胜为大胜；坚持"老虎"、"苍蝇"一起打，不断加大惩治腐败力度，形成了对腐败分子的高压态势；加强对权力运行的规范，完善制度，建好笼子，强化监督。作风在抓、腐败在查、风气在变，让全党、全国、全社会看到了变化。总书记在讲话中告诫全党，在看到成绩的同时，要清醒地看到滋生腐败的土壤依然存在，反腐败形势依然严峻复杂，一些不正之风和腐败问题影响恶劣，亟待解决。全党同志要深刻认识反腐败斗争的长期性、复杂性、艰巨性。按照总书记讲话精神，我们既要看到成绩，坚定信心，又要看到反腐败形势依然严峻，增强进取意识、机遇意识、责任意识，以更加坚定的信心、更加坚决的态度、更加有力的措施、更加扎实的工作推进党风廉政建设，坚定不移把反腐败斗争推向深入。

二是通过学习总书记讲话精神，深刻认识当前反腐倡廉建设的主要任务。总书记强调，坚决反对腐败，防止党在长期执政条件下腐化变质，是我们必须抓好的重大政治任务；要抓好惩治和预防腐败体系规划的贯彻落实，制定好实施办法，把各项任务落到实处。总书记指出，要将党的作风建设一步一步深化下去，在作风问题方面起决定作用的是党性，衡量党性强弱的根本尺子是"公"、"私"二字。作为党的干部就是要讲大公无私、公私分明、先公后私、公而忘私；公款姓公，一分一厘都不能乱花；公权为民，一丝一毫都不能私用。领导干部务必做到克己奉公、严格自律，自觉树立"为官不易"的思想，固化"为官不易"成果，把作风建设变成常态，坚持不懈，发现反弹严肃处理。要坚持以零容忍的态度惩治腐败，反腐败高压态势必须继续保持，对腐败分子发现一个，就要坚决查处一个。要抓早抓小，发现问题就及时处理，不能养痈遗患。我们必须认真落实总书记的要求，始终保持反腐败的高压态势，切实把惩治和预防腐败的各项任务落到实处。

三是通过学习总书记讲话精神，深刻认识以深化改革推进党风廉政建设和反腐败斗争的部署要求。总书记指出，解决存在的问题还得靠制度，要不断改革党的纪律检查体制，强化制约，强化监督，强化公开，完善反腐败体制机制；要落实好党委的主体责任和纪委的监督责任，无论是党委还是纪委或其他相关部门，都要对承担的党风廉政建设责任进行签字背书，做到守土有责，不让制度成为纸老虎、稻草人；各项改革举措要体现惩治和预防腐败的要求，与防范腐败同步考虑，同步部署，同步实施，堵塞一切可能出现的腐败漏洞。我们要按照中央、市委的决策部署，加大改革力度，加强反腐败体制机制创新和制度保障，从源头铲除滋生腐败的土壤和条件。

四是通过学习总书记讲话精神，深刻认识严明党的组织纪律的极端重要性。总书记在讲话中强调了严明组织纪律问题，明确指出，党的力量来自组织，组织能使力量倍增，组织严密是党的光荣传统和独特优势，是我们党从胜利走向胜利的重要保证。当前，组织纪律松弛已经成为党的一大忧患，组织观念、组织程序、组织纪律都必须严起来，一个松松垮垮、稀稀拉拉的组织是不能干事的，也是干不成事的。不能像一个大车店、大卖场一样，想来就来，想进就进，想睡就睡，想说什么都可以。要好好抓一抓组织纪律，增强组织纪律性、增强党性。我们要深刻认识严明党的组织纪律的极端重要性、紧迫性，按照中央要求，坚持党要管党、从严治党，严明组织纪律，坚决克服组织涣散、纪律松弛的现象。

五是通过学习总书记讲话精神，从全局出发抓好各项工作，时不我待，只争朝夕。2月26日，习近平总书记在视察北京时发表重要讲话，对做好北京市发展和管理工作，京津冀协同发展提出新思路、新要求。我们通过干部大会和党委中心组进行了学习研讨，提出了贯彻落实的工作思路。总书记讲话中蕴含的思想方法，是我们做好各项工作包括党风廉政建设的思想武器。其中一条,总书记强调,要打破自家"一亩三分地"的思维定式,抓好顶层设计,不能各干各的;要"只争朝夕做工作、抓工作"。首钢各部门、各单位都要遵循这样的思想方法,不能只站在本单位本部门的角度考虑问题,必须从宏观形势、首钢集团全局的高度把握大势、提出措施,加强协同配合,既要积极稳妥,又要加大力度、加快速度,敢于担当,敢于碰硬,以更加饱满的热情,更加优良的作风,奋力开创首钢改革发展新局面。

二　深入落实中央八项规定,扎实推进作风建设

一要提高思想认识,坚持长抓不懈。3月9日,习近平总书记在参加全国人大安徽代表团审议时强调,"作风建设永远在路上",并提出了"三严三实"的新要求,即各级领导干部要"严以修身、严以用权、严以律己,谋事要实、创业要实、做人要实"。我们要深刻学习领会,充分认识加强作风建设的重要性、紧迫性和作风问题的顽固性、复杂性。虽然我们通过党的群众路线教育实践活动,解决"四风"问题取得了重要阶段性成果,但仍存在一些问题没有解决,必须一件事接着一件事做,一年接着一年抓,打好改进作风的攻坚战和持久战。

二要坚决整改,健全机制。作风方面的顽疾归根到底要靠制度来祛除。各单位要针对党的群众路线教育实践活动中查找的突出问题,继续抓好整改落实,建立长效机制,已经纠正的要防止反弹,作出承诺的要坚决兑现。要严格参照执行中央关于厉行节约反对浪费等一系列制度规定,进一步健全规范领导干部职务消费管理制度,推动作风建设成为一种常态、一种习惯,不断营造风清气正的良好环境。

三要严格监督执纪。在北京市纪委十一届三次全会上,郭金龙书记强调,我们就是要敢于"得罪"那些得罪了人民群众的人。有的人,忘了自己是党员干部,忘了党的宗旨,忘了公与私的界限,触犯了底线,必须受到惩处。我们要按照中央和市委的要求,把监督执行中央八项规定作为一项经常性工作,坚持专项检查与日常监督相结合,及时发现问题,督促整改,对有问题不主动自查自纠,甚至顶风违纪的,要严肃查处,以严明的纪律促进作风建设。

三　进一步严明党的组织纪律

习近平总书记在十八届中央纪委三次全会讲话中列举了当前少数党员干部组织观念薄弱、组织涣散七个方面的表现。从首钢情况看,绝大多数党组织和党员干部的组织纪律是好的,但也有少数党员干部不同程度地存在这方面的问题。当前首钢正处在转型发展的关键时期,承担着十分艰巨繁重的任务,必须增强党的组织纪律性,才能保证各项工作的落实。

一要加强组织管理。各级党组织要加强对党员干部的严格要求、严格教育、严格监督、严格管理,引导党员干部增强党的意识,始终牢记自己的第一身份是共产党员,第一职责是为党工作,做到忠诚于组织,不忘自己应尽的义务和责任,正确处理个人与组织的关系,坚决做到党章规定的"四个服从",任何人都不能有例外和特殊。党员干部要自觉接受党组织监督,决不允许把个人凌驾于组织之上。

二要严守党的规矩。首钢各级党委要严格落实民主生活会和组织生活会制度,对党员干部存在的问题该提醒的要提醒、该制止的要制止,敢于板起脸来批评,坚决反对政治生活中的庸俗化倾向。着力解决党内法规执行不严、纪律松弛问题,严格按照党章和各项党内法规办事,强化组织观念,在涉及重大问题、重要事项时,该向组织请示的必须请示、该报告的必须报告。全体党员干部要坚持党性原则,相信组织、依靠组织、服从组织,在思想上政治上行动上与党中央保持高度一致。

三要强化执纪问责。首钢各级党组织要切实负起执行纪律、维护纪律的责任,做到纪律面前人人平等,执行纪律没有例外。各级纪委要加强对组织纪律执行情况的监督检查,对苗头性、倾向性问题及时提醒和纠正,对违反纪律的坚决制止,对问题突出的要追究责任,强化纪律的刚性约束。

四　以更高的标准更有力的措施　抓好今年反腐倡廉各项任务的落实

今年首钢反腐倡廉目标任务已经明确。各单位要把反腐倡廉建设与深化企业改革、转型发展、党的建设、企业文化建设有机结合起来,统筹谋划、狠抓落实。

一是要围绕首钢转型发展中心任务发挥服务保障作用。首钢各级纪检监察组织要围绕今年首钢"两会"提出的目标任务,增强大局意识和服务意识,按照总公司"多挣一分钱、少花一分钱、用好一分钱"的要求,以保证完成集团盈利4亿元、钢铁业硬比减亏35.69亿元、北京园区重点项目开工建设和非钢新产业完成预算指标为底线,加大效能监察工作力度,督促各级领导干部转变作风,抓好工作落实。对态度不坚决、任务不落实、措施不得力、成效不明显的,要限期整改;对有令不行、有禁不止、不顾大局、推诿扯皮,造成不良影响的,要严肃追究有关人员的责任。通过加强监督检查,促进首钢"两会"确定的目标任务落到实处。

二是要加大对违纪违法行为的惩治力度。近年来,尽管我们不断加大惩治腐败力度,但少数党员干部心存侥幸,违纪违法案件时有发生。2013年,全集团共查处违纪违法案件20件,其中大要案8件。这些问题说明我们首钢并不是一方净土,反腐败斗争形势依然严峻。各级党委要高度重视查办案件工作,以零容忍的态度惩治腐败,做到旗帜鲜明、领导有力,做到党纪国法面前没有例外、制度面前没有特权。要立足于教育爱护党员干部,坚持抓早抓小,对存在的问题要早发现、早提醒、早纠正、早查处,做到治病救人,防止小错酿成大祸。

三是要坚持改革创新,完善反腐败体制机制。要深入落实中央《建立健全惩治和预防腐败体系2013年~2017年工作规划》,结合首钢实际制定具体实施办法。要着力完善反腐败领导体制和工作机制,落实好"两个责任",即各级党委切实承担党风廉政建设的主体责任,纪委承担监督责任。要加强集团管控的监督机制,总公司将探索向全资和绝对控股公司派驻外部董事,向控股参股企业派驻专职董事;同时探索建立巡视工作机制,设若干巡视组和巡视员,对子公司开展定期或不定期巡视;要加强总公司监事会工作办公室力量,增加专职监事、设立"专员"。通过这些改革措施,加强对国有资产运营情况的监督,同时也体现廉政建设的要求。

五　加强对党风廉政建设和反腐败工作的领导

在十八届中央纪委三次全会上,总书记明确提出党委在反腐倡廉建设中的五项职责,首钢各级党委要认真贯彻落实。党委主要负责同志必须树立不抓党风廉政建设就是严重失职的意识,切实抓好班子,带好队伍,管好自己。领导班子其他成员要对职责范围内的反腐倡廉工作切实承担起领导责任,严格履行"一岗双责"。无论党委、纪委还是职能部门,出现失职渎职的,都要依照责任制规定进行追究。各级党委要配强纪委班子,配齐纪检监察干部,支持纪检监察组织履行职责,关心爱护纪检监察干部,为他们创造更好的工作条件。各级纪检监察组织要积极转职能、转方式、转作风,充分发挥监督执纪问责作用。广大纪检监察干部要严格要求自己,加强学习,提高履职能力,始终保持为民务实清廉的良好形象。

同志们,首钢转型发展的任务十分艰巨,做好党风廉政建设和反腐败工作至关重要。我们要按照中央、北京市和市国资委的要求,改革创新、锐意进取、扎实工作,深入推进首钢反腐倡廉建设,为全面实现首钢"两会"确定的目标任务提供有力保证。

在首钢后备干部推荐选拔和
培训工作动员大会上的讲话

首钢党委书记、董事长　靳　伟

（2014 年 3 月 28 日）

同志们：

　　近一时期以来，总公司党委认真学习习近平总书记及中央新一届领导集体系列讲话精神，特别是习总书记考察北京市期间的讲话和对京津冀协同发展、对北京工作的重要指示精神。党委通过认真思考和研究，逐步确立了首钢转型发展新时期的工作思路，围绕怎样以深化改革为突破口，抓住机遇，乘国家关于京津冀协同发展和创新驱动战略机遇这个东风，对集团未来战略定位、首钢转型发展设想、破解首钢转型发展掣肘问题进行了深入探讨，对如何发展首钢的新老产业提出了建设性意见。

　　我们深刻认识到，全面深化改革工作必须与明确首钢集团的战略定位紧密结合起来，必须坚持集团的战略定位服从于创新驱动和京津冀协同发展的国家战略，必须坚持集团战略定位服从于首都城市战略定位和"五个之都"要求，必须坚持统筹首钢综合资源和"有取有舍"、"有进有退"相适应，必须坚持长远发展和解决当前突出矛盾、历史性遗留难点问题相协调，必须坚持做优做强实体经济和实现产融结合相统一。

　　前天和昨天，我把首钢近一时期学习总书记的讲话和首钢下一步的工作思路，分别向郭金龙书记、王安顺市长当面汇报，书记和市长对首钢下步工作思路给予充分肯定，并且市里下一步要专门开会研究，从政策等方方面面支持我们。我们相信，在市委、市政府的领导下，通过集团上下共同努力，一定能够实现首钢伟大的转型。

　　正确的路线确定之后，干部就是决定的因素。毛泽东同志早就这样告诫过我们。事实上，首钢干部队伍能否适应转型发展的需要，能否胜任建设具有世界影响力的综合性大型企业集团的崇高使命，是我们每一名首钢的干部必须要思考的问题。近一段时间，干部工作也是耗费我和常委们的精力最多的一件大事。

　　我们今天召开干部大会，主题是推荐选拔和培训后备干部。实际上，当前首钢的干部工作不止这一个方面。前一时期，总公司党委集中力量研究、破解干部新老交替矛盾突出的问题，对干部退出机制提出解决的思路，有关部门正在制订退出的工作机制和制度。在解决干部"退出"的同时，还要解决好干部"进入"问题。这次会议的目的，就是通过抓后备干部的选拔和培养，贯彻落实中央和北京市组织工作会议精神，以及习近平总书记一系列重要讲话精神，让各级党委、全体干部重视起来，狠抓干部队伍的教育和培训，以此带动整个干部队伍的思想建设、组织建设和作风建设。

　　刚才郭荣同志、吴平同志、张乃山同志分别就后备干部的推荐选拔工作和举办后备干部特训班作了安排和介绍。下面，我代表党委讲三点意见。

一　从战略上高度重视首钢干部队伍建设，做好干部管理工作

　　去年年底以来，我们在巩固党的群众路线教育实践活动成果的基础上，重点抓了干部队伍的思想作风建设，强调继承首钢优良传统，使大家的思想认识统一到党委扩大会精神上来，干部队伍的作风和精神状态有了明显改善。然而，干部队伍的组织建设、干部新老交替和交流调整还有许多繁重的任务。

据统计,到 2017 年底,总公司直管的领导干部 476 人中,将有 139 人到达退休年龄,还有 55 人距法定退休年龄不足 3 年。29 名部厅级干部在同一领导岗位上工作时间已超过 5 年,最长达到 12 年,急需交流调整。

以上是直管干部年龄结构情况,可以看出,大都集中在 1970 年左右参加工作、1954 年~1956 年出生的老同志身上。其中总公司机关部厅这种状况更为严重。

还有,首钢的转型发展和新产业、新事业,需要大批优秀的领导干部作为领军人物,如何教育、培养政治上可靠、业务上精通、作风上过硬的创新型人才仍是今后长期而艰巨的任务。总之,干部队伍能力、素质、结构不适应的问题是困扰和制约首钢新的发展的首要因素、决定性因素。培训和教育干部是我们未来重中之重的工作。我们必须从战略高度重视和抓好干部队伍的建设,在进一步统一思想认识、加强作风建设的同时,既要抓紧抓好干部新老交替、缺岗配备、交流调整的一系列工作,又要做好后备干部的选拔培养、提升和任用工作,否则我们的事业就难以为继。

最近,组织部在调研的基础上起草修订了 13 项干部管理办法和制度,包括《首钢领导干部退出现职领导岗位的有关规定》和《首钢领导干部退休和返聘管理办法》。我们要采取切实措施,为老同志有序退出领导岗位提供规范的管理制度保障,充分发挥好老同志的作用。这些办法和制度,下一步要广泛征求大家的意见。

昨天下午,我们召开了专题会,对起草修订的 13 项制度进行了逐条梳理。下周,我们希望把这些制度一并发下去,广泛征求各个单位和干部的意见。

今天,我们又下发了《首钢后备干部管理办法》(征求意见稿),是为了使新干部的"进入",尤其是后备干部的选拔培养有规范的办法、有长效机制。请同志们对这个制度充分发表意见,组织部汇总研究,进一步完善制度,再由党委常委会讨论和正式颁布。

我们初步的想法是,刚才所说的 13 项制度,4 月中旬经总公司常委会审议后最终形成。今天涉及后备干部的制度,4 月中下旬报总公司常委会审议,包括教学纲要、纪律管理规定。希望集合全集团的智慧,集思广益,使每一项制度做到精雕细琢,真正让我们的制度实用、可用、有用、有效。

二　以全国、全市组织工作会议精神统领首钢后备干部工作

去年 6 月 28 日,习近平总书记在全国组织工作会议上发表重要讲话,就培养和选拔好干部、推进干部人事制度改革、落实党要管党从严治党的方针等重大问题作了精辟而深刻的阐述,提出了许多新思想、新观点、新要求,是新时期党的组织工作的重要纲领性文献。总书记强调,好干部不会自然而然产生,成长为一个好干部,一靠自身努力,二靠组织培养。自身努力是基础,组织培养是保障。干部要勤于学、敏于思,认真学习马克思主义理论特别是中国特色社会主义理论体系,丰富知识储备,完善知识结构,打牢履职尽责的知识基础。去年 10 月 24 日,郭金龙书记在全市组织工作会议上指出,要严格教育干部,关键要抓好党性教育这个核心,必须坚持从严教育,完善干部教育培训工作,增强干部教育培训的针对性、时效性,并要求全市各级党组织大力实施人才优先发展战略;深化教育改革,推进素质教育,创新教育方法,提高人才培养质量。习近平总书记和郭金龙书记的重要讲话,深刻反映出我们党历来高度重视选贤任能,高度重视干部培养工作的优良传统。首钢各单位党委及组织人事部门要自觉学习、自信运用、深刻领会、深入思考,结合首钢实际积极探索。

目前,我们正在开展首钢教育培训体系建设的深入调研,争取使首钢教育培训工作更加有效、更加规范,资源得到充分利用,干部职工得到能力素质的持续提高。

首钢后备干部推荐选拔和培训工作,要以全国、全市组织工作会议精神为统领,把习近平总书记提出的"信念坚定、为民服务、勤政务实、敢于担当、清正廉洁"五条好干部标准落到实处。这次集中进行后备干部推荐选拔和培训工作,是首钢党委审时度势作出的战略举措,是把近期干部急缺岗位配备与干部队伍长远建设相结合的系统工程,我们一定要举全集团之力把这项重点工作做好。推荐和选拔需要各单位、各部门的通力配合,培训工作同样需要各单位的鼎力支持。这不是组织部或党校某一家、某一个部门的工作,而是总公司党委的一项系统工程。

一是要对照"五好干部"标准,把那些素质好、有潜力、有发展前途、"自身努力"的中青年干部推荐出来。严格按照干部管理权限,集团部厅和二级单位领导班子后备干部采取总公司领导推荐、组织推荐、基层单位党委推荐和个人自荐相结合的方式,经汇总分析并严格履行考察程序,由总公司党委研究决定。参与推荐的各单位党委及领导干部要本着对首钢、对组织、对事业、对同志高度负责的态度审慎行使好自己的权利,共同完成好推荐工作。我们在这次领导干部推荐工作中特别提出要求,要经得起实践、职工和历史的检验。这里我们要强调,今后各级党委推荐干部一定要高度负责,要实行干部推荐责任制,推荐干部的质量要作为对党委、党委书记的考核内容。

二是要对照"五好干部"标准,坚持德才兼备、以德为先、好中选好、优中选优,坚持凭党性、凭人品、凭能力、凭实绩、凭公认的原则,坚持严格的考察程序,多方面听取部门和职工群众意见,结合干部交流调整配备工作和急缺岗位需求,确实把优秀的后备干部及时选拔出来。

三是要把"五好干部"标准作为后备干部培训的目标。坚持把党性教育作为必修课,坚持讲党的信仰、首钢的信仰、职工的信仰三者协调一致,坚持理论武装、党性锻炼和提高领导力,让参加培训的干部、学员抽出身子、沉下心来,学会踱方步、冷思考,通过培训切实增强党性修养,改善心智模式,拓宽工作视野,提升理论水平,锤炼工作作风,为完成更加艰巨的工作任务打好基础。

培训工作要把握好以下三个原则:

要高标准、严要求、保质量地组织好后备干部培训工作。要学习借鉴中央党校、市委党校和其他单位的好的经验做法,充分发挥首钢干部培训工作的优良传统,充分利用社会师资力量,运用现代化培训方法,遵循培训教育的科学规律,全面推进干部培训、教学体系建设。我们要拿出当年首钢卢沟工校的劲头,把干部培训工作打造成北京市国有企业干部培训工作的标杆和旗舰。

要把从严管理贯穿后备干部培训工作始终。"五一"节后,第一批后备干部特训班将开班,相关部门要全面做好筹备。抽调骨干后备力量,开办全脱产的后备干部特训班,是总公司党委从大局出发、从长远考虑,经过认真调查、慎重研究决定的。各单位党委要确保选调学员完全脱开原单位工作,保证学员安心参加学习。

刚才张乃山校长宣读的《学习纪律与学员管理规定》中提出:学员缺席七分之一课程按退学处理。我们在常委会上讨论的,100天的七分之一是多少,中央党校的规定是缺席5个半天按退学处理,另外请假还需经过逐级审批。如果首钢今天要是组织培训连人都抽不出去,确实是出问题了。无论让谁去培训,都不能影响工作。工作谁干?同级干;同级干不了,上级干;上级干不了,领导干。就是这个要求。

后备干部特训班要成立临时党总支和党支部,由总公司党委组织部下发调学令。培训期间要实行军事化管理、全过程跟踪考察,要严格纪律要求,树立新时期首钢干部的精神风貌。办这个班对党校也是严峻考验。我们希望党校的同志们能够吃透总公司党委精神,调动一切积极因素,尽一切努力把特训班办好。总公司部分领导和机关部厅的领导,很多同志要在这个班上亲自讲课、开设周末大讲堂。我们希望大家认真准备,讲好每一堂课。每一堂课都让学员打分,讲不好的下次就别讲了。

要切实提升培训质量。既要立足当前,又要着眼长远;既要增强培训的针对性、实效性,又要增强培训的系统性、前瞻性,高标准、高起点,积极探索与建设有世界影响力的综合性大型企业集团相适应的干部培训体系。

三 努力引导和加强领导干部的学习,使首钢领导干部 队伍牢固树立责任意识、使命意识、学习意识

当前,世情、国情、党情、企情天天在变化,我们的工作对象和工作环境也在时刻发生变化,艰巨的任务要求各级干部必须如饥似渴地加强学习,一刻不停地增长本领。3月22日,首钢党委理论学习中心组约120人去中关村国家自主创新示范区和中关村软件园考察学习。特别是考察学习国家自主创新示范区,我们走的参观路线,就是去年9月底中央政治局第一次走出中南海到中关村集体参观学习的路线。应该说通过这次学习,很多同志非常有感触。

这是一次心灵震撼、视觉冲击、本领恐慌,让我们深刻认识到学习的重要性。不学习就跟不上这个时代,更无法胜任领导工作。我前天向郭书记汇报组织大家去中关村国家自主创新示范区学习一事,郭书记接过话来问:是不是一次心灵的震撼啊?我想我们那天去学习的干部都会有同样的感受。我们要牢记,首钢人依靠学习走到今天,也必然依靠学习走向未来。学习者智,学习者胜,学习者生存,学习者发展。

后备干部的产生,是经过推荐、考察和党委研究决定的。后备干部不仅仅是一个名分,更是一份责任。各单位党委要积极引导后备干部牢固树立责任意识、使命意识、学习意识,帮助他们处理好工作、生活和学习的关系,处理好快步走、热思考与踱方步、冷思考的关系。"非学无以广才,非志无以成学",学习是提升水平、增长才干的基础。学习之路需要坚强的意志、持久的耐力和忘我投入的精神。要激励各级后备干部以饱满的精神状态、良好的学习作风,全身心地投入到学习培训中,学有所成,学以致用。

这次选拔出来参加第一期特训班的后备干部,不仅要组织部负责、党校负责,原单位党委也要负责。你的人送到这里,平时不问不管,出了问题一样要负责任。他是代表原单位出来的,必须有集体荣誉感。包括今后我们往市里输送干部,各个单位往集团输送干部,都要有集体荣誉感。要记住背后的两个字"首钢"。要捍卫首钢人的尊严,维护集体的荣誉。

总公司这次集中举办的后备干部培训叫作"特训班",是因为不仅在内容上要全面贯彻习近平总书记讲话和全国组织工作会议精神,加强马克思主义理论学习和党性锻炼,全面学习领会首钢的形势任务和工作方法,更要在办班形式上有所创新,实行军训和住校,加强作风培养和锻炼,使领导干部具有时代和任务所要求的精神风貌。

特训班的教学计划纲要,以及学习纪律和学员管理规定,经过总公司党委常委会研究讨论,总公司领导以高度的责任感提出很多好的意见。这一次,我们把征求意见稿印发下去,进一步征求意见,力争在4月最后一周常委会把每个环节都确定下来。四个月的脱产培训,虽然不能解决干部的所有问题,特训班的学习也不能代替所有的专业培训,但一定要在思想政治素质、作风素质和工作方法等方面使学员有巨大的收获和提高。我也翻了翻首钢培训工作的历史,1990年,首钢曾经创办了卢沟工校,花了很大功夫培养了一批后备干部。应该说那批后备干部不仅为首钢的整个发展打下坚实基础,也为北京市经济社会发展输出干部作出很大贡献。当年,周冠五书记亲自听取教学计划和筹备工作汇报5次,除开学典礼和结业典礼亲自写报告、作报告,还亲自授课三次,连学员要穿的一双皮鞋、一条领带,穿什么样的衣服都要亲自选。看到这一段时我也感慨万分。我们有了这种认真的精神,特训班才能办好。现在中央三番五次地在多次会议上讲认真和认真的精神,我们首钢本来就有这种好的传统。首钢人要传承好这种精神,不能什么都丢。

首钢的每一名干部都要对照自己的职责和使命,强烈意识到本领恐慌,把学习作为自己工作甚至生命的一部分,把刻苦学习、提高本领作为自觉的行动和作风习惯。同时,总公司要把各单位的主要干部组织起来,开设周末大讲堂,由总公司领导亲自授课。各部厅也要按照"谁定制度谁负责,谁定制度谁培训"的原则作工作报告,一些关键的制度、重要的制度,要在周末大讲堂上请相关部厅长负责讲解要义,要让所有参与听课的学员提问题、提建议,要让总公司分管领导在课堂上答疑释惑。重要的制度不能一发了事,要重理解、重解释。今天郭荣部长、吴平部长实际上也带了个头,不光是发了制度,还要结合制度讲一讲,它的内涵是什么、想法是什么。我们今后的工作要实实在在做好,抓出实效。

最后,希望各单位党委按照今天会议要求,统筹做好后备干部推荐选拔和培训的各环节工作,推动整个干部队伍建设,通过认真负责、扎实细致的工作,为首钢新时期转型发展提供组织和人才保障。

在首钢第一期后备干部特训班短训班
结业典礼上的讲话

首钢党委书记、董事长　靳　伟

（2014年9月5日）

同学们、同志们：

四个月前，我们在这里召开了首钢后备干部特训班、短训班开班动员大会，128名学员经过四个月的学习锻炼，今天就要结业了，我代表总公司党委向全体同学表示衷心的祝贺！也衷心地感谢党校、组织部、培训中心等相关部门和全体老师、全体干部为培训工作做出的努力，对精心参加讲课授课的首钢干部、外请的专家，包括调研考察的单位所做的工作表示感谢，大家辛苦了！

宝剑锋自磨砺出，梅花香自苦寒来。有一分耕耘才有一分收获。我相信，在刚刚过去的120多个日夜里，经过认真刻苦的学习锻炼，大家开阔了视野，学习了知识，磨炼了意志和作风，在理论武装、党性修养和领导力提升各个方面都有所收获。今天参会的总公司各位领导和部厅的领导都跟大家一样分享着这份喜悦，也分享着这份沉甸甸的果实。刚才王海鹰学员的发言非常好，一路走来，朝朝暮暮、风风雨雨；一路前行，阳光明媚、风光无限。总公司的领导和所有部门都为你们感到骄傲、感到高兴。特别是刚才吴平部长讲到了，我们要求每一个学员要"两个带来、一个留下"，大家都非常认真，非常真诚，给这一期培训班特别是给未来首钢的干部培训工作提出了很多宝贵的建议，谈的都是希望，都非常中肯，几乎把我们这次培训班整个过程的每个细节都涉及了，讲的都是真话实话白话，都是老百姓的心里话，是我们领导干部应该听到的话。在这个培训班，我们大家是受益者，也是未来首钢如何搞好培训的建言者。下一步我们这个班可能要常态化，坚持搞下去，大家为进一步加强干部培训工作奉献了自己的智慧，所以非常感谢。

加强干部培养特别是加强青年干部的培养选拔，建设一支强有力的干部队伍，是我们的事业不断取得胜利的根本保障。习近平总书记把培养选拔年轻干部，放在"事关党的事业薪火相传，事关国家长治久安"的高度，强调要下大力气加强和改进年轻干部的培养工作。在首钢总公司范围内开展年轻干部推荐选拔和培训，是总公司党委经过反复研究作出的重大决策；是首钢迎来难得历史机遇，实现创新驱动、转型发展对干部队伍建设提出的必然要求；是传承百年基业、再创首钢辉煌，建设具有世界影响力的综合性大型企业集团的重要组织保证。通过开办特训班、短训班并同步举办领导干部周末大讲堂，尝试干部脱产培训、在岗培训和集体学习相结合的教育培训方式，把提高理论修养、坚定理想信念、增长知识才干、传承首钢传统、加强作风建设和思考推进首钢改革发展有机地结合在一起，为首钢干部队伍建设探索了新途径，积蓄了正能量。第一期特训班先行先试，为今后做好首钢干部教育培训工作提供了值得借鉴的经验。在此过程中，总公司各有关部门、单位和同志们积极参与和支持，作出了各自的贡献。

古人云："纸上得来终觉浅，绝知此事要躬行"。习近平总书记曾经指出，"学习的目的在于运用，学习的成效在于解决实际问题"。"一是要勇于实践，把知识转化为能力；二是要运用理论和知识着力改造客观世界；三是要运用理论和知识自觉改造主观世界"。学习、实践，再学习、再实践，循环往复，这是一个辩证的、唯物的过程，既是学习的规律，也是学习的本来目的。大家今天结业了，不等于学习终结了，希望我们把这四个月的加油、充电带到未来的实际工作中，真正地运用和检验，不断地提高分析和解决问题的能力，在首钢创新驱动、转型发展实践中身体力行，奋力而为,建功建业,做深化首钢改革的先行者、实践者和示范者。

同志们,首钢的发展正进入一个全新的历史阶段,时代赋予我们机遇的同时,也向我们提出新的考验和挑战。各级领导干部要珍惜这个难得机遇,担当历史重任,解放思想、解放生产力、解放活力,站在京津冀协同发展和创新驱动两大国家战略的高度,谋划首钢的发展,以良好的状态、务实的精神、科学的方法和过硬的作风,完成好转型期的各项任务,为百年首钢再创辉煌作出我们这一代人应有的贡献。

为此,谈三点个人的认识,供大家一起思考。

一　把握创新驱动这条主线,围绕深化改革凝聚最大共识,在求新求变中求发展

我们国家经过35年来的改革开放,越来越意识到原来注重的是依靠土地、环保、人口红利这三个要素的驱动,党的十八大以后,整个社会转变经济发展方式的核心是,改革是最大的红利,创新驱动是最大的红利,还有人才红利。所以,现在中央提出了创新驱动是国家战略,创新是民族进步之魂,创新驱动是经济社会持续健康发展的发动机。习近平总书记在谈到创新问题时曾指出:坚持走中国特色自主创新道路,把创新驱动发展作为面向未来的一项重大战略实施好,坚定不移创新创新再创新,加快创新型国家建设步伐。

今天上午总公司领导在典型答辩评论时也讲到,关键创新的主体是人,在我们企业,核心是干部,关键是要在转变思维方式、探索发展路径、创新管理理念和更新知识结构上下功夫。首钢95年的发展历程始终是在创新中前进。改革开放以来,首钢在全国国有企业中率先实行承包制、率先启动搬迁调整从内陆向沿海转移,通过持续创新推动首钢一步步发展到今天。外在的变化外界都看到了,更核心的是首钢人的变化,这种变化是首钢人善于发现和捕捉历史机遇,顺势而为、主动进取,坚持解放思想、转变观念,勇于挑战自我、持续创新,才使企业不断发展壮大,一大批人才也在这个过程中成长起来。首钢的昨天走在创新的路上。总公司有一个非常好的传统就是"三创",创新创优创业,我们在这方面尝到了甜头。但是我们也要清醒地认识到今天的首钢与国内、与世界上的同行在创新方面的差距。如何让创新驱动、让活力四射成为我们首钢的主旋律,是我们每名干部要思考的,首钢人创新的脚步永远也不会停下来,这是我们要去践行的。

这周一我去了中钢,时间很短,只有三天时间,两天在路上,一天开会、学习交流参观。尽管时间非常短,但通过和中钢的交流,感觉人家对我们研究得非常透,非常关注首钢,讲起首钢头头是道。他们的好多做法,如"降成本、提品质、抓服务",这是钢铁企业普遍做的三件事,但中钢做得非常实,我对他们的做法感触非常深。

第一个感触是,中钢这三年平均每年降成本大数50亿新台币,折合人民币10亿元,今年上半年是4.5亿元。一是他们的降成本必须在财务报表上体现,没有在财务报表上体现,说出天来也不行;二是不考虑市场变化,是靠自身工作的努力;三是降成本的具体工作能够在一定时期或者永久留在企业的工作内容里。这三点要求,是真实的内部的降成本。我算了算,10亿元,1000万吨钢,相当于每吨钢降低100元。人家的具体项目、财务报表都能够在系统中调出数据,做得非常实,他们的创新真正做实到企业生产经营的各项工作中。包括他们的ERP的结账,1000万吨的钢厂,旁边500万吨的中宏,两个钢厂做到ERP结账,是半天关账,也就是下个月的第一天实施半天关账,集团一天关账,任何人不许做任何调整,数据只有一个口径,一个录入点,信息化做得非常实。

第二个感触是,参观中钢的能源中心,让你不得不佩服人家。我一进去,能源中心的主任说,靳总,没办法,地方就这么大,条件不是很好,跟你们新建的企业没法比,但是我们内容做得好。所有的50多个变电站全部无人值守。我们迁钢只是到三期才在冷轧局部做到。中钢的蒸汽价格每立方米能卖到12新台币,每度电能卖2元多,每吨水能卖到8元多,非常讲究企业效益。中钢董事长非常关注首钢的海水淡化,来首钢就是下了飞机到京唐,专门看了海水淡化再回去,中钢在围绕海水淡化做一个产业。人家不讲究自发电率,不是单纯关心某一个指标,而讲究综合能源效益最大化。

第三个感触是中钢搞硅钢,是给特斯拉供货,用于制作电动机。特斯拉最初找浦项、新日铁,但谁也不供货,最后找到中钢。特斯拉对产品的要求非常严格,体积小、输出功率大、扭矩大,中钢一班人和特斯拉的工程师捆绑在一起,把这个产品开发出来了,今天成了他的独家垄断产品,中钢以此为自豪。中钢与大象共舞,与特斯拉这样的大企业合作,不断创新,活力四射,真正做到天天都在创新。特斯拉当时不是大象,中钢是怎么发现大象的?为什么会这样?中钢今天也在思考:怎么发现身边的大象?我相信,在首钢人身边也会有这种大象,曾经与我们错身而过。中钢的企业精神中,四个字给我印象很深刻,第一是"踏实",第二是"求新"。中钢在踏实和求新这两方面做得非常到位。没有踏实,不可能有创新。首钢这么多年在创新上尝尽了甜头,但跟这些先进企业比要勇于看到我们的差距。

我们的学员毕业以后回到现场,要注意防止几个倾向:

第一,注重开头,忽略结尾。做事情光抓开始不抓过程不抓结果是不行的,干事情要持之以恒,坚持不懈,一定要全过程地抓。

第二,注重表皮,忽视基础。有时我们做一些事喜欢一蹴而就,快速见效。我们的干部特别是年轻干部,对打基础、长时间才能见效的工作,要有一种甘于寂寞的心态去做。打基础,利长远。有一句老话:十月怀胎他不在,一朝分娩他来了,这样不行。一定要多做基础性的工作,没有扎实的基础,创新是不可能的。

第三,注重容易,忽略难点。容易的事好干,难的事都绕。一个企业也好、一个车间也好、一个作业部也好,长时间把难题留下来,到最后对一个企业的杀伤力太大了。有时候,作为推进的方式方法,先易后难是可以的,但长时间把难题留着不办,对企业的负面影响是很大的。不能光拣容易的干。

第四,注重上面,忽略下面。领导喜欢的大家都喜欢干,领导喜欢听的大家也都关注。这次开展群众路线教育实践活动过程中我说过,我们一定要有一种能力,什么能力?就是要有一种办法,听到老百姓真实的声音,什么事情到最后一定要在基层扎根,特别是我们作为制造企业,所有的事情一定要成为老百姓的共识。刚才郄钊讲制造加服务,中钢给演示了一个例子。它现在在台湾内的产品销售没问题,还有50%出口到海外,不可能派大量的技术人员去,怎么办?注重移动终端,编了一个APP,做服务的看见产品不好,马上照张照片发过来,家里的技术人员马上支持。在我们实际生活中,好多时候向前走一步,可以解决大量的实实在在的问题。我们学员回到原单位或到新单位,都要注重这些事。创新驱动是国家战略,我们每个人对创新驱动一定要有清醒的认识,就是注重点滴积累,绝对不是一蹴而就。你不能只看到表面的现象,一定要把背后的东西挖掘出来,一定要遵循背后的规律。

二　树立正确的价值追求,以坚定的党性优良的作风和高尚的情操激发创新发展的内生力量

领导干部树立正确的价值追求,核心就是要解决好"为了谁,依靠谁,我是谁",这是一个总开关问题。习近平同志在去年6月召开的全国组织工作会议上,提出了新时期好干部的五个标准,其中"为民服务"就是要求"党的干部必须做人民公仆,忠诚于人民,以人民忧乐为忧乐,以人民甘苦为甘苦,全心全意为人民服务"。周冠五书记在任时,特别强调"举旗"。他说,我们举的这个旗必须代表人民群众长远的根本利益和近期的现实利益。只有这样,才能人心所向、众望所归,才有号召力和凝聚力,才能带领人民群众为了共同的目标而努力奋斗。首钢的发展历史,不论是承包制还是搬迁调整,都有很好的传统。这些传统体现我们首钢人的价值观,特别是把企业的科学发展作为出发点,把维护职工的利益作为落脚点。这一点,我希望大家一定要认真地领会,坚持和坚守这一条。这是坚守我们首钢人的职业操守。"五好"干部的要求,第一个就是政治坚定,要求干部德才兼备,以德为先。落实到企业是什么?我们要热爱首钢、忠诚首钢,要热爱首钢的职工,心里要装得下首钢的职工,要维护首钢和首钢人的尊严。这是基本的要求。

在全面深化改革的时代背景下,首钢的发展再一次迎来关键的转折时期。应该说,我们所面临的机遇和已经具备的条件比历史上任何一个时期都要好,我们所面对的困难和需要解决的问题也比历史上任何一个时期都要复杂

和艰巨,对首钢领导干部的考验也比历史上任何一个时期都更加严峻。今天我特别想说,现在我们所处的环境确实比以往更复杂,有很多不确定的因素。作为领导干部,不能光懂专业。面临今天这种形势发展和要求,光懂专业显然远远不够。我们必须有能力应付各种局面,包括在条件不完全具备的情况下,我们要做经得起历史未来检验的事。今天的党情、国情变化很大,对干部的要求也高,我们必须历史地、唯物地、辩证地去思考问题、分析问题和解决问题,要变成手中常用的武器。一是把实现企业科学发展和为职工创造美好生活统一起来,坚定改革必胜的信念。在当前中国经济社会全面转型的环境中,深化改革是企业实现发展的唯一出路,也是解决各种矛盾和问题的根本途径。各级领导干部要高举改革的旗帜,担当改革的重任,通过深化改革促进人、企业与社会和谐发展,让改革发展成果更多更公平惠及首钢全体职工。二是要坚持党性原则,保持优良作风,让坚定的理想信念和优秀的道德品行在首钢干部队伍中发扬光大,以各级领导干部的模范言行引领风气,振奋人心,凝聚起同心同德促改革、谋发展的强大力量。领导干部的模范言行,用大白话说就是干部要站有站样、坐有坐样,慎言笃行,不随波逐流,不心中浮躁。心中要有"敬畏"二字,特别是要敬畏"首钢"这两个字,要敢于作表率。大家学习党章,最新的要求是讲党性、重品行、作表率,我们特训班、短训班学员要敢于作表率,就像吴平部长讲的,我们要做首钢干部作风建设的样板。这是长期的要求,要经得起历史的检验。三是要严明纪律,严格管理。现在我们确实遇到了很多困难,需要各级领导干部恪尽职守,认真贯彻总公司的要求,落实好各项措施,保证生产顺稳和职工队伍稳定。

三　把自觉学习作为终身任务在实现首钢伟大转型的实践中不断成长

善于学习是中华民族的美德,在学习上不能放松,稍有懈怠,就有"洞中一日,世上千年"的感觉。总书记也讲到了"学者非必为仕,而仕者必为学"。我们在座的都是"仕者","作为领导干部,学习不学习不仅仅是自己的事情,本领大小也不仅仅是自己的事情,而是关乎党和国家事业发展的大事情"。今天对我们所有的干部提出这个要求,当然也不是你自己的事情,是首钢的事情。必须要以学习为前提、以学习为保证。这既是现实对我们的要求,也是作为领导干部的职责所在。首钢的各级领导干部,要把学习当作自己的重要职责,把"在其位,谋其政"和"仕者必为学"统一起来,善于从历史中学习汲养,从身边的职工和同事学习、汲取经验,从基层一线汲取养分。我们要到基层一线讲老百姓能够听懂的话,也愿意到基层一线听老百姓愿意讲的话。基层一线,是磨炼作风、提升素质的大考场。希望特训班、短训班的学员要提高一种能力,就是让身边的人甘心情愿地帮助你提升能力。这种能力与德有很大关系,与你的学习有很大关系。要善于从历史中学习,善于向身边的职工同事学习,善于向基层学习,善于看别人最优的地方、别人的长处。如果老盯着别人的毛病,你就是别人毛病的综合体;老盯着别人的优点,你就是别人优点的综合体。我们得有这个能力。

习近平总书记在纪念抗战胜利69周年大会的讲话本身就是一堂历史课,是一堂爱国主义教育课。总书记的讲话从讲抗战开始,在这么大的历史维度下,把中华复兴和抗战精神进一步做了深刻的诠释。在转型发展的今天,为什么要讲抗战精神?因为现在我们不光需要能力和实力,更加需要精神与力量。上下同心,其利断金。首钢未来的转型发展,全面深化改革,很多难题待破解;再创首钢辉煌,需要我们持之以恒攻克很多难关。

以上是这段时间我个人学习的一点思考,在这里与大家交流一下。

马上就是中秋节了,祝在座的各位及家人中秋节快乐!

专辑

全面深化改革 激发发展活力

——在 2014 年首钢"创新创优创业"交流会上的报告

首钢党委书记、董事长 靳 伟

（2014 年 9 月 28 日）

同志们：

这次会议是首钢在进一步深入学习贯彻党的十八大、十八届三中全会、习近平总书记系列重要讲话和市委市政府相关精神要求，推进首钢转型发展和全面深化改革新形势下召开的一次重要会议。会议的主题是：全面深化改革，激发发展活力，深入创新创优创业，为建设有世界影响力的综合性大型企业集团而奋斗。下面讲两方面内容：

一 2014 年以来重点工作回顾

年初，总公司党委扩大会针对首钢面临的新形势、新任务、新要求，围绕如何认清形势、把握大势、统一思想、统筹协调做好首钢的各项工作，以"深刻理解、深入思考、积极探索"为主题，对首钢总体工作思路进行了九个方面的思考，进一步立题、破题、解题；总公司职代会围绕落实首钢总体工作思路进行具体部署。9 个月来，各单位、各部门在总公司党委领导下，以创新创优创业的精神，做了大量艰苦细致的工作。我们坚持实事求是，坚持问题导向，更要树立"交账意识"，借此机会，向干部职工交个账，看看哪些完成了，哪些还存在差距，以利于为下一步工作共同集思广益、出谋划策、强化组织，确保全年任务完成，积极稳妥推进全面深化改革，更加有效地激发出首钢的发展活力。

今年以来，我们总体上抓住五个方面的工作。

（一）自觉学习、自信运用，树立四种意识，进一步奠定首钢转型发展的思想基础

面对 2010 年首钢北京厂区停产以来国家、社会和首钢全体干部职工及家属更加高度关注首钢，对实现首钢伟大的转型更加焦灼、期待、渴望的局面，我们深刻理解到：未知远大于已知，思想是行动的先导，学习是立业兴企之基。唯有学习的自觉、思想的统一、信念的坚定、行动的一致，才能实现首钢伟大的转型。唯有树立看齐意识、机遇意识、进取意识和责任意识，才能找到正确的方向。

总公司党委提出首钢各级领导班子和领导干部要静下心来自觉学习新一代中央领导集体的新思想、新观点、新论断、新要求，沉下心来冷静思考首钢面临的问题，提起神来自信运用总书记系列重要讲话精神这一强大思想武器，并采取一系列措施，在深刻理解、深入思考、积极探索上下功夫，解决好真学、真信、真懂、真用的问题，为首钢推进转型发展不断解放思想、坚定信心、统一意志、凝聚共识。

1. 坚持总公司领导班子带头，以超常规的方式提高学习质量和效果

今年以来，加强和改进党委中心组学习，坚持每周六集体学习，没有特殊情况不作调整；精心设计学习主题，严密组织讲座报告，总公司领导带头重点发言，讲学习体会和收获，引发共鸣；统一干部队伍思想，扩大党委中心组学

习范围,逐步形成一个组织工作严密、注重质量效果、纪律要求严格的大课堂;把"课堂"搬到中关村、亦庄经济技术开发区等地,学习先进,开阔视野,使领导干部"思想上进中关村";与回顾首钢历史、弘扬首钢精神结合起来,不断总结和提升首钢企业文化内涵。"首钢人三个从来没有"、"良好的精神状态和过硬的作风是首钢的传家宝"、"首钢人对改革开放认识和理解比别人更深刻"等一系列论述,进一步激发广大干部职工继承和发扬首钢人"敢为天下先"的精神,进一步启发引导各级领导干部深入思考、积极探索破解首钢改革发展的难题。今年以来,共组织党委中心组集体学习13次,与党的十八届三中全会精神专题报告会、周末大讲堂一并,累计集体学习33次,广大领导干部牺牲了周末休息,付出了体力脑力,换来了精神财富。

2.坚持抓住理论武装这一关键,紧紧围绕首钢长远和现实发展最需要的精神和理念展开学习

充分利用首钢地处北京的自然禀赋条件,敏锐跟踪了解中央最新的理论和实践成果、北京市委市政府最新的决策部署以及社会发展进步最新的前沿动态,在学习中率先谋划、捕捉机遇、凝聚共识、真抓实干。围绕首钢全面深化改革,深入学习党的十八届三中全会和总书记关于全面深化改革等重要讲话精神,认清首钢只有做全面深化改革的先行者、实践者、示范者,才能大踏步跟上时代潮流;围绕首钢转型发展定位,第一时间学习总书记视察北京时的重要讲话精神和郭金龙书记、王安顺市长到首钢京唐公司调研讲话精神,认清中央和北京市委市政府的要求和期望以及首钢承担的历史责任;围绕加强干部队伍建设,深入学习中央关于组织工作和干部队伍建设的新要求,结合新颁布的《党政领导干部选拔任用工作条例》,认清新时期首钢干部队伍建设的思路和措施;围绕首钢园区开发建设,深入学习国务院《关于推进城区老工业区搬迁改造的指导意见》、C40绿色生态体系建设等,认清我们要站在新的高度、拓宽新的视野思考首钢的转型发展,看到了产业发展、园区建设、产融结合等方面的广阔空间。

3.坚持在自信运用中深化,学习的过程成为谋划首钢发展的过程

结合首钢后备干部特训班、短训班,举办领导干部周末大讲堂,通过视频方式,将学习参加面扩展到更大范围,每次学习达400人以上。总公司领导、部厅领导走上讲台,紧紧围绕首钢未来的发展战略、经营管理、改革思路、企业文化、基础工作以及党的建设等一系列紧迫和现实的课题,从世界发展趋势讲起、从时代特征要求讲起、从首钢历史讲起、从对首钢发展的设想讲起,讲述探索实践、分享成败感悟、诠释疑难疑惑、碰撞思想火花、引发深入思考。直接参加周末大讲堂学习的达上万人次,成为首钢领导干部素质的一次大轮训,成为共同谋划首钢发展的一场"头脑风暴"。

通过自上而下的大学习、大轮训,两级领导班子和干部更加自觉学习,更加自信运用,学以致用、用以促学、学用相长,正在形成浓厚氛围;全方位增强看齐意识、机遇意识、进取意识和责任意识,正在形成浓厚氛围;通过多种渠道,向基层广大干部职工传递学习成果,集聚正能量,在首钢言首钢、在首钢爱首钢、在首钢忧首钢、在首钢为首钢,正在形成浓厚氛围。

我们应当牢记:是学习使首钢各级领导干部感受到本领恐慌、思想作风不再浮躁,是学习使首钢广大干部职工走向思想统一,是学习使首钢广大干部职工的精神面貌发生深刻变化,我们也同样要依靠学习走向更加美好的未来。首钢要永远做一个学习型企业。

(二)树立世界眼光和战略思维,因势而谋、顺势而为、借势而上,明确首钢战略定位

面对世情、国情、企情每天都有新变化的客观形势,我们深刻理解到:解决问题的关键在发展,唯有依靠发展,才能使首钢历史遗留的老问题和前进中的新问题得以解决,才能为问题的根本解决赢得时间;解决问题的核心在战略,唯有树立世界眼光和战略思维,"一揽子"思考和解决各种问题,才能使首钢的伟大转型扎实推进。

通过深刻领会总书记关于"必须善于观大势、谋大事"、"自觉地在大局下想问题、做工作"等一系列思想,我们不断提升辩证的、实事求是的、唯物主义条件论的战略思维能力,把世界眼光、战略思维贯穿于推动首钢转型发展各项工作的始终,逐步确立新时期首钢转型发展的总体战略思路。

1.顺应京津冀协同发展,主动创造条件,紧紧抓住战略机遇

针对年初华北地区治理雾霾、北京市治理"城市病"日益迫切的需要,我们提出要在区域协调发展上有所作为、在区域环境治理中有所作为,并与河北省政府签订《关于进一步深化战略合作的备忘录》。把握2月26日总书记在北京考察时围绕北京管理工作和京津冀协同发展的重要讲话,讲话中唯一提到的企业就是首钢——"首钢搬迁到曹妃甸就是具体行动。要继续坚定不移地做下去"中所蕴含的千载难逢的历史性机遇,我们组织全体干部职工学习讨论,凝聚各方共识,研究并向北京市政府上报《首钢落实习总书记重要讲话精神开展有关工作的请示》,提出首钢要成为北京市率先落实京津冀协同发展战略的实施主体,成为实施京津冀协同发展战略的平台和纽带。

通过不断地学习和思考,我们对首钢搬迁调整是京津冀协同发展的先行实践、具体行动和生动范例,对首钢本身就是京津冀协同发展的先锋队,对首钢在京津冀协同发展中的特殊重要性上,不断产生新的认识。因势而谋、顺势而为、借势而上、夜以继日地思考出路,不放过任何一个可能争取到的机会,寻求社会各方面的认同和支持,力争把我们的思路和建议变成各方共识。

我们先后迎来王安顺市长到京唐公司专题调研,郭金龙书记率北京市代表团赴河北学习考察,推动京津冀协同发展,到京唐公司调研慰问一线职工,就"充分发挥首钢在京津冀协同发展中的示范带动作用"、"首钢要在京津冀协同发展中作出更大贡献"作出重要指示;7月25日在北京市上半年经济形势分析会上,市委市政府明确提出京津冀协同发展要发挥首钢等大企业的平台作用,加快建设以首钢曹妃甸园区等为突破口的四个战略合作功能区;7月31日北京市政府和河北省政府签署的《共同打造曹妃甸协同发展示范区框架协议》中明确"双方共同把曹妃甸打造成宜业宜居的现代化新城,打造成协同发展示范区"。在曹妃甸工业区北侧规划100平方公里,建设北京(曹妃甸)现代产业发展试验区。《协议》中强调"由首钢及相关方共同组建北京(曹妃甸)现代产业发展试验区开发建设投资公司和生态城开发建设投资公司,统筹协调开发建设工作";8月22日北京市政府明确表示,设立首钢京冀协同发展产业投资基金,由市政府每年出资20亿元、首钢自筹20亿元,连续5年总规模达到200亿元,打造以首钢为主体的投融资平台,通过吸引社会资本设立若干子基金,用于支持首钢北京园区和曹妃甸园区开发建设;成功举办2014"转型发展·钢铁强国之路"高峰论坛暨京津冀协同发展首钢实践研讨会,得到钢铁行业和社会各界高度评价和广泛关注;同时,积极争取马城铁矿配置给首钢,并得到河北省批准,进入实质性接收阶段。

2. 适应国家钢铁产业结构调整要求,谋划经济新常态下做优做强钢铁业,提升核心竞争能力

着眼我国经济增长速度换挡期、结构调整阵痛期、前期刺激政策消化期"三期叠加"和国内钢铁业受产能严重过剩、环保生存压力极大、进口铁矿石价格受制于人、市场竞争环境有待改善等重重严峻考验,我们谋划经济发展新常态下的钢铁业发展。

做优做强钢铁业。首钢围绕打造"制造加服务"的综合竞争力,瞄准世界一流钢铁企业,以满足高端客户需求为目标,实现从产品制造商向综合服务商转变,集中力量在重点区域做优做强,打造一批具有国际竞争力的钢铁产品,成为高端客户依赖的服务商。在发展策略上,首钢由依靠要素投入和规模扩张,向创新驱动和服务型制造转变。

我们深刻理解到,通过首钢搬迁建成的京唐钢铁厂项目,是疏解和调整非首都核心功能的率先示范,是我国新一代可循环钢铁制造流程的率先示范,是建立企业为主体产学研科技创新体系的率先示范,是我国循环经济、科学发展和创新驱动的率先示范。京唐公司要以提高企业市场竞争力为核心,进一步优化产品结构、提升产品品质、节能降耗减排、创新生产管理,带动首钢"一业四地"及外埠钢铁企业实现新的发展,为推进我国钢铁工业转型发展和结构调整作出新贡献。目前,二期项目建设前期工作已启动,进入专家评审阶段。"一业四地"核心是在提升精细化管理水平、扩大独有产品比重、增强面向用户的差异化服务意识等方面练真功夫;外埠钢铁企业核心是在加强基础管理、大幅降低成本、改善品种结构和提高劳动效率等方面下大力气。

我们把"一揽子"解决问题的战略思维能力与首钢钢铁业实际紧密结合在一起,坚持双赢共赢原则,分别向河北省、贵州省、迁安市等政府提出"一揽子"解决首钢相关企业在地方遇到的各种问题和发展思路,有取有舍、有进有退,得到地方政府的认同,目前相关事项正在协调解决中。

3. 遵循新型城市发展规律,打造城市综合服务商,拓展战略发展空间

我们认真领会总书记对北京市管理工作提出的战略要求,准确把握《北京市市属国资国企深化改革的指导意见》的内涵,清醒认识首钢身处首都的特殊地位与示范作用,总结挖掘鲁家山生物质能源发电厂、京唐海水淡化设施等创新实践成果,冷静思考北京园区土地自主开发、地处中关村一区十六园,以及首钢搬迁过程中形成的设计、建筑、节能环保、信息化等独特优势和发展潜力。8月22日"北京市新首钢高端产业综合服务区发展建设领导小组"第二次会议,明确按新规划用途落实供地政策、专项使用首钢土地收益、创新投融资模式等6项政策支持。这次会议为首钢打造城市综合服务商打下坚实基础,对推进首钢转型发展具有里程碑意义。

通过对遵循新型城市发展规律新机遇新挑战的全面再分析,对首钢自然禀赋的深入再认识,对非钢产业转型升级的认真再思考,首钢在更大尺度、更深层次、更广领域整合资源,提出城市基础设施、节能环保、健康医疗、文化体育、金融服务、房地产等六个潜力业务板块。打造城市综合服务商,我们既面临千载难逢的机遇,也面临激烈的市场竞争,原有利益格局已基本形成,有些具有行业垄断性质,许多企业都在全力争取得到更多的市场份额。如果首钢不积极主动参与,别的企业也会参与,首钢做城市综合服务商的机遇就会丧失,北京园区开发的机遇也会丧失,甚至参与京津冀协同发展的机遇也会丧失。

我们确立起未来"一根扁担挑两头"的战略定位,通过打造全新的资本运营平台,实现钢铁业和城市综合服务业两大主导产业并重和协同发展,为首钢转型发展提供战略蓝图。目前存在的差距是:年初党委扩大会关于尽快提出实现首钢伟大转型的具体标准、量化指标以及各产业的分阶段目标,这项工作还在研讨之中。对六个潜力业务板块,不少干部认为看得见、摸不着;有潜力、缺实力;有方向、少措施;急对号、怕丢位……"干部不领,水牛掉井"。大家在不能仅仅靠出售土地方面有了共识,在不能坐等楼宇出租方面有了共识,但在挖掘园区开发、产业发展和自身转型的结合点方面思考不深、研究不透,在顺应园区开发体制向设计、建设、运营和投资一体化转变方面准备不足、办法不多。我们守着一座沉睡的金矿,却总感觉山雨欲来风满楼。

我们应当牢记:事物是普遍联系的、发展是有规律可循的、禀赋是需要充分利用的、条件是可以转化的。越是情况复杂、越要系统思考、越要"一揽子"解决问题。坐等没有出路,一切要靠自己,自己创造条件、自己赢得机遇。

(三)加强顶层设计,凝聚共识智慧,积极稳妥推进全面深化改革

面对各种矛盾相互交织、各种情况错综复杂的局面,我们深刻理解到:唯有高举改革旗帜,才能找到正确的破解之道;唯有弘扬首钢人的改革创新精神,才能找出解决问题的最好办法。

1.坚持问题导向、调查研究,寻求解决问题的突破点

通过坚持把问题导向变成内在动力,我们思路更加开阔,工作更加细致,对要解决的问题越来越清楚、对重点环节"症结"的认识越来越深入、对改革突破点的选择越来越明了。针对集团管控体系不适应、总部管理职责不清、基础管理不扎实、钢铁业核心竞争能力不强、园区开发进度慢、产融结合不适应转型发展需要等方面存在的重点难点问题,总公司党委深入研究思考,对"健全完善首钢集团管控体系、提升管理能力"、"完善创新驱动体系,提高创新能力"等八个方面不断产生新认识、新思路和新举措。我们反复强调,坚持问题导向要找准、找狠、找得我们冒汗脸红、找得我们如坐针毡;要聚焦重点、严格管理、多措并举,把落脚点放在"基础管理和协同高效"上;要聚焦在目标措施上,不讲空话、真抓实干。花架子的事、虚招子的事、花拳绣腿的事和浮在表面的事,在首钢不能有生存的土壤。

我们坚持从群众中来、到群众中去,把调查研究作为寻求解决深层次问题的有效方法贯穿始终。今年以来,总公司领导班子成员到基层单位调研200多次。针对如何关心职工、爱护职工,通过到首钢医院、矿业公司等单位调研,加深了要把干部职工的身体健康放在心上、当成重要大事来抓的认识;针对干部领导能力建设的现状,通过到组织部、党校等单位调研,加深了要把培训和教育好干部作为重中之重任务的认识;针对钢铁业遇到的问题,通过到首秦公司、通钢公司等单位调研,加深了要到最困难的地方去、到职工最需要的地方去的认识;针对改制企业遇到的问题,通过到机电公司、首建集团等单位调研,加深了越是困难越要抱团取暖、形成合力,越要依靠职工、共渡难关的认识;针对北京园区开发工作,通过到园区开发部等单位调研,加深了牢记使命、精准定位、时不我待,加快首钢北京园

区建设的认识;针对科技创新体系建设,通过到技术研究院、总工室等单位调研,加深了企业如何落实创新主体地位、完善与发展战略相适应的科技创新体系的认识。调查研究必须识民情、接地气,才能博采众谋、集合众智。"圈要跑圆,理要讲全;要蹲下去看清蚂蚁;要深入下去看到问题"。

2.把首钢全面深化改革指导意见的形成过程作为集思广益、不断升华、达成共识、科学决策的过程

总公司党委3月份成立全面深化改革工作筹备组,迅速形成筹备工作方案。总公司党委先后组织常委会、专题会、务虚会、座谈会等各类会议,酝酿、起草、修改、征求意见,几上几下,数十次易稿;对《指导意见》征求意见稿的形成背景、主要内容进行详细讲解和说明,对49个单位提出的反馈意见逐条认真研究,充分吸收采纳。

总公司党委9月9日正式颁发《关于首钢全面深化改革的指导意见》,明确全面深化改革的重大意义、指导思想、总体思路、基本原则、改革目标和重点任务,是指导首钢全面深化改革的纲领性文件,表明首钢坚定不移走改革之路、大踏步跟上时代潮流、再创辉煌的坚定信心。我们把首钢全面深化改革概括为六句话,即"破解首钢难题,明确发展方向,健全管控体系,提升管理能力,找出实现路径,全面激发活力"。

3.坚持蹄疾步稳、把握节奏,扎实有序推进改革工作

首钢正处于转型发展的关键时期,工作千头万绪,情况错综复杂,亟待突破的事情很多,全面深化改革不可能一蹴而就、一步到位。总公司党委坚持正确处理解放思想与实事求是、整体推进与重点突破、顶层设计与摸着石头过河、胆子要大与步子要稳等方面的相互关系,结合首钢实际寻求最大公约数,把改革的力度、发展的速度和职工承受的程度统一起来,《指导意见》对已形成共识的作出明确规定,对需要继续探索的作出原则性规定,为深入研究留有空间。

坚持让一线充满活力、让基层更精彩。我们制定出《首钢集团深化薪酬分配制度改革的思路方案》,确定指导思想、主要目标和工作内容及实施时间表,选择京唐公司等5个单位进行分类试点;坚持一线先行、试点推进,改革措施成熟一个、出台一个、推行一个。目前涉及一线职工利益的异地补贴、年功工资、艰苦岗位津贴、技能操作系列作业岗位分档核定方案等4项改革政策已颁发实施,回应广大职工的期盼,已产生积极反响。

坚持干部能上能下,系统推进干部队伍建设。首钢以创新领导干部新老交替机制为突破口,将干部队伍建设与完善法人治理结构、强化集团管控、加强国有资产运营监管、提高战略研究能力等工作有机结合,制定颁发4大类12项制度。1月~8月份,总公司党委常委会研究干部调整事项14次,涉及60个单位和部门。调整干部181人次,其中部厅级干部89人、党政一把手58人次。选拔一批责任担当意识强、有基层工作经验、群众基础好的年轻干部充实到关键领导岗位。开展公开推荐、选拔后备干部工作,精心设计、严密组织首钢第一期后备干部特训班、短训班,教学内容紧扣干部队伍建设需要,优良学风贯穿始终、党性锻炼贯穿始终、严格管理贯穿始终,为干部队伍建设探索新途径、积蓄正能量。

我们应当牢记:全面深化改革是一个进行时,是一个不断深化的过程,是"急不得"和"慢不得"的辩证统一。"急不得"的是,顶层设计关系首钢未来,必须审时度势、凝聚共识、科学决策;"慢不得"的是,涉及职工切身利益的事要摆在前面,用什么样的干部、收入向谁倾斜是一个导向性极强的问题,必须旗帜鲜明、敢于回应。

(四)以创新驱动促转型发展,认清困难应对挑战,努力破解发展中的现实难题

面对钢铁业持续亏损、园区开发无明显进展、非钢产业发展不平衡等突出问题,我们深刻理解到:唯有创新驱动,才是推动发展的第一引擎;唯有通过各方面协同创新,才能切实提高集团的发展质量和效益。

1.钢铁业经营状况趋稳有忧,亮点不多、创新不足

以差异化为主导、以精细化为前提,努力加强产品开发、产线保障,组织13项重大专项攻关。1月~8月份,集团推进产品生产773万吨,同比增加20%。汽车板、电工钢、耐候钢等11项重点产品生产557万吨,同比增加25%。镀锡板实现从无到有,产品进入高端用户。四地钢铁业持续减亏,8月份首次实现整体盈利;京唐公司生产经营水平稳步提高,5月份实现首次盈利后,盈利水平逐月提高,1月~8月份亏损1.24亿元,同比减亏7.76亿元;迁钢公

司电工钢生产进步较大，冷轧公司完成任务，矿业公司与迁钢公司生产更加协同，首秦公司7月份开始实现近几年来的首次止血。外埠钢铁企业着力解决历史包袱、产品单一、基础管理薄弱等问题，取得新的效果。水钢公司抓管理带队伍、剥离辅助取得进展，通钢公司完成淘汰落后、技术改造项目主体工程。集团向首秦、水钢、长钢、通钢派出技术服务组等。

今年以来，钢铁业总体运营结果不够理想。1月~8月份，钢铁业亏损35.23亿元，比年计划增亏20.29亿元，同比减亏8.44亿元。其中四地钢铁业亏损10.53亿元，比年计划增亏5.49亿元，同比减亏12.38亿元；外埠钢铁业亏损24.7亿元，比年计划增亏14.8亿元，同比增亏3.94亿元。

简单分析一下，市场的变化众人皆知，铁矿石价格大幅下挫，钢材价格一路下滑，环保、安全、资金和税收的压力让大家有透不过气的感觉。集团也因为铁矿石价格的大幅变化，大大挤压了非钢产业的利润，1月~8月份，在纳入华夏银行权益利润后，总公司仍亏损8742万元。钢铁市场让我们深深感受到"长期不变"的是市场的冷酷变化。我们自身也存在一些问题：对铁矿石市场的预判不足，应对机制低效率，年度预算流于形式；基础管理相对扎实的迁钢、矿业也出现多起安全生产事故；四地带出品多，质量异议大幅增加，响应用户需求慢集中凸显，找出的理由牵强；长钢、水钢等单位事故较多，有的正常生产秩序被打乱，有的长期处于失血，资金链处于紧绷状态……

我们要认真对照兄弟企业提出的"今天的宝钢，我们不要'光说不练耍嘴皮子'的干部和职工，更不需要'无动于衷得过且过'的干部和职工，我们要的是你做了什么，改变了什么。是真变还是假变，拿出来晒一晒；是英雄还是懦夫，让大家瞧一瞧"的标准，从自身认认真真、老老实实找足差距。"降成本、提品质、抓服务"，这是钢铁企业目前普遍做的三件事。我去台湾中钢了解到，中钢这三年平均每年降成本50亿新台币，折合人民币10亿元，今年上半年是4.5亿元，相当于每吨钢每年降成本100元。第一是他们的降成本必须在财务报表上体现；第二是不考虑市场变化，是靠自身工作努力降成本；第三是降成本的具体工作能够在一定时期或者永久留在企业的工作内容里。这三点要求，是真实的内部降成本。"寒冬"中我们必须吐故纳新、强身健体，以真变、快变、实变来应对钢铁市场的"长期不变"。

2. 首钢北京园区开发找准定位、稳步推进

将首钢北京园区打造成为国际一流和谐宜居的示范区，打造成为首都创新驱动的承载平台及最有活力的区域之一，打造成为全国乃至国际有影响力的传统工业转型升级示范区和国家绿色低碳示范园区，成为带动北京市西部地区转型发展的重要引擎。

4月10日长安街西延首钢厂区工程正式启动，除厂东门外，建筑物拆除工作基本完成，向社会和首钢职工释放出一个积极信号。首钢老厂区以及二通、特钢、一耐在内的9平方公里区域，已列入国家城区老工业区搬迁改造试点范围。首钢集全集团之力，搭建园区开发工程组织平台，开展首钢老厂区地下空间规划、绿色生态专项规划、智慧园区规划、交通专项规划及城市设计等专项规划编制工作，完善与园区开发、建设、管理相适应的组织机构。西十筒仓改造项目，按"精品力作"标准完善设计，提升施工质量水平，一、二期主体工程进入收尾阶段，招商工作正在全面展开。特钢绿能港、二通园区建设取得新进展。一耐养老项目正在开展方案设计评选、项目策划、政策研究等前期工作。首钢与中关村的合作取得重大进展，双方已召开第一次工作对接会，签署合作协议。环境产业公司已作为首批环境产业企业加入中关村智慧环境产业联盟。积极配合北辛安路北段、S1线、丰沙线入地等园区周边市政基础设施建设项目前期工作。

但是，我们所做的工作依然没有跟上形势的变化、社会的期望、标准的提升，园区开发体系建设方面不完善、机制创新方面瞻前顾后、融入地方方面有效沟通不够、协同创新方面没有形成合力、人才准备方面储备不足、智库支持方面意识不强等。在京津冀协同发展中，我们又承担起曹妃甸园区和生态城的开发建设任务，本领恐慌更加凸显、创新不足更加凸显、准备不够更加凸显，必须下大力气加以解决。

3. 打造城市综合服务商有起步，改制企业转型艰难

积极推进城市综合服务商能力建设。环境产业公司正式运营；鲁家山生物质能源一期项目运行顺利，处理垃圾

32.68 万吨,累计发电 1.09 亿千瓦时。项目投产运行以来,得到社会广泛关注,已有多批数千人前来参观考察,产生出良好的社会反响。餐厨垃圾"收运处"一体化项目已完成工艺论证、节能评估批复等前期工作。首建集团承揽石景山电厂至长安街西延热力管线工程施工项目,机电公司承揽并完成天安门周边地区及长安街沿线主要交通路口防撞装置工程,双方合作开发机械式立体车库项目,已完成样机制造,并承担首钢医院等立体车库项目建设工作。绿化公司与社会单位合作,承揽北京市 2014 年度平原造林的部分工程。首钢水厂项目完成可研、环评、地勘报告编写等工作。

今年以来,多数改制企业经营更加困难,历史积累的矛盾和现实遇到的问题多重叠加、错综复杂,更加突出,表面上体现在注重眼前、缺乏长远,注重当期红利,科技投入和人才培养严重不足,岗位股权"进不去或不愿进"的现象,深层次剖析原因,是市场化改革不到位造成的。这些问题需要"一企一策"地进行解剖分析,有进有退,创新思路,多措并举加以解决。

4. 打造全新的资本运营平台,产融结合取得进展

"首钢股份"完成资产置换,彻底解决困扰首钢转型发展的重大难题。随着各种积极因素的不断叠加和释放,在钢铁市场更加低迷的情况下,首钢股票由去年底的 1.89 元上涨到 9 月 26 日的 3.80 元,提升公众形象。规范和完善资金集中管理,加快首钢财务公司组建,已进入北京市银监局审核流程。京西创投基金先行先试、积极探索"金融+基地"的产业金融运营模式,北京服务·新首钢基金运行稳健,入选国家发改委战略新兴产业创投支持计划并设立北京移动互联基金,入选北京市经济信息化委创投合作单位并设立首钢节能环保产业基金,设立和运营小贷、担保、保理公司,引起社会广泛关注。开展搭建融资租赁平台、PPP 融资、发行永续债券等方式的研究和实践。

要减轻企业财务负担,首钢获取未来转型发展资金的主要方向,在资本市场。要充分发挥国内和境外上市平台的作用,整合首钢各类资源,借助首钢在京津冀协同发展、园区建设上的优势,借助国家和北京市各类金融创新产品,借助全面深化改革的政策导向,打造全新的资本运营平台,拓展产融结合的新途径。

我们应当牢记:首钢要在北京将建设成为全国科技中心的过程中,找准自身定位,挖掘政策红利,站在新的高点,实现创新驱动。要结合未来发展战略定位,着眼产业链和价值链部署创新链,在自主创新、协同创新、全员创新上下功夫。

(五)夯实基础管理、强化制度建设,逐步建立规范又有活力的管理秩序

面对首钢要实现科学规范管理、高效有序运行的难题,我们深刻理解到:唯有把基础管理作为没有终点的拉力赛,贯穿于企业管理全过程,循环往复地做下去,才能稳固万丈高楼之基;唯有把规章制度作为治企的根本大法,紧紧抓住制度建设不动摇,紧紧抓住制度执行不放松,才能增强企业竞争力。

1. 把摸清家底作为基础管理的重要内容

通过大量艰苦细致的工作,摸清了集团 584 家各类成员单位的基本情况,对首钢股权 35% 及以上并有实际控制权的 332 家企业进行了更深入的摸底;摸清了总公司计财、组织、监事、审计、劳动的管理范围和幅度;理清了每一家企业的投资关系和股权结构,理清了集团组织结构现状,做到了心中有数,为健全基础管理、完善集团管控奠定基础,为全面深化改革创造了条件。

大家在摸清家底工作中,逐步感受到基础管理工作的重要性、协同管理的紧迫性、建章立制的必要性;逐步感受到企业管控体系和管理能力紧密联系,但不等同,不是体系越完善,管理能力自然而然就越强。没有有效的管理能力,再好的制度也难以发挥作用;逐步感受到基础管理工作要甘于寂寞、精雕细刻、日积月累、持之以恒。

2. 把狠抓制度的有效性贯穿在建章立制过程中

今年以来,总公司制定、修订制度 178 项,截至 8 月底,完成修订、颁发制度 35 项,完成会签、审核制度 38 项。以信息化手段固化工作成果,完成 411 项现行制度信息共享。制定《关于认真执行有关工作制度严格遵守各项纪律的通知》,包括会议工作、公文处理、简报和信息报送、请假纪律等 11 类 34 项日常管理活动的具体内容、办理程序和

工作标准,并逐项绘制出流程图,使总公司层面日常运行的基本管理活动全部纳入制度管理框架。

为加强制度建设的有效性,总公司要求"谁定制度谁负责、谁定制度谁培训、谁定制度谁检查、谁定制度谁改进"。之前,坚持问题导向,加强调查研究;之中,注重征求意见质量,反复修改完善;之后,配合制度说明,注重答疑解惑、注重宣讲培训,狠抓制度执行。

3.把管住管好管活贯穿到集团管控体系和管理能力建设之中

完善总公司党委、董事会、经理层工作规则,确保重大事项及时研究决策。今年以来,总公司召开党委常委会17次,决议事项60项;董事会8次,决议事项64项;经理办公会15次,决议事项177项。

积极探索集团核心管理层、不同板块、不同类型实体的管控模式。稳步推进做实股份公司组建钢铁板块和园区开发建设管理体系搭建的前期调研工作。改进和完善钢铁业绩效考核方式,预算和考核由按月调整为按季进行。大力推进审计、法务等管理工作的全覆盖。制定《基层党委书记会议及汇报工作规则》,协调解决实际问题。

2013年度总公司领导班子民主测评结果和干部选拔任用"一报告两评议"民主测评结果,无论满意率还是满意度均比2012年有较大幅度提高。总公司开展教育实践活动总体评价,与动员大会上对总公司领导班子"作风建设情况总体评价"的结果相比有较大幅度提高。巩固教育实践活动成果、建章立制、狠抓整改,作风建设进一步加强。

我们应当牢记:基础不牢、地动山摇。基础管理和制度建设要一个系统一个系统去梳理,一个专业一个专业去理顺,一项一项去规范,一点一点去夯实,久久为功,积跬步至千里。

今年以来,首钢广大干部职工队伍的精神面貌、思想观念和工作作风发生了较大变化,集团转型发展的战略蓝图已经形成,全面深化改革取得良好开端。

二　在全面深化改革中确保全年任务完成

今天,首钢人所面临的机遇和已经具备的条件,相对而言,比历史上任何一个时期都好。同时,首钢人所面对的困难和需要解决的问题,比历史上任何一个时期更加复杂;首钢人所遇到的挑战和考验,比历史上任何一个时期更加严峻。

面对新形势、新机遇和新挑战,我们推进创新创优创业,最核心的任务、最主要的工作,就是要深入贯彻落实总公司党委《关于首钢全面深化改革的指导意见》,以全面深化改革为主线,统筹各项工作,在改革中落实首钢新的转型发展战略,完善集团管控体系,加强管理能力建设,确保各项任务完成,实现好、发展好和维护好广大干部职工的根本利益。

下一步,要重点抓好三项工作:

(一)不断增强使命感和责任感,把思想统一到全面深化改革上来

全面深化改革是实现首钢转型发展的关键一招。目前改革凸显一个"难"字。唯其难,更需只争朝夕、锐意进取。步子不快、动力不足,我们难以闯过难关;步子不稳、后劲乏力,我们难以爬坡过坎。各级党委要采取多种方式,组织广大干部职工深入学习总公司党委《关于首钢全面深化改革的指导意见》,讲清重大意义、指导思想、总体思路和基本原则;讲清目标、路径和重点内容;讲清干部职工的使命、责任和作用,为改革打下良好的思想基础和群众基础。宣传系统要围绕中心、服务大局,不断加强舆论引导,及时解疑释惑,总结基层经验,宣传好的做法,营造良好氛围,积聚正能量。各级党组织和全体共产党员要发挥政治保障和先锋模范作用,切实率先垂范,同心同向,同向同行,广泛发动职工积极投身改革事业,一起为推进改革发力,共同为促进发展出招,在新的历史起点上勇做全面深化改革的参与者、实践者和示范者。

(二)坚持聚焦、聚神、聚力,以只争朝夕的精神积极推进全面深化改革

"一分部署,九分落实"。聚焦,就是强化问题导向,找准存在问题,狠抓落实。聚神,就是把心思用在干事上,

把精力用在创业上,把功夫用在落实上,把本领用在发展上。聚力,就是脚踏实创造性地开展工作,真正做到"谋新招、使实招、创绝招",要积小胜为大胜。

1. 要大力加强组织领导,健全组织责任体系

全面深化改革领导小组,负责改革总体方案设计、统筹协调、整体推进、督促落实;负责落实各级党组织领导改革的责任,完善科学民主决策机制,全力推动各项改革。要组建相应的工作小组及专项小组,制定具体的工作规则和细则,确保体系健全、责任清晰、人员到位、工作有序。各单位、各部门要结合实际,制定具体方案,保证各项工作一贯到底,保证各项改革措施落实到位。

2. 要系统推进、重点突破,完善集团管控体系

进一步明确全面深化改革的"路线图"和"时间表",尽快提出管控体系框架方案、总公司职能管理体系方案、各业务板块管理体系方案。围绕钢铁板块,要做实首钢股份公司,确保在10月底前完成整体方案设计,年底前按新的机构试运行;围绕资金集中管理,年内抓紧完成财务公司组建;围绕推动改制企业"有进有退",选择一到两家企业做好试点,探索和积累经验;围绕强化现代企业制度建设,试行专职监事常驻制、外派董事专职化等。

3. 要进一步推进干部人事制度和薪酬分配制度改革

坚持干部"能上能下"。结合实际情况,稳步实施《领导干部退出现职领导岗位的规定(试行)》,做好新老交替工作;加大年轻干部选拔培养力度,促进首钢干部年龄结构梯次合理化;培养、选拔和引进园区开发、资本运作和产业培育等首钢转型发展紧缺的专业人才;加强干部培训体系建设,10月份举办第二期领导干部特训班。

创新工资总额管理,逐步实现由季度考核向年度考核管理过渡,充分调动基层的积极性。已确定的一线职工薪酬改革政策要确保落实到位。年底前完成领导干部薪酬改革方案,建立中长期激励机制。

(三)以改革创新的精神,确保全年各项任务完成

从现在到年底还有90多天的时间。围绕集团全年盈利4亿元的目标,各单位要对前三季度运行情况进行深层次分析,找准差距和关键环节,有针对性地制定创新措施,决战四季度,力保年度预算目标完成。钢铁业要重点抓好生产稳定顺行这一基础、抓好产品结构优化调整这一关键、抓好降成本增效益这一核心、抓好市场预判和应对策略这一环节。四地钢铁企业要保持8月份盈利的好势头,努力增盈,确保全年不超7.57亿元控亏目标。外埠钢铁企业要在7月份减亏的基础上,落实减亏目标,力争进一步减亏。非钢单位前8个月没有达到进度的单位,坚持前欠后补,确保全年任务完成;达到进度的单位要力争多超。加快京唐公司二期项目前期工作。抓紧办理首钢迁安矿区后续矿产资源和马城铁矿的相关手续。

钢铁业要在找准问题的基础上持续改进。四地要深入挖掘潜能,特别要积极调整矿石采购模式,优化高炉用料结构,努力降低成本。提高管控水平,将带出品比例降到4%左右的水平。强化交货保障,将整体合同兑现率提高到98%以上,整单合同兑现率提高到85%以上。加强质量管控,使产品质量异议数量降低20%。优化品种结构,要继续大幅提升高端、领先产品比例,使产品结算价格超越武钢、鞍钢,进一步缩小与宝钢的差距。提高服务能力,整合优化汽车板销售业务,加快钢材加工中心项目建设,提高信息服务水平,强化客户关系管理。提升精益制造,持续深化与国内、国际一流钢厂的对标,全面实施六西格玛管理,加强"三规一制"的管理。加快营销创新,努力打造面向首钢、服务全行业的电子商务平台。确定出口战略,推进国际市场终端用户的开发和加强海外产业链建设。追求高效实用,管理信息化要杜绝人为调整,有计划有目标地缩短结算时间,并从数据中挖掘有价值可参考供决策的信息资源。逐个认真分析外埠钢铁企业经营中的困难、短板,明确发展定位,找到问题症结,通过技术支持、管理支持、实力支持,帮助解决其生存发展问题。外埠企业要激发自身内在的动力,特别是树立不能失血的底线思维,在减轻负担、减员增效、降低成本、严控资金、夯实基础方面有明确的目标、措施、责任分工和时间进度。四季度APEC会议将在北京召开,各单位要高度重视,认真落实市委市政府要求,以高度的政治责任感,在全社会树立极好的环保形象。

北京市"新首钢高端产业综合服务区发展建设领导小组"第二次会议,对首钢北京园区建设提出新的更高要求。要加强园区建设组织协调及专业技术层面的研究,推动会议确定的各项支持政策落地,推动工业资源改造、新建、基础设施三类项目的实施,按进度计划推进各项具体规划和工程项目的完成。要进一步做好首钢北京园区规划深化工作,10月底前西十筒仓改造项目完成一、二期主体工程具备招商运营条件,11月底前完成长安街西延红线范围内的建构筑物拆除,11月底前完成二型材改造方案等。

在落实京津冀协同发展方面要取得新成效。按照北京市和河北省签署的《共同打造曹妃甸协同发展示范区框架协议》,抓紧组建"北京(曹妃甸)现代产业发展试验区"开发建设投资公司和生态城开发建设投资公司。年底前设立和运作首钢京冀协同发展产业投资基金。

在打造城市综合服务商方面要取得新突破。按照六个潜力业务板块创新经营模式。开展"首钢新产业中长期发展规划"编制工作。积极承担京津冀地区和首都难点热点的基础设施建设和管理。围绕外部市场,找准目标,做实做细。按计划进度要求全力推进一耐养老项目,生物质能源基地和节能环保产业链项目等。

总公司和各单位要抓紧做好明年预算编制工作。要认真总结经验和不足,全面做好市场预判,提高预算准确率。围绕集团管控体系建设,探索板块预算管理体系,首先抓好做实钢铁板块预算和规范股份公司预算工作。要围绕建立长效目标,抓好三年任期目标的制定,2015年效益指标要按照落实三年目标编制。要逐步建立科学规范的指标体系,强化综合控制指标、综合财务指标、技术创新和劳动效率等核心指标,精简过程指标、局部指标、测算指标。按照建立领导干部中长期激励机制,对考核体系进行调整完善。

同志们,从现在起到2019年是首钢可持续发展的关键时期,我们首钢人肩膀上的担子很重、责任很大,我们要同心奋进、同行担当,全面深化改革,激发发展活力,深入创新创优创业,为建设有世界影响力的综合性大型企业集团而奋斗。

发挥中关村科技创新中心作用
为首都构建高精尖经济结构作出新贡献

——在首钢总公司集体学习会议上的专题报告

中关村管委会主任　郭　洪

(2014年9月28日)

靳总,各位领导、同志们:

大家上午好!

很高兴来到首钢总公司,与大家共同探讨深入实施创新驱动发展战略、构建首都高精尖经济结构的问题。

首钢作为有着近百年历史的特大型企业,在首都的现代化建设发展史上谱写过许多浓墨重彩的篇章,在国内外享有盛誉。近年来,首钢立足科学发展、可持续发展,实施产业布局和结构战略性调整,推进技术进步,着力自主创新,发展循环经济,打造"绿色钢铁",为首都构建高精尖经济结构、建设全国科技创新中心作出重要贡献。首钢在产业结构优化升级方面的很多做法都值得中关村学习,在很多方面我们也可以开展深度合作。

按照会议安排,今天我汇报的题目是《发挥中关村科技创新中心作用,为首都构建高精尖经济结构作出新贡献》,敬请各位领导和同志们批评指正。主要讲三方面内容:第一,加快向具有全球影响力的科技创新中心进军;第二,不断优化完善中关村创新创业生态系统;第三,中关村首钢携手共进,共同为首都构建高精尖经济结构作出新贡献。

一　加快向具有全球影响力的科技创新中心进军

（一）习总书记对中关村的新要求

去年 9 月 30 日，中央政治局第九次集体学习活动选择在中关村举行。中央领导同志来到中关村示范区展示中心，视察了中关村这些年最新最前沿的创新成果、创新型企业及其代表性产品。习总书记讲话时指出，中关村已经成为我国创新发展的一面旗帜。面向未来，要加大实施创新驱动发展战略力度，加快向具有全球影响力的科技创新中心进军，为全国实施创新驱动战略发挥更好示范引领作用。

这既对中关村提出新的要求，又进一步明确了中关村在新时期的战略定位。我们体会习总书记的新要求，就是要求中关村成为全国实施创新驱动发展战略的强大引擎，成为代表国家参与全球经济科技竞争的前沿阵地，成为我国全面深化科技创新综合改革的试验田，成为我国整合利用全球创新资源的桥头堡。一句话，中关村不同于一般意义上的高新区和示范区，中关村是北京的中关村，更是全国的中关村，未来是全球化的中关村。这对中关村人来说既是鼓励，更是鞭策。

（二）中关村已经成为战略性新兴产业的策源地

作为我国第一个国家级高新区和国家自主创新示范区，经过近 30 年的发展，中关村已经形成"一区十六园"发展格局，重点建设"两城两带"（即中关村科学城、未来科技城；北部研发服务和高技术产业带、南部高技术制造业和战略性新兴产业带）。中关村现在规划面积 488 平方公里，拥有科技企业近 2 万家，国家高新技术企业 7000 余家，2013 年实现总收入 3 万亿元，初步形成"641"战略性新兴产业集群格局，即下一代互联网、移动互联网和新一代移动通信、卫星应用、生物和健康、节能环保、轨道交通等六大优势产业，集成电路、新材料、高端装备与通用航空、新能源和新能源汽车等四大潜力产业以及现代服务业的产业格局，已经成为战略性新兴产业策源地。

中关村是改革开放的产物，一直坚持以市场力量推动企业创新创业环境的不断完善。中关村最早开始科技人员"下海"办企业，最早建立"自筹资金、自主组合、自主经营、自负盈亏"的创办民营科技企业新机制。中关村起源于上世纪 80 年代电子一条街，历经北京市新技术产业开发试验区、中关村科技园区、中关村国家自主创新示范区三个发展阶段，1988 年 5 月，国务院批复《北京新技术产业开发实验区条例》。这是我国支持高科技产业发展和国家级科技园区的第一部行政法规。1999 年，国务院批复加快建设中关村科技园区，正式更名为中关村。2009 年 3 月，国务院批复中关村建设国家自主创新示范区，提出建设具有全球影响力的科技创新中心的奋斗目标。

（三）中关村总是不断催生具有鲜明时代特征的创新型企业

在中关村发展的每一个阶段，都会产生具有时代特征的公司。在 PC 时代，有联想、方正、同方等一大批公司产生在中关村。联想现在成为 PC 领域全球最大的公司。今年是我们国家进入互联网时代 20 年，从某种程度上说，20 年前，是中关村的企业开创了我国互联网时代，引领进入信息化时代。在互联网时代，诞生了搜狐、新浪、百度等领军企业。在移动互联网时代，拥有小米、京东等一批优秀企业。

从产生到实现一百亿销售收入，联想用了 20 年的时间，百度用了不到 12 年，小米科技用了不到 3 年，反映出中关村创新环境显著改善，创新效率在不断提高。以小米为例，2010 年雷军创办小米公司，2011 年小米实现 5 亿元的销售收入，2013 年销售收入突破 300 亿元，今年预计要超过 700 亿元。小米的出现对于很多行业产生了巨大的冲击和影响，甚至是颠覆性的影响。小米手机、小米路由器、小米盒子等产品都非常热销，也由此使得传统产业感受到了新兴产业的压力。

（四）中关村已经成为我国成就科技创新创业梦想的圣地

今天的中关村最显著的标志是什么？是我国最有活力、最具吸引力的创新创业中心，可以通过四个指标来表征。

第一，每年新创办企业的数量。在中关村，自"十一五"以来，每年新创办企业的数量逐年增加。"十二五"时期，基本上保持在每年 5000 家左右，这几年还有加快发展的态势。去年新创办科技企业 6000 余家，但是这个数量和硅谷地区相比还有很大差距，硅谷每年新创办的企业基本上在 5 万家左右。

第二，创业投资的强度，即每年获得的创业投资的数量、金额和比重。"十一五"以来，中关村企业获得的创业投资，无论是金额，还是案例数，都占到全国的 1/3。2013 年我们的案例数是 432 起，占全国的 36%；金额 133 亿元人民币，占全国的 39%。这个指标至关重要，因为创业投资投的是未来，现在可能没有利润，甚至颗粒无收，但是它看重的是未来的爆炸式增长的前景和增值的巨大空间。所以，创业投资比重高能够反映一个区域在持续引领新兴产业发展上的潮流。

第三，当年 IPO 公司的数量。中关村现在拥有上市公司 243 家，境内 148 家，境外 95 家。自 2009 年国务院批复以来，中关村每年 IPO 公司的数量都在 20 家以上。2009 年，中关村 IPO 公司数量是 21 家，硅谷当年只有 2 家获得创业投资的公司上市，日本只有 8 家。因此 2009 年的硅谷指数主题叫作"硅谷，创新火焰正在熄灭"，就以此为例。

第四，每万名工程师拥有的授权发明专利。2012 年中关村示范区每万名科研人员拥有发明专利授权量 1400 余项，但与硅谷相比还有很大差距。

上述四个指标反映了中关村创新的活跃度。此外，中关村还有一个"知春路现象"。知春路这条大街位于中关村大街和学院路之间。中关村 243 家上市公司及未上市的公司，都在知春路大街实现初次创业，很多天使投资人、创业投资机构和服务机构为其提供服务，原因在于其沿线交通便利，周围遍布大学、科研机构，一代又一代最具创造力的青年学生都选择到这里参与社会实践。

现在，我们正在建设中关村科学城。中关村示范区的核心区在海淀，核心区的核心就是中关村科学城，其范围是中关村大街、学院路和知春路沿线，共计 75 平方公里，聚集了众多大学、科研机构、央企总部、民营科技企业总部及外企总部和研发中心。可以说，无论是在过去还是现在，甚至未来，中关村都是成就科技改变世界梦想的圣地。越来越多的年轻创业者和天使投资人选择中关村，成就了梦想也成就了中关村。

二　不断优化完善中关村创新创业生态系统

（一）构建较为完善的生态系统，是建设具有全球影响力创新中心的关键

1. 具有全球影响力科技创新中心的基本特征

2008 年，我们对中关村发展 20 年进行总结，同时也在思考，到 2020 年，我国要建设成为创新型国家，必须要有一个全球创新中心，最能担此重任的就是中关村，因此，提出中关村要建设成为具有全球影响力的科技创新中心。

到底什么是具有全球影响力的科技创新中心？

第一，要能持续产生对人类社会生产生活方式有重大影响的原始创新技术。

第二，要能持续引领新兴产业发展的潮流。比如，在任何时代，硅谷都在引领潮流，如 PC、电子计算机、芯片、软件、互联网、移动通信、创意产业，清洁技术产业，到今天的全球新能源汽车创新中心。

第三，要能每三到五年产生一家对全球产业格局有重大影响甚至是颠覆性影响的科技创业企业。

第四，也是最重要的，要能成为原创思想的发源地和汇聚地。

大家也在研究,硅谷为什么成为全球创新中心?

第一,硅谷气候适宜。

第二,硅谷思想自由,产生了很多有重大影响力的原创思想。比如,特斯拉新能源汽车,与其说是一辆车,更像是一辆互联网车或是一个会跑的移动互联网终端。过去,我们认为纯电动车有三大核心系统:电池、电机、电控,以为把这三大核心系统关键技术突破了,就做出了全世界最好的纯电动车。特斯拉则不同,它并不做电池,但是用互联网思维管理6000多块电池,使其更可控,更有效率,更加安全,于是整辆车成为一个代步的移动智能终端。

第三,硅谷形成了创新创业生态系统。硅谷不仅是全球创新中心,也是全球最具吸引力的创业中心。硅谷吸引和聚集了全球优秀的年轻人,聚集了全球的思维、理念、资源、市场,通过创业活动吸附和整合了全球的原创技术。以苹果为例,为什么它成为有史以来最伟大的创业企业、市值最高的科技企业?最早发明触屏技术的并不是苹果,而是诺基亚,但触屏技术最终成为苹果的标志。因为苹果总是想要做一款时代性的产品,也总能第一个找到在哪里能有这些技术及其组合,最重要的是,它能实现它。所有这一切,都依赖于硅谷形成的创新创业生态系统。

2. 创新的本质及规律

按照中关村的发展目标,是要成为具有全球影响力的科技创新中心。我们明确了其基本特征,还要找到实现路径。如何才能成为全球的创新中心?这就离不开对创新的本质和规律的认识。到底什么是创新?现在都在谈创新,但是坦率地说,我们对创新的认识还是远远不到位的。我们不能把创新能力不强的原因都归结于体制机制问题,也不能把问题简单归结于投入不够。

基于这些年在实践当中的体会,我们认为创新的本质有四点:

第一是沟通。在美国硅谷、波士顿地区没有一个管委会,政府似乎也没有去做规划,但是它产生了高科技产业的集聚。为什么?本质的原因是什么?其实是沟通的需要,而且是面对面沟通的需要。不同公司、不同研究机构和高校之间通过沟通,可能在你那个领域是件非常难的事,在人家那儿就非常简单,也可能产生许多新的创意。这是在硅谷和波士顿地区形成高科技集聚的一条最根本的原因。

第二是碰撞。创新需要顶牛。要引起大家思想上的碰撞,这是一种沟通和交流。

第三是协同。现在线性创新时代已经过去,进入到协同创新时代。单靠一个人,一个企业,一个地区,甚至一个国家都解决不了所有的创新难题,需要协同创新。很多重大创新成果,都是协同创新的产物。

第四是分享。独乐乐不如与人乐乐,创新成果只有与大众分享才能更加体现其价值,同时也能促进更多的创新。

创新的规律是什么?我们今天也在就这一问题不断探索。过去是技术决定一切,把技术作用看得过于强大。在如今这个快速多变的时代,是商业模式创新和技术创新的有机结合,不断催生出新兴产业。从某种程度上讲,商业模式创新比技术创新更加具有决定性作用。当然技术创新也反作用于商业模式创新。

当世界进入移动互联时代,我们再强调不断地加大研发投入,特别是在高新技术企业认定标准里强调研发投入强度不能低于5%这个指标,可能不符合当前新兴产业的发展特征。对于新兴产业、急剧成长的行业和急剧衰退的行业,应当更加强调研发投入效率。最重要的不在于投入多少,而是有没有站在时代最前面、引领未来发展方向。如果没有跟上时代潮流就会遭到无情的淘汰和抛弃。这就是创新的规律。

有了对于创新本质和规律的深度理解,我们才能遵循产业发展规律和企业需求,着手制定相应政策、完善创业环境、构建创新创业生态系统。

(二)中关村的任务,就是不断优化完善创新创业生态系统

中关村26年来,实际上就是在干一件事,就是持续地构建创新创业生态系统,培育创业企业家精神和创业文化。中关村的核心在于不断地创业,不断优化完善创新创业生态系统。

1. 生态系统的构成

生态系统包含了六大要素:

第一,行业领军企业。行业领军企业的重要性在于,它一方面在给我们新的创业企业提供创业人才队伍;另一方面,也为新创企业提供市场。这些行业领军企业不仅本身有着很强的创新活力,而且也推动产生出一大批上下游企业。

第二,高校和院所。它一方面产生原创技术,另一方面为我们新的创业企业提供人才。但是在培育人才方面,我们与硅谷还有较大差距。

在硅谷,特别是在斯坦福大学,从校长到教授,不管是理工类还是文史哲,无论是做理论研究,还是做应用开发,都是天使投资人,并且,校长、教授都以他们的学生创业为荣。这些学生创业项目都具前瞻性,也使得教授始终能够走在时代的最前面,知道未来的技术、产业、新的模式是什么。

去年底北京市发布了"京校十条",其中有一条就是鼓励大学老师成为天使投资人。资金不是投给科技人员、教授,而是投资于学生创业,按照50%给予补贴配套,主要目的就是想营造鼓励创业的良好氛围。

第三,高端人才。中关村聚集了海内外各类优秀人才,也正在积极拓展高层次人才引进渠道,集聚众多海内外高端智力资源。现在,我们已经聚集留学归国人员1.8万人,但还要争取吸引更多的海外高端人才。硅谷仅华裔和印度裔创办的高技术企业就占到企业总数的23%,而中关村由非华裔人才直接创办的企业还寥寥无几。目前,我们正在积极推进人才特区建设,推动多项体制机制改革在中关村先行先试。

第四,天使投资和创业金融。天使投资的作用如同植物生态系统中的腐殖层。现在在全国活跃的天使投资人绝大多数都在中关村。在中关村,众多的创业者实现了从技术人员成长为技术创业者,又从技术创业者转化为创业企业家,最后完成从创业企业家向天使投资人的转变。例如,243家上市公司中,很多创业团队都成为今天活跃在中关村的天使投资人。

创业金融更为重要,我们提出每次产业变革,都是始于技术创新,成于金融创新。真正的推动力是在资本,资本推动创新,创新产生价值。

第五,创业文化。在一个地区,学生毕业以后是想有一份体面的、稳定的职业,还是选择创业,决定了这一地区是否是创业活跃地区。如果百度、联想、华为、腾讯等大公司的高管能够选择到创新工场、到车库咖啡,组成一个团队开始新的创业,并且不以为耻,反以为荣,那么创业文化就真正地形成了。我们非常欣喜地看到,今天中关村的创业者中,相当一部分不是科技人员下海创办企业,而是很多大企业的骨干人员下海创业,也称之为创业系。比如说,现在较为知名的联想系、谷歌系、百度系、金山系、腾讯系、华为系等。

第六,创业服务。今天我们提到的创业服务不是传统的孵化器、大学科技园、留创园概念,而是一种新型孵化器。比如,创新工场、车库咖啡、3W咖啡、36氪、天使汇、亚杰商会、清华X-Lab等一批新型创业服务机构,不再是比场地面积大小,也不再比租金收入多少,比的是创业服务水平和能力及创业服务的收入。企业成长所需的人力、资金、市场等"养分"都能一一获取,创业因此变得更简单,由此也形成了一个新的产业——创业服务业。

2. 生态系统的环境

中关村创新创业生态系统包含创新体系和环境。体系是指主体及其之间的关系。环境包含市场环境和法治环境。

市场环境涵盖三方面内容:第一是公平竞争。第二是新技术、新产品能够率先得到应用。中关村地处首都北京。这意味着中关村位于全国最重要的市场中心,市场的影响力和辐射力非常大。无论是电子卖场,还是包括国家部委、央企总部、金融业总部、外资企业中国总部等在内的电子政务工程,都是全国性、全行业的应用,同时对应用的要求标准也非常高。一项新技术、新产品如果能够率先在北京得到应用,它的影响力就是全国性的。因此,中关村面对的是最高端的市场。第三,交易的信用环境。中关村提出要打造信用首善之区,实际上是要降低交易成本,提高效率。我们成立了国家第一个信用自律组织——中关村信用促进会,通过构建企业信用体系,提供科技金融创新产品和服务。

法治环境,包括知识产权保护和反不正当竞争。

3.生态系统的特征

中关村创新创业生态系统具有整体性、自我调节性、要素循环流动等特征。同时,创新创业生态系统不是静止不变的,而是一个动态的演进的系统。经过多年发展,中关村创新创业生态系统经历了要素集聚、各要素相互融合、形成协同创新体系、构建创新创业生态系统的演进发展过程。在这一过程中,人才、金融、产业组织形式、业态都在不断进化,我们的整个环境也在不断优化。比如,从普通技术人员到天使投资人或者说创业导师的转变过程,实现了从单一的创业者发展成为连续的创业者,完成了"创新—创业—持续创业—持续创新"的连锁式、循环式创新创业活动。再比如,产业组织形式从起初的中关村"贸工技"模式,到一些企业将生产制造环节迁移出去,到现在逐步占领研发设计、品牌服务、市场营销等"微笑曲线"的两端,产业实现高端高效化发展。

创新创业生态系统对于中关村未来发展具有重要而深远的意义。以往中关村更多的是在体制机制创新和政策方面发挥示范引领作用,未来将会以"中关村创新创业生态系统"形成面向全国可复制、可推广的经验,也能够为全国实施创新驱动发展战略探索出一条新路径。

三 共同为首都构建高精尖经济结构作出新贡献

中关村与首钢总公司有着长期良好的合作关系,在未来的发展中有着广阔的合作前景和空间。中关村的创新发展对首钢总公司有很强的引导和带动作用;首钢的资源和空间,可以为中关村构建良好的创新创业和新兴产业生态系统提供坚实的产业平台。今年8月12日,我们共同签署了合作备忘录,将共同搭建产业促进平台,共建首钢特色产业园区,共同为首都构建"高精尖"经济结构作出新贡献。我认为,接下来,可以就以下几个方面进行深度探索:

首先,共同探索高端产业发展新途径。目前,中关村高端产业发展呈现出三大特点:第一,互联网、大数据改变传统产业,带动产业转型升级。比如,百度改变了人们获取知识的传统方式,乐视互联网电视改变了传统的电视制造业,58同城改变了传统的生活服务业等。第二,技术创新和商业模式创新相结合,不断催生车联网、远程医疗、智能家居、节能服务、互联网金融等新兴产业。第三,制造业服务化。小米就是典型的例子。在发达国家,服务业中生产性服务业占了近六成。制造业服务化不仅能推动工业调整结构,显著提升增加值,而且是大力发展生产性服务业的重要途径。我注意到,首钢在做优做强钢铁业之外,正在努力打造新型城市综合服务商,也在不断探索聚焦高端产业,调整优化升级的新路径。可以说,瞄准"高精尖",突出高端化、服务化、集聚化、融合化、低碳化,形成高端引领、创新驱动、绿色低碳的产业发展模式,是我们共同的目标。因此,我们可以开展合作,大力支持互联网、大数据产业发展,重视商业模式创新,当好中国经济转型升级的排头兵。

其次,共同探索京津冀协同发展新思路。今年2月25日~26日,习近平总书记视察北京工作并发表了重要讲话,其中唯一提到的就是首钢,提出首钢是转变发展方式、调整产业结构、京津冀合作的一个引领或者是示范的企业,下一步要继续做好。按照市委市政府的部署,中关村经过深入调研,提出要在滨海—中关村科技园、京津中关村科技新城、中关村海淀园秦皇岛分园等共建园区建设中,发挥好政府和市场"两只手"的作用,探索"五规"联动、园区管理体制创新、产业链分工合作、建立区域统一的新技术新产品政府采购和推广应用平台、共同打造创新创业生态系统等事宜。谋划筹建"京津冀大数据走廊",推动京津冀一带形成大数据产业带。可以说,在京津冀协同发展方面,首钢公司在区域合作、共赢发展上积累了很多经验,值得中关村学习借鉴。

再次,共同探索互联网思维下的深度合作。现在,大家有这样一种共识,就是互联网思维、大数据时代对各行各业都产生了重大影响,甚至是颠覆性的影响。围绕新兴产业市场创新需求,创新资源正在加速聚合,出现了互联网进军传统产业、投资驱动创新创业、海外团队归国发展、创新链企业融合互动等多种协同创新模式,"产品+服务"、"投资+孵化"、产学研等创新形态大量显现。因此,应用互联网思维升级改造传统产业已成为一种发展方向,也是大势所趋。在这一过程中,如果将中关村的"互联网思维"与传统产业有机结合,必将成就一番新的天地,开创一个更新更好的未来！

我今天就讲到这里,谢谢大家!

坚持问题导向　加强基础管理
为实现扭亏增盈提供有力保障

京唐公司总经理助理　高志平

京唐公司主要发展历程:2007年3月12日,首钢京唐钢铁厂项目开工建设;2010年6月26日,首钢京唐一期主体工程竣工投产;2012年6月,各工序产能和技术经济指标达到设计水平;2014年5月,首次扭亏为盈,6、7、8月份,盈利水平不断提高。

京唐公司的建设成效得到业界充分肯定。8月22日在北京召开的"转型发展·钢铁强国之路"行业峰会上,与会人员对京唐公司的项目建设、循环经济和生产经营取得的成绩进行交流并给予高度评价,《中国冶金报》以《争一流:打造钢铁梦工厂》为题对京唐公司进行专门报道。

一　加强基础管理,驾驭好装备一流的钢铁厂

京唐公司近年来为什么能取得这样的成绩? 应当说,原因是多方面的。就我们的体会而言,其中非常重要和关键的一点,是因为我们加强了基础管理。

京唐公司具有临海靠港、运输便捷,布局合理、流程紧凑,装备大型、技术先进,循环经济、产品高端等显著特点,硬件设施确实是世界一流的,这也是"钢铁梦工厂"的由来。但是,绝对不是一流的装备必然会产生一流的经济效益。就生产顺稳和经济效益而言,先进的装备有时不但不是优势,搞不好反而会是劣势,因为那意味着更艰难的驾驭,更高的维护成本和财务费用。一流的装备必须有一流的软实力作支撑,才能充分发挥作用,而一流的软实力的基石则是基础管理。因此,要想驾驭好京唐公司这样世界一流装备的钢铁大厂并让它尽快产生效益,不可能消极坐等,也没有任何捷径可走,必须苦练内功,加强基础管理。

靳伟书记在《加强企业基础管理的思考》中强调,"企业定位的标准越高,基础工作越要做细;企业要跻身世界一流水平,基础工作越要做透;企业要实现又好又快的发展,基础工作越要做深"。

2010年6月京唐公司全面投产以来,我们把如何尽快驾驭和管理好装备一流的钢铁企业作为最大的问题,并以这一问题为导向,从狠抓基础管理做起,着力打造一流的管理软实力,为生产顺稳提供有力支撑。

从2010年到2013年,我们每年都确定为基础管理年,2014年又确定为强化基础管理年。京唐公司加强基础管理的做法主要是:

一是狠抓职工队伍素质,努力打牢人的基础。针对不同来源、不同文化背景的队伍现状,京唐公司狠抓各个层次的全员培训,并以不断进步为要求,以先进企业为标杆,狠抓曲线文化和尺子文化。

二是狠抓超前谋划,为生产顺稳做好准备。超前制订年度、月度生产经营和周、日、班作业计划。通过大量细致的调查研究,不断提高谋划的准确性、科学性。

三是狠抓设备管理,提高系统稳定运行水平。强化设备运行管理和状态管理;推进标准化检修,不断提高检修质量;加强精细管理,保证设备功能精度。

四是狠抓工序服从，提高过程控制水平。建立工序服从三级指标体系，按照公司、作业部、作业区分层管理，并纳入相应级别的绩效考核。

五是狠抓工艺稳定，提高系统保障能力。建立制造流程工艺稳定性评价体系。按月以产线设计能力、行业先进水平为尺子对各工序进行总结评价，及时发现问题、制定措施，持续优化。

六是狠抓投料管理，提高成本控制水平。构建"横向到边、纵向到底"的投料管理体系，加强对物资流向的监督管控。物料消耗数据实现"班结日清"，投料准确率达到99.2%。

七是狠抓标准化操作，提高精准操作和控制水平。2011年开始试点标准化操作，2012年在8个作业部推广，2013年在全公司推行，2014年5月，公司491个操作岗位全部转化成标准化操作规程。

设备管理是京唐公司夯实基础管理的一个缩影。下面，我主要以设备专业管理为案例，汇报我们的具体做法和体会。

二　明确定位，持续优化，把设备管理做细做透做深

"工欲善其事，必先利其器"。设备是最重要的生产要素之一，是企业从事生产经营活动的重要基础之一。设备既是生产技术的物化，又是生产工艺过程的载体，更是实现生产顺稳的基础。设备管理是企业运营管理的基础，是直接影响着产能水平、产品质量、综合成本、劳动生产率等技术经济指标的关键因素。京唐公司的设备具有高度自动化、连续化、大型化、精密化的特点，如何管理和驾驭好这些设备，对于我们来说是一个严峻挑战。

为此，我们首先明确设备管理目标，即以最小的投入使设备效益最大化。设备专业术语中的设备综合效率"OEE"，也就是设备时间开动率、性能开动率以及合格品率的乘积，是衡量目标的尺子。对标世界最具竞争力的钢铁企业POSCO，它的两个制铁所设备综合效率分别为76.9%和76.4%，我们以此为尺子衡量我们的工作。

管理目标确定了，如何实现？这就需要确定设备维修管理模式。世界设备维修模式历经事后维修、预防维修、生产维修和全员生产维修（TPM）四个发展阶段。结合京唐公司的定位，我们选择了最先进的全员生产维修（TPM）模式。

通过不断探索研究，反复实践思考，我们构建起"以设备状态受控管理为基础，以状态维修为主体"的信息化管理平台。

为了实现设备管理目标，在开展前期工作的基础上，我们坚持不懈抓基础，持续优化勤改善，保证了设备稳定可靠，提升了设备功能精度，实现了设备费用降低。

（一）系统思考、协同高效，实现由"重检修"到"重保养"的转变

设备运行状态的好坏是由故障间隔和故障发生频次衡量的。如何延长故障间隔和降低发生频次？从哪做起才能把引发故障的原因消灭在萌芽状态，避免故障或减少故障？我们引用德国对其制造企业设备维修工作量的统计结果来说明问题。在德国，维护保养工作量占75%，而费用只占25%；状态监测工作量占5%，费用占10%；设备修理工作量占20%，而费用高达65%。这就好比一个人，人的健康得益于日常合理的饮食起居及一年一度的体检。有个头疼脑热才去看病、吃药打针，除非有大病才会去动手术。设备也是如此，做好日常维护保养十分重要，也是设备稳定运行的关键。日常维护保养主要有三方面工作：清扫、紧固、加油。

1. 全力推进6S管理，改善设备运行环境。首先从清扫、紧固说起。中国有句古语叫"病从口入"。人生病通常有两个原因，即外部环境和不良饮食。设备损坏也是如此。为改善设备运行环境，公司成立由总经理挂帅，各职能部门、各作业部、各维检单位联合搭建的"三位一体"管理体系。从2009年开始先后对417个站所实施标准化管理，并将管理逐步推向深入，生产现场、操作室、库房、值班室、工具间、维检基地、办公室等全面推行6S管理。实施后，清洁的现场环境使职工工作起来更加舒心、更加爱岗敬业，也减少了设备故障。

除了清扫清洁，紧固也是一项很重要的基础工作。在以往的设备检查和维修过程中，我们常常有一句话：螺栓检查，松动的紧固。由于没有量化标准，环境较脏不容易检查，容易发生一些因紧固力不够，螺栓松动造成的故障。因此，结合 6S 管理工作推进，我们开展了全公司各类螺栓的紧固标准和可视化工作，一是明确螺栓紧固标准；二是螺栓按标准紧固后，将螺帽与设备进行可视化管理，只要在一条线上就说明螺栓没有松动，偏离标准位置就需要紧固，从而大大减少了现场人员工作量，同时避免了因螺栓松动造成的故障。

2. 实施全优润滑管理，提升维护保养水平。全优润滑管理是指对设备润滑全过程优化，使设备在使用中减少磨损，降低消耗，延长维修周期和使用寿命，达到节能和提高经济效益的目的。全优润滑管理，它的"全"，包括油品选择、污染控制、油品检测、油品净化、设备润滑现场管理、一直到油品更换及废油处理等全寿命周期；它的"优"，是指通过技术层面与组织层面的有机结合，形成科学的、贴近实际的、具有可操作性的设备润滑管理体系。液压润滑系统就像人体的心血管系统，油品就像人体的血液。一旦脏东西进到油液中，就会出现阀门卡阻，就像人，血液黏稠了就容易得脑血栓，油路堵塞，会造成油管崩断，就像人，血压高到一定程度就容易得脑出血。因此，油品对设备的稳定运行至关重要。

我们在推行过程中遇到诸多问题，最棘手的问题是没有符合要求的油品存储地点和检化验设备，缺少高素质的人才。实施状态换油需要对油品进行定期检测，而公司及周边地区没有油品检化验设备，检验需送到北京、天津或唐山，花费高不说，也满足不了及时性要求，不能保证正常生产，更谈不上全优润滑。人就更别说了，实施全优润滑需要大量具有研发能力的技术专家，整个设备部就没有学液压润滑的技术人员，仅有一名 2008 年招进来的学机械的研究生，况且自建实验室还需要有经验丰富的检化验人员。针对这些问题，我们系统思考解决问题，通过"跨界"合作实现协同高效。

一是统一思想，提高认识，攻坚克难。我们下发润滑油品管理办法，对各部门管理职责、油品选用管理、油品保管、油具管理、油品使用及检验、油品抽取送检程序、液压系统清洁度控制、油品回收与再生等环节作出细致规定，开展了常态化、系统化、正规化的培训，提高设备点检及维护人员的认知水平和技术素质。通过全优润滑各阶段的工作，我们不仅提高了生产设备的稳定性，还培养了一批优秀人才，同时降低了成本。

二是通过"跨界"合作，实现协同高效。没有检化验设备怎么办？苦思无良策之时，一句古语"它山之石，可以攻玉"启发了我们。何不借助专业制造厂力量，通过"跨界"合作实现共赢？于是，我们与国内石油巨头中石油、中石化开展多轮谈判，最终和中石油签署合作协议。协议约定由中油首钢（中石油和首钢的合资公司）在京唐公司院内按规范建设 1500 平方米仓库及检化验室，具备京唐在用油品常规检验及仓储配送条件。约定中石油按京唐公司要求定期或不定期派遣国家级专家到厂参与全优润滑各个阶段工作，并对京唐专业技术人员、点检工程师、维修人员进行系统培训。具备检化验手段后，我们对油品运行状态进行监测，全面推行按质换油，明确了液压油、齿轮油、汽轮机油、机车用内燃机油、压缩机油、空压机油等各类油品的检测周期、检测项目及标准值。同时，我们也规范了各类油品的换油标准。

三是通过大品牌替代小品牌、国产替代进口这种油品替代方式降低成本。实施按质换油后，我们又碰到一个问题。2011 年，我们与宝钢对标时发现，虽然我们控制了污染，实现了按质换油，但我们的吨钢油品消耗还是远远高于宝钢。我们通过分析发现，主要是初装油品多而杂，价格也较高。京唐公司共有 2 立方米以上油箱 200 个，各类油箱总装机容量为 2000 多立方米，其中液压油 999.7 立方米。按外方进口设备要求，原装油有 246 个品种，由 22 家供应商提供。如何实现设备精益运行，用最少的投入使设备效益最大化？我们着手开展大规模的油品整合及品牌替代工作。对于混兑试验不成功的油品，我们根据库存情况，结合现场油品质量变化情况，利用年修机会予以更换。2009 年至今，我们先后替换 88 种油品，取消了 11 家供应商，整个替换过程未出现任何失误。油品整合与替代，给公司带来巨大效益，累计节约成本 1200 多万元。尝到甜头的热轧部，2013 年初主动提出替换 1580、2250 产线润滑脂，经过指标对比和混兑试验，我们用中石化长城 REP-1 复合锂钙基脂成功替代德国福斯 EP1B 润滑脂，至今已使用 250.2 吨，累计节约 427.2 万元。

通过实施全优润滑管理,油液污染及漏油现象得到有效控制,设备稳定性得到明显提高。现在,京唐公司油品供应商由 22 家减至 11 家,润滑油种类由 246 种降到 158 种。年度油品消耗资金由 2011 年 9800 万元降到现在的 5196 万元,吨钢油品消耗由 0.37 元降到 0.23 元,液压油添加指数由 1.03 降到 0.47,并于 2013 年首次超过宝钢水平。

(二)超前谋划、追求卓越,实现由"预防维修"向"预知维修"转变

做好设备日常维护保养,防止设备出现故障和问题。设备零部件是有使用寿命的。如何提前发现设备的劣化趋势,提前预判并更换备件,以保证设备处于良好运转状态? 设备专业通过开展在线和离线状态监测,全面、及时、准确掌握设备状态,保障设备功能投入与精度保持,为生产顺稳奠定基础。

离线监测主要通过点检信息化实现。点检人员将点检标准、点检路线等从服务器下载,按照规定路线实施点检,通过点检仪碰触装在设备上的 ID 按钮采集数据。数据上传到三级系统后,点检人员进行分类处理:属于日常可以处理的隐患当时处理,属于定修中可以处理的隐患在定修中安排相应项目进行处理,处理不了的上传到 ERP 系统,进行隐患登记,年修时再进行处理。无论是在线还是离线的状态监测,把采集到的数据和信息均纳入事件管理系统,通过状态驱动监视异常信息。

投产前,公司在用的关键重点设备均安装了在线监测系统,如制氧机、大型风机、电机等。投产后,在实际生产过程中,我们结合故障情况及产线关键程度增加了部分在线监测系统。比如,2013 年组织进行 1580 年修时,在准备测量精轧 F1 减速机箱齿轮间隙时,却发现轴承损坏了。但在轴承损坏前,通过点检没有发现任何征兆。这一突发事件直接导致原本 10 天的年修拖期 1 天。为汲取教训,年修期间热轧部组织专人对其他减速机及齿轴用窥视镜进行逐个检查。尽管如此,恢复生产仅一个星期,F7 精轧齿轴轴承再次碎裂,生产被迫中断。结合这两次轴承碎裂故障,我们分析出原因:不是点检人员不认真、不负责,而是手段不健全。

热轧两条产线的正常运行直接影响公司产能发挥,必须使这两条产线长期处于受控状态。为实现从"预防维修"到"预知维修"的转变,今年初,我们在减速机、齿轮等关键重点部位加装了轴承在线监测系统,共增加 496 个传感器,83 个转速器,为两条轧线的稳定运行提供了保障。

(三)持续优化、精细苛求,设备检修由"靠经验"向标准化转变

人终究要生病,设备也不例外,无论多么先进的设备总有一天会老化、损坏。怎样检修才能与一流的装备相匹配? 在传统的检修管理中,我们关注的重心往往是实施检修的师傅个人,组织者几乎能叫得出维修单位骨干人员的名字。以往组织检修时,我们常常碰到这样的事情,某某单位干得非常拿手的活突然干砸了。这让我们非常诧异。究竟发生了什么? 一调查才知道,干这个活的老师傅退休了。本次检修由徒弟们接手,多数徒弟的本事不如师傅;新员工们来工作,花了许多时间和精力学习,到能够独立工作后离开了,也把他们学到的知识带走了。企业往往将大量的资金花在年轻人培训上,而没有建立档案。这样一来,无论是我们,还是维修单位,都为这种"眼睫毛式的学习曲线"付出了高昂的代价。

汽车 4S 店启发了我们。它们按不同的公里数更换不同的备件,表格清晰,价格明确,非常标准。因此,我们提出在全公司推行年修标准化管理。

经过多次讨论,我们编制出一整套标准化流程、文件,对检修计划、人员组织、检修实施、质量控制、检修评价与提高等检修全过程管理提出明确要求。通过事先充分准备、事中严格控制、事后总结提高,实现"四控"、"三化"和"两追"。"四控"即安全、质量、进度、费用控制;"三化"即管理程序化、作业标准化、监督规范化;"两追"即质量追踪、责任追溯。我们实现由过去的外延式粗放管理转变为内涵式精细管理,形成精细、苛求、协同、高效的板材文化。

1. 超前做好检修前的准备。我们在设备年修时未雨绸缪,超前做好八大准备,即组织准备、项目准备、时间准备、方案准备、物料准备、人员准备、安全准备、挂牌准备。

如组织准备,公司层面成立指挥组,下设检修工作组、生产协调组、质量控制组、安全保卫组、后勤保障组、供应组、物资回收组、运输组共 8 个工作组,并明确各组工作职责。各作业部和维检单位也成立相应组织机构与之对接,从组织上实现"设备—生产—维检"联动机制。

再如方案准备,年修耗时 40 小时以上项目全部编制施工方案,即施工作业标准,内容包括检修各工序时间安排、施工力量、各工种人数、施工所用各种工器具、备件材料到位情况、安全措施、施工前准备工作等。通过 PDCA 往复循环,不断站在新的高点修正完善施工方案,最终形成标准文件。方案制定后,设备部听取重点项目施工方案,特别对首次施工方案进行重点讨论。

如炼钢公共系统阀门检修必须在两个高炉同时停炉时才能进行。2012 年,炼钢部提报 153 个阀门的更换计划。但年修临近时炼钢部领导找到我,提出将阀门更换数量改为 40 个,并不是阀门不该换,而是担心因施工力量不足引发质量问题。为保证项目按期完成,我们召开由设备部、炼钢部、施工单位参加的方案审查会,经过大家集思广益,会议对原有施工方案补充完善四点意见:(1)请第三方阀门厂对拟上机阀门进行逐个打压,合格后使用;(2)组织焊工实操考试,合格方可上岗;(3)对每道焊口实施挂牌操作,以提高工人的责任意识;(4)组织有探伤资质的设结厂、总公司检测处等对焊口实施复检。由于组织周密、方案得力,检修按期完成。检修后,我们通过评价,对一些细节又作出修改,最终形成标准文件。之后的几年,年年安排检修,不用我们过问,每次都能按期完成。

2. 检修中注重过程控制。年修项目实施过程中各工作组深入现场,三班职守,对安全、进度、质量、文明施工等方面每日检查发布项目进度情况、方案实施情况、质量情况、安全检查情况、车辆使用情况、文明生产情况及生活后勤情况,随时协调解决出现的各类问题。

如 2250 热轧 R2 接轴第一次年修时,按规定制定出施工组织方案。检修时,我们检查实际做法与规定做法是否一致,并通过实际调查了解是否有提高的可能。年修开始后,我们发现施工人员用手动加油泵给大轴两端共 8 个油孔加油,每个油孔耗时 30 分钟,全部完成要 4 个小时。同时发现,施工单位用自制的呆扳子拆卸接轴与电机接手 12 个 M100 螺栓时,由于结合面涂有防松胶,拆卸困难,最长一个螺栓在拆卸 7 小时后仍岿然不动,检修已经脱离时刻表要求,无奈将其割断。为抢回进度,指挥组临时调用一台一拖六的液压扳手,回装螺栓仅使用 1 个小时。

3. 认真总结不断优化创新。设备专业始终坚持"自主总结提升"的原则,每次检修完成都要通过专题会的形式对年修实施后评价,针对存在的问题提出改进意见,修订作业标准,为下一次检修奠定基础。如在 2250 热轧 R2 接轴检修后评价时,我们提出将加油方式由单台手动泵加油优化为两台一拖四电动干油泵加油,这样,加油时间由 4 小时缩短到 15 分钟,同时购置液压扳手用于螺栓拆卸和紧固。经过这样的调整,热轧上接轴检修时间由 30 小时降到 20 小时,下接轴也由 48 小时降到 36 小时。

随着对板材工艺的认识不断深入,我们认识到,设备空间位置精度变化能给轧机生产造成振动值超标、带钢跑偏、卷取塔形、板形不良、轧制轴向力、牌坊衬板异常磨损、产能降低等一系列影响。为解决这一问题,我们制定了轧机空间位置精度检测标准,规范了牌坊倾斜、轧机中心线与轧制中心线垂直度、均压板和阶梯板标高、牌坊各档窗口尺寸、牌坊各窗口平面度、轧机上下支承辊中心线与工作辊中心线平行度及对称度等 10 余项检测内容、检测条件、检测方法及检测标准。

同时,为提升冷轧产品质量,我们持续推进冷轧辊系标准化工作,目前已编制完成 2230 产线 1504 支辊子(酸轧线 350 支、连退线 439 支、3 号、4 号镀锌线 715 支)的标准,规范了辊系状态监测、检测、备件进场验收、辊子更换、辊子报废、辊子储备动态管理等各环节管理。

在总结年修标准化的基础上,为实现精准控制,按照"标准+α"管理模式,我们又开展了以转炉炉役为试点的定修标准化工作。标准指的是每次炉役都要开展的工作,α 是需要两次及以上炉役要开展的工作。

实现设备综合维修管理模式的过程是一个较为复杂的系统工程,是一个递进式的管理创新过程,不仅需要策划创新变革的整体思路,还要针对流程中的各个细节做渐进式的改变,整个过程涉及设备专业管理的方方面面。我们在每个方面都注重坚持问题导向,从基础入手解决,不断提升管理水平。通过坚持不懈的努力和付出,我们取得了良好的管理成果。

设备高效稳定运行,停机时间持续降低。目前,京唐公司设备 OEE 达到 74.84%,月均故障停机时间由 2010 年的 275.7 小时下降到现在的 48.78 小时。在 2012 年增加球团、1580 热轧和 2230 冷轧产线,以及 2014 年增加三冷、小冷、1580 平整机的情况下,吨钢修理费由 157 元降低到 117.5 元,实现持续降低。同时,大型工具费用也持续降低。

刚才说的是设备系统在基础管理方面的做法。其实京唐公司的每个专业部门、每个作业部也和设备专业一样,都非常重视基础管理,扎扎实实抓基础管理。正是每个单位和部门对基础管理工作的高度重视和措施有力,京唐公司打下较好管理基础,保证了生产经营的长期顺稳。

三　加强基础管理的体会和感悟

1. 加强基础管理赢在定位。做任何一件事情,有高标准的定位,才能达到发展目标。京唐公司定位于"高起点,高标准,高要求"、"产品一流、环境一流、管理一流、效益一流"。因此,我们只有按照这一定位要求,系统思考、不断优化、持续提升、协同高效,把基础管理做得更细、更实、更深,才能取得更大的进步、更快的发展。从根本上讲,生产保持高水平顺稳、经营效益由量变到质变,是近年来持续不懈抓基础管理的必然结果。

2. 加强基础管理首在责任。责任心是干好一切事情的前提,对基础管理而言尤其如此。有了责任心,才能有内在的追求和动力,才能努力地去想方法定措施。首钢京唐人承担着大使命大责任,要求我们必须以高度的使命感责任感做好京唐的一切工作。面对世界一流的工艺装备,我们首先感到的是责任和压力。我们同浦项、新日铁等先进钢铁企业的差距,首先是差在基础管理上。所以京唐公司必须加强基础管理。

3. 加强基础管理重在落实。古语云:大道至简,知易行难。搞好基础管理重在行而非知。基础管理的重要性恐怕是每个领导都知道的,而且也是常常挂在嘴上的。基础管理的内容也不深奥。我跟一位非设备专业的同事说起我们的标准化检修时,他有些不解地说,这有什么新鲜的啊? 一百多年前泰勒的科学管理不就是这样要求的吗? 是啊,一百多年前就说明的道理和提出的理论,在我们的企业管理中真正做到标准化规范化的又有多少? 可见企业管理尤其是基础管理,重在执行和落实,重在将先进的理念和正确的认识落实到实际中。

4. 加强基础管理要在措施。要想把事情做成做好,一定要有有效的措施手段和方法。要想把基础管理有效地落实到实际中,正确的方法和科学的手段,是十分重要的。比如说,在大的检修中经常发生伤亡事故,再多的安全教育和培训也无法避免,这是非常头疼的事情。我们对此采取了许多规范化的措施,其中一点就是,在有危险的地方都贴上安全警示标识,取得了很好的效果。再从社会管理上讲,"红灯停,绿灯行"的交通规则,道理和要求大家都知道,交通部门也想去管好,怎么办呢? 这个过程大家也都经历过,宣传教育起不到实质的作用,每个路口天天派人盯着也不可行,最后,一个电子眼把问题基本上给解决了。这就是先进手段的重要性,这就是有效措施在基础管理中的重要性。

5. 加强基础管理贵在坚持。"贵在坚持"在这儿有两层含义:一是基础管理是繁杂琐碎、枯燥乏味的事情,需要沉下心来、耐得住寂寞、坚持不懈地做下去。海尔的张瑞敏也说,"什么叫不简单,把简单的事情按正确的方式反反复复地做下去,就叫不简单。"第二层含义是,基础管理只要持续不懈、持之以恒地做下去,就会久久为功,就会从枯燥乏味的工作中尝到甜头,就会变被动为主动、变消极为积极,就会由规定到行动、由行动到习惯、由习惯到文化,从而使科学化、标准化、规范化、精细化成为广大干部职工的文化自觉,成为企业持续健康发展的有力支撑。

6. 加强基础管理成在协同。在企业中要想做细做深做透任何一件事情,不可能由一个部门独立完成,都需要多个专业、多个部门之间相互加强协同配合。比如说,设备功能精度管理就涉及生产部门、设备部门、生产部门、技术部门等,如果抛开别的部门单独做所谓基础管理,显然就没法做透、做实。如果各部门之间不配合,想法再好,推行力度再大,工作也做不到位,也做不实。只有各个部门全都重视基础管理并协同配合,才能产生合力,达到"1+1>2"

的效果,才能真正做好基础管理工作。

四 继续加强基础管理,奋力实现扭亏为盈目标

就基础管理而言,虽然我们取得了一定成绩,但我们清醒地认识到,无论同"四个一流"的目标要求比,还是同国内外先进钢铁企业比,都有着很大的差距。同世界一流钢铁企业的差距就是我们当前面临的最大问题。问题就是方向。京唐公司的基础管理工作只有更好,没有最好。坚持不懈、持之以恒、加强基础管理的工作永远在路上。

在今年后四个月工作中,我们要继续加强基础管理,在规章制度执行和基础管理的有效性方面狠下功夫,把科学的管理方法和提升专业管理能力相统一、把规章制度培训和提高制度执行效果相统一、把严谨的工作作风和提高职工素质相统一;我们要不断提升精细化管理水平,坚定不移、一以贯之地持续推进 6S 管理和精益六西格玛项目,培养干部职工自觉运用先进管理方法解决问题的思维和能力,持续促进现场精细化管理水平的稳步提升,形成不断追求卓越的精细管理文化。通过继续加强基础管理和不断提升精细化管理水平,确保生产的高水平顺稳,坚决完成首钢总公司职代会下达给京唐公司的各项目标任务,奋力实现全年的扭亏为盈目标。

我们深知,首钢京唐寄托着全体首钢人的厚望、寄托着社会各界的期望。业界赋予京唐公司"钢铁梦工厂"的称号。对此,我们既倍感荣幸,又深感惶恐。不辱使命、敢于担当,奋发有为、拼搏进取,是我们首钢京唐人唯一的选择。

梦在前方,路在脚下。我们坚信,在首钢党委的坚强领导下,在首钢集团大家庭成员的共同支持下,只要我们真正沉下心来扎扎实实做好当前,点点滴滴进行积累,一步一个脚印地解决问题,就一定能够把首钢京唐建成最具世界影响力的钢铁厂,就一定能够为把首钢建成具有世界影响力的综合性大型企业集团作出我们的贡献。

2014 年首钢"创新创优创业"交流会总结讲话

首钢党委书记、董事长 靳 伟

（2014 年 9 月 29 日）

同志们:

一天半来,大家聚精会神,围绕主题,静下心来学习,沉下心来思考,认认真真研讨。总公司领导深入各小组,认真倾听,带头发言,相互启发,共同分享成功和喜悦,共同感受挫折和痛苦。

从讨论情况看,大家普遍感到,这次会议贯穿了全面深化改革、激发企业活力的主题,体现了党的十八届三中全会和习近平总书记系列重要讲话精神、市委市政府对首钢的工作要求,坚持问题导向,体现了求真务实的科学态度,是在首钢全面深化改革、推进转型发展关键时期召开的会议,是统一思想、凝聚共识、提振信心的会议,是引领首钢全面深化改革、确保各项目标任务落实的会议。

大家认为,这次会议切实改进了会风、作风,提高了会议效率和质量,精选会议发言,认真讨论思考,领导带头发言,深入分析问题,提出改进措施。会议主报告提前下发,使大家能够提前学习、消化,提前做好功课,带着问题和思考来开会,体现了首钢真抓实干、务实创新的新面貌。有的同志说,这次会议充满了"凝心聚神干事业,实实在在夯基础"的浓厚氛围,感到受触动,受教育,受鼓舞,对点燃激情,坚定信心,在困难中突围提供了思想启迪。

会议主报告于 9 月 26 日下发后,许多单位利用周六休息日认真组织学习,用脑用心研读报告。大家一致认为,会议主报告主题鲜明,内涵深刻,贯穿了全面深化改革的主线,既讲成绩,又讲问题、思考和启示,提出了"五个深刻理解"和"五个应当牢记",对确保全年任务完成提出了明确要求,对全集团统一思想、启发思考、凝聚共识,指导首钢下一步工作具有重要意义。有的同志说,报告让人感到压力,也令人振奋。压力来自于面临的严峻形势,振奋来自于总公司党委顺势而为、趁势而上、抢抓机遇的科学决策。有的同志说,"三创"会第一次把股票价格写入报告中,从中看出是投资人用真金白银投了首钢的信心票,也是对首钢人的极大鼓舞。

大家认真学习了《首钢全面深化改革的指导意见》。一致认为目标明确、思路清晰,是总公司党委坚持战略思维、科学决策、民主决策的结果。有的同志说,总公司审时度势,站在国家创新驱动和京津冀协同发展战略的高度,提出了"一根扁担挑两头"的集团战略定位,体现了"天时、地利、人和"。"天时"就是国家大势和时代潮流;"地利"就是首钢具有的自然禀赋;"人和"就是首钢人过硬的作风、饱满的精神状态。

大家认为,两位专家的报告和两个单位的发言,从宏观到微观、从战略思考到具体措施,都使我们深受启发。郭洪主任的报告,围绕中关村向具有全球影响力的科技创新中心进军,优化完善创新创业生态系统,提出创新的本质在于沟通、碰撞、协同、分享,探索创新规律等,对首钢探索创新发展模式具有重要借鉴意义。石洪卫主任的报告,对创新驱动式服务型钢铁材料制造商,如何服务用户进行了全面阐述,提出"产品就是领导,用户就是最大的领导"的理念,要满足用户的全面需求,对我们钢铁业打造制造加服务的核心竞争力很有启发。京唐公司围绕加强基础管理、持续优化,提出加强基础管理赢在定位、首在责任、重在落实、要在措施、贵在坚持、成在协同,在各单位引起很大反响。环境产业公司瞄准解决城市的热点难点问题,抢抓市场机遇,咬定青山不放松,以对历史、对老百姓负责的态度努力把工作做到极致,在全社会树立极好的环保形象,表明了首钢人不仅能够干好钢铁,也有能力干好城市综合服务商,使大家树立了信心。

各单位在讨论中都结合自身实际,坚持问题导向,认真查找问题,提出下一步的工作措施。一分布置,九分落实,大家纷纷表示,要认真贯彻好会议精神,狠抓工作落实。

同时,各个单位也对总公司提出了一些建设性意见和建议。如有的同志提出,四地钢铁企业青年人才流失较严重,如顺义冷轧第一批参加调试的人员几乎都走了,这一问题应引起高度重视,要把技术系列和管理系列放在同等位置来对待。有的同志提出,围绕打造城市综合服务商,要在人才招聘、培养和留住人才方面综合考虑。有的同志提出,首钢北京园区的发展可以借鉴中关村模式,打造成为创新创业的平台。有的同志提出,总公司应该选派更多的年轻同志来加强外埠企业领导班子和中层干部的力量,进一步促进文化融合。有的同志提出,钢结构住宅是新趋势,建议整合资源上升到集团层面,通过一个平台加强研发。有的同志提出,首钢有几千亿的资产,几百亿的海外资产,要对首钢资本运作这根"扁担"加大力度,利用资本市场加强运作等。请宣传部把这些意见一并整理出来,总公司将认真研究采纳。

首钢"三创"会从 2003 年开始,到今年已连续召开了 12 年。"三创"会是首钢人进行"团队学习、互动交流、深度会谈、系统思考、自我超越"的一个平台,是首钢人思想上的"加油站",已经成为首钢思想文化建设的一个品牌。这段话是 2012 年总公司党委在《关于深入推进创新创优创业加快首钢转型发展的决定》中讲的,总结得很到位,确实为首钢人起到了加油鼓劲、换挡提速的作用,起到了启迪思维、开阔视野的作用,起到了凝聚人心、传递和激发正能量的作用。古人说:"欲亡其国,必先灭其史;欲灭其族,必先灭其文化"。这句话体现了思想文化的重要性,想要一个国家灭亡就先让这个国家没有历史文化支撑,想要一个民族灭亡要先让这个民族没有思想文化。习近平总书记在孔子诞辰纪念会上指出:"不忘历史才能开辟未来,善于继承才能善于创新。优秀传统文化是一个国家、一个民族传承和发展的根本,如果丢掉了,就割断了精神命脉"。这也是为什么我们坚持今年召开"三创"会,未来还要召开"三创"会的一个根本原因。"三创"会已开了 12 年,首钢经历了非常大的变化,现在已成为多业多地的综合性大型企业集团,每个行业、每个企业的特点、自然禀赋、遇到的困难和问题都不一样,包括钢铁企业也不一样,有新建的、设备条件比较好的,有传统的、设备没有更新相对落后的。但首钢人创新创优创业的精神追求没有变过。现在创新驱动成为国家战略,还应该赋予新的内涵。昨天郭主任报告中讲,中关村从20世纪80年代电子一条街发展到今天,目前在思考创新创业的生态系统,重要的就是自我净化、不断衍进。而首钢这12年的创新创优创业,成功和差距是什么,首钢"三创"的生态系统是什么,应该认真总结和挖掘本质、规律和特征。特别要清醒地看到,我们这个生态系统的差距和不足是什么,怎么能够适应首钢未来的发展。

这次"三创"会主报告写得更多的是一种思想方法、一种工作态度、一种思维方式、一种实现途径。如果在报告里把每个企业遇到的问题和特点都写全,也不现实。我们全面深化改革的指导意见,也是把方向、思路、途径讲清楚。就如同《中共中央关于全面深化改革若干重大问题的决定》,只有60条,中国太大了,每个区域、每个城市、每个地方都不一样,不能面面俱到。首钢也是同样道理,关键是怎么运用这种方法和思维模式,实事求是地去解决。这次"三创"会主报告里有一句话,"禀赋是需要充分利用的",每个企业都有自己的自然禀赋条件,怎么去充分利用? 首钢园区有8.63平方公里,这就是我们最大的自然禀赋,我们作为一个企业要在北京、在首都来开发园区,就一定要了解中央、市委市政府对城市开发建设的最新要求,了解地处北京工作是什么标准,地处北京能够先知先觉先思考,这就是优势。前段时间中心组学习,徐总传达了中央关于建筑物的最新要求,如果我们不及时了解这些新情况,再往后拖半年,可能这半年做的事全是白耽误功夫。例如,我在迁钢时对自然禀赋的理解就是,迁钢、京唐这两个单位进步就应该比别人快,因为职工工作和生活集中在一起,与一般企业不一样。一般企业职工下班就回家了。这两个企业,职工白天一起工作、晚上一起在宿舍,还可以研究工作上的事,有事可以马上到现场,这就是很好的自然禀赋条件,工作时间实际上不是8个小时,而是10个小时、12个小时,付出的比别人多就应该比别人进步快。如果意识不到这种自然禀赋条件,那你的优势就没有充分发挥出来。这次我参加第一组外埠钢铁企业的讨论,我觉得他们对自身自然禀赋的理解越来越深了,在此基础上对企业的战略定位就越来越清晰了。还有,这次报告讲要有"交账意识",我们作为领导干部,不能讲完就完了,不能没有检查,不能没有兑现意识和承诺意识。所以在报告里,我们认为做得好的事、过程中的事、有差距的事,都一五一十地老老实实地向职工交账,只有敢于交账,才能更有压力、更有动力。

昨天晚上我特意搜了搜、又看了郭主任昨天在会上讲的一句话,诺基亚的最后一任CEO约玛·奥利拉说,"我们并没有做错什么,但是不知为什么我们输了"。我在北京市经济信息化委工作的时候,恰恰经历了诺基亚从一个巨人倒下的过程。诺基亚在亚洲最大的研发中心、制造中心都在北京亦庄,各方面还是不错的,但是移动互联打败了移动通信。这句话对我的触动也很大,首钢人也得牢记,诺基亚那么大的企业都能倒下,那么你技术再先进,并不意味着你就能生存,你块头大并不意味着你就能活下去。现在,我们越来越感受到钢铁市场的严冬。大家在讨论过程中都在说年初我提的"四把大砍刀",昨天有的外埠企业说资金这把砍刀已经把企业弄得遍体鳞伤。所以说,解决首钢未来发展问题,"三创"精神不能丢。

"创新创优创业"是首钢人的精神命脉,是首钢人的"根",是首钢人的"魂",是企业发展的永恒主题,只有进行时,没有完成时,不同的历史时期有不同的内涵。过去首钢搬迁调整需要"三创",今天站在新的历史起点转型发展同样需要"三创"。

我希望大家回去之后把会议主报告再好好看一看,结合学习两位专家报告和两个单位发言,认真理解思考。今天再点几个题,供大家进一步交流。

第一个问题,关于全面深化改革

《首钢全面深化改革的指导意见》已经就全面深化改革进行了系统说明。我针对几个认识问题和实际工作再强调几点。

1. 正确认识集团管控体系改革中利益关系的调整

全面深化改革一定会触动利益。大家在讨论中越来越认识到,随着集团战略定位的清晰,管控体系到了不改不成的地步。目前集团管控体系不适应,总部管理职责不清,以行政管控为主,资本管理和生产经营管理重叠,整体运营效率不高,是大家反映的一个突出的问题。要按照建设有世界影响力的综合性大型企业集团的要求,按照"管住、管好、管活"的原则,抓好战略型管控,建立精干高效的总部机关。这里涉及机构和人员精简。但关键不在于精简,而在于总公司的功能定位能否真正实现改革目标。

围绕集团战略定位,要进行板块化管理,包括钢铁板块,城市综合服务商板块,其中又包括六个潜力业务板块。但要防止一种倾向,不能简单认为板块化管理就等于集团高效化管理。不是说把股份公司做实了就等于高效化了。因为原来以钢铁为主的这套运营管理体系就存在效率不高、协同不够的问题。下一步要通过改革,在建立新的钢铁板块的同时,集团、股份公司、各个单位要群策群力,围绕原来没有解决好的问题下功夫,实现钢铁板块高效化;围绕打造城市综合服务商,在六个潜力业务板块的搭建上下功夫。这些对我们来说都是新事物,不能认为成立板块就好了,成立平台公司,问题就解决了,还需要集团和各单位群策群力,探索符合各板块业务特点和行业规律的管控模式。

管控体系、干部人事制度、劳动用工制度、薪酬分配制度的改革都涉及广大干部职工的利益。大家最担心的还是职工。总结首钢十年搬迁经验,大家都认识到,越早认识越主动,越早行动越主动。今年初,我去河北大厂县机电公司调研的时候了解到,这是最后一个搬迁单位,虽然涉及人员不多,但其复杂程度、困难程度比十年前要大。所以下一步在首钢管控体系搭建过程中,整个人员的安置必须做好深入细致的工作。

我给大家报个账。到今年4月底首钢在北京有25800人,包括全资子公司5224人,园区单位5697人,股份公司北京单位2580人,总公司机关1945人,其中职能管理654人;改制企业还有1万多人。这种设置肯定是低效率的,我们在北京还有这么一个庞大的机关,必然是低效率的。四地钢铁企业1~8月份亏损10.53亿元,直接为钢铁业服务的总公司机关还有3亿元的费用,加在一起大数就亏损13个亿。

我们要用发展的思路解决利益关系的调整,改革总体上是在增量上调整。我们要建设首钢北京园区在政策上已经解扣了,要打造城市综合服务商,还承担了曹妃甸园区开发任务,还要启动京唐公司二期项目等,这里就孕育着巨大的空间,干好一个项目,带动一个产业,带出一批人才,都为机构改革和人员调整创造了空间。我们现在对外埠钢铁企业的技术支持、管理支持、实力支持,同样需要一批人员。另外这两年恰恰是干部新老交替的关键阶段,加上不断成立新的单位,有利于干部的调整和分配。在这样的空间和机遇面前,如何平稳地实现好集团管控体系的搭建?这就需要我们深入思考。领导干部首先要转变观念,统一思想,真正把道理跟职工讲清楚,才能够保证改革的顺利进行。

2. 改革要把握火候,因势利导,水到渠成

我在会议主报告里讲了,首钢改革凸显一个"难"字,快不得,也慢不得。在讨论过程中很多人都提到了,感触也非常深。实际上我们跟国家遇到的问题是一样的。习近平总书记指出,全面深化改革胆子要大、步子要稳,其中步子稳就是要统筹考虑、全面论证、科学决策。任何一个领域的改革都会牵动其他领域,如果各领域改革不配套,各方面改革措施相互牵扯,全面深化改革就很难进行下去。我们要深刻领会总书记的讲话精神,认识到改革发展的过程就是逐步认识和把握客观规律的过程,就是实践、认识、再实践、再认识的过程,就是把握大势、因势利导、水到渠成的过程。

特别是领导干部在改革中要做水到渠成的事,就是在最合适的时间,最合适的机会,最合适的人员,干最适合的事。在这次讨论中通钢讲了一句话"达到共识的事才能落实",非常有道理。改革本身就是逐步统一思想、凝聚共识、寻求最大公约数、水到渠成的过程。改革是进行时,没有完成时。通过讨论达到思想统一的过程也是改革的过程。如今年以来我们开展摸清家底工作,说起来容易,但要把584家成员单位的基本情况搞清楚,非常繁琐、非常复杂,从中发现了许多问题,使大家越来越感受到基础管理工作的重要性,协同管理的紧迫性,建章立制的必要性,对584家成员单位应该怎么管逐步形成共识。今年初我们提出中心组学习不仅坐在家里学,还组织大家去中关村学习,听了郭主任讲解,使大家感到了视觉的冲击、心灵的震撼、本领的恐慌,昨天我们再听郭主任作报告,认识就更加深刻。这也是做了水到渠成的事。

3. 正确认识解决问题的关键在发展,为改革赢得时间、创造空间

这次会议报告中提到,大家也认识到,现在首钢无论钢铁业、改制企业,方方面面遇到的问题,包括对市场化、半市场化的认识,市场化与协同配合的关系问题等。但改革不应该简单地去做外科手术,因为我们的问题很复杂,有些问题积累的时间很长,一定要实事求是地先把问题搞清楚。有些问题该需要输液的就输液,该需要理疗的就理疗,该住院的就住院。这不是一蹴而就的事情。

今年以来我们领导班子各个成员、各个部门都非常辛苦,体现了只争朝夕的精神。我们现在要为改革成功赢得时间,赢得空间,还得通过发展来解决。所以为什么我们千方百计的去争取首钢北京园区的开发,争取曹妃甸园区的开发,包括京唐二期工程,因为现在整个市场的严峻形势大家都意识到了,要获得一份订单都非常不容易。在这些空间里,我们要主动去争取,通过发展使大家更有事做、更有活干,通过发展解决历史遗留问题和未来的问题。这方面,大家一定要认真思考。

4.把建立与集团战略定位相适应的预算体系作为下一步深化改革的突破口

首钢现在的预算还是一个工厂式的预算。怎么让我们的预算适应企业集团的战略定位,怎么让预算跟管理不脱节,怎么让预算更注重财务、资金、投资、经济运行的质量?在讨论过程中大家都认识到,我们现在包括我本人,更多的偏重于生产计划型预算,这是我们的强项,而经营管理型、资本运营型预算是我们的弱项,另外我们的尺子还可调整。怎么弥补我们的弱项,怎么建立一个刚性的尺子,刚性的预算,怎么把预算的好坏、执行的好坏跟我们干部的评价使用结合在一起?这些都是我们下一步需要认真思考的。这次我们去台湾中钢学习感触很深,同样都经历寒冬,人家讲的就是无论做什么事,最后体现在财务报表上,要使得这项管理内容阶段性或永久性的留在企业里,是真实的内部降成本。我们必须学习他们的经验,真变、快变、实变。

下一步,我们要把整个编制预算过程与全面深化改革结合在一起,与干部的中长期激励,三年任期目标、干部的薪酬分配改革结合在一起。要管住核心目标,特别是我们的财务指标、综合性经营指标等,我们要在这方面下功夫。

第二个问题,关于加强能力建设

这次会议主报告讲:今天首钢人所面临的机遇和已经具备的条件,比历史上任何一个时期都相对更好。同时首钢人面对的困难和需要解决的问题,比历史上任何一个时期更加复杂;首钢人遇到的挑战和考验,比历史上任何一个时期更加严峻。我们任务艰巨,责任重大,又深深感到本领恐慌、能力不足。因此我们要全面加强能力建设。能力建设包括很多内容,这里讲四个方面的能力。

1.增强抢抓市场能力

昨天环境公司讲道,市场是抢来的,不是等来的,要像狼捕捉猎物一样,两眼放绿光,不达目的决不罢休。抢抓市场的能力要突出一个"抢"字,要有一种"狼文化"。

一要有嗅觉。要有很强的敏感性。要抓住稍纵即逝的当前机会,还要抓住潜在需求的未来机会。鲁家山垃圾发电厂在2009年抢这个机会很不容易。再例如,今天早上听新闻,华夏银行抓住国家京津冀协同发展战略机遇,第一个发行了京津冀银行卡,申请这个卡之后,至少在北京、河北、天津三地转账不交费了,说明它捕捉机遇的意识。那天刘淇书记从京唐回来的路上跟我讲,总书记要求把北京建设成为科技创新中心,首钢要把这个机遇牢牢把握住。刘淇书记看了京唐的海水淡化也跟我们讲,能不能把海水淡化真正做好,这是个大产业。还有垃圾处理,现在全中国、全世界的人逢二噁英必炒,今天再申请垃圾焚烧厂,如果产生二噁英就会受到老百姓的抵制。如果我们真正把全世界最先进的技术引进来,使垃圾焚烧不产生二噁英,就解了扣了。我们做城市综合服务商绝不能光盯着北京,眼界放宽,才可以真正做到可复制、可推广,这就是一种敏感的嗅觉。创新创优创业,优是什么?一个重要方面,就是把大家一直关心的世界上最先进的前沿技术变成我们企业的优势。再举个例子,政府下一步的改革,人大要求政府预算公开,盯住预算,为什么给这个企业不给那个企业?北京市建立首钢京冀协同发展产业投资基金,每年出资20亿元,财政局必须跟人大解释。人大盯着这些钱是不是滞留了,是不是年底集中花钱了,是不是有效率。所以下一步国家,包括北京市委、市政府都在研究财政资金的改革。这次成立首钢京冀协同发展产业投资基金就是很大的机会,可以更多地把政府和社会的资金吸引到这个平台里。能不能争取到是我们的本事,要向大家证明这些资金是有效率和效益的。

二要有速度。就是要义无反顾、先人一步、快人一拍。我们对市场的理解上，大家总在说区域市场，但区域市场不等于就是你的市场。我们起码对抢抓家门口的市场要有一种速度。现在市场竞争这么激烈，像首秦公司家门口的市场就不能让别的企业产品从老远运过来跟你竞争。你的区域市场就是你的战场，家门口的市场就是你的战场。昨天环境公司讲，他们公司的人扮成小时工，深入到餐馆里了解餐厨垃圾都去哪了，就要有这种市场意识。再例如，政府要解决大城市堵车问题，前一段时间报纸上报道了总书记打车，咱们当成新闻听了，而人家马化腾投资了个"滴滴打车"软件一下子就挣钱了。政府要在北京建几十万个立体车库，首钢要做城市综合服务商，怎么能把这个机遇抓住？咱们玩钢铁的，连个车库都弄不了？怎么也得弄些先进的信息化程度最高的车库。安顺市长说天安门地区的栏杆首钢应该能做，我们现在做的是高附加值的能伸缩的那种，但整体马路中间隔离带的栏杆还是让别的企业抢走了。所以这次我们找市政市容委，他们特别支持首钢参与，前期改造的只是天安门核心区的栏杆，首钢如果能牵个头，对全市马路栏杆出台一个企业标准，变成北京市栏杆的标准，以后首钢就优先了。这事定完了，咱们还得快速地抢抓市场机遇。

三要有耐力。就是坚持到底，不达目的不罢休。有时候首钢做事，用老百姓的话就是起个大早，赶个晚集，就差"最后一公里"，到最后一步出问题。实际上我们周边的市场真是不少，我们就得盯住、一直瞄着它、一直跟着它，直到把它拿下。首钢有了一个鲁家山垃圾发电厂，我们想争第二个，就要有这种精神，一定要把周边的市场盯住。包括餐厨垃圾，咱们怎么能够拿下来？南宫的发电厂建好了，委托运营，跟首钢鲁家山的装备是一样的，我们怎么能够拿下来？客观上都有困难，讲困难谁不会讲啊？不变的是市场的长期变化、冷酷变化，关键在你自己。所以我们对市场的理解，特别是现在形势这么严峻，要鼓励这种"狼文化"，真的要"两眼泛绿光"，不达目的不罢休。否则，即便是面对园区开发这么大的市场，你也就是守着一个沉睡的金矿。所以，大家要真正在市场意识上得到加强。

2. 增强服务能力

增强企业服务能力是市场经济发展规律的必然要求，是制造业转型发展的必然趋势。例如美国提出了工业回归、德国提出了工业4.0版战略，促进三个转变：一是实现生产集中向分散转变，规模效应不再是工业生产的关键因素；二是实现产品由大规模趋同性生产向规模化定制生产转变；三是实现由客户导向向客户全过程参与转变，客户不仅出现在生产流程的两端，而是广泛、实时地参与生产和价值创造的全过程。西方国家提出的这些理念对中国也有借鉴意义。

徐匡迪主席在京唐专家论证会上提到，20世纪80年代新日铁是世界钢铁工业的1.0版，建宝钢是1.5版，建京唐是2.0版。现在德国人要做4.0版。对首钢提出要求，加上信息化和服务，首钢能不能做到3.5版？未来的首钢赢在哪儿？赢在服务，我们的钢铁制造加服务，我们的园区都要赢在服务上，必须把"服务"这两个字的烙印真正打在自己心上。

原来首钢文化是"牛"文化，北京文化是"爷"文化。现在我们必须得把腰弯足了。昨天石主任讲，产品是领导，用户是最大的领导，很受触动。今年我们给长安汽车供外板，人家反复提出质量异议，我们连个基本的回复都没有。后来我批了一段话，再做不好就提头来见，大家有议论，现在想想也不太合适。记得我当时在会上说过，客户要求的事，应该比我和徐总说的事更重要，如果到这个程度，首钢制造加服务就真正入脑入心，变成自觉行为了。现在可能还是客户说了不算，领导说了更重要。现在我们每个行业都要注重客户的全面需求。鲁家山矿的事太典型了，项目验收时北京市环保局指定一家单位测完就完了，按理说就可以通过了。但现在老百姓维权意识很强，还要选一个部门来检测，如果真测出二噁英或其他指标超标了，你这个企业肯定待不住。所以首钢做城市综合服务商，就得为老百姓服务好，老百姓就是上帝，他们满意，你这个企业才能生存。今后这个园区，昨天郭主任讲了，我们讲的创新服务不再比场地面积大小，不再比租金收入多少，比的是创新服务水平和能力，以及创新服务的收入。中关村是20世纪80年代起步，到今天30年了，现在是创业的风水宝地。我们能不能通过一代又一代首钢人的努力，把我们这个地区打造成创业的圣地？"首钢服务、首钢创造、首钢品牌"这些核心价值怎么能够变成我们自觉的行动，变成未来的竞争优势,变成核心竞争能力?前两天中央新闻播了一段,现在商业模式已经发生了非常大的变化,例如有几个年轻人创业,叫"青年菜君",由于现在很多上班族下班之后没时间去超市买菜、他们就把菜洗完切好了,在地铁口支个摊,你可以在网上订货,下了班到那里提货。核心还是把服务变成价值,我们钢铁业无论是板材还是长材,都要认真思考商业模式创新。我们做城市综合服务商就更需要搞好服务,北京园区如果没有高水平的服务,高端客户就不会来。首钢转型发展能否成功,核心是服务能否做到极致。服务到极致,要成为行为的准则,行动的标准。

3. 增强协同能力

总书记今年 2 月 26 日到北京视察谈到京津冀协同发展时指出:行政区划本身也是一种重要资源,用得好就是推动区域协同发展的更大优势,用不好也可能成为掣肘。这就需要大家自觉地打破"一亩三分地"的思维定式,由过去都要求对方为自己做什么,变成大家抱成团朝着顶层设计的目标一起做。总书记讲的就是区域协同问题。我们不能把体制机制当一个筐,只要有问题都往这里装。昨天郭主任讲:"现在线性创新时代已经过去,进入了协同创新时代。单靠一个人、一个企业、一个地区甚至一个国家都解决不了所有的创新难题,需要协同创新"。当年周书记讲"包、保、核",其中的"保"就是协同。宝钢实行集中一贯制、五制一体、工序服从,说的也是协同。京唐公司昨天在交流时说"加强基础管理,成在协同。在企业中要想做好、做细、做深、做透任何一件事情,不可能由一个部门单独完成。需要多个专业,多个部门加强协同。如果抛开别的部门自己单独做基础管理,显然没有做透、做实"。对此我们都要好好思考。

协同是集团化运作的核心能力之一,没有协同,集团也就不复存在了。我们现在协同还不够。例如矿石降价以后,我们班子也开会了,还专门成立了小组,但忙活半天最后仅买了 5 万吨低价矿石,在这个过程中效率就比较低,各说各的理,反应就比较慢。还有部门之间的协同,如劳动工资部管《异地工作补贴》,计财部管《出差补贴》,征求意见时没提出问题,但一到执行的时候就出问题了,问题就出在协同上。包括园区的土壤治理,是不是应该首钢人自己来干这个事?这不也是个金矿吗?园区开发部门跟环境公司一定要协同起来。你定了所有园区的土壤必须水泥窑烧,但首钢没有水泥窑,这等于变相地给别人找了市场,这就是没有协同。昨天郭主任讲创新的本质就是协同、沟通,碰撞、分享。我觉得大家都遇到同样的问题,无论成功与失败都非常有感触。组织体系是协同的基础,业务运行是协同的保证。协同的核心是理解别人,赢得别人的理解,不能只要求别人为自己做什么,而是多想你为别人做什么,要不囿于局部利益,不计较一时得失,从集团全局出发,坚定不移地朝着目标同向、措施一体、作用互补、利益相连的路子前进,努力实现一加一大于二的效果。

4. 增强沟通能力

我们在日常工作中,同级之间、上下级之间,横向的、纵向的需要沟通,包括与政府部门、业务单位等社会各界都要沟通,沟通顺畅,事半功倍;沟通障碍,轻则影响工作效率、工作质量,重则导致决策失误。日本著名企业家松下幸之助有句名言:"企业管理过去是沟通,现在是沟通,未来还是沟通。"郭主任昨天讲创新的本质,第一个就是沟通,他说,"为什么在美国硅谷、波士顿地区没有一个管委会,政府也没有去做规划,但是它产生了高科技产业的集聚?本质的原因是什么?其实是沟通的需要,而且是面对面沟通的需要。不同公司、不同研究机构和高校之间通过沟通,在你那个领域可能是件非常难的事,在人家那儿就非常简单,也可能产生许多新的创意"。他还讲道,"创新需要顶牛,要引起大家思想上的碰撞,这也是一种沟通和交流"。

沟通首先要做到信息共享,信息对称。每个人不可能事事都掌握,必须增强主动沟通意识,主动与自己的上级、下级和相关部门分享信息。沟通一定要讲沟通的效率。如果说了,最后事没办成,就等于没说;如果说了,没成成共识,也等于没说。所以要善于沟通,多说宽容的话,多说尊重的话,多说关怀的话,多说商量的话,多说鼓励的话。一个班子是不是团结有力,取决于班子的沟通能力;一个干部的能力强不强,关键是看他的沟通能力,特别是有效沟通的能力。

第三个问题,关于制度建设

改革开放初期,首钢率先实行承包制,并形成内部承包体系,成为当时企业制度建设的典范。首钢在"苦干三年,打好四个基础"和搬迁调整过程中,不断完善制度建设,成为制度建设的宝贵财富。当前首钢正处在转型发展的新时期,面对新机遇、新挑战,环境条件正在发生重大变化,进一步加强制度建设的重要性更加凸显。

1. 进一步统一对新时期制度建设重要性的认识

中央坚持"依法治国",我们就要"依法治企",就是要充分体现维护企业利益与维护职工根本利益的统一,消除"人治"、增强"法治"。近年来,总公司清理行政和党群制度多达867项,发现制度建设存在随机性和应时性现象;有些制度内容交叉重复,甚至相互矛盾;有的太笼统、缺乏可操作性,有的又太繁琐,束缚了职工积极性和创造性的发挥;有的内容已过时,缺乏时效性。更突出的是,一些制度出台前没有反复宣讲、答疑释惑,大家不知道为什么要制定这个制度;对制度执行情况监督检查不够,一些制度没有得到有效贯彻执行;在制度面前还存在个别特殊人、特殊单位的现象。为此,我们必须结合全面深化改革,打牢制度基础,系统筹划、系统改进,推进"依法治企"。

2. 认清制度在企业运营中的作用,坚持"问题导向",规范制度,形成全过程的管理

制度在企业运营中的具体作用,一是企业战略导向与运行管理之间的桥梁;二是每个单位、每个人"依制行事"和保护其合法利益的依据;三是管理工作制度化、合作关系协调化、工作程序流畅化的基础;四是建立经营管理常态动力机制的方式。

制定制度的单位要承担主体责任,负责制度从制定到执行全过程的管理。制定前,要坚持问题导向,有的放矢,充分调研,是为了使制度"有用";制定中,要坚持广泛征求意见,集思广益,是为了使制度"能用";颁布后,要坚持培训宣讲、答疑解惑、上下沟通、统一思想,是为了使制度"管用"。也就是说,在定制度之前,一定要深入调查研究,一定要把事情搞清楚,一定要让大家知道为什么定这个制度。现在,出台制度前都有个说明,在写说明方面下的功夫比定制度下的都要大,就是担心大家对制度理解不同,造成对制度的执行不同。每一个制度出台后,要在宣讲、答疑释惑上下大功夫,将来我们周末大讲堂还要进行制度的宣讲,现在,还是有差距,今年上半年出台了一些制度,真正执行的时候还是有问题,说明前面讲的几个要求还没有做实、做细、做透,说明我们的惯性思维使定制度流于形式。

今后,凡是制度出台后,在某个单位反映出新的问题,我们就要回过头来看一看,当时征求意见的时候你这个单位的意见是什么。不能把整个制度修订的过程做得如此草率、如此形式化。希望大家确实下点功夫。更何况首钢现在的几百个制度有很多都需要完善。现在集团涉及的面这么大,一个有效管用的制度体系,要集中整个集团上下的智慧。

3. 执行力是保障制度有效的基础,规章制度重在执行

年初,我在党委扩大会上讲过"不要把制度锁在玻璃柜里、放在电脑桌面上,平时不闻不用不改"。现在,一个突出问题就是,一些制度没有得到有效执行。制度再科学、再合理也必须靠强有力的执行力来保证,制度的生命力在于执行。没有执行,制度只是一纸空文。提高制度执行力,干部是关键。要求下级做到的,上级必须首先做到;要求别人做到的,自己必须首先做到。各级干部都要更新观念,率先垂范,培养遵章守制的良好习惯,用严格执行制度的实际行动,带动和影响广大职工。

制度执行的核心,就是在制度面前没有特殊单位。这也是我回首钢不到一年时间的最大感受。我也希望首钢的干部职工对总公司党委永久监督,绝不能让首钢再有特殊单位,特殊人,否则对企业祸害无穷。我们每个单位都要认识到,不能让企业有特殊部门、特殊人。在这方面,党委要接受所有干部职工的永久监督、时刻提醒。

第四个问题,关于加强党的建设

我在6月30日周末大讲堂所作的《关于加强和改进首钢党建工作的思考》,讲到许多内容。针对目前存在的一些思想认识和实际问题,我再强调四点:

1. 要切实把维护职工的根本利益放在第一位

我们做任何工作,都要把推动企业科学发展和维护职工的根本利益作为出发点和落脚点。这不是一句口号,而是有实实在在的内容,要真正作为一条准则和原则去把握,要体现在企业工作的各个方面。我举个例子,我们在组织第二批后备干部特训班的时候,规定参加人员的"优称率"不能低于80%,但有的单位推荐的8个人都低于80%,

这个问题不在个人，而是在这个单位的班子身上。这就涉及维护职工的根本利益。你这个党委班子是什么氛围，什么环境？你自己选的8个后备干部都达不到标准，你党政一、二把手干吗呢？考核管理也是一样，现在有些事故出来了，地方政府一考核，一个人的死亡事故要考核21个人，好几个警告处分，拿这个方案就要上会通过。这里也要注意，我们严格执行制度也要充分体现维护企业利益与维护职工根本利益相统一。要从多方面，多角度去考虑。只要是涉及职工切身利益的事，一定要放在第一位，不要简单处理。

体现职工根本利益不仅涉及收入分配，还要不断满足职工的学习进步需求、情感需求和事业需求。这些事情不是完全靠钱能解决的。加强职工培训、做好深入细致的思想政治工作、为职工创造干事创业的舞台，都是实现好、维护好、发展好职工根本利益的重要体现。我们要把这个宗旨体现在企业的各项具体工作中。

2.进一步克服干部浮躁作风，解决干部能上能下问题

许多干部提出，党的群众路线教育实践活动怎么把效果变成成果？提得非常好。形式主义的浮躁作风不是靠一次活动就能完全解决的，必须持之以恒地在务实上做文章，在实干上下功夫。一要坚持问题导向，善于发现问题、找准问题，不能只讲表面现象，要透过现象看本质，找到深层次原因。二要提出切实可行的目标措施。在7月份首钢钢铁业经营活动分析会上，我要求各单位，单纯讲理念讲方向的事不要讲，没有数据支撑的目标不要讲，没有实际内容或招数的措施不要讲，就是务实的要求。三要狠抓工作落实、持之以恒、从大局着眼、从抓每一件事情做起，统筹推进各项工作，才能推进企业全面进步。

要解决干部能上能下问题，解决干部浮躁问题，核心是"能下"。要深化干部人事制度改革，建立干部培养、选拔、使用、考核、评价、退出、问责制度体系，建立鼓励创新的机制。现在，许多干部是在凭觉悟努力工作，还有个别干部是"多一事不如少一事"，在承担任务时尽量避免由自己牵头，不愿承担责任。我们要通过干部能上能下，使那些想干事、能干事，勇于创新的干部得到重用；对那些作风浮躁、不敢担当、本单位存在的问题长期得不到解决的干部，对那些不思进取、安于现状，不愿承担责任的干部，及时调整和降职。只有在完善机制上下功夫，才能使干部队伍充满活力。

3.干工作要有"交账意识"

言必行，行必果，才能取信于广大职工。这次"三创"会主报告，对照年初"两会"提出的重点工作，认真梳理，客观分析问题，就是向职工群众"交账"，也是落实厂务公开制度的重要体现。年初以来，各部门、各单位制订出很多计划、很多目标，也要反思做了哪些具体工作，有没有兑现承诺。没有落实的要抓紧去做，要对职工有个交代。只有一件事接着一件事认真做到位，才能把蓝图变成现实。今后，必须在全集团建立"交账"机制，制定新规划、做出新承诺，必须列出"时间轴"、提出具体标准和量化指标，建立考核问责机制，定期检查工作进度，随时接受职工群众"查账"。

4.要善于调动基层一线的积极性

各级领导干部要善于做群众工作，能和群众打成一片，特别是在当前严峻的市场形势下，一定要把干部职工的积极性充分调动起来，让他们主动参与到首钢全面深化改革和转型发展之中。积累丰厚的群众基础，干工作就容易得到群众的拥护，涉及利益调整的改革也能得到职工的理解。各级领导干部要严格要求，做好表率，主动做好群众工作，从中锻炼能力，增长才干。

同志们，一天半的会议结束了，下一步的工作要求在主报告中已经体现了。我们要以奋发有为的精神干事创业，以敢于担当的精神攻坚克难，以踏石留印、抓铁有痕的劲头狠抓落实，以坚定必胜的信心推进工作。这个信心来源于各级党委、各级政府的大力支持，来源于广大干部职工的智慧和创新活力，来源于我们自身的努力。把这些正能量凝聚在一起，我们就一定能够完成首钢未来改革发展的各项任务。

今天，再把这些情况跟大家沟通一下。我希望"三创"大会成为一个引发大家互动，引发大家思考，真正变成大家真抓实干的加油站。谢谢大家！

科技创新

坚持科技创新，打好首钢转型发展攻坚战

——在 2014 年首钢科技大会上的报告

首钢总公司副总经理　赵民革

（2014 年 3 月 31 日）

同志们：

本次大会主要任务是：全面落实总公司"两会"精神，以着力打好首钢转型发展攻坚战为目标，明确 2014 年科技创新工作的总体思路和目标任务。下面，我向大会报告工作。

一　2013 年以来科技创新工作回顾

2013 年首钢依靠科技进步，创新驱动转型发展，促进产品结构优化升级，进一步提高自主创新能力，科技创新工作取得了新成效。

（一）产品开发取得新进展

2013 年针对市场环境变化，首钢坚持定位精品、保质增量，在巩固优势品种的基础上，加快品种结构调整。热轧板卷产品优化结构、稳中求进；冷轧汽车板定位精品、快速提升；冷轧非汽车板产品树立品牌、深挖效益；宽厚板产品降本增效、精细生产；长材产品搬迁衔接、稳步推进。

一是重点产品产量同比大幅增加。首钢四地推进产品全年完成 996.8 万吨，占四地钢材总量的 57.4%，超计划 68.7 万吨，增收完成 47.3 亿元，增利完成 18.3 亿元。其中高端领先产品完成 307.7 万吨，同比增加 115 万吨，增幅为 59%，高端领先产品单利分别比普通产品高 298 元/吨和 273 元/吨。九项重点产品产量完成 649.7 万吨，同比增加 163 万吨。其中汽车板完成 176 万吨，同比增加 54.4 万吨；电工钢完成 108.0 万吨，同比增加 33.4 万吨。产品出口到亚洲、欧洲、美洲 27 个国家和地区，完成 105 万吨，其中汽车板出口从无到有，完成 5.3 万吨。

二是产品结构进一步优化。全年完成 57 项研发储备产品的工业试制，其中 37 项实现了商业供货。

热轧板卷产品中低成本高强钢获得推广应用。管线钢 X80 热轧板卷厚度拓展至 22 毫米，完成中石油 0.8 设计系数 X80 的批量生产，完成了 X90 的小批量认证，综合性能处于国内领先。集装箱板市场占有率 22.08%，连续两年国内销量第一。高强钢推出低成本"Mn-Ti"系列，成功开发 1.5mm 薄规格产品，实现规格全覆盖。700 兆帕级高强搅拌罐钢、750 兆帕级汽车轴管用钢、厚规格和超细晶车轮钢、薄规格车厢板等一批新产品实现批量供货。

冷轧汽车板品种结构不断优化，镀锌板和高强钢分别占比达到 19.8% 和 23.7%，实现了 1000 兆帕级退火产品、800 兆帕级镀锌产品、1500 兆帕级热成形钢基板的商业供货。以深冲和超深冲 IF 钢、高强钢和 FC/FD 表面外板为重点，加大了新车型、新产品零部件的认证开发工作。冷轧非汽车板产品快速提升，高效节能用无取向电工钢开发了 5 个钢种 8 个牌号产品，在高效节能家电领域市场占有率全国排名第二，成为变频空调生产商格力的最大供应商。家电板供货量连续保持国内最大。冷轧专用板形成了以焊丝用钢、耐指纹板、涂镀基板、焊管用钢、高强结构

钢、捆带用钢为代表的特色优势产品。

宽厚板产品完成中海油黄岩岛项目海底管线钢 X65MO 批量供货，低温管件用钢 X80 最大规格扩展到 58 毫米，抗酸管线钢最大规格扩展到 40 毫米。80 公斤级水电钢、−50℃ 低温冲击球罐用钢、临氢容器钢、耐磨钢等一批特殊用途产品实现商业供货。完成超低温 9Ni 钢、SA738 核电钢的工业试制及一批海工钢的产品认证。

长材产品加快外埠钢铁企业品种开发。长钢高线轧制全流程生产工艺贯通顺行，开发了硬线钢、焊线钢等优线品种，月产量 5000 吨以上。水钢开发了用户特殊需求的 HRB400、HRB500 螺纹盘条和直径 40 毫米大规格螺纹钢筋，具备批量生产条件；82B 绞线用钢年产 8.25 万吨。通钢精棒产线开发优质碳素钢、合结钢、轴承钢、齿轮钢、碳工钢等 13 个品种，产量达到 3.9 万吨。贵钢继续保持高端易切钢、钎具钢的国内领先地位，重型钎杆全年生产 3.9 万支，同比增长 51%。伊钢实现了 1.3 毫米薄规格中宽带钢产品生产；方形高频焊管达到月产万吨水平。凯西马口铁产量提升至 15 万吨，产品一级品率由 20% 提升至 75%，食品罐用途比例由不足 5% 提高到 30% 以上。

三是创品牌工作取得新成绩。2013 年新增金杯奖产品 10 项，公司金杯奖总数达到 35 项，四地金杯奖产品产量全年完成 560 万吨，占总产量的 24%；京唐、迁钢、首秦"石油天然气输送管用钢"获得"特优质量奖"称号。

（二）工艺技术持续改进

一是强化过程控制，提高了技经指标水平。炼铁系统通过强化高炉护炉冶炼技术管理、规范高炉预警机制等措施，高炉保持了高水平稳定，三地高炉焦炭负荷达到了 5.15，入炉焦炭完成 367 公斤/吨。炼钢系统在迁、秦两地进一步推进少渣炼钢工艺，在京唐推进留渣操作工艺，实施高铁耗、高矿石加入量等降耗措施，三地钢铁料消耗完成 1083 公斤/吨，比上年降低 5 公斤/吨。轧钢系统采取强化板形控制、优化坯材匹配等措施，热轧综合成材率完成 96.73%，在线材大幅减量的情况下与上年持平。

二是短平快项目发挥了品种保障作用。全年实施短平快项目 117 项，投入运行 75 项。"迁钢二炼钢转炉滑板挡渣改造"实施后，挡渣成功率 100%，铝铁合金吸收率提高 5.44%，滑板平均寿命达到 20 炉，比国内同类设备平均寿命高 60%，为电工钢品种冶炼提供了保障。"首秦超快冷一、二级过滤系统改造"实施后，提高了钢板冷却均匀性，钢板冷矫直比例减少了 6.2%。"顺义冷轧 1 号镀锌机组静电涂油机增加油箱"实施后，满足了宝马汽车板认证和连续生产涂油要求。

三是工艺技术研究为降本增效起到了重要支撑作用。在炼铁领域，深入开展高性价比原燃料资源应用技术研究，南非粉、毛里塔尼亚粉等高性价比矿粉在京唐、矿业、首秦用量达到 193.5 万吨；自选秘鲁粉、海南粉在京唐用量达到 38.3 万吨；强粘结炼焦煤在京唐使用比例由 89% 降低至 86.3%；高性价比炼焦煤在迁焦和京唐累计用量达到 45.4 万吨。在炼钢领域，推广异钢种连浇技术、结晶器在线调宽技术及异断面浇铸技术，包晶类钢种断面差从 50 毫米扩大到 200 毫米；非包晶类钢种断面差扩大到 300 毫米，提高了接单能力。京唐浇铸汽车板钢种拉速提高到 1.8 米/分钟，最高拉速夺得国内同类铸机"冠军"。在轧钢领域，深入开展全流程板形与质量攻关，迁钢 1580 热轧凸度全长命中率由年初 90% 提高到 95%，迁钢 2160 热轧楔形全长命中率由年初 65% 提高到 85%，迁顺产线冷轧切边量降低了 3 毫米。

（三）技术创新支撑保障能力进一步增强

一是加强了产销研运行管理体系建设。面对市场需求疲软、竞争日趋激烈的不利局面，销售技术部将开拓中高端直供用户、调整产品结构作为产品扭亏增盈的重要途径，相应调整了组织结构和运行管理模式，在日常工作中实施"先算后干，干中再算"的动态预算管理，坚持业务服从工作准则，强化产销研高效协同，全公司各单位齐心协力，克服市场疲软等不利因素，全面完成 2013 年产品推进各项任务，对提升效益、提高产品竞争力起到了重要作用。

二是继续对外开放合作。与台湾中钢定期进行钢铁生产全流程工艺技术及产品开发双边交流会；与一汽联合进行 EVI 技术开发和应用，为一汽新车型开发或老车型的更新换代提供经济、安全的材料技术保障；与山东兴民共建"车轮钢联合实验室",共同开展钢制车轮的新材料、新工艺、新结构研究。通过先期介入合作,协助美的实现材料升级和产品增值。三个联合研发中心第三期合作顺利推进,2013 年共安排 29 项合作项目,涵盖炼铁工艺、炼钢工艺、轧钢工艺、品种开发等多个领域。

三是科技成果数量稳步增长。全年完成科技成果鉴定验收 124 项,其中 25 项成果达到国际先进及以上水平,44 项达到国内领先水平。12 项成果获得上级科技奖励,其中:"超大型高炉高效低耗技术集成"、"300 吨转炉铁水三脱与少渣冶炼工艺技术"、"热轧板带钢新一代 TMCP 技术及应用"3 项获得冶金科学技术一等奖。完成专利申请 583 项,获授权专利 280 项,其中发明专利 101 项。"热风炉定风温控制系统"获"中国专利优秀奖";首钢总公司获得北京市首批"企业知识产权管理标准化单位"。参与制定、修订国际标准 9 项,国家、行业标准 46 项;其中 2 项国际标准、7 项国家标准和 7 项行业标准已颁布实施。合理化建议提出 7958 项,采纳 5938 项,创效益 19803 万元。

四是获得多项国家科技项目支持。2013 年在研国家科技项目 9 项,其中新获得 2 项:首钢承担的国家科技部"863"项目"铸造高温合金制备技术和应用研究"和"支持节能降耗和智能决策的冶金行业 MES 开发及应用",新获国拨资金 2226.6 万元。"北京市能源用钢工程技术研究中心"获得了北京市科委认定。首钢技术中心在 2013 年国家认定的 887 家国家企业技术中心评价中名列第二,在冶金企业中排名第一。

(四)新产业和非钢产业的自主创新能力逐步加强

首钢国际工程技术公司多项成果获得冶金行业全国优秀工程设计奖,获首批"北京市设计创新中心"和"国家火炬计划重点高新技术企业"认定。首自信公司"支持节能降耗和智能决策的冶金行业 MES 开发及应用"获得国家 863 项目支持,SGRS 工艺模型和面向冶金行业的 MES 敏捷开发平台开发成功。机电公司积极承揽成套设备制造,研制开发了迁钢 1580 平整分卷机组,完成了通钢 6 米焦炉改造项目。首建公司推进建设部十项新技术应用,获得部级工法 3 项,连续三年荣获中国施工企业科技先进企业称号。京西重工成为中关村高新技术企业。北冶公司"铸造高温合金制备技术和应用研究"获得国家 863 项目支持。吉泰安公司成为北京市"高新技术企业"。能源环保产业事业部开展了建筑垃圾资源化利用、污染土壤修复、生活垃圾焚烧发电炉渣资源化利用等多项技术的研究。

在肯定成绩的同时,我们必须充分认识自身的差距和问题。随着产品推进和用户高端化,首钢的产线保障能力还不能满足用户的要求,产线的效率和潜能还没有得到充分发挥,与先进企业相比首钢产品竞争力还存在较大差距。一是产品结构对经济效益支撑能力不强。首钢四地高端领先产品占四地产量比例约 17.5%,与宝钢的 50% 相比差距明显;产品完全成本偏高,盈利产品仅占全部产品产量的 19.7% 左右。二是制造能力不足,表现在产品交货期、产品质量稳定性、精细化管理体系建设等方面。首钢汽车板整单兑现率不足 90%,与宝钢的 95% 以上的整单兑现率相比,仍然差距很大;产品质量不稳定,全年发生首钢责任质量异议 400 余件,尽管比上年有所降低,但因表面质量、板形和性能缺陷引起的质量异议仍占 74%。三是产品服务能力差距较大,售中、售后服务做了大量工作,但 EVI 先期介入等售前服务才刚刚起步,一批重大、关键用户瓶颈技术需要突破。

二 2014 年科技创新工作思路和目标

(一)总体思路

坚持以经济效益为中心,加大结构增效和技术降本的力度,打造高效协同的技术创新体系。产品推进着力提升盈利能力,结构优化与品种增量并重;工艺技术攻关注重研发、生产、管理的高效协同,破解产品结构深度调整和产品质量稳定性的难题。以改革的勇气面对挑战,攻坚克难,奋力拼搏,确保完成 2014 年科技进步目标任务。

(二)科技进步主要目标任务

一是科技项目安排。科技项目安排 360 项,计划资金 2.295 亿元。其中:四地钢铁业科技项目 317 项,计划资金 2.02 亿元;外埠钢铁业科技项目 43 项,计划资金 2750 万元。

二是产品结构安排。四地钢铁业推进产品总量安排 1125.35 万吨,占钢材总量的 64.8%,其中:高端及领先产品 360 万吨,11 项重点产品安排 827.6 万吨。推进产品增收 56.9 亿元,增利 19.3 亿元。

三是质量方针和目标安排。2014 年将质量带出品、废品和质量异议损失三项独立指标合并为质量损失指标,并货币化。四地计划为 70.8 元/万元,其中京唐公司 72.2 元/万元,迁钢公司 82.2 元/万元,首秦公司 68.8 元/万元,顺义冷轧 58.2 元/万元。

四是非钢产业技术进步目标。以效益为中心,以科技创新为驱动,加大产品开发力度,增强整体技术实力,发挥协同效应,打造具有竞争力的建设工程技术服务、环保、矿产资源、文化创意、医疗等产业平台。

三　2014 年首钢科技创新重点工作

今年一季度,推进产品预计完成 287 万吨,占年计划 25.5%。增收预计完成 13.2 亿元,占年计划 23.2%。增利预计完成 5.8 亿元,占年计划 30.0%。其中高端领先产品预计完成 100 万吨,占年计划 27.7%。虽然高端领先产品价格比普通产品有较大优势,但远低于宝钢价格水平和单利水平。产品增收增利对经济效益还没有形成足够支撑,钢铁业面临的形势依然非常严峻。下一步科技创新重点做好以下五个方面的工作:

(一)强化产品推进,加快新产品开发

一是以汽车板为抓手,推进"五大体系"建设。随着汽车板用户和产品档次的提升,首钢在先期介入、独有产品、整单兑现、设备保障、JIT 供货、信息化支撑等方面逐渐暴露出不相适应的一系列问题。为突破首钢汽车板向高端发展的瓶颈,将各项能力建设分解到产线制造能力体系、技术营销体系、产品研发体系、大数据应用开发平台和用户服务体系等"五大体系"当中,采用项目滚动模式扎实推进。首批在公司层面推进 16 个具体项目,其中 2014 年完成其中 9 个项目。技术研究院牵头做好带钢板形缺陷控制、先期介入能力提升、用户技术服务能力提升、高端领先产品推进等 4 个项目;销售公司牵头做好大客户服务通道、JIT 供货能力提升、电子商务 3 个项目;生产部牵头做好提高整单兑现率项目;设备组牵头做好设备功能精度项目;信息部牵头做好迁顺在线合同评审项目;京唐公司、迁钢公司和顺义冷轧公司牵头做好二级模型解析与优化、科学管理工具应用、钢水中夹杂物控制等 6 个项目。

二是抓好重点产品的推进,提升首钢品牌的影响力。热轧板卷重点产品安排 323.8 万吨,坚持"高强化、差异化、个性化"开发思路,重点推进高等级管线钢降成本,持续推进高强钢、耐候钢、汽车结构用钢、热轧酸洗板等以用户细分、规格齐备、钢级覆盖的品种集群赢得市场,提升首钢热轧板卷产品的竞争优势和品牌地位。

冷轧汽车板重点产品安排 210 万吨,重点提高外板、高强和镀锌板的比例,突破整单兑现、信息化支撑、JIT 供货等瓶颈问题,实现由汽车板制造商向服务商的转型升级;进一步扩大出口产品数量,扩大海外市场份额。冷轧非汽车板重点产品安排 202.5 万吨,重点深入拓渠道、调结构、打品种,做精做优电工钢、家电板,做专做强专用板,结合京唐三冷轧投产,加快推进镀锡板等品种开发。电工钢重点进行中低牌号产品降本增效工作,打通低温取向硅钢生产工艺,实现批量商业化生产。专用板重点开发耐指纹板、无 Cr 钝化板、搪瓷钢、焊管用钢等产品;提高表面质量控制水平,着力解决搪瓷鳞爆和耐指纹性能问题。

宽厚板重点产品安排 72.5 万吨,重点坚持低成本高效生产工艺路线,提高产品盈利能力,扩大超快冷应用范围,挖掘产品降本潜力;加大市场推进力度,重点开发抗酸管线钢、特殊用途容器钢等产品,扩大首钢宽厚板产品在国内外重大工程的应用比例及业绩,打造高端品牌效应。

长材重点产品安排 18.8 万吨。重点是分步快速完成焊丝、超低碳钢、冷镦钢、钢绞线、弹簧钢等品种的市场开发,尽快形成稳定供货能力;针对冶炼品种需要加热钢包的工艺条件限制,研究制定提高品种冶炼能力的措施,逐步提高品种钢比例;采用双精炼工艺进行高品质轴承钢等新产品认证及开发等。

三是推进一批研发储备产品。全年安排65项研发储备产品,其中热轧板卷产品重点开展超低温韧性管线钢、合金锯片与工具钢、热轧双面搪瓷钢、热轧复相钢等产品开发;冷轧板卷产品重点开展热成形钢、合金化镀锌、电池壳钢等产品开发;中厚板产品重点开展风塔用钢、低成本 Ni 系钢、Ti 系高强钢等产品开发;长材产品重点开展耐氯离子腐蚀钢筋、新型微合金化齿轮钢、渗氮钢等产品开发。年底力争实现30项产品批量供货。

四是推进外埠钢铁企业的产品开发和技术进步。长钢稳定硬线、合金焊线等主导产品的质量,进行高强焊线、冷镦钢、链条钢等品种的开发,进行转炉吹炼高磷铁水高拉碳工艺研究;通钢优化电炉全铁水冶炼工艺,进行优质碳素结构钢、合金结构钢、轴承钢和齿轮钢等棒材产品的开发;水钢进一步降低生产成本,进行胎圈钢丝、帘线钢产品开发前期工艺技术研究。

(二)开展重大专项技术攻关,抓好短平快项目实施

一是总公司集中组织一批重大专项攻关。针对目前存在的制约产品生产与成本控制、接单能力、质量提升、合同兑现等方面存在的突出问题,通过开展工艺技术重大专项攻关,整合技术与管理资源,突破瓶颈、提高效益。

在炼铁生产方面,需要更加适应高性价比进口矿资源品种,解决使用过程中存在的有害元素控制及重大工艺瓶颈问题,降低高炉工序消耗。2014 年重点安排"高性价比资源开发研究"、"大型高炉降低燃料消耗技术"、"生产低成本、高质量焦炭及优化高挥发份烟煤喷吹比例的研究"等 3 项重大专项技术攻关。矿业球团完善工艺措施,提高秘细粉配比;四地高性价比资源总量从 240 万吨提高到 280 万吨;高性价比炼焦煤在京唐和迁焦两地使用量由 166 万吨提高到 186 万吨。

在炼钢生产方面,京唐、迁钢、首秦的冶炼工艺路线仍有优化空间,部分含 Nb、B 等微合金元素铸坯产生表面裂纹,造成生产成本高,影响合同兑现;同时,钢轧一体化成本控制的研究与应用较国内外同行存在较大差距。2014 年重点安排"含 Nb(B)钢板坯裂纹控制"、"京唐、迁钢、首秦炼钢工艺路线优化"、"迁钢集约化炼钢、柔性化轧制规范规则制定"等 3 项重大专项技术攻关。京唐、迁钢两地含 Nb 钢板坯角横裂发生率分别从目前的 74.3% 和 66.6% 降低到 35% 以内,切角率从目前 80% 左右降低到 40% 以内;首秦实现适合钢种的低成本吹氩工艺和 RH 单联工艺的批量整浇次生产。以迁钢做试点,将热轧、酸洗产品 110 个碳锰钢牌号简化到 30 个牌号左右,配合柔性轧制技术,发挥规模化生产优势,降低生产成本。

轧钢专业方面,汽车板的氧化铁皮、麻坑、色差等表面质量缺陷、板形缺陷以及性能均匀性等仍是质量异议高发区;此外铸坯加热氧化烧损以及中高碳钢线材拉拔性能偏低等问题也日益突出。针对上述问题,2014 年重点安排"薄板全流程板形攻关"、"薄板表面质量控制技术"、"冷轧薄板性能均匀性研究与改进"、"热轧低温出炉轧制工艺优化与应用研究"、"线材中高碳产品深拉拔性能技术"等 5 项重大专项技术攻关。迁钢薄规格集装箱板非计划二次平整率从当前的 30%~40% 降低到 10% 以内;京唐、顺义低碳铝镇静钢连退和镀锌产品大卷头尾与中部的屈服强度差由 25% 左右降低到 15% 以内;开发低温出炉轧制工艺条件下的表面质量控制技术以及粗轧过程带钢温降控制技术;中高碳钢线材产品(C 中高碳钢线)面缩率≥40% 的比例由目前的 15% 提高到 80% 以上,满足冷拉减面率达到 95% 的使用要求。

用户技术研究方面,客户要求在其新产品开发前期为其提供更多的技术支持。以汽车板客户为例,如对标杆车材料分析,新车型材料推荐、零件工艺分析、整车碰撞分析、降成本分析等,首钢目前这方面刚刚起步。2014 年重点安排"EVI 技术支持及主要缺陷问题攻关"、"表面质量及耐腐蚀控制技术"等 2 项重大专项技术攻关。实现一汽 DY 项目减重 8% 的目标;先期介入北汽福田 S700 或吉利 CMA 平台车型的整车碰撞分析,确定满足选定车型的碰撞要求;供福特汽车板材料耐腐蚀性达到先进企业同等水平,腐蚀宽度降低到 2 毫米以内;完成 IF 钢 GA 板的预磷化工艺研究,在主机厂使用。

二是抓好短平快项目的实施。为进一步推进产品升级,提升产线制造能力,2014 年重点推进与产品密切相关的一批短平快项目。

京唐公司重点围绕汽车板开发中暴露出的表面质量控制不稳定、二冷轧镀锌板宽度超标等问题,开展"第二冷轧厂 3 号重卷改造项目"、"1580 机架间除鳞恢复"等项目;迁钢公司重点围绕热轧汽车用酸洗板开拓高档次汽车结构件与高端压缩机产品的高端市场暴露出板形与表面质量的问题,开展"酸洗线新增破鳞拉矫机组"、"热轧酸洗线增设离线检查及缺陷处理装置"等项目;首秦公司重点围绕影响产品质量稳定的板形及钢水纯净度问题,开展"ACC 中喷改造"、"炼钢钢包加盖系统改造"等项目,确保解决 ACC 冷却后残留水造成的冷却不均、改善钢包温降、降低因钢包换包而造成的夹杂物不合等问题;顺义冷轧公司重点围绕镀锌汽车板开发高端市场遇到的表面质量及镀锌 1 号线生产汽车板排产紧张等问题,开展"镀锌 1 号线新增炉鼻子锌灰泵"、"两条镀锌线增加炉内气氛控制系统"等项目。

矿业公司重点围绕提高秘鲁细粉配比后出现的回转窑结圈问题,开展"球团增加高压辊磨系统"项目;通钢公司重点开展"小型厂加热炉节能技术改造"等项目,解决加热炉加热能力不足的问题;水钢公司重点开展"直径 12 毫米热轧带肋钢筋 5 线切分工艺技术的开发与应用"等项目,进一步提高钢筋成材率,杜绝风冷线卡钢事故的发生;长钢公司重点开展"烧结余热发电"等节能减排项目。

（三）打造精细化管理体系

一是加强基础管理,抓好"三规一制"的全面整改工作。要根据国家、地方政府法律法规,结合本企业实际,对有关规章制度、岗位规程、作业规定进行全面梳理、审核、整改、落实。各单位要高度重视、精细组织,夯实基础管理,保证安全稳定生产。

二是继续以 ISO9000 体系有效运行为基础,坚持持续改进的理念、维护质量保证体系运行的有效性,实施从产品的质量设计到产品使用全过程的质量管控。建立产线质量保障能力评价体系,持续优化工艺操作,带动企业整体生产技术水平的提高。

三是面对钢铁业的严峻形势,在工艺、装备、技术、产品等高度同质化的竞争中,向精细化管理要效益。2014 年系统推进精益六西格玛管理,通过完善顶层设计、疏通瓶颈、消除短板,建立钢铁一业多地的"协同高效"科学管理体系。以"提升产线保障能力、精准供货和提高管理效率"为目标,启动生产、设备、研发、销售、供应、计财、人力资源等领域的精益六西格玛项目。

（四）进一步完善科技创新支撑体系

一是完善用户服务体系。加强用户服务中心建设,实现用户材料设计功能。不断完善首钢材料的静、动态性能数据库,尤其是材料高速拉伸曲线、焊接疲劳曲线、碰撞性能等,为向用户推荐首钢材料提供技术支撑。深入推进与下游战略用户和龙头企业的技术合作,通过共建联合试验室,实现人才、信息和实验设备资源的共享,共同推动新材料、新工艺、新技术的开发和应用。致力于 EVI 先期介入技术的开发和应用,提升为用户提供经济、安全的材料设计技术能力。

二是继续做实三个联合研发中心合作。产品开发领域重点合作开展 1000 兆帕~1200 兆帕级别冷轧双相钢、ERW 连续膨胀套管用钢等产品研发试制;炼钢领域重点合作开展铸坯表面质量控制和冶炼周期优化研究,建立起适合京唐的铸坯凝固模型;轧钢领域重点合作开展冷轧双相钢水淬工艺和镀锌热成形钢浸镀工艺研究,目标完成水淬工艺条件下的 780 兆帕、980 兆帕级别冷轧双相钢的工艺设计;用户领域重点合作完成化学成分、加热工艺、除鳞工艺、氧化铁皮结构等对热轧板卷表面浮锈的影响研究。

三是完善实验室建设。继续完善与北汽共建的汽车材料联合实验室,合作开展原型车材料分析、材料转化、材料匹配等工作;联合一汽共建 EVI 技术实验室,共同进行 EVI 技术开发和应用。与山东兴民钢圈共建车轮检验实验室,共同开展车轮的新材料、新工艺、新结构研究。高速拉伸试验机、多功能光电子能谱仪等检测设备投入使用,保障高等级汽车板等战略产品的研发,加速研发储备产品的开发速度。

四是加强科技人才队伍建设。强化科技人才面向市场和立足现场意识,有针对性地开展重点产品研发及相关技术研究工作。加快新产品开发速度,服务产线,通过团队协作促进人才成长。注重引进涂镀、成形、过程控制等用户技术专业人才,为首钢钢铁业转型升级奠定人才基础。

(五)进一步提升新产业和非钢产业的技术创新能力

生产性服务业方面,首钢国际工程公司要在现有企业技术中心架构基础上,进一步配置资源要素,发挥功能,重点开展"罩式升温精炼工艺及装备关键技术的研究与应用"等30余项技术的研究与工程化应用,力争形成新的技术优势。首自信公司要加强新技术突破,在现有钢铁业生产流程二级控制模型产品化基础上,继续研发热连轧二级自动化控制模型技术、热连轧板形控制模型技术、冷连轧机二级控制系统等;同时在软件和信息服务、数据中心、电子商务、企业物联网应用等领域形成突破,培育并形成一批优势产品和增值服务产品。

装备及汽车零部件制造业方面,机电公司要加快推进产品和市场转型,重点完成金风科技集团风力发电基座构件模具、粮食卸车操作平台等设备的开发和研制;完成迁钢冷轧开卷、卷曲机的国产化制造及"激光辅助超高强钢变截面热辊弯成形"项目。京西重工要加强制动系统设计研发和生产能力,扩大与高端汽车企业的合作;北京房山减震器工厂要利用自身掌握的磁流变减震器等专有技术,提高为宝马、奔驰等高端客户的服务水平,扩大市场份额。金属公司要充分发挥现有冲压线和辊压线的优势,做好市场开拓工作,加强先期介入,增加零部件切换量。

建筑业方面,首建公司要重点发展住宅钢结构及配套产品的制作生产能力,形成综合成套技术;开展"复杂外立面高层建筑物附着式导轨爬架施工技术"等4项科技项目攻关,把科技项目和新技术示范工程与创优工程结合起来,创出首钢品牌。

高端金属材料及新产业方面,北冶公司要加大新产品开发力度,掌握先进的材料及制备核心技术,培育新的经济增长点;完成高温合金生产线配套设施、层状金属功能复合材料生产线等工程建设,实现产品批量化生产;吉泰安公司要围绕重点科技项目开展攻关,着力解决大锭制取、内部枝晶偏析及开裂等难点工艺技术,保证生产的顺稳。能源环保产业部要重点推进首钢市政环保产业的发展,着力推进建筑垃圾资源化利用、污染场地修复、生活垃圾焚烧、固废处理、餐厨垃圾处理等项目配套的技术研发,为首钢节能环保产业转型发展提供技术支持。矿投产业、医疗产业、文化创意产业、体育产业等新产业要通过有效整合资源,建立统一、高效、运行顺畅的新产业管理体系。充分利用国家支持政策,建立"一企一策"机制,迅速做大做强新产业。

同志们,2014年的目标已经明确,任务十分艰巨,我们要统一思想、坚定信心,以过硬的工作作风和良好的精神状态,为确保全面完成今年的各项任务努力奋斗!

在 2014 年首钢科技大会上的讲话

首钢党委书记、董事长　靳　伟

(2014 年 3 月 31 日)

同志们:

刚才,民革同志作了科技工作报告,全面总结了首钢科技领域 2013 年克服重重困难取得的成绩,对 2014 年重点任务进行了系统部署,各单位要认真贯彻落实。刚才,兴宏书记宣读了表彰决定,获奖代表作了发言。我代表总公司,向受到表彰的集体和个人表示热烈的祝贺,向首钢全体科技工作者表示衷心的感谢! 下面我从认真学习、深刻理解国家创新驱动发展战略;结合首钢实际,树立创新自信意识;在全球创新格局的大背景下,首钢应该怎么看,下一步怎么办这三个方面,讲一讲个人的一些体会和认识。

第一,深刻理解党的十八大作出的实施创新驱动发展战略重大部署和习总书记系列重要讲话中关于创新驱动发展战略的新观点、新思想、新论断。

一要深刻理解创新驱动作为国家战略的思想内涵。党的十八大指出:要实施创新驱动发展战略。科技创新是提高社会生产力和综合国力的战略支撑,必须摆在国家发展全局的核心位置。这是党中央综合分析国内外大势作出的重大战略决策。从全球范围看,创新驱动是大势所趋,科学技术已成为推动经济社会发展的主要力量,新一轮科技革命和产业变革正在孕育兴起,与我国加快转变经济发展方式形成历史性交汇。去年以来,习总书记反复强调,实施创新驱动发展战略是立足全局、面向未来的重大战略,是加快转变经济发展方式、破解经济发展方式深层次矛盾和问题、增强经济发展内生动力和活力的根本措施。总书记强调,我们的根本出路就在于创新,关键要靠科技力量,以全球的视野谋划和推动创新;科学技术是有世界性的、时代性的,必须要有全球的视野,把握时代的脉搏。总书记在中央政治局第九次集体学习时强调,近代以来,中国屡屡被经济总量远不如我们的国家打败,为什么? 其实不是输在经济规模上,而是输在经济落后上。新科技革命和产业变革将重塑全球经济结构,就像体育比赛换到了一个新的场地,如果我们还停留在原来的场地,那就跟不上趟了。我们必须增强忧患意识,敏锐地把握世界科技创新的发展趋势,紧紧地抓住和用好新一轮科技革命和产业变革的机遇。实施创新驱动发展战略决定着中华民族的前途命运,没有强大的科技,两个翻番,两个一百年的奋斗目标就难以顺利完成,中国梦这篇大文章难以顺利写下去,我们也难以从大国走向强国。创新是一个民族进步的灵魂,是一个国家兴旺发达的不竭源泉,也是中华民族最鲜明的民族禀赋。今天我们原汁原味地学习总书记讲话,一定要深刻领会,深刻理解,为什么现在中央新一代领导集体把创新驱动作为国家战略,为什么必须摆在国家发展全局的核心位置。

二要深刻理解"五个着力"是实施创新驱动发展战略的根本任务。去年,中央政治局第九次集体学习,把"课堂"搬到了中关村。习总书记在主持学习时发表重要讲话,对实施创新驱动发展战略提出了"五个着力"的任务:即着力推动科技创新与经济社会发展紧密结合;着力增强自主创新能力;着力完善人才发展机制;着力营造良好的政策环境;着力扩大科技开放合作。这"五个着力"是谋划新时期创新驱动发展蓝图的"画龙点睛"之笔。一是从经济社会的发展需求中寻求科技创新的立足点,是创新驱动发展的规律所在;二是要保证科学技术能够长效稳定地驱动社会发展,核心技术就必须掌握在自己的手中,就必须增强自主创新能力;三是人的因素是科技创新中的主导因素,只有健全人才的发展和引进机制,用活用好人才,才能保证创新发展的源泉永不干涸;四是建立良好的政策环境,是对进一步解放和发展生产力的有力保障,也是适应社会发展需求、遵从经济发展规律的有力表现;五是随着全球化进程的稳步推进,在面对社会发展的难题时,各国之间已经难以独善其身,而深化国际交流合作,充分利用全球创新资源,是互利共赢、共同应对挑战的最有效方法。

三要深刻理解创新驱动是企业最大的内生发展动力。3月22日,总公司党委中心组成员和各单位负责人到中关村参观学习,核心目的是解放思想,开阔视野,在思想上要进中关村。一上午的参观学习,使大家感到了心灵的震撼、视觉的冲击、本领的恐慌。中关村管委会主任向我们进行了鲜活生动的高水平的讲解。中关村的重要经验是"三个持续",即"持续发挥市场配置资源的决定性作用,促进政产学研用协同创新;持续地打破体制机制束缚,不断地释放创新创业活力;持续构建科技成果转化的创业生态系统,培养创业家精神和创业文化"。通过坚持不懈、持之以恒的创新驱动发展,中关村集聚了近2万家高新技术企业,企业总收入年均增长36%,成为中国第一家国家级自主创新示范区,成为国家创新驱动发展战略的一面旗帜。我们首钢本身就处在中关村"一区十六园"之中,正处于深化改革转型发展的关键时期,诸多难题亟待解决,唯有靠创新驱动才能激发内生动力和激发全员的活力。我们学习中关村经验,不仅要看到他们日新月异的变化和取得的成绩,更要深入地思考他们成功的内因是什么,要素是什么,悟其真谛、用其精髓、促己发展。

第二，深入思考实施创新驱动是一项系统工程，要传承好首钢优良传统，进一步快速地凝聚共识。

回顾首钢的历史，我们更能深刻地理解创新驱动发展战略的极端重要性。近一阶段，总书记反复讲，领导干部要有世界眼光和战略思维。郭书记多次提出，首钢要建设成为有世界影响力的综合性大型企业集团。我理解有世界影响力还要综合性，对首钢干部的一个基本要求就是要有世界眼光和战略思维。这段时间我看了当时宝钢的小册子《黎明管理精要》。黎明作为宝钢的董事长，反复给干部提要求，特别是二级单位的干部，要求带好队伍，管好生产，掌握世界前沿的技术和同类型工厂的管理经验。这也是要有世界眼光。

今年1月7日，总书记在会见"嫦娥奔月"科技人员的时候说，"要敢走别人没有走过的路"。为什么讲这个，现在中关村每年都有一个"中关村论坛"，各企业的老总参加，2011年我刚从首钢调到市经济信息化委的时候，第一次参加这个论坛，主题就是创新驱动。当时总结中关村的精神叫"敢为天下先"，让我受到了极大震动、感慨万分。我们首钢本身就是创新驱动发展战略的先行者、实践者，无论在创新驱动、科技创新、世界眼光、战略思维上，首钢人探索得更早、实践得更多、理解得更深。

我们简单地回顾一下十年前到今天，例如京唐钢铁公司，当时围绕着是否建5500立方米高炉，是否要"一罐到底"，是否搞"全三脱"工艺，是否做新一代可循环流程工艺等，当时一度非常纠结，徐匡迪院长带着首钢人跑遍了世界上的钢铁企业，看人家实际运用的情况，回来之后在国内第一次采用这些技术，完成了集成创新，这能不说首钢人是"敢为天下先"吗？当时我在迁钢的时候，之所以敢于搞自动化炼钢，敢把屋子的窗户给封上，就是因为到德国蒂森发现人家转炉主控室在转炉后面的一间小屋子里面，看到了世界上一些先进企业成功的做法。今天首钢通过搬迁这十年的努力，也赢得了对手的尊重。现在中国台湾中钢、韩国浦项等都定期与首钢交流，今年4月中旬宝钢总经理将带一个班子到京唐来学习调研，所以是我们赢得了对手的尊重。反思十年前，我们如果没有这种世界眼光，还停留在当初的技术，你今天赢得什么尊重啊？所以与什么样的人交流和学习，就能决定你成为谁，超越谁。

再往前回顾，首钢建成了中国第一座氧气顶吹转炉，第一个采用了高炉喷煤技术，二号高炉是当时全国最先进的高炉，1979年首钢率先实行了承包制等，"敢为天下先"是首钢人的称号，是国家和社会对首钢人最大的褒奖。20世纪90年代的时候，我们周书记买秘鲁矿山，建华夏银行，搞芯片、莫托曼机器人，弄远洋船队，搞汽车产业。我们回顾这些事，首钢人缺战略思维吗？当然这里面有很多经验和教训，但在首钢人身上本身就流淌着"敢为天下先"的血液，本身就有世界眼光、战略思维的基因，关键是我们怎么把这些优良传统传承好。

所以展望未来，创新驱动，是形势所迫，不是赶时髦。我们这次去中关村学习的时候，中关村管委会郭主任讲了一句话，也是大屏幕投影仪显示的，就是中关村一直思考在全球的坐标系上找准定位，在全球的范围内整合创新资源。像我们当年的周书记和朱书记都有过这方面的思考。今天首钢人应该思考思考，未来的首钢在全球的坐标系中的定位是什么，如何更好地整合利用全球的创新资源。

刚才，民革经理对去年以来取得的成绩进行了总结，同时也要看到，我们与先进企业相比，与适应市场竞争、支撑转型发展的要求相比，首钢在科技创新能力上还有很大的差距。我们钢铁业综合竞争力还不算强，适应残酷市场形势的能力还不够，基地和外埠厂水平参差不平，其根源就在于科技创新驱动尚未与产业发展深度融合。非钢新产业的盈利水平虽然有所提高，但发展不平衡，实现利润主要来自于矿产资源业，我们仍然存在"散弱小"的问题，重要的原因也是没有掌握关键的核心技术，创新驱动发展水平较低。在园区开发上，还没有建立起有效的创新驱动体系。

因此，实现创新驱动发展战略是一项系统工程，涉及方方面面的工作，需要做的事情很多。当前面临着京津冀协同发展和创新驱动国家战略千载难逢的历史机遇。机会稍纵即逝，抓住了就是机遇，抓不住就是挑战。我们不能等待、不能观望、不能懈怠，应该快速地凝聚共识，顺势而为。首钢人要传承好"敢为天下先"的优良传统，要执着地上下求索，引领创新风气之先，打造首钢科技创新体系，使创新驱动成为首钢科学发展的第一引擎。

第三，积极探索建立与有世界影响力的综合性大型企业集团相适应的科技创新体系。

要建立首钢集团的科技创新体系，必须要进一步解放思想，突破传统思维模式。今天的首钢、未来的首钢，科技创新不仅仅是钢铁产业的事，不仅仅是科研单位的事。我在今年首钢"两会"中提出，要跳出钢铁圈、跳出科研技术圈，要在用战略思维和世界眼光思考创新驱动上有突破。在体系建设上要做好以下工作：

一是搭建好适应首钢转型发展的科技创新组织体系，协同创新，在激发创新活力上下功夫。要通过整合首钢集团内部科技资源，联合外部科研优势资源及上下游产业协同，创新机制体制，建设一个要素完整、组织健全、支撑能力强、体制机制有保障、具有首钢特色的新型科技创新体系。其目标是布局合理、层次清晰、功能完善、协同高效。同时要健全首钢科技创新的服务支撑体系。集团层面要做好创新体系的顶层设计，从体制机制上激发创新动力，提高创新效率，营造宽容失败、勇于攀登的创新文化。专业部门要分清职责，明确权利，各司其职，处理好管理部门与各实体单位的关系，部门和部门之间要协同创新，发挥各实体单位的积极性和主观能动性。

二是首钢各产业都要促进科技创新与发展的深度融合，求真务实，在创新环境上下功夫。环境好，人才聚，事业兴；环境不好，人才散，事业衰。在新的形势下，我们要在京津冀协同发展上有所作为，在区域的环境治理上有所作为，在北京城市建设发展上有所作为，都必须让科技创新成为第一引擎。钢铁方面，急需实现以创新为主导的精细化、差异化，创造个性突出的产品和服务，要注重技术差异、区域差异和服务差异；非钢新产业方面，要在做城市综合服务商上创新思路，北京园区开发要立足做首都最有活力的区域之一、首都创新驱动发展的承载平台，要借势中关村科技优势，成为首都深度调整产业结构转型升级的新增长极。

三是完善激励制度，充分发挥科技人才和全体职工的创造活力，开放包容，在创新文化上下功夫。只有拥有健康的土壤和环境，人才才能向首钢聚集，人才的创造力才能迸发，创新驱动的发展才能取得实效。今天，在这里获奖的代表有首钢自己培养的工程院院士，有执着追求的技术管理的代表，有精艺超群的技师代表，有一大批朝气蓬勃的青年骨干，这是我们首钢的力量，是首钢的骄傲，也是首钢的希望。要充分发挥首钢优良传统和过硬的作风，要健全收入分配机制和人才工作制度，吸引、造就一批创新能力强、带动能力强的学科领军人才，激励他们多出成果、多出成绩。

四是坚持不懈、持之以恒地实施创新驱动发展战略。中关村的每一个企业在初期都是非常艰难的，首钢在改革开放初期也是非常艰难的，但"贵在坚持"，中关村靠创新驱动发展到今天展现了独特优势。首钢人看准的事也要"贵在坚持"，一张蓝图抓到底。科技创新是日积月累、久久为功的宏伟事业，广大干部职工也要树立"功成不必在我"的理念，要正确处理好创新工作与打牢基础，长远利益与根本利益，个人抱负与个人利益之间，显绩与潜绩之间的关系。积小胜为大胜，积跬步致千里，一步一个脚印，大家携起手来，打造首钢创新动力，创新活力，创新实力。

谢谢大家。

首钢总公司关于 2013 年度
首钢科学技术特殊贡献奖的表彰决定

按照《首钢科学技术奖励办法》，总公司组织了 2013 年度首钢科学技术特殊贡献奖评审工作，经过单位推荐、专业组评审、首钢总公司科技创新与技术进步委员会表决、《首钢日报》公示、总公司经理办公会审定，决定授予李杨同志 2013 年度首钢科学技术特殊贡献奖，颁发奖杯及证书，并奖励个人 30 万元。

李杨同志在首钢工作 20 多年来，一直从事冶金能源领域的科研、技术、设备管理等工作，组织实施了"京唐能源管控中心"、"海水淡化及发电"等多项重大科研项目。创新提出了能源与环境管理的新思路，构建了高效先进的能源与环境管理体系，并建立了污水"零排放"的技术应用模型，为提高首钢能源环保管理水平，推动节能减排工作作出了突出贡献。

总公司号召全体科技人员和干部职工向李杨同志学习,以过硬的工作作风、良好的精神状态、扎实工作、勇于创新,为打好首钢转型发展攻坚战而努力奋斗!

首钢总公司

2014 年 3 月 31 日

首钢总公司关于 2013 年度
首钢科学技术项目奖的表彰决定

2013 年在面对严峻市场形势,首钢广大科技工作者坚持依靠技术创新,调结构、降成本,为首钢转型发展奠定了坚实基础。为充分调动全集团科技人员和广大职工的创新积极性,按照《首钢科学技术奖励办法》,总公司组织了 2013 年度首钢科学技术项目奖的评审工作,经过专业组评审、首钢总公司科技创新与技术进步委员会表决、《首钢日报》公示、总公司经理办公会审定,评审出获奖项目 106 项,其中一等奖 13 项,二等奖 34 项,三等奖 59 项。

授予"大型带式焙烧机球团技术研究开发与创新应用"等 13 项成果为首钢科学技术一等奖,为每项成果颁发证书和奖金 15 万元。

授予"镀锌产品表面均匀化控制技术"等 34 项成果为首钢科学技术二等奖,为每项成果颁发证书和奖金 10 万元。

授予"无取向硅钢热轧工序生产工艺技术开发"等 59 项成果为首钢科学技术三等奖,为每项成果颁发证书及奖金 5 万元。

总公司号召广大科技人员和干部职工向获奖人员学习。应对严峻形势,攻坚克难,开拓进取,同心协力,为打好首钢转型发展的攻坚战而努力奋斗!

首钢总公司

2014 年 3 月 31 日

首钢总公司关于 2013 年度
首钢钟香崇青年科技奖的表彰决定

"首钢钟香崇青年科技奖"是由中国工程院钟香崇院士倡导并出资,总公司所设立的一个科技奖项,旨在奖励首钢耐火材料领域,在技术开发、技术创新、新技术应用等方面作出的突出贡献的青年科技人才。

按照《首钢钟香崇青年科技奖奖励办法》,总公司组织了 2013 年度首钢钟香崇青年科技奖评审工作。经过单位推荐、专家委员会评审、总公司经理办公会审定,决定授予京唐公司卢家凯、迁钢公司贾祥超、首秦公司崔小勇 3 位同志首钢钟香崇青年科技奖。

总公司号召广大科技人员和干部职工向他们学习,在各专业领域努力拼搏,开拓进取,为推进首钢技术进步和科技创新作出贡献。

首钢总公司

2014 年 3 月 31 日

首钢总公司关于表彰
第六批"首钢优秀青年人才"的决定

　　在推进首钢转型发展,努力打赢钢铁业扭亏增盈攻坚战,加快非钢新产业和园区建设步伐的各项工作中,全集团广大青年立足本职岗位,围绕工作中的重点难点,勇挑重担,刻苦钻研,攻坚克难,取得了新的成绩,涌现出一大批优秀人才。根据《"首钢优秀青年人才"评选表彰工作实施办法》,经过基层单位推荐、组织认定和专家评审,总公司经理办公会审定,对316名青年骨干授予"首钢优秀青年人才"荣誉称号,其中:迁钢公司炼铁作业部一高炉作业区炼铁技术员路飞等31人为一等奖,国际工程公司电气自动化设计研究所设计师罗晓阳等95人为二等奖、通钢公司第二炼钢厂技术质量科技术员唐明光等190人为三等奖。

　　"首钢优秀青年人才"是首钢各条战线青年职工的先进代表。他们思想解放,勇于创新,勤奋敬业,精益求精,努力掌握先进科学技术和工作技能,不断攀登科技高峰;他们在首钢"三创"活动中艰苦创业,拼搏奉献,不断取得新的成果;他们在首钢转型发展的攻坚任务中锐意进取,创造佳绩,为首钢改革发展作出了新的贡献。

　　总公司号召广大青年职工以"首钢优秀青年人才"为榜样,立足本职工作,加强学习、提高自身素质和能力水平,充分展现首钢青年人的意志品格和创新能力,在科研攻关、经营生产和专业管理的各个领域中创先争优,实现新的突破。希望受到表彰的"首钢优秀青年人才"再接再厉,开拓进取,以更高的工作标准,过硬的作风在各自的岗位上取得更大的成绩,作出更大的贡献。

首钢总公司
2014 年 3 月 31 日

首钢总公司关于表彰
第十四届管理创新成果的决定

　　围绕总公司"两会"提出的"打赢钢铁业扭亏增盈攻坚战、推进北京园区建设和新产业发展取得实质性进展"的中心任务,面对严峻的市场压力,各单位超前筹划,突出重点,主动协调沟通,加强全过程控制和指导,组织动员全体职工积极参与,夯实转型基础,破解发展难题,将管理创新活动作为增强综合竞争力的重要措施和提升企业管理水平的重要手段,创建了一批优秀管理创新成果。

　　经过首钢评审委员会评审,总公司研究决定:对2012年度取得的61项管理创新成果予以表彰奖励,其中:董事会办公室申报的《大型钢铁企业转型发展建设综合性企业集团管理架构的设计与实践》等5项,同时获得冶金企业管理现代化创新成果奖;京唐公司申报的《大型钢铁企业全流程生产管控体系的构建与实施》等18项,同时获得北京市企业管理现代化创新成果奖。

　　总公司要求,各单位要切实加强管理创新工作,全面推进并取得实效。掌握钢铁行业和北京市管理创新的发展趋势,结合首钢实际,确立重点管理项目;注重多部门协同合作,组织跨部门的创新团队,加大群体创新组织力度,拓宽视野,提高精准度,深入研究涉及首钢全局性、前瞻性的问题;有针对性地开展成果培育,在提升管理创新成果质量、水平和层次上下功夫;加强成果的培育、转化和应用,进一步提升首钢管理水平,向管理要效益,为首钢改革发展贡献力量。

首钢总公司

2014 年 3 月 31 日

2013 年度首钢科学技术特殊贡献奖

李　杨　　首钢京唐钢铁联合有限责任公司

2013 年度首钢钟香崇青年科技奖

卢家凯　　首钢京唐钢铁联合有限责任公司
贾祥超　　河北省首钢迁安钢铁有限责任公司
崔小勇　　秦皇岛首秦金属材料有限公司

2013 年度首钢科学技术奖获奖项目

序号	项目名称	主要完成单位	获奖等级
1	大型带式焙烧机球团技术研究开发与创新应用	北京首钢国际工程技术有限公司 首钢京唐钢铁联合有限责任公司	一等奖
2	首钢京唐钢渣综合回收利用技术	首钢京唐钢铁联合有限责任公司	一等奖
3	迁钢高牌号无取向硅钢冶炼工艺开发	河北省首钢迁安钢铁有限责任公司	一等奖
4	迁钢 4 号板坯铸机二冷段电磁搅拌技术应用与开发	河北省首钢迁安钢铁有限责任公司	一等奖
5	适应 5500 立方米大高炉要求的 7.63 米焦炉配煤技术研究	首钢技术研究院 唐山首钢京唐西山焦化有限责任公司 首钢京唐钢铁联合有限责任公司	一等奖
6	京唐热轧厚规格管线钢高效稳定轧制开发与应用	首钢京唐钢铁联合有限责任公司 首钢技术研究院	一等奖
7	减量化高强钢筋产线的开发与实践	首钢技术研究院 首钢长治钢铁公司 北京首钢国际工程技术有限公司 北京首钢华夏工程技术有限公司 北京首钢自动化信息技术有限公司	一等奖

序号	项目名称	主要完成单位	获奖等级
8	高效节能用无取向电工钢产品研制与开发	河北省首钢迁安钢铁有限责任公司	一等奖
9	抗硫化氢腐蚀系列管线钢的研制和开发	首钢技术研究院 河北省首钢迁安钢铁有限责任公司	一等奖
10	高等级海洋工程用钢的开发	首钢技术研究院 秦皇岛首秦金属材料有限公司	一等奖
11	钢卷双排式托盘运输系统开发及成套技术研究	北京首钢国际工程技术有限公司 首钢京唐钢铁联合有限责任公司 河北省首钢迁安钢铁有限责任公司	一等奖
12	面向冶金行业的 MES 敏捷开发平台	北京首钢自动化信息技术有限公司	一等奖
13	首钢京唐公司 300MW 发电机组节能减排综合应用技术	首钢京唐钢铁联合有限责任公司	一等奖
14	剥离围岩中磁铁矿大规模回收系统关键技术与装备	首钢矿业公司 北矿机电科技有限公司	二等奖
15	京唐焦化 7.63 米焦炉运行管理优化研究	唐山首钢京唐西山焦化有限责任公司	二等奖
16	迁钢 1 号高炉新增热风炉创新研究与工业应用	河北省首钢迁安钢铁有限责任公司 北京首钢国际工程技术有限公司	二等奖
17	迁钢高炉低品质喷吹煤资源开发及提高烟煤配比的技术研究	河北省首钢迁安钢铁有限责任公司 首钢技术研究院	二等奖
18	迁钢 1 号高炉煤气湿法除尘改造为全干法除尘技术开发与设计	北京首钢国际工程技术有限公司 河北省首钢迁安钢铁有限责任公司	二等奖
19	超大型高炉高效低耗技术集成	首钢技术研究院 首钢京唐钢铁联合有限责任公司 北京首钢国际工程技术有限公司 北京首钢自动化信息技术有限公司	二等奖
20	低硅含镁球团矿生产工艺技术研究	首钢技术研究院 首钢京唐钢铁联合有限责任公司	二等奖
21	首钢烧结精细化配矿软件的开发与应用	首钢技术研究院 首钢长治钢铁有限公司 首钢京唐钢铁联合有限责任公司	二等奖
22	首钢京唐 300 吨复吹转炉全炉役低碳氧积控制技术研究	首钢京唐钢铁联合有限责任公司	二等奖
23	首钢京唐转炉废钢自动分类计量系统开发	首钢京唐钢铁联合有限责任公司 北京首钢自动化信息技术有限公司	二等奖
24	柔性、经济型板坯连铸技术的开发与应用	河北省首钢迁安钢铁有限责任公司	二等奖
25	炼钢金属料动态管控体系开发与优化	河北省首钢迁安钢铁有限责任公司	二等奖
26	首秦公司 3 号铸机厚板坯侧裂综合控制技术开发与应用	秦皇岛首秦金属材料有限公司 首钢技术研究院	二等奖
27	首秦含镍生铁在转炉冶炼高品质钢中的研究与应用	秦皇岛首秦金属材料有限公司 首钢技术研究院	二等奖
28	首钢京唐公司 2230 连退宽幅 IF 钢生产控制技术	首钢京唐钢铁联合有限责任公司	二等奖
29	镀锌产品表面均匀化控制技术	北京首钢冷轧薄板有限公司 首钢技术研究院	二等奖
30	首钢迁钢 LCAK 钢氧化铁皮优化技术攻关	首钢技术研究院 河北省首钢迁安钢铁有限责任公司	二等奖

续表

序号	项目名称	主要完成单位	获奖等级
31	首钢迁钢公司在线质量判定业务的构建和应用	河北省首钢迁安钢铁有限责任公司 北京首钢自动化信息技术有限公司 首钢技术研究院	二等奖
32	低成本 0.8 设计系数 X80 热轧卷板的研制和开发	首钢技术研究院 河北省首钢迁安钢铁有限责任公司	二等奖
33	首秦 X80 管线钢差异化产品研制与开发	首钢技术研究院 秦皇岛首秦金属材料有限公司	二等奖
34	首钢汽车镀锌 IF 钢开发	首钢技术研究院 北京首钢冷轧薄板有限公司 河北省首钢迁安钢铁有限责任公司	二等奖
35	基于应变分配均匀性的冷轧高强钢组织综合调控技术	首钢技术研究院 北京首钢冷轧薄板有限公司	二等奖
36	车轮钢焊接质量控制技术研究	首钢技术研究院 首钢京唐钢铁联合有限责任公司 河北省首钢迁安钢铁有限责任公司	二等奖
37	首秦公司 4300 毫米自动化模型轧钢过程控制技术与应用	秦皇岛首秦金属材料有限公司 首钢技术研究院	二等奖
38	大型高效板坯连铸机自主设计与集成	首钢京唐钢铁联合有限责任公司 北京首钢自动化信息技术有限公司 北京首钢国际工程技术有限公司 北京首钢机电有限责任公司	二等奖
39	非接触式供电有轨重载运输车的开发与研究	北京首钢国际工程技术有限公司 河北省首钢迁安钢铁有限责任公司 秦皇岛首钢长白机械有限公司	二等奖
40	高烟囱外装球体步进式整体滑升施工技术	北京首钢建设集团有限公司	二等奖
41	硅钢环形高温退火炉二级系统研究与开发	北京首钢自动化信息技术有限公司 河北省首钢迁安钢铁有限责任公司	二等奖
42	首钢长钢填平补齐 100 万吨棒材项目全交流传动及轧线自动化控制系统	北京首钢自动化信息技术有限公司 首钢长治钢铁有限公司	二等奖
43	硅钢高级质量设计系统自主研发与应用	北京首钢自动化信息技术有限公司 河北省首钢迁安钢铁有限责任公司	二等奖
44	首钢迁钢公司氧气管网优化运行预控系统	河北省首钢迁安钢铁有限责任公司	二等奖
45	首钢京唐大型高炉鼓风机集成技术	首钢京唐钢铁联合有限责任公司	二等奖
46	首钢京唐煤气柜群集中布控技术实践及应用	首钢京唐钢铁联合有限责任公司 北京首钢国际工程技术有限公司	二等奖
47	取向硅钢高温电磁感应加热技术集成创新与应用	北京首钢国际工程技术有限公司 河北省首钢迁安钢铁有限责任公司	二等奖
48	高炉降焦研究与应用	首钢水城钢铁(集团)有限责任公司	三等奖
49	优化用料结构、变精料为经料、降低生产成本	首钢通化钢铁股份有限公司	三等奖
50	首秦鱼雷罐内衬喷补技术的研究与应用	秦皇岛首秦金属材料有限公司 首钢技术研究院	三等奖
51	京唐焦化酚氰废水深度处理工艺研究	唐山首钢京唐西山焦化有限责任公司 北京中核天友环保工程技术有限公司	三等奖
52	1 号高炉炉顶功能优化研究与应用	首钢京唐钢铁联合有限责任公司	三等奖
53	高炉炉体水温差无线监测及在线更换技术研究与应用	首钢京唐钢铁联合有限责任公司	三等奖

序号	项目名称	主要完成单位	获奖等级
54	长钢烧结使用非主流矿粉应用	首钢技术研究院 首钢长治钢铁有限公司	三等奖
55	风口焦炭分析技术在高炉生产中的应用	首钢技术研究院 首钢京唐钢铁联合有限责任公司	三等奖
56	首钢铁系统降成本策略探讨	首钢技术研究院	三等奖
57	通钢 FTSC 薄板坯连铸粘结的机理分析和工艺控制	首钢通化钢铁股份有限公司	三等奖
58	优化炼钢供氧工艺研究及应用	首钢长治钢铁有限公司	三等奖
59	转炉炼钢低成本生产关键技术的研究应用	首钢水城钢铁集团(有限)责任公司	三等奖
60	京唐公司提高钢包水口自开率技术研究	首钢京唐钢铁联合有限责任公司 首钢技术研究院	三等奖
61	转炉无氟炼钢技术研究	河北省首钢迁安钢铁有限责任公司 首钢技术研究院	三等奖
62	首秦公司重接坯检验和判定方法的研究与实践	秦皇岛首秦金属材料有限公司	三等奖
63	首秦公司长寿命钢包的设计开发与应用	秦皇岛首秦金属材料有限公司	三等奖
64	首钢京唐板坯连铸中间包结构优化及降低铸余攻关研究	首钢技术研究院 首钢京唐钢铁联合有限责任公司	三等奖
65	首秦高效低成本钙处理工艺开发与应用	首钢技术研究院 秦皇岛首秦金属材料有限公司	三等奖
66	首秦低磷、极低磷钢冶炼技术开发	首钢技术研究院 秦皇岛首秦金属材料有限公司	三等奖
67	首秦特型铸坯连铸工艺开发与应用	首钢技术研究院 秦皇岛首秦金属材料有限公司	三等奖
68	高速线材精轧机组孔型系统的研究与应用	首钢水城钢铁(集团)有限责任公司	三等奖
69	京唐 1580 热轧轧制过程浪形问题研究	首钢京唐钢铁联合有限责任公司首钢技术研究院	三等奖
70	首钢京唐 1700 连退稳定通板技术研究	首钢京唐钢铁联合有限责任公司 首钢技术研究院	三等奖
71	首钢京唐极限规格镀锌板表面锌层起伏控制技术研究	首钢京唐钢铁联合有限责任公司 首钢技术研究院	三等奖
72	无取向硅钢热轧工序生产工艺技术开发	河北省首钢迁安钢铁有限责任公司	三等奖
73	首钢迁钢 1450UCMW 冷连轧机超薄碳钢的生产工艺技术研制	河北省首钢迁安钢铁有限责任公司	三等奖
74	无取向电工钢表面质量控制技术研究开发	河北省首钢迁安钢铁有限责任公司	三等奖
75	首钢迁钢冷轧中低牌号无取向电工钢退火机组经济运行技术开发	河北省首钢迁安钢铁有限责任公司	三等奖
76	首钢迁钢彗星状异压入缺陷技术攻关	河北省首钢迁安钢铁有限责任公司 首钢技术研究院	三等奖
77	首秦公司品种钢板形工艺研究与应用	秦皇岛首秦金属材料有限公司	三等奖
78	高强捆带用钢冷轧工艺技术开发	北京首钢冷轧薄板有限公司 首钢技术研究院	三等奖
79	高碳钢线材组织性能均匀性工艺技术研究	首钢技术研究院 北京首钢股份有限公司第一线材厂	三等奖
80	首钢迁钢 SPHC 冷轧边裂缺陷技术攻关	首钢技术研究院 河北省首钢迁安钢铁有限责任公司	三等奖

序号	项目名称	主要完成单位	获奖等级
81	首钢顺义冷轧连退横纹缺陷治理	首钢技术研究院 北京首钢冷轧薄板有限公司	三等奖
82	700兆帕级以下热轧高强度开平钢板残余应力控制技术研究	首钢技术研究院 河北省首钢迁安钢铁有限责任公司	三等奖
83	京唐1700酸轧产线薄规格带钢板形优化	首钢技术研究院 首钢京唐钢铁联合有限责任公司	三等奖
84	中厚板轧制冷却过程细化控制技术	首钢技术研究院 秦皇岛首秦金属材料有限公司	三等奖
85	低碳高品质易切钢产品及产业化关键技术研发	首钢贵阳特殊钢有限责任公司	三等奖
86	首钢京唐汽车板表面质量分级与判定系统开发及应用	首钢京唐钢铁联合有限责任公司 首钢技术研究院	三等奖
87	低飞溅高效气保护实心焊丝用钢盘条生产工艺技术研究	首钢技术研究院 河北省首钢迁安钢铁有限责任公司 北京首钢股份有限公司第一线材厂	三等奖
88	低成本NM360-NM400耐磨钢的研制与开发	首钢技术研究院 秦皇岛首秦金属材料有限公司	三等奖
89	首钢连退低硅C-Mn钢产品开发	首钢技术研究院 河北省首钢迁安钢铁有限责任公司 北京首钢冷轧薄板有限公司	三等奖
90	铜包钢丝用钢的研制与开发	首钢技术研究院 河北省首钢迁安钢铁有限责任公司 北京首钢股份有限公司第一线材厂	三等奖
91	首钢钢材焊接性能数据库开发	首钢技术研究院	三等奖
92	钢中精细组织EBSD分析技术研究	首钢技术研究院	三等奖
93	冷轧汽车板重点生产技术及相关产品、企业和市场动向研究	首钢技术研究院	三等奖
94	首钢冷轧薄钢板及钢带产品标准制定	首钢技术研究院	三等奖
95	《钢筋混凝土用钢材试验方法》—国家标准（GB/T 28900）制定	首钢技术研究院	三等奖
96	迁钢1580轧机功能精度的保持与提高	河北省首钢迁安钢铁有限责任公司 首钢总公司设备部	三等奖
97	首钢迁钢钢包信息与热循环跟踪管理系统	河北省首钢迁安钢铁有限责任公司	三等奖
98	350吨铸造起重机主梁裂纹修复研究	河北省首钢迁安钢铁有限责任公司	三等奖
99	首钢钢铁贸易平台研发与应用	首钢总公司销售公司 北京首钢自动化信息技术有限公司	三等奖
100	首钢京唐公司2号高炉上料系统主胶带机液压马达传动技术与应用	北京首钢国际工程技术有限公司 首钢京唐钢铁联合有限责任公司	三等奖
101	炼铁高炉"五通球优先安装工艺"技术	北京首钢建设集团有限公司	三等奖
102	煤气安全综合指挥调度信息平台	北京首钢自动化信息技术有限公司 河北省首钢迁安钢铁有限责任公司	三等奖
103	首钢矿业公司杏山铁矿水源热泵技术设计与应用	首钢矿业公司	三等奖
104	新型环保防锈纸缓蚀剂研究与应用	北京首钢实业有限公司	三等奖
105	首钢长钢棒线材双蓄热步进梁式加热炉设计研究与应用	北京首钢国际工程技术有限公司 首钢长治钢铁有限责任公司	三等奖
106	动力厂关于自备井水质改善研究	首钢总公司动力厂	三等奖

管理创新

2014 年首钢第十五届管理创新成果获奖项目

序号	主创单位	成果名称	获奖等级
1	京唐公司	大型钢铁企业以工艺稳定为目标的系统保障能力建设	一等奖
2	京唐公司	大型钢铁企业集中一贯管理体系的构建与实施	一等奖
3	迁钢公司	大型钢铁企业现场自主创新管理体系的构建与实施	一等奖
4	顺义冷轧	专业技术人才量化评聘体系的构建和实施	一等奖
5	培训中心	高端引领，校企融合，构建完备系统的高技能人才培训体系	一等奖
6	首自信公司	打造综合延伸性产业链，支撑企业转型升级发展	一等奖
7	规划发展部	大型国有企业创新发展方式的实践	一等奖
8	发展研究院	首钢发展旅游产业构建与实施	一等奖
9	京唐公司	现代钢铁联合企业可靠性设备维检体系构建与实践	二等奖
10	京唐公司	大型钢铁企业系统性物流管理体系的构建与实施	二等奖
11	首秦公司	班组准利润中心的探索与实践	二等奖
12	首秦公司	构筑管理新模式提升首秦公司发展能力的实践	二等奖
13	矿业公司	地采矿山管理模式的创新与实施	二等奖
14	实业公司	坚持深化改革，调整发展战略，实现北京首钢实业有限公司转型发展目	二等奖
15	供应公司	利用数据挖掘技术优化库存和采购降本增效	二等奖
16	设备部	大型钢铁企业开展工业建筑、设备、设施防腐管理与实践	二等奖
17	能源环保部	集团化能源管理模式的创新与实践	二等奖
18	园区开发部	老工业区整体搬迁改造的探索与实践	二等奖
19	信息部	构建首钢经营管理平台提升集团管控水平	二等奖
20	劳资部	首钢人工成本管控体系的构建与实施	二等奖
21	技术研究院	以提高持续竞争能力为目标的新产品开发管理体系构建	二等奖
22	办公厅	大型钢铁企业集团履行社会责任的实践	二等奖
23	发展研究院	首钢企业文化建设评价体系研究	二等奖
24	水钢公司	"五标一体"综合管理体系框架的构建与实施	二等奖
25	通钢公司	集团协同管理平台系统的综合应用	二等奖
26	管理创新部	多地重组钢铁企业运行沟通机制的创新和实践	二等奖
27	设备部	"一业多地"格局下备件采购管理模式的创新与实践	二等奖
28	迁钢公司	应用表面质量检测系统提升带钢表面质量管控水平	三等奖

续表

序号	主创单位	成果名称	获奖等级
29	中首公司	大型钢利用市场价格波动,适机采购降低成本	三等奖
30	资本运营部	建立新形势下改制企业管理的探索与实践	三等奖
31	伊钢公司	充分利用新疆当地燃料资源大力开展节焦降耗	三等奖
32	迁钢公司	大型钢铁集团铁前一体化管理模式的探索与创新	三等奖
33	矿业公司	基于矿山信息化管理平台的"一日工作标准化"新模式的构建与应用	三等奖
34	长钢公司	建立周成本动态分析,降低轧钢工序消耗指标	三等奖
35	新产业开发管理部	首钢非钢新产业管控模式探究与实践	三等奖
36	运输部	迁安地区铁路运输调度系统"四个集中"的构建与实施	三等奖
37	计财部	强化首钢字号和首钢商标使用管理的探索与实践	三等奖
38	生产部	铁前原燃料资源和配用优化实践	三等奖
39	园区管理部	创新首钢园区管理新方法	三等奖
40	监事会	加强集团管控,构建"闭环运行"的国有资产监管体系	三等奖
41	北京首钢微电子	国有企业收购外资股权暨妥善安置员工的探索与实践	三等奖
42	计财部	创新预算管理,提高预算管控能力,确保年度目标实现	三等奖
43	首自信公司	建立为人力资源增值的职工培训与继续教育体系	三等奖
44	办公厅	构建目标责任体系,促进企业节能降耗	三等奖
45	迁钢公司	创建安全积分制管理体系的探索与实践	三等奖
46	顺义冷轧	冷轧高端专用板管理体系的创新实践	三等奖
47	动力厂	创新开展园区水质改善工程	三等奖
48	销售公司	协同高效在国家重点工程招标中的应用	三等奖
49	矿业公司	推行"一岗一标杆",运用标杆理论提升现场管理水平	提名奖
50	运输部	创新铁路运输设备管控模式推进减员增效的探索与实践	提名奖
51	组织人事部	大型国企引智工作的探索与思考	提名奖
52	组织人事部	搬迁调整转型发展干部人事工作的创新与实践	提名奖
53	技术研究院	首钢推进产品开发组织模式的建设	提名奖
54	首秦公司	首秦公司能源管理体系的创新和实践	提名奖
55	生产部	提高冷轧订单交付能力的实践	提名奖
56	办公厅	首钢重点工程项目档案的全过程管控	提名奖
57	京唐公司	大型钢铁企业以协同管理平台为支撑的产销管理体系建设	提名奖
58	矿业公司	首钢矿业公司职工培训体系的建立与实施	提名奖
59	水钢公司	作业长制扁平化管理模式的探索与实践	提名奖
60	通钢公司	建立要素成本管理体系	提名奖

2014 年荣获冶金企业管理现代化创新成果奖

序号	主创单位	成果名称	获奖等级
1	京唐公司	大型钢铁企业以工艺稳定为目标的系统保障能力建设	一等奖
2	能源环保部	集团化能源管控模式的创新与实践	二等奖
3	京唐公司	大型钢铁企业系统性物流管理体系的构建与实施	二等奖
4	首秦公司	以班组为准利润中心的探索与实践	二等奖
5	物资部	利用数据挖掘技术优化库存和采购降本增效	二等奖
6	设备部	"一业多地"格局下备件采购管理模式的创新与实践	三等奖
7	技术研究院	以提高持续竞争能力为目标的新产品开发管理体系构建	三等奖
8	管理创新部	多地重组钢铁企业运行沟通机制的创新与实践	三等奖
9	矿业公司	地采矿山管理模式的创新与实施	三等奖
10	水钢公司	"五标一体"综合管理体系的构建与实施	三等奖
11	通钢公司	集团协同管理平台系统的综合应用	三等奖

2014 年荣获北京市企业管理现代化创新成果奖

序号	成果单位	成果名称	获奖等级
1	发展研究院	首钢发展旅游产业构建与实施	一等奖
2	规划发展部	大型国有企业创新发展方式的实践	一等奖
3	京唐公司	大型钢铁企业集中一贯管理体系的构建与实施	一等奖
4	培训中心	高端引领,校企融合,构建完备系统的高技能人才培训体系	一等奖
5	迁钢公司	大型钢铁企业现场自主创新管理体系的构建与实施	一等奖
6	首自信公司	打造综合延伸性产业链,支撑企业转型升级发展	一等奖
7	冷轧公司	专业技术人才量化评聘体系的构建与实施	一等奖
8	办公厅	大型钢铁企业集团履行社会责任的实践	二等奖
9	发展研究院	大型企业文化评价体系建设与应用	二等奖
10	京唐公司	现代钢铁联合企业可靠性设备维检体系构建与实践	二等奖
11	劳动工资部	大型企业人工成本管控体系的构建与实施	二等奖
12	设备部	大型钢铁企业开展工业建筑、设备、设施防腐管理与实践	二等奖
13	实业公司	坚持深化改革,调整发展战略实现企业转型发展目标	二等奖
14	首秦公司	构筑管理新模式,提升首秦公司发展能力的实践	二等奖
15	信息部	构建经营管理平台提升集团管控水平	二等奖
16	园区开发部	老工业区整体搬迁改造的探索与实践	二等奖

党建与文化创新

首钢第十二届党建和思想文化创新成果获奖项目

实践类成果获奖项目（73项）

序号	申报单位	项目名称	获奖等级
1	首钢总公司党办	贯彻中央八项规定，推进首钢作风建设	一等奖
2	首钢总公司党委组织部	首钢构建党员科学考核评价体系试点的探索与实践	一等奖
3	首钢矿业公司党委	深入"三创"攻坚克难，加快"百年矿业"发展进程	一等奖
4	首钢总公司党委组织部	首钢集团外埠钢铁企业领导班子和领导干部考察工作机制的探索与实践	一等奖
5	首钢总公司党委宣传部	更好发挥"三创"交流平台优势，集聚力量为生存为战	一等奖
6	首钢京唐公司党委	以"三创"激发动力，实现跨越式发展	一等奖
7	首钢总公司党委宣传部	建立多层宣传体系，深化理论宣讲工作，推进首钢转型发展	一等奖
8	首钢技术研究院党委	通过优化科研环境为人才成长铺路	一等奖
9	首钢迁钢公司党委	构建全员学习信息化体系，拓展教育资源，助推职工成长	一等奖
10	首钢总公司纪委	强化物资供应领域重大案件查处，以惩促防推进廉洁供给	一等奖
11	首钢总公司工会	创新职工生活保障体系，积极维护职工合法权益	一等奖
12	通钢公司党委	构建通钢"四化"文化体系，为打赢生存攻坚战提供动力支撑	二等奖
13	首钢总公司工会	创新工作室是职工自主创新的重要平台	二等奖
14	首钢总公司纪委	深入开展廉政风险防控体系建设，为首钢转型发展提供有力保证	二等奖
15	首钢总公司党委宣传部	以敢为人先文化引领企业持续发展	二等奖
16	首钢发展研究院党委	坚持人才优先战略，营造干事创业氛围	二等奖
17	中首公司党委	坚持服务主线，推进转型发展	二等奖
18	首建集团党委	主动转型走出去，开发市场天地宽	二等奖
19	首钢总公司办公厅	适应首钢转型发展新形势的需要，开创信访维护稳定工作的新局面	二等奖
20	首钢总公司党委宣传部	开展好首钢群众性宣讲活动，汇聚"我的梦"，共筑"中国梦"	二等奖
21	首钢党校	坚持自主式课程开发，促进党校培训能力建设	二等奖
22	首钢党校	探索培训项目制管理模式，提升党校培训管理水平	二等奖
23	首钢供应公司党委	解放思想创新体制机制，提高采购供应的竞争力	二等奖
24	首自信公司党委	深入开展"走转改"，助推公司转型发展	二等奖
25	首钢京唐公司党委	以开放的视野系统的思维，切实推进京唐公司企业文化建设	二等奖

序号	申报单位	项目名称	获奖等级
26	首钢电视台	首钢电视台探索"体验式新闻报道"	二等奖
27	首钢京唐公司党委	探索京唐公司处级领导干部公开,选拔竞聘上岗新机制	二等奖
28	首秦公司党委	评选"首秦之星",践行企业文化	二等奖
29	首钢国际工程公司党委	以企业文化思路探索改制企业党群工作新途径	二等奖
30	首钢医院党委	全媒体时代微博在北京大学首钢医院发展中的策略与应用	二等奖
31	首秦公司党委	党员手机报,教育新天地	二等奖
32	首钢国际工程公司党委	宣传思想文化载体的创新与实践	二等奖
33	首钢京唐公司党委	着力创建学习型组织,提高企业,持续创新能力	二等奖
34	首钢销售公司党委	加强基层党建,服务首钢营销,护航转型发展	二等奖
35	首钢矿业公司党委	班子引领,持之以恒,建设有首矿特色的企业文化	二等奖
36	首钢京唐公司党委	深化群众性合理化建议活动,探索激发职工创新能力有效途径	二等奖
37	首自信公司党委	首自信公司党建工作"1456"模式的探索与实践	二等奖
38	首钢总公司计财部	以思想文化建设为推力,促进总公司计财部转型发展	二等奖
39	首钢博物馆筹备办公室	《首钢博物馆展陈大纲》策划与编写	三等奖
40	首钢总公司团委	以青年创新"双争"为载体,促进企业创新发展,激励青年成长成才	三等奖
41	首钢发展研究院党委	首钢发展文化创意产业的战略决策与实践	三等奖
42	首钢总公司运输部党委	适应首钢企业文化发展,以标准化为抓手,使"板材精神"落地生根	三等奖
43	首钢总公司党委宣传部	"首钢股份"网络舆情监测的探索与实践	三等奖
44	首钢实业公司党委	劳务工队伍党建工作新机制的探索与实践	三等奖
45	首钢总公司党委宣传部	创新载体,增强首钢企业文化建设活力	三等奖
46	首钢总公司党委组织部	"紧凑型"职称评审的探索与实践	三等奖
47	长钢公司党委	以课题攻关为主导,推进企业学习型党组织建设	三等奖
48	首钢园区服务公司党委	践行群众路线,在传承创新中提速	三等奖
49	首钢冷轧公司党委	冷轧公司基层党支部精益化管理的探索与实践	三等奖
50	首钢矿业公司党委	建立党内"三级"考评机制,深化"领航、聚力、先锋"工程	三等奖
51	首钢源景文化公司	对首钢文化创意产业发展途径的探索	三等奖
52	通钢公司党委	构建干部管理创新驱动模式,为通钢生存发展保驾护航	三等奖
53	长钢公司党委	下厂跟班接地气,蹲点服务提士气	三等奖
54	首钢培训中心党委	探索教育管理干部新途径	三等奖
55	首钢总公司党委组织部	构建民族团结进步机制,组织各族职工为企业转型发展贡献力量	三等奖
56	水钢公司党委	深入开展"感动水钢"故事巡回宣讲,为扭亏攻坚提供精神动力	三等奖

序号	申报单位	项目名称	获奖等级
57	首钢矿业公司党委	推进品牌团队建设,着力打造首矿品牌	三等奖
58	首钢京唐公司党委	深入践行炼铁文化,聚力打造精品炼铁	三等奖
59	首钢培训中心党委	大学生德育工作内容和方法的创新与实践	三等奖
60	首钢日报社	创新形式整合宣传报道力量,促进大宣传格局	三等奖
61	首房公司党委	加强党风廉政责任制建设,助推企业持续创新发展	三等奖
62	长钢公司党委	讲好道德讲堂故事,汇聚企业发展正能量	三等奖
63	首钢总公司纪委	以"五进"为载体,深入推进廉洁文化建设	三等奖
64	首钢矿业公司党委	深入推进企业廉洁文化建设的探索和实践	三等奖
65	首钢京唐公司党委	实施三项工程,构建职工精神家园	三等奖
66	首钢能源环境公司党委	用先进的思想文化助推首钢环境产业发展	三等奖
67	首钢氧气厂党委	建立健全党建工作考核评价体系,促进氧气厂党建工作责任制全面落实	三等奖
68	首钢特钢公司党委	以"三创"为载体在转型中求生存谋发展	三等奖
69	首钢地勘院党委	凝心聚力接地气,真抓实干促发展	三等奖
70	首钢北京厂区运输管理处党委	强化组织建设,迎接新的挑战,实现运输管理平稳过渡	三等奖
71	首钢耐材炉料公司党委	"走转改,见实效"季度劳动竞赛	三等奖
72	首钢动力厂党委	创建企业文化平台,践行群众路线	三等奖
73	首钢钢区管理处党委	发挥党组织核心保证作用,构建高效有序的供电模式	三等奖

组织机构

首钢（集团）总公司组织架构示意图（2014.12）

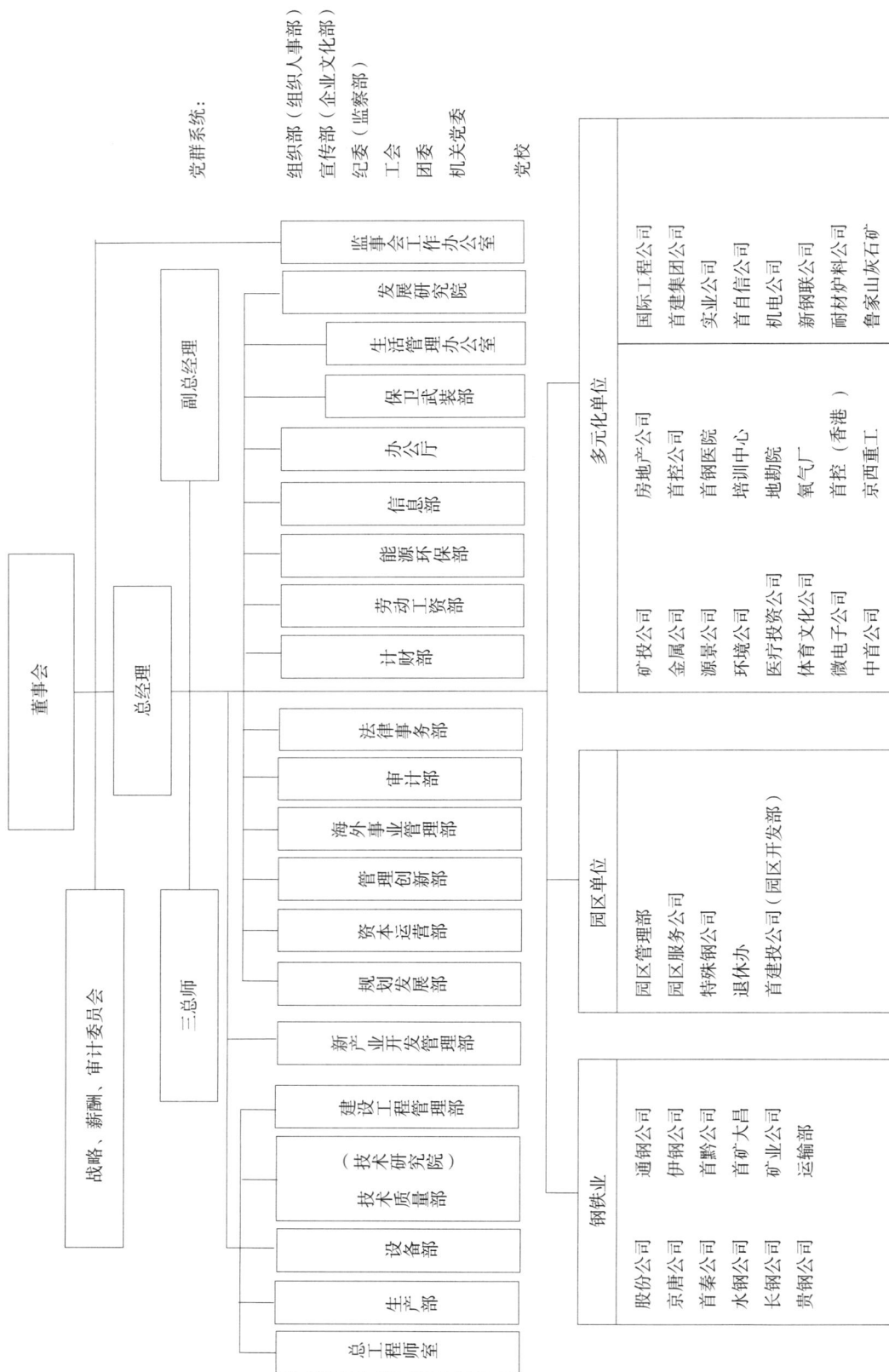

董事会

战略、薪酬、审计委员会

总经理

三总师

副总经理

监事会工作办公室

党群系统：

组织部（组织人事部）
宣传部（企业文化部）
纪委（监察部）
工会
团委
机关党委

党校

总经理序列：
计财部
劳动工资部
能源环保部
信息部
办公厅
保卫武装部
生活管理办公室
发展研究院

三总师序列：
总工程师室
生产部
设备部
技术质量部（技术研究院）
建设工程管理部
新产业开发管理部
规划发展部
资本运营部
管理创新部
海外事业管理部
审计部
法律事务部

钢铁业
股份公司
京唐公司
首秦公司
水钢公司
长钢公司
贵钢公司
通钢公司
伊钢公司
首黔公司
首矿大昌
矿业公司
运输部

园区单位
园区管理部
园区服务公司
特殊钢公司
退休办
首建投公司（园区开发部）

多元化单位
矿投公司
金属公司
源景公司
环境公司
医疗投资公司
体育文化公司
微电子公司
中首公司
房地产公司
首控公司
首钢医院
培训中心
地勘院
氧气厂
首控（香港）
京西重工
国际工程公司
首建集团公司
实业公司
首自信公司
机电公司
新钢联公司
耐材炉料公司
鲁家山灰石矿

2014 年首钢总公司领导

中共首钢总公司委员会

党委书记：靳 伟

党委副书记：徐 凝　　姜兴宏(7 月离任)

　　　　　　许建国　　何 巍(4 月任职)

纪委书记：许建国

党委常委：靳 伟　　徐 凝　　姜兴宏(7 月离任)

　　　　　许建国　　何 巍(4 月任职)　　王 毅　　张功焰

　　　　　梁宗平(6 月任职)　　白 新　　孙永刚

首钢总公司董事会

董事长：靳 伟

副董事长：徐 凝(1 月任职)

董 事：姜兴宏(7 月离任)　　许建国　　何 巍(10 月任职)

　　　　王 毅　　张功焰　　梁宗平(职工代表;5 月任职)

　　　　方建一(2 月离任)

首钢总公司

总经理：徐 凝

副总经理：王 毅　　张功焰　　白 新　　孙永刚

　　　　　孙伟伟(女)　　强 伟　　赵民革　　胡雄光

　　　　　韩 庆(4 月任职)

工会主席：梁宗平(5 月任职)

总会计师：方建一(2 月离任)

总经济师：毛 武(2 月离任)

总经理助理：陈世杰　　刘 桦　　顾章飞　　王 涛

　　　　　　赵天旸(8 月任职)

首钢股份公司总经理:韩 庆(7 月离任)　　刘建辉(7 月任职)

企业管理

规划发展部

【规划发展部领导名录】

副部长:朱启建(6月任职,主持工作) 张国春

赵 红(女,6月离任)

(李 娟)

【综述】

首钢总公司规划发展部负责组织编制集团中长期发展规划,组织研究、论证、审核子公司及各专业中长期发展规划;负责组织实施战略规划,定期检查规划落实情况,跟踪分析产业发展趋势;负责编制首钢发展战略课题研究计划,负责组织有关咨询论证及首钢发展战略咨询委员会、董事会战略委员会的日常办公业务;负责组织首钢产品、成果展览宣传工作;负责总公司报请政府审批的重点项目方案前期审查、对外立项报批、建设期对外协调工作;负责首钢搬迁调整与国家、北京市等上级主管部门的业务联系及内外协调组织工作;负责总公司境内对外非金融类投资项目的市场调研分析、可行性论证、立项、合同章程审批、办理登记注册等前期管理;负责总公司投资的联合重组项目方案论证、前期手续报批协调工作;按照总公司管理制度规定,办理子公司、改制企业非金融类重大对外投资项目方案的审查、论证等前期工作;负责相关区域土地规划与开发、规划建设、拆迁补偿等组织协调工作;负责组织首钢工业厂房、办公用房及经营用房的房地产权属、房地产登记、国有土地纳税免税、房地产租赁等管理工作;负责首钢新建项目用地及拆迁管理,闲置土地、房屋的综合利用管理,处理土地权属纠纷和违章占地等,组织编制集团发展用地规划,建设工程规划许可证核发、总图位置审批、规划申报、现场巡视、总图更新等管理工作。规划发展部设规划发展处、项目管理处、房地产管理处,职工19人,其中高级职称2人,中级职称14人。

(李 娟)

【京津冀协同发展平台】

规划发展部开展首钢曹妃甸园区和生态城开发建设筹备工作。按照北京市、河北省签署的《关于共同打造曹妃甸协同发展示范区的框架协议》,首钢与政府和企业对接,筹备试验区和生态城的开发建设。配合北京市发展改革委开展产业和城市深度融合开发建设方案研究,配合北京市经济信息化委、北京市国资委等部门开展现场调研和企业对接工作;与曹妃甸区就产业和城市深度融合开发建设投资公司组建方案进行磋商;筹备组配合北京市发改委、经济信息化委等政府部门,提出了前期启动区的思路和开发方案。

(李 娟)

【首钢资质体系建设】

规划发展部组织各产业板块的牵头单位完成钢铁业和城市综合服务业产业板块的资质体系建设报告,根据产业资质现状和发展规划,对现有资质体系的完整度进行分析,提出资质体系建设规划和路线图。

(李 娟)

【"一揽子"工程】

规划发展部面对钢铁业特别是外埠钢铁企业面临的问题,组织迁安地区企业、首钢在黔企业等一揽子企业未来发展的解决方案,推动总公司与地方政府的沟通对接,逐步形成共识,凝聚力量,为首钢企业未来发展奠定基础。

(李 娟)

【马城铁矿】

规划发展部开展京唐股权调整和马城铁矿相关工作。与河钢达成京唐公司股权调整和马城铁矿资源处置协议,推进马城铁矿采矿权办理和矿权交接工作。

(李 娟)

【战略合作】

规划发展部全面梳理和总结分析以首钢总公司名义对外签署的103项战略合作协议执行情况,组织制定《首钢总公司对外战略合作管理办法》,首钢总公司第九次董事会会议9月26日审议通过并颁发执行。对新签订战略合作协议进行严格审核,先后参与审核首钢总公司与北汽集团、中国国际海运集装箱(集团)股份有限公司、北京市侨办和石景山区政府签署的战略合作协议等。

(李 娟)

【土地管理】

截至2013年底,首钢集团使用土地面积15192.9万平方米,由于土地征用、土地确权和政府收储土地等项目开展,土地面积比上年同比增加2569.7万平方米。首钢集团房屋总建筑面积1357万平方米,比上年增加42万平方米。

(李 娟)

计 财 部

【计财部领导名录】

部　长：邹立宾
副部长：米良君

（高永生）

【综述】总公司计财部主要职责是编制预算计划及预测、控制、分析、考核等。负责组织制定集团成本核算规程，制定成本竞争、控制策略。负责成本预算、预测、控制、核算、分析、考核等管理。负责集团合并报表范围内单位按要求编报月度财务快报、月度财务决算报告、年度财务决算报告、年度财务预算报表。负责集团战略规划和重大经营决策的税务影响分析，制定价格政策、价格管理工作。负责国有资产产权登记和年检，资产划转、并购、清产核资及资产处置管理与组织。负责资金管理，编制资产保全、投资回报计划。负责项目资金管理，项目概算及预算审查。编制统计年报，发布集团统计公报。负责企业登记、注册及标识代码、商标管理。计财部设预算处、成本处、资金处、结算处、会计处、利税处、资产处、项目处、统计处、综合处。实行财务委派制和派驻制，管理供应、销售、技术研究院、环保、设备等财务中心和机关、动力厂等派驻站及停产资产管理处（临时机构）。在岗职工 231 人，其中本部 103 人，派驻站机构 79 人，临时机构停产处 32 人。

（高永生）

【经济运营管理】　围绕钢铁业以实现大幅度减亏为目标，钢铁以外单位以实现增盈为目标，计财部组织完成年度预算和月度预算计划编制、运行分析、考核修改完善、信息化平台建设、预算制度管理。

年度预算编制。指导思想：以提高集团盈利能力、改善财务状况为编制目标。围绕目标实现两个追求：钢铁业以大幅度减亏为追求目标，钢铁以外单位以增盈为追求目标。编制原则：按照同比显著进步，集团整体实现增盈，统筹考虑综合平衡安排集团效益目标。预算管理体系：由钢铁业、子公司、控股参股企业、投资收益预算、总公司费用预算、园区费用和项目开发预算等 6 个板块构成。

月度预算编制。二季度开始在保留月度预算的同时启动季度预算，钢铁业侧重月度预算，非钢产业侧重季度预算。强化市场分析预测、内部挖潜增效、预算体系保障和效益指标分解落实。从降低成本任务、控制完全销售成本、推进产品增收增利、加强资金控制等方面进行系统测算与分析比较。将进口矿、进口煤及国内主要原燃料采购资金纳入月度预算。钢铁业效益根据各生产基地实际进行安排。从子公司、控股参股企业、投资效益、园区费用等方面做预算安排。

运行分析工作。每月从主要运营指标完成情况、主要生产经营情况、财务成果、行业对标等四方面进行分析、比较和总结。具体包括从实物量指标、供销价格、效益指标进行分析比较；从生产情况、产销衔接、产品质量、产品结构进行分析比较；从成本费用、资金管理、盈利状况、资产状况进行分析比较；从总体效益对标和分单位对标进行分析。

绩效考评工作。完成首钢钢铁业绩效考核办法编制及调整工作，完成首钢各子公司、控股参股企业经营目标责任书编制和签字工作。

信息化建设工作。经营管理平台逐步实现考核指标、专业分析、经营活动分析、考核数据核对、外埠钢铁企业重点管控指标、首钢经营日报等展示内容，实现与 OA 系统集成登录、数据采集功能。对 46 个指标共计 138 个管理文档进行审核，确保指标能正常反映考核数据。

（赵进平）

【降低成本】　计财部围绕首钢集团年度降低成本任务，由重视生产物耗、结构调整成本的降低向系统降低成本转变，由重视显性成本降低向重视隐性成本降低转变。在控制消耗、固定费用和修理费用等显性成本基础上，加大采购环节的直供和中间商的价格差异、外委外包、物流等隐性成本的控制。重点推进成本管理与标准成本应用信息化整合。分析产品实际成本和标准成本偏差、品种间梯度关系，寻找成本管控的内在潜力。

成本分析工作。对国内原燃料重点品种进行分析，从采购量价关系全面揭示采购运作情况。对各单位工序成本水平进行分析对比，重点分析生铁成本。对北京地区费用季度完成情况进行分析。

费用调研工作。对首钢研发费用进行调研，提出享受研发费用有关税收优惠政策，规范生产基地研发费用核算内容。对钢铁四地计提费用进行调研，完成四地计提费用及使用情况专题汇报。开展有偿服务费用调研，组织有关单位对有偿服务分摊进行研究。梳理应由基地承担的费用,分析测算从公司管理费用中剥离出去的费用。

反倾销工作。针对墨西哥对中国冷轧钢板发起的反倾销调查,组织开展反倾销应诉。一是搜集有关国家冷轧钢板的价格信息。二是组织进行价格评估。三是整理汇编应诉材料,完成《首钢冷轧钢板反倾销提供资料》汇编。

（白　超）

【资金管理】　计财部通过加强资金预算管理、融资管理、外汇管理等手段,提高资金管理水平,满足集团各对资金的需求,保证了生产经营活动顺行稳定。

资金预算管理。扩大资金预算管理范围,将北京地区合资子公司纳入总公司资金预算管理体系。钢铁业按照封闭运行的目标组织资金预算编制,钢铁以外单位按照全面组织、同步编制的原则组织资金预算编制。降低库存资金占用,对在产品、产成品、低值易耗品等资金占用偏高的存货项目进行重点监控,按季度分步骤制定降低资金占用目标,纳入月度资金预算和考核管理,并按月进行跟踪分析。

启动资金管理平台升级项目。一是对二级单位资金预算、资金结算、承兑汇票业务等管理流程进行调研。二是对现行资金管理制度进行梳理,提出合并、撤销、修改意见。三是对总公司56家单位的银行账户进行清理和授权。四是完成华夏、工商、民生等11家银行的接口测试及三方测试,银企直连的银行账户管理系统和票据池管理系统已经具备上线条件。

资金运行分析。资金运行分析由季度运行分析改为月度运行分析,针对资金重点与难点问题进行分析,根据资金运行特点及具体情况揭示问题,提出建设性意见和建议,定期向总公司作专题汇报。

资金平衡。组织开展生产运营资金的总体平衡工作,保证生产经营资金刚性支出。在确保生产经营资金需求基础上,组织平衡资金工作,确保总公司西十筒仓、长安街西延、生物质项目等重点项目资金需求。协调各基地国内原燃料采购资金,保障总公司日常生产经营顺行稳进。

融资管理。一是做好债券市场融资。发行60亿元短期融资券,发行利率比银行同期贷款基准利率低0.6个百分点。发行75亿元非公开定向债务融资工具,一期发行利率比银行同期贷款基准利率低0.25个百分点,二期发行利率比银行同期贷款基准利率低0.33个百分点。二是加强银企沟通交流。组织总公司领导与农业银行、国家开发银行高层领导会晤,组织国家开发银行、进出口银行、邮政储蓄银行等到京唐、迁钢调研。落实华夏银行、光大银行、广发银行、中国银行、中信银行续授信工作,与邮储银行、杭州银行开展新增授信工作。三是组织研究资产证券化、PPP融资、设立融资租赁公司、永续债券、私募企业债等新型融资工具。

担保业务管理。组织修订担保管理办法,细分担保对象,对管理范围和管理方法进行明确。实行集团担保情况年度清理汇报制度,规范担保业务办理和审批流程,研究担保收费管理,建立担保风险应急准备金。

内部借款管理。一是组织修订内部借款管理办法。修订完善《首钢总公司内部借款管理办法（试行）》《内部借款协议》等管理办法。二是强化内部借款管理制度。在借款协议签订上,按照新修订的借款协议签署,借款利率参照银行同期最新贷款基准利率、总公司取得银行贷款利率及贴现利率等进行计息。在加强利息管理上,收息比照银行提前下发付息通知及利息计算表,待借款方进行确认后组织收处。

基金和保险的核算与管理。利用北京市住房基金管理政策,组织完成金顶街五区集资房电梯大修个人维修资金使用的申请工作。组织保险的收缴和支付工作,完成收缴养老保险、失业保险费、工伤保险费、生育保险费、医疗保险费等工作。

（刘同合、尹明珠）

【税务管理工作】　计财部围绕集团转型发展,开展税务筹划工作,在税务管理、价格管理、费用控制、资产置换、利润平衡等方面履行管理指导监督职能,提升集团税务管理水平。

争取税收政策。为继续获得税收减免政策支持,与税务部门沟通协调说明情况,提报《首钢总公司关于申请继续减免首钢北京地区钢铁业停用部分房产税及城镇土地使用税的请示》的报告,组织停产厂区内18家单位的房产税及土地使用税困难性减免申请,15家获得批准。

妥善解决运行涉税问题。加强与省、市、区各级税务部门联系,对运行中出现的重大事项、特殊事项积极与税务部门沟通,寻求解决渠道并争取优惠政策。针对首钢新钢公司吸收合并,二期集资房免税问题,停产单位减免房产税和土地使用税等问题与税务部门会商,解决各单位提出的具体问题。与河北省国、地税局,迁安市国、地税局沟通协调解决迁安纳税问题。

推进"营改增"工作。组织各单位对营业税业务的内容、流程、核算方式等内容进行梳理,对"营改增"政策变化,及时对合同签订、税务手续办理、会计核算等工作进行规范,对在合同签订、履行、付款、结算等业务环节,提出相关工作规范要求。

(高 静)

【价格管理工作】 计财部完成市场信息管理平台建立工作。完善主要原燃料日报管理工作,为价格制定、成本控制、奖励考核提供对比依据,为生产经营情况提供市场参考数据。完善铁矿石价格日报平台,为公司产品成本分析,效益测算,预算安排及生产经营决策提供有利的支撑。完善价格历史数据收集和趋势分析,形成"2008 年~2014 年钢材、进口矿、海运费和原燃材料市场价格及指数"系统资料,为各级领导和部门提供历史数据来源和分析论据。

价格专题工作。根据进口矿供应商定价变化情况,结合进口矿结算状况,组织对进口矿矿石价格定价规则进行梳理,对 BHP 扬地粉、巴卡粉、秘鲁大粒度矿等进口矿定价规则进行调整。关注能源价格的市场调整动向,分析研究水、电、燃气、蒸汽、运费等价格调整的文件,组织对京唐、迁钢、顺义、首秦、矿业等生产基地效益影响进行测算,提出建议意见。

建立价格数字比对模型。详细直观反映首钢价格与市场价格走势,研究分析首钢价格与市场价格的关系,探寻两者之间的联系和关联,为首钢价格的制定提供直接依据,对首钢价格在市场上的定位和销售政策的调整起到监督和推动作用。

价格对标工作。与行业(如宝钢、鞍钢、武钢、舞阳、济钢等)先进企业进行价格对标,分品种、划类别、列渠道、按时段,细致分析、科学对标,查找差距,推动调整首钢产品结构,提高整体效益。

(高 静)

【统计核算工作】 计财部完善统计指标反馈体系,服务首钢深化改革进程。2 月份开始正式编报集团主要统计指标手册。手册涵盖财务效益、产值产量、能源消耗、税收、价格、成本、库存、出口及宏观经济指标等 19 个方面内容。主要指标分别按照分地区、分产业进行汇总统计,全面反映集团"一业多地"的生产经营状况。收集整理首钢 1949 年~2013 年历史数据资料,确保重要统计指标数据的历史延续性,为记载首钢的发展历史提供依据。对中首、京唐、迁钢、首秦等单位的 2013 年统计年报和 2014 年上半年定期统计报表数据质量及统计基础工作进行调研和指导。

定期统计报表。完成国务院国资委、国家统计局、中国钢铁工业协会、北京市统计局、北京市国资委和石景山区统计局等各上级部门所布置的工业、建筑业、商业、服务业以及固定资产投资等 2013 年度统计年报任务以及完成月度定期报表的编制上报任务。

统计调查工作。开展首钢北京地区资质证书情况的调查,共收到 72 家单位资质证书共 304 份,对资质证书持有现状进行分析,提出加强资质管理的建议意见。完成市国资委对市属国有企业对西藏、新疆、内蒙古、湖北、河南的对口援建调查工作。组织对首钢钢铁四地统计从业人员的基本情况展开调查。包括从业人数、职称、岗位、学历等,形成调查分析报告报送国家统计局。

申报工作。完成向钢铁工业协会、中国企业家协会、中国企业联合会申报首钢参加"中国企业 500 强"、"中国制造业企业 500 强"材料撰写及申报工作。首钢以营业收入 2108.4 亿元排在第 348 位,是首钢连续三年进入世界 500 强。

(喻 萍)

【第三次经济普查工作】 计财部完成首钢第三次全国经济普查工作。一是摸清首钢法人单位分布情况。首钢参加第三次全国经济普查的单位(不含境外企业)比 2008 年第二次经济普查时增加 36 家,分布在全国 20 个省区市,其中,北京 139 家,河北 34 家,天津 6 家。二是首钢经济总量增加。首钢集团 2013 年末资产比 2008 年增长 93%,销售收入比 2008 年增长 96.8%。2013 年首钢集团铁、钢、材的产量比 2008 年分别增长 1.76 倍、1.59 倍、1.6 倍。三是投资体系进一步多元化。国有及国有独资企业比 2008 年减少 29 家,有限责任公司比 2008 年增加 119 家;中外合资企业比 2008 年减少 3 家;与港澳台商合资经营企业比 2008 年减少 5 家;股份有限公司 4 家,其他企业 1 家。四是首钢对社会的贡献逐年增加,2013 年是 2008 年的 1.75 倍。其中,2013 年社会公益性贡献是 2008 年的 2.4 倍。2013 年上缴财政较

2008 年增加 17 亿元。2013 年企业留用较 2008 年增加 9.03 亿元。这些都对社会的和谐稳定和繁荣发展作出了重要贡献。

（喻　萍）

【会计核算工作】 计财部完成 2013 年度年终决算工作。在清理集团各单位资产状况基础上，确定集团单位各级次合并户数。2013 年集团对外报出户数 253 户，比 2012 年合并户数净增 11 户。为满足上报市国资委和财政局与首钢决算两套任务同步展开，组织 2300 条财务数据提取和审核公式。根据市国资委、市财政局和钢协的不同口径要求，分别编制上报 2013 年度集团决算报表。

2014 年度财务预算工作。结合决算工作和 2014 年重点工作任务，以 2013 年决算为基础，对各项财务、技经指标进行合理预测，并按照 2014 年度集团合并范围 248 户单位全级次审核、上报首钢集团 2013 年度预算报表，并通过国资委验收。

财务绩效分析和评价工作。结合市国资委对 2013 年度企业绩效评价工作要求，以决算数据为基础，组织集团三级以上单位开展绩效评价工作，完成集团绩效评价报告。

规范集团权益法核算工作。通过对集团二级子公司对集团外投资持股 20%～50%的合资合作企业情况进行清理摸底，测算权益法核算对集团上半年利润的影响，提出权益法核算投资收益入账意见。从 6 月起对华夏银行改为按权益法核算，按月入账；其他按权益法核算的单位，由月度统计、年度入账改为季度入账。

（王　健）

【项目管理】 计财部完成概算审查工作，完成总公司、迁钢、京唐搬迁及园区建设改造等 34 项概算审查工作。包括京唐、矿业、迁钢生产基地戒备项目，西十筒仓工程等园区开发项目。完成预算审查工作。处理公文报告 32 份，检修预算 244 份，拆除预算 28 份。项目资金预算工作。编制完成总公司 2014 年度项目资金计划。逐月完成总公司（含北京地区开发）、股份公司、顺义冷轧公司、迁钢公司和首秦公司项目资金支出预算的编制工作。

（张连生）

【项目专项管理】 根据总公司提出的"多挣一分钱、少花一分钱、用好一分钱"指示精神，强化总公司投资项目管理工作。计财部组织公司各有关单位完成《首钢 2014 年投资计划》报告。组织完成首钢总公司 2013 年企业投资完成情况调查表。组织起草关于总公司 1000 万元以下项目简化审批程序的通知。起草完成总公司 1000 万元～5000 万元建设项目概算审查相关事项的通知。组织关于首钢"一业四地"资金涉及相关事项的政策研究。将一业四地新增建设项目全部纳入总公司概、预算审批范围。完成集团至 2014 年 6 月底项目投资完成及形成欠款情况。

（张连生）

【资产管理】 计财部完成产权登记工作。按照市国资委关于国有产权登记工作要求，对产权变动情况进行动态跟踪，即时办理产权登记工作。办理新设公司占有登记 21 家，变动登记 22 家，注销登记 6 家。

投资管理。组织钢贸公司、园区服务公司、环境公司、体育发展公司、矿投公司等单位办理无偿划转工作。完成总公司所持 4 家股权划转钢贸公司，房地产所持 1 家股权划转园区服务公司，中首公司、特钢公司所持股权划转总公司的工作。安川首钢机器人有限公司股权调整，组织中介机构进行评估，并履行了北京市国资委、北京产权交易所的相关程序，办理过户手续。

专项资金管理。2014 年度，申请并取得国有资本经营预算资金 10260 万元，其中首特绿能港广场二级建设工程项目 10000 万元、首钢集团进口矿管理信息化项目 80 万元，优秀团队和首席技师工作室建设资金 180 万元。北京（曹妃甸）现代产业发展试验区和生态城开发建设投资公司项目申请作为 2015 年国有资本经营预算资金的项目。特钢绿能港广场二级建设工程项目作为申报项目，申报 2014 年国资预算资金 1 亿元。上报 2014 年国有资本经营预算资金支持优秀科技创新团队和首席技师工作室建设项目。

资产评估。按照总公司确定的厂区资产处置方式，组织评估机构对厂区利旧资产、上市交易资产进行评估。完成评估项目 72 项，其中，利旧资产项目 22 项，对外盘活上市项目 32 项，成交项目 17 项。

（付建忠）

【服务园区工作】 计财部开展财务核算工作。对园区内渣土进行统一集中管理和经营，组织制定渣土集中管理经营的结算办法，明确渣土的经营主体、核算办法、结算流程及账务处理。完善内部利旧结算流程，组织制定园区新建项目内部利旧结算办法。规范退管办财务管理及核算工作，组织编写关于退休人员特殊人群专项费用报销的管理办法、首钢总公司园区退休人员服务管理办公室服务经费列支管理办法以及财务管理制度及费用报销流程，在退管办内部发行后正式执行。

园区开发建设保障工作。长安街西延线围挡建设工程启动后，针对西延线围挡及西延线工程核算，编写关于长安街西延线首钢段临时围挡及西延线整体工程核算问题的建议，并纳入在建工程管理。为保障园区开发建设能源供应和收费，提出电费以电力公司收取首钢电费的基础价格为基准，按尖峰、高峰、平段、低谷四个价格收取，水费，按北京市发改委颁发的价格标准收取的建议。

（王志坤）

【股份资产置换工作】 计财部完成重要文件组卷工作。为满足迁钢资产置入股份公司后达到上市公司要求，研究明确相应调整事项，在审计、评估结果达到资产置换要求基础上，完成置出、置入资产审计、资产评估、土地评估报告及重组报告书（草案）定稿等相关重要文件的组卷。筹划资产置换税务方案。针对资产交割过程中迁钢公司房屋、土地过户至股份公司涉及相关契税、土地增值税、营业税、印花税等涉税事项，向迁安、唐山、河北等税务部门进行沟通说明，最终取得税务部门批件，对必须立即办理产权过户的不动产，减免契税3.88亿元，相关土地增值税、印花税一并减免。在资产重组完成之后，与银行协调置出的银行债务，确保银行出具同意函，达到深交所交割要求。

（高 静、刘同合）

【新钢清撤注销后续工作】 新钢公司注销后，计财部组织对销售、供应等19家单位的资产、负债、权益情况进行清查，测算对总公司、集团资产、负债及权益的影响。就所得税等特殊性税务处理，与国税、地税部门多次沟通协商，基本确定新钢税务注销可以不进行所得税清算，相关资产转移按照政策减免增值税、营业税、印花税。组织对新钢名下所有银行账户进行核对，完成所有账户的清撤和货币资金划转。

（王 健、高静）

【财务公司申筹工作】 财务公司申筹进入实质阶段，先后完成财务公司可行性研究报告的编写、未来经营预算编制、专项报告审计等节点工作。12月5日首钢财务公司申筹通过银监会答辩，22日获得批复，财务公司进入开办准备阶段。

（刘同合、尹明珠）

【投资企业管理】 计财部围绕首钢深化改革对集团投资企业进行全面分析。牵头对首钢持股35%以上、首钢方为第一大股东、有实际控制力的332家纳入集团管控的企业的各项管理要素进行梳理，提出集团加强投资管控、实现专业管理全覆盖的初步建议。

（郭晓民）

【制度建设】 计财部对计财专业各项制度进行清理与完善，先后制定或修订内部借款、国有资本预算管理办法等制度。对2013年试行的项目后评价管理办法进行修订及颁发。贯彻中央关于加强作风建设的若干规定和总公司要求，将国内差旅、因公出国（境）、公务业务接待等管理办法中涉及费用的事项合并，制定下发《首钢总公司业务活动费用管理办法（试行）》，于7月1日正式颁发执行。同时，还参与其他部门管辖的资产租赁、土地房屋、对外投资、科研项目等方面制度的修订。

（郭晓民）

【队伍建设】 计财部处级干部4人通过组织推荐和考察，参加首钢领导干部特训班，整个计财系统另有10人参加特训班或短训班，丰富知识，提高素质。安排8人在预算、资金、利税、会计等处级岗位挂职锻炼，加强后备力量培养。选派6人参加总公司举办的科级培训，拓宽青年职工视野。

（郭晓民）

资本运营部

【资本运营部领导名录】

部　长：李永进

副部长：刘宗乾　　雷日赣（9月任职）
　　　　刘燕鸣

党委书记：李永进

（许 辉）

【综述】 首钢总公司资本运营部负责首钢境内非钢产业对外投资项目建设期和经营期管理、总公司直接出资的改制企业股权管理、企业境内外上市与资本市场融资管理、集团实物资产盘活处置归口管理、总公司境内对外投资项目及改制企业高管人员管理。资本运营部下设综合管理处、合营企业管理处、资本市场处、改制企业管理处、资产处置处，有职工48人，其中编制内28人，编制外首钢外派专职高管、专职董事20人，大学本科及以上学历35人。

2014年，资本运营部围绕总公司"两会"确定的目标任务，坚持问题导向、树立"交账意识"，应对严峻市场形势，攻坚克难，各项工作取得新成绩。资本运营部直接管理的非金融类对外投资项目62家、金融类及上市公司项目14家，归口管理的改制企业19家，直接管理的二类改制企业9家、三类改制企业2家，首钢累计出资总额170多亿元。完成总公司预算安排。

（许　辉）

【运营指标】　2014年，资本运营部应对严峻的市场形势，攻坚克难，各项工作不断取得新成绩。

资本运营指标。总公司14家金融及上市公司类投资项目完成投资回报82912万元，超计划20222万元，超幅32.3%。

非金融对外投资指标。首钢非金融对外投资项目实现利润34585万元，超计划8135万元，超幅30.8%；投资回报完成18083万元，超计划3463万元，超幅23.2%。

8家二类改制企业运营指标。完成利润18453万元，完成计划的125.96%；销售收入243530万元，完成计划的98.8%。19家改制企业投资回报10750万元，完成计划的101.42%。

（许　辉）

【资本市场运作】　资本运营部根据总公司清理证券账户有关指示精神，将信达证券古城路营业部账户资金调回总公司，提升资金的周转效率。帮助企业做好上市融资工作，推动京西重工香港上市，做好江泰公司增资扩股，推进江泰公司与水钢、首黔、中首、京西重工、首钢长钢等公司的统保业务合作。完成总公司所持中信建投可转债剩余份额5151万元资金的银证转账赎回工作，累计投资收益344万元，确保了资金的使用安全、高效；推进北京汽车香港上市、银河证券A股前期上市工作，为首钢所持权益获得增值创造条件；发展首钢节能环保产业，完成总公司出资1.5亿元设立的"北京首钢绿节创业投资有限公司"首期出资6000万元工作，为环保产业发展提供新的融资平台；推动燕郊公司新三板挂牌工作，通过改制企业登陆资本市场的探索与实践，争取新

突破。

（刘李鹏）

【投资项目管理】　资本运营部按照《首钢全面深化改革的指导意见》和总公司统一部署，提高集团管控和板块化管理的力度，加快推进总公司所持股权向板块划转的相关工作。将苏州隆兴、河北京冀、南京金京宁、陕西首诚京秦4家公司的出资主体由首钢总公司变更为北京首钢钢贸投资管理有限公司；将钢企联、神华蒙西、宁夏阳光、昊华能源等4家企业的股权划转矿投管理；将迁安首嘉、曹妃甸盾石、首科兴业、首同致远等4家企业的股权划转至环境公司管理；将总公司所持绿化公司35%的股权划转园区服务公司管理。通过股权优化调整，推动板块化集中管理，逐渐形成多个产业集群。

树立"交账意识"，落实合作发展战略。加强非金融类投资项目的管控，明确合营企业年度经营利润及投资回报，协调解决合营公司重大事项，保障投资项目健康发展。调整安川首钢机器人公司股权出资比例，完成首钢转让10%股权工作。协调铁科首钢公司解决出资瑕疵问题，为该公司首次IPO创造条件；协助中油首钢公司完成小西门撬装式加油站的搬迁工作，保障北京园区生产生活油品供应需求。针对烟台首钢电装公司分立后首钢股权不再委托东星公司代管的情况，做好两家合资公司经营期监管工作，确保投资回报指标的完成。依法管理，抓好企业运营管控，对个别合资公司长期不开会现象进行治理和督促，做好股东会、董事会的召开工作。48家合营公司召开股东会32次、董事会61次，对相关公司利润分配、股权转让、投资方案等重大事项产生影响。以投资回报为核心，维护首钢权益。

（朱从军）

【投资项目清理】　资本运营部按照《首钢2014年劣势国有企业退出计划》，落实总公司清撤退出的计划安排，对于已列入2014年退出计划的44个项目，按照分层管理、稳步推进的原则，加强专业指导和协调，找到可行且合理的退出途径，落实责任和考核，加强沟通协调，严格按照进度完成退出工作，全年共完成16家单位退出工作。完成元氏联营、首钢海城联营镁矿、首钢营口耐材联营3家合营公司的清撤、销账工作。协调吉泰安公司解决清撤工作中的有关难题，提出通过破产方式解决清撤途径的意见建议。联系北京市企业清算事务所，到北京首钢开源服务中心现场服务，解释、指导研究资

不抵债退出程序。推进唐山佳华煤化工公司股权退出工作，配合北控燃气集团主导联合转股退出，完成首钢方面的转股经济行为事项报告，履行首钢转股行为事项向市国资委报告手续，联合委托会计师事务所、资产评估公司对唐山佳华公司资产审计和评估，达成修订《佳华公司章程》的一致性意见。推进锦绣大地项目、福田首钢空调器项目、山西潞安项目、开源服务中心退出项目股权退出工作。

（李明霞）

【改制企业管理】　资本运营部根据《首钢全面深化改革的指导意见》精神，组织开展改制企业全面系统分析工作，研究改制企业生存发展中的共性及个性问题，理清改革发展的思路。在深入调研的基础上，针对改制企业深化改革尚存在的问题，进行梳理并提出初步解决意见，指出改革方向。结合总公司京津冀协同发展、打造城市综合服务商战略布局，发挥各改制企业不同优势，提出"一厂一策"方案，成熟一个推进一个，稳妥有序的推进改制企业深化改革。

加强改制企业审计整改工作，促进企业健康发展。按照总公司统一布置，资本运营部会同相关专业，组织改制企业对北京市审计局提出的问题进行核实。对照审计中发现的问题，与改制企业逐项制定整改措施，其中10家改制企业无偿使用首钢总公司资产等15条问题均已整改完成；改制企业方案审查不严、利润分配不公平等30条问题制订整改计划。

（徐镜新）

【闲置资产处置】　资本运营部加强与园区管理部、北交所等部门沟通交流，主动培育市场，加大闲置实物资产处置力度。先后组织动力厂、氧气厂等单位的闲置实物资产上市交易和建工部设备处库存资产的利旧等工作，全年盘活闲置实物资产50988.88万元，超计划15988.88万元，完成计划的145.7%。落实总公司经理办公会关于资本运营部资产处置职责中涉及北京园区部分的业务划归园区管理部管理及编制人员同步进行调整的决定，与园区管理部就资产处置职责及业务划分进行工作对接，确保北京园区闲置实物资产处置工作平稳过渡。

（李明霞）

【组织和人才队伍建设】　资本运营部巩固党的群众路线教育实践活动成果。党委制定下发《资本运营部贯彻落实总公司"两会"精神2014年重点任务责任分工方案》，全年重点工作分解为9个方面41项，分层分级分别落实到岗到人，确保全年各项任务目标全面完成。按照立行立改、边整边改工作要求，加强深化改革配套制度建设，制定《首钢总公司派出董事管理办法》，起草完成《关于改革、完善改制企业高管人员股权退出有关办法的建议》，修订完善《首钢停用闲置实物资产处置管理办法》、《首钢总公司境内对外投资管理制度》、《外派高管人员管理办法》等制度文件。实地调研改制企业东华公司，帮助企业开展对外合作，促进企业发展，保持企业稳定。全年共为困难党员、长病职工、先进模范进争取各种慰问金、助学帮困基金22万余元，惠及困难职工、党员、劳模先进115人。

严格党管干部，加强干部队伍建设。依法、依规稳步推动改制企业换届工作，严格按照组织程序完成东星、首运等6家改制企业换届和部分领导干部调整工作，实现了领导干部新老交替。召开首钢合营公司高管人员绩效考核小组考评会，对30家合营公司首钢专职高管人员48人进行年度绩效考核，根据考评结果，评出11人为"业绩突出"高管，并提出一次性表彰奖励建议意见，激发并提高了高管人员谋事创业积极性和履职能力。贯彻执行总公司领导干部选拔任用管理的相关制度，严格规范领导干部培养选拔过程中测评、考察、谈话、公示、重大事项申报等各个环节，按照1∶1比例配备好处、处两级后备干部，进行锻炼培养，形成专业年龄较为合理的后备干部梯队，为可持续发展做好人才储备。全年开展领导干部、后备干部、领导干部特训班参训人员考察测评16人次，经一年试用后3人已转正并走上领导岗位，优化干部队伍结构。

加强各级党组织和党员队伍建设，发挥好政治核心作用。创新不同所有制企业中的党建工作，发挥战斗堡垒和先锋模范作用。探索不同所有制企业的党建工作创新，坚持党建工作与企业生产经营的有机结合，坚持党建工作与职工群众的紧密结合，坚持按照现代企业管理制度严格依法办事，确保党建工作与经营生产的有机结合，推进党员的培养和推优机制，壮大党员队伍，扩大党组织的覆盖面，全年转正党员2人，发展预备党员7人，为党组织注入了新鲜血液。深入开展党内创先争优和评先表彰工作，在党内"创先争优"活动中，迁安设结公司迁钢检修分公司等4家单位荣获先进集体称号，评选出总公司模范共产党员1人、优秀共产党员4人、部级优秀共产党员11人。在评先表彰活动中,评选出总公司先进职工1人、部级先进职工13人,发挥了先进人物的榜样力量。

(许 辉)

【获奖成果】 资本运营部被评为"首钢2014年度维稳工作先进集体",《新形势下改制企业管理的探索与实践》获得总公司2014年度管理创新成果一等奖。

(许 辉)

审 计 部

【审计部领导名录】
部　长:乔裕奎
副部长:祁　京(3月离任)
部长助理:郭丽燕(10月任职)

(宁伟明)

【综述】 首钢总公司审计部是首钢集团独立设置履行审计职责的部门,是首钢风险防控体系的重要组成部分。审计部负责建立健全首钢内部审计制度、规范及管理办法;对首钢总公司及分公司、子公司的财务收支、财务决算、资产质量、经营绩效、工程项目、重大经营活动、相关经济活动进行审计监督;对企业领导人经济责任完成情况进行审计监督;对内部控制和风险防控系统的健全性、合理性、有效性进行检查评价;参与选择、评价、更换外部审计机构;通过查阅各单位财务报表账簿,检查生产经营建设的业务,发现问题,揭示风险,提出改进建议。审计部由首钢总公司总经理直接领导,副总经理分管,独立编制年度工作计划,经总公司职工代表大会审议、总公司批准后执行。审计业务范围包括经济责任审计、任期和离任审计、工程审计、专项审计等。审计部设审计一处、审计二处、工程审计处、风险管理处,职工定员33人。

2014年,审计部围绕首钢中心工作,落实审计监督全覆盖的要求,履行内部审计职责,调动审计人员积极性和主动性,以监督和服务为宗旨,促进国有资产保值增值,发挥国有资产权益维护者、落实首钢重大决策的监督者、受审企业真实信息反馈者的职责作用,审计工作取得了新成效。

(宁伟明)

【经济责任审计】 2014年,审计部完成经营目标责任审计7项,包括中国首钢国际贸易工程公司、北京首钢国际工程技术有限公司、贵州首黔资源开发有限公司、北京北冶功能材料有限公司、北京首钢实业有限公司、北京首钢京西重工有限公司、烟台首钢东星集团公司等经济责任审计,涉及79个会计核算单位,资产总额495.27亿元。通过审计经营成果的真实性、财务核算的合规性、内控制度的完整性和有效性,分析财务、经营状况及企业发展趋势,审计问题事项51项,披露重大经济事项及风险提示68项,提出审计建议67项。

(宁伟明)

【工程审计】 审计部完成工程审计11项,包括首秦配套完善项目、长钢填平补齐项目、顺义冷轧氧化铁红除杂提纯工程、矿业公司杏山铁矿露天转地下开采项目、矿业公司装备制造业搬迁东区项目、矿业公司大石河铁矿西里铺水源迁建项目、首钢中金钢材加工配送中心项目、迁钢配套工程给水设施改造项目、首钢板材一体化质量管理系统、板材产品查询信息系统、板材在线质量判定系统项目,审计项目工程报审额51.52亿元,审减额9471.77万元,提出审计建议30项。

(宁伟明)

【离任审计】 审计部受首钢党委组织部委托,依据《首钢经济责任审计管理办法》,完成领导干部8人离任经济责任审计。接受审计的离任领导干部分别为中国首钢国际贸易工程公司总经理胡斌,首黔公司总经理潘明祥,供应公司总经理冯国庆,金属公司总经理张军,医疗投资公司总经理李小平,发展研究院常务副院长吕云生,国际工程公司总经理何巍,烟台东星公司总经理杜宝栋,审计范围涉及56个会计核算单位,审计资产总额453.27亿元,审计出问题事项38项,披露重大经济事项及风险提示50项,提出审计建议48项。

(宁伟明)

【专项审计】 审计部开展专项审计5项,包括对2012年、2013年首钢总公司国有资本经营情况的审计,对宁夏阳光矿业经营及资产状况的审计,对2013年被审计单位审计问题整改情况的后续审计,对京西重工领导干部离任审计涉及北美企业经营及资产状况的审计检查,配合总公司纪委检查业务招待费的使用情况。审计项目涉及17个会计核算单位,资产总额12.6亿元,审计出问题事项19项,披露重大经济事项及风险提示4项,提出审计建议 18 项。

（宁伟明）

【提升审计监督实效】 审计部贯彻"审计防病治病，增强企业免疫力"的指导思想，以监督和服务为宗旨，以提升企业的价值为目的，按照"广深透实"的要求履行审计职责。做到内部审计的覆盖面"广"，将首钢全资子公司、控股公司、相对控股公司、代管单位全部纳入审计范围；做到问题查处"深"，坚持问题导向，做到审计横向到边、纵向到底，不留死角；做到原因分析"透"，针对问题事项刨根问底，追根溯源；做到建议措施"实"，提出审计建议力求明确、具体、到位。通过增强审计力度，提升监督和服务的实效。

（宁伟明）

【首钢主要领导离任审计】 年初，审计部按照总公司要求，牵头组织计财部、资本运营部、劳动工资部等被审计单位，配合北京市审计局，对首钢原董事长朱继民进行离任审计，开展核实和整改工作。这项工作涉及的时间跨度较长，涉及的单位和人员较多，部分事项比较复杂。审计部抽调骨干，对问题事项逐一核对，分类整理，多次与市审计局沟通交流。按照总公司会议精神，对一些重大审计事项反复向被审计单位核实情况，向市审计局做出说明，争取得到上级主管部门的理解。按照总公司的安排，牵头研究市审计局提出的审计建议，组织开展整改工作。

（宁伟明）

【探索审计人员派驻制】 审计部加强对重点企业的审计监督，探索审计人员派驻制。向首钢矿业投资公司派驻副处长 1 人，负责该公司的内部审计工作。通过派驻制试点，对矿业投资公司及所属单位进行全面审计，摸清家底，指出企业在经营管理方面存在的问题，针对问题组织整改。派驻制审计方式强化了内部审计职能，对提高企业运营质量、防范经营风险发挥了有效监督和服务的作用。

（宁伟明）

【建设项目审计办法】 审计部起草首钢总公司建设项目审计管理办法，明确新建和改扩建工程、检修工程的审计管理规定，包括工程审计范围和职责、审计程序和质量、审计结果的整改落实、审计成果奖励等业务规范。该办法征求相关部门和单位的意见，经总公司经理办公会审议通过，下发执行。

（宁伟明）

【审计人员培训】 审计部组织集团内部审计人员进行业务培训，聘请北京市审计局、北京市国资委审计工作处、审计机构的专家授课，重点讲解经济责任审计的操作指南、审计业务方法、工程建设的审计策略等，内容具有较强的针对性和实效性。通过集中培训，使内部审计人员开阔视野，拓宽思路，提升审计人员的综合素质和业务能力。

（宁伟明）

监事会工作办公室

【监事会工作办公室领导名录】
　　常务副主任：范大义（7 月离任）
　　主任助理：张福杰（5 月任职）

（王素玲）

【综述】 首钢总公司监事会工作办公室由首钢总公司董事会领导，负责董事会派驻全资子公司监事会、委派监事等日常管理工作，履行总公司对监管企业的监督管理职责。监事会负责监督检查总公司监管企业执行国家法律法规、首钢规章制度的情况，掌握企业重大决策、改革方案落实情况，监督检查企业中长期规划、年度计划完成情况和"三重一大"决策及执行情况、企业生产经营的重大问题及财务活动，定期向总公司董事会提出报告；监督检查企业董事会经营决策和领导班子、主要负责人的履职行为，向总公司董事会提出业绩考评、任免、奖惩意见及建议。监事会工作办公室设有 3 个检查组、1 个管理组，职工 17 人，均为大学以上学历，其中高级职称 12 人。

（王素玲）

【工作思路】 2014 年，监事会工作办公室以"围绕四个重点，做好四个维护，体现四个服务"为工作思路，围绕揭示受检单位的薄弱环节和经营风险为重点，对全资、改制企业进行集中检查，维护出资人和股东权益，为实现权益最大化服务；围绕摸清受检单位家底和真实情况为重点，对外埠钢铁企业开展联合监督检查，维护集团的整体利益，为实现首钢总体战略目标服务；围绕受检单位存在问题的即时性反馈为重点，加强动态监督，维护企业和职工权益，为实现企业健康、和谐发展服务；围绕跟踪和助推受检单位落实整改为重点，加强整改帮促，维护国有资产安全，为提升企业核心竞争力和可持续发展服务。通过制度建设、集中检查、联合检查、动态监督、整改帮促，首钢国有资产监管工作取得了新成效。监事会工作办公室《加强集团管控，构建闭环运行的国有资产监管体系》获得首钢第十五届管理创新成果三等奖。

（王素玲）

【制度建设】 2月，总公司决定加强监事会工作办公室的力量，增加专职监事，设立专员岗位。监事会工作办公室围绕加强集团管控、接近退休年龄的领导干部退出现职岗位、建立返聘工作机制、强化日常监督和过程监管，构建完善监事会工作体系，制定首钢总公司《专职监事管理办法（试行）》《监事工作专员管理办法（试行）》《监管企业日常监督实施细则（试行）》，修订《内部监事会管理制度（试行）》《内部监事会行使职权规定（试行）》《钢铁企业监督管理办法（试行）》。以上6项制度共43章200条，重在创新监事会主席领导下的专职监事负责制、重点监管企业专职监事常驻制和A、B角工作机制，完善国有资产监管模式。以上制度经专题研讨、征求意见、总公司董事会审议通过后颁发试行。通过制度建设，构建了职责清晰、职权明确、程序严格、衔接配套的制度、规定、办法、细则四个层级的内部监事会制度体系，为实现常态化监管提供制度支撑；监事会工作办公室按照"谁定制度谁负责、谁定制度谁培训"的要求，编制PPT课件，在首钢领导干部"周末大讲堂"讲授《内部监事会管理制度》，包括监事会制度产生的背景、制度架构、重点内容、工作思路、主要特点等。监事会工作办公室还制定了《保密工作制度》《内部监事会职工监事管理办法》，完成17项专业制度的自检、分析、总结，进一步健全首钢内部监事会专业制度体系。

（王素玲）

【集中检查】 年内，监事会工作办公室对国际工程公司、首房公司、鲁矿公司进行集中检查，重点检查2012年以后资产运营、领导班子及主要负责人的履职等情况，与各层次人员谈话130人次，查阅各类资料450份，检查资产总额148.57亿元，覆盖面达99%。在肯定成绩的基础上，揭示制约企业转型发展、提高经济运行质量的问题23个，重点关注事项5个，提出建议59条。总公司领导审议检查报告，对监事会的工作给予肯定。首钢副总经理孙伟伟在鲁矿公司检查报告上批示："监事会检查报告全面、详实，针对问题有意见建议，请鲁矿公司认真落实，巩固整改成果。

（王素玲）

【联合检查】 监事会工作办公室与北京市国资委派驻首钢监事会成立联合检查组，包括领导小组、工作小组，对首钢控股企业首秦、凯西、伊钢公司进行联合监督检查。按照总公司"问题定性要准、原因分析要透、所提建议针对性要强"的要求，监事会工作办公室制定联合检查方案，以"摸清底数，激发活力，找准问题，促进发展"和"全面、准确、高效"的标准开展工作。与相关人员谈话317人次，审验资料2480份，涉及资产总额211.94亿元，覆盖面100%。通过检查，肯定首秦、凯西、伊钢公司成立、重组后取得的成绩，了解掌握了资产运营、财务、内控体系及领导班子履职等情况，摸清了家底，共揭示问题75个，重点关注事项9个，提出建议108条。监事会办公室还从加强集团管控角度梳理出三个受检单位存在的共性问题5个，提出了整改建议；伊钢公司领导班子考察报告揭示了班子成员不团结等10个问题，提出12条建议。总公司董事会听取汇报后成立4个工作组，由总公司领导牵头协调解决问题；召开伊钢联合检查情况通报会，宣布领导班子调整方案。12月15日，监事会工作办公室向总公司董事会作了《关于对首秦、凯西、伊钢开展联合监督检查情况的汇报》。董事会审议认为：由北京市国资委派驻首钢监事会与首钢总公司成立联合检查组，对首秦、凯西、伊钢改革发展、资产运营、财务及内控体系、领导班子履职情况进行监督检查，形成了实事求是的检查报告，客观反映3家单位的现状，准确指出存在的问题和重要事项，提出了整改建议，各位董事同意联合检查组的报告；对检查中发现的问题，必须高度重视，根据实际情况，由总公司领导小组区分轻重缓急，尽快协调解决；首秦、凯西、伊钢要在抓实整改上下功夫，逐项梳理问题，制定整改方案，明确责任，通过有效整改，提升管理水平，推动各项工作取得新的进步；监事会工作办公室要跟踪检查3家单位整改的情况，2015年10月份向总公司董事会汇报。

11月，监事会工作办公室按照总公司的要求，与组织部、纪监委联合开展对特钢公司的监督检查。通过建立联系平台、召开座谈会、到基层单位调研，谈话150余人次，审验资料640份，检查特钢及所属全资、控股、参股公司22个，资产总额21.41亿元，覆盖面达到100%。形成特钢及其子公司经营、南区土地开发款使用、园区开发等专题材料 37 份,在肯定成绩的基础上揭示问题 34 个、重点关注事项 3 个,提出建议 29 条,向总公司提交了特钢公司监督检查报告、特钢公司领导班子及成员履职情况考察报告。

（王素玲）

【整改帮促】 监事会工作办公室落实总公司董事会关于"监事会的监管工作要注重实效,不但要揭露问题、提出措施建议,还要帮促企业整改,在提高资产运营效益上见实效"的要求,指导首房、首秦公司等 6 家企业按"四明确"要求制定整改方案,向首秦、伊钢、凯西公司下发整改通知书、整改计划表、整改进度反馈表,向京唐、首控公司下发督促整改通知书。经各单位研究,首秦等三个单位制定整改措施 237 条;持续跟踪通钢、长钢、水钢公司整改情况,按月了解整改进度,按季总结梳理,向总公司服务组介绍情况,促进企业整改。检查中揭示通钢等 3 家企业存在问题 78 个、重点关注事项 11 个,提出建议 144 条,经各单位研究,共制定整改措施 184 条,年内完成整改或取得阶段性成果 31 个,占 39.74%;其余 47 个问题正在持续推进整改。

（王素玲）

【动态监督】 监事会工作办公室落实总公司"要做好动态监督,特别是要做好监管单位存在问题的即时性反馈"的要求,以情况清楚、线索清晰、信息完整、反馈及时为标准,抓住问题苗头,加强动态监督,维护企业和职工的权益。针对首钢医院泌尿中心管理层不团结、金泰新钢联公司法律纠纷、首黔公司欠发职工工资等问题,及时向主管领导反馈情况,为总公司决策提供依据。

（王素玲）

【试行常驻制】 10 月,监事会工作办公室贯彻总公司董事会"试行专职监事常驻制"的指示精神,分析重点监管企业、监事人员的情况,研究监事工作由事后监督向事中监督、事前监督转变的途径,提出了以日常监督、动态监管、过程管控为核心的专职监事常驻制工作方案,包括试行监事会主席领导下的专职监事负责制、重要监管企业专职监事常驻制和 A、B 角工作机制,细化常驻专职监事的基本职责、考核办法、实施方案,按照新形势、新任务的要求创新监管模式。该方案向党委组织部、劳动工资部等 6 个部门 3 次征求意见,首钢党委副书记许建国主持召开 3 次专题会研究试点方案,完善相关附件,为试行专职监事常驻制创造条件。

（王素玲）

【项目后评价】 监事会工作办公室落实总公司董事会决议,根据首钢总公司《投资项目后评价管理办法》,牵头并会同计财部、销售公司组成工作小组,对苏州首钢隆兴公司开展项目后评价工作。与相关人员谈话 14 人,阅研资料 34 类 130 份,审核财务资料 229 份,发现问题 4 个,提出建议 3 条,完成了项目后评价报告。

（王素玲）

【参与深化改革】 监事会工作办公室按照总公司全面深化改革的部署和要求,梳理首钢 51 家二级企业派驻监事会、委派监事的情况;梳理 128 家二级单位的情况,研究监事会的监管范围,提出分类监管的建议;分析监事会专业深化改革重点和难点问题,提出深化改革的建议;分析拟纳入重点监管范围的 38 家企业的情况,提出分类监管的建议;落实总公司"摸清家底、顶层设计、理清思路、分步实施"的要求,按照不同的统计口径,对纳入集团管理的 332 家企业监事会设立现状开展调研分析梳理汇总,研究提出监管建议,并纳入《首钢投资企业管理现状》,为总公司领导决策提供依据;围绕做实股份公司、加强集团投资企业管控,提出监管思路和监管建议,制定和实施监管方案,制作 332 家企业按照板块监管的建议模板;按照钢铁业务管理体系的要求,梳理各层次的管理职责及界面,起草汇报材料,提出首钢钢铁产业板块平台公司设计方案（监事会部分）并制作模板。按照新形势和新任务的要求,做好监事会专业深化改革的相关工作。

（王素玲）

【业务培训】 监事会工作办公室按照总公司"全面深化改革,推进集团管控体系和管理能力建设"的指示精神,围绕落实总公司对监事会工作的新要求,结合人员变动频繁、新调入人员多等实际,组织了"专职监事提高履职能力业务培训",总公司领导许书记亲临培训并做重要讲话。许书记从总公司全面深化改革,加强集团管控的角度提出了明确的要求,一是虚心学习,武装头脑;二是认真履职,踏实工作;三是无私无畏,建言献策。本次培训是由首秦公司联合检查组负责人介绍开展监督检查的工作经验,重点围绕提高现场实地监督检查的质量与效率,提高监督检查报告揭示问题的针对性,提高问题建议的可行性,为受检企业提高经济运行质量与效益提供帮助与服务,为总公司领导决策提供可靠依据等方面做了详细的讲解。围绕落实许书记讲话精神,监事会办公室做了具体工作安排;此外,监事会办公室为解决专职监事存在的"本领恐慌"问题,还结合对首秦、伊钢、特钢开展联合监督检查,组织了专题业务培训、实战过程传帮带培训;结合试行专职监事常驻制,举办了提高常驻专职监事规范履职业务培训,为专职监事明确监管职责和工作内容,提高履职能力奠定了基础。

(王素玲)

【建立微信平台】 为及时了解国家、北京市国资监管的新要求,准确把握国资监管方向,明确国资监管工作重点,及时向每名成员传递监事工作信息,监事会办公室建立了监事资讯微信平台,运用现代网络通信手段,方便快捷地开展网络培训,为拓宽全体人员工作视野,丰富工作思路,提高监管质量与水平做出了努力。已发布国资监管及工作信息38条,微信平台已成为监事会办公室业务培训、信息传递的桥梁与纽带。

(王素玲)

【应知应会】 按总公司关于"各专业要建立应知应会系统库,清楚应知应会标准"的要求,拟定监事会主席(部厅级)、专职监事(处级)、专业管理(员)三个层次专业岗位应知应会标准,每个专业层次涉及应知应会内容均包括公共部分、专业部分两个模块,涵盖了新知识、新法规、新技术、企业制度、专业制度、岗位职责、企业精神、业务流程、管理目标、考核要求、办文、办公、办事等共252条。

(王素玲)

【践行群众路线】 监事会办公室组织全体党员领导干部继续开展党的群众路线教育实践活动,开展谈心,撰写个人对照检查材料,完成"超标办公用房与办公用品"、"庸懒散"、"公款旅游"、"公务活动赠送接收礼品"公务车等专项治理工作,召开民主生活会并开展批评与自我批评,撰写回头看材料、制定整改措施,召开交流会、总结测评会;践行群众路线并融入日常工作之中,针对联合检查组离京时间长,为及时帮助检查组成员及家庭解决遇到的突发困难,制定工作预案,建立每名成员家庭与留守人员联系机制;关心群众生活,做好一人一事的思想工作,组织对退休、生病及住院人员做好家访、慰问,全年走访慰问26人次,体现了人文关怀,增强了凝聚力。

(王素玲)

信 息 部

【信息部领导名录】

部　长:董　钢

副部长:高福文

(左国良)

【综述】 首钢总公司信息部成立于2004年5月,前身是2002年4月成立的首钢管理信息化工程建设办公室。该部是首钢信息化管理的专业职能机构。信息部负责组织制定和贯彻实施集团信息化建设规划和首钢自动化信息系统、计量、电信专业管理制度和工作规划,并对执行情况进行监督、检查、考核。负责总公司及迁钢、首秦、顺义冷轧、京唐等钢铁企业信息化项目管理,审查各单位信息化项目实施方案,对可行性、合理性提出意见,对技术方案进行专业把关;制定项目规则,组织项目招投标和项目实施,控制项目范围、投资、工期、质量;组织验收和编写竣工报告等。指导或承担重组企业信息化项目的建设与管理。负责信息系统运行维护管理,包括变更需求的统一管理、组织涉及跨公司或一二级流程的业务需求及系统变更,对各基地系统变更进行指导监督、问题协调、组织测试和投运前准备工作,下达四级系统或跨公司一级、二级流程的系统变更启用的通知。负责总公司信息系统安全管理,组织制定总公司信息系统安全管理制度;组织落实首钢信息系统安全等级保护工作;负责制定首钢企业专网内各信息系统及使用国际互联网的安全策略、控制技术方案,负责用户及访问权限的分类,督促安全策略的执行、技术方案的落实等。负责首钢管理信息化系统中四级主数据的归口管理,负责组织相关专业制定主数据管理流程,统一制定主数据编码规则,组织主数据的审计工作等;负责三级系统主数据组织协调和检查的工作等。负责集团管理信息化系统业务流程的归口管理。组织制定信息化系统业务流程管理方面的有关规章制度、管理规范等,对制度和规范执行情况进行检查、指导。负责组织对流程管理理念、方法、工具等进行系统培训;组织业务流程优化的管理工作,对执行效果进行跟踪;协调跨专业流程的有关问题,提出解决流程落实的技术解决方案等。负责组织制定和落实首钢集团计量专业中长期规划、规章制度并监督、检查、考核执行情况;负责组织集团各公司建立完善物资和能源计量检测设施,组织制定并实施计量器具配备和评定标准及工作程序、计量异议处理规范、计量结算数据管理原则规范、计量检测标准、计量收费标准体系和量传溯原体系等,并监督、检查、考核执行情况。负责组织相关部门处理销售中的计量异议,对集团内部计量异议进行仲裁;负责组织和监督、检查各单位开展计量检测设备检定校准;组织协调集团各基地建立和完善ISO10012《测量管理体系测量过程和测量设备的要求》体系等。负责首钢电信专业管理,行使首钢无线电管理委员会办公室职能。下设信息化项目管理处、信息化运行管理处、信息化流程管理处和计量管理处4个处级机构。定员编制22人,在册职工21人,研究生以上学历5人,大学文化学历8人,大专学历7人;高级职称9人,中级职称5人。

2014年,信息部面对钢铁生产经营最为严峻的形势,贯彻落实总公司党委扩大会、职代会、干部大会和"三创"会议精神,以促进信息化和工业化深度融合为目标,推进信息化项目建设工作,加强信息系统的运维工作以及信息化、计量、电信等专业管理工作,各方面工作取得新的成绩。

(左国良)

【集团经营管理平台项目】 信息部组织开展需求调研,完成指标及报表的系统设计及开发工作,并组织重点产品标识、利润指标口径统一、预算品种规则匹配等问题的解决,4月46个KPI指标正式上线,6月44个季度考核指标上线。组织制定、颁布《经营管理平台运行管理办法》,修正完善经营平台运行中发现的问题。每月分析总结经营平台指标数据的应用情况,协调解决数据应用中的问题,四季度实现指标数据100%应用。通过对四地钢铁业绩效考核评价体系重新设置、业务规则重整、业务流程再造,以信息化手段有效执行月度、季度绩效考核,为业务部门及公司经营管理提供真实、有效的系统数据。

(陈 锐)

【迁顺在线订单评审项目】 1月6日,首钢迁钢顺义冷轧公司在线订单评审项目正式启动,完成业务调研、系统设计、开发测试、上线准备、双线运行、单线运行。建立6个相应的制度和管理办法。建立评审知识库,建立后续更新、充实、积累知识库的手段。建立订单录入、审核录入、订单评审、质量设计和材料设计、余材充当、交货期预测、成本预测、基料需求计算并导出、订单评审修改及撤单、导入SAP生成正式订单、下传MES/AQD等环节的系统业务数据流程和操作。9月系统上线运行,顺义外销冷轧产品意向订单及迁钢外销热轧产品意向订单、冷硬碳钢产品意向订单、硅钢产品意向订单等通过系统正式下达和评审。

(陈 锐)

【集团采购信息化项目】 5月,首钢集团采购电子商务平台上线运行项目开发、测试、上线工作完成,9月开始业务上线试运行。组织系统优化、应用推广工作,完成平台与ERP、CMS强关联开发工作,完成用户新需求的开发、测试及系统优化,完成平台界面改版优化,组织平台管理制度的制定、修订工作,组织平台应用推广等工作。截至年底,采购平台已有注册用户3137个,访问累计56000次,发布采购业务4148笔,完成采购业务2548笔。

(陈 锐)

【首钢营销服务平台项目】 首钢营销服务平台功能扩展及优化项目完成客户及市场信息管理系统开发,实现客户信息收集与管理的集中化;建立电子数据交换(EDI)平台,实现对家电板、汽车板大客户通道的技术支撑,增加渠道稳定性。与美的公司对接;完成营销服务平台系统面向京唐三冷轧、迁钢线材两条新增生产线等业务的功能扩展和优化,完善客户服务体系。组织对长城汽车、北京汽车两家汽车制造企业和美的集团一家家电企业进行调研,完成CRM-EDI对接范围和EDI实施步骤的设计。与上海亿康公司进行技术交流,确定EDI平台实现的技术路线、技术支持范围和技术协议方案。对一汽集团采购部和一汽大众进行调研。

(刘 京)

【集团进口矿信息化平台项目】 首钢集团进口矿信息化平台项目主要包括进口矿物流管理、计划管理和展示分析部分。信息部组织完成需求调研、系统设计、系统开发等工作,4月,物流平台正式上线运行;11月,展示平台正式上线运行。制定并颁发《首钢集团进口矿管理信息化平台系统运行管理办法》和《进口矿管理信息化平台系统操作管理办法》。物流平台在整合京唐、矿业、迁钢和首秦不同编码体系的基础上利用首钢自有开发平台,开发一套进口矿系统,包括装船、在途、靠卸、存储、发运全过程。集成质量、价格、物流信息,实现各专业、各基地信息共享,信息传递及时、透明。信息展示分析平台,直观展示进口矿市场行情、资源供应、内部使用和库存情况,为集团、各基地领导和专业部门提供决策依据。计划平台主要功能已经开发完成,进行测试和完善。

(陈 锐)

【首钢资金管理平台升级项目】 6月,信息部启动首钢资金管理平台升级项目,组织业务部门、九恒星公司完成预算、结算及票据管理的业务流程调研。实现与11家银行的"银企直联",第一批上线单位通过系统处理结算业务、预算上报及执行。组织首自信公司分析调研集团资金预算流程及流动性预测,形成资金预算管理系统实施方案,与九恒星接洽系统接口方案。组织完成IT运行环境的搭建,包括旧有资金系统的梳理,升级后的平台系统架构的部署,单独资金平台机房改造涉及的方案制定、合同签订、施工监督,软硬件设备的选型、招标、合同签订、系统集成,新旧资金专线涉及的11家银行的沟通核对、签订专线合同等工作。签订合同5个,包括软硬件采购合同、机房改造合同、银企直联专线合同、地板施工合同、软件开发和安全产品代购合同。

(陈 锐)

【迁钢质量过程控制项目】 迁钢质量过程控制项目,包括在线质量判定、数据挖掘、一贯过程控制等系统。12月,完成系统整体上线。实现了二炼钢、二热轧、一冷轧硅钢产线全过程6967项数据的采集,梳理质量指标376项,通过20多种图形以及APP等方式进行可视化监控、分析;研究、固化质量管理过程对关键质量特性分析的经验,建立102组输入、输出参数,提高了质量特性分析的效率;建立产品制造履历及供货质量分析,实现产品物料实时跟踪及产品质量快速追溯、多维度供货质量分析,为客户服务提供支持;优化质量判定流程,开发在线判定系统,实现线上精准判定,提高判定效率的同时降低了管理成本。一贯质量控制流程,实现机组级关键控制点实时监控和调整、工序间质量动态反馈和控制、全流程质量控制标准优化,全方位提升质量过程控制能力。

(陈 锐)

【职工健康管理信息系统项目】 7月,首钢职工健康管理信息系统项目正式启动。信息部组织业务需求调研,形成项目立项报告、实施方案,确定系统实施范围和项目组织范围,形成项目组织机构及联系机制。截至年底,项目调研工作已经全部完成,设计开发工作完成47%,期初数据准备工作完成61%,基础设施建设工作完成30%。

(陈 锐)

【系统优化】 信息部优化、调整存储磁盘阵列系统。一是针对XP10000系统数据增长变化情况,组织进行性能分析,测算数据增长量及使用时间,对磁盘碎片进行整理和重新分配,重新组合分配出4T的空间,并使存储更加合理和安全。二是针对EVA3000磁盘阵列已经使用10多年时间且HP公司在2015年后不再提供服务支持,组织把上面的数据向新采购使用的P6550磁盘阵列上迁移。

优化监控平台功能。对重要应用系统的主要参数、服务器主要阀值、网络交换设备的主要监控点进行监控,优化参数、完整系统的拓扑图在监控平台上显示。并把Nagios监控平台向各基地推广覆盖。

设备优化。针对国家公布OPEN SLL漏洞,组织"一业四地"进行VPN系统设备的更换工作,提升VPN系统的保护强度,新设备为国产设备便于管理,也符合信息安全产品逐步国产化的趋势。组织"一业五地"讨论首钢局域网内部IP、内部域名等规范,并按照各单位反馈意见完善DNS配置、域名使用规范。

(王福生)

【计量管理】 计量专业管理。信息部指导首自信公司计量标准站完成北京市质量技术监督局对23项计量标准复核及1项强检计量标准复核专业复查工作,完成矿业公司15项计量标准复核的专业检查工作。11月完成首自信计量标准站接受国家认可委对27项校准项目的CNAS复评审的专业评审工作,持续监督跟进所查问题的整改情况。完成标准变更的审批,按月下发公司最高标准器周检计划,协调北京地区强检压力表检定工作,安排外围单位送检工作,全年送检412台;完成总公司校准实验室的最高标准器送检工作,全年完成260台。组织首自信公司及矿业公司参加北京市质量技术监督局组织的计量技术机构负责人的培训工作。

园区能源管理。结合园区工程改造项目、长安街西延工程、西十筒仓、过渡期供暖、办公用房修缮等工程，有针对性的加强能源监督管理，核实能源基础设施使用情况，完善能源计量、用电管理。一是针对结算单位及结算名称的变化频繁，新增计量点及变更项目增加量大的特点，改进申请会签工作，要求在签订用电申请前，必须现场核查计量装置的安装情况，对不符合计量标准的，必须按照计量标准安装合格的计量装置，做好外部单位施工用能管理。二是现场组织不定期抽查，对有问题的计量点，组织及时处理，保证计量准确。降低电网线损，完成铆焊线电流互感器的更换工作，提高计量精度；向园区管理部提出需要更换的电能表明晰。三是结合参加园区管理部组织的保电会，落实有关工作，对内部转量的单位，根据要求核实处理；根据实业公司的电计量问题，协同相关部门加大检查力度，多次到现场调研、检查。

组织协调物资计量业务，保证园区拆除工作顺利进行，监控物资网络运行情况，及时组织计量进行业务调整安排，到计量站点，督促计控部门做好计量设备的使用维护和计量检定工作。全年轨道衡计量供应销售清理场底料等共计 621 车 21853 吨，汽车衡计量北京园区拆除废钢废料共计 7035 车 91332 吨。

（王国发）

【信息化专业管理】 "两化"融合管理体系贯标试点工作。5 月，工业和信息化部办公厅印发《2014 年"两化"融合管理体系贯标工作方案和贯标试点企业名单的通知》，首钢股份公司迁安钢铁公司、首钢矿业公司、首钢京唐钢铁联合有限责任公司被选为贯标试点企业。三家企业分别制定"两化"融合管理体系贯标工作方案，开展贯标试点工作。年底，形成"两化"融合管理体系整体架构和运行机制，并按照"先试点、后完善、再推广"的步骤持续推进"两化"融合管理体系贯标。通过体系规范"两化"融合相关过程，并使其持续受控，以形成获取可持续竞争优势所要求的信息化环境下的新型能力，提升企业综合竞争能力。

首钢推进正版化软件工作。按照北京市正版化软件联席会议办公室的要求，首钢总公司在上年完成 5 家单位正版化软件工作的基础上，组织 27 家二级单位开展软件正版化工作。部署工作计划，组织各单位自查，协调软件采购及整改落实工作，配合市检查组抽查验收。27 家单位共计采购操作系统 242 套、办公软件

1994 套、杀毒软件 1560 套。经过北京市正版化软件联席会议办公室对操作系统、办公软件、杀毒软件的检查，正版率达到 100%。

首钢集团进口矿信息化项目获北京市国资预算资金支持。按照北京市国资委"关于申报 2014 年度国有资本经营预算资金支持企业信息化项目的通知"，首钢总公司先后完成申报材料的起草、提报和答辩，包括提交项目申报书、项目可行性研究报告、JIO 软件报表、申请项目资金的请示等材料。首钢集团进口矿信息项目通过初审、专家评审和北京市国资委审定等环节。经市国资委主任办公会审定，12 月，80 万元资金拨付首钢总公司。

（温立文、哈铁柱、左国良）

【顶层设计规划编制】 信息部组织园区开发部、园区管理部、首自信公司编制新首钢高端产业综合服务区智慧城市顶层设计规划，开展调研、案例研究、技术研究，形成报告，包括规划目标、总体蓝图、系统解决方案、重点项目与实施策略、效益分析、风险分析及保障措施等内容。10 月，该规划通过北京市建委及科委组织的专家评审。

（温立文）

生 产 部

【生产部领导名录】

部　　长：张炳成（7 月离任）

副部长：魏国友

部长助理：王春生（11 月离任）

（于志刚）

【综述】 首钢总公司生产部是首钢集团钢铁企业生产组织总体协调平衡部门，设钢铁生产协调处、产销平衡处、物流管理处、总调度室、安全处，职工 64 人，其中大学本科以上学历 39 人，大专学历 10 人；高级职称 4 人，中级职称 25 人。

2014 年，生产部以优化产品结构、优化物流结构、降低生产成本、扭亏增盈为主线，从集团采购、物流管理、资源平衡、产销衔接、品种推进、检修协同、集团协调等角度为切入点，加强生产经营管理，与钢铁生产基地协调联动加强市场分析，根据市场波动调控采购及库存，由生产型向经营、效益型转变。全年首钢集团铁产

量 3138 万吨,粗钢产量 3078 万吨,钢材产量 2909 万吨。

（于志刚）

【铁前生产组织】 2014 年,矿业公司一烧、二烧品位比计划提高 0.04%、京唐公司比计划提高 0.62%、首秦公司比计划提高 0.54%。矿业公司配矿用料按年计划执行,烧结矿品位波动小,全年平稳,均维持计划 56.1% 左右。京唐公司配料以长协为主,减少秘鲁原矿的配用,烧结矿品位维持在较高的水平。首秦公司烧结矿品位,年初确定实行烧结用料自主采购贸易矿,降低原料配矿成本。通过首秦公司运作,采购大量的贸易矿,由于贸易矿铁品位低、二氧化硅含量高,但是价格优势明显。6 月份以后减少配用贸易矿,烧结矿品位上升,烧结矿品位 10 月份最高 55.53%,全年平均完成 54.20%。外埠公司水钢烧结矿品位较低,全年平均完成 53.00%。

2014 年首钢进口矿采购总量 2143.5 万吨,三大矿商（力拓、淡水河谷、必和必拓）采购量 1421 万吨,占 66.31%;其他资源采购量 722 万吨,占 37.69%,折指数约 94.5 美元/吨,比年均指数降低 2.4 美元/吨;全年完成贸易矿采购 86 万吨,降低成本 119.9 万美元;全年采购进口煤 255.2 万吨,其中迁焦 71.1 万吨、京唐 184.1 万吨,同比上年月均增加 0.4 万吨,超出年计划量 17.7 万吨,超出上年采购量 4.6 万吨,测算累计降低采购成本 1.76 亿元。

2014 年集团迁焦、京唐两地进口煤的配用比例根据国内国外两个炼焦煤市场的情况相应调整,利用进口煤的性价优势,降低生产成本、满足质量要求。其中,京唐公司年计划配比 30%,最高配比 43.8%,迁焦年计划 20%,最高达到 27.2%。年内,生产部组织开发澳洲精粉、澳洲钛粉、秘鲁氧化矿等 3 种进口矿新资源(不含首秦自采品种)。在进口煤方面,配合迁焦、京唐拓展美国低灰布坎南煤、加拿大新普瑞焦煤、澳洲低灰澳洲卡若和温莎焦煤、美国皮拿扣、俄罗斯 k10 煤,降灰、降硫、降成本效果良好。组织矿业球团"提铁降硅",利用优势资源,改善炉料质量,球团秘鲁细粉由 10% 提升至

30%,达到既定目标。开展进口矿信息化平台建设,其中物流平台 6 月底上线运行,计划平台 9 月上线调试运行。

（徐慧如）

【炼铁生产组织】 首钢集团生铁 3138 万吨,同比年计划亏产 178.24 万吨,原因是迁钢、首秦、通钢、水钢、长钢未完成计划,迁钢公司主要受 3 号高炉热风炉事故及 11 月 APEC 会议影响,首秦公司受市场因素影响调低产量计划,生铁、粗钢、钢材均未完成年度计划;京唐公司受市场因素影响,成品材未完成年度计划;通钢受新高炉投产拖期影响,水钢受市场因素及资金短缺影响调低产量计划并停炉减产,长钢受一季度炼钢事故及 6 号高炉 2 月份检修后未投产影响。首钢以成本为主线,坚持对标挖潜,采取灵活的采购策略,调整结构价格体系,控制库存资金占用和库存品种数量。

综合入炉品位:京唐公司与迁钢公司大型高炉生产,综合入炉品位达到 58% 以上;通钢公司有自有资源优势,综合入炉品位 57.28%;首秦公司、水钢公司与长钢公司配用高性价比低品资源,综合入炉品位 55% 左右,水钢公司综合入炉品位 54.86%;伊钢公司使用地方资源,综合入炉品位稳定在 56% 左右。

焦比:京唐公司、迁钢公司及通钢公司稳定较高水平顺稳生产状态,焦比 310 千克/吨～330 千克/吨;首秦公司焦比 343.44 千克/吨;水钢公司原燃料条件较低,焦比 353.92 千克/吨;长钢公司受炼钢事故影响,高炉检修恢复造成焦比升高,年平均焦比 361.33 千克/吨;伊钢公司装备水平及原燃料质量较差,焦比 456.48 千克/吨。

煤比:长钢公司喷煤比 162.33 千克/吨,水钢公司、首秦公司、通钢公司、京唐公司喷煤比达到 150 千克/吨以上;伊钢公司受设备及原燃料条件制约,喷煤比 126.58 千克/吨;迁钢公司受 3 号高炉热风炉设备故障影响,喷煤比下降明显,年平均 137.98 千克/吨。

（徐慧如）

【炼钢生产组织】 首钢集团粗钢产量 3077.65 万吨,同计划比亏产 171.05 万吨。

2014 年首钢集团粗钢产量 (单位:万吨)

单 位	粗钢产量	年计划	与计划比
粗钢合计	3077.65	3248.70	-171.05
(一)首钢四地	1851.96	1866.00	-14.04
京唐公司	866.55	856.00	10.55
迁钢公司	741.80	763.00	-21.20
首秦公司	241.54	247.00	-5.46
(二)其他单位	1225.69	1382.70	-157.01
通钢公司	439.12	510.00	-70.88
水钢公司	439.85	500.00	-60.15
长钢公司	287.23	305.00	-17.77
伊钢公司	56.98	56.00	0.98
贵钢公司	2.51	11.70	-9.19

(闫小明)

【成品钢材】 首钢集团钢材产量 2909.36 万吨,亏年计划 229.19 万吨。

2014 年首钢集团钢材产量 (单位:万吨)

单 位	钢材产量	年计划	与计划比
成品钢材合计	2909.36	3138.55	-229.19
(一)首钢四地	1659.01	1698.40	-39.39
京唐公司	755.92	770.80	-14.88
迁钢公司	494.80	497.60	-2.80
首秦公司	217.39	240.00	-22.61
顺义冷轧	190.17	190.00	0.17
(二)其他单位	1250.34	1440.15	-189.81
通钢公司	431.67	522.00	-90.33
水钢公司	430.10	488.00	-57.90
长钢公司	291.61	305.00	-13.39
伊钢公司	56.47	56.00	0.47
贵钢公司	9.55	24.15	-14.60
凯西公司	30.94	45.00	-14.06

组织开展冷、热轧订单组织管理流程梳理。生产部组织相关单位开展冷、热轧订单组织管理流程梳理,从冷、热轧产品订单的生产线分配现状入手,分析存在的问题,提出建议和措施。控制结转订单,提高订单兑现率。在优化排程和各项攻关的基础上,从源头把住产品订单符合轧线的状况和能力。

重点用户预排程分析。生产部组织各相关单位召开专题会,探讨"如何围绕首钢重点用户订单做出全月预排程,提升客户服务能力",通过不断推进和完善重点用户订单预排程工作,定期组织销售部门与基地做好分阶段的兑现分析,及时协调订单交付过程中的问题。每周四生产视频会按项目分析排程,细化到品种,与基地、销售、技术等部门共同研究制定措施,提高预排程兑现率。

推进迁钢顺义冷轧冷热轧一体化,提高冷轧产品交付能力。生产部理顺产品订单流程,强化对订单各个环节的管控,对客户信息收集、意向信息确定、订单的促成、订单的交付进行全过程管控,做到有控制,有调度,有管理。在保证各生产线生产基本衔接的前提下,通过指标控制,有针对性地适量备坯、备卷,推进重点用户预排程等工作,加强订单交货期管理,通过每月的过程控制与数据分析查找问题,在全局上观察分析、局部上策划改进,有计划、分层次地进行提升改进。提高冷轧产品交付能力,提升客户服务能力。通过一年的持续改进,上述各项措施在实际应用中均收到良好的效果。

(闫小明)

【物流管理】 首钢集团优化物流结构、推进降本增效。

完善物流预算管理体系。生产部通过加强物流预算梳理和分析,规范各单位物流费用项目和统计口径,构建物流费用基础台账和例会制度,根据检查分析存在问题,关注物流费用过程控制,提高物流系统的精细化管理。

开通迁钢产品向京唐自有码头的集港运输。生产部组织销售、迁钢、京唐、中首和首运物流等相关单位,从4月份开始迁钢部分流向的卷钢产品通过自有码头集港运输,钟摆回运进口矿,并配合班轮运输提高交付能力。全流程均由首钢自有单位参与,在树立首钢物流品牌的同时避免集团资金外流。全年迁钢产品向京唐自有码头的集港12万吨,实现增收节支300万元。

迁钢顺义冷轧内供基料火运增量。通过加强与铁路系统的合作,陆续研制并投入四套专业平板车,通过加强迁钢顺义冷轧物流一体化,做好迁钢顺义冷轧基料产、运衔接和现场各环节的组织协调,迁钢顺义冷轧内供基料火运量屡创新高,全年火运量125万吨,火运比64%,同比增加8万吨和9%。全年迁钢完成装车36万吨,降低费用234万元。

以市场为导向,优化进口矿疏港布局。通过组织中首公司调整港口资源布局,从每条船的装期到港、数量品种、运输组织、基地接卸等方面全方位组织安排,做好内部统筹协调,同时疏通铁路、港口部门做好运力保证和减载配合,秦皇岛港火运量200万吨,同比增加24万吨,降低费用220万元。

加强物流质量管理工作,提升首钢产品销售的运输质量。8月,由总公司生产部、销售公司、技术研究院和基地相关人员组成"物流质量跟踪服务工作组",开展物流质量检查,对相关作业规范和制度完善情况、厂内装车规范、存储条件和各环节的物流质量交接记录等方面进行全面检查、分析和整改,建立并形成一套完整有效的运输质量管控体系。

(高学江)

【生产管控中心工作】 生产管控中心做好以高炉为主项的系列检修方面总体平衡协调工作,保障各次系列检修期间生产顺稳、检修任务按质、按量、按时限完成。结合本年度公司生产经营形势,做好降本增效工作,公司对高炉检修周期适当延长,本年度一高炉2月、7月及11月安排例修,二高炉1月、5月及11月安排例修,三高炉2月、8月安排例修(11月APEC期间进行部分设备强化)。生产管控中心参加历次高炉系列检修能源平衡会和检修会议,制定检修生产组织方案,现场检查检修情况,及时协调解决出现的问题和矛盾,掌握检修真实进度,完成检修期间生产组织工作。

4月完成《迁钢公司调度手册2013》版印刷工作,并发放相关人员。为生产调度系统人员提供专业学习资料,为生产组织人员科学合理组织生产,准确判断、迅速处理突发事故提供详细的参考意见。

针对三高炉2号热风炉故障抢修工作,生产管控中心对抢修人员组织、备件材料到货情况、现场施工质量、进度等实时跟踪督查。5月6日三高炉2号热风炉煤气支管发生烧出事故,造成煤气支管烧毁、部分平台梁受损、风口灌渣,高炉被迫紧急休风检修。2号热风炉退出运行,经多方专家论证,7月4日三高炉2号热风炉开始抢修,工期52天,生产管控中心安排专人参加每天下午14:00工程碰头会、每周一、四下午14:00工程例会及每天早7:00在生产指挥中心组织的碰头会,并掌握抢修组织及进度,形成书面材料经管控中心值班调度汇报公司领导。7月4日~24日抢修结束,进入引煤气烘炉阶段,烘炉至8月14日具备投用条件,此外,结合三高炉14日~15日检修机会进行拆盲板工作,15日正式投用,比预计提前10天。

针对北京11月APEC期间环保限产、停产要求,生产部做好公司生产组织、检修平衡、全停产组织及生产线恢复生产组织工作。生产管控中心安排专人参加一、二高炉11月份停产检修串排会,对生产组织及检修工作中的重点、难点及公司领导的指示精神做好记录并深入现场了解情况,掌握实情;按班动态掌握焦炭仓存、落地焦炭存量、外购焦进厂存量、矿业一烧、二烧工艺仓存、落地烧结矿存量、矿业球团工艺仓存及落地球团矿存量等信息，形成汇总表上报相关领导；参加公司领导组织的各层次会议，掌握公司生产组织调整安排、公司整体检修进度情况及公司动力能源系统平衡情况，保证动态指挥的全局性、及时性和准确性；介入公司动力能源系统的总体动态平衡工作，特别是公司煤气系统，管控中心专业与能源部专业进行全程细致测算，结合生产线安全生产要求、合同订单交货期等条件，形成动态平衡方案；在11月8日全停产后，协同调度值班人员，按全停产生产线顺序、动力能源停气保压安排组织公司全停产操作，并对各生产线的停产及指挥指令做好详实记录。

针对球团、烧结划转总体进度安排，生产管控中心提前介入，做好具体专业对接、业务摸底、参加划转例会等工作，为顺稳划转创造条件。生产管控中心安排各班人员到矿业公司总调学习、对接，根据划转范围，深入现场，掌握各个划转的料场地理位置、物料品种及储存量，到烧结、球团生产现场掌握生产组织流程等工作；安排专人参加公司组织的球团和烧结划转工作例会，按例会要求及时传达落实相关工作，为球团和烧结划转后的生产组织模式、生产管控体系人员职责提前形成安排意见，特别是生产调度通信系统、人员班次等进行全面掌握和准备，为划转工作推进创造必要条件。

（莫发华）

设 备 部

【设备部领导名录】
部　长：李建设（6月任职）
　　　　付建国（6月离任）

（杨宝贵、何亚平）

【综述】　首钢总公司设备部是首钢钢铁业设备专业归口管理部门，负责首钢设备专业规划制定与实施；负责组织设备专业管理制度制定、修订与贯彻，负责设备定修模型的制定与优化，年修以上的检修计划平衡，检修资质管理，修理费集中管理；负责组织重大设备技术攻关；负责设备检测诊断专业归口管理，开展精密检测与特种设备检验工作；负责组织京唐、迁钢、首秦、顺义冷轧、矿业公司通标、小型、电气、计控等通用部分备件及顺义冷轧的非标采购申请审批工作，负责通用备件及大

宗非标备件集中招标组织；负责进口备件国产化工作。设备部下设综合处、设备管理处、设备技术处、设备检测处（实体单位）、备件处（实体单位），职工129人。

2014年，设备部围绕"进一步树立为生存而战的意识，以点检定修制为基础，提高设备功能精度保障能力，减少故障、避免事故，实现修理费、备件库存资金占用、备件采购资金签约总金额指标降低，确保设备稳定经济运行"的工作目标，坚持以问题为导向，深入基层，服务基地，通过严细管理，狠抓落实，全面完成了各项专业工作任务。

（杨宝贵、何亚平）

【设备管理指标】　2014年，首钢四地钢铁业备件采购合同签约总金额236180万元，比计划降低8820万元；备件库存资金占用187235万元，比计划降低2965万元，比上年同期降低17752万元，降幅8.66%；修理费支出328908.8万元，比计划降低25542.2万元，比上年降低17774.2万元，降幅5.1%；设备故障停机时间1994.7小时，比计划降低1245.3小时。

（杨宝贵、何亚平）

【设备功能精度管理】　设备部与京唐公司联合，在京唐冷轧2230生产线开展设备功能精度管理试点工作，并进行总结，编制完成《设备功能精度管理及实践》，重点抓好功能精度项目管理、受控点管理、日清日结分析、精度控制管理、设备体系支撑、专题专项攻关等方面工作。推进京唐2230冷轧辊系管理信息化建设，建立了影响带钢表面质量关键设备辊系管理系统。

（杨宝贵、何亚平）

【汽车板五大体系项目】　按照总公司首钢汽车板五大体系建设推进工作方案中的工作要求，设备部牵头负责五大体系中的退火炉气密性、轧辊磨削以及涂油均匀性等5个项目，与技术研究院和顺义冷轧公司配合，成立项目攻关小组，通过一年时间的攻关，解决项目存在的问题，达到预期目标。

（杨宝贵、何亚平）

【设备功能精度管理】　设备部承担京唐冷轧2230、顺义冷轧的设备年修和例修的设备精度检测工作，获取大量设备精度量化数据。接受京唐公司、顺义冷轧公司等单位的设备检测委托16份，赴钢铁基地现场检测32次，完成京唐和顺义冷轧等20条生产线，包括酸轧、连退、镀锌、镀锡、罩退平整等机组的645台套设备精度检

测任务,出具检测报告 32 份,分析诊断设备精度问题 171 项,配合指导基地调整精度超标设备 155 台。协助钢铁基地解决工序的带钢跑偏、卷取溢出边、带钢褶皱等疑难问题,恢复和提升设备精度,产品质量得到改善,检测工作获得钢铁基地各公司的认可。完成钢包、天车吊具、卷取机芯轴等共计 160 台套设备的无损检测以及矿业公司、顺义冷轧、首钢物业等 61 家单位的电梯、起重机械、压力容器、锅炉共计 1474 台特种设备的定期检验工作,并针对 409 项问题,按照法规要求督促业主单位全部落实整改。

(杨宝贵、何亚平)

【强化设备检修管理】 设备部优化整合维检队伍,对钢铁业四地、首建、首自信、机电公司等 8 家单位的维检业务及维检队伍管理情况进行调研,确定《以首钢京唐公司为试点进行设备维检队伍整合、优化的初步方案》。从年初开始,京唐公司对维检单位进行整合,5 家上海籍设备维检单位的维检业务由首宝核力公司统一整合管理。首建集团对组织机构和业务进行调整,由京唐、迁钢、首秦地区 10 家维检单位优化整合为 2 家。组织开展检修单位资质年审工作。以优化和规范首钢内部检修单位,提高维检效率为目标,组织各基地对从事设备检修的首钢内、外部检修单位进行梳理分析和评议评审。评审后,有 42 家单位取得新的首钢内部检修资质,有 5 家单位被取消内部检修资质。组织冷热轧定(年)修模型优化。通过对冷热轧设备近三年设备检修的执行情况进行调研、分析,针对发现的问题开展专题研究,以冷热轧生产线为试点,制定模型优化措施。完成 APEC 峰会期间检修任务,涉及集团钢铁业单位 7 家,重点生产线 31 条,重点施工单位 30 多家,12000 人参与检修,检修项目共约 20000 项,检修时间长、跨度大、交叉作业复杂。为了保证检修工作顺利平稳进行,设备部多次组织四地钢铁业研究分析,协调安排准备工作。设备部成立三个服务协调小组深入到基地,一是对生产线重点项目检修情况进行跟踪,对照施工方案进行检查,督促施工队伍按要求进行施工作业;二是对整体检修进度进行把控,配合环保要求及生产平衡需要,协助业主单位协调检修力量和备件供应;三是保持信息沟通通畅,检修期间每天形成设备部检修信息反馈,报总公司领导。

(杨宝贵、何亚平)

【设备技术支持平台】 设备部围绕钢铁各基地在产品质量、设备维护与管理中存在的疑难问题,利用总部优势,搭建技术资源和共性问题协调研究平台,组织开展技术交流会十余次,邀请轧辊技术专家在京唐公司召开轧辊技术交流会;组织京唐、迁钢公司人员召开热轧平整挫伤缺陷控制经验交流会;组织召开首钢设备润滑技术管理交流会;组织召开首钢集团大中型电机专题交流会以及组织召开四地加强特殊仪表使用管理交流会等,取得较好成效。

(杨宝贵、何亚平)

【完善专业管理制度】 设备部为了预知设备状态,预防设备故障(事故)的发生和快速处理,组织各单位对以往发生的典型设备故障事故进行分析整理,完成《首钢设备故障(事故)典型案例的汇编》工作,收集典型设备故障事故案例 478 例。设备部牵头组织首钢总公司"三规一制"大检查第二督导组到顺义冷轧、迁钢、长钢公司、通钢公司进行检查督导;派专业人员参加第一督导组进行检查。协同梳理了所检查公司"三规一制"管理体系存在的问题,形成了督导通报。

(杨宝贵、何亚平)

【强化备件专业管理】 设备部组织推进首钢公司采购电子商务平台的建设。牵头组织成立采购平台业务推进工作组;协调使用、维护部门的采购平台业务上线运行;明确各部门的职责分工;完成采购平台运行管理制度的规划和制定;借助采购平台完成采购业务流程的规范和优化;完成平台首页及子页面的设计等一系列管理开发工作。通过平台共发标段 3077 个,完成评标 2167 个标段,采购资金共 39407 万元。完成京唐及迁钢 1580 F2-F4 减速机的联储工作。通过联储工作组织及集中组织招标,中标价与投标均价比降低 160 余万元;减少基地间备件的重复采购及储备,降低采购资金和库存资金的占用。按照公司职能转换要求,备件采购范围涵盖到四地钢铁业,由设备部组织各地人员共同参与并在一季度完成。组织完成年度招标工作。全年发标共计 5645 项,投标共计 5283 项、投标总价(投标均价总价) 77439 万元,定标共计 5283 项、总价 70058 万元,节约资金 7381 万元,节资率 9.53%。组织落实备件国产化工作。全年备件国产化完成 7338 万元。

(杨宝贵、何亚平)

【管理技术成果汇编】 设备部编制管理技术成果汇

编,《设备功能精度管理与实践》主要介绍设备功能精度体系、工作组织方式、体系保证及实施效果分析等内容。《首钢总公司设备部 2014 年管理和技术成果汇编》,其中 2 项荣获北京市第 29 届企业管理现代化创新成果三等奖。申报国家专利 2 项,软件著作权证书 1 项,在国内期刊发表论文 15 篇。《京唐热轧产线设备标准化管理与实践》主要介绍京唐热轧生产线开展标准化设备管理以来所做的一些管理与实践工作。《冷轧辊系精细化管理与实践》规范轧辊、炉辊、张力辊及其他工艺辊的管理,监控各类辊的垂直度、平行度和水平度等空间状态变化。《首钢设备故障案例汇编》中的每个案例都从故障(事故)现象入手,剖析故障产生的根本原因、诊断、排除、预防。提升设备点检、维护、检修人员设备管理水平,拓展诊断思路和技巧。

(杨宝贵、何亚平)

首钢环境产业有限公司

【环境公司领导名录】

董事长:姜　林(4月任职)

副总经理:朱伟明(4月任职,主持工作)

　　　　贾延明(4月任职)

　　　　王向安(4月任职)

　　　　马刚平(4月任职)

总经理助理:冯向鹏(10月任职)

党委书记:姜　林

纪委书记:姜　林

工会主席:姜　林

(宛　贞)

【综述】　2014 年 1 月份,经国家工商总局名称预核准,首钢环境产业有限公司正式注册成立。同年 7 月 9 日,总公司下发《首钢总公司关于成立首钢环境产业有限公司的通知》(首发〔2014〕205 号),以能源环保产业事业部为基础组建"首钢环境产业有限公司"(简称环境公司),环境公司为独立法人企业,按部厅级二级公司设置,直属总公司管理。同时,撤销首钢总公司能源环保产业事业部,原能源环保产业事业部的全部业务和职责由环境公司承继。北京首钢生物质能源科技有限公司、北京首钢资源综合利用科技开发公司、北京首华科技发展公司划入环境公司管理。环境公司继续代管迁

安首嘉建材有限公司、唐山曹妃甸盾石新型建材有限公司、北京首科兴业工程技术有限公司、北京首同致远节能环保科技有限公司、迁安志诚润滑油有限公司。环境公司下设投资规划处、工程管理处、财务处、设计技术中心、办公室(党群办公室)。年末在岗职工 290 人,其中博士研究生 2 人,硕士研究生 27 人;高级职称 9 人,中级职称 42 人。

(宛　贞)

【生物质项目】　生物质能源项目是首钢承接的北京市重大民生工程,也是首钢发展城市综合服务商的项目。该项目 1 号、2 号发电机组先后并网成功,组织开展"72+24 小时"满负荷试验,国家能源局组织召开生物质项目并网安全性评价评审会,评价评审结果合格;国家环境分析测试中心、市环境监测中心等单位,分别对项目进行验收监测,全部达标;组织开展"夯实基础,规范管理,抓落实,树立形象"活动和全员培训;完成 ISO18000 职业卫生健康管理体系认证,并取得证书。

(宛　贞)

【建筑垃圾资源化利用项目建成】　首钢建筑垃圾资源化处置项目作为北京市重点项目,受到北京市和总公司的高度关注。环境公司在调研国内外相关技术装备的基础上,发挥内部技术优势,自主创新的建筑垃圾处理工艺技术受到业内专家认可,项目建设争取到市国有资本金支持 2700 万元。10 月,项目建成并试生产,年设计处理建筑垃圾 100 万吨。组织再生骨料试制广场平石等工作,样品符合《非烧结垃圾尾矿砖》JC/T422-2007 规范,再生骨料使用率 95%,体现首钢循环、绿色发展的理念,已在首钢园区开发项目中推广使用。

(宛　贞)

【炉渣加工生产线建成】　首钢利用自主创新的干法分选工艺,建成炉渣加工生产线并试生产,可分选出有色金属物 3‰、黑色金属物 3%,尾渣进行资源化利用。

(宛　贞)

【土壤修复项目立项】　根据《首钢总公司关于"修复污染土壤,发展环保产业"工作方案》,环境公司编制完成《首钢热脱附土壤修复项目建议书》《首钢热脱附土壤修复项目可行性研究报告》。12 月 5 日,总公司批准首钢热脱附污染土壤修复项目立项。

(宛　贞)

【节能环保技术创新】 首钢建筑垃圾再生骨料生产成套工艺,获得"首都设计产业提升项目"专项;球烧烟气脱硫除尘一体化、炉渣干法分选两项目通过北京市级评审,获得科研资金360万元;获得国家专利授权2项。

（宛 贞）

【企业文化建设】 环境公司联合团市委、总公司团委,组织开展"鲁家山循环经济基地环保创意设计大赛",全市青少年踊跃参与,提升"首钢环境"品牌形象;荣获"中国资源回收利用节能环保教育示范基地"、"北京市环境教育基地"、"中关村高新技术企业"、"北京市国资委系统优秀科技创新团队"等称号;鲁家山循环经济基地已累计接待国内外各界人士参观、考察、调研活动约200批次、3000多人次。

（宛 贞）

能源环保部

【能源环保部领导名录】

　　副部长:刘丙臣(主持工作)　　穆怀明

（王大帅）

【综述】 首钢总公司能源环保部归口集团能源环保专业管理工作,是首钢集团能源环保专业职能管理部门。负责贯彻执行国家和地方能源环保管理方针、政策和法规,制定落实首钢集团能源环保专业管理制度、办法;负责指导、监督、检查、协调首钢集团各单位开展节能环保专业工作;负责编制实施集团节能、环保管理中长期规划、计划,指导、监督、检查、考核完成情况;负责集团建设项目环保"三同时"管理,组织编制环境影响评价报告书;负责集团污染源、污染物排放检查和控制管理,负责环保治理项目的专业管理;组织开展环境污染调查、制定污染物排放总量控制指标、消减措施,编制污染治理项目计划,参与项目方案论证和竣工验收。负责集团动力能源的归口管理,组织重大能源问题平衡、协调,组织跟踪、研究新能源应用、节能技术、产品的推广应用;负责监测、检查集团节能环保设施运行情况、节能指标完成情况、污染物达标排放情况,分析、处理超标排放及污染事故;负责放射性同位素及射线装置的安全防护管理;负责集团节能、环保等专业数据统计分析及数据、报表汇总。首钢总公司能源环保部下设环保管理处、能源管理处两个管理处室和环境监测中心一个实体。员工45人,其中研究生4人,大学本科学历27人,大学专科学历及以下14人;高级职称9人,中级职称8人,初级职称8人。

（王大帅）

【节能管理】 能源环保部适应节能减排的新形势、新任务、新要求,强化政府节能目标任务和重点工作的组织落实,履行节能减排社会责任。通过强化目标管理、加强过程管控、定期分析测算、及早谋划对策,克服产品价格低迷带来的不利影响,总公司万元产值能耗0.67吨标准煤,累计下降率完成16.23%;能源消费总量80.92万吨标准煤,全面完成北京市下达的节能目标任务。集团整体经济用能、科学用能水平持续提高。通过推进节能项目实施、优化设施运行等举措,持续提高能源利用的效率和效益,稳步降低能源消耗。2014年,钢铁业共完成12项重点节能项目,年可节约标准煤5.2万吨,吨钢综合能耗同比降低9千克标准煤/吨,二次能源发电量同比增加55501万千瓦时,二次能源自发电率完成45.99%。加强节能减排优惠政策的搜集、研究、利用,全年钢铁业各单位争取政府节能项目补助等政策资金支持2730.8万元。

（王大帅）

【环保管理】 能源环保部宣传贯彻新《环境保护法》,加深集团各级领导、专业人员、职工对环保法的理解,形成懂法、知法、守法的氛围。对照新环保法,分类梳理环保问题,指导、协调集团各单位推进问题整改。强化环保管理,促进污染物减排,集团二氧化硫排放总量同比降低1163吨,烟(粉)尘排放总量同比降低1215吨。推进建设项目环境评价,京唐公司一期工程获得国家环境保护部环保验收批复,通钢公司污水处理厂项目通过吉林省环保厅环保验收批复,《首钢贵阳特殊钢有限责任公司实施城市钢厂搬迁建设新特材料循环经济工业基地项目环境影响报告书》获国家环保部批复。加强环保日常监督检查,能源环保部组织环保检查520人次,下发42份环保监察通知书,集团各单位共组织5865人次进行环保检查,内部环保罚款31.40万元。推行清洁生产,创建环境友好型钢铁企业。京唐公司被授予"2014年度中国钢铁工业清洁生产环境友好企业"、"全国大气污染减排突出贡献企业"。

（王大帅）

【制度建设】 能源环保部组织对现有节能环保制度进

行优化调整和修改完善,修订《首钢总公司节约能源管理制度》、《首钢总公司环境保护管理制度》等 7 项制度,取得阶段性成果。

(王大帅)

【重污染日减排】 能源环保部落实各项污染物减排措施,全年京、冀两地政府部门共启动空气重污染预警 19 次,能源环保部组织各单位响应政府部门的号召,启动应急预案。重污染日期间共削减烟(粉)尘 139 吨,二氧化硫 526 吨,氮氧化物 379 吨,全面达到政府对企业的要求。在 APEC 会议期间,制定实施《首钢总公司 APEC 峰会期间保障环境质量工作方案》,确保污染物减排措施落实到位,为改善区域环境质量作出贡献。

(王大帅)

【能源管理体系建设】 能源环保部推进能源管理体系标准化、规范化建设。首秦公司和水钢公司先后建立并实施符合国家标准的能源管理体系,获得体系认证证书,形成持续改进能源绩效的良好机制,迁钢公司正式启动体系建设工作。

(王大帅)

【环境监测】 环境监测中心完成京唐公司、迁钢公司、顺义冷轧公司、矿业公司等单位重点污染源监测任务,共完成监测数据 18728 个。通过北京市质量技术监督局组织的"水质总硬度、挥发酚"监测能力结果验证,取得开展"南水北调"相关水质监测的工作资质,环境监测能力不断提升。

(王大帅)

【碳排放权交易】 碳排放权交易工作取得较好经济效益和社会效益。能源环保部制定并下发《首钢总公司碳排放权交易管理办法(试行)》,作为北京市第一个企业碳排放权交易管理制度得到市发改委的认可;集团各涉及碳排放报告及参与碳排放交易单位均按时限完成 2013 年度碳排放报告、履约工作。组织各单位参与市场交易,实现净收入 1108.2 万元。搜集研究国家、北京市及行业碳交易相关政策文件、市场走势及集团内部工作进展,编发《首钢碳讯》,实现集团信息共享,提升企业碳资产理念。首钢开展碳排权交易管理的工作经验获得北京市发改委肯定。

(王大帅)

建设工程管理部

【建工部领导名录】
  部　长:李国庆
  副部长:陆文达(6 月离任)

(梁淀平)

【综述】 首钢总公司建设工程管理部是首钢集团建设工程归口管理部门,负责对建设工程的工期、质量、投资实施控制,参与项目可行性研究、初步设计审查、施工图和设计变更管理、工程预算、结算管理、工程招投标和工程合同管理,负责竣工验收、生产准备的有关工作;负责厂区利旧设备设施拆迁、修理配套改造开发再利用的组织管理工作,包括拆迁工程管理、资产处置、剩余物资回收处理;盘活库存的闲置工程设备及停产利旧设备。负责总公司投资建设工程、大修项目等设备和材料的采购、招投标、签订订货合同、执行合同、仓储、运输、库存设备维护,以及配合设备安装施工。负责非直接管理建设工程的宏观管理与组织协调,包括组织协调设计、设备采购(含北京厂区利旧设备拆迁)、施工建设、投资控制、质量管理,协助组建工程指挥部机构、落实相关人员等;负责组织落实国家、地方关于工程建设的法规、规章,行使首钢工程招投标管理委员会办公室、设备采购招投标管理委员会办公室职责。负责集团建筑行业战略规划、工程评优、技术支持、资质管理、统计分析等归口管理;负责建筑行业协会的归口管理,与国家、地方主管部门和行业协会相互联系;按照国家《建设工程质量监督管理规定》就《建设工程质量管理条例》负责对工程建设质量监督与管理。建设工程管理部设施工管理处、合约处、预算审查处、材料管理处、行业管理处(办公室)、质量管理处(冶金工程质量监督总站首钢监督站)、设备处(实体单位)。职工 107 人,其中专业技术管理人员 92 人;大学本科及以上学历 54 人,大专学历 43 人;高级职称 15 人,中级职称 48 人。

(梁淀平)

【生物质能源项目】 北京首钢生物质能源项目于 2010 年 10 月 26 日奠基开工,利用首钢鲁家山矿南区工业占地 313196 平方米,投资 214139 万元,建设 4 台 750 吨/日往复式机械炉排焚烧炉,4 台 82 吨/日卧式余热锅炉,2 台 30 兆瓦抽汽凝汽式汽轮发电机组,处理门头沟、丰台、海淀、石景山 4 个区经分类收集、分选预处理后的生活垃圾。以热电联产方式,应用 SCR 脱硝技术、空冷技术、飞灰资源化工艺、沼气发电技术、烟气处理和废水零排放工艺技术,实现 3000 吨/天的生活垃圾处理规模和装机容量。该项目于 2013 年 12 月 21 日开始焚烧垃圾热负荷试生产,1 号发电机组一次成功完成并网发电运行。年末,该项目安全、平稳地进入全面调试及试生产阶段,同时进行了天然气、高盐水处理、柴油发电机等新增项目的施工。2014 年全厂分系统调试已完成,并投入生产。该项目在 2013 年 12 月 21 日至 2014 年 11 月底累计进场垃圾 51 万吨,累计焚烧垃圾 40 万吨,累计发电 13432 万千瓦时,上网 9657 万千瓦时。

(梁淀平)

【首钢科教大厦工程】 首钢科教大厦工程是首钢篮馆中心的配套项目,是集文化、教育、培训、会议、住宿、餐饮及举办大型活动的综合配套建筑,占地面积 4550 平方米,总建筑面积 63000 平方米。工程于 2009 年 5 月开工,2011 年 5 月停工,完成地下 3 层、地上 15 层(+60 米)的主体结构。改造加固工程于 2013 年 8 月 8 日恢复开工,原地上 15 层调整为 23 层,由 60 米加高到 95 米。2014 年末,主体结构加高部分已全部完成;综合外线工程:包括污水管道、消防管道、热源地泵管道、生活水管道和雨排水管道共计 3513 米、井室 97 座,管道总共完成 3190 米,余 323 米,完成量占总量的 91%,井室完成 87 座,余 10 座,完成量占总量的 90%。外部电线电缆共 4481 米已全部完成;楼内水电工程:给排水管道已完成 80%,电线穿管完成 27%,线槽完成 90%。配电箱 560 个,已安装完 330 个;消防专业工程:随二次结构配合埋管施工,消防栓管道 2843 米、喷淋系统管道 34309 米全部完成;火灾报警系统:电缆管、槽 39526 米、可燃气体探测系统线缆管 1689 米、电气火灾报警系统导管 1440 米全部完成;暖通专业工程:通风管道 13905 米、风机盘管 945 台、新风机组 36 台、排送风机 45 台、风口 2489 个、空调水立管道 1425 米、制冷机房系统管道 3943 米、空调水管 22787 米、制冷机 6 台、水泵 24 台、板式换热器 6 台、膨胀水箱机组 2 台套全部安装完成;智能化控制系统:完成穿线管(总量 80750 米)45000 米,完成 55.7%、CP 箱安装 257 个,完成总量的 42%;工学院泵站改造及相关管线:完成泵站和外线管道 728 米,泵站水泵共 3 台、无负压供水设备 1 套、设备

控制柜 2 台安装就位。

(梁淀平)

【冷轧罩式退火项目】 首钢顺义冷轧工程配套项目罩式退火生产线,包括在顺义冷轧预留场地新建主厂房及罩式退火工艺生产线设备,并配套建设公辅设施,形成 60 万吨/年冷轧板卷退火生产能力,主要生产汽车板和家电板。项目于 2010 年 9 月 29 日奠基仪式,国产罩式炉 2011 年年底建成投产。24 台进口罩式炉全部就位,由于总公司原拟将进口罩式炉转移到迁钢公司,2012 年春节前暂停施工。2013 年 8 月份总公司确定进口炉仍留置在顺义并恢复施工,截至年底,主体工程项目施工完,附属和新增的项目施工完;已完成对 24 座引进罩式炉炉台及加热罩 13 台、冷却罩 11 台等附属设备的热负荷考核,三方(业主、中冶南方、LOI)共同签署考核验收文件。

(梁淀平)

【北京老厂区利旧拆迁】 为确保北京特宇板材有限公司 2 号镀锌线设备拆除满足京唐公司在建工程进度要求,建工部组织制定、审查拆除方案,7 月 15 日完成 2 号镀锌线设备生产线全部拆除、搬迁任务。

(梁淀平)

【设备供应及库存设备处置】 建工部为首钢集团建设工程采购设备 2584 台套,采购资金 5255 万元,其中招投标 41 项,采购设备 1852 台套。按制度管理,完成北京生物质能源、迁钢工程的 CCPP 发电项目、NEC 厂房改造及科教大厦项目的设备供应及管理工作。

开展清理库存工作,协调配合公司内外相关部门进行资产评估、备案申请、设备上市交易前的申请呈报及结算等相关工作。按照总公司经理办公会精神,设备处库存资产完成 2000 年清产核资设备中三台天车的外销处置,账面价值 137.05 万元,评估值 20 万元;完成京唐公司向总公司报告拟利用老 2160 工程 6 台天车,改造后设备用在目前厂房现场和后续新工程上。其账面值为 2837.9 万元,评估值 355.8 万元。

(梁淀平)

【建筑行业管理】 首钢迁安钢铁有限责任公司二冷轧工程、首钢长治钢铁有限公司填平补齐高速线材工程分别获得冶金行业优质工程奖。由北京爱地地质勘察基础工程公司勘察的"首钢长治钢铁有限公司高速线材工程勘察、护坡及地基处理工程"获冶金建设行业优秀

工程勘察一等奖;由北京爱地地质勘察基础工程公司勘察的"北京首钢生物质能源项目勘察工程、北京交通大学学生活动服务中心及科技创业大厦基坑支护工程"获冶金建设行业优秀工程勘察二等奖;由北京爱地勘察基础工程公司勘察的"华电产业园项目基坑支护工程"获冶金建设行业优秀工程勘察三等奖。由北京首钢国际工程技术有限公司设计的"华菱汽车板电工钢项目铁前系统工程、酒泉钢铁公司污水处理及回用工程"分别获冶金建设行业优秀工程设计一等奖;由北京首钢国际工程技术有限公司设计的"首钢长治公司双高速线材工程"等七项工程分别获冶金建设行业优秀工程设计二等奖;由北京首钢国际工程技术有限公司设计的"通钢50万吨/年精品棒材工程"等5项工程分别获冶金建设行业优秀工程设计三等奖。

(梁淀平)

总工程师室

【总工程师室领导名录】

副总工程师兼总工程师室主任:

李 杨(8月任职)

王 庆(8月离任)

副总工程师:王全礼 许晓东 刘英杰

陈汉宇 胡 军(兼职)

董 钢(兼职) 杨春政(兼职)曾

立(兼职) 王新华(外聘)

返聘专家:邱世中 由文泉 吴文溪 苏显华

张 英 梅 苏

滑铁钢(3月返聘)

李永东(8月返聘)

付建国(8月返聘)

杨安时(8月返聘)

蔡效君(3月解聘)

(魏松民)

【综述】 首钢总公司总工程师室是首钢重大技术决策参谋部门,负责组织首钢重大项目技术方案审查,对重大项目方案实施进行技术指导;负责集团科技发展规划、科技工作计划、科技项目方案审查,组织、指导、协调重点科技项目研究攻关和技术开发;开展工艺技术运转情况、技术改造情况调研,针对关键、疑难及重大技术问题组织专题研究,推进工艺技术进步和节能、降成本、增效;组织或参与重大生产技术问题的处理和攻关。总工程师室在职全职副总工程师5人,返聘专家10人;下设技术室配备技术专家成员4人,办公室配备调研员4人,协助副总工程师和返聘专家开展工作。总工程师室正高级职称15人,高级职称6人,中级职称3人。

2014年初总公司领导到总工程师室进行现场调研,对总工程师室定位、强化钢铁业及城市服务业建设和发展工作开展及具体工作提出了明确要求;年内总公司主管领导多次到总工程师室进行工作指导。按照总公司领导要求,结合本部门职责,总工程师室围绕首钢钢铁业技术改造、科技进步和生产运行,开展重大项目技术方案研究审查、科技项目审查及重点科技项目组织、关键技术专题研究、重大生产技术问题处理和指导等工作,组织、参与园区开发和新产业项目推进工作,为首钢钢铁业运营和发展及园区开发和建设做出努力。

(魏松民)

【钢铁项目方案研究及审查】 总工程师室组织钢铁业技术方案研究审查50余项,在调研、交流基础上,组织项目方案研究、项目方案审查、项目审批报告会签等工作,针对项目技术方案提出大量修改完善意见和建议,促进项目方案的完善和优化。参加总公司董事会、经理办公会、专题会对相关项目的审议,提出建设性意见和建议。主要项目有:

组织京唐项目技术方案研究审查7项,包括3号制氢站项目、白灰窑二氧化碳回收及资源化利用项目、恢复CCPP发电机组建设项目、矿选分厂达产完善改造项目、球团脱硫项目完善、首钢出资参股唐曹铁路项目、京唐公司与北京丹斯克国际投资公司合作建设氧化铁红深加工项目。参与京唐二期建设方案研究。

组织迁钢项目技术方案研究审查8项,包括迁钢倒班宿舍工程、炼铁作业部F4除尘环保技术改造项目、二高炉炉前除尘大小系统除尘设施技术升级改造试验、炼铁作业部料场建设喷淋抑尘设施项目、一炼钢铁水脱硫改造、一炼钢套筒窑成品间增建除尘器、转炉煤气柜大修工程、迁钢增建污水处理厂项目。

组织矿业公司项目技术方案研究审查10项,包括球团厂二系列烟气脱硫工程、脱硫白灰制备工程、球团二系列公辅工程、首钢危机矿山杏山接替资源勘探项目、烧结老系统环境除尘改造工程、烧结厂老系统点火器改造工程、烧结厂6台99平方米烧结机机头电除尘器材质升级改造、料场封闭环保达标项目、球团厂提铁降硅新建秘细粉高压辊磨系统项目、水厂铁矿新增罗屯至水厂110千伏线路项目。对马城铁矿进行现场调研并对马城铁矿项目方案进行初步讨论。

组织京唐公司、迁钢公司、矿业公司、首秦公司料场封闭项目方案研究。按照国家及地方新的环保规定要求组织对四个基地料场情况进行调查摸底,组织研究提出四地料场优化及封闭方案。结合矿业公司料场优化、封闭,探讨新建2×360平方米烧结机方案,组织新建360平方米烧结机选址方案研究。

组织长钢项目技术方案研究审查5项,包括长钢年产200万吨焦化项目一期工程、8号高炉炉前除尘设备改建工程、9号高炉TRT改造、综合污水处理工程、长钢锻压公司搬迁建设重型机械装备制造基地项目。赴长钢对炼钢余热发电项目、6兆瓦发电机升级项目、厂区综合余热利用方案、长钢2座1080立方米高炉拟上喷碱防腐系统方案进行了研讨。

组织贵州项目技术方案研究审查4项,包括贵钢新区余热发电EMC合作项目、贵钢新区钢渣水渣处理合资项目、水钢4号、5号两台132平方米烧结机烟气脱硫工程、水钢干熄焦运输皮带除尘系统改造项目方案。参与贵州焦化项目建设方案研究。

组织秘鲁铁矿扩建项目方案研究。为更好使用秘鲁铁矿及推进资源综合利用、促进扩建项目方案优化,对项目初步方案存在问题向总公司提出系列意见和建议;组织赴首钢矿业公司、中冶北方、北方重工、甘肃白银集团、洛阳重型机械等进行考察和技术交流,组织选矿试验,对工艺路线、设计参数、设备选型、整体方案进行全面系统调整完善。

组织审查通钢公司板石矿业17矿组327米水平开拓项目方案、顺义冷轧废水处理站升级改造方案、首钢氧气厂老稀有设备电气系统强化改造项目方案、氧气厂石景山厂区氖氪稀有精制装置升级改造项目方案。结合通钢技术服务工作,对通钢第一钢轧厂、第二钢轧厂、冷轧厂改造完善方案进行研究。

参加总公司董事会、经理办公会、专题会对有关项目审议70余项次,提出相关意见和建议。

(魏松民)

【科技工作】 总工程师室对总公司钢铁业四地科技项目计划进行了审查,根据工艺衔接及轻重缓急对项目进行调整。对60余项新立科技项目方案进行审查、论证,对项目建议书提出修改完善要求,结合实际对部分项目进行调整。对2015年100余项拟新立科技项目进行论证和筛选。

对迁钢液态保护渣项目、中间包全保护浇铸项目、首秦钢包加盖项目、京唐DI材洁净度攻关等重点科技项目进行立项调研、方案制定和项目开展全面组织协调。

参与短平快项目结题验收20项。对142项成果验收评估报告进行审查和会签;参加相关成果的验收评估。

(魏松民)

【专题研究及调研指导】 总工程师室围绕集团工艺技术进步、品种开发、重大生产技术问题处理进行专题调研和指导。具体情况如下:

参加迁钢3号高炉热风炉修复专题研讨,结合首钢大型高炉热风出现的炉皮开裂等问题,组织提出专题研究课题开展研究和攻关,取得初步研究结论。

为解决钢铁生产过程产生的大量固体废物因有害元素含量高无法利用问题,组织利用烧结球团工艺设备去除固废有害元素可行性研究;提出利用矿业公司一台99平方米烧结机处理迁钢公司尘泥类固废试验方案并组织推进实施,取得初步试验结果。

赴迁钢、首秦、京唐等针对高炉生产运行及炉况问题进行多次调研指导。调查国内外4000立方米以上高炉富氧率等情况并进行对比分析,结合首钢京唐实际提出京唐高炉提高富氧率及有关问题建议。参加秘鲁氧化矿在首秦公司使用冶炼试验方案研究,组织、参加工业试验方案讨论。

对京唐、迁钢、首秦高炉、烧结机多次检修进行方案审查和现场指导。对通钢2号2680立方米高炉开炉方案、热风炉烘炉方案进行审查指导,现场考察工程情况并提出建议,现场指导高炉开炉并达到预定目标。对长钢9号高炉降料面喷涂进行了现场指导。组织、参与APEC期间京唐、迁钢停产及恢复方案研究、审查,提出意见和建议。

参加铁前原料平衡、秘鲁铁矿资源配用、提高原燃料质量、铁烧焦指标互保、迁钢热风炉故障情况下高炉操作、矿业公司烧结矿低温粉化指标攻关、矿业公司球团厂生产含钛球团矿工业性试验等专题研究。调研首钢总公司钢铁业三地近三年烧结矿粒度改善情况,提出改进意见和建议。

组织迁钢中间包全封密保护浇铸、连铸液态保护渣技术、板坯结晶器电磁搅拌、一炼除尘改造(湿法改半干法)、套筒窑除尘改造等项目技术开发、技术改造项目工作,提出具体方案及分工安排并推进实施。

组织京唐钢坯夹杂物攻关课题组织工作,在对各工艺环节参数进行摸底的基础上,提出攻关方案和进度计划,推进工作开展并取得初步效果。

推进首秦、京唐钢包加盖项目实施,首秦钢包加盖取得良好效果。组织首秦铁水预处理、减少温降、优化精炼渣系、钢包炉工序降成本等工艺流程优化方案讨论研究,提出措施方案。参与重点产品带ষ品整改。

现场组织处理长钢6号转炉传动系统故障导致冻钢的事故,提出处理措施方案并对处理工作进行指导。现场组织处理长钢7号转炉爆喷事故,对事故原因及对相关设施损坏情况进行了现场调研分析,研究事故处理措施及设备设施抢修方案,指导、协助事故处理及抢修工作。赴水钢进行煤气柜冲顶事故处理及抢修指导工作,组织事故调查及事故原因分析。

组织完成迁钢2160热轧平整分卷技术改造及1580加热炉蓄热式改造工作。组织研究确定迁钢2160系列改造项目内容和方案。

开展产品推进工作,组织提出产品推进计划,对产品推进工作进行阶段性总结,对有关问题进行协调和调整。组织提升产品生产线制造能力工作;组织新一代国家电网用钢、首秦X65/316管线钢等产品试制工作;组织参与标准修订、质量认证、用户调研。参加总公司汽车板相关工作专题研究,组织落实汽车板项目相关工作。参加海尔技术峰会;与中信、汽车协会就商务车轻量化开展合作交流;组织完成先进企业汽车板工作学习材料在公司范围内组织开展学习。对京唐三冷轧连退、镀锡生产线建设及投运进行现场调研,对工艺完善、设备运行、品种开发进行了指导。

组织推进集团长材品种开发工作。对集团长材品种开发生产及长材项目部工作进行组织和协调,根据各基地情况确定技术支持重点,改进工艺技术,推进新产品开发;针对高端领先产品用户需求组织产品研发。组织成立通钢精棒服务团开展现场技术支持,查找出炼钢、轧钢系统多方面存在问题并提出改进攻关措施,指导改进。组织研究确定迁钢线材产品结构,针对迁钢线材成本高的问题与同行业进行对比核算分析原因,组织试验分析解决迁钢线材质量异议问题。组织制订首钢2015年长材产品推进计划及工作安排。

结合迁钢拟上转底炉项目组织对迁安地区煤气平衡方案进行研究,综合考虑转底炉项目用燃气、发电机组运行、燃气总平衡等情况进行总体效益分析,提出建议并向公司进行汇报。对首秦公司减少煤气放散、提高自发电率工作进行现场调研和指导。对长钢动力系统、能源系统有关情况进行交流指导。

结合首钢矿产资源业的重点难点开展调研,对秘铁扩建项目、京唐公司选矿分厂达产完善改造项目进行调查分析,提出系列建设性意见。参加总公司关于矿业公司资源情况专题研究;协助中首公司对加拿大"顶峰"煤田项目进行技术层面的资料分析;对中信泰富项目情况进行调研并向公司进行汇报。

组织首钢"一业四地"物流运输现状及存在问题调研,提出物流优化降低成本措施并组织推进;提出首钢物流产业发展的相关建议。组织水曹铁路、唐曹铁路项目专题研究,提出专业意见供决策。组织京唐码头功能开发、贵州省首钢投资项目物流运输支持条件研究,为公司决策提供技术支持。

参加马来西亚合资钢厂项目考察并提出考察报告和建议,对项目建设进行现场指导,推进了项目按期建成投产。

组织首秦、水钢、通钢技术服务工作,对相关基地生产经营、工艺技术进行了深入调研并提供了指导、服务。协助长钢技术服务团工作,对长钢烧结进行了调研指导。对贵钢规划及资源配置等进行了现场调研和指导。

(魏松民)

【园区开发及新产业项目工作】 总工程师室按照总公司要求,强化园区开发及新产业项目工作,推进园区及新产业项目建设。

推进首钢园区水厂建设工作。组织、参与厂址选择、引水路由、特许经营权申办等问题研究及有关工作协调。年中按照总公司要求牵头水厂项目工作,组织成立项目工作小组,对具体工作分工、项目建设方案、工程进度进行研究和安排,组织水厂可行性研究方案研讨、园区供水系统过渡期改造方案研究。参加北京市、北京市规划委、北京市水务局、石景山区等有关首钢水厂建设、首钢水厂水源管线、水务整合、自备井置换专题研究和交流,落实相关工作。

推进首钢能源平台建设工作,提出首钢能源公司筹建方案建议,按照公司要求牵头完成首钢能源公司筹备工作。

组织西十筒仓改造项目初步设计、西十筒仓改造能源设施及综合管线工程初步设计审查。参加总公司关于西十筒仓改造项目建筑及景观照明等具体实施方案讨论。参加该项目能源设施及综合管线设备、项目三期勘察等评标比选工作。组织西十筒仓项目节能技术研讨,提出强化、优化节能技术应用意见。

园区建筑模型构建工作。参加与中国建筑设计研究院、北京市测绘设计研究院、北京工业大学建筑工程学院、欧特克有限公司等技术交流;对模型建设提出软件选择、模型建立、应用及日常维护等系列建议。参与模型构建项目实施工作。

参与二型材厂房改造项目工作。对厂房建筑结构定位测绘方案进行沟通和审查;考察周边道路情况并参加道路网规划方案研讨;参加二型材项目涉及七总降退运相关工作专题研究,提出结合园区开发规划统筹安排好电力系统停、用方案以减少投资等建议;参加二型材项目光伏空调可行性研讨。

组织长安街西延长线涉及首钢厂区围墙、国旗杆、LED显示屏等项目立项方案审查;组织长安街西延线拆改移工程初步设计审查,要求结合园区开发规划搞好跨长安街西延线管线布置。参加总公司关于长安街西延钢围挡方案、长安街西延供水热力管线调整、启动长安街西延首钢厂东门处铁路西侧至炼钢道口处施工等相关工作专题研究。

对首钢污染土壤修复项目立项方案进行审查,提出根据污染物类型、污染程度、土地开发规划等制定治理目标等建议,组织动力能源配置专题研究完善处理工艺配套。参与厂区场地环境影响评价;参加土壤修复具体实施方案技术交流、专题研讨、专家咨询,对处理工艺及参数选择提出意见和建议。

组织首钢北京园区过渡期供暖系统改造工程项目方案审查,提出调整完善意见及建议,参加经理办公会对项目立项及概算审查汇报的审议,按照经理办公会要求组织完成调整方案研究。

组织首钢北京园区过渡期供电工程项目方案审查,对方案提出调整意见。参加园区电源切改、园区电力隧道建设模式等专题研究。组织园区电力系统规划专题研究。

组织审查首钢办公厅大院基础设施配套完善改造工程方案、基础设施改造工程方案;组织、参与办公厅大院、首钢医院立体车库方案专题研讨。

参加新首钢高端产业综合服务区智慧城市顶层设计规划、首钢高端产业综合服务区申报智慧城市试点、交通专项规划、园区北区策划方案、北区开放空间景观概念方案、首钢广场项目概念性方案、园区地下空间规划、园区绿色生态规划、园区人防规划、首钢红楼迎宾馆改造、脱硫车间改造项目、晾水池东路项目、一耐养老项目、首钢新产业中长期发展规划、轨道交通S1线相关工作、丰沙铁路入地相关工作等专题研究、专家评审等。参加园区建设管理模式及管理制度专题研讨,园区水、电、热能源计量、分配、费用与实际消耗关系及与居民能源供应、规划关系专题研讨。

推进生物质能源发电项目。年初牵头生物质能源项目技术协调领导小组工作,组织指导处理锅炉及辅机、汽机、电气系统运行及工艺中存在的问题,对巡检、并网等工作提出要求。指导锅炉后冷壁漏水故障处理,与锅炉生产厂家沟通并提出有关建议和要求,审查厂家核算数据,明确锅炉后冷壁漏水修复方案。组织锅炉给水泵振动问题研究,现场分析存在问题原因指导问题处理。参加生物质能源项目环评、高浓水系统建设、保安电源柴油机位置调整方案研究,提出了相关意见建议。

参加首钢曹妃甸园区和生态城筹备工作,参加筹备组例会并对海水淡化项目进行了汇报,组织落实相关工作。

参加厂区能源配置问题与北京市规划委的交流会;参加市规划委组织的首钢地区基础设施规划研究工作会议;参与接待北京市重大办和市规划委领导对石景山、西十筒仓、S1线、丰沙线的踏勘交流;与市燃气集团有关人员沟通三联供等有关问题;参加北京市园林绿化局关于首钢园区绿化的规划、建设和管理工作调研。

组织锂电池隔膜示范线项目工作,与中科院进行交流,通过综合分析,提出终止项目建议。审查北京首钢微电子QFP-QFN兼容生产线升级改造项目立项方案,建议项目立项。组织利用钢渣厂位置建设建筑垃圾资源化处理设施能源配套研究,组织审查该项目供配电方案。参加科教大厦工程地热采暖方案、制冷系统方案研究。

参加总公司关于北京园区停产资产处置工作会议及园区管理部组织的对炼铁、烧结、焦化、炼钢、轧钢、电力、动力、制氧、运输停产设备现场考察,结合设备技术水平、设备现状等提出盘活、处理意见。对园区停产资产处置请示进行审查会签。

(魏松民)

【其他工作】 总工程师室参加集团钢铁业经济活动分析会、外埠钢铁企业经营生产座谈会、首钢集团资源类投资项目经营统计分析专题会议,推进相关工作开展。

参与组织首钢炼铁技术研讨暨2014年炼铁技术工作起步会,对炼铁系统安全环保、技术创新、炉料开发、技术研究推广等工作开展提出指导意见。组织首钢炼钢技术交流会。

组织首钢公司钢铁产品手册审查,完成产品手册审定。参加计财部组织的投资项目后评价有关工作。参与2015年度首钢内部劣势国有企业退出调查工作。参加总公司大型热轧轧辊修复工作会。完成北京钢企联矿产资源投资有限责任公司临时董事会有关工作。

组织《首钢重大项目技术方案审查管理办法》修订工作。对《首钢总公司劳动纪律管理办法》、《首钢科技项目管理办法》、《首钢总公司投资项目后评价管理办法》、《首钢总公司大气和环境噪声污染防治管理办法》、《首钢总公司安全生产责任制》等20余项管理制度修订征求意见稿进行讨论,提出修改意见;对相关制度审批进行会签,参加有关管理制度修订研讨、总公司经理办公会审议。

参与"宝钢杯"第七届全国钢铁行业职业技能竞赛参赛工作,对炼铁专业选手进行辅导培训,参与带队参赛。参与首钢职业技能竞赛决赛相关工作,对竞赛试题进行审定。

组织西门子—首钢对转炉湿法改干法除尘、干法除尘服务、烧结烟气选择性烟气循环、烧结烟气脱硝、粉尘利用及炉渣处理等冶金环保技术交流;与中国环境保护公司进行技术交流和能源项目合作意向讨论;参与西马克、西门子奥钢联、达涅利公司、日本三菱商事株式会社、秦皇岛市等高层和接待和交流。

组织召开第三届首钢工业炉技术研讨会;参加

2014"转型发展钢铁强国之路"高峰论坛暨京津冀协同发展首钢实践研讨会、第8届国际钢铁大会、中国钢铁原材料第14届国际年会、铁矿石供需形势分析会、全国炼铁生产技术会暨炼铁学术年会、第15届全国大高炉会议、全国大高炉技术委员会会议、第三代汽车用钢及高强管线钢技术交流会、中国金属学会低合金钢分会第二届学术年会、金属学会组织的能源用钢专业会议、金属学会关于HRB335钢筋退出市场研讨会、钒金属委员会会议、中信铌微合金化技术交流会、冶金系统发电专业会、中国金属学会冶金运输分会理事会议、中国金属学会冶金运输分会专业会议。参加科技部863项目评审、项目实施方案论证、"十三五"钢铁新材料评估会工作。

参加首钢年度科技进步奖评审、首钢科技创新与技术进步委员会会议。组织少渣冶炼申报国家奖项有关工作。参加首钢技师评审、职称评审、享受政府特殊津贴首钢推荐人选评审等工作。

(魏松民)

技术研究院

【技术研究院领导名录】

院　　长:张功焰(兼;10月任职)

　　　　　赵民革(兼;10月离任)

第一副院长:李本海(8月离任)

　　　　　　王立峰(8月任职)

副 院 长:刘晶志　张卫东　王　庆(8月任职)

　　　　　朱启建(7月离任)

　　　　　李永东(7月离任)

副总工程师:孙　佳

院长助理:李　飞(9月任职)

　　　　　章　军(9月任职)

　　　　　田志红(9月任职)

　　　　　王立峰(8月离任)

　　　　　朱国森(9月离任)

　　　　　郗　钊(10月离任)

党委书记:刘力军

党委副书记:李本海(8月离任)

　　　　　　王立峰(8月任职)

(谭子筠)

【综述】 首钢技术研究院是 1995 年国家认定的国家级企业技术中心,是首钢科技创新的组织管理中心、研发推广中心和高素质人才培养输送基地。首钢技术研究院负责全面推进集团公司科技进步和技术创新,负责新技术、新产品、新工艺、新材料和新装备的研究开发与成果转化;全面承担集团公司钢铁生产工艺技术质量保障工作,行使集团技术、质量和科研管理职能;首钢技术研究院下设科研规划处、技术管理处、质量管理处、技术贸易处、产品推进处、信息化管理处等职能处室,设有钢铁技术研究所、薄板研究所、宽厚板研究所、特殊钢研究所、用户技术研究所、信息研究所、理化检测中心。在迁钢公司、首秦公司、顺义冷轧公司、首钢京唐公司等基地派驻支撑技术进步的研发力量,按照多地生产和研发的需要,在长钢、水钢、贵钢成立首钢技术中心分中心,统一组织科技研发工作,提供技术支持。随着首钢钢铁业"一业多地"的发展布局,形成"一级研发、多地分布"的研发体系。技术研究院在岗 561 人,拥有首钢专家 44 人、专业技术带头人 62 人、博士 103 人、硕士 251 人、本科 122 人,高级工程师 168 人。

2014 年,技术研究院坚持以市场需求为导向,加强新产品开发和用户服务工作,提升产品开发能力和生产线制造能力,完成年度产品推进任务。高端领先产品产量 420 万吨,超计划 60 万吨,占钢材总量的 25.3%;推进产品增利 25 亿元,超计划 5.8 亿元。全年新增金杯奖产品 8 项,公司金杯奖总数 40 项,完成科技成果验收评价 133 项,其中 15 项成果达到国际先进及以上水平,58 项达到国内领先水平;10 项成果获得上级科技奖励,"留渣+双渣转炉炼钢新工艺技术创新"等 3 项获得冶金科学技术一等奖。完成专利申请 625 项,获授权专利 461 项,其中发明专利 157 项;一项获中国专利优秀奖。举办和参加学术交流 95 场次,2014 年 SCI 和 EI 共收录论文 20 篇。邀请韩国现代唐津研究所、德国 LBF 研究所、清华大学等单位的国内外著名专家到首钢进行交流,为产品开发和基础研究带来新的思路。

(谭子筠)

【公司领导调研】 4 月份,技术研究院学习贯彻习近平总书记考察北京市和对京津冀协同发展的重要指示精神、市长王安顺到首钢京唐公司调研的讲话精神。4 月 10 日,首钢总公司党委书记靳伟到技术研究院院调研,他指出,技术研究院要"积极探索,夯实基础,建设与首钢发展战略相适应的科技创新体系",以国家实施的创新驱动发展和京津冀协同发展两大战略为契机,坚持问题导向、问题倒逼,一方面盯住竞争对手,加速创新发展;另一方面要夯实基础管理,不断积累进步,为技术研究院转型发展努力拼搏。院党委召开干部会议,学习贯彻各级领导的讲话精神,统一思想、统一认识。要求广大干部职工面对严峻形势和激烈的市场竞争,要认真贯彻总公司党委部署,落实靳伟讲话精神,完成科研任务,落实高端领先产品计划,做好技术质量专业管理工作。

(谭子筠)

【重要会议】 1 月 20 日,技术研究院召开第五届职工代表大会第二次会议,第一副院长李本海作了题为《加强作风建设坚持技术创新,努力成为打好首钢转型发展攻坚战的先锋队》的工作报告。总公司副总经理赵民革参加大会,他对技术研究院各项工作提出具体要求。

3 月 3 日,技术研究院召开院中层以上干部会议,学习贯彻习近平总书记视察北京市重要讲话精神。院党委提出具体要求。

3 月 7 日,技术研究院党委、工会召开庆"三八"座谈会,表彰"三八红旗手"、先进女职工干部及"女工之友"。

3 月 10 日,技术研究院召开党的群众路线教育实践活动总结大会,总结教育实践活动的做法、特点和取得的成效。总公司第 7 督导组组长郭志辉讲话,李本海主持会议。

3 月 31 日,首钢总公司召开首钢科技大会,总经理赵民革副作了题为《坚持科技创新,打好首钢转型发展攻坚战》的工作报告。

5 月 12 日,技术研究院召开表彰 2013 年度先进集体和个人暨专业首席工程师聘任大会。

6 月 25 日,中组部管理局班组长培训班学员和各局女干部到首钢,开展"中国梦—劳动美"——走近女劳模刘宏活动。参加活动的还有中组部机关党委委员、机关工会副主席,管理局党委书记、工会主席兼服务中心副主任齐红,机关女工委、管理局工人管理处领导,以及首钢总公司领导许建国等,党的十八大代表、全国劳动模范、首钢技术研究院用户技术研究所首席焊工技师刘宏参加。

7 月 29 日,技术研究院召开"创先争优"表彰暨半年总结会。

8月28日,总公司党委召开首钢技术研究院干部大会。总公司党委组织部长郭荣宣读首钢总公司党委《关于首钢总公司技术研究院领导班子成员调整的决定》。经首钢总公司党委常委会议研究:王立峰担任首钢总公司技术质量部(技术研究院)副部长(主持工作)(第一副院长)兼党委副书记。

3月8日~9日,首钢参加在珠海举办的第二届机械与材料工程国际学术论坛。

3月24日~26日,技术研究院、能源环保部等部门参加了在北京召开的国际钢协能耗与生命周期评价研讨会。

5月13日~16日,首钢参加在郑州举办的全国炼铁生产技术会暨炼铁年会。

5月16日~19日,首钢参加在北京举办的国际热工前沿技术发展论坛。

5月17日~19日,首钢党委书记董事长靳伟、副总经理赵民革带队参加在北京举办的第八届中国国际钢铁大会。

5月20日~22日,首钢参加在西安举办的第18届全国炼钢学术年会。

5月30日~31日,首钢参加在广州召开的第二届材料、机械及制造工程国际会议。

6月9日,首钢参加在北京召开的FWT2014焊接国际论坛。

9月1日~5日,首钢总公司领导靳伟、赵民革带队,京唐公司、迁钢公司、顺义冷轧薄板等单位科研及管理人员赴台湾参加"第四届首钢—台湾中钢技术交流会"。交流期间,双方领导进行会谈,技术人员按热轧技术、冷轧技术、组织架构及人员培训三个议题分组进行论文交流,并参观中钢位于高雄的钢铁生产基地以及位于台中的中龙钢铁生产基地。

9月12日~13日,首钢总公司副总经理张功焰参加在北京举办的2014(第三届)中国钢铁技术经济高端论坛。

11月4日~6日,张功焰参加在西安举办的第一届能源材料国际会议,他代表首钢参加中国金属学会第九届第七次理事会暨第六次常务理事会,并宣布靳伟为中国金属学会第九届理事会副理事长。

11月18日,首钢参加在北京召开的钢铁行业技术创新大会暨科技负责人会议。

12月12日~14日,公司领导赵民革带队参加在北京举办的第七届中国金属学会青年学术年会,首钢牵头举办青年联谊会。

12月19日,在迁钢召开首钢汽车板工作会,技术研究院等5家单位进行发言,公司副总经理张功焰、助理刘建辉参加会议并针对首钢汽车板生产与先进企业对比找差等工作做了指示。

(谭子筠)

【首钢品牌产品和推进产品】 首钢全年新增金杯奖产品8项,公司金杯奖总数40项,全年钢铁四地金杯奖产品产量690万吨,占总产量的29%。高端领先产品产量420万吨,超计划60万吨,占钢材总量的25.3%;推进产品增利完成25.0亿元,超计划5.8亿元。其中,汽车板产量194万吨,汽车板国内市场占有率13.8%,居国内第四,其中镀锌板56万吨、高强板50万吨、汽车外板29万吨、供合资品牌49.5万吨;电工钢产量126万吨,国内市场占有率15.5%,居国内第三位,其中取向电工钢8.2万吨、高牌号无取向电工钢22.7万吨;镀锡板产量12万吨,产品由初期的试制实现量产。

(谭子筠)

【新产品开发和短平快项目】 技术研究院全年研发储备产品66项,其中35项进入供货阶段,累计供货16万吨。输送泥煤矿浆用耐磨X65MJ已应用于陕西煤业工程;完成高屈强比HC500/780DP开发并应用于一汽大众;高强钢美标ASTM A514S成功打开北美市场;高性能桥梁板Q370qE实现同江桥整桥合同中标。全年开展短平快项目89项,已完成实施45项,对提升生产线保障能力起到很好的促进作用,短平快项目完成比例由80%提高到95%以上。

(谭子筠)

【科技成果】 技术研究院全年完成科技成果验收评价133项,其中15项成果达到国际先进及以上水平,58项达到国内领先水平;10项成果获得上级科技奖励,"留渣+双渣转炉炼钢新工艺技术创新"等3项获得冶金科学技术一等奖。完成专利申请625项,获授权专利461项,其中发明专利157项;获中国专利优秀奖1项。牵头或参与制修订国家、行业标准51项。合理化建议提出17040项,实施12228项,企业技术秘密完成272项,其中企业绝密级9项,机密级32项,秘密级231项。

(谭子筠)

【开展质量月活动】 9月,首钢提升"首钢服务、首钢品牌、首钢创造"综合竞争力,提高产品实物质量和降低质量成本,开展"提质增效,服务发展"的"质量月"活动,引导并依靠职工追求工作质量保证产品质量。

（谭子筠）

【降本增效】 首钢炼铁系统通过开展高性价比原燃料资源应用技术研究,南非、马萨杰、秘鲁等高性价比铁矿资源使用量287.4万吨。莱克沃、布坎南等高性价比炼焦煤资源使用量219.1万吨;京唐球团配加含钛精粉7.7万吨,降低护炉料成本;炼钢系统通过优化钙处理工艺研究,焊瓶钢、高强钢、低级别管线钢等钙处理喂线量降低200米~400米,钢液中夹杂物粒径明显降低,X60、X65系列管线钢夹杂物评级不合格率降低至1.67%。集装箱用钢转炉工序高磷出钢工艺,石灰消耗从吨钢25.65千克降低至16.17千克,炉渣全铁含量从19.33%降低至17.82%;轧钢方面京唐1800毫米以上宽幅汽车板实现稳定生产,炉内平均速度由150米/分钟提升至173米/分钟。通过开展板形控制模型、辊形、边部加热和平整工艺研究,迁钢1580生产线薄规格集装箱板的二次平整率从25%降低到10%以内。通过轧制模型优化,提升道次压下率,首秦公司宽厚规格管线钢纵轧阶段道次最大压下率由18%提高到25%。

（谭子筠）

【用户技术领域】 首钢通过为宝马、长安福特、一汽、北汽等7款车型提供EVI技术支持,解决宝马F18侧围外板的冲压起皱问题;为北汽C52车型后门外板零件进行可制造性分析,材料利用率提高10.92%,零件减重7.14%。通过开展冷热轧产品表面耐腐蚀技术攻关,解决制约福特认证软钢连退板及镀锌板涂装后耐盐雾腐蚀不合格问题。

（谭子筠）

【技术支持效果明显】 长钢实现高炉经济炉料联动模型的开发与应用,通过使用高性价比资源,全年实现经济效益810万元;通过开展顶吹转炉高磷铁水炼钢工艺研究,低碳钢转炉平均脱磷率达到93%;通过优化合金焊线、硬线钢生产工艺,连浇炉数达到15炉以上;通过钢筋棒材在线温度闭环及组织性能预报系统的开发,400兆帕级钢筋屈服强度波动从70兆帕降至50兆帕。

通钢通过铁前成本一体化软件测算高炉原料性价比,结合高比例使用进口矿烧结技术研究,实现烧结进

口粉比例由50%逐步提高至80%,吨铁成本降低3.6元;通过优化底吹和炉壁氧枪吹炼制度,电炉平均冶炼周期从58分钟缩短到48分钟,实现炉机匹配;中包内型通过仿真技术进行结构优化,为齿轮钢20CrMnTi和轴承钢产品生产提供支撑。

（谭子筠）

【国家重点新产品计划项目】 首钢申请国家和北京市科技计划项目6项,包括"5万吨/天水电联产与热膜耦合海水淡化研发及示范"、"1200兆帕~1500兆帕超高强热成形钢研发"等,获国拨资金2000余万元。"北京市能源用钢工程技术中心"获北京市科技创新基地培育与发展工程专项支持。加入"海洋工程用钢产业技术创新战略联盟"。申报的"绿色钢铁制造技术国家重点实验室"通过科技部的第一轮评审。

（谭子筠）

【对外开放合作】 技术研究院稳步推进三个联合研发中心合作,30项在研项目进展顺利。通过开展异断面浇铸条件下中间包各浇铸区流场速度分布研究,迁钢包晶钢异断面浇铸断面差从100毫米提高到200毫米,高强IF钢异断面浇铸断面差最大达到300毫米;780兆帕级别热镀锌双相钢延伸率由13.5%提高到20%;与台湾中钢进行轧制技术交流,为首钢板坯低温加热、卷形控制、薄规格轧制等技术应用提供借鉴;借助与北汽联合成立的"汽车材料联合研发中心",完成北汽C50、B40等车型的67个零件切换;与美的公司合作,实现空调设计选材方面的先期介入,从成本与安全裕度等角度评估DX52D+Z和DX53D+Z性能,为美的产品设计提供参考;与南京小原签署"汽车板点焊联合实验室共建协议",合作开展汽车板点焊焊接工艺研究。

（谭子筠）

【科技信息工作】 技术研究院完成"国内外先进炼钢生产技术研究"、"冷轧汽车板竞争环境及发展趋势分析研究"等50项调研报告等;完成首钢总公司首版《首钢热轧产品手册》、《首钢冷轧产品手册》;推送131期《钢铁信息》等6种简报,采集并发布信息7100条,为科研人员提供科技信息支持,全年信息系统访问量23000人次。

（谭子筠）

【国内外学术交流】 技术研究院举办和参加学术交流95场次,邀请韩国现代唐津研究所、德国LBF研究所、

清华大学等单位的国内外著名专家到首钢进行交流;参加第八届中国国际钢铁大会等 16 个国际会议;在第四届中德冶金技术研讨会上,宣讲"首钢京唐 5500 立方米高炉技术进步与展望"、"首钢京唐钢铁公司高品质钢生产工艺技术"报告,展示首钢技术创新方面取得的成就;全年 SCI 和 EI 共收录论文 20 篇。

(谭子筠)

【改善科研环境】 技术研究院强化完善 LIMS 系统功能,增加修改 8 个模块;为院内视频会议及电话会议护航共计 114 次;组织处理计算机故障共计 1153 人次;组织完成"搬运机器人"等 6 个项目招标,比价采购设备 34 台套;通过加强日常维护检修工作,保障全院工作的稳定顺行。围绕新品种开展盐雾试验、金属及合金的电子探针定量分析、金属材料疲劳试验轴向力控制等 14 项方法研究,10 月份通过 CNAS 的扩项评审;中试基地共组织冶炼 230 炉次,轧制 430 余块铸坯;300 千克小焦炉投入使用,完成配煤试验 72 炉。

(谭子筠)

【人才队伍建设】 技术研究院全年接收、引进人才 26 人,拥有一支博士 103 人、硕士 251 人的科技开发队伍,专业结构完善;强化首席、助理首席工程师评聘工作,通过公开竞聘,聘任二星首席 8 人、一星首席 15 人,助理首席 75 人,形成共计 98 人的首席工程师队伍;3 人通过教授级高级工程师评审,17 人通过高级工程师评审,15 人通过工程师评审。

研发团队、个人受到表彰,"刘宏电焊工首席技师工作室"获得市国资委 10 万元的资金支持;刘宏荣获第 12 届中华技能大奖,中共中央政治局委员、国务院副总理马凯对首钢重视高技能人才培养工作给予充分肯定。"麻庆申—首钢船舶及海洋工程用钢的研发创新团队"得到北京市国资委项目资金 50 万元支持;在北京市科协举办的第 15 届"青年学术"演讲比赛中,刘清梅荣获一等奖。李海波获"北京优秀青年工程师标兵"称号。

(谭子筠)

【凝聚力工程建设】 技术研究院把社会主义核心价值观教育作为精神文明创建活动的重要内容,并贯穿到科技创新的实践中,利用先进事迹报告会、演讲等形式,请刘宏、青格勒等讲述科技开发的经历和感受,在科研人员中引起很大反响;改进派驻人员回院总结交流方法,聘请知名专家、学者进行品牌创造、大数据应用、心理健康等讲座并互动,受到派驻人员的欢迎。全年向大病、困难职工发放困难补助 13 人次 5900 元;为重大疾病办理保险赔付 6680 元,向总公司工会申请大病补助 8000 元,为在职职工住院医药费办理报销 30 人次 25872 元,意外理赔 6 人次 3240 元。

(谭子筠)

【技术市场化】 北京首钢华夏工程技术有限公司坚持稳中求进,实现并确立以新技术开发与服务、工程技术转让承包、高端金属材料产品生产制造为核心的业务体系,保持了良好的发展态势。高端氧化铁红产销量实现新的突破,部分产品替代进口高端材料进入锂电行业;药芯焊丝产品产量和效益实现了翻番的目标技术开发与服务业务、外贸进出口代理业务也取得了实质性进展,全年利润 358 万元。

(谭子筠)

供 应 公 司

【供应公司领导名录】

党委书记:曹连成(12 月任职)

　　　　蒋运安(7 月离任)

总经理:郑宝国(12 月任职)

　　　　贾向刚(12 月离任)

副总经理:马卫国　卢贵军　宋开永

(颉天经)

【综述】 首钢总公司供应公司是首钢"一业多地"钢铁业物资供应的集中管理部门和业务实体,负责北京地区、迁钢、迁安中化、首秦、首钢京唐以及通钢、长钢等联合重组企业等所用原燃材料的采购供应;负责总公司物资供应制度的制定和管理;负责物资市场调研、开发和管理;负责物资供应战略规划;负责资源计划、平衡、组织、采购、运输、管理和控制。供应公司与遍及全国各地的 1000 余家供应商建立了供应业务关系。供应公司下设燃料处、炉料处、废钢处、材料处、综合管理处、办公室、党群工作办公室、迁钢派驻站、首秦派驻站、物贸公司等 11 个处室。截至年底,供应公司在岗职工 411 人,其中北京地区 199 人,外埠地区 212 人,包括迁钢地区 105 人,首秦地区 100 人,山西地区 7 人。研究生 57 人,大学本科学历 127 人。

2014 年,供应公司面对钢铁市场的严峻和首钢转型发展的新形势、新任务、新要求,贯彻落实首钢"两会"精神,围绕首钢全面深化改革的中心任务,以保供降本为中心,克服资金持续紧张、降本增效任务逐月加大的困难和压力,凝心聚力、真抓实干,完成总公司下达的经营生产任务和供应公司四届二次职代会确定的各项任务,实现全年采购成本硬碰硬比十大钢多降1%以上的目标。

（颉天经）

【资源体系建设】 截至年底,供应公司共有正式供应商614个。供应公司坚持深化供应体系建设,在炼焦煤、喷吹煤、合金、废钢、耐材等品种上搭建了稳固的资源渠道,提高了资源保障能力。供应公司抓住市场供需变换之机,采购主渠道优势转化为降成本优势,山焦、神华等国有大型煤炭企业给予首钢量价挂钩优惠和大客户政策,京唐焦化享受山焦集团内部焦化厂的优惠政策,实现效益2.67亿元。在加大国有煤矿采购力度的同时,供应公司发挥合金供应主渠道优势,加强与中信锦州、中信金属、株冶集团等供应商战略合作,锌锭、锡锭生产企业直供比例达到100%,普通合金、灰石、白云石、钛矿等主渠道供货比例达到90%以上。稳固发展废钢定向回收渠道,与"日上车轮"合作建立低硫废钢定向回收渠道,加强市场研判,提前锁定低价资源,全年外购废钢35.7万吨。耐火材料与维苏威高级陶瓷公司、北京利尔高温材料、营口青花耐火材料公司等6个全国行业排名前十的供应商建立稳固的供货渠道,重点供应商供货比例达70%以上,首钢耐材吨钢吨铁成本水平在国内行业处于领先水平。

（颉天经）

【降本增效】 供应公司围绕降成本目标,主动加压、细化目标任务,采购成本比年计划降低26.84亿元,降幅比十大钢多降1.3%。优化调整到货结构,全年实现降成本24.53亿元。炼焦煤、焦炭、喷吹煤、动力煤等均高于市场降价幅度,最高降幅30%。喷吹煤通过增加朝鲜无烟煤和神华集团水运烟煤等资源渠道,引入竞争机制,提高市场话语权。提高波段采购水平、稳定主渠道供应,强化与钢铁厂的沟通与服务,全年实现降成本1.3亿元。开发新的钛矿资源渠道,满足钢铁厂护炉需求,高钛矿具备4.5万吨的供应能力,承德钛粉具备2万吨的供应能力。全年领先市场下调废钢采购价格18次,实现效益9989万元。围绕废钢消耗提前锁定低价

资源,平抑市场价格。引入竞争机制,开发低价资源渠道,打破垄断供应,统一钢铁厂采购价格,降低采购成本。做好材料招标采购和国产化工作,完成APEC期间危化材料保供。推进进口材料国产化工作,完成迁钢热轧高温喷号机喷漆及稀释、冷轧水处理药剂氧化镁过滤絮凝剂等四项国产化项目,取得经济效益171.5万元。牵头协调技研院与钢铁厂共同参与耐火材料的谈判、评标和定价,全年耐材招标采购实现效益1.28亿元。

（颉天经）

【调整采购策略】 供应公司创新采购模式增效益,在京唐公司形成"2+1"的进口煤操作模式,在稳定斯坦达和莱克沃资源渠道的基础上,开发其他低价资源渠道。在进口煤价格低于国内煤价格的情况下,通过增加进口煤的采购量,降低采购成本1.7亿元。针对钢材市场价格变化频率增加的情况,大五金采购采取季度招标、月度定价、进货追降、统一压价相结合方式,实现经济效益38.53万元。迁钢除尘布袋采购采取大包周期压价方式,实现效益145.76万元。实施波段采购降成本,通过对钒铁、钼铁、电解铜、电解镍、锌锭等5个品种实行点价采购,实现效益79万元。获取价格优惠政策,签订京唐和迁钢两地区2、3月份超计划发运部分按降价后价格结算、迁焦地区量价挂钩、京唐焦化按山焦内部焦化企业优惠、付款优惠等协议,打破山焦对外合同都以出卖方为准的先例。准确预判神华喷吹煤9月份恢复水运的承兑加价政策,8月份增加3万吨水运资源采购,实现效益48万元。

（颉天经）

【专业管理】 供应公司强化专业管理,提高精细化水平。修订完善专业管理制度3个,开展专业检查,提高制度执行力。强化计划管理,建立计划进度动态监控体系,根据钢铁厂消耗调整发运计划,按照计划均衡组织资源,计划完成率达到98%～102%。强化外购原燃料质量管理,建立高效的质量监控、质量处理及响应机制,全年下发质量整改或停发整顿通知10个。建立重点供应商质量沟通机制,对供应商进行不定期走访,提高供应商的质量意识。组织开展合理化建议活动,评出合理化奖励项目18项,取得经济效益1.69亿元。财务中心克服资金困难,筹措资金。定期赴各钢铁厂协调解决结算付款和资金拖欠问题,用足用好资金政策,缓解现金需求矛盾,为资源采购提供了资金保障。启动建设三期

信息化项目,实现供应公司协同系统数据与首钢 ERP 系统全面对接,优化质量、价格、库存分析等功能模块,完善供应商管理体系和供应商门户网站建设,建立共享数据库。开发实施商务采购平台项目,实现 CMS 系统的数据自动传输。首次实现全部辅材及部分原燃料在首钢电子商务采购平台实施招标采购,每年实现效益 60 万元。

(颉天经)

【服务体系建设】 供应公司坚持以提高首钢集团整体效益为中心,围绕钢铁厂重点工作,强化面对面沟通交流,形成分层次、多平台、多渠道的信息沟通机制,围绕钢铁厂生产顺稳和系统降本攻关,主动适应钢铁厂发展,解决采购供应过程中存在的矛盾和问题。强化计划提报、料场管理、卸车组织等工作,主动延伸服务触角,强化与钢铁厂各部门的服务和沟通,扩大和完善材料配送体系,承担急难新重任务,受到钢铁厂好评。利用总公司"产供研"一体化平台,与生产部、技术研究院和钢铁厂紧密协作,在保证生产顺稳的基础上,实施品种替代,落实资源组织,降低生产成本。神华喷吹煤实现船运替代地方火运,全年船运神华喷吹煤 43.5 万吨,同比增加 40.6 万吨,实现效益 547 万元。向首秦公司提出增耗二级焦建议,得到钢铁厂支持配合。全年组织二级焦 11.2 万吨,同比增加 7 万吨,实现效益 1600 万元。通过钛矿替代高钛承德球、高锰替代中锰、炼钢白云石替代轻烧白云石等实现效益 6830 万元。主动在钢铁厂和供应商之间搭建沟通桥梁,全年先后 16 次在钢铁厂召开材料国产化产品推荐会,完成进口材料国产化、引入竞争机制 8 项,实现经济效益 171.5 万元。

(颉天经)

【党建工作】 供应公司党委围绕"保供应、降成本、服务钢铁厂、服务群众"的中心任务,巩固党的群众路线教育实践活动所取得的成果,加强两级领导班子建设,在党内开展课题攻关和提合理化建议活动,供应公司党委被首钢党委评为模范基层党委。加强党风廉政建设,利用信息化管理手段,加强对权力的监督和制约,提高廉政风险的防控能力。加强制度建设,修订完善党风廉政责任制。加强人才队伍建设,选拔人员参加首钢领导干部特训班、短训班;严格程序,做好处级以上后备干部的选拔推荐工作。举办供应专业信息化培训班 9 期,376 人参加培训。普氏英文小组翻译刊物 36 期、参与

原燃料市场预测人员达 700 余人次,营造浓厚的学习氛围,促进业务素质提高。开展劳动技能比赛,组织"三规一制"培训。关心职工生活,妥善处理历史遗留问题,划转退休人员 994 人,实现平稳过渡;完成物资回收加工作业区、总仓库、一线材派驻站人员及业务划转,实现业务平稳交接,职工思想稳定。加强与青年职工的沟通交流,组织开展丰富多彩的职工文体活动。全年组织走访、慰问 100 人(次),办理困补、保险理赔 5.7 万元。

(颉天经)

销售公司

【销售公司领导名录】
总经理:李　明(12月任职)
　　　　刘建辉(9月离任)
副总经理:陈　益　王中华　邹　召
　　　　郗　钊(12月任职)
总经济师:赵　炬
党委书记:张大振(2月离任)
　　　　王传雪(6月任职)

(董建成)

【综述】 首钢总公司销售公司是首钢钢铁产品的主要销售机构,负责市场拓展、销售、发运、收款工作。公司下设 12 个处级机构,5 个区域销售分公司。在册职工 689 人,其中管理人员 471 人、操作人员 218 人;劳务人员 127 人。大学本科以上学历 429 人,大专学历 140 人;高级职称 36 人,中级职称 139 人;高级营销师 25 人,营销师 11 人;高级物流师 11 人,物流师 9 人。

2014 年,销售公司面对钢铁市场供需矛盾突出和产品同质化竞争加剧的严峻形势,解放思想,对比找差,持续开展产品结构调整和销售渠道优化工作,完成了主要任务指标。

(董建成)

【主要经销指标】 2014 年,销售公司销售首钢钢材 1869 万吨,销售收入 639 亿元,钢材综合价格 3335 元/吨。钢材推进产品增收 31.8 亿元。

(董建成)

【确定工作要求】 2月13日,销售公司第四届职工代表大会第二次职代会确定全年的总体工作思路和要求:贯彻落实总公司党委扩大会、职代会精神,全面适应首

钢提高"制造+服务"综合竞争力的要求,应对新常态,持续优化品种结构,推进汽车板等高端领先产品增量;拓展终端战略渠道,提升营销保障能力;构建营销评价机制,实现"跑赢大势"目标。完善以市场为导向、客户为中心的营销服务体系,夯实基础管理,加快人才培养,为实施营销转型奠定基础。

（董建成）

【扩大市场份额】 销售公司新开发用户 244 户,其中直供与三方直供 196 户,直供及三方直供用户全年订货量占总订货量 83.18%。

热轧产品。管线钢销售 75.38 万吨,市场占有率连续五年国内第一;集装箱板销售 108.6 万吨,市场占有率 26.16%,连续三年国内销量第一;高强集装箱板实现销量 2 万吨;焊瓶钢销量 25.6 万吨,市场份额 54%,容器用钢销量 9.1 万吨,市场份额 21%,首钢焊瓶、容器用钢市场份额居国内前三,酸洗板实现销量 34 万吨,热轧品种钢共计开发新牌号 24 个,涵盖高强钢、冷轧基料、车轮钢、耐候钢等产品。

冷轧产品。冷轧汽车板销量 193 万吨,市场占有率 13.7%,全国排名第四位,其中镀锌产品 56.2 万吨,高强产品 50.3 万吨,外板(FC+FD)29.0 万吨,全年完成零件认证 284 个,与 49 家自主品牌终端用户、20 家合资品牌终端用户合作,涵盖华晨宝马、一汽大众、长安福特等知名汽车制造企业;家电板销量 187.1 万吨,连续三年市场占有率稳定在 20%以上,是国内最大的家电板供货企业;冷轧专用钢销量 88.5 万吨,新开发的油汀用钢、导轨用钢、液晶显示器背板用 IF 钢 SEC1 等实现批量供货,形成 21 类有特色、有竞争力的优势产品,冷轧专用钢供货实现专有化、多样化和系列化。

（董建成）

【营销体系建设】 销售公司加快区域分公司和加工配送中心建设,华北、武汉两个分公司相继投入运营,天津和重庆加工配送中心前期工程建设取得进展,武汉加工配送中心项目已获批。全年各区域分公司共计完成销售公司负责的产品销量 496 万吨,占销售公司全年销售比例的 37%,全年各区域分公司新开发用户 224 家,占销售公司新开发用户总量的 91.80%,月度平均合作用户 279 家,占销售公司用户数量的 49.82%,其中上海、广州、山东、华北分公司全年综合销量分别为 202 万吨、160 万吨、114 万吨和 98 万吨。武汉分公司自去年 1 月试运营以来共计走访用户 183 家。成立重庆办事处,推进重庆加工中心建设,打造首钢在华中、西南区域的营销服务平台。加工配送中心在营销产业链建设过程中发挥重要作用,2014 年九地加工配送中心合计加工量 65.31 万吨,销售量 132.32 万吨,其中首钢产品 129.18 万吨,占比 97.63%,全年累计开发用户 253 家。

（董建成）

【物流体系建设】 销售公司物流运输工作坚持以问题和市场为导向,以确保产销衔接为宗旨,增强管控能力。顺义、迁钢汽运准点到达率分别达到 99.97% 和 96.12%,平均滞留时间从年初的 2.93 天缩短了 1.5 天;通过推进港存分级预警、航运节点限时管理、生产与船期匹配衔接等措施,迁钢产品上海流向平均运输周期 12.7 天,港存时间为 6.8 天。建立产品包装外观质量交接流程,形成有效的包装、运输质量管控体系,推进 70 吨平板车外销卷运输和冷轧 T 型板火运装车,提高对长城和海斯克等汽车板用户的 JIT 供货保障能力,确保首钢产品顺稳发运。提高迁钢顺义冷轧内供卷火运增量、推进迁钢外销卷使用固定支架火车运输、降低冷轧产品火车上站量等措施科学合理地改善运输方案,全年降低物流费用 924 万元。

（董建成）

【客户服务体系建设】 销售公司坚持以用户为中心,提高客户满意度,先后指定客户经理、客户代表和驻厂代表 49 人,与技术研究院研发工程师、生产基地产品工程师紧密配合,组建现场服务团队,对 36 家大型战略直供户提供专业指导和技术服务,并成立汽车板大客户服务科,提升沟通协作效率。发挥区域分公司前沿优势,建立质量异议超时限预警机制,全年共受理质量异议 513 件,平均异议处理周期 12.6 个工作日。CRM 平台月均客户点击率 5 万余次,网站浏览月均 2 万余次,为有需求的 394 家客户提供电子质保书打印功能。9 月迁钢顺义冷轧公司一体化合同 CRM 在线评审正式上线,改变手工台账录入方式,缩短订单的评审周期,通过建立评审知识库,为后续订货意向分析、产品质量改进提供原始数据。市场开发和客户服务分析例会共计反映问题 83 件,其中 50 件已解决。

（董建成）

【提升管理运营水平】 销售公司优化业务流程、掌握营销规律、加强动态监管,完善市场调研体系,按照服务和支持营销决策的原则,建立集中统一的市场调研体系架构,并开展钢厂对标,提升对市场趋势的预测能力。针对市场单边下滑的不利局面,为了保障 APEC 会议等重点时段及市场大幅波动时期的合同组织和产销衔接,销售公司与生产、计财、技术及各基地及时沟通,优化排产,合理控制结转和探头合同量,加强动态管理。规范和细化股东会、董事会、经理办公会制度,建立股东会层面审批和核查机制,实施应收、预付环节的风险管控和审核、审批程序,重点推进一系列确保加工中心顺稳运行、防范经营风险的管理措施,建立管理人员选派机制。每月对渠道开发、品种结构、渠道结构、合同节点、客户服务、物流运输以及加工中心等各项营销工作指标进行总结分析,召开月度指标分析会,加大自我审查力度,及时发现问题,全面提升管控水平。规范计划、销售、储运、服务、外贸、财务结算等业务管理,加强对区域公司及加工中心的管控,使销售专业管理规范化、系统化,并形成有效的约束机制。细化专业制度40项,增加《现货销售管理办法》。发挥分公司市场前沿优势,助推网络营销模式发展,利用上海钢铁交易中心平台,全年线上交易钢材3.04万吨。

(董建成)

【加强党建工作】 销售公司围绕党的十八届四中全会精神和首钢党委部署,深入开展党委中心组学习,全年组织集中学习研讨25次,组织召开25场调研座谈会,累计与职工150多人座谈,形成《销售公司党委调研报告》,倡导以新思维应对新常态。规范支部书记汇报、政工例会、支部书记例会制度,改版《营销工作简讯》,创刊《问题与建议》。开展"遵章守制做表率,夯实基础我带头"创先争优主题活动,增强广大党员干部职工的"交账意识"。开展基层党支部晋位升级,组织完成20个党支部换届选举工作。在总公司"七一"表彰会上,销售公司党委被评为首钢六好班子。邀请北京科技大学、冶金经济发展研究中心等专家教授,围绕国内外钢铁企业动态举办"素质提升"系列讲座,200余人次参加听课。组织243人分8批次参加 ERP、MES、CRM、钢材贸易系统操作及查询等信息化培训。推荐客户代表10人参加首钢汽车板客户服务体系能力提升培训班。与首钢技师学院联合举办第四期物流管理高级工班,累计培训技能操作岗位职工120人。《优质服务共铸诚信》入选十大"首钢人的故事"。《他是我们心中最美安全

员》荣获首钢安全征文一等奖。由总公司在上海分公司举办的"制造+服务——走访高端用户"的采访报道,展示销售人员拼搏奋斗的精神。首钢报社、电视台累计报道销售公司先进典型事迹70余篇,《中国冶金报》刊登销售公司新闻报道4篇,《中国企业文化》杂志刊登了销售公司《打造具有营销特色的企业文化,推进向综合服务商转型》的典型经验文章。制定《反腐倡廉主要任务分工方案》。公司业务人员291人纳入监控网络,推荐8人参加总公司有业务处置权岗位人员培训。与189个客户、29个汽运车队签订廉政共建协议。组织科级以上领导干部99人进行廉政知识学习测试。修订四级党风廉政建设责任制119份。开展北京廉政故事创作征集活动,荣获总公司组织奖。《发挥党建优势抓廉政促营销,护航转型发展》荣获首钢纪检监察系统调研成果一等奖。销售公司纪委连续荣获首钢先进纪检监察组织。走访慰问外派职工、困难职工、部分离退休职工家庭49户。为首钢扶贫帮困捐款49900元。为患病和去世职工家属献爱心捐款12.3万元。开展职工提合理化建议活动,征集建议34条,取得实效。因地制宜组织开展登山、摄影、游泳、球类比赛等活动,丰富职工文化生活。开展"我与首钢共奋进"、青年创新"双争"等活动,销售公司团委荣获首钢团系统"达标创优"竞赛活动优秀组织单位。

(董建成)

发展研究院

【发展研究院领导名录】

常务副院长:吕云生(2月离任)

副院长:徐建华 张明臣(4月任职)

党委书记:徐建华

(葛梅伟)

【综述】 首钢总公司发展研究院是首钢改革发展战略研究咨询机构,主要从事首钢钢铁业、多元产业发展研究,企业创新变革研究,企业管理体制机制研究,企业文化研究,情报信息研究。主要职责是:根据总公司的需要和安排,承担具有战略性、全局性、超前性的课题研究,为领导决策和提高经营管理水平提供支持;为总公司管理部门改进管理提供服务,促进体制机制改革和企业文化建设;研究国内外同行业的发展动向和案例、搜

集和分析情报信息,为总公司提供或协助提供改革发展的实施方案;针对总公司关注的热点、难点、重点问题和涉及首钢长远发展的重大课题,提供研究报告、相关资料;与政府部门、企业界、学术界密切联系,发挥窗口和纽带作用,扩大首钢影响力。出版《企业改革与管理》杂志、《首钢发展研究(内刊)》(电子版)和首钢志书年鉴。发展研究院设有科研处、办公室、钢铁产业研究所、多元产业研究所、企业成长研究所、情报信息研究所、企业改革与管理杂志社、史志年鉴办公室、海研宾馆。年末,职工63人,其中博士(后)6人,硕士21人,本科19人,大专6人;高级职称10人,中初级职称25人。

（葛梅伟）

【组织建设】 经总公司党委批复,发展研究院党委委员为徐建华、张明臣、张立新。经总公司纪委批复;发展研究院院纪委委员为徐建华、张立新、孙勇。

（李纯华）

【科研成果】 发展研究院围绕首钢全面深化改革全力做好相关研究工作,全年完成重点研究课题15项,包括《关于加强和改进首钢教育培训工作的意见》、《首钢与浦项竞争力对比分析及对策研究》、《世界有影响力的综合性大型企业集团的标准研究》、《资源型企业转型升级发展环保产业路径研究》、《2014年钢铁业面临形势及运行动态研究》等;《首钢全面深化改革的指导意见》于9月正式颁发;《首钢发展旅游产业构建与实施》、《大型企业文化评价体系建设与应用》分别荣获第29届北京市企业管理现代化创新成果一等奖、二等奖。报送《快报》11期,《企业管理案例研究》9期,《信息情报分析》28期,《专报》44期。37篇研究成果获总公司领导批示。

（葛梅伟）

【交流开放】 发展研究院组织各类学术交流活动17次;科研人员参加相关外部学术会议29次。《企业改革与管理》杂志正式成为国际DOL中国出版物学术期刊会员;由月刊改为半月刊,全年出刊24期,发表文章3600篇640多万字;《首钢发展研究(内刊)》(电子版)上线发行6期,10万字。《首钢年鉴2014》在人员变动的情况下,加强有效组织,实现年内完成编辑、审定和交付印刷。《北京志·工业卷·首钢篇》(1995年～2010年)已按要求完成提纲和部分初稿。《首钢搬迁风云录》第三册《共济蓝海》,于2014年2月由人民出版社出版。

（葛梅伟）

【管理创新】 发展研究院建立"学术活动管理台账"制度;建立以督办单为核心的"催办制度";制定并颁发《发展研究院日常考核管理办法(试行)》、《发展研究院承揽外部课题管理办法(试行)》等。

（葛梅伟）

【优化管理】 发展研究院坚持问题导向和系统思考,组织制定覆盖全流程的专业管理职责、标准和时限要求累计170多条,明确"在管理中按照界面清晰、规范务实和依法依规的原则;在党建文化中突出文化塑造、作风引导和考核惩处相结合的原则;在人才培养中坚持日常培养和量才使用并重的原则"。

（李纯华）

【队伍建设】 发展研究院派出2人参加总公司首批后备干部特训班;2人到基层挂职锻炼,博士、硕士计5人到京唐公司实习。召开"脚踏实地,岗位成才"主题座谈会,引导青年员工融入首钢文化,在实践中实现自身价值。组织在职博士后3人完成研究课题中期报告。安排挂职博士5人到研究所锻炼。从集团内部招聘员工2人,从社会招聘应届研究生2人,充实到管理和信息分析岗位。

（葛梅伟）

【党群工作】 发展研究院1人获总公司"三创"标兵称号;1人获总公司"争优创先"优秀党员称号;2人被评为院级"三创"标兵;2人被评为院级先进党员。《坚持人才优先战略,营造干事创业氛围》获总公司党建思想文化建设成果二等奖。

（葛梅伟）

【效能监察】 发展研究院纪(监)委针对暑期电费增长过快等因素,一是召开动力成本工作分析会,查找管理方式头重脚轻,缺乏指标细化分解;以干代管等问题。二是制定动力费用分项内控指标。按不同层次和时间点进行超支分析和考核相结合的管理方式。三是定期研究管理费用支出和使用情况,动态控制,确保动力费用有所降低。在消化燃气、电、水涨价增长费用近万元的基础上,确保年度费用不超支。

（李纯华）

劳动工资部

【劳动工资部领导名录】

部　长：闫永志

副部长：杨木林（8月任职）

（魏云胜）

【综述】　首钢总公司劳动工资部是首钢劳动工资专业管理部门，负责贯彻执行国家、地方的劳动工资法规和政策，优化首钢劳资专业管理；负责制定和贯彻劳资专业规划、计划和管理制度；负责集团管理体制、组织机构、职责范围、劳动组织、劳动计划、职工培训管理；负责集团劳动合同、劳动力协调平衡、劳动纪律管理；负责总公司及钢铁主业工资制度管理，指导子公司工资制度管理工作；负责首钢北京地区社会保险管理和集团社会保险归口管理；负责集团劳资专业数据统计汇总；负责集团职工培训和职业技能鉴定工作，管理北京市第80职业技能鉴定所、冶金行业特有工种第20职业技能鉴定站。劳动工资部下设工资处、劳动组织处、计划统计处、培训处、保险处、劳务用工管理处，在岗职工40人，其中本科及以上学历34人，大专学历5人；高级职称13人，中级职称18人。

2014年，劳动工资专业贯彻落实总公司党委工作要求，解放思想，勇于担当，坚持问题导向，深化体制机制改革，不断完善集团管控架构和管理体系，稳步推进集团薪酬分配制度改革和绩效考核工作，实现全年专业工作目标。集团年末在册职工12万人，在岗职工人均年收入6.73万元，钢铁业实物劳动生产率406吨/人年。

（魏云胜）

【完善集团管控架构】　劳动工资部贯彻落实首钢全面深化改革的指导意见，围绕强化集团管控功能，实现管理全覆盖，推进集团管控体系建设、首钢钢铁业和城市综合服务商两大主导产业协同发展。一是按照股份公司资产置换整体工作安排，第一步将股份公司北京地区生产作业单位炼铁厂、焦化厂、第二炼钢厂、高速线材厂、第一线材厂和设备维检中心等机构划出，销售公司划入，完成机构调整、人员划转及劳动合同变更工作；第二步组建股份公司生产部、技术研究院、设备部、计财部、人力资源部、办公室及物资供应公司；运输部划归矿业公司，矿业公司烧结厂、球团厂划转整合到股份迁钢公司，实施铁前一体化管理。二是按照二级公司架构做实园区管理部机构，调整园区范围内保卫武装、资产处置、房地产管理及相关业务并完成人员划转工作；按照协同高效、职责清晰、平稳推进的原则，调整园区管理部和首建投公司（园区开发部）机构编制。为加快能源环保产业开发、投资合作、投融资管理平台建设，组建首钢环境产业有限公司；为保障生物质公司顺利投产运行、微电子公司转制后与总公司管理体制接轨的需要，研究批复机构定员编制。三是适应首钢集团全面深化改革和转型发展的需要，按照"精干高效"的原则，调整办公厅机构定员编制，提出关于加强建立巡视、监事、派出董事研究工作机构及定员编制方案颁发执行。四是凯西钢铁有限公司划归京唐公司管理，理顺有关业务工作。五是对集团所有单位和企业进行全面调查摸底，对584家单位、企业基本情况进行分析，同时对总公司直接管理的81家单位机构级别提出专业意见。

（魏云胜）

【薪酬分配制度改革】　首钢启动全面深化改革，总公司把维护职工的切身利益作为推动改革的工作重点，率先推进薪酬分配制度改革，集团所有单位的薪酬管理全部纳入集团管控体系，逐步缩小不合理的收入分配差距，完善职工收入增长机制，让职工更多地享受企业改革发展成果。一是制定《首钢集团深化薪酬分配制度改革的思路方案》。确定指导思想、主要目标和工作内容，明确职工收入与工作质量和效率挂钩、领导干部收入与三年任期目标和企业中长期发展挂钩。二是按照总公司"成熟一个、出台一个、推进一个"、"涉及职工利益的改革方案往前排"的要求，迅速启动12个实施办法及细则的制定工作，反复测算分析，多层次征求意见，不断修改完善，先后颁发《首钢总公司异地工作补贴管理办法（境内）》《首钢总公司四地钢铁业艰苦岗位津贴实施办法》《首钢总公司年功工资实施办法》《首钢总公司四地钢铁业岗位工资套改实施办法》等文件，开展四地钢铁业技能操作系列作业岗位分档，制定《四地钢铁业艰苦岗位指导目录》（试行）。在部分单位试点的基础上，总公司和四地钢铁企业实施薪酬分配制度改革，回应广大职工的期盼，产生了积极反响。结合总公司领导干部退休机制，制订颁发了《首钢总公司领导干部退出现职领导岗位和退休返聘薪酬待遇实施办法

（试行）》；根据中央企业负责人薪酬改革方案的有关精神，结合首钢实际，提出领导干部薪酬制度改革及中长期激励机制初步方案。三是按照北京市《关于北京市2014年调整企业退休人员基本养老金的通知》精神，制订颁发《首钢2014年调整内退人员基本退养费实施办法》。

（魏云胜）

【考核挂钩分配】 劳动工资部建立效益计划与绩效工资基数挂钩考核办法，改进钢铁业绩效考核方式，月度考核调整为季度考核，简化指标，突出重点，规范单项奖管理，建立在岗职工收入增长指导线制度。一是自二季度起，总公司对四地钢铁业单位的考核方式由按月考核调整为按季考核，逐步下放分配自主权，使各基地成为面向市场的经济实体。二是坚持以效益为中心，调整完善考核指标体系，简化指标，突出考核重点。挂钩考核办法简单明确，各单位能够根据指标任务完成情况，直接计算奖金，有效地调动单位职工的积极性。三是钢铁业单位建立效益指标与单位绩效工资基数挂钩考核办法。单位实际完成的效益指标比上年有进步的，相应增加绩效工资，效益指标没有进步的，绩效工资不能增长。四是规范单项奖管理。颁发《首钢总公司单项奖管理办法》，明确了由总公司奖励的13个奖项。规范专业评比表彰，除安全专业外，其他专业组织的评比表彰只颁发荣誉证书，不再给予物质奖励。各单位、各专业申请的一次性单项奖，由专业部门按季度提交总公司审定批准后兑现。五是建立在岗职工收入增长指导线制度。为避免由市场变化带来的指标完成情况与年计划偏离过大的问题，控制绩效工资的发放水平，对由于市场因素造成指标完成增幅较大时最高增幅不超15%，降幅较大时最低扣减10%。六是强化月度绩效考评会制度。在考核组原有成员的基础上，增加审计部、纪委（监察部）、监事会、管理创新部等部门，提高考核质量。七是建立绩效考核结果发布制度。每季度对各单位的绩效考核结果进行公布，做到公正公平公开，接受各单位及职工的监督。

（魏云胜）

【加强劳动纪律管理】 劳动工资专业从完善管理制度入手，加大对劳动纪律管理和检查力度，提高职工遵守劳动纪律的自觉性。一是制定颁发《首钢总公司职工违规行为处理办法》，会同纪委（监察部）组织召开专业培训会，逐条进行学习讲解。并启动修订《首钢总公司劳动纪律管理办法》工作，征求意见，修改完善，于7月8日颁发实施。二是加强检查强化执行。为确保严格执行劳动纪律，劳资专业结合上半年节假日集中、放假时间长，尤其是世界杯足球赛期间，容易出现饮酒、困倦等放松劳动纪律的特点，在做好日常劳动纪律管理的基础上，加大对元旦、春节、"五一"节前后，以及世界杯足球赛期间的劳动纪律检查力度。如：迁钢公司组织劳动纪律检查26次，抽考职工400余人，查处违反劳动纪律人员32人次；首秦公司组织劳动纪律检查19次，查处违反劳动纪律人员28人次；京唐公司组织劳动纪律检查7次，查出各类问题10余件。三是对违反劳动纪律的行为，坚持"三不放过"，即原因不分析清不放过，未制定整改措施不放过，本人及职工未受到教育不放过，分析违规原因，制定整改措施，通过严肃处理使本人和广大职工从中受到教育，增强执行制度的自觉性。如：顺义冷轧公司处理违反劳动纪律人员6人，其中对一名外协工在班中饮酒的问题，责令外包单位对其解除劳动合同；京唐公司考核处理各类违规人员100余人，其中对严重违反劳动纪律的职工6人给予转岗培训3个月的处理；迁钢公司对32人次违反劳动纪律按规定落实考核，违规情况和考核结果在内部网上进行发布；首秦公司对28人次违反劳动纪律按规定落实考核，同时下发5期检查通报。

（魏云胜）

【规范劳务用工管理】 劳动工资部按照总公司职代会提出的"深化用工制度改革，严格控制劳务用工数量，进一步规范劳务用工管理"的要求，采取多种形式组织学习研讨《劳动合同法》、《劳务派遣行政许可实施办法》和《劳务派遣暂行规定》等新颁发的法规政策，深入16家用工单位进行调研，对总公司直管的70家单位进行分析，组织40家法人企业开展劳务用工现状调研，查找问题，摸清底数，提出规范管理建议。制定下发"关于开展贯彻《劳动合同法》规范劳务用工管理的工作安排"，并结合薪酬制度改革，进一步规范劳务用工管理工作。

（魏云胜）

【职工培训开发】 劳动工资部围绕"推进学习型组织建设，创建学习型、技能型、创新型员工队伍"目标，开展多种形式的技能人才培训，提升职工素质。全年，集团职工参加各类培训 23 万人次,举办主技能培训班 842 个班次,在职班组长及后备班组长培训班结业 4341 人,技能等级培训 7392 人,特种作业人员培训 9002 人,专业业务培训(含讲座)684 班次,培训 33862 人次,专业资格取证培训 858 人次。一是强化培训计划和预算管理。制定《首钢 2014 年职工教育培训工作计划》和《首钢 2014 年职工教育培训预算安排》,重点培训项目兑现率纳入专业考核,发挥集团内部办学实体力量,共享优质培训资源、降低办学成本、提升培训效果。全年职工培训重点项目兑现率达到 91%。二是发挥协调组织等职能作用,与清华大学联合举办班组长岗位管理能力资格认证培训班,班组长 401 人参加培训。组织参加全国钢协优秀班组长研修班,进行交流研讨。协调落实首矿大昌公司员工 450 人和中国地质大学、北京科技大学、东北大学等毕业生 500 多人实习工作。三是完成总公司精益六西格玛管理、汽车板客户代表、质量工程师、供应销售信息化等重点项目培训,配合园区管理部做好与北京亦庄开发区的对接工作,为园区职工转岗培训创造条件。

(魏云胜)

【职业技能竞赛】 2014 年是首钢的"职业技能竞赛年",总公司职业技能竞赛、北京市经信委第 16 届职业技能竞赛、第七届全国钢铁行业职业技能竞赛相继开展,体现出"竞赛层级多、竞赛工种复杂、职工参与面广、竞技水平高"的特点。为确保竞赛取得好成绩,并通过竞赛提升职工技能水平,劳动工资部统筹安排,缜密组织,先期进行赛务人员取证和裁判人员注册、培训等各项准备工作,同时组织京唐、迁钢、首秦公司结合本企业特点,超前制定竞赛方案,科学设置竞赛工种。5 月,以"竞赛成就人才、技能促进发展"为主题,总公司启动 14 个工种的职业技能竞赛,21 家单位近 2.5 万人报名参赛。10 月 16 日,职业技能竞赛决赛在京唐公司举行,京唐、迁钢、首秦、冷轧、矿业、长钢、水钢、通钢 8 家单位 100 多位选手参加转炉炼钢工、天车工、点检员(机械/电气)4 个工种的决赛。通过竞赛产生一批优秀技能人才,75 人被命名为"首钢技术能手"。在"宝钢杯"第七届全国钢铁行业职业技能竞赛中,高炉炼铁工、热轧宽带钢轧钢工、天车工选手 3 人获"全国钢铁行业技术能手"称号,首钢获优秀组织单位。

(魏云胜)

【高技能人才工程】 劳动工资部持续推进高技能人才培养工作。组织开展总公司级高技能人才创新和维修电工技师研修培训,参加职工 2100 多人。选拔优秀技能人才参加北京市维修电工、化学分析工技师研修培训。组织举办首钢技能操作专家创新能力研修班,厂级以上技能操作专家 33 人在完成理论培训后,赴长钢公司生产一线开展技术交流,对 43 项工艺、技术、设备和操作难题提出解决方案。王文华、王建斌等一批高技能专家获北京市奖励和国务院津贴,刘宏获国家第 12 届中华技能大奖。首钢高技能人才培养工作受到国务院领导的肯定。

(魏云胜)

【职业技能鉴定】 劳动工资部规范内部管理制度,严格资格审核监管,强化考评过程控制,提升鉴定质量,持续改进工作作风,在北京市职业技能鉴定"行风诚信"与"业务工作"双百分评比中荣获年度"北京市优秀职业技能鉴定所"称号。全年完成鉴定 7661 人,晋升高级工 1667 人、技师 337 人、高级技师 155 人。

(魏云胜)

【为职工办实事】 劳动工资部维护企业职工利益。一是根据北京市国资委等四部门关于解决职教、幼教退休教师待遇问题的工作部署,为退休教师 1367 人向北京市申请生活补贴 1311 万元并及时发放。二是落实《关于北京市 2014 年调整工伤职工及工亡人员供养亲属工伤保险定期待遇的通知》要求,及时调整有关待遇,总公司 1 级~4 级工伤人员伤残津贴人均月增加 313 元,享受供养亲属抚恤金人员人均月增加 150 元。三是按照北京市相关规定要求,调整首钢北京地区退休人员 46726 人基本养老金,人均月增资 203 元。四是按照首钢内退人员收入增长机制,调整内退人员 1048 人基本退养费,人均月增资 275.5 元;首钢自 2008 年建立内退收入增长机制以来,内退人员人均月收入由 968 元提高到 2283 元,平均年增长 13%。

(魏云胜)

【专业建设】 劳动工资部加强党建和思想、工作作风建设,强化责任意识、服务意识,提高专业知识、专业技能,夯实专业基础工作,清理整顿专业规章制度,新制定颁发总公司级制度 9 项、废止 7 项,年末劳动工资专业现行的部门级专业制度 31 项、总公司级专业制度 66 项;编发"劳动工资部工作动态"18 期。《大型企业人工成本管控体系的构建与实践》荣获第 29 届北京市企业管理现代化创新成果二等奖。

（魏云胜）

【突出工作】 劳动工资部在推进完善集团总部管控架构、薪酬制度改革和职工教育培训方面取得突出成绩。

推进完善集团总部管控架构，促进首钢转型发展。按照整体设计重点突破、促进提高效率和对集团企业管理实行全覆盖的原则，通过深入系统地研究探索和实践，持续完善和推进过渡时期集团整体管控和产业板块快速发展的组织机构调整改革工作。结合股权和资产调整，完善钢铁业的管理体制和组织机构；深入研究总公司机关职能转换工作；调整完善北京园区的管理体系，持续完善新产业平台建设；规范非钢和控股参股企业及合资企业机构的调整完善等工作。

为进一步调动广大职工积极性、主动性和创造性，应对经济环境变化，克服各种困难，促进经营生产目标和转型发展重点任务的全面完成，总公司党委坚持把推动企业科学发展和维护职工根本利益作为全面深化改革的出发点和落脚点，率先推进薪酬分配制度改革。劳动工资部落实总公司党委指示精神，研究提出深化薪酬分配制度改革的思路方案，先后制定颁发《首钢总公司异地工作补贴管理办法（境内）》等十余项配套文件，职工收入稳步增长。同时，强化挂钩考核机制，规范分配秩序，调整完善钢铁业绩效考核体系，促进创新发展；探索北京园区和新产业薪酬考核分配管理模式，激发创新活力；加强非钢单位考核分配管理，促进向城市服务商发展。

结合首钢发展战略，加强职工培训开发的总体规划、贯彻实施和评估改进，提高培训开发的针对性、系统性、规范性和实效性。通过在岗培训、脱产培训、技术研修、岗位练兵、技能竞赛、技术创新、技能鉴定考核等多形式、多层次、系统化、专业化的人才培训，优化集团人才结构，提升职工综合能力，建设高素质的职工队伍。年末集团高级工以上技能人才 38595 人，其中高级技师 1023 人，高技能人才比例达到 47%；聘任技师 3452 人、高级技师 702 人，聘任厂级以上技能操作专家 53 人；获评北京市首席技师工作室 6 个，国家级焊接工艺大师工作室 1 个。

（魏云胜）

【努力方向】 劳动工资部需要继续在构建集团管控体系和完善职工培训体系方面加大探索和实施力度。总公司党委《关于首钢全面深化改革的指导意见》作出全面深化改革的重大部署，提出首钢要推进集团管控体系和管理能力的建设，用 3 年时间基本建立起符合时代潮流、市场经济规律和具有首钢特色的管控体系，管理能力建设取得明显成效。到 2019 年首钢建厂 100 周年之际，管控体系更加科学规范，管理能力更加协同高效，质量和效益显著提升使首钢改革发展再上一个新水平、新台阶，再创辉煌。

集团的管控体系和管理能力的现状与总公司党委的要求还有距离，必须加大工作力度。下一步劳动工资部要与发展研究院等部门联合，按照"管住、管好、管活"的原则，研究建立和完善新型管控体系，不断提升管理能力。构建包括法人治理结构、创新驱动体系、职工培训开发体系、企业文化等在内的支撑保障体系，促进集团产业的协调发展。职工教育培训工作未来要以集团战略定位、中长期发展目标为导向，结合集团管控体系建设，整合优化现有教育培训资源，构建统一的职工培训开发体系，搭建从实践中来、到实践中去的学习发展和资源共享平台。加强培训开发的总体规划、贯彻实施和评估改进，提高培训开发的针对性、系统性、规范性和实效性。创建职工能力素质模型，从职业发展通道和能力素质要求两个维度设计培训开发体系，规范人才的培养和选拔，提高职工岗位胜任能力。建设具有首钢特色的课程体系和案例库，通过课程开发、知识管理等活动，把有首钢特色的管理思想、管理方法和管理制度变成培养人才的基础。探索建立中高层管理人员授课制度，促进培训质量与管理能力的共同提高。通过系统培训和开发，全方位提升职工的政治、业务、能力素质，保证和推动首钢发展战略的有效实施，实现职工与企业共同发展。

（魏云胜）

管理创新部

【管理创新部领导名录】

部　长：郭　伟

（于福荣）

【综述】 管理创新部成立于 2012 年 7 月，是首钢总公司职能管理部门，负责组织开展管理评价管理，企业规章制度管理,管理创新成果管理,推进企业先进管理系统创新方法。管理创新部下设企业管理处、管理评价处,定员11人,在册9人,其中本科以上学历9人,高级职称6人,中级职称3人。

2014年,管理创新部按照总公司全面深化改革的实施意见,配合调整完善股份公司组织机构,协同筹备财务公司创建,继续组织规章制度清理整顿,全面组织开展管理创新活动,参与资金平台、采购平台、职工健康平台的建设。

(于福荣)

【管理创新】 管理创新部贯彻落实总公司"两会"精神,围绕总公司全面深化改革和转型发展的重点工作和任务,坚定不移抓基础工作,坚持不懈抓制度建设,加强学习培训,严肃工作纪律,细化专业工作内容,明确工作标准,以创新的思想,扎实有序推进专业重点工作的落实。一是巩固和发展党的群众教育实践活动成果,学习党的十八届四中全会精神、习近平总书记系列重要讲话精神,落实总公司"两会"和总公司决定、指示精神,逐条对照,研究细化,加强作风锻炼。二是修订《管理创新部内部工作制度》,规范部门管理。树立"交账意识",按月总结重点工作完成情况,组织专业会议5次,经验交流会4次,现场调研5次,到先进企业学习2次,下发月计划12期,完成月工作总结12期。以首发文形式颁发文件5项。管理创新部根据部门开展专业工作需要,下发19项部门专业工作文件。三是针对制度清理整顿、新工具新方法经验交流和推广应用以及外埠钢铁指标的报送情况,加强过程管理,动态指导服务,下发管理创新工作动态14期。四是根据首钢党委《关于在全集团开展推荐选拔和培训后备干部的工作方案》精神,组织完成后备干部5人的推荐选拔、民主评议等工作。组织专业培训、学习交流100余人次,为参加在职研究生学习的2人提供支持。

(于福荣)

【管理创新专业机构职责设置】 管理创新部根据总公司做实股份公司,组建钢铁业务管理体系的思路方案要求,分析集团分公司子公司管理创新专业机构职责设置情况,借鉴国内主要钢铁企业管理创新专业机构职责设置经验,讨论研究后提出管理创新职责界面划分的总体思路和意见建议,形成《集团和股份公司管理创新专业机构设置建议》、《股份公司运营改善部主要职责建

议》、《集团和股份公司、代管公司管理创新专业工作界面、工作流程建议》等。

(于福荣)

【制度管理体系建设】 管理创新部完善制度,加强组织,扎实推进总公司制度清理整顿。制定下发《首钢总公司规章制度管理制度补充规定》(首发〔2014〕210号),召开专业会,组织学习、培训。

提高制度制(修)定计划性,跟踪检查,实施动态管理。研究拟定《关于开展规章制度制(修)定立项工作的通知》及《2014年度制(修)定总公司管理制度立项表》,编发《关于下发2014年制(修)定规章制度立项计划的通知》,组织落实,加强服务指导。

2014年完成60项制度的制(修)定工作,总公司颁发制度46项,废止50项;有29项制度已提出专业审核意见,待经理办公会审议后颁发;修改完成31项制度。截至年底,总公司现行制度共有407项。

根据机构、职责调整及管理需要,做好制度划转工作。涉及9家单位,17项制度。其中,由销售公司划入海外事业管理部3项;由中首公司划入海外事业管理部3项;由办公厅分别划入生产部(安全处)2项、生活管理办公室1项、首钢医院2项;由保卫武装部划入园区管理部6项。

管理创新部参与了对《首钢总公司会议管理办法(试行)》、《首钢总公司业务接待管理办法(试行)》等4项制度的研讨、制(修)定、审核、颁发的全过程。对首钢全面深化改革,规范领导干部退出领导岗位、返聘工作机制等重要事项,涉及《首钢总公司内部监事会管理制度》、《首钢总公司派出董事管理办法》、《首钢领导干部退休和返聘管理办法》等12项制度的研讨、会审、审核、颁发的全过程。结合首钢薪酬制度改革方案的精神及要求,对《首钢总公司年功工资实施办法》、《四地钢铁业艰苦岗位津贴实施办法》、《首钢总公司四地钢铁业岗位工资套改实施办法》等制度进行重点审核、把关。全年审核101项制度,审核制度6259条,提出建议1313条。

4月22日,管理创新部下发《关于对总公司现行规章制度电子文档进行归集的通知》(首创发〔2014〕9号),组织对2013年底总公司现行制度电子文档进行整理归集。完成涉及总公司27个专业部厅,共计411项现行制度的电子化共享工作。

按照"谁定制度谁负责、谁定制度谁培训、谁定制度谁监督落实、谁定制度谁改进"的管理原则，按季度公布总公司颁发制度文件目录的通知。管理创新部抽查《首钢总公司职工违规行为处理办法》《首钢总公司内部借款管理办法》《首钢总公司科技成果管理办法》等38项制度，对制度执行情况的检查形成报告，编写工作动态四期，以指导专业管理工作的开展。开展专业管理制度调查。按照首钢全面深化改革的要求，为加强规章制度体系建设，在开展公司级规章制度清理的基础上，组织总公司28个具有职能管理的单位，开展部门级现行制度的调查，经对各部门上报344项制度汇总分析，符合专业管理制度特征的280项，工会的民主管理制度16项。

（于福荣）

【管理创新成果】 2014年首钢评审第15届管理创新成果86项，有60项获奖，其中，一等奖8项、二等奖19项、三等奖21项、提名奖12项。有27项成果荣获中国钢铁协会和北京市企业管理现代化创新成果奖，其中，推荐给中国钢协的21项中有11项获奖，推荐给北京市的18项中有16项获奖。首钢总公司荣获优秀组织奖。组织各单位重点围绕总公司两大板块（钢铁业和北京市园区）发展趋势，关注管理创新活动的"亮点"和"创新点"，评审确定112个课题作为总公司管理项目，其中33个项目作为重点推进项目。

（于福荣）

【推广和应用管理新方法】 管理创新部围绕精益六西格玛工具、现场管理方法以及技术研发工具TRIZ等方法，先后组织4次公司内部经验交流会。参加全国六西格玛大会以及到中航工业精益六西格玛研究所调研学习，与培训中心组织六西格玛设计（DFSS）及TRIZ理论工具培训。对京唐公司、迁钢公司、首秦公司以及顺义冷轧公司开展六西格玛的情况进行调研，总结首钢推进六西格玛管理8年来开展的项目情况，六西格玛在质量提升、设备管理等方面持续改进取得的成效，以及六西格玛工作存在的问题。结合总公司重点工作要求，明确加强六西格玛工具在提高产品质量、提升工艺水平等方面应用的工作要求和重点。编写《关于六西格玛工作情况的汇报》。

（于福荣）

【外埠企业沟通】 管理创新部组织计财、生产、技术、设备、劳资、信息、供应、销售等专业对水钢、通钢、长钢等外埠钢铁企业落实总公司《外埠钢铁企业沟通机制实施意见》情况开展专项调研检查。先后对水钢、通钢、长钢三家单位共计190个业务岗位进行了检查，其中检查各类业务单据凭证553张，涉及产供销数据21326条，提出43项专业意见和建议。下发《实施意见执行情况检查报告》，要求长钢、水钢和通钢三家单位对检查报告中提出的问题和建议，查摆整改事项、制订整改计划、明确整改目标和措施、落实责任人，三家单位按照各自情况制订整改计划，分解落实到具体责任人及时点，制定整改进度表。结合实施意见检查及当前经营生产形势，持续做好外埠钢铁企业管控指标体系优化完善工作。全年，共上传报表1127张，指标399项，数据94892条。

（于福荣）

【管理评价】 2月，管理创新部组织总公司工会、纪委（监察部）、供应公司等单位对2013年度钢材采购情况、2013年度吊索工具采购情况两个采购项目进行评价。采取召开民主评价会的方式，由评价小组成员介绍被评价项目情况，职工代表和专业人员组成的民主评价代表与采购人员互动答疑，最后民主评价代表从制度体系建设、采购过程管理、价格成本控制、采购水平及市场把握、业务精通、问题阐述等方面进行评价打分，加权平均后形成每个采购项目的最终满意度评价得分。此次民主评价组织动员职工参与民主管理，发挥职工的民主监督职能。总公司领导许建国、顾章飞和市国资委派驻首钢监事会陈宝生处长参加民主评价会，对该项民主评价活动给予高度评价。

（于福荣）

【参与总公司平台建设】 管理创新部按照总公司的安排，先后参与总公司资金集中管理平台、健康平台、KPI信息平台以及资质体系建设等项目的管理工作。从业务流程梳理、蓝图设计、管理实现、制度体系以及责任体系建设等方面发挥专业职能，多方位把关，推动各项目的顺利进行。

（于福荣）

【客户满意度调查】 首钢板材生产的一贯制管理，需要建立与之相对应的客户服务体系。由迁钢、中首公司、销售公司、技术研究院等单位的客服部门对首钢产品用户进行问卷调查，每季度组织一次，共涉及15项指标,主要有产品的实物包装质量方面、售前服务、售中服务、售后服务。经管理创新部进行汇总统计,并上传首钢经营管理平台,其中,一季度满意度为93.6%,二季度为93.5%,三季度92.89%,四季度93.52%,均符合90%的客户满意度指标要求。

（于福荣）

保卫武装部

【保卫武装部领导名录】

部　长:张　勇

党委书记兼副部长:张利明

610办公室

副主任:刘家兴

副部长:刘家兴　张朝晖

（秦　巍）

【综述】　首钢总公司保卫武装部是首钢保卫及武装工作管理部门,主要负责总公司防火安全管理,组织施工现场安全保卫,协助公安机关对火灾事故进行调查处理;协助公安机关调查处理破坏事故;负责总公司危险物品管理,治安危险人员、重点防范部位、公共场所和单身宿舍等治安管理;配合公安机关完成有关重大活动的保卫工作;负责总公司厂区道路交通管理;负责搜集掌握总公司敌社情动态和不稳定因素等信息,制定保稳定工作方案,协助国家安全机关侦破危害国家安全案件和反奸防特工作;负责治保会建设,组建治安防范网络,协助公安机关管理本企业暂住人口和其他外来人员;负责厂区门卫管理以及重点部位治安巡逻工作;构建"三位一体"治安防范网络,强化北京厂区治安防范管理,保障国有物资财产安全,为拆迁工作创造良好稳定的治安环境;负责对集团保卫专业工作检查、监督、指导工作;掌握、协调、处置政治保卫、治安防范、生产保卫、消防安全、交通安全等专业重大事项。

人民武装部是首钢党委的军事参谋部,是首钢民兵、预备役部队、人民防空工作职能管理机构,负责贯彻落实人民武装、人民防空政策法规,执行石景山区人民武装部、北京陆军预备役高炮师第四团上级军事机关下达的军事任务;负责民兵和预备役部队建设,民兵武器装备的管理和战备工作;负责兵役登记和征兵工作;负责组织民兵完成急难险重突击性任务;同时,负责首钢

总公司拥军优属,国防教育领导小组办公室日常工作;组织开展拥军优属、军民共建、国防教育活动;负责人民防空防灾管理工作。北京陆军预备役高炮师第四团一营营部设在该部。

保卫武装部下设政保科、治安防火科、交通科、武装科、办公室、警卫队、巡察队、治安防控大队。在岗职工441人。

（秦　巍、张　燕）

【加强指导强化职能】　保卫武装部针对"一业多地"建设发挥专业职能作用。组织专人对迁钢、首秦、京唐公司等单位日常保卫工作进行交流和指导,促进多地建设中保卫专业管理的系统化、规范化,为多地生产经营建设的顺利进行创造良好的内部治安环境。

（秦　巍）

【治安管理】　保卫武装部完成警卫任务22次,包括国家部委、市区领导、外宾以及社会团体、院校到首钢参观调研等,共出动警卫人员1120人次;开展治安防范检查400余次,检查部位640处,整改隐患问题208项;在门卫管理中,进行机动车出厂检查213887辆次,机动车入厂登记19939辆次、人员入厂登记14823人次、劝阻无证人员9011人次、劝阻机动车入厂6943辆次,验收出门票18851张,108路公交车检查9048次,发放临时入厂证5608人次,发放物品携出证13家单位541本;全年共抓获偷盗59人,移交公安机关处理7人,查扣机动车7台次、三轮车5辆次,收缴电缆线、废钢、零备件等各类赃物10余吨。

针对首钢新园区开发建设,保卫武装部一是抓日常管理工作,全年不间断的开展治安防范管理工作检查,查问题、找隐患、堵漏洞。全系统通过检查发现并处理治安隐患问题640余处。二是针对节假日、"两会"、"十一"等活动,提前开展专项检查工作,督促各单位落实防范措施、严格管理,完成安保任务。三是分析总结,针对带普遍性的问题进行总结分析,寻找有效的管理办法,规范管理。

（秦　巍）

【成立园区安全保卫处】　2014年,根据总公司机构调整的决定,保卫武装部除保留专业职能管理人员外,原总公司保卫武装部成建制划入园区管理部,并于5月1日成立安全保卫处,主要负责园区范围内安全、政保、治安、防火、交通、武装等管理工作。园区管理部安全保卫

处下设办公室、安全科、治安防火科、交通科、警卫队、巡察队、治安防控大队等机构,在册人数425人。

（秦 巍）

【维稳工作】 保卫武装部针对公司内部实际情况,强化不稳定因素的情报信息收集工作。全年开展6项(次)专题调研工作,收集动态信息113条,上报重要信息31条,其中预警性信息22条,掌握存在的5个方面不稳定因素,制定工作措施10余项,配合相关部门疏导群体访211起365人。确保群体访事件每一起都及时、妥善解决,并跟踪事态发展。

（秦 巍）

【抓获厂区抛尸嫌疑人】 5月4日凌晨2:13,保卫武装部警卫队警士在小东门执勤时,发现一名骑黑色电动车入厂的男子,车后载有一床单包裹的重物,形迹可疑,遂上前盘查,该男子未停车直接驶入厂内,警士立即向保卫武装部指挥中心报告。指挥中心接报后,调动治安防控大队全部车组,对厂区进行布控堵截盘查。凌晨2:45,在原小型厂办公楼后抓获嫌疑人,嫌疑人李某,男,27岁,汉族,四川省叙永县人,租住于石景山北辛安村。李某交代,因和女朋友发生矛盾,在北辛安出租房内将其女友(李赛男,女,25岁,北京市密云县人)杀害后,尸体抛至厂内动力厂空压机六站南侧。保卫武装部将嫌疑人移交北京市公安局内保局民警。保卫武装部获得内保局的充分肯定和感谢。

（秦 巍）

【消防安全管理】 2014年,首钢消防安全管理工作坚持"预防为主、防消结合"的工作方针,转变观念,创新工作思路,加强宣传教育、强化专业管理,确保消防安全工作跟上公司发展的步伐。累计检查单位500家,检查部位5000余处,下发《防火检查签认单》286份,《火灾隐患整改建议函》18份,发现、治理各类火灾隐患1400余项。

（秦 巍）

【专项治理】 保卫武装部开展防火安全检查和专项治理,共21次组成专业检查组,集中组织开展春节、"两会"、"五一"、"安全生产月"、"夏防"、"十一"、"APEC峰会"等7次防火安全大检查工作,并对园区内长安街西延建构筑物拆除、热力管线改造、西十筒仓开发、综合管网拆除、供暖工程改造等16项重点工程施工现场的消防工作进行检查指导,发现、治理火灾隐患400余项。

下发《关于进一步强化拆除工程施工现场消防保卫措施的通知》《施工现场动火严格落实"四个一律"》等指导性文件8份,组织保卫干部、施工单位负责人进行消防培训2次、组织拆除现场灭火演练6次,保持施工现场组织机构落实、防范措施落实、应急处置落实的管理工作模式,减少火灾隐患和火灾危害,增强单位自身火灾防控能力。

（秦 巍）

【保障交通安全】 保卫武装部强化对机动车及驾驶员的管理,狠抓交通事故的预防,严格查处交通违法行为,增强职工的交通安全意识,减少交通事故的发生,全年首钢系统无一起甲方责任交通死亡事故。全年共召开交通安全大会8次,举办12期学习班,讲授安全课60次、组织驾驶员法规培训1期、组织播放交通安全录像30场,受教育人数达7400人次;组织交通事故展板和交通安全漫画展板巡展5次、召开经验交流会1次、出黑板报105块、悬挂标语横幅100条、印发各种宣传材料1000份。为提高公司交通安全管理水平,对陶楼、文馆、月季园、办公大楼等区域施划停车线292个、设置停车牌15个、禁停牌9套、停车入位牌6套、禁停网格30.75米,乱停车现象得到治理。按月组织厂区道路交通秩序检查共12次,抽查机动车810台,解决安全隐患30项、专业问题15项。

（秦 巍）

【国防后备力量组织建设】 3月,保卫武装部开展2014年度民兵、预备役部队组织整顿工作。进行适龄人员调查,摸清底数,据实制定整合方案,调整编制序列,创新"四个多编、四个少编、二个优先"的编组模式,落实编制人员,控制组建规模,扩大纳编范围,首次在京唐公司、迁钢公司、首秦公司、矿业公司建立民兵组织,民兵、预备役、民防三支队伍实现独立组队、全额实兵、兵员无交叉,提高党团员、复退军人、对口人员的比率,全面完成上级军事部门下达的民兵、预备役部队各项编组任务,全部通过上级军事机关点验和验收;利用《首钢国防教育网》播发涉及军队的活动、情况,转载典型报道。编发民兵预备役政治教育系列讲座12期,主题教育宣讲教材6期,网络信息400余篇。共有16.86万人次登录浏览。《国防教育》专刊扩大版面信息量50%,由月刊每期10页,改版为半月刊每期15页,每期阅读人数500人,全年在首钢OA办公系统共发刊24

期,受众累计 1.2 万人次。

4月,首钢集团 2014 年民兵预备役工作会议在首钢红楼举行。首钢党委副书记许建国、副总经理强伟、北京预备役高射炮兵师师长张洪波大校、政委孙复兴大校、石景山区人民武装部部长耿振虎大校、政委高道忠大校、北京预备役高射炮兵师四团团长郝大亮中校、政委毕成昌上校以及首钢预备役预任军官代表、基层预编单位党委书记、主管武装工作的行政领导、武装干部 70余人出席,会议由保卫武装部部长张勇主持。年内,开展"双拥月"活动。

7月,首钢驻区单位开展 2014 年夏秋季征兵工作,适龄青年 23 人应征入伍。包括在职青年 2 人,工学院在校大学生 21 人,完成征兵任务。被区政府评为征兵工作先进单位。

（马长江）

【国防后备力量建设】 保卫武装部坚持党管武装的传统,先后开展"首都民兵预备役忠于党"、"中国梦·强军梦·我的梦"等主题教育活动;编发民兵预备役专题政治教育教材 9 期,编写、转发供营、连政治学习的典型材料 56 篇。开展以领导干部为主的国防知识普及教育工作,全年共编发国防知识 24 期。落实民兵预备役部队政治教育内容并达到规定课时。开展订刊、学刊、用刊活动,促进日常教育的多样化。

（马长江）

【国防教育】 保卫武装部利用自办《首钢国防教育网》,播发国防教育的活动、情况,转载典型报道。全年编写、转载典型材料 400 多篇。登录浏览 20 余万人次。《国防教育》专刊电子版由月刊改为半月刊,由黑白变成全彩,以文字、图片形式,通过首钢 OA 办公系统讲述新闻、记录故事。全年编发 24 期、20 余万字、图片 400 余幅,首钢万余人次点击阅读,受到职工喜爱和好评。

（马长江）

【"双拥月"活动】 首钢集团在春节、"八一"节期间开展"双拥月"活动。其中,春节期间与北京军区、北京卫戍区、38 集团军等 6 家单位进行座谈。召开新春座谈会、联谊会、国防教育报告会 28 场。走访慰问首钢现役军人家庭、烈军属、荣残军人、复员转业军人等优抚对象,送慰问品价值共计 4.5 万元。7 月,总公司领导率队到部队驻地慰问,为 7 个部队配置笔记本电脑等办公设备价值 32 万元。

（马长江、张　燕）

【军事训练】 7月～8月,按照石景山区武装部的安排,从首钢 13 家单位抽调 82 人、区属单位抽调 20 人,组建成民兵应急分队,参加石景山区作为北京卫戍区应急分队试点单位各科目训练。8 月 12 日,在首钢总公司(五一剧场)现场观摩动态拉动。卫戍区司令员、副司令员、参谋长和 15 个区县人武部部长、副部长、军事科参谋,卫戍区迎考领导小组成员、首钢公司领导等120 人参加试点观摩活动。

8月,首钢 9 家单位抽组 20 人参加预备役四团双37 高炮基础知识、单兵操作、协同和射击准备等轻武器实弹训练及体能战术训练,迎接考核验收。

9月,按区武装部要求,从原有应急分队中选拔 35岁以下、政治合格的首钢民兵 53 人,参加北京卫戍区集中强化训练,迎接军区考核比武。同月 24 日接受北京军区副参谋长齐常明率考核组考核验收评比。此次组织的北京军区华北五省市应急民兵分队综合考核评比,共 98 人参加,综合考核成绩优良。

年内,完成两批总公司后备干部共 185 人的军训工作。期间,先后组织完成单个军人队列动作,分列式、军体拳及国防安全知识教育。

（宋国云）

【防洪抢险工作】 保卫武装部结合首钢北京地区转型发展的变化,对承担永定河防汛任务的单位机构进行调整。取消机电公司承担原首钢倒渣线至丰台交界处1030 米的防汛任务。组建防洪抢险队伍,共有1530 人。

（宋国云）

【民防救援演练】 5月,保卫武装部组建"北京民防特种救援队首钢分队",在厂区三高炉凉水池组织汛前救援演练。联合北京民防皓天救援队共同参演,演练队员38 人。演练项目有废区搜救、水上救援。演练动用生命视频探测仪、橡皮冲锋舟、发电机、机动破拆器械等救援工具。总公司、北京市民防局、石景山区民防局等领导参加演练活动。《北京电视台》、《北京民防》杂志对"北京民防特种救援队首钢分队"演练活动作了专题报道。

（孟永祥）

办 公 厅

【办公厅领导名录】

主　任：吴福来（3月离任）

　　　　梁宗平（3月兼任）

副主任：杨　鹏（5月任职）　韩杨才

（韩　乐）

【综述】　首钢总公司办公厅是首钢党委和行政日常办公的综合协调部门，负责总公司党委、董事会、经理层重要文件的起草、印发和会议组织工作。负责决定事项的催办反馈、综合调研、党政系统信息收集、编报和大事记管理，总公司领导公务活动、大型会议和重要活动的安排协调和组织落实，日常公文处理，党委、董事会、总公司印鉴管理，总公司机要工作和文件交换，总公司信访、对外联络接待，首钢档案管理及机关文书档案接收、保管和提供利用，总公司机关办公用房用车用具、通信工具配备、固定资产、办公环境及集团绿化专业管理，计划生育、爱国卫生、红十字、献血工作，总公司派出董事管理，总公司发展战略和经营管理的研究工作，组织办理、办复人大建议和政协提案。办公厅下设党委办公室、董事会办公室、经理办公室、研究室、秘书处、派出董事工作办公室、信访处（稳定办）、联络接待处、行政处和档案处，职工182人。

（王惠明）

【文件起草】　2014年，办公厅起草总公司领导讲话、各类文件、经验介绍、对外工作汇报等200多篇。主要包括：首钢总公司落实习近平总书记重要讲话精神开展有关工作的汇报；首钢总公司领导班子教育实践活动整改工作落实情况自查报告；首钢党委扩大会、职代会、集团干部会议、科技大会、庆"五一"、"七一"、"三创"经验交流会的总公司领导报告或讲话；《总公司领导班子2014年工作计划和领导人员分工责任方案》《首钢总公司董事会2013年度工作报告》《首钢总公司对监事会2013年度监督检查报告反映企业问题整改方案》等文件；《关于认真执行有关工作制度严格遵守各项纪律的通知》《关于颁发〈基层党委书记会议及汇报工作规则〉的通知》等制度；总公司党委常委会、董事会、经理办公会、专题会、经营分析会纪要；总公司领导在对外合作等签字仪式上的致辞，参加外部各种会议的发言，上

级领导到首钢调研时的工作汇报，首钢向北京市、国家有关部门报送的各种汇报材料、各种年鉴和杂志的征稿等。编写《社会责任报告》，获得有关方面的好评。

（王惠明）

【信息工作】　办公厅共向市委办公厅、市国资委报送《首钢信息》54期，向市政府办公厅、市国资委、钢铁协会报送《首钢总公司信息》100期；向总公司党委领导报送基层党委书记《汇报摘编》17期；向总公司领导报送《催办与反馈》53期。编发《首办通报》8期，《党群信息》19期，《工作动态》26期；编辑首钢大事记。做到全面、准确、及时地报送信息，全年信息数量和质量达到北京市、行业协会和总公司的要求。

（王惠明）

【会议工作】　全年总公司召开党委书记办公会33次、党委常委会（含党委扩大会）23次、董事会14次，经理办公会24次、专题会296次、经营例会20次、基层党委书记会2次。党委办公室、董事会办公室、经理办公室做好各项会议的通知、报送文件、会议记录、起草和印发纪要和决议，起草催办与反馈等工作。加强会议管理，制定颁发了《首钢总公司会议管理办法（试行）》，严格按照制度落实会议计划、审批、组织等工作，全年组织日常会议1347次。

（王惠明）

【文秘与保密工作】　办公厅完成重要事项督办374件次，处理上级来文1783件，公司内部文件16415件次。办理首钢总公司党委发文274件，董事会发文52件，总公司发文373件，办公厅发文14件，信函文件60件，清样、原稿归档率100%。办理总公司用印业务1810项，党委用印247项3026件，法人用印176项1028件，办公厅用印318项1541件。启用印章21个，废止印章44个；服务基层公文查询126次。编写《首钢集团值班日报》365期，向总公司专题报告集团经营形势、安全生产动态等重要情况13次；处理内外部来电1139次。完成总公司接入北京市电子政务内网的安装、调试及人员培训工作。配合市保密局完成对首钢保密工作检查，首钢保密工作得到检查组的高度认可。

（韩　乐）

【行政管理】　办公厅大院整体改造修缮工作启动，组织钢区、铁区、轧区管理处腾退办公用房191间；完成二炼钢综合楼、化验楼、生活楼，三炼钢新办公楼，中板厂

办公楼,武装部办公楼,炼铁厂办公楼修缮及通信、网络恢复工作,解决办公厅大院 21 家单位 483 人的临时办公问题。完成月季园、文馆、陶楼、红楼等接待场所供暖改造和房屋修缮工作。与车管总所协商在首钢建立移动车管所,上门服务 3 次累计办理驾照业务近 200 人次。组织无偿献血 11 次,献血 846 袋。组织北京中科院、北医、首医专家教授,为首秦公司职工及家属义诊 500 余人。举办红十字现场救护培训班 5 期,培训 228 人。组织开展环境卫生治理 15 次,参加 62480 人次,清除卫生死角 1202 处、清运垃圾 5860 吨。兑现独生子女一次性奖励 581 人;办理《北京市生育服务证》审核手续 63 人。客车队安全行驶 160 万公里,出车任务 11987 台次,长途任务 606 次。

（曹　杰）

【派出董事管理】　6 月,总公司调整办公厅机构,成立派出董事工作管理办公室,负责派驻专职董事管理工作。制定并颁发《首钢总公司派出董事管理办法》,落实对派出董事的管理。研究提出派出董事设置需求方案,明确派出董事工作目标、工作内容、工作方式、工作标准等 16 个方面具体要求。制定派出董事工作流程,形成派出董事的管理办法。组织派出董事业务学习;完成部分专职董事与任职公司的工作对接。

（陆　卿）

【研究工作】　6 月,总公司调整办公厅机构,成立研究室,承担总公司部分调查研究工作,提出参谋建议。起草首钢落实京津冀协同发展战略情况汇报,报北京市政府部门;拟写总公司领导参加论坛活动部分发言稿。向总公司提出参谋建议,包括《完善集团预算体系和领导干部中长期激励机制的思考》《首钢 27 家企业产业板块归属的建议》,关于首钢基础管理、京津冀协同发展曹妃甸地区动态、首钢薪酬制度改革的思考、首钢预算对标体系的《参阅》等。

（冯先槐）

【对外交往】　办公厅制定颁发《首钢总公司公务接待管理办法》《首钢总公司业务接待管理办法》《首钢总公司业务活动费用管理办法》,按照制度开展工作。接待内宾 191 起 4287 人次,接待外宾 36 起 201 人次。内宾有:第十届全国政协副主席、中国工程院主席团名誉主席、院士、中国金属学会理事长徐匡迪;中央政治局委员、北京市委书记郭金龙;北京市市长王安顺;国务院第

六督查组组长兼经济组组长、交通运输部部长杨传堂;国务院侨务办公室主任裘援平;中国人民银行副行长李东荣;中联办副主任林武;国土资源部党组成员、中央纪委驻国土资源部纪检组组长赵凤桐;北京市委常委、常务副市长李士祥;北京市委常委、统战部部长牛有成;新疆伊犁哈萨克自治州政协副主席丁军生;北京市委常委苟仲文;北京市副市长程红、张工、张延昆;北京市政府秘书长李伟;北京市政协副主席赵文芝;中国驻秘鲁大使黄敏慧;国家发改委东北等老工业基地振兴司司长周建平;国家统计局核算司司长程子林;国务院第六督查组改革组组长、中编办督查司巡视员兼副司长刘正雷;国家工信部规划司副司长韦俊、原材料工业司副司长苗志民、骆铁军;国家发改委产业司副巡视员余东明、环资司副巡视员冯良等。外宾主要有:西门子奥钢联冶金技术公司首席执行官 Albrecht Neumann（诺依曼）;意大利达涅利集团首席运营官 Alzetta Franco（阿尔泽塔）;加拿大普拉斯科能源集团董事会主席 Robert Rosen（罗博特·罗森）;新西兰朗泽科技公司首席执行官 Jennifer Holmgren（郝珍妮）;日本新日铁住金工程技术株式会社社长高桥诚;比利时 CMI 公司工业部总裁 Jean Jouet（让儒蔼）;德国西马克集团执行副总裁 Benner（班纳）;宝马集团董事 Klaus Draeger（德雷格）;德意志银行全球执行委员会委员、私人及企业客户部全球首席运营官、华夏银行董事 Christian Ricken（瑞肯）;韩国浦项（中国）投资有限公司副总经理甘圭植;美国埃森哲公司大中华区战略事业部董事总经理 Luis Ceniga（盛路）;加拿大外交部部长 John Baird（约翰·贝尔德）;马来西亚驻华大使 H.E.Datuk Iskandar Sarudin（拿督依斯甘达·萨鲁丁）;国际钢铁协会总干事 Edwin Basson（埃德温·巴松）等。办理北京市人大代表建议 3 件,石景山区人大代表建议 8 件。

（徐　蕊）

【信访维稳】　办公厅受理群众来信来访 1591 件,其中来信 120 件（含联名信 13 件 309 人签名）,接待来访 772 批 1664 人次（含群体访 48 批 742 人次）,受理总公司党委书记、总经理热线电话 699 件。执行总公司领导信访接待日制度,总公司领导接待群众来访 7 次 28 人次;处级以上领导接待职工群众来访 316 人次。开展重点矛盾纠纷和不稳定隐患排查,组织各单位落实领导包案工作;国家、北京市重大活动期间落实信访维稳"日

报告"制度。制定下发《总公司信访维稳工作目标管理考核办法（试行）》《总公司信访维稳工作目标管理考核细则》《总公司信访维稳系统信息报告工作规定》，完善健全信访维稳工作机制和激励机制。首钢被市国资委评为目标管理工作优秀单位。

（佟　帅）

【档案管理】 办公厅 OA 系统运行文件过万件，归档文件 6564 件。服务基层单位档案查询 1477 卷，复印文件 335 份 1572 页，接收实物存档 138 件，照片 685 张，底片 2515 张。规范档案管理工作，形成《首钢总公司档案管理制度》。制定《首钢总公司管理类档案保管期限表》，并通过市档案局审查验收；整理 1948 年至 1994 年首钢历史档案，移交市档案馆历史档案 5858 卷。印发《首钢办公厅关于加强北京园区建设和新产业发展过程中文件收集、归档的意见》，指导园区建设和新产业单位文件收集归档。编发《首钢档案通讯》4 期；在《北京档案》刊发《1949 年，首钢人修复"英勇号"机车》《依靠群众为钢而战，分秒必争—首钢十四天建成一座年产十万吨的转炉炼钢车间》等文章；《试论工业遗产档案的建立与整理》获得北京市档案学会档案学术成果二等奖。加强档案馆安全防火，送检消防器材，组织进行消防演练，确保总公司档案安全。

（刘伟清）

【外埠钢铁企业服务】 办公厅服务总公司领导和外埠钢铁企业领导的往来接待，机场接机 23 起 112 人次；配合组织外埠钢铁企业经济活动分析会 2 次、专题会 6 次、经营生产座谈会 1 次，并完成相关会议材料、文件的准备工作。陪同总公司领导赴外埠企业调研，与属地省、市主要领导座谈 5 次；做好派驻外埠钢铁企业高管人员 22 人以及派出外埠企业四个技术服务组 24 人的后勤服务工作。6 月，总公司调整办公厅机构，撤销外埠企业工作办公室。

（杨东海）

法律事务部

【法律事务部领导名录】

部　　长：腾亦农

部长助理：张　清

（张　清、韩　蕾）

【综述】 法律事务部是首钢总公司法律事务的管理部门。负责执行国家法律、法规，负责对集团重大经营决策提供法律支持，提出法律意见；负责起草或者参与起草、审核集团重要规章制度；负责集团法律事务专业管理制度的制定、修订并监督检查执行情况；负责集团法律顾问网络体系的建设，指导集团所属单位开展法律事务工作；负责集团合同管理专业的归口管理，对总公司重大合同进行法律审核，参加总公司重大合同的谈判和起草工作；参与总公司及其控股公司的分立、合并、破产、解散、投融资、担保、租赁、产权转让、招投标及改制、重组、兼并、公司上市等重大经济活动，处理有关法律事务；负责办理总公司法人授权委托等法律事务；负责选聘外部律师，并对其工作进行监督和评价；负责集团内部经济纠纷处理的组织协调；受总公司法定代表人的委托，参加企业的诉讼、仲裁、行政复议和听证等活动；开展集团法律风险防范工作，对违反法律、法规的行为提出监督意见，协助整改；负责提供涉及生产经营有关的法律咨询；负责总公司商标、专利、商业秘密等知识产权保护工作的法律支持；配合宣传部门对职工进行法制宣传教育；办理其他法律事务。法律事务部下设法律保障处、合同管理处、风险管理处，在岗职工 12 人。

（张　清、韩　蕾）

【队伍建设】 法律事务部在 2013 年度引进 3 人的基础上，通过引进、招生等方式到岗 4 人。集团范围内重要子企业也设立法律专业机构、配备法律专业人员。京唐公司设立独立的法律处并完成总法律顾问的更换；房地产公司完成专职法务人员的补充并配备法务主管；中首公司、房地产公司、特钢公司、园区开发部开展法律专业人员招聘工作。集团范围内法律专业人员已达 130 余人，形成总法律顾问领导下的首钢法律事务网络化管理模式。

（张　清、韩　蕾）

【参与决策】 法律事务部坚持参与集团战略性经营管理事项的决策，参与公司重大经营决策的审核、论证，参与经理办公会议、董事会的讨论，参与集团重大投资、改制重组、股权转让、技术引进等项目评审工作。法律事务部参加总公司董事会共计 11 次、经理办公会共计 17 次，各类专题会议共计 139 次，参与各项议题的决策讨论，履行法律审核、监督职责。对于重大项目，法律事务部就决策事项的合法性、合规性、可行性独立发表论证意见,从项目尽职调查、可行性研究、法律文件起草、商务谈判、项目文件审查、出具法律意见书,直到签约以及签约后的服务等各个阶段,将重大决策项目的法律风险降到最低。

（张　清、韩　蕾）

【参与谈判】　参与公司重大项目谈判、明确自身诉求、规避法律风险是法律事务部的重要职责之一。法律事务部强化对集团重点项目的介入程度,通过分工落实和工作流程,着力构建完善的重大项目法律参与机制,先后参与谈判、跟进的重大项目包括园区开发项目、河北钢铁集团股权转让项目、日电转股项目、矿产资源相关项目、安川首钢机器人股权转让项目、两厂整合项目、军品项目、宁夏阳光项目、鲁矿公司托管耐材公司项目、首朗公司合资协议和章程修改项目等。

（张　清、韩　蕾）

【合同审查】　2014年度,法律事务部共计就621项合同、协议、授权申请及其他类型法律文件(有据可查的部分)提供法律咨询意见,或者办理授权,数量同比增长27%。多数项目合同或者文件,都是一稿多审,或者多稿多审;同时通过电话沟通、研讨会等形式,向有关单位提供法律咨询意见。针对首钢多产业多地区建设形势,法律事务部坚持将合同的动态化管理融入到首钢的重点工程、重点项目的建设中,通过OA协同办公软件系统,提高合同异地审核的便捷性和高效性,加强对新业务、新项目的合规合法性论证,对新业务、新项目中遇到的法律问题进行深入研究论证后提出法律专业意见。

（张　清、韩　蕾）

【加强管控】　法律事务部在集团范围内开展法律专业检查工作,对各单位的法律专业机构建设以及专业人员配置情况、建立健全法律专业制度情况、合同管理情况、法人授权工作进展情况以及合同专用章管理情况等进行摸底检查,针对发现的问题或不足,为进一步强化法律风险防控机制打下良好基础。

（张　清、韩　蕾）

【案件管理】　法律事务部加强了对法律纠纷案件的协调和督办,每个案件均派出至少一名法律顾问全程跟进。负责处理中首公司高盾案、隆化金谷执行案、山西宇晋案、盛世首佳欠电费案、厦门首钢案等重大案件;协调其他单位处理五矿钢铁诉特宇公司欠款案、宝业公司与四川德阳东宏公司欠款案、北京青年路混凝土有限公

司诉宝业公司案等重大案件;参与处理销售公司广州票据纠纷、长钢票据纠纷以及北新建材与天津公司合同纠纷等重大纠纷案件。

（张　清、韩　蕾）

【评审工作】　法律事务部开展年度法律顾问职业岗位等级资格评审工作,成立以总法律顾问为组长、由法律专业部门、组织人事部门专业人员参加的评审小组,下发《首钢总公司关于开展企业法律顾问职业岗位等级资格评审工作的通知》。按照"自愿申请、分级把关"原则,开展企业法律顾问职业岗位等级资格评审工作。经过评审、评议,38人获得企业法律顾问等级资格,其中9人获得三级企业法律顾问职业岗位等级资格,27人获得法律顾问助理资格,并向国资委推荐2人参加二级企业法律顾问职业岗位等级资格的评审。

（张　清、韩　蕾）

【法制宣传】　法律事务部分别为首钢销售公司和首钢耐材炉料公司等单位进行合同法、法人授权管理制度、法律事务审核管理制度以及法律风险防范等方面的法律专业培训;协调、组织石景山区人民法院法官到企业进行讲座;编写并发布若干期《首钢法律风险提示》,对与首钢生产经营相关的新的法律法规进行详细解读;完成《首钢集团典型案例汇编》的编写工作,对近年来发生的典型重大案件进行深入的法律评析,从中归纳总结出具有借鉴意义的经验教训。

（张　清、韩　蕾）

海外事业管理部

【海外部领导名录】
　　部　　长:陈舟平(4月任职)
　　党委书记:胡　斌(6月任职)

（童　宁）

【综述】　首钢总公司海外事业管理部(简称海外部)是首钢集团海外事业专业管理职能部门,地处北京石景山区石景山路99号首钢总公司办公厅大院。海外部2013年8月26日成立,于2014年5月份正式组建。海外部职责是首钢境外投资、进出口贸易和海外工程的归口管理,制定专业管理制度,监督、检查贯彻执行情况;海外事业有关专业统计分析和报表工作;组织开展境外投资项目市场调研、组织审查可行性论证及合同章程

等,办理立项和向国家有关部门报批手续等;组织研究境外投资项目兼并、重组及清撤等工作,协调解决有关问题,指导、监督、检查实施情况;贯彻总公司决定,对海外工程项目、进出口贸易和境外投资项目建设、运营、获利等情况进行调研分析、监督检查、指导服务和业绩评审,重要情况及时向总公司反馈,重大问题提报总公司海外事业领导小组研究;组织开展境外资产核查,组织向国家有关部门报送境外企业国有资产产权登记有关材料;组织境外机构的国内年审工作;拓展首钢境外融资渠道,降低资金成本,开展进出口贸易融资;对因公出国(境)、赴台请示报告的审查管理,按照有关规定对出国组团安排相关内容进行审查并提出意见报总公司审批,办理护照签证工作及出国人员教育;外商邀请人员申请签证材料的管理工作。海外部设投资项目管理处和外经外贸管理处(首钢总公司外事办公室),10月增设境外投融资处3个专业处。在册职工13人,其中硕士6人、本科6人、专科1人。高级职称3人,中级职称6人,职工平均年龄42岁。

2014年,海外部做好基础管理工作,多次开展调研,摸清境外机构底数。推进、协调融资租赁工作,为首钢下属公司落实融资放款。协同计财部和中首公司推进进出口贸易境外融资工作。发挥境外机构信息中心的功能,建立境外信息日报渠道,做好境外信息收集整理汇编上报工作。加强海外事业人才队伍建设,配合党委组织部开办海外事业人才培训班。组织集团内相关单位完成符合贴息政策的进口项目申报,获得贴息资金,降低进口项目投资成本。完成因公出国(境)、赴台团组办理和管理工作。规范境外人员的管理,建立相应的规章制度。

(童　宁)

【基础管理】 海外部开展调研工作4次,掌握首钢境外机构、人员、资产、薪酬的基本情况。截至11月底,首钢集团共有58家境外机构,分别分布在五大洲的秘鲁、中国香港、奥地利、津巴布韦等28个国家和地区,共有外派人员91人。

(段　凯)

【境外信息上报】 海外部发挥境外机构信息中心的功能,建立境外信息日报渠道,做好境外信息上报工作。收集国际重大新闻、与首钢集团及下属企业境外机构相关的新闻、与钢铁业及各驻外机构从事其他相关行业的新闻、境外机构所在地上下游市场情况等。9月26日,海外部完成第一期《首钢境外信息简报》的上报工作,截至年底,编辑上报境外信息简报59篇,为总公司领导提供准确的境外信息。

(段　凯)

【管理创新】 海外部按总公司"一根扁担挑两头"的战略定位,会同相关单位协调推进境外融资工作及跨境人民币资金集中运营业务,通过组织协调首长四方下属的南方租赁公司为首钢贵钢公司融资2亿元人民币,截至年底,该项目已完成融资流程中的全部节点,等待银行最终放款。

(段　凯)

【出国(境)团组】 海外部办理首钢出国(境)团组106批320人次,出访国(境)有美国、德国、日本、奥地利、英国、秘鲁、澳大利亚、比利时、韩国、印度、法国、瑞士、巴西、新加坡、越南、土耳其和中国香港等;邀请外国人来华20批72人次。

(刘　晖、姜　淳)

【进口贴息】 海外部组织中首、京唐等相关单位向北京市商务委、河北商务厅申报符合进口贴息政策的进口项目,获得600余万元的贴息资金,11月底资金全部到账。通过利用国家颁布的外贸政策和办法,为公司重点进口项目节约进口资金,降低投资成本。

(刁　卉)

党群工作

党委组织部
（组织人事部、党委统战部）

【党委组织部领导名录】

部　长：郭　荣

副部长：吴　平（3月任职）　郭　庆

（闫　琳）

【综述】　首钢总公司党委组织部（组织人事部、党委统战部）是首钢总公司党委的组织职能部门、统战职能部门，首钢集团组织人事职能部门。负责干部队伍建设和领导班子、直管干部、后备干部管理；负责党组织、党员队伍建设和基层党委、支部、党员、党费管理；负责专业技术队伍建设和技术业务岗位人员管理，高校毕业生招收归口管理，首钢技术专家、专业技术带头人评选表彰，科技干部调配平衡，人才开发资金使用管理；负责专家和人才的引进、聘任、服务和管理；负责首钢留学回国人员工作站、博士后工作站管理和引进国外智力工作；负责领导干部和专业技术人员培训、职称评定聘任的组织管理；负责统战工作和党外代表人士队伍建设，做好民主党派、民族团结、党外知识分子有关工作和人大代表、政协委员参政议政的服务工作；负责因公出境人员和处级以上干部因私出境的政审；负责首钢党史资料征集编纂和党建研究会日常工作；负责老干部专业管理和总公司局级以上离休干部、改制企业离休干部管理和服务工作。党委组织部下设干部处、组织处、科技干部处、统战处、老干部处，在岗职工51人，其中研究生学历14人，大学学历23人，大专学历4人；高级职称13人，中级职称13人。

2014年，党委组织部学习贯彻党的十八大、十八届三中、四中全会和习近平总书记系列重要讲话精神，紧密围绕集团全面深化改革战略定位和首钢"两会"确定的目标任务，全面落实总公司党委各项指示要求，开创组织工作新局面，为推进首钢全面深化改革、集团化管控各项工作提供组织保证。

（闫　琳）

【干部交流调整】　党委组织部学习贯彻党的干部路线方针政策，以总公司党委新思路、新要求为统领，深化干部人事制度改革，形成以"五好干部"为目标的选人用人工作机制。优化干部人事工作流程，加大干部选拔调整配备力度，为首钢新时期转型发展提供干部人事保证。全年向总公司党委常委会议汇报干部交流调整配备事项17次，共涉及323人次，调整领导班子65个。制订实施《首钢总公司领导干部问责管理办法（试行）》，对不适应、不合格的干部进行调整，全年共降职、免职和撤职8人。

（闫　琳）

【干部队伍新老交替】　党委组织部为解决干部新老交替矛盾突出问题，对首钢直管干部基本情况进行系统分析，制定实施干部退出机制相关制度（方案）13项，严格执行领导干部到龄退出规定，距法定退休年龄不足两年的部厅级干部、距法定退休年龄不足三年的厂处级干部，原则上从一线实职岗位退出并改任调研员，全年直管干部改任调研员共计38人，为年轻人担任重要的岗位工作创造条件。

（闫　琳）

【完善干部培训】　党委组织部根据总公司党委部署，加大年轻干部培养力度，会同有关单位研究提出干部培训工作方案。组织在全集团范围内开展领导干部特训班、短训班学员人选的推荐、选拔、考察工作，集中考察基层单位党委推荐的560人。先后举办两期首钢领导干部特训班，全脱产培训185人，平均年龄39.41岁；同时举办首钢领导干部短训班，共培训117人，平均年龄47.17岁。

（闫　琳）

【教育实践活动】　党委组织部按照总公司党委安排，深入推进首钢党的群众路线教育实践活动。指导第一批活动单位完成整改落实、建章立制和总结收尾各项工作，抓好第二批活动单位指导督导工作。组织召开首钢教育实践活动总结大会，民主评议中，总公司领导班子评议为"好"的占83.1%，较动员大会提高32.8个百分点；各二级单位评议为"好"的占85.6%，提高26.5个百分点。指导督导第二批活动单位深入开展教育实践活动，督导组累计行程近5万公里，审核材料1000余份，保证教育实践活动各环节工作高标准完成，第二批活动单位中的7家钢铁企业活动总结大会中，民主评议为"好"的占85.7%，较动员大会提高21.8个百分点。

（闫　琳）

【创先争优主题活动】　党委组织部贯彻落实首钢"两

会"精神,在全公司组织开展以"遵章守制作表率,夯实基础我带头"为主题的党内创先争优活动,引导各级党组织和广大党员围绕首钢转型发展和本单位经营生产重点难点任务,提建议、订措施、攻难关、创效益。集团广大党员共创建党员示范岗 4033 个,创建优质服务品牌 346 个,兑现承诺 136516 项,建立完善党建工作制度 601 个,提出并实施合理化建议 18482 个,开展课题攻关 3923 项,完成急难险重任务 5205 项,创出经济效益 180802 万元。集团共有 15 个模范基层党委、5 个"六好"班子、39 个模范党支部、80 名模范党员、82 个先进党支部、148 个先进党小组、347 名优秀党员受到总公司党委表彰。

（闫　琳）

【基层党组织建设】 党委组织部结合首钢全面深化改革和构建业务板块需要,按照"三同时"、"四同步"原则,及时调整首钢基层党组织。相继组建园区管理部、环境产业公司党委、纪委,撤销炼铁厂等 12 家单位的党委,增补京唐公司等 17 家单位的 24 名党委委员和微电子公司等 8 家单位的 12 名纪委委员,完善基层单位党委、纪委班子。组织开展全公司 1083 个党支部"达晋创"等级评定,统筹安排 962 个党支部完成改选工作。强化党员管理,增强党员意识,组织对全公司 25142 名在岗党员进行民主评议。组织做好发展党员工作,加大一线职工党员、班组长党员的数量和比例,党员结构进一步优化。

（闫　琳）

【人才引进】 党委组织部围绕集团各业务板块发展需求,加大对首钢紧缺专业人才引进力度,修订完善人才引进专业制度,加强与外部人才咨询公司战略合作,拓宽选人渠道、优化人才引进环境。全年共引进高端人才 21 人,其中留学回国硕士以上人才 8 人、高层次专家 2 人、博士 11 人。高标准做好大中专毕业生招聘工作,全年集团四地共招收毕业生 735 人,其中博士研究生 7 人、硕士研究生 131 人、本科生 254 人,集团荣获"2014 全国大学生就业最佳企业 100 强"和"行业就业最佳企业"荣誉称号。

（闫　琳）

【人才培养】 党委组织部组织完成第七批 77 名"首钢技术专家"、153 名"首钢技术带头人"的推荐选拔及评审工作,组织完成第六批 316 名"首钢优秀青年人才"

的表彰工作。落实高端人才培养工程实施方案,遴选推荐技术人才参评集团外部各类荣誉表彰,如:推荐 5 名首钢专家参评"百千万人才工程"国家级、市级人选,推荐 5 名首钢专家作为北京市享受政府特殊津贴候选人等。发挥首钢博士后工作站吸纳和培养高层次人才作用,完成 2 名博士后进站、出站工作,截至年末,首钢博士后工作站与高等院校、科研院所联合培养博士后 21 人。

（闫　琳）

【统战工作】 首钢加强对统战人士的政治关心和生活帮助,重新确定了总公司与基层重点联系的统战人士队伍,完善统战人士数据库。抓好归侨和少数民族职工政策落实,向北京市第 14 届归国华侨联合会代表大会推荐 2 名参会代表和 1 名归国华侨联合会委员;伊斯兰开斋节,组织为石景山清真寺赠送计算机、打印机等办公用品,价值约 1 万元。做好人大代表、政协委员参政议政活动的组织工作,对全集团各级人大代表、政协委员数量、分布情况进行调查分析,完善相关数据库。做好出国（境）政治审查工作,全年政审因公出国（境）、赴台团（组）109 批、365 人。

（闫　琳）

【老干部工作】 党委组织部贯彻落实北京市《关于 2014 年全市离退休干部理论学习的通知》精神,组织做好老干部理论学习工作,采取适合老干部特点的方式方法,举办三期离休干部党支部书记培训班,确保老干部深刻理解中央和市委有关政策,深入了解总公司党委各项决策精神。年内,评选表彰 13 个老干部工作先进单位、13 个老干部先进集体、47 名老干部先进个人、54 个老干部文明家庭,1 个离休干部党支部被评为首钢先进党支部,3 名离休干部被评为首钢优秀共产党员。广泛开展老干部送温暖活动,为离休干部购买慰问品,对生活困难的老干部或遗属给予补助,统筹做好老干部医疗、住房、用车等各类服务工作。积极寻求政策支持,向市国资委、市财政局申报 2015 年离休干部医疗统筹金和去世一次性补助金费用,减轻企业资金压力。

（闫　琳）

党委宣传部
（企业文化部）

【宣传部领导名录】
部　长:承　伟
副部长:撒元智

（郑　昕）

【综述】　首钢总公司党委宣传部(企业文化部)是首钢集团宣传部门。兼有首钢思想政治工作研究会、企业文化协会办公室职能,负责宣传贯彻党和国家的方针政策,组织党委中心组学习,分析员工思想动态,开展形势任务教育,组织宣传报道、开展企业文化建设和政研会工作。宣传部下设宣传处、理论处、企业文化建设处、新闻信息处、首钢网络管理办公室、首钢博物馆筹备办公室、首钢日报社、首钢电视台,在岗职工128人,其中直属处21人,报社43人,电视台64人。

2014年是首钢全面深化改革、推动转型发展起始之年。首钢宣传工作围绕深入学习贯彻党的十八届三中、四中全会精神和习近平总书记系列重要讲话精神,学习贯彻市委主要领导讲话要求,围绕中心,服务大局,唱响主旋律,打好主动仗,开展了多种形式的宣传思想工作,发挥了统一思想、凝聚力量、团结鼓劲的作用,为首钢的转型发展提供了精神动力、舆论支持和思想保证。首钢党委宣传部通过多种媒体做好舆论引导和宣传报道工作,共编发各类专题简报144期,总结宣传各类典型200多个;全年编发《情况通报》9期,《宣传工作》13期;首钢日报社共出版《首钢日报》正刊249期,刊登文章9800篇,图片2000幅。首钢电视台共制作《首钢新闻》253期,播出新闻总条1809条。采编系列新闻报道12部35集。制作专题节目85期,期中播出《首钢人的故事》栏目18期、《班组故事》栏目12期、《园区热点》栏目3期、《家庭周末》44期、《健康访问》栏目14期、《首钢体育》4期,自制专题片17部。安全顺稳播出各类节目3700余小时,安排播出文艺节目2231部/集。

（郑　昕）

【贯彻中央精神】　围绕党的十八届四中全会提出的重大理论和实践问题,围绕习近平总书记一系列重要讲话提出的新思想、新观点、新论断、新要求,结合首钢转型发展的实际问题,党委组织部组织干部职工开展集中学习研讨。首钢党委宣传部先后起草总公司党委《关于深入学习宣传贯彻习近平总书记视察北京市重要讲话精神的安排意见》。组织党委中心组理论学习13次,组织参加市国资委组织的学习4次。推荐优秀理论读物,编发各类辅导材料14期,解读重大理论观点、重大方针政策、重大改革工作部署。发挥《首钢日报》、首钢电视台等载体的作用,开设专题、专栏、专版,做好宣传阐释工作,报道干部职工学习贯彻的认识体会和好做法,引导干部职工把思想和行动统一到中央的决策部署上来,坚定不移地推进全面深化改革和转型发展。

（郑　昕）

【群众路线教育实践活动】　首钢党委宣传部根据首钢总公司党委要求和总公司教育实践活动领导小组安排,组织认真学习习近平总书记在党的群众路线教育实践活动第一批总结暨第二批部署会议上的讲话、在兰考调研指导党的群众路线教育实践活动时的讲话、在党的群众路线教育实践活动总结大会上的讲话。了解总公司和各单位的动态,组织编发简报6期,做好宣传引导工作,把总公司有关整改做法和措施等信息及时上报。组织首钢学习焦裕禄精神专题报告会。起草印发首钢总公司党委《关于深入组织学习观看首钢学习焦裕禄精神专题报告会实况视频的通知》,组织全公司深入学习焦裕禄精神。

（郑　昕）

【召开"三创"交流会】　9月28日至29日,2014年首钢"创新创优创业"交流会在首钢文馆召开。会议主题是"全面深化改革,激发发展活力,深入创新创优创业,为建设有世界影响力的综合性大型企业集团而奋斗"。中关村管委会主任郭洪、冶金工业经济发展研究中心主任石洪卫、北京市国资委派驻首钢监事会主席刘春芳、北京市思想政治工作研究会常务副会长周欣;首钢总公司领导;各子公司、控股及参股企业党政一把手,总公司各部厅、直属单位负责人,总公司参加党的十八大和北京市第十一次党代会代表约170人出席会议,京唐公司等10单位设立分会场。首钢总公司党委书记、董事长靳伟主持大会。按照会议安排,靳伟的题为《全面深化改革,激发发展活力》的主题报告在会前下发,不再进行宣读。报告的第一部分从5个方面对2014年以来的重点工作进行总结回顾,第二部分明确首钢下一步重点抓好的三项工作。郭洪作了题为"发挥中关村科技创新中心作用，为首都构建高精尖经济结构作出新贡献"的专题报告。石洪卫作了题为"创新驱动式服务型材料制造商之浅析"的专题报告。在典型交流环节，由京唐公司、环境产业公司组成的团队，分别作了题为"坚持问题导向、加强基础管理，为实现扭亏增盈提供有力保障"和"抢抓机遇、开拓创新，推动首钢环境产业快速发展"的典型交流。与会代表分6个组进行讨论。在"三创"交流会闭幕会上，首钢总公司党委书记、董事长靳伟作重要讲话，首钢总公司总经理徐凝主持大会。靳伟对首钢下一步的工作提出要求：一是要以奋发有为的精神干事创业。二是要以敢于担当的精神攻坚克难。三是要以踏石留印、抓铁有痕的劲头狠抓落实。四是要以坚定必胜的信心推进工作。徐凝要求，要认真学习、深刻领会，结合实际贯彻落实大会精神，要以这次"三创"会为"加油站"，推进全面深化改革，抢抓机遇，以更加饱满的热情、更加优良的作风，完成好今年的各项任务，为把首钢建设成为具有世界影响力的综合性大型企业集团而奋斗。

（郑　昕）

【首钢人的故事】　按照首钢总公司党委部署，党委组织部以党委文件形式下发了关于《中共首钢总公司委员会关于在全集团广泛开展"首钢人的故事"宣传活动的通知》，明确了活动内容、原则、组织、步骤和工作要求。截至12月，各单位共推荐人物故事线索204个，《首钢日报》、首钢电视台开设"首钢人的故事"专栏，宣传报道"首钢人的故事"162个。经过80000名干部职工初评和网络投票，评选出10个最感动人的"首钢人的故事"。12月召开"首钢人的故事"演讲报告会，靳伟作重要讲话，总公司党委副书记何巍宣读"首钢人的故事"和优秀组织单位获奖名单，总公司领导为获奖单位和个人颁奖，党委宣传部总结开展"首钢人的故事"宣传活动情况，10位演讲员讲述10个最感动人的"首钢人的故事"。组织上报10个"首钢人的故事"参加市国资委"最美首都国企人"宣讲活动。在市国资委"首都国企故事"评选活动中，《首钢一家人》、《焊花中追梦》、《拔掉五颗牙　树起一面旗》、《妻女随我来港城》、《矿山深处的客车司机》分别获得一二三等奖和优秀奖，其中《焊花中追梦》入选华北五省（区、市）《企业道德故事评选》。党的十八大代表、技术研究院职工刘宏入选市

国资委"国企楷模·北京榜样"主题活动50名优秀人物。2人入选市政研会《北京战略性新兴产业风采录》一书。京唐公司炼钢部职工王建斌和冷轧公司职工任金鹏当选"首都市民学习之星"，机电公司职工卫建平当选全国"百姓学习之星"。

（郑　昕）

【形势任务宣传】　年内，首钢十七届八次党委扩大会、首钢十八届二次职代会暨集团工作会议召开，明确首钢2014年总体工作思路，安排部署年度计划任务和各项重点工作。首钢宣传战线全体人员紧紧围绕首钢全面深化改革、推动转型发展的中心工作，分阶段、有步骤地宣传首钢面临的形势和任务、挑战与机遇。运用报纸、电视、网络、简报等载体，加强首钢"一根扁担挑两头"发展战略的宣传，围绕首钢转型发展等重点工作开展系列宣传。《首钢日报》、首钢电视台开设专栏，持续不断地宣传各单位积极推进全年任务落实取得的进展和成效，及时报道各单位的动态新闻、典型事例，《首钢日报》连续刊发9篇系列评论员文章，引导全集团干部职工认清形势，统一思想，明确目标，坚定信心，"为生存而战"，奋力完成全年各项任务。

（郑　昕）

【经营生产建设宣传】　年内，面对严峻的市场形势，首钢党委带领广大干部职工围绕年初党委扩大会提出9个方面工作思路，组织领导班子和广大党员干部"深刻理解、深入思考、积极探索"。坚持稳中求进、改革创新，切实提高经济发展质量和效益，加大钢铁业扭亏力度，加快北京园区建设，加强新产业培育。首钢宣传战线紧紧围绕总公司党委的决策和部署，开展经营生产建设宣传。全年编发宣传简报34期，宣传报道基层各单位订措施、降成本、打指标、增效益的情况和典型70余次。《首钢日报》、首钢电视台开设"制造+服务——走进市场直面高端用户"、"提高产线保障能力、服务能力"、"牢记使命，精准定位，时不我待，加快首钢北京园区建设"专栏，持续不断地宣传各单位积极推进全年任务落实取得的进展和成效，及时报道各单位的动态新闻和典型事例，《首钢日报》刊发文章534篇，首钢电视台播出新闻428条。

（郑　昕）

【宣传系统会议】　3月20日至21日，首钢总公司党委宣传部在首钢党校组织召开了首钢宣传工作会议。会

上，学习传达习近平总书记系列重要讲话精神和中央、北京市、市国资委宣传部长会议精神；学习传达了总公司党委书记、董事长靳伟到总公司党委宣传部调研的讲话精神；总公司党委副书记姜兴宏出席会议并作辅导报告和总结讲话；总公司党委宣传部部长承伟总结2013年的宣传工作，安排部署2014年的宣传工作。会议期间，与会宣传干部深入首钢生物质能源项目和京西重工房山基地进行调研学习交流，并分组进行深入讨论。两天的会议使宣传干部在思想上得到提升，感到"本领恐慌"，增强干好宣传工作的紧迫感和责任感，大家表示要树立看齐意识，按照大宣传格局要求，牢记职责、不辱使命，唱响主旋律、传播正能量、打好主动仗。

（郑　昕）

【宣传系统培训工作】 6月26日，首钢党委宣传部与首钢培训中心联合举办宣传系统人员系列培训活动。举行启动仪式后，首先安排6次新闻宣传方面的专题讲座，600人次参加学习。9月份开始陆续组织了新闻写作、"首钢人的故事"文学创作、摄影、电视、影视制作等5个专业培训班，800多人次参加培训。

12月份，为加强首钢网络宣传管理工作，提高集团各单位网络宣传管理员的业务素质，组织了首钢网络宣传管理员培训班，邀请北京市互联网信息办公室领导做专题讲座，总结一年来网络宣传管理工作，交流网络宣传管理工作经验做法，进一步加强各单位纵向联系和横向沟通。

按照中国记协和北京市"三项学习教育"活动领导小组办公室《关于深入开展马克思主义新闻观培训的意见》的要求，《首钢日报》组织记者编辑参加《与时俱进的马克思主义新闻观》等培训六期，达300人次。组织采编人员参加北京市新闻出版局组织的统一考试，取得优异成绩。

（郑　昕）

【对外宣传报道】 1月，北京日报报道《首钢留住钢铁记忆》和《去年50家市属国企49家盈利》对首钢盈利情况的报道；中国冶金报在钢协理事会特刊中刊发的首钢产品专刊，题为《全方位完善服务模式》等文章。

2月，中国冶金报刊登《首钢构建非钢稳步发展"支点"》和《首钢国际工程完成迁钢加热炉"绿色变身"》，首都建设报刊登《首钢通钢公司成功开发新钢种》等。前线杂志在2014年第二期发表靳伟书记署名文章《做好首钢转型发展这篇文章》。

3月，首都多家媒体对首钢篮球队夺得CBA联赛总冠军的报道；北京日报、北京电视台、北京人民广播电台等媒体对首钢高炉遗址年内将上演实景剧的报道；中国冶金报刊登《"孕育"新的经济增长点——首钢推进北京园区开发建设综述》等。

4月，经济日报刊发《十里钢城何以"除旧布新"》文章，报道首钢园区开发建设；中国冶金报五一特刊刊登《他把企业"当成自己的命"》，报道总公司领导王毅荣获五一劳动奖章；劳动午报刊登《首钢集团劳模领衔建立创新工作室》文章，报道刘宏与首钢创新工作室助力企业技术创新。

5月，新华社刊发《首钢月季园赏花会开幕，首钢雕塑艺术馆首次亮相》，工人日报刊发《北京工业遗存：花开正当时》，首都建设报头版刊登《学习焦裕禄精神报告会走进首钢》、《刘宏——首钢"焊花"的闪亮人生》等。

6月，北京日报头版刊登的报道西十筒仓改造建设进展情况、首钢转型发展打造城市综合服务商和《长安街步行道入口防撞柱月底装完》的报道；北京电视台播发《京唐公司5月份扭亏为盈》的新闻；北京晚报整版刊登《雕塑首钢》。

7月，首都建设报刊登《"绿色"支撑京唐公司扭亏为盈》、《华夏银行携手中移动　进军移动互联网金融》；北京日报刊登《首钢技师学院首设旅游专业》等报道。中央电视台财经频道、中央纪录频道和京津冀三地交通广播电台来首钢采访。筹备"转型发展·钢铁强国之路"高峰论坛。

8月，人民日报"京津冀协同发展系列"报道刊登靳伟书记采访及记者手记文章《首钢搬到曹妃甸，挺好的》；中国冶金报8个专版报道"2014'转型发展·钢铁强国之路'高峰论坛暨京津冀协同发展首钢实践研讨会"，刊登靳伟署名文章和徐凝、王毅的专访；北京日报刊登《淡化海水进京挺近最后关口——首钢、北控在曹妃甸布局"海淡"项目，着力打造京津冀地区新战略水源地》、《首钢去年淡化海水1664万吨》文章，首都建设报头版头条《首钢京唐公司年淡化海水将达13亿 m^3》；科技日报《中关村携手首钢发展"高精尖"产业》，北京日报《中关村首钢共建特色产业园》，首都建设报头版头条《首钢老厂区装载高新科技"心脏"》；中国冶金报和首都建设分别刊登《"我的高炉我做主"——记全国钢铁工业劳动模范、首钢京唐公司炼铁分厂炉前班长高铁芹》《王文华——首钢神焊枪》等文章。

9月,人民日报刊发《海水淡化为京津冀"水困"破题》报道首钢海水淡化项目,北京日报专题报道《首钢老工业区全面调整转型》,新华社《首钢出台老工业区转型方案3年内拟投资780亿元》,中国新闻社《首钢北京老工业区拒绝房地产引进高精尖》,首都建设报、中国冶金报头版进行了报道。中国冶金报头版头条刊登《让特大型高炉跻身世界先进行列》,北京电视台《京华秋实》栏目播出首钢职工程国庆的故事,首都建设报《我的国庆记忆专栏》刊登《拼装花坛,误差5毫米之内》。

10月,中国冶金报刊发《首钢长钢炼铁厂废水回用》《首钢通钢8月份采购创效4000万元》《首钢京唐炼钢部设备系统"居家理财"侧记》等报道;北京电视台在"京华秋实"大型国庆节目中直播"首钢报道"8分钟;首都建设报刊登《首钢国际工程公司获青年环保创意大赛银奖》等报道。

11月,人民日报"京津冀协同发展特刊"刊登《做好协同"先锋"》;新华社、中新社刊登《首钢老厂区将打造"世界侨商创新中心"》;首钢履行国企社会责任受关注;首都建设报、中国冶金报等媒体在重要版面刊登《首钢全力以赴做好APEC会议期间各项工作》《首钢制作APEC立体会徽》《"鸟巢"超大屏幕钢结构100%回收》等文章。

12月,北京电视台在"记者好形象·社会正能量"开栏栏目中播出《郭现的"山海经"》,宣传报道首钢落实京津冀协同发展战略的报道;中国冶金报头版刊登《首钢京唐生产经营实现历史性突破》,并在《盘点2014》栏目刊发《首钢京唐实现盈利,钢铁行业布局优化调整坚定推进》。

(邵　伟、刘　娜)

【企业文化活动】 2月,首钢企业文化建设协会荣获市社会组织3A称号。

5月,按照首钢总公司党委部署,起草下发《总公司党委关于在首钢集团广泛开展"首钢人的故事"宣传活动的通知》,组织在全集团广泛开展"首钢人的故事"宣传活动。完成《2014首钢企业文化手册》编发工作。协调《首钢大搬迁》电视片采访拍摄。完成厂东门北侧LED屏保护性拆除。

6月,组织开展"勿忘国耻　圆梦中华"古体诗词、楹联征集活动,上报市国资委古体诗词25首,楹联20条。做好冶金文协文学作品推荐工作,选报散文7篇、诗歌3首、报告文学2篇。

7月,组织首钢企业文化建设协会"文创"、"摄影"分会开展"走进京唐·宣传京唐"采访活动,43人深入一线岗位采访拍摄,共收到照片182张、新闻故事11篇,并在首钢日报"大美京唐"照片专版刊发。

8月,首钢总公司荣获北京市企业文化示范单位荣誉称号。

9月,组织首钢企业文化建设协会摄影分会会员参加首钢"2014光影文化季暨第三届首钢灯光节开幕式"活动。

10月,组织开展以"首钢企业形象、首钢人的故事"为主线的第二届"新国企·中国梦"影像大赛活动。组织迁钢公司、矿业公司、工会书画院、培训中心等单位职工创作的7幅中国画、2幅油画参加冶金美术作品展。

11月,组织企业文化建设协会记者分会开展"走访上海高端用户"活动。接待人艺《食堂》剧组90人到首钢体验生活。参加中外企业文化成都峰会,京唐公司、迁钢公司、国际工程公司荣获"企业文化顶层设计及基层践行优秀单位"荣誉称号。

12月,组织各单位职工参观中国文化创意产业展览,开展"直面感受新领域、学习开阔新视野,思考首钢新发展"企业文化参观学习活动。

(郑　昕)

【首钢十大新闻评选】 1月份,2013年度"首钢十大新闻"评选揭晓,广大职工踊跃参加投票,共收到选票92886票。"首钢十大新闻"评选结果(以时间为序):1.首钢打赢生存战实现集团盈利目标;2.一系列大型活动助推首钢文化创意产业发展;3.首钢集团连续三年进入世界500强;4.首钢连续十一年成功举办"创新创优创业"经验交流会;5.首钢深入开展党的群众路线教育实践活动;6.发扬"一分钱"精神首钢老厂区节约能源费用1700万;7.首钢生物质能源项目点火试生产;8.迁钢公司电工钢产量跻身国内前三;9.京唐公司生产经营实现重大转变;10.首钢加大产品结构调整力度高端领先产品超计划完成。

(孙　洁)

【首钢日报 APP 上线运行】 5月29日《首钢日报》APP 上线试运行,成为国内第一家使用 APP 新闻客户端的企业报;2014年6月15日新改版的网站上线试运行,《首钢日报》新媒体技术的应用走在了企业报的前列。

（孙　洁）

【首钢博物馆筹建】 首钢博物馆的筹备工作,在工业文物征集保护、文物仓库标准化管理、首钢人口述历史录制、《展陈大纲》编写、博物馆概念设计等方面取得新进展。全年共收集文物 2017 件;历史文献及影像资料收集复制,已累计收集复制中央档案馆、北京市档案馆、首钢档案馆历史文献 822 件 13468 页。2014 年完成"首钢人口述历史"录制 51 人,同时整理口述历史文字 12 万字。加强文物仓库标准化管理,建立各类文物分账,登记奖牌类文物 165 件、民兵类文物 122 件、安全警示牌类文物 34 件、单位名牌类文物 54 件、安全设备类文物 48 件。完成了大型文物仓库大件设备说明书贴牌工作。

（魏　澜）

【加强首钢网络宣传管理】 首钢网络管理办公室加强网络舆情信息监测,全年编辑《网络信息》57 期。加强网络正面宣传,编发反映首钢各单位职工先进事迹的各类网文 1820 条,在不同网络平台发帖 4923 次。推进制度建设,强化基础管理,制定下发《首钢加强互联网舆论引导工作的措施安排》。加强网络宣传管理员队伍建设,编写《网络管理》简报 13 期,每季度编发学习材料,开展学习交流。

（郑　昕）

【获奖与荣誉】 首钢职工宣讲团被评为北京市国资委十佳宣讲团、优秀组织单位,王文华被评为十佳宣讲员,张岩岗入选北京市百姓宣讲团。

首钢总公司被市国资委作为北京市国资系统理论宣讲先进集体向市委宣传部、中宣部理论局推荐。首钢京唐公司被评为北京市思想政治工作优秀单位。

首钢总公司荣获全国"改革开放 35 周年企业文化竞争力十大典范组织"。

《首钢学习型企业建设》课题荣获中国企业文化研究会二等奖。首钢总公司思想政治工作研究论文获中国冶金政研会一等奖 2 篇、二等奖 3 篇、三等奖 1 篇。

首钢总公司"'三创'主题实践活动"获全国冶金企业思想政治工作创新奖。《首钢企业文化》(1919～2010)一书获全国冶金企业文化建设成果优秀奖。首钢总公司职工思想政治工作研究会获"全国冶金企业优秀思想政治工作研究会"。首钢总公司党委宣传部(企业文化部)部长承伟荣获"全国冶金行业优秀宣传思想工作者"。

《首钢一家人》、《焊花中追梦》、《拔掉五颗牙　树起一面旗》、《妻女随我来港城》、《矿山深处的客车司机》分别获得市国资委"首都国企故事"一、二、三等奖和优秀奖,其中《焊花中追梦》入选华北五省(区、市)《企业道德故事评选》。

党的十八大代表、技术研究院职工刘宏入选市国资委"国企楷模·北京榜样"主题活动 50 名优秀人物。总工室主任李杨和京唐公司炼铁部职工高铁芹的事迹被收录进市政研会《北京战略性新兴产业风采录》一书。京唐公司炼钢部职工王建斌和冷轧公司职工任金鹏当选"首都市民学习之星",机电公司职工卫建平当选全国"百姓学习之星"。

首钢总公司被评为北京市国资委系统第一批企业文化示范单位。

首钢京唐公司、首钢迁钢公司、首钢国际工程公司 3 家单位荣获全国"企业文化顶层设计及基层践行优秀单位"荣誉称号。

《首钢日报》先后有 34 篇稿件在全国冶金记协、全国企业报记协、北京市企业记协评比中获奖;2 人被中国冶金报社评为优秀通讯员标兵。首钢日报社荣获北京市企业新闻研究会企业新闻工作先进单位,荣获北京市安全生产宣传先进单位称号。

首钢电视台推荐和创作的《焊工"大刘"》、《改代小风波》2 部微电影,在全国总工会"中国梦·劳动美·幸福路"微电影大赛中分别获得铜奖和优秀奖。创作的《京唐鸟瞰》、《迁钢在路上》2 部秒拍作品,在国务院国资委新闻中心"新国企·中国梦"影像大赛中获得"最佳人气奖"。

（郑　昕）

纪委（监察部）

【纪委（监察部）领导名录】
纪委书记:许建国

纪委副书记、监察部部长：石淳光

监察部副部长：王永海

（王爱武）

【综述】 首钢总公司纪委与首钢总公司监察部合署办公，负责企业党风廉政建设、党风党纪教育、领导干部廉洁自律工作；负责总公司直管干部违纪案件及企业重大违纪案件的查处和审理，党组织、党员违犯党纪案件审理及归口管理；负责效能监察工作；负责纪检监察专业信访工作归口管理；负责纪检监察机构设置及纪检、监察干部归口管理。纪委（监察部）下设办公室（信访室）、案件检查（审理）处、党风检查处、监察处。在岗人员19人，其中大学以上学历18人，大专学历1人；高级职称5人，中级职称9人；平均年龄44岁。

2014年，总公司纪委（监察部）贯彻党的十八届中央纪委三次、四次全会精神，按照上级纪委和总公司党委的工作部署，严明党的纪律，加强作风建设，强化监督执纪问责，推进转职能、转方式、转作风，党风廉政建设和反腐败工作取得新成效。

（陈东兴）

【正风肃纪专项整治】 总公司纪委（监察部）组织开展严禁公款送礼宴请、制止奢侈浪费、整治"庸懒散"、严禁借公务之名旅游等整治活动，教育党员干部守住"底线"不越"红线"。在重要节日等时间节点，针对"四风"问题严明纪律要求，加强监督检查，狠刹不正之风，形成节日廉洁教育的新常态。会同相关部门深入开展公务用车、办公用房专项整治，收回19个单位超编超标公务用车75辆，组织174名领导干部清退办公用房1984平方米。加强因公出国（境）审批管理和监督，坚持事前监督、从严控制，防范发生违规违纪问题。成立联合检查组，加强对业务招待费使用情况的审计监督。以严肃会议纪律为突破口，由纪委牵头成立会议纪律保障组，加强会风会纪检查，对违反会议纪律的5名领导干部分别给予诫勉谈话、点名通报批评、免去领导职务等处理，促进领导干部转变作风。

（史玉琢）

【党风廉政教育】 总公司纪委（监察部）组织开展"牢记宗旨讲党性、严明纪律正党风"和"知法明纪守住底线"主题教育活动，采取讲廉政党课、办廉洁从业培训班、设反腐倡廉教育专栏、做党纪条规测试、树勤廉兼优典型等方式，强化党员干部党性观念、纪律观念和法治观念。组织部分领导干部和有业务处置权重点岗位人员参观反腐倡廉警示教育基地、参加庭审进行警示教育。总公司纪委联合党校到生产基地举办廉洁从业培训班12期，对领导干部特训班、短训班学员进行党纪法规辅导授课和测试，编发《首钢领导干部作风建设读本》和《有业务处置权岗位人员廉洁从业培训教育学习资料》。制定下发领导干部任职前廉政法规知识测试工作办法。深化群众性廉洁文化创建，开展"北京廉政故事"、"廉政微短剧"创作征集活动，表彰优秀作品78篇（部）。

（史玉琢）

【廉政风险防控】 总公司纪委（监察部）加强廉政风险防控，规范权力运行。推进总公司党委会、董事会、经理层的权力结构科学化配置体系建设。会同石景山检察院抓好北京园区开发建设中的廉政风险防控管理和预防职务犯罪工作，园区各单位共排查廉政风险点178个，制定防控措施197条。督促落实在物资采购、建设工程等业务中实施行贿犯罪档案查询工作，把好廉洁准入关。制定《首钢总公司党委贯彻落实〈建立健全惩治和预防腐败体系2013～2017年工作规划〉的实施意见》。

（王国安）

【效能监察】 总公司纪委（监察部）紧紧围绕首钢"两会"确定的目标任务，以集团盈利指标、钢铁业减亏计划、园区重点项目开工建设、非钢新产业预算指标四个底线任务为重点，组织完成76项效能监察项目。加强"三重一大"决策制度执行情况的监督，对生产经营管理中出现的问题严肃追究责任，对矿业公司"4·8"安全事故追究领导干部责任，两名领导被撤职；对顺义冷轧公司外委包装质量问题追查责任，以小见大、抓典型教育全公司；对长钢、水钢、贵钢等重点问题开展调查，落实责任追究，会同市国资委监事会对伊钢、首秦、凯西三家企业进行了监督检查。强化对园区建设项目监督检查，及时完善制度，促进项目建设合法、合规实施。推动采购电子商务平台建设，进一步加强高危领域廉政风险管控。全集团纪检监察组织通过加强效能监察，避免经济损失4039.97万元，挽回经济损失297.4万元，新增效益5453.9万元，处理违规人员60人，调整人员14人，提出改进管理建议631条，建立和完善规章制度228项。

（刘志强）

【案件查处】 总公司纪委(监察部)把查办案件放在突出位置,坚持抓早抓小,严格执行办案制度,提高查办案件工作质量和效率。总公司纪委机关全员办案,加大检查力度,增强办案力量。加强案源线索排查分析,提高成案率。发挥企检联合共建机制和预防职务犯罪网络作用,与属地检察机关紧密合作,为突破经济案件创造条件。坚持"一案双查"和教育,用首钢的案件教育警示领导干部,以案促管,发挥了查办案件的治本功能。坚持有案必查,案件线索处置和查办在向同级党委报告的同时,也向上级纪委作了报告。积极配合市纪委、市国资委纪委办案组工作。对上级要求调查的信访件严肃认真办理,做到逐件核实,件件有结果。集团纪检监察系统受理群众信访举报373件次,比上年增长30%,已结办318件,办结率85%。查办违纪案件16件,给予党纪处分16人,其中处级干部3人,科级7人,受到刑事处理7人。

(姜 宏)

【队伍建设】 总公司纪委(监察部)按照推进纪律检查体制改革和首钢深化改革的要求,开展纪检监察体系建设调研。成立反腐倡廉建设领导小组,反腐倡廉各类领导机构由6个整合为3个。建立党委巡视工作制度,已完成机构组建和巡视制度制定工作。发挥监督工作联席会作用,开展联合监督检查。规范下级纪委定期报告监督工作情况和纪委书记述职管理,抓好报告和述职结果的综合运用。适应集团管控需要,在股份公司、环境公司、园区管理部组建纪委,调整纪委书记、副书记及纪委委员30人次,纪检监察干部61人次,为股份公司配备专职纪委书记,充实了纪检监察力量。

(陈东兴)

【调研培训】 总公司纪委(监察部)加强专业工作研究,撰写调研报告和论文44篇,"国企廉洁文化建设研究"课题通过中国企业文化研究会验收,以惩促防强化案件查处、实施效能监察推进物资管控体系建设两项工作成果在全国钢铁企业纪检监察工作研究会第十次年会上受到表彰。选派5人参加中纪委和市纪委培训班,组织直管单位40名纪检监察干部进行查办案件脱产培训,提高基层办案能力。到宝钢、鞍钢等企业学习交流。

(王爱武)

【市级荣誉】 11月27日,在北京市先进纪检监察组织和优秀纪检监察干部表彰会上,首钢总公司纪委被授予2012~2014年度"北京市先进纪检监察组织"荣誉称号,石淳光荣获"北京市优秀纪检监察干部"称号。

(王爱武)

【努力方向】 首钢总公司纪委坚持问题导向,树立"交账意识",以永远在路上的坚强意志推进反腐倡廉工作。总体思路是:深入贯彻党的十八届三中、四中全会精神,学习贯彻习近平总书记系列重要讲话精神,落实中央纪委五次全会、市纪委四次全会、市国资委反腐倡廉工作会议和首钢"两会"的工作部署,坚持从严治党、依规治党,保持政治定力,严格执纪、加强党的纪律建设,推动全面深化改革、深入落实"两个责任",加强作风建设、坚决纠正"四风",围绕转型发展重点任务、加强效能监察,深化反腐倡廉教育、加强廉政风险防控,持续保持高压态势、严肃查办违纪违法案件,深化转职能、转方式、转作风,以严格的纪律管好纪检监察干部,扎实推进党风廉政建设和反腐败工作。

(陈东兴)

巡视工作领导小组办公室

【巡视办领导名录】

 主 任:石淳光(8月任职)
 副主任:周少华(10月任职)

(郭 凡)

【综述】 为全面深化改革,建立现代企业制度,完善企业法人治理结构,适应首钢转型发展需要,强化集团管控功能,加强国有资产运营监管、建立党风廉政建设和反腐败斗争常态机制,6月26日,首钢总公司决定组建总公司党委巡视工作机构,成立巡视工作领导小组、巡视工作领导小组办公室(简称巡视办),巡视办设立巡视组。

巡视工作领导小组负责贯彻巡视工作决议决定,研究确定巡视工作计划方案,听取巡视工作汇报,研究巡视成果,管理监督巡视工作,处理巡视工作重要事项,向总公司党委报告巡视工作情况等。组长由总公司党委副书记、纪委书记担任,副组长由纪委副书记、党委组织部部长担任,成员由纪委(监察部)、办公厅、组织部、监事会工作办公室、审计部、计财部、劳动工资部、资本运营部等单位组成。8月15日,总公司党委下发《关于首钢总公司巡视工作领导小组成员任职的通知》(首党发

〔2014〕184 号），许建国兼任首钢总公司巡视工作领导小组组长；郭荣、石淳光兼任首钢总公司巡视工作领导小组副组长。

巡视办作为总公司党委巡视工作领导小组的日常办事机构，负责巡视工作综合协调、政策研究、制度建设、上传下达、服务保障及考核管理等工作。巡视办设在总公司纪委，有关综合事务工作由纪委（监察部）代管。巡视办设立巡视组，负责按照总公司党委决策部署，围绕"四个着力"发现问题，具体开展巡视工作。初期组建巡视组 3 个，摸索规律，积累经验，并根据实际工作开展情况和需要，逐步调整巡视组数量。

巡视办定员 6 人，主任由纪委副书记兼任，设专职副主任 1 人（部厅级），巡视管理 2 人，巡视员 3 人。巡视组每组按 4 人配置，其中，组长 1 人、副组长 1 人、巡视员 2 人，除 1 人为巡视办在编人员外，其他 3 人选聘退出现职的领导干部或返聘退休的领导干部（3 个组共 9 人），不设正式编制。组长和副组长由部厅级领导、退出现职或退休的原部厅级领导干部担任（以任命为准）。巡视办在岗人员 4 人，其中大学以上学历 4 人；高级职称 2 人，中级职称 1 人，初级职称 1 人；平均年龄 44 岁。

（董晓明）

【机构成立】 2 月 17 日，总公司党委常委会在研究办理领导干部退休事宜，恢复调研员制度，规范领导干部退休返聘机制及加强国有资产运营监督等方面议题中，提出：建立反腐倡廉常态化工作机制，设立首钢总公司巡视工作办公室，选调在职或返聘退休领导干部担任巡视员，对首钢所属单位开展巡视工作。并明确提出要求：按照科学、规范、使用的原则，建立健全系统制度和长效机制，形成集团上下统一的要求，严格按制度和程序办事，确保各项制度执行到位。2 月 20 日，党委副书记许建国组织总公司纪委（监察部）等八个部门召开会议，落实 2 月 17 日党委常委会议精神，明确组建巡视工作机构的责任分工。2 月 21 日～3 月 16 日，总公司纪委（监察部）开展巡视工作制度的起草工作。3 月 17 日，党委副书记许建国召开会议，对巡视工作制度进行研讨、审议。3 月 27 日，党委书记靳伟组织召开专题会，听取巡视制度制定情况汇报，提出修改完善意见和下一步工作要求。4 月 16 日，党委副书记许建国召开座谈会进一步研讨、征求意见，再次对制度进行修改。4 月 25 日，总公司党委常委会研究通过《中共首钢总公司

委员会巡视工作办法（试行）》。6 月 4 日，总公司党委书记靳伟组织召开专题会，研究巡视等工作组织机构设置问题。6 月 26 日，总公司下发《关于建立和强化巡视、监事、董事、研究工作机构及定员编制的通知》（首发〔2014〕187 号）文件，决定成立总公司党委巡视工作领导小组、巡视工作领导小组办公室和巡视组，确定了巡视工作领导小组组长、副组长及成员单位。6 月 26 日，总公司党委印发《中共首钢总公司委员会巡视工作办法（试行）》（首党发〔2014〕132 号）文件。年内，巡视办进行整章建制、培训学习等工作，为开展巡视工作做各方面的准备。

（董晓明）

【主要职能】 巡视办聚焦党风廉政建设和反腐败工作，围绕"四个着力"发现问题、形成震慑，重点监督检查被巡视单位领导班子及其成员特别是主要负责人的情况，一是在深入推进党风廉政建设和反腐败斗争方面，着力发现领导干部是否存在违反党风廉政建设责任制和廉洁自律规定的问题，是否存在权钱交易、以权谋私、贪污贿赂、腐化堕落等违纪违法问题；二是在执行中央八项规定和贯彻落实"三严三实"要求，加强作风建设方面，着力发现是否存在形式主义、官僚主义、享乐主义和奢靡之风等方面的突出问题；三是在严明党的政治纪律方面，着力发现领导干部是否存在对涉及党的理论和路线方针政策等重大政治问题公开发表反对意见，对中央方针政策、重大决策部署和总公司党委重要决策阳奉阴违等问题，以及落实党风廉政建设主体责任、监督责任不到位的问题；四是在执行组织纪律、民主集中制特别是"三重一大"（重大决策、重要人事任免、重要项目安排、大额资金使用）决策制度方面，着力发现是否存在组织涣散、纪律松弛，违反请示报告制度，工作中独断专行、严重不团结，选人用人上的不正之风和腐败等问题；五是总公司党委要求巡视的其他事项。

（董晓明）

【巡视制度体系】 根据总公司党委和巡视工作领导小组的指示精神，巡视办在《中共首钢总公司委员会巡视工作办法（试行）》（以下简称《巡视工作办法》）的基础上，起草颁发了《首钢总公司党委巡视工作领导小组工作规则（试行）》《首钢总公司党委巡视工作领导小组办公室工作规则（试行）》《首钢总公司党委巡视组工作规则（试行）》及《首钢总公司党委巡视工作沟通协调

管理办法》、《首钢总公司党委巡视工作会议管理办法》、《关于规范巡视准备工作的意见》、《关于巡视期间收到信访件的处理意见》、《关于巡视发现问题线索的分类处理意见》、《关于起草巡视报告的意见》、《关于规范巡视移交工作的意见》、《关于规范巡视反馈工作的意见》，形成了以《巡视工作办法》为核心，以三个《工作规则》为主线，以两个《办法》、六个《意见》为支撑的相互衔接协调的巡视制度体系。为规范和指导巡视工作，巡视办还绘制了巡视工作制度树、流程图。流程图涵盖常规巡视的23个环节，对重要环节的要求进行标注和说明，清晰地展示巡视步骤、工作依据和工作流程。

（董晓明）

【编辑巡视信息】 巡视办通过查阅相关文件资料和网络、报刊等媒体，收集与巡视工作相关的信息，整理汇编成《巡视信息》，发至巡视工作领导小组成员单位供参阅。11月21日编发第一期《巡视信息》，共9篇文章。截至年底，累计编发7期，共95篇文章。

（董晓明）

【调研交流】 6月14日，总公司纪委副书记、监察部部长石淳光在首钢领导干部周末大讲堂上讲授《建立首钢巡视工作制度的思路和方法》。介绍巡视工作的发展历史和中央关于巡视工作的精神，以及首钢党委巡视制度的主要内容。10月，巡视办走访审计部、组织人事部、劳动工资部、办公厅等多个部门，与主管领导及专业人员就开展巡视工作进行沟通，征求各单位意见、建议，为制定巡视计划、开展巡视工作广泛征求意见。11月23日至25日，巡视办副主任周少华一行三人赴鞍钢集团公司纪委就开展巡视工作进行学习交流，了解鞍钢巡视机构的建立及人员配置和开展首轮专项巡视工作情况，为首钢总公司巡视制度体系建设和巡视工作策划提供了有益借鉴。

（董晓明）

工　会

【首钢工会领导名录】

主　　席：梁宗平（4月任职）

副主席：陈克欣（12月任职）

　　　　王　伟（12月离任）

常　　委：王建民　王　薇　姚晓青　刘开源

秦　勇（10月任职）

（金志先）

【综述】 首钢总公司工会是依法维护职工合法权益的群众组织，负责参与制定涉及首钢职工切身利益的政策；负责职代会的组织工作和闭会期间的民主管理、厂务公开工作；代表职工与企业签订集体劳动合同，行使劳动争议调解职能；负责组织群众性的经济技术创新；负责依法监督安全生产；负责开展帮困救助工作；负责组织职工宣传教育和文体活动；负责保障女职工权益；负责互助保险、工会经费及资产管理；负责俱乐部、艺术团、篮球俱乐部、篮球中心的管理。另外，兼负"集团工会"职能，负责与水钢、贵钢、长钢、通钢等外埠集团工会的沟通联系。首钢工会机关设立民主管理部、生产保护部、权益保障部、宣教文体部、办公室，在编管理人员20人。首钢工会有子公司级工会9个（北京地区）。总公司按属地管理原则管理基层工会101个，专职工会干部123人，会员5.64万人。

2014年，在首钢党委和市总工会的领导下，首钢工会学习总书记习近平系列讲话，贯彻落实北京市工会工作会议和北京市工会第十三次代表大会精神，围绕首钢全面深化改革的新要求，回应职工群众的新期待，坚持以人为本，把握大局，找准位置，提高水平，创出特色，扎实开展各项工作。

（金志先）

【荣誉称号】 首钢工会被全国总工会中国职工保险互助会授予职工互助保障先进单位、全国职工公共安全健康知识普及竞赛优秀组织单位，首钢工会女职工委员会被评为北京市三八红旗集体、北京市"安康杯"竞赛优秀组织单位，北京市总工会举办的"中国梦·劳动美"北京市职工征文比赛，首钢工会获得优秀组织奖。

（金志先）

【民主管理与厂务公开】 首钢始终坚持以职工代表大会为基本形式的民主管理制度。一是源头参与企业重大决策。先后参加了《首钢总公司职工违规行为处理办法》《首钢总公司劳动纪律管理办法》的修订工作，组织召开座谈会，征求职工代表、劳动模范和广大职工的意见建议，严格履行民主程序，《首钢总公司职工违规行为处理办法》经首钢第十八届二次职工代表大会审议通过后实施。在首钢薪酬制度改革过程中，工会参加薪酬改革方案领导小组工作，代表职工参与方案的制订。二是做好职工代表提案受理工作。职代会期间，职工代表共提交提案39件。职代会闭会后，组织提案委员会对提案进行梳理，落实提案受理单位或部门，并督促有关部门做好提案受理工作，全部提案受理完毕。三是推进民主评价试点工作。2013年以来，为完善企业内部监督评价机制，总公司决定开展民主评价试点工作。2014年2月，第一次民主评价试点工作会议在供应公司召开，达到预期的效果，积累民主评价工作经验。

（金志先）

【维护职工权益稳定劳动关系】 首钢工会开展职工利益专项调研。先后对首钢集团北京及河北地区劳务用工人数、收入、五险一金、参加活动和待遇、加入工会组织，以及存在的主要问题等进行调研，拟写《关于首钢劳务用工的情况报告》。对首建公司、机电公司、实业公司、首自信公司、国际技术公司、耐材公司、鲁家山矿等改制企业的职工工资发放、五险一金缴纳、企业补充保险等情况进行调查了解，将调研情况向总公司进行汇报。

深入开展劳动争议调解工作。重新修订《首钢总公司劳动争议协商调解工作制度》，组织参加北京市总工会举办的劳动争议调解员培训班，开展法律咨询和争议调解工作，妥善处理市总工会12351职工热线、市总信访办公室下达的派单任务，参与北京市和石景山区劳动争议仲裁活动，参与国家人力资源和社会保障部开展的劳动争议调解工作方法和技巧的调研活动。深入一线举办首钢京唐公司劳动争议调解员培训班，106人参加培训并取得市总工会颁发的劳动争议调解员证书。

维护职工的生命安康，配合企业做好安全生产和职工劳动保护工作。邀请全总劳动保护工作顾问孟燕华教授为迁钢公司、矿业公司的工会劳动保护干部、三级劳动监督员、安全员430余人进行专项培训。与安全部门共同组织参加全国职工公共安全健康知识普及竞赛活动，首钢总公司工会被评为全国职工公共安全健康知识普及竞赛优秀组织单位。

（金志先）

【弘扬劳模精神】 首钢在职工中弘扬"劳动最光荣、劳动最崇高、劳动最伟大、劳动最美丽"。工会组织2014年全国五一劳动奖章、奖状、工人先锋号及首都劳动奖章、奖状、北京市工人先锋号的评比推荐工作，首钢有14家单位和12人荣获全国及省市级劳动模范、奖章、奖状、工人先锋号称号并受到表彰；组织评选表彰首钢

"三创"先进集体100个，首钢劳模94人，"三创"标兵211人，授予马布里"首钢荣誉职工"和"首钢劳动模范"。通过首钢电视台《首钢人》和《班组故事》两个栏目，首钢日报《劳模风采》栏目和工会挚友网等，宣传劳模和先进，让职工感受到榜样就在我们身边。组织首钢劳模疗养、休养工作；"两节"慰问劳模，帮助困难劳模解决实际困难，为全国劳模发放慰问金和帮扶金38000元，为低收入劳模发放补助金48590元，为困难劳模发放帮扶金177402元，为北京市劳模发放慰问金365000元；两次为重病的退休劳模魏升明申请到市总工会困难补助共计53000元。参加市总工会举办的"中国梦·劳动美"北京市职工征文比赛，首钢工会获得优秀组织奖。

（金志先）

【群众性经济技术创新】 首钢各级工会组织以确保完成全年经营生产任务为主线，面对钢铁市场的严峻形势，围绕"加大钢铁业扭亏力度，加快北京园区建设"，以推进经济技术创新，提高钢铁业综合竞争力为主题，开展职工劳动竞赛活动，每季度进行评比表彰，全年共表彰劳动竞赛标兵575人。深入推进职工创新工作室建设。为进一步发挥卫建平创新工作室的示范作用，给予10万元的资金支持，并争取到北京市素质办3.8万元的资金支持，指导建立卫建平创新工作室首钢技师学院工作站。2014年，首钢建立职工创新工作室28个，参与职工327人，其中以劳动模范为领军人物的1个，以技术带头人为领军人物的16个，以技能操作专家、技能能手为领军人物的11个。职工创新工作室共完成攻关课题502项；取得科研成果283项，其中申报专利92项，专利受理72项，获得专利授权38项，获得全国科技成果奖2项，获得北京市科技成果奖5项，获得首钢科技成果奖30项；总结创出最佳操作法65个；提出合理化建议1611项，采纳实施623项；培养北京市技术能手8人，首钢技术能手13人。组织参加全国重点大型耗能钢铁生产设备节能降耗对标竞赛活动。首钢参赛单位成绩显著，3个冠军炉中有首钢矿业公司烧结厂7号烧结机和首钢股份公司迁安钢铁公司3号高炉；12个优胜炉中有首钢京唐公司1号高炉和首钢京唐公司1号脱碳转炉；15个创先炉中有首钢股份公司迁安钢铁公司4号转炉。

（金志先）

【送温暖工程】 首钢工会组织"两节"送温暖,夏季送凉爽活动。2014年元旦春节期间,各级领导走访慰问职工1.7万人次;为首钢278名特困、困难职工发放节日慰问补助金、困难补助金及医疗救助金99万元;各级工会组织为职工办好事、实事3500余件。深入开展送温暖活动,按照《首钢总公司暑期送凉爽活动方案》,工会下拨60万元慰问金用于基层工会慰问生产一线的干部职工。开展帮困救助活动。首钢有特困、困难职工278户,其中特困职工49户,困难职工229户。春节前夕,组织开展全公司扶贫帮困职工捐款活动,职工捐款259.67万元,为290名困难职工子女发放助学金67.8万元。为107人因意外事件、重大疾病等情况造成的特殊生活困难的职工,发放救济补助金61万元。为家庭生活困难的职工67人次,发放困难补助金7万元。开展职工互助保险工作,为职工办实事。有6.28万名职工续保,参保率97%。职工互助保险共为2390人次,理赔319.42万元。其中,住院医疗保险2072人次,理赔215.37万元;意外伤害保险252人,理赔54.07万元;重大疾病保险56人,理赔39.25万元;女工保险10人,理赔10.73万元。首钢工会被全国总工会中国职工保险互助会授予职工互助保障先进单位。开展职工生活监督工作。继续跟踪了解职工生活后勤服务工作存在的问题,及时收集掌握职工对生活工作的意见建议,每周组织召开职工生活联席会,与有关部门及时沟通并研究解决职工生活问题。

(金志先)

【推进全民健身】 首钢践行全民健身运动,开展工间操宣传推广活动,举办2014年首钢职工全民健身活动暨第九套广播体操比赛;举办第17届首钢职工春季环厂跑,近3000名职工参加;在北京和河北矿业分两个赛区,举办首钢职工篮球比赛;组织开展网络电子竞技对抗赛,依托互联网为首钢多地职工搭建互相沟通交流的平台,突破了地域限制,实现多业多地职工的"零距离"互动,260余人参加;组织参加市体协主办的首都职工健步走系列活动,参加市级体育示范活动"和谐杯"乒乓球比赛,获得团体第6名。

(金志先)

【送文化到基层】 首钢工会面向基层组织多种形式的素质教育,深入京唐、矿业、技术研究院等单位举办"美丽首钢"职工书画摄影展,征集作品1000余件,112件精品展出,5000余名职工观看了书画摄影展;"创新思维"、"心理咨询"公益大讲堂首次走进矿业、京唐公司,受到一线职工的好评;为基层职工赠送网上读书卡,职工通过读书卡可在网上浏览5000多种书籍,300多种杂志和报纸。首钢艺术团走基层为一线职工慰问演出32场,既感动了一线职工,也使演职人员的思想得到升华,为创作更加贴近生活、更接地气的作品奠定根基。首钢篮球俱乐部和乒乓球俱乐部球员到曹妃甸与职工交流和比赛,振奋精神,鼓舞士气。首钢各文化活动场馆,节日期间免费为北京地区首钢职工开放,组织电影、游艺、舞会、健身等活动。

(金志先)

【女职工风采】 首钢在京地区职工总数60490人,其中女职工12253人,占职工总数的20%。开展女职工妇科体检情况的调研,对8922名女职工妇科体检中发现,妇科疾病发病比率比较高。针对女职工开展健康教育,多次与全国妇联沟通并聘请妇科专家给女职工普及健康知识。开展困难女职工帮扶活动,做实"三八助单亲"活动。三级女职工组织共慰问320户,慰问品300余份、慰问金4万余元。传播正能量,开展"幸福之家"创建活动,女职工委员会开展了首钢职工"幸福之家"创建活动,选出18个最优秀的"幸福家庭"。开展单身职工联谊活动,各基层单位女职工组织结合本单位的实际组织有特色的联谊活动15次,组织大型集体婚礼4次。开设健康、法律、心理、礼仪、理财、婚姻和子女教育等10多个专题的"流动课堂"活动。3月7日,组织召开首钢总公司纪念"三八"妇女节座谈会。会上表彰45名首钢"三八红旗手",首钢工会女职工委员会被评为北京市三八红旗集体。京唐公司1人、迁钢公司1人被评为北京市"三八红旗手"。

(金志先)

【发展体育事业】 3月30日,北京首钢男篮荣膺北京篮球赛季总冠军。这是北京首钢男篮继2011~2012赛季首夺CBA总冠军之后,再次成为中国篮坛最高水平联赛的总冠军。6月11日,由北京市体育局和首钢总公司合作成立的北京首钢乒乓球俱乐部有限公司正式运营。

(金志先)

【组织建设】 首钢工会干部队伍发生较大变化,从基础建设入手加强工会自身建设,为基层、为职工服务。一是工会组织建设,选好配齐工会班子。先后召开首钢总公司工会十六届九次、十次、十一次委员（扩大）会，按照民主程序投票选举11名代表参加市总十三大；选举梁宗平为首钢总公司工会主席，陈克欣为工会副主席。召开首钢总公司职工代表会议，选举梁宗平为首钢职工董事。二是加强工会会员管理，做好信息采集和"京卡"办理工作。组织参加北京市工业（国防）工会和首钢工会联合举办的《工会会员信息采集系统培训班》，为基层39家单位申请办理"京卡"数字证书，为2867名职工办理会员信息录入、会籍变更等工作，为868名职工办理京卡。三是加强工会干部队伍建设，抓好业务培训。先后组织工会干部参加市总工会组织的《学习贯彻工会工作会议和工会十三大精神专题培训班》《在职职工心理发展助推计划培训班》《工会干部培训班》和《北京市企事业民主管理工作系列培训班》等，提高工会干部履行职责能力。四是加强廉政建设，强化财务管理和经费审计。工会经费实行税务代收后，工会严格执行首钢和上级工会的各项财务制度，加强工会经费使用情况的审查监督力度，组织基层工会学习贯彻《北京市工会财务法规政策制度汇编》，提高工会财务管理水平。按照《北京市工会经费预算三审制度暂行办法》的要求组织对23家工会经费独立单位工会经费使用及预算执行情况进行了检查，并在工会工作会议上进行通报。

（金志先）

【重要会议】 1月15日，首钢第十八届职工代表大会第二次会议暨集团工作会议，在首钢篮球中心召开。326名首钢正式职工代表出席，首钢党委书记、董事长靳伟作总结讲话。会议听取审议了徐凝题为《深化改革创新，全面加强管理，着力打好首钢转型发展攻坚战》的工作报告，在闭幕大会上，与会正式代表以举手表决的方式，全体通过《首钢第十八届职工代表大会第二次会议暨集团工作会议决议》。

3月7日，首钢工会组织召开2014年度《首钢总公司纪念"三八"妇女节座谈会》。纪念"三八"国际劳动妇女节，表彰45名首钢"三八红旗手"，京唐公司田志红、迁钢公司郝丽霞被评为北京市"三八红旗手"。

4月10日，首钢召开工会会员代表会，出席会议的有总公司工会委员会和经审委员会的全体成员，各子公司、总公司直属单位、直属厂矿的工会负责人，科技管理人员代表和一线职工代表50人。会议采取差额候选、正式选举的方式选举出了梁宗平等11名首钢参加北京市总工会第十三次代表大会的代表。

4月28日，首钢在文馆召开庆"五一"暨先进集体、先进个人表彰大会，400余人参加。靳伟作重要讲话，徐凝主持大会，姜兴宏宣读了《首钢总公司关于表彰2013年度首钢劳动模范、三创标兵、三创先进集体的决定》《首钢总公司关于授予马布里"首钢荣誉职工"和"首钢劳动模范"称号的决定》。

4月29日，首钢工会召开十六届十次委员全体会议，对梁宗平担任首钢总公司工会主席职务，进行无记名投票选举，会议应到委员27人，实到委员24人，全票通过。

12月26日，首钢工会召开十六届十一次委员全体会议，对陈克欣担任首钢总公司工会副主席职务，进行了无记名投票选举，会议应到委员27人，实到委员22人，全票通过。

（金志先）

团 委

【首钢团委领导名录】
副书记（主持工作）：吴 岩

（刘 骁）

【综述】 首钢总公司团委是首钢青年工作组织机构，围绕党委确定的中心任务，加强团的思想、组织、作风建设，结合青年职工的特点开展活动。负责基层团委、团干部、团员、团费管理，负责组织达标创优、推优入党、推优荐才工作；负责团组织的理论学习、思想教育、调研宣传，了解掌握青年思想动态，办好杂志、网站、微博、微信平台；负责组织青年"创新"双争活动、"降本增效青年先行"活动、青年创新创效、青年岗位能手、青年文明号、青年突击队、青年安全示范岗等活动；开展青年志愿者工作和寓教于乐的文体活动。首钢团委管理直属团委36个，二级团委（团总支）115个，团支部945个，团员1.63万人（含学生团员0.45万人），青年4.27万人；直管团干部36人，其中专职团干部20人，兼职16人。首钢团委设组织部、宣传部，职工4人，均为大学本科以上学历。

（刘 骁）

【团建基础】 首钢团委开展团员教育评议工作；统计

2013 年度团员青年情况；做好年度行政拨款工作，做好团费管理。完善"达标创优"竞赛活动，针对首钢转型发展面临的新情况、新问题，推进制度创新，完善对各参评单位团委评价标准的认定。召开首钢共青团工作会。试行基层团组织月工作计划上报，在京唐、迁钢、首秦等7 家单位进行试点，把握各基层单位的团组织工作动态。9 月，开办 2014 年度团支部书记培训班，来自京唐、迁钢、长钢、贵钢等 10 多个基层单位 50 余名团干部和青年骨干参加了学习。

（刘　骁）

【党建带团建】　3 月 7 日，共青团中央城市青年工作部企业处处长王明学、共青团北京市委企业部副部长（主持工作）杜新峰到冷轧公司调研共青团工作。5 月 4 日，首钢纪念五四运动 95 周年暨首钢团系统表彰会在陶楼举行，北京团市委书记常宇，总公司领导靳伟、许建国出席会议，各部厅、基层单位党委负责人及青年代表共 150 余人参加；京唐公司、迁钢公司、长钢公司等 8 家单位 270 余名团干部和青年代表通过视频参加了会议。会上对在 2013 年度"达标创优"竞赛、青年创新"双争"活动中取得优异成绩的 91 个先进集体和 463 名先进个人进行表彰。来自京唐公司、迁钢公司、矿业公司、国际工程公司的青年代表先后作了典型交流发言；来自京唐公司的青年代表宣读《奉献无悔青春，助推企业发展》倡议书。7 月 10 日，北京市委副书记吕锡文调研首钢生物质公司，吕锡文书记指出党建带团建是应有的责任和义务，并就地方党委、企业党委包括团委在区域化中如何发挥作用，发挥作用的渠道，实现价值的方式，如何教育引导青年提出要求。7 月 15 日，北京团市委杨海滨书记带队参观调研首钢生物质公司，就推动首钢团委和门头沟团区委的区域化团建工作提出对接的具体方向。

（刘　骁）

【青年思想引导】　2 月，首钢团委组织开展首钢青年思想调研工作。根据首钢多业多地的发展格局，本次调研突破传统纸质问卷形式，全程通过互联网平台进行。问卷包括基本信息、学习工作、健康生活、婚恋情况、住房情况、新媒体使用、青年创新和团建建言共 8 个部分 75 道题。共收回 2022 份有效问卷，涵盖京唐、迁钢、首秦、矿业、长钢、水钢、通钢、贵钢以及北京地区各单位的青年代表。调研结果形成了《首钢青年思想调研报告》。7 月，赴吉泰安公司调研，与青年职工代表进行座谈，针对青年提出的问题和吉泰安的共青团工作情况提出具体意见和建议。9 月，参加园区服务公司新入厂大学生座谈会，就尽快适应岗位、提升技能、学习创新等方面进行交流。

（刘　骁）

【青年安全】　首钢团委会同总公司安全处联合下发《关于开展 2014 年度首钢青年安全生产示范岗创建活动的通知》，共有 20 余家基层单位 159 个生产岗位完成创建。6 月，组织开展安全主题网络宣传活动，通过首钢青年网站、"青春首钢"微信平台等团属新媒体，以安全漫画、安全 FLASH、微视频、安全案例教育、互动投票等形式，发布了 4 期内容，营造"安全生产　青年当先"的氛围。在 2013 年～2014 年度全国钢铁行业"青安杯"竞赛活动中，首钢冷轧公司酸轧作业区轧机主控岗位青年安全生产示范岗等 3 个岗位获得 2014 年度全国钢铁行业青年安全生产示范岗，首钢京唐公司能源与环境部供水分厂海水淡化作业区团小组等 7 家单位获得 2013 年度全国钢铁行业"青安杯"竞赛先进集体，首钢生物质公司张维良等 7 人获得 2013 年度全国钢铁行业"青安杯"竞赛先进个人，首钢迁钢公司热轧作业部二热轧轧钢作业区轧钢丙班青安岗等 18 个岗位获得 2013 年度全国钢铁行业"青安杯"竞赛最佳青年安全监督岗，首钢矿业公司赵浩然等 20 人获得 2013 年度全国钢铁行业"青安杯"竞赛最佳青安岗岗长，首秦公司能源部 35MW 发电站青年安全生产示范岗等 6 个岗位获得 2013 年度全国钢铁行业"青安杯"竞赛青年安全生产示范岗。首钢冷轧公司连退作业区连退炉子主控岗位、首钢迁钢公司炼钢作业部设备管理室转炉电工二班两个集体荣获 2013 年度北京市青年安全生产示范岗荣誉，同时在 2014 年度北京市青年安全生产示范岗创建活动启动会上，首钢青年代表参与提出青安岗创建工作的倡议。

（刘　骁）

【全媒体建设】　首钢团委积极探索互联网平台，加强全媒体覆盖体系建设，初步建立起了以传统纸媒、网络新媒体为主要内容的全媒体覆盖体系。在《首钢日报》开设"青春首钢"专栏，加大宣传一线青年的典型事迹。《首钢青年》杂志出版 5 期，通过线上线下同步发行。4 月，首钢青年网站改版后正式上线，新版网站增强基层团组织信息上报、积分排行、青年社区等功能。首钢团委制定新的《首钢共青团信息上报积分管理办法》，根据基层单位报送信息的数量、质量等维度进行积分，促进了基层信息上报的数量和质量。在北京团市委网站信息上报中，首钢名列2014年度企业系统第一名。截至年底，倒班助手软件累计装机量已突破30000，日均活跃用户5000余人，成为最受广大一线青年欢迎的APP软件。国内宝钢、鞍钢、武钢、三钢等多地国有企业的部分倒班青年也在使用这款APP。11月，首钢团委联合首自信公司成立倒班助手项目开发团队，对APP软件进行持续的升级和优化。

（刘　骁）

【最美青工】　第一届首钢"最美青工"的评选从学习进取、岗位行家、创新实践、先锋示范、精神风尚、公益志愿、职能服务、协力发展等八个类别进行评选，分为宣传发动、寻找发现、筛选梳理、评比投票等四个实施阶段。通过组织推荐、个人自荐和推荐他人等三种方式共推荐了优秀青年667人，经初审筛选，307名青工进入"最美青工"候选名单。12月，依托首钢青年网站和"青春首钢"微信平台进行网络评选，在首钢各基地张贴投票海报，通过网络和新媒体的形式加大了活动的关注度和宣传效果，"青春首钢"微信平台在投票期间关注人数增长近10000人，评选文章阅读量72万次，阅读人数37万人次；首钢青年网站单日最高点击率突破12万次，投票期间累计点击率54万次，网友评论留言近2000条，分别创下"青春首钢"微信平台和首钢青年网站流量历史最高值。在现场评审环节，北京团市委、总公司组织部、宣传部、纪委、工会、党校、劳动工资部等部门领导和青年代表组成评审委员会，结合每名候选人的事迹材料、网络投票情况及单位推荐意见，最终评选出100名第一届首钢"最美青工"和10名"特别关注最美青工"。

（刘　骁）

【青年榜样】　通过市级比赛脱颖而出的13名首钢优秀青年以及经过基层选拔推荐的4名首钢优秀青年获得北京市青年岗位能手称号，其中京唐公司张世烨获得北京市青年岗位能手标兵称号。在全国钢铁行业2013年度"五四"先进表彰中，迁钢公司团委、矿业公司团委被评为2013年度全国钢铁行业"五四红旗团委"；京唐公司焦化部干熄焦分厂团支部、首秦公司炼铁部团总支被评为2013年度全国钢铁行业"五四红旗团支部"；矿业公司水厂铁矿团委书记载若汐、总公司培训中心团委

副书记李大维等被评为2013年度全国钢铁行业"优秀共青团干部"；冷轧公司维检作业区葛士勇、首自信公司京唐运行事业部刘明曦、迁安首实包装服务公司杨明等被评为2013年度全国钢铁行业"优秀共青团员"。在2013～2014年度全国钢铁行业青年文明号表彰中，首钢京唐公司热轧部2250分厂精轧岗位、首钢矿业公司计控室电动轮青工团队等被评为年度全国钢铁行业青年文明号。

（刘　骁）

【青年主题活动】　6月，首钢团委联合源景公司组织面向全集团及社会征集首钢微信、QQ表情主人公名字及其家庭成员动漫形象，共征集到166个表情主人公名字和4个家庭成员动漫形象。7月，联合总公司工会开展"梦想杯"2014电子竞技对抗赛，比赛在各单位自行组织预选赛的基础上，选拔优秀个人和团队参加异地联网联机对抗赛，共有包括京唐、迁钢、长钢、贵钢等10余家京外单位在内的260余名选手参赛。7月10日，组织北京地区各单位园区开发建设青年骨干20余人赴798艺术区进行参观交流。8月1日，组织生物质公司、机电公司等单位40余名单身青年代表参加"缘结京西——爱在七夕鹊桥会"活动。9月，组织北京地区单位29支队伍参加"首钢杯"京西篮球争霸赛。3月和12月，首钢团委联合京煤集团、京城机电、纺织控股等8家单位开展两期"青春有约·幸福绽放"大型青年联谊交友活动，得到广大青年的积极响应，同时建立网上交流平台，为广大青年交友创造条件。

（刘　骁）

【岗位建功】　4月～9月，首钢团委承办北京市青年环保创意大赛，共设环保设计大赛和环保涂鸦大赛两个项目，旨在发挥共青团组织优势，集中全市青年的智慧为首钢鲁家山循环经济基地的建设贡献力量。大赛共征集到设计作品19份，涂鸦作品87份。6月，组织对涂鸦作品进行评审，评选出金奖1个、银奖2个、铜奖3个、优胜奖5个，并组织获奖选手参加北京市第二届节能低碳环保大赛系列活动颁奖仪式。9月，在鲁家山基地举办北京市青年环保创意大赛决赛暨颁奖仪式，全市20多家市属国有企业的100余名青年代表参加了决赛颁奖仪式，共评选出金奖1个、银奖2个、铜奖3个和优胜奖4个，北京团市委副书记杨立宪，首钢总公司领导许建国、白新出席并为获奖选手颁奖，同时启动北京市

最大的青年环保创意涂鸦墙项目。在北京市青年环保创意大赛中,首钢共获得银奖 1 项、铜奖 2 项、优胜奖 2 项。9 月,组织青年参加北京市青年电焊工大赛,首钢 4 名青年分别获得第一、第三、第四和第五名的优异成绩,其中首秦公司两名青年代表北京市参加第十届全国"振兴杯"青年技能大赛。8 月~12 月,首钢团委承办首届北京市青年安全管理大师赛,共收到作品 278 份,包括理论大师论文 83 篇,实践大师作品 88 部,宣传大师作品 107 部,其中安全微视频 66 部,安全海报 41 份。大赛采用 O2O 模式进行评审,搭建起了大赛官网和微信平台。通过网络投票、专家评审、现场培训和决赛表彰等阶段,最终评选出金奖 3 个、银奖 6 个、铜奖 10 个和优胜奖 15 个。在首届北京市青年安全管理大师赛中,首钢共获得金奖 1 项、铜奖 1 项、优胜奖 1 项。10 月,组织青年参加北京市青工创新大赛,在工业创新组首钢获得银奖 2 项和优胜奖 1 项,在五小科技组首钢获得铜奖 1 项和优胜奖 1 项。

（刘　骁）

【青年志愿者】　1 月,在"温暖衣冬"活动中,首钢各基地青年共捐赠冬衣 1477 件,捐赠衣物数量在市属企业系统名列前茅。3 月,首钢团委组织实业公司和首钢医院两个单位的青年志愿者走进黄南苑居民区,免费为居民配钥匙、理发、义诊、健康咨询、养老咨询等。3 月 20 日,首钢 23 名青年作为北京市属企业系统首批志愿者到毛主席纪念堂服务,为瞻仰毛主席遗容的群众维持秩序、答复咨询,得到毛主席纪念堂管理局、团市委、市志愿者联合会的高度赞誉。6 月,组织 20 名青年志愿者圆满完成北京新青年城市体验营走进首钢活动,共有来自北京市各区县社区青年汇的 1000 余名青年参观了首钢厂史馆、"钢铁与微笑"3D 画展和钢铁雕塑艺术馆。11 月,以"放飞梦想"为主题的 2014~2015 赛季中国男子篮球职业联赛和女子职业篮球联赛相继燃起新赛季战火,首钢团委组织挑选多名篮球志愿者,全程为比赛服务。

（刘　骁）

机 关 党 委

【机关党委领导名录】
书记:董　萍(女)

（邵克农）

【综述】　首钢总公司机关党委负责管理总公司机关不设党委的部厅和直属处、股份公司机关、部分总公司直属单位共 28 家单位的党群工作,包括 7 个党总支,61 个直属支部和分支部,其中 11 个离退休党支部,职工 1557 人,党员 1177 人,35 岁以下青年 359 人。机关党委设办公室、工会,职工 6 人。处级以上干部 2 人,主管师 4 人。

2014 年,机关党委认真学习贯彻党的十八大和十八届三中、四中全会精神,深入开展党的群众路线教育实践活动,加强机关党组织建设和干部队伍建设,服务首钢深化改革大局,各项工作取得新进展。

（邵克农）

【教育实践活动】　3 月,召开"首钢机关党的群众路线教育实践活动总结大会"。经民主测评,机关党委班子成员评价为"好"的由 31% 上升到 95%。机关党委班子和机关各单位进行群众路线教育实践活动"回头看"工作,通过"回头看"认真审视,严肃评估,查漏补缺,确保了整改落实、建章立制工作取得实效。以"严格党内生活,严守党的纪律,深化作风建设"为主题,通过采取召开座谈会、个别访谈、发放征求意见表等形式,征集意见。针对查找的问题和具体表现,认真分析,深挖根源,提出整改落实的思路和措施。

（邵克农）

【远程培训】　机关党委坚持把抓好机关职工的远程培训教育,作为加强学习型组织建设,实现首钢转型发展的一项重要工作来抓,进一步提升总公司机关管理人员的专业管理水平和综合素质。针对公司机关管理人员专业面涉及广、学习需求多样化以及自主学习能力较强的工作特点,组织机关管理人员开展自主远程学习,完善的学习模块和课程设置,收到较好效果。

（付艳平）

【争优创先】　机关党委结合首钢开展党的群众路线教育实践活动,深入开展创先争优活动,加强机关党组织自身建设。年初,机关党委组织开展党支部等级评定工作,共评选一级党支部 22 个,二级党支部 40 个。组织在职党员到社区为群众服务,组织、落实机关"创先争优"评选党员民主评议工作,上报模范党支部 2 个,模范共产党员 3 人,先进党支部 5 个,先进党小组 7 个,首钢优秀共产党员 16 人,机关优秀共产党员 37,同时评选出机关党务工作热心人 53 人,党员示范窗口 12 个,党员示范岗 26 个;在党员民主评议中,其中 1 名党员评为不合格党员。

(林星华)

【组织建设】 机关党委做好老干部工作、为老干部服务,确保老干部"两个待遇"的落实。开展"爱首钢,献良策,作贡献"活动。做好服务工作,完成出国政审工作。发展党员 7 人,预备党员转正 6 人,积极分子培训 11 人,支部班子组建、增补 10 个,支部班子换届落实 1 个党总支 25 个支部,落实处级干部体检 182 人,科级干部任职 28 人,解聘 2 人,出国政审因公 92 人次,因私 14 人次。做好共青团、信息反馈、文书机要、保密、干部档案等基础工作。组织完成机关处级以上干部年度考核述职测评、处级干部健康体检等工作。做好机关人员政工职称评审推荐工作。

(林星华、付艳平)

【党风廉政建设】 机关党委组织机关各单位贯彻落实首钢党风廉政建设工作会议精神,完善反腐倡廉领导体制和工作机制,进行责任分解和责任考核,强化责任追究,推动各项任务的落实。对《首钢 2014 年反腐倡廉主要任务分工方案》进行逐级分解、备案,明确分工责任、落实时限和目标要求。组织落实《首钢 2014 年预防职务犯罪工作要点》和领导干部及有业务处置权岗位人员廉洁从业工作方案,组织机关各单位学习总公司纪委编发的《严明党的组织纪律,为深入推进首钢转型发展提供有力保证》的党课材料,推动"牢记宗旨讲党性,严明纪律正党风"主题教育活动深入开展。

(付艳平)

【文体活动】 机关党委开展职工文体活动,丰富职工文化生活。组织观看 CBA 篮球联赛、电影观摩,开展歌咏、春季环厂跑、健身登山、球类比赛等活动,参加职工达万余人次。增强党组织的凝聚力和向心力。

(李 柱)

【送温暖活动】 机关党委维护职工利益,把为职工服务落到实处。全年为职工办好 7 种保险,为 1000 多人次职工办理出险赔付和住院费报销。组织机关 27 家单位 1500 多名在职职工参加职工住院、重大疾病、意外伤害保险。开展"送温暖"活动,为职工办好事、办实事。元旦、春节期间,做好特困党员、职工帮扶工作和支援、外派多地骨干走访慰问工作,全机关 27 家单位组成慰问组,走访慰问支援重点工程干部职工和派往外地的高

管人员及劳模、先进、困难职工、职工遗属等。

(王宝章)

【表彰先进】 机关党委组织完成 2013 年度机关先进表彰工作,表彰首钢劳动模范 4 人,首钢"三创"标兵 6 人,首钢"三创"集体 1 个,机关先进职工 38 人,机关先进集体 2 个,完成证书的发放工作。完成机关 2013 年度首钢团委系统"达标创优"竞赛、青年创新双争活动先进集体和先进个人的评选表彰工作。

(李 柱、付艳平)

总公司党校

【首钢党校领导名录】

  校 长:许建国(兼)

  常务副校长:张乃山

  党委书记:张乃山

(师 兵)

【综述】 首钢总公司党校于 1958 年成立,是首钢总公司党委的干部培训机构,承担首钢领导干部、后备干部和管理人员培训工作,并为干部竞聘和人才选拔进行人才素质测评。2001 年 9 月成立首钢管理干部学校,与首钢总公司党校为"一套机构两块牌子"。党校下设教研室、培训处、办公室,职工 29 人,其中专职教师 6 人,培训管理人员 7 人,其他岗位 16 人;具有研究生以上学历 14 人;高级职称和高级职业资格 12 人,中级职称和职业资格 9 人。

2014 年,党校贯彻总公司党委的决策,把转型期干部教育培训作为重中之重的任务,全力以赴做好。在总公司党委的正确领导和各有关部门的大力支持下,第一、二期特训班、短训班和领导干部周末大讲堂先后同步举办,在培训方向、培训规模、培训内容、培训方式和培训质量等各个方面全面创新,探索首钢转型期干部教育培训新模式,初步形成新形势下首钢干部培训工作新格局。在确保完成重点主体班次培训任务的同时,面向基层开展培训服务。年内,举办各类培训班 74 期,培训学员 6587 人。

(师 兵)

【首钢领导干部特训班】 5 月 6 日,第一期首钢领导干部特训班开学,9 月 5 日结业。84 人参加培训,83 人结业。10 月 8 日,第二期首钢领导干部特训班开班,101

人参加培训,2015 年 2 月结业。每期班总计 100 学日。两期特训班军训合计 20 天,专题辅导 110 学时,高端报告 56 学时,专题报告 124 学时,参观考察和现场学习 164 学时,研讨交流 136 学时,视频学习 107 学时,集中研读 40 学时,学员讲坛 38 学时。办学中,党校把握"强化理论武装、增强党性修养、提升领导能力"的办学目标。教学内容紧扣首钢干部队伍建设需要。安排军训、政治素养与党性修养、首钢改革发展、工作方法与领导艺术"四大模块",形成新的教学布局。培训中,创新教学方法。围绕教学单元和专题,邀请五矿、GE、联想、华为等知名公司高管人员与学员进行对话交流;组织当代世界经济、当代世界政治、当代世界科技等高端报告;邀请总公司领导和相关部门领导授课,参与双向交流,进行训练指导;组织学员到北京市规划展览馆、中关村、优秀企业学习考察;组织学员到京唐、迁钢、矿业、生物质能源基地等首钢重点企业现场教学;组织开展党性分析,加强党性修养和作风锻炼;开展课题调研,提出深化首钢改革的意见建议,综合检验学员学习效果。同时,探索学员自主管理新方式,制定和修改完善学员管理和纪律规定,成立学员临时党总支,创新学员和班级管理,坚持高标准、严要求的军事化管理,对特训班学员作风建设发挥了重要作用。

举办两期首钢领导干部短训班。一期短训班学员 46 人,结业 42 人;二期短训学员 71 人。学员除参加周末大讲堂的学习,还利用短期脱产时间,集中进行"党的十八届三中全会和习近平系列讲话精神研读"及"作风建设和党性锻炼"两个教学单元的学习。

(师 兵)

【周末大讲堂】 2014 年 5 月至 2015 年 1 月,在首钢文馆共开设 2 期 36 讲课周末大讲堂,参加学习人员约 14000 人次,内容涉及党的十八届四中全会、中央经济工作会议和上级指示精神的学习贯彻、钢铁行业发展、首钢发展战略、新制度宣讲、优良传统和文化、当前形势任务和工作要求、领导干部队伍建设、加强企业管理等多个重要的方面和课题,带动全集团干部学习。

(师 兵)

【基层培训服务】 党校为各专业部门和基层单位开展培训 68 期,培训学员 5515 人,为基层送课上门 728 学时,开展人才素质测评 427 人。包括基层党支部书记培训、团支部书记培训、基层管理人员培训、入党积极分子培训、有业务处置权岗位人员培训、纪检监察干部培训,以及期京唐热轧作业部操作岗位人员素质提升培训、京唐焦化部企业文化专题培训等。

党校系统培训管理人员培训和首钢心理工作者培训,在首钢历史上都是第一次,也是首钢党校 2014 年培训工作的新尝试。党校系统培训管理人员培训,对各分校发展产生深远影响,部分分校在总公司党校的指导和协助下,开展干部培训工作,迁钢分校举办新任处级干部培训班并同步开办大讲堂,首秦分校举办领导干部特训班,矿业分校把结构化研讨应用于培训实践;举办首钢心理工作者培训班,贯彻总公司领导关于关心职工健康的要求,为基层企业加强心理工作者队伍建设提供了支持。

(师 兵)

【科研工作】 党校科研工作与基层实际、教学需求实现对接,先后与迁钢公司合作开展任职资格体系的专题调研,与长钢公司组成联合调研组,完成《让党的群众路线看得见摸得着》的调研报告,在《冶金思想政治工作研究》上发表后,引起中钢协领导重视,长钢公司受邀在中国冶金思想政治工作研讨会上交流经验。党校教师在首钢及社会公开报刊上发表 8 篇具有一定理论价值和指导意义的文章,有 5 篇论文在首钢总公司和市委党校、市职教协会评比中获奖。

(师 兵)

【教材和资料信息建设】 党校编辑《首钢领导干部作风建设读本》、《第一期首钢领导干部培训工作资料汇编》、《第一期首钢领导干部周末大讲堂讲稿汇编》、《第一期首钢领导干部特训班调研报告选编》,加印周冠五《工业企业组织管理法》,改版升级《学习参考》并试刊。结合领导干部培训工作开展,先后录制周末大讲堂、高端报告等影视教学课程 34 讲,外购 21 讲,丰富党校影视教学资料库。

(师 兵)

【党校领导机构】 总公司党委副书记许建国兼任党校校长,张乃山任党校党委书记兼常务副校长,王洪骥任校长助理,郝明艳任培训处处长,陈志华任教研室副主任,张志龙任办公室主任助理。

(师 兵)

钢 铁 业

北京首钢股份有限公司

【首钢股份领导名录】

1. 董事、监事和高级管理人员

姓　名	职　务	任期起始日期	任期终止日期
靳　伟	董事长	2014 年 4 月 11 日	2016 年 5 月 15 日
徐　凝	副董事长	2013 年 5 月 16 日	2016 年 5 月 15 日
张功焰	董　事	2013 年 5 月 16 日	2016 年 5 月 15 日
赵民革	董　事	2013 年 5 月 16 日	2016 年 5 月 15 日
韩　庆	董　事	2013 年 5 月 16 日	2016 年 5 月 15 日
刘建辉	董　事	2014 年 9 月 19 日	2016 年 5 月 15 日
邱银富	董　事	2014 年 9 月 19 日	2016 年 5 月 15 日
唐　荻	独立董事	2014 年 6 月 27 日	2016 年 5 月 15 日
杨　雄	独立董事	2013 年 5 月 16 日	2016 年 5 月 15 日
张　斌	独立董事	2014 年 9 月 19 日	2016 年 5 月 15 日
樊　剑	独立董事	2013 年 5 月 16 日	2016 年 5 月 15 日
许建国	监事会主席	2014 年 9 月 19 日	2016 年 5 月 15 日
张福杰	监　事	2014 年 9 月 19 日	2016 年 5 月 15 日
乔裕奎	监　事	2014 年 9 月 19 日	2016 年 5 月 15 日
王志安	职工代表监事	2014 年 9 月 19 日	2016 年 5 月 15 日
崔爱民	职工代表监事	2014 年 9 月 19 日	2016 年 5 月 15 日
刘建辉	总经理	2014 年 8 月 29 日	2016 年 5 月 15 日
邱银富	副总经理	2013 年 5 月 16 日	2016 年 5 月 15 日
王建伟	副总经理	2014 年 8 月 29 日	2016 年 5 月 15 日
张凤文	总会计师	2013 年 5 月 16 日	2016 年 5 月 15 日
章　雁	董事会秘书	2013 年 5 月 16 日	2016 年 5 月 15 日
王青海	董事长	2013 年 5 月 16 日	2014 年 3 月 25 日
许建国	董　事	2013 年 5 月 16 日	2014 年 8 月 29 日
方建一	董　事	2013 年 5 月 16 日	2014 年 4 月 25 日
干　勇	独立董事	2013 年 5 月 16 日	2014 年 6 月 27 日
高培勇	独立董事	2013 年 5 月 16 日	2014 年 9 月 19 日
范大义	监事会主席	2013 年 5 月 16 日	2014 年 9 月 19 日
祁　京	监　事	2013 年 5 月 16 日	2014 年 9 月 19 日
屠学信	职工代表监事	2013 年 5 月 16 日	2014 年 9 月 19 日
韩　庆	总经理	2013 年 5 月 16 日	2014 年 8 月 29 日

2. 任职情况

公司现任董事、监事、高级管理人员最近5年的主要工作经历如下：

（1）董事情况

靳伟：公司董事长。2010年以来，历任首钢迁钢公司总经理、迁焦公司董事长，首钢总公司副总经理，北京市经济和信息化委员会党组副书记、副主任（主持工作），北京市经济和信息化委员会党组副书记、主任，首钢总公司党委书记、董事长。现任首钢总公司党委书记、董事长，北京首钢股份有限公司董事长。

徐凝：公司副董事长。2010年以来，历任首钢总公司党委常委、董事、常务副总经理，党委副书记、董事、总经理，党委副书记、副董事长、总经理，北京首钢股份有限公司董事。现任首钢总公司党委副书记、副董事长、总经理，北京首钢股份有限公司副董事长，首钢京唐钢铁联合有限责任公司副董事长，首钢控股（香港）有限公司董事长。

张功焰：公司董事。2010年以来，历任首钢总公司总工程师，首钢总公司党委常委兼首钢迁钢公司总经理，首钢总公司党委常委、董事、副总经理。现任首钢总公司党委常委、董事、副总经理，北京首钢股份有限公司党委书记、董事。

赵民革：公司董事。2010年以来，历任首钢长治钢铁有限公司董事、总经理，首钢长治钢铁有限公司董事、总经理（总公司助理级），首钢总公司总经理助理、副总工程师兼技术研究院院长，首钢总公司总经理助理、副总工程师兼技术研究院院长、首钢京唐钢铁联合有限责任公司党委副书记，首钢总公司总经理助理、副总工程师兼技术研究院院长、首钢京唐钢铁联合有限责任公司党委副书记、常务副总经理，首钢总公司副总经理，首钢总公司副总经理兼技术研究院院长。现任首钢总公司副总经理，北京首钢股份有限公司董事。

韩庆：公司董事。2010年以来，历任秦皇岛首秦金属材料有限公司董事、总经理兼党委副书记，北京首钢股份有限公司总经理，北京首钢股份有限公司董事、总经理。现任首钢总公司副总经理，北京首钢股份有限公司董事。

刘建辉：公司董事。2010年以来，历任首钢迁钢公司副总经理，首钢总公司销售公司总经理，北京首钢股份有限公司营销管理部部长，北京首钢股份有限公司党委副书记、总经理兼营销管理部部长，北京首钢股份有限公司党委副书记、董事、总经理兼营销管理部部长。现任北京首钢股份有限公司党委副书记、董事、总经理。

邱银富：公司董事。2010年以来，历任首钢迁钢公司冷轧作业部部长，首钢迁钢公司总经理助理兼冷轧作业部部长，首钢迁钢公司总经理助理兼冷轧作业部部长、党委书记，首钢迁钢公司副总经理兼冷轧作业部部长、党委书记，北京首钢冷轧薄板有限公司党委副书记、董事、总经理，北京首钢冷轧薄板有限公司党委副书记、董事长、总经理，北京首钢股份有限公司副总经理兼任北京首钢冷轧薄板有限公司党委副书记、董事长、总经理，北京首钢股份有限公司党委副书记、工会主席、副总经理兼首钢股份公司迁安钢铁公司党委书记。现任北京首钢股份有限公司党委副书记、工会主席、董事、副总经理，兼任首钢股份公司迁安钢铁公司党委书记，北京汽车股份有限公司董事，北京汽车投资有限公司董事。

唐荻：公司独立董事。2010年以来，任北京科技大学高效轧制国家工程研究中心主任、北京科技大学设计研究院有限公司董事长、北京科大恒兴高技术有限公司董事长。现任北京科技大学高效轧制国家工程研究中心主任、北京科技大学设计研究院有限公司董事长、北京科大恒兴高技术有限公司董事长，北京首钢股份有限公司独立董事。

杨雄：公司独立董事。2010年以来，历任中和正信会计师事务所董事长、主任会计师，中和正信会计师事务所董事、高级合伙人、副主任会计师，天健正信会计师事务所董事、合伙人、主任会计师。现任立信会计师事务所（特殊普通合伙）副董事长、高级合伙人、北京总部总经理，日照港股份有限公司独立董事，东信和平科技股份有限公司独立董事，江苏省交通科学研究院股份有限公司独立董事，北京首钢股份有限公司独立董事。

张斌：公司独立董事，2010年以来，历任中国社会科学院财经战略研究院副研究员兼税收研究室副主任，中国社会科学院财经战略研究院研究员兼税收研究室主任。现任中国社会科学院财经战略研究院研究员兼税收研究室主任，北京首钢股份有限公司独立董事。

樊剑：公司独立董事。2010年以来，历任北京金沃泰财务顾问有限公司总经理，山西高科耐火股份有限公司董事。现任北京金汇兴业投资管理有限公司董事长，北京金沃泰财务顾问有限公司总经理，青岛特锐德电气股份有限公司董事,河北建新化工股份有限公司独立董事,北京首钢股份有限公司独立董事。

（2）监事情况

许建国：公司监事会主席。2010年以来,历任北京市纪委第二纪检监察室主任,首钢总公司党委副书记、纪委书记,首钢总公司党委副书记、纪委书记、董事,首钢总公司党委副书记、董事、纪委书记兼北京首钢股份有限公司董事,首钢总公司党委副书记、纪委书记、董事。现任首钢总公司党委副书记、纪委书记、董事,北京首钢股份有限公司监事会主席。

张福杰：公司监事。2010年以来,历任首钢京唐公司人力资源部人才开发处副处长,首钢京唐公司党委组织部副部长,首钢总公司监事会工作办公室主任助理。现任首钢总公司监事会工作办公室主任助理,北京首钢股份有限公司监事。

乔裕奎：公司监事。2010年以来,历任首钢总公司计财部副部长,首钢总公司审计部部长。现任首钢总公司审计部部长,北京首钢股份有限公司监事。

王志安：公司职工代表监事。2010年以来,历任首钢总公司纪委（监察部）信访室（办公室）副主任,首钢总公司纪委（监察部）办公室（信访室）主任,北京首钢股份有限公司纪委书记。现任北京首钢股份有限公司纪委书记、职工代表监事。

崔爱民：公司职工代表监事。2010年以来,历任首钢迁钢公司炼钢分厂生产技术室精炼专业员,首钢迁钢公司技术质量部管理科副科长,首钢股份公司迁安钢铁公司技术质量部管理科副科长（主持工作）。现任首钢股份公司迁安钢铁公司技术质量部管理科副科长（主持工作）,北京首钢股份有限公司职工代表监事。

（3）高级管理人员情况

刘建辉：公司总经理。2010年以来,历任首钢迁钢公司副总经理,首钢总公司销售公司总经理,北京首钢股份有限公司营销管理部部长,北京首钢股份有限公司党委副书记、总经理兼营销管理部部长,北京首钢股份有限公司党委副书记、董事、总经理兼营销管理部部长。现任北京首钢股份有限公司党委副书记、董事、总经理。

邱银富：公司副总经理。2010年以来,历任首钢迁钢公司冷轧作业部部长,首钢迁钢公司总经理助理兼冷轧作业部部长,首钢迁钢公司总经理助理兼冷轧作业部部长、党委书记,首钢迁钢公司副总经理兼冷轧作业部

部长、党委书记,北京首钢冷轧薄板有限公司党委副书记、董事、总经理,北京首钢冷轧薄板有限公司党委副书记、董事长、总经理,北京首钢股份有限公司副总经理兼任北京首钢冷轧薄板有限公司党委副书记、董事长、总经理,北京首钢股份有限公司党委副书记、工会主席、副总经理兼首钢股份公司迁安钢铁公司党委书记。现任北京首钢股份有限公司党委副书记、工会主席、董事、副总经理,兼任首钢股份公司迁安钢铁公司党委书记,北京汽车股份有限公司董事,北京汽车投资有限公司董事。

王建伟：公司副总经理。2010年以来,历任首钢迁钢公司炼钢作业部部长,首钢迁钢公司炼钢作业部部长兼党委书记,首钢迁钢公司总经理助理兼炼钢作业部部长、党委书记,首钢迁钢公司党委副书记、董事、总经理,首钢股份公司迁安钢铁公司党委副书记、总经理。现任北京首钢股份有限公司副总经理兼首钢股份公司迁安钢铁公司党委副书记、总经理。

张凤文：公司总会计师。2010年以来,历任首钢总公司计财部结算处（资金结算中心）处长。现任北京首钢股份有限公司总会计师,兼任北京首钢冷轧薄板有限公司董事,北京清华阳光能源开发有限责任公司董事,北京首钢嘉华建材有限公司董事,贵州首钢产业投资有限公司董事、副总经理,北京汽车投资有限公司监事,贵州松河煤业发展有限责任公司监事。

章雁：公司董事会秘书。2010年以来,历任北京首钢股份有限公司董事会秘书兼证券部部长。现任北京首钢股份有限公司董事会秘书,兼任北京首钢股份有限公司证券部部长,贵州首钢产业投资有限公司董事。

(杨国光)

【综述】 北京首钢股份有限公司（简称"首钢股份"）是由首钢总公司独家发起,以社会募集方式设立,在深圳证券市场上市的股份有限公司。

1999年10月15日,经北京市工商行政管理局核准,北京首钢股份有限公司正式设立。同年12月16日,首钢股份（000959）股票在深圳证券交易所上市,总股本231000万股。其中,国有法人股196000万股,占总股本的84.85%;社会公众股（A股）35000万股,占总股本的15.15%。

根据国务院批复的《北京市城市总体规划（2004～2020）》（国函〔2005〕2号）及国家发改委《关于首钢实

施搬迁、结构调整和环境治理方案的批复》（发改工业〔2005〕273号）中"加快实施首钢等地区的传统工业搬迁及产业结构调整"，以及"2010年底首钢北京石景山区冶炼、热轧能力全部停产"的要求，经公司四届六次董事会和2010年第二次临时股东大会审议批准，公司位于北京石景山区的钢铁主流程于2010年年底停产。

位于石景山区的钢铁主流程停产后，首钢股份与首钢总公司进行的"北京首钢股份有限公司重大资产置换及发行股份购买资产暨关联交易的相关事项"于2013年1月16日经中国证监会重组委审核，并获得无条件通过。2014年1月29日，本公司收到中国证券监督管理委员会《关于核准北京首钢股份有限公司重大资产重组及向首钢总公司发行股份购买资产的批复》文件。2014年4月25日，重组工作完成。迁钢公司置入后，公司的经营生产局面发生重大变化，钢铁生产规模大幅提升，综合实力进一步增强。公司注册资本由2966526057元增至5289389600元，总资产由重组完成前一年度末的157.71亿元增至本报告期末的615.46亿元。

公司具有完善的法人治理结构，董事会设立战略委员会、审计委员会、提名委员会、薪酬与考核委员会4个专门委员会。董事会、监事会分别设立日常办事机构董事会办公室和监事会办公室，实行董事会领导下的总经理负责制。目前设有证券部、计财部、生产部、人事部、机动部、技术质量部、技术改造部、投资管理部、投资者关系管理部、审计部和经理办公室等职能部门，同时还设有物资供应公司、营销管理部、技术中心和钢材深加工项目部四个实体部门。拥有首钢股份公司迁安钢铁公司1个分公司，首钢股份迁安会议中心有限公司、北京首钢冷轧薄板有限公司、贵州首钢产业投资有限公司等3家控股子公司。

公司共有员工9606人。其中生产人员7158人，销售人员45人，技术人员1030人，财务人员74人，行政人员1232人，服务人员31人，其他人员36人（企业内部退养职工和长病长伤等人员）；具有大专及以上文化6868人，中专文化482人，高中、技校文化1795人，初中文化461人。

（杨国光）

【年度经营情况】 2014年，中国经济增幅回落，钢材需求不振的大势仍无改观，供大于求导致产能过剩严重，钢铁工业低迷依旧，低价微利、需求不旺已成行业常态。全年钢材价格总体呈波动下行走势，并屡创历史新低，铁矿石、煤炭等主要原料和燃料价格下跌带来的成本优势没有明显转化为产品成本竞争优势，钢铁企业经营生产十分艰难。

为积极适应市场，进一步提升钢铁主业的市场竞争力，重组后，根据首钢总公司"首钢股份将作为首钢集团在中国境内的钢铁及上游铁矿资源产业发展、整合的唯一平台"等承诺，公司通过管理体制调整，优化迁钢公司、冷轧公司一体化管控体系，扎实推进整体协同、统筹安排、精干高效、业务清晰的钢铁管理平台构建工作。

公司依照"调结构、保质量、追高端、提效益、创品牌"经营生产方针，及时修订完善资产交割后业务流程，确保资产置换后公司各项业务正常运转；加大新产品开发力度，优化钢铁产品结构、提升产品档次、完善工艺水平；强化各项降本增效措施的全面落实，不断降低消耗、压缩费用；以积极开拓市场为保证，提高产品质量和客户服务水平；进一步强化对外投资管理，努力提高经济整体运行质量。

公司铁产量完成747.45万吨，钢产量完成741.8万吨，钢材产量完成710.31万吨；实现营业收入239.85亿元，利润总额-9617.49万元，归属于母公司所有者的净利润6264.38万元。

（杨国光）

【资产置换】 2014年1月29日，中国证监会下达《关于核准北京首钢股份有限公司重大资产重组及向首钢总公司发行股份购买资产的批复》（证监许可〔2014〕170号），批复核准本公司本次重大资产重组及向首钢总公司发行2322863543股股份购买相关资产。根据《重大资产置换及发行股份购买资产暨关联交易报告书》（修订稿），本公司将下属的炼铁厂、焦化厂、第二炼钢厂、高速线材厂和第一线材厂的全部资产和负债，以及本公司控股子公司北京首钢嘉华建材有限公司、北京首钢富路仕彩涂板有限公司的全部资产和负债列示为划分为持有待售的资产及划分为持有待售的负债。

4月15日，本公司以置出资产与首钢总公司所拥有的置入资产进行置换，置入资产与置出资产之间的差额部分向首钢总公司发行股份购买，截至2014年3月31日资产交割时点的置出资产经审计账面净资产为4591447791.07元、置入资产经审计账面净资产为

18464559430.52 元,差额部分由本公司以 4.29 元/股向首钢总公司发行 2322863543 股。

4 月 25 日,资产置换全部完成。

(杨国光)

【股东会、董事会、监事会情况】

3 月 25 日,五届二次董事会审议通过《北京首钢股份有限公司关于董事调整的议案》、《北京首钢股份有限公司关于设立首钢股份公司迁安钢铁公司等事项的议案》,同意王青海辞去董事、董事长职务,提名靳伟任董事。

4 月 11 日,2014 年度第一次临时股东大会会议审议通过《北京首钢股份有限公司关于董事调整的议案》,靳伟任公司董事。

4 月 11 日,五届三次董事会审议通过《北京首钢股份有限公司关于选举董事长的议案》、《北京首钢股份有限公司关于董事会战略委员会成员调整的议案》,靳伟任公司董事长。

4 月 28 日,五届四次董事会审议通过《北京首钢股份有限公司关于修改章程的议案》、《北京首钢股份有限公司 2013 年度总经理工作报告》、《北京首钢股份有限公司 2013 年年度报告及年报摘要》、《北京首钢股份有限公司 2013 年度董事会报告》、《北京首钢股份有限公司 2013 年度财务决算报告》、《北京首钢股份有限公司 2013 年度利润分配预案》、《北京首钢股份有限公司 2014 年度财务预算报告》、《北京首钢股份有限公司内部控制自我评价报告》、《北京首钢股份有限公司 2012 年度、2013 年度备考盈利数与利润预测数的差异以及首钢总公司拟置入资产 2012 年度、2013 年度实际盈利数与利润预测数的差异的说明》、《北京首钢股份有限公司 2014 年第一季度季报》、《北京首钢股份有限公司关于 2014 年度日常关联交易额预计情况的议案》、《北京首钢股份有限公司关于总经理年度薪酬兑现及 2014 年度薪酬与考核分配办法的议案》、《北京首钢股份有限公司关于续聘会计师事务所的议案》、《北京首钢股份有限公司关于股票交易状态情况说明的议案》。

4 月 28 日,五届二次监事会审议通过《北京首钢股份有限公司 2013 年度监事会报告》、《北京首钢股份有限公司关于修改章程的议案》、《北京首钢股份有限公司 2013 年年度报告及年报摘要》、《北京首钢股份有限公司 2013 年度财务决算报告》、《北京首钢股份有限公

司 2013 年度利润分配预案》、《北京首钢股份有限公司 2014 年度财务预算报告》、《北京首钢股份有限公司内部控制自我评价报告》、《北京首钢股份有限公司 2014 年第一季度季报》、《北京首钢股份有限公司关于 2014 年度日常关联交易额预计情况的议案》、《北京首钢股份有限公司关于续聘会计师事务所的议案》。

5 月 14 日,董事会以通讯表决方式通过《北京首钢股份有限公司关于授权首钢股份公司迁安钢铁公司办理货款卡事项的议案》。

6 月 5 日,五届五次董事会审议通过《北京首钢股份有限公司关于独立董事调整的议案》。

6 月 27 日,2013 年度股东大会审议通过《北京首钢股份有限公司 2013 年度董事会报告》、《北京首钢股份有限公司关于独立董事调整的议案》、《北京首钢股份有限公司 2013 年度监事会报告》、《北京首钢股份有限公司 2013 年年度报告》及《北京首钢股份有限公司 2013 年年度报告摘要》、《北京首钢股份有限公司 2013 年度财务决算报告》、《北京首钢股份有限公司 2013 年度利润分配方案》、《北京首钢股份有限公司 2014 年度财务预算报告》、《北京首钢股份有限公司关于 2014 年度日常关联交易额预计情况的议案》、《北京首钢股份有限公司关于续聘会计师事务所的议案》、《北京首钢股份有限公司关于修改章程的议案》。

8 月 29 日,五届六次董事会审议通过《北京首钢股份有限公司关于董事调整的议案》、《北京首钢股份有限公司关于总经理调整的议案》、《北京首钢股份有限公司关于聘任副总经理的议案》、《北京首钢股份有限公司章程(修改案)》、《北京首钢股份有限公司股东大会议事规则(修改案)》、《北京首钢股份有限公司董事会议事规则(修改案)》。

8 月 29 日,五届三次监事会审议通过《北京首钢股份有限公司关于监事调整的议案》、《北京首钢股份有限公司章程(修改案)》、《北京首钢股份有限公司监事会议事规则(修改案)》。

9 月 19 日,2014 年度第二次临时股东大会审议通过《北京首钢股份有限公司章程(修改案)》、《北京首钢股份有限公司股东大会议事规则(修改案)》、《北京首钢股份有限公司董事会议事规则(修改案)》、《北京首钢股份有限公司监事会议事规则(修改案)》、《北京首钢股份有限公司关于董事调整的议案》、《北京首钢股

份有限公司关于监事调整的议案》。

9月19日,五届四次监事会审议通过《北京首钢股份有限公司关于选举监事会主席的议案》。

（杨国光）

【社会责任情况】 首钢股份秉承"以人为本,诚信经营,高效发展,互利共赢,奉献社会"的理念,在实现公司持续健康发展同时,积极履行社会责任,构建和谐社会。报告期内,社会责任情况如下:

1. 紧跟我国法制建设的进程,依照中国证监会等监管机构要求,结合公司经营发展需要,修订《公司章程》及"三会议事规则",不断完善法人治理和内控体系建设,保证公司规范运作。

2. 坚持以人为本,实现员工与企业互利共赢。公司严格执行国家和北京市各项政策、法规等,通过公司完善的制度体系,保障职工的各项社会保险、劳动保护、劳动报酬、休息休假等权益;为进一步调动职工积极性、补偿其长期在特殊劳动环境下的劳动消耗,公司自2014年7月1日起实行艰苦岗位津贴制度;公司对于内部退养的职工,每年参照北京市人力资源和社会保障局调整企业退休人员基本养老金的规定,调整其基本退养费,保证退养人员生活稳定;针对资产置换工作,坚持以人为本,研究制定人员置出、置入方案,保证置出、置入人员思想稳定、工作安置,实现员工与企业和谐发展,维护社会和谐和稳定。

3. 做好投资者关系管理,维护股东和债权人权益。公司一贯重视并切实做好信息披露工作。报告期内,根据重大资产重组工作进展情况,公司依法履行信息披露义务,正面回应股东关切,对市场传闻给予必要澄清。通过互动易(深交所提供的交流平台)、电话咨询、信息回复等多种方式,与股东沟通,尊重公众投资者法定知情权。

本公司及所属迁钢、冷轧等公司严格遵守国家及地方政府的环保法律、法规和相关规定,严格执行建设项目环境影响评价,实施环保监测与治理并举,确保废气、废水、废渣等污染物达标排放。

迁钢公司现有各生产工艺配备完善的环保设施,建有除尘器,经过环保部门监测,所有环保设施均实现达标排放。炼铁高炉炉前除尘器、炼铁料仓除尘、炼钢二次除尘、套筒窑窑顶除尘等点位均安装在线烟气监测装置,全部实现与迁安监控中心联网运行,并交付聚光科技有限公司迁安分公司运营维护,运行良好。根据自身发展需要及政府环保部门要求,迁钢公司编制完成"十二五"环保规划,对节能、环保和资源综合利用进行统筹规划和安排,规划目标是"创建电工钢示范工厂"。

迁钢公司秉承"在更大区域范围内为环境治理作出更大贡献"理念,2014年加大环保投入和监控,投入资金2.53亿元,高标准完成7台高炉炉前除尘器、1台转炉二次烟气除尘器升级改造,新建1号、2号高炉原料系统除尘及料场喷淋抑尘装置,满足环保限值排放能力进一步增强;加大环保自监测频率,对43个排放点位加强管控,在国家环保部指定平台实时公布监测结果,环保公信度提高;强化环保基础管理,通过环境管理体系年度审核,完成新建2×50兆瓦CCPP项目环境影响评价;先后4次高标准响应唐山市政府重污染天气三级黄色预警。

冷轧公司坚持循环经济理念,努力实现建设"生态环保型、能源循环型和经济高效型"轧钢厂目标。2014年,持续做好对烟尘、二氧化硫、废水排放等污染源、点的监督检查力度。强化环保设备的使用及维护,完成568个废水处理站检修项目,51个主产线环保设备检修项目,保证环保设施稳定运行。每月对厂区酸雾浓度、TSP浓度、除尘器颗粒物浓度等主要污染物数据进行检测,定期接受北京市、顺义区所属机构组织的"空气重污染应急预案"现场检查,全部达标。2014年,公司通过环境及OHSAS18001健康体系的外部审核。

上述企业在北京APEC期间,认真贯彻落实政府关于确保空气质量保障的要求,制定"APEC期间污染控制措施方案",圆满完成污染控制任务。

（杨国光）

北京首钢冷轧薄板有限公司

【冷轧公司领导名录】

董事长:余　威(11月任职)

董　　事:张凤文　魏国友(11月任职)

　　　　　闫广顺(11月任职)

　　　　　王建华(11月任职)

　　　　　邱银富(11月离任)

　　　　　杨　鹏(11月离任)

　　　　　张炳成(11月离任)

　　　　　周焰明(11月任职)

总经理:余　威(11月任职)

　　　　邱银富(11月离任)

副总经理:杨　鹏(5月离任)

　　　　　孙贵锁　宋　伟

总会计师:何宗彦

总经理助理:陈　光(4月任职)

　　　　　　史　静(4月任职)

　　　　　　乔建军(4月任职)

党委书记:杨　鹏(5月离任)

党委副书记:闫广顺(6月任职)

纪委书记:杨　鹏(5月离任)

　　　　　闫广顺(6月任职)

工会主席:杨　鹏(5月离任)

　　　　　闫广顺(6月任职)

【综述】　北京首钢冷轧薄板有限公司(简称"冷轧公司")位于北京市顺义区李桥镇,厂区占地面积1100亩,注册资本26亿元,项目设计投资额约64亿元,年产能力170万吨。冷轧公司由首钢总公司、北京首钢股份有限公司、北京汽车投资有限公司共同出资设立,三家股东单位分别占注册资本的9.72%、70.28%、20%。冷轧公司生产工序主要包括酸洗—连轧生产线1条、连续退火生产线1条、连续热镀锌生产线2条。其中连退线90万吨,1号镀锌线45万吨,2号镀锌线35万吨。产品厚度范围0.3毫米~2.5毫米,宽度范围900毫米~

1870毫米,产品主要定位于汽车板、家电板、建筑板等冷轧高端产品。2010年3月4日,总公司董事会批准冷轧公司罩式退火工程项目,项目投资6亿元,产品定位于家电板和汽车板,年生产规模为60万吨。冷轧公司设生产部、计财部、技术质量部、市场部、设备部、能源环保部、供应管理部、运营改善部、信息化管理办公室、党群工作部、人力资源部、技术专家室、办公室13个职能部门,酸轧作业区、连退作业区、镀锌作业区、罩退作业区、成品物流作业区、落料作业区、动力作业区、电力作业区、维检作业区9个作业区。2014年底在册职工1331人,其中博士2人,硕士67人,本科310人,大专468人;高级职称18人,中级职称111人;高级技师23人,技师89人,高级工212人,中级工375人;职工平均年龄35岁。

(刘　更)

【主要指标】　2014年,冷轧公司生产基本安全稳定顺行,主要技术经济指标稳步提升。产品产量190.17万吨,同比减产12.38万吨,降幅6.11%。其中,汽车板产量110.25万吨,同比减产3.04万吨,降幅2.68%;家电板产量31.56万吨,同比减产6.76万吨,降幅17.64%。汽车外板产量13.31万吨,同比增长0.95万吨,外板比例达到7%,同比提高0.9个百分点;高强钢产量39.55万吨,同比增长5.73万吨,比例达到20.8%,同比提高4.1个百分点;达到FD级产品8.73万吨,比例达到4.59%,同比提高2.97个百分点。销售收入81.7亿元,同比降低6.5亿元;利润控亏2.98亿元,同比减亏0.67亿元;增收节支降本1.12亿元,比计划多降0.47亿元;吨钢综合加工成本721元,同比降低23元。

(刘　更)

【产品认证】　冷轧公司全年计组织28家车企,576项材料认证及新车型试模工作。完成华晨宝马、北京奔驰、北汽等高端品牌车企材料认证,认证新零件186个。其中,完成华晨宝马新零件认证48个,北京奔驰新零件认证10个,一汽大众新零件认证43个。

(闻　达)

【高端产品生产】 冷轧公司高端领先产品完成 87.37 万吨,同比提高 3.54%。完成宝马订单 22432 吨;长城外板订单 13289 吨;现代海斯克合金化订单 20134 吨,同比提高 78%;烘烤硬化钢订单 10465 吨,同比提高 679%。440MPa 级以上高强度 IF 钢 2.68 万吨,同比提高 60%。

（闻 达）

【新钢种开发】 冷轧公司全年完成新产品开发 18 项,同比提高 20%。完成出口蒂森克虏伯 SS50 订单 500 吨,上海百营 HC500/780DPD+Z、北汽 HC550/980DP 等新钢种试制工作,高强钢汽车板品种大类拓宽;完成奔驰 TRIP700+Z 认证订单;完成吉林大乘、武汉中和、上海福然德镀锌 HC420/780DPD+Z 新产品订单 556 吨。

（闻 达）

【技术创新】 冷轧公司全年参与市级科委项目 2 项,首钢级科技项目立项 19 项。冷轧公司级科技攻关立项 100 项,完成 39 项,经济效益 6739 万元/年,同比提升 300%。完成专利申请 55 项,涉及新钢种、工艺优化、特殊工具应用、现场装置改造等方面。获专利授权 46 项,其中发明专利 17 项,实用新型专利 29 项。完善"两化"建议奖励机制,调动职工参与积极性,申报合理化建议 1573 项,采纳 1332 项,经济效益 5947 万元/年。申报合理化成果 347 项,通过验收 337 项,经济效益 6029 万元/年。

（闻 达）

【体系建设】 冷轧公司组织内审 11 次、接受宝马等二方审核 7 次,解决问题 97 项。将 TS 标准要求与实际工作有效结合,推行以控制计划系统为核心的工艺管控平台,优化工艺参数管理及操作故障管理;规范制度管理,集中清理管理制度 55 项,新颁发制度类文件 54 个,废止 37 个。

（车 辉、刘 璇）

【六西格玛管理】 冷轧公司完成第三期共 22 个项目,目标达成率 139.7%,标杆改善率 89.8%,年效益 3300 万元。培养黑带讲师 13 人;完成知识点 46 个,编写教材 1733 页,实现案例替换 42 个。

（车 辉、刘 璇）

【TPM 管理】 冷轧公司制定体系文件 97 项,可视化标准 17 项;全年开展红牌作战活动 81 次,发放红牌 2262 张,查出问题点 15341 个,治理率 100%;组织设备清扫 50 次,解决问题 433 项;自主改善 306 项,改善提案 1436 个。

（车 辉、刘 璇）

【完善内部管理】 冷轧公司成立技术质量部、市场部。将部分技术质量专业划归作业区,质检人员重新划归生产线,调整作业区与技术质量部管理分工和作业分工。将重卷机组划入成品物流作业区统一管理,成品物流作业区和罩退作业区实施一体化管理。结合做实股份公司需要,优化调整主线设备系统管理职责分工,组织机构更加契合企业发展。

（冯 新、王树来）

【人才量化评聘机制】 冷轧公司开展技术人才量化评聘工作,培养打造核心技术团队和技术专家团队,以评促干,促进人才由定性管理到定量管理、由被动选拔到主动参与的转变。冷轧公司"专业技术人才量化评聘体系的构建与实施"管理创新项目,分获北京市、首钢总公司管理创新一等奖。

（冯 新、王树来）

【学习培训】 冷轧公司通过外聘专家讲课、自主培训和专题讲座等形式,丰富职工专业技术知识。全年开办培训班 225 个,培训职工 23097 人次,人均 98 学时,职工培训率 100%。职工队伍的技术水平、技能结构得到提升,现有高级技师 24 人、技师 103 人,高技能人才占技能操作职工总数 12.5%。

（冯 新、张胜利）

【节能环保】 冷轧公司每月自行检测厂内无组织排放酸雾浓度、TSP 浓度、除尘器颗粒物浓度等主要污染物数据,先后 8 次接受北京市、顺义区、首钢总公司三级组织的"空气重污染应急预案"现场检查,全部达标;强化环保设备的使用及维护,完成 568 个废水处理站检修项目,51 个主产线环保设备检修项目;通过环境及 OHSAS18001 健康体系的外部审核。

（袁留锁、何 冰）

【群众路线教育实践活动】 冷轧公司开展教育实践活动,制订学习教育计划,组织学习 12 次,累计学习 3 天,观看《把群众放在心上》《正道沧桑——社会主义五百年》等专题片,举办专题党课报告会,召开领导班子学习研讨会。通过发放征求意见表、访谈、谈心等,收集到一线职工、劳模、党代表等 467 人的意见和建议 246 条。制定公司努力方向和改进措施,制定领导班子整改方案,个人结合自身问题制定整改措施。专项整治办公用车、会员卡、公款吃喝、"庸懒散"等问题。制订作风建设制度计划,巩固教育实践活动成果,形成群众路线长效机制。

(王丰涛)

【队伍建设】 冷轧公司通过开展"遵章守制做表率,二次创业我带头"、"我与质量"大讨论等主题实践活动,坚持问题导向,眼睛向内找差距、挖潜力,以对质量要求"零缺陷",对问题"零容忍"的态度开展工作。开展冬天送温暖,夏天送凉爽活动;"两节"期间走访慰问职工160人,发放慰问金及慰问品3.7万元;为全部职工办理住院、重大疾病、意外伤害保险;开展"献手足情、暖职工心"募捐活动,捐款49660元。组织开展篮球、羽毛球、乒乓球、台球、小足球、登山、健步走、拔河、跳绳等文体活动,组织先进职工、生产骨干及职工家属绥中行、百名职工家属金秋冷轧行等活动,共计300余人参加。推进"降本增效比贡献,二次创业争先锋"劳动竞赛,表彰先进集体5个和先进个人183人;通过开展评选冷轧公司"质量之星"先进个人活动,评选表彰出在质量工作方面贡献突出的职工10人;开展职工提合理化建议活动,职工提出合理化建议1574条,采纳1185条,取得经济效益5947万元。

(宋洋阳)

【大事记】

1月7日 首钢冷轧公司组织开展TS16949过程审核。

1月10日 首钢冷轧公司召开安全生产大会,总结2013年安全生产工作,动员和部署2014年安全生产工作,签订安全生产责任状。

1月23日 首钢冷轧公司召开第三届职工代表大会第二次会议,总经理邱银富作《凝心聚力、苦练内功、攻坚克难,为实现二次创业目标而努力奋斗》工作报告,总公司领导许建国、赵民革出席会议并作重要讲话。

2月19日 首钢冷轧公司举办党风廉政教育专题报告会。

2月24日 神龙汽车对首钢冷轧公司进行外板审核。

2月27日 东风日产对首钢冷轧公司进行体系审核。

3月20日 市国资委监事会刘春芳主席、龚善主任等到首钢冷轧公司调研。

3月24日 德国宝马公司技术专家和高级经理到首钢冷轧公司现场调研,实地了解外板生产情况。

4月16日 首钢冷轧公司召开2013年度股东会暨二届七次董事会。

5月8日 首钢冷轧公司通过德国莱茵公司认证专家组对公司2014年度OHSAS18001和ISO14001跟踪审核。

5月21日 第八届中国国际钢铁大会代表一行20余人参观首钢冷轧公司酸轧线、镀锌线现场。

5月28日 东风日产对首钢冷轧公司进行技术开发能力、生产线及供货能力评价审核。

6月10日 宝马集团对首钢冷轧公司进行热成型钢体系审核。

6月18日 首钢冷轧公司举办党风廉政教育专题报告会。

6月25日 京西重工运营副总裁丹·沃尔,人力资源、法务副总裁赵子健等一行到冷轧公司参观。

6月26日 国家工信部节能司领导、北京市经信委及相关单位领导一行到冷轧公司调研,首钢总公司领导胡雄光陪同现场调研。

7月16日 首钢冷轧公司通过2014年度TS6949跟踪审核。

7月17日 首钢冷轧公司召开党委扩大会。总经理余威作《以提高产品质量为中心,以改善运营质量为根本,全面完成2014年经营生产任务》工作报告。

8月9日 首钢冷轧公司顺利完成2014年年修工作。

9月6日 首钢冷轧公司开展"百名职工家属金秋冷轧行"主题活动。

9月24日 首钢冷轧公司通过华晨宝马对公司的年度审核工作。

10月30日 首钢冷轧公司调整五条重卷机组管理分工;调整连退、镀锌机组表面质量检查管理分工。

11月7日 首钢冷轧公司获"精益践行者"荣誉称号。

11月20日 首钢冷轧公司召开三届一次董事会暨2014年第一次临时股东会。

河北省首钢迁安钢铁有限责任公司
（首钢股份公司迁安钢铁公司）

【迁钢公司领导名录】

董事长：徐　凝（兼）

董　事：姜兴宏（兼）　吴　平
　　　　王建伟　郝树华

监事会召集人：李鸿泰

监　事：马仁才

总经理：王建伟

副总经理：王建民　谢同亮
　　　　　李　明（10月离任）
　　　　　耿云虹　马金芳（10月任职）

副总工程师：马家骥

党委书记：吴　平（3月离任）
　　　　　邱银富（8月任职）

党委副书记：王相禹（7月离任）
　　　　　　王建伟（8月任职）

纪委书记：王相禹（7月离任）

工会主席：王相禹（7月离任）

（杨国光）

【综述】　河北省首钢迁安钢铁有限责任公司（简称"迁钢公司"）2002年12月成立，2004年10月15日一期工程建成投产，2007年1月4日二期工程建成投产，2010年1月8日三期项目建成投产。主要设备有：2650立方米高炉2座，4000立方米高炉1座，210吨转炉5座，CAS-OB炉2座，LF炉2座，RH炉4座，双流板坯铸机4套，八流方坯铸机2套，2160毫米半连续热轧带钢轧机1套，1580毫米半连续热轧带钢轧机1套，1450毫米冷轧硅钢生产线，以及动力、发电、制氧等公辅设施，具有年产780万吨铁、800万吨钢、780万吨热轧板卷、120万吨冷轧硅钢生产能力。2014年3月12日更名为首钢股份公司迁安钢铁公司，迁钢公司5月份开始以新公司名义持续经营。

迁钢公司实行董事会领导的总经理负责制，迁钢公司设办公室、生产部、技术质量部、设备部、能源部、技改工程部、安全部、计财部、运营改善部、人力资源部、保卫

武装部、党群工作部、工会、后勤部等14个处级职能机构；设供应管理部、炼铁作业部、炼钢作业部、热轧作业部、硅钢事业部、线材作业部、钢材加工作业部、动力作业部、电力作业部、制氧作业部、质量检查站、设备维检中心等12个实体单位。2014年底在册职工8573人，其中博士10人，硕士332人，本科2732人，大专2882人，中专及以下2617人；教授级职称11人，高级职称98人，中级职称483人；高级技师96人，技师440人，高级工2334人，中级工2050人、初级工1423人；职工平均年龄34.97岁。

2014年，钢铁行业低价格、低效益的局面没有改变，钢材价格总体上呈波动下行走势，铁矿石、煤炭价格下降所带来的成本优势没有明显转化为产品成本竞争优势。面对严酷形势，迁钢公司聚力创新，自强突破，不断强化各项重点工作进度落实、责任落实、效果落实，持续提升"PDCA+精细"控制水平，经营绩效整体向好；全年销售收入完成219.6亿元。

（杨国光）

【主要指标】　2014年，迁钢公司完成铁747.4万吨，钢741.8万吨，热轧板卷704.2万吨，电工钢123.6万吨，酸洗板34.6万吨，开平板12.7万吨，冷硬卷4.9万吨，线材20.5万吨。自发电23.27亿千瓦时，自发电比例66.5%；铁水一级品率87.97%，取向电工钢窄成分控制命中率84%；汽车外板转炉冶炼终点氧≤650ppm命中率49.8%；过热度合格率96%；汽车外板10级铸坯比例43.88%；无取向电工钢边部质量合格率达到95%以上。

（杨国光）

【重要会议】

1月9日，迁钢召开2014年安全生产大会。

1月20日，迁钢召开党的群众路线教育实践活动专题民主生活会情况通报会。

2月12日，迁钢三届二次职代会审议通过王建伟所作《聚力创新　自强突破　提振精神打赢生存发展攻坚战》报告。

2月24日，迁钢召开环保工作会议。

3月5日,迁钢召开党的群众路线教育实践活动总结大会暨干部大会。

4月29日,迁钢召开庆"五一"国际劳动节暨先进集体、先进职工表彰大会。

4月29日,迁钢召开党风廉政建设大会。

5月22日,迁钢召开六西格玛总结表彰暨七期项目启动大会。

6月10日,迁钢召开能源管理体系建设启动大会。

7月1日,迁钢召开庆祝中国共产党成立93周年暨创优争先表彰大会。

7月31日,迁钢召开第一期TPM焦点课题表彰大会。

8月6日,迁钢召开上半年生产经营活动分析会。

9月16日,迁钢公司召开中层以上干部大会。

10月15日,"十年有我"——迁钢公司投产十周年座谈会在首钢迁安会议中心举行。

11月5日,迁钢召开信息化和工业化"两化"融合管理体系贯标启动会。

12月10日,首钢高性能取向硅钢技术研讨会在首钢迁安会议中心举行。

12月30日,迁钢公司召开炼铁球团烧结整合工作动员大会。

(包建蕾)

【配合资产重组】 从2月份开始,迁钢全面配合总公司与股份公司的重大资产置换工作。3月12日取得"首钢股份公司迁安钢铁公司"营业执照;3月24日办理完成国、地税登记证;4月15日完成新公司银行账户开立;4月3日迁钢4家投资公司的股权转到股份公司;5月,迁钢公司以新公司名义持续经营。

(韩秀华)

【降本增效6亿元】 迁钢开源与节流并举,眼睛向内与对标先进并重,管理改善与工艺优化并进,2月、6月、9月分别制定降本增效任务安排,实现吨钢降成本56.7元,降本增效总额6亿元。

(韩秀华)

【制造周期标准化】 迁钢进一步挖掘制造周期各环节潜力,压缩板坯的机清、倒角、倒运时间;热轧计划排程、物料的库存管理时间。每月重点分析交货周期超出30天的订单,找出薄弱环节进行改进。全年订单兑现率基本满足客户需求,月均95.3%。迁钢平均制造周期由17.5天缩短至15.36天。原料运输周期由5天降到

3.5天,顺义基地制造周期由18天降到13天左右,迁钢顺义生产线制造周期达到28天左右。

(刘月平)

【技术开发】 迁钢全年开发汽车热成型钢、酸洗高扩孔钢等8大类46个牌号热轧板。22毫米X80管线钢率先通过中钢协、中石油联合鉴定,实现千吨级批量供货,X70、抗酸管线钢成功进入墨西哥、澳大利亚等海外市场,实现供货7万余吨;开发生产锯片钢50Mn2V、8CrV,跃居国内高端锯片钢市场份额第一。开发无取向电工钢8个钢种33个牌号,销售16个钢种86个牌号;实现取向电工钢0.23毫米~0.3毫米系列覆盖,实现低温工艺转换和高磁感、薄规格工艺突破。

(张卫东)

【用户技术服务】 为加快产品开发力度,提升产品技术服务水平,满足客户个性化需求,迁钢公司主动适应市场,掌握市场信息,面向市场强化用户技术服务,新增市场技术服务人员8人,专门进行市场调研、用户走访,全年累计走访、调研137次,按照冷轧基料组、管线钢组、高强钢组、酸洗板组、耐候钢组、专用板组、线材组7个组分类建立用户信息台账128个,发展直供户134个,用户技术服务体系进一步完善。

(吴 耐)

【设备全优润滑管理】 3月,迁钢公司启动"设备全优润滑管理"工作,实现设备全寿命周期内的成本最低和利润最大化,全年开展润滑油具治理959个、两源治理3951个、点位治理20万个、台套治理39套、润滑基准书编制2060套,现场油库治理62个,降低库存油品67吨,降低库存费用204万元,油品净化307吨、节约采购费用659万元,油品整合及国产化74种、降耗224.6吨、降费1098.5万元。

(杨 宏)

【能源管理体系建设】 6月,迁钢能源管理体系建设及认证工作正式启动,先后完成能源初始评审、能源管理体系文件编制、合规性评价等工作,能源管理体系正式运行。

(杨 明)

【能源合同管理】 4月,迁钢与浙江西华节能技术有限公司完成一热轧3号加热炉黑体技术节能改造项目,3号加热炉节能率达到10.55%,节能效果明显。11月,完成1号加热炉黑体技术节能改造。10月,采用新型保温材料完成DN500蒸汽管道改造,节能效益760万元;11月,2号高炉冲渣水余热回收冬季供暖项目投入

使用,实现供暖面积 14 万平方米。

(李创国)

【环保自行监测】 迁钢公司作为上市公司积极履行社会责任,主动接受社会监督,从 1 月份开始自行监测,监测范围包括 38 个重点污染源排放口、废水总排口及厂界噪声等,在河北省环保厅指定网站定期公开监测结果。全年自行监测结果全部达到国家标准。

(陈扩彦、邵建艇)

【落实新安全法】 2014 年,迁钢公司对照新《安全生产法》,对《迁钢公司安全管理制度》《职业危害管理制度》、203 个岗位安全规程以及迁钢公司生产安全事故综合预案、17 个专项预案和 224 个现场处置方案重新修订。组织有害气体泄漏、防火等各类事故演练 38 次。全年发现隐患问题 403 项,整改率 100%;对 45 个(次)责任单位,93 名责任人和责任领导进行严肃追责。

(王 洪)

【重点工程】 迁钢倒班宿舍楼工程项目,占地 4.57 万平方米,8 栋宿舍楼,总建筑面积 13.85 万平方米,7 月 16 日举行开工典礼;三高炉 2 号热风炉修复工程,7 月 4 日开始施工,7 月 31 日点火烘炉,比原计划工期提前 5 天;1580 热轧酸洗线综合成品库工程,4 月 10 日开始施工,9 月 2 日通过工程验收,9 月 28 日交付生产;一、二高炉供料系统环保改造工程,2013 年 8 月 19 日开工,2014 年 6 月 20 日完工,7 月 29 日完成生产接点,8 月 2 日正式交付生产。

(刘永军)

【土地工作】 根据资产置换要求,迁钢公司 20 宗土地(总计 6952 亩)3 月 30 日全部过户首钢股份公司;组织车辕寨村拆迁旧址 928.39 亩土地办证工作,为招拍挂程序需要,交齐 40% 的征地款。

(穆福安、王铁凝)

【薪酬改革】 迁钢按照《集团薪酬分配制度改革方案》要求,全面实施薪酬分配制度改革。完成核定艰苦岗位 223 个,完成操作岗位分档核定 480 个,共计 202 个分档岗位完成调整,调整比例占全部分档岗位的 42.1%。建立年功工资单元,体现职工累计贡献。改革异地工作补贴,规范补贴发放管理。针对高温、粉尘、噪声等环境因素设立艰苦岗位津贴,薪酬分配向一线倾斜。调整作业岗位分档,实施岗位工资套改,提高基层岗位工资标准。多项举措并举,理顺三支人才队伍收入关系,人均增资 642 元。

(种祥浩)

【矿业球烧整合】 根据总公司完善股份公司机构,组建钢铁板块管理平台第一阶段工作要求,从 11 月份开始,股份公司、矿业公司全面开展球烧业务划转整合工作。以矿粉采购为界面,股份公司具有对进口矿资源及到港后续管理权限;按总公司定价规则采购自产粉和马矿粉;球团厂、烧结厂、料场管理、余热发电、大石河烧结总降工序管理权限由股份公司管控,即人员管理权划转迁钢,在资产不划转的前提下,过渡期内财、物(进口粉采购权除外)由矿业公司暂行管理。整合期间,累计编发会议纪要 19 期,15 个专业制定工作计划安排 133 项,制定《延伸管理办法》、下发《职工待遇标准差异执行方案》、梳理承包协议 96 项,明确自产粉定价及财务结算工作。2015 年 1 月 1 日,从事球烧业务的 1664 人(含外协 22 人)正式纳入股份公司管理,生产情况良好,职工队伍稳定,业务流程畅通。

(聂智蕊)

【后勤工作】 6 月 3 日,迁钢生活小区成立客服中心,启用 24 小时统一服务热线,截至年底,接待职工 8535 人次。6 月 30 日,分配两居室夫妻公寓 44 套。7 月 16 日,职工倒班宿舍正式开工。8 月,经与迁安市沟通,将迁安市一小作为协作学校,迁钢适龄儿童第一批 19 人办理入学手续。8 月 5 日,分配一居室夫妻公寓 50 套。11 月 11 日,开展小区公寓整合腾房工作,腾出 5 号楼作为接待股份人员公寓使用,同时对 5 号公寓楼整体进行修缮保洁以及棉品配备工作。

(邓 瑞)

【党群工作】 迁钢开展群众路线教育实践活动,组织召开专题民主生活会。制定领导班子整改方案,涉及 22 项整改措施,完成 18 项整改。完成 96 个党支部换届选举工作;制定《中国共产党发展党员工作指南》,清理整顿积极分子队伍,严把党员发展转正的 23 个工作程序。策划编制《迁钢十年》专题纪录片。完成 35 个效能监察项目,提出建议 102 条,监督完善制度 43 项。受理并按时结办群众信访 11 件,立案、结办违纪案件 1 件,给予党纪处分 1 人。深化青年"双争"活动,137 项课题结题,取得效益 3000 余万元。开展首钢"最美青工"评选活动,13 人获第一届首钢"最美青工"称号,2 人入围"特别关注最美青工"。组织开展"十年有我青春绽放"爱心服务月系列活动。举办第八届青年集体婚礼,34 对新人喜结良缘。组织首都书画名家走进迁钢、首钢艺术团来迁钢职工慰问活动，"十年有我"——庆祝迁钢投产十周年热歌演唱会及首钢无取向电工钢技术研会文艺演出。参加迁安市"迎元旦"冬季长跑比赛、"迎新春"全民乒乓球比赛，迁安市第三届全民运动会羽毛球、乒乓球、篮球、田径项目比赛。获首钢2014年度职工篮球赛亚军；代表河北省、唐山市参加全国六省八市篮球赛，获第三名；参加全国首届城市之间篮球交流比赛获冠军；承办唐山市TBA篮球联赛2014年度比赛，获第二名。创新教育模式，建立"迁钢传声"、"迁钢挚友"、"迁钢青年"微信公众平台；推出电子期刊《组工通讯》、《廉政通讯》、《工会讯息》、《迁钢共青团通讯》；编写《理论学习参考》和《情况通报》。2014年，迁钢获中国企业文化研究会"全国企业文化顶层设计及基层践行优秀单位"称号。

（赵发益）

【专家领导指导工作】
1月3日，唐山市市委书记姜德果率重点项目观摩团到迁钢拉练观摩。

1月9日～10日，《邓小平》摄制组到迁钢取景拍摄。

1月27日，靳伟、姜兴宏及首钢办公厅、计财部、工会、规划发展部领导到迁钢公司调研，看望慰问干部职工。

2月12日，河北省领导调研迁钢，首钢总公司党委书记、董事长靳伟陪同。

3月18日，日本株式会社神户制钢所执行董事舆石房树、唐山神钢总经理奥助敏幸一行5人到迁钢参观考察。

5月27日，保定天威集团有限公司原总经理石光瑞、副总经理刘淑娟、五矿天威钢铁有限公司总经理姬云飞等一行5人参观迁钢。

7月15日，天威保变电气股份有限公司总经理利玉海、原总经理石光瑞等一行7人参观迁钢。

8月8日，河北省政协副主席、省民革主任委员卢晓光一行20余人视察迁钢。

11月20日，土耳其TANAP项目管厂客人一行7人参观迁钢。

11月20日，北京市国资委党委副书记赵林华及北京日报、北京电视台、北京晚报、京华时报、新京报、支部生活、前线等20余家媒体领导计30余人参观调研迁钢，首钢总公司党委副书记何巍陪同。

（包建蕾）

迁钢公司炼铁作业部

【炼铁部领导名录】
部　　长：马金芳（8月离任）
副部长：万　雷（8月主持工作）
　　　　王尉平（8月任职）
　　　　毛松林（8月任职）
　　　　龚卫民（8月任职）
　　　　马秋彬（8月离任）
部长助理：焦月生（8月任职）
党委书记：马金芳（兼；8月离任）
党委副书记：邓友旺

（陈俊生）

【概况】　迁钢炼铁部2003年3月开工建设，拥有3座大型高炉，设计年产铁825万吨。2004年10月8日，2650立方米的1号高炉投产；2007年1月4日，2650立方米的2号高炉投产；2010年1月8日，4000立方米的3号高炉投产。炼铁部下设综合办公室、政工室、生产技术室、设备管理室、安全管理室5个科室和1号高炉、2号高炉、3号高炉、原燃料、制粉、冲渣、除尘、料场8个作业区58个班组，职工1119人，其中在册职工793人，外协职工326人；研究生学历15人，大专以上学历471人；岗位操作人员965人，其中高级技师8人，技师73人，高级工284人，高级工以上人才占生产操作职工的58%。

（陈俊生）

【高炉技术指标】　2014年，炼铁部通过加强入炉原燃料管理、合理配矿、加大设备巡检维护力度等，3座高炉基本保持顺稳态势。全年产量747.45万吨，高炉利用系数2.20，入炉焦比333.64千克/吨，煤比138.22千克/吨，燃料比510.09千克/吨，累计焦炭负荷4.91，铁水一级品率87.97%。

（郑敬先）

【停产检修和恢复】　为落实北京APEC会议期间环保工作要求，11月2日起，3座炼铁高炉陆续停炉检修，完成全停产1065项检修任务和高炉恢复工作。

（郑敬先）

【年度冠军炉】　迁钢3号高炉执行《迁钢高炉攻守退措施》，持续做好炉况长期顺稳工作；加大工序延伸力度,稳定焦炭质量和原燃料质量;加大碱金属管理力度;加强设备管理,为高炉生产保驾护航。在全国重点大型耗能钢铁生产设备节能降耗减排对标竞赛中,3 号高炉获 2013 年度冠军炉称号,连续 3 年保持行业先进水平。

（郑敬先）

【专利技术及科技成果】 2014 年,炼铁部申请专利 12 项,其中发明专利 5 项,实用新型专利 7 项,已被国家专利局受理 5 项。全年获专利授权 6 项,其中发明专利 1 项,实用新型专利 5 项。完成"迁钢高炉应用高碱含量资源的冶炼技术研究"、"迁钢炼铁冲渣水综合应用的技术研究"、"迁钢 3 号高炉炉前出铁系统的研究与改进"3 项科技成果和"一种模拟测试碱金属对焦炭劣化影响的方法"专利成果的验收评估及科技奖申报工作。"迁钢高炉应用高碱含量资源的冶炼技术研究"、"迁钢炼铁冲渣水综合应用的技术研究"获首钢总公司科技成果三等奖。

（刘艳玲）

【科研项目】 2014 年,炼铁部开展"迁钢炼铁振动测料空"、"迁钢炼铁料场作业区原燃料实时监测系统"、"高炉钛煤混喷护炉技术"等 13 项科研项目,6 项完成,6 项继续实施,1 项取消。其中"迁钢炼铁振动测料空"项目,通过研究应用,布料圈数准确、稳定,可以替代核源,降低职工辐射危险。

（刘艳玲）

【配合硅钢冶炼】 2014 年,炼铁部与硅钢部、炼钢部沟通,合理安排高炉配合,组织铁水硫、钛控制攻关,保证硅钢按计划冶炼。制定《配合硅钢冶炼生产组织方案》,对高炉配合硅钢冶炼期间的产能等指标进行详细界定,保障硅钢计划冶炼及停钛期间炉缸工作安全;引入硅钢生产计划时刻表。全年 1 号高炉停钛 1 次;2 号高炉减钛 5 次,停钛 5 次;3 号高炉减钛 12 次,停钛 9 次,配合冶炼硅钢 6278 炉次,其中取向硅钢 630 炉次（132300 吨）,无取向硅钢 5648 炉次（1186080 吨）。

（郑敬先）

【油品国产化】 2014 年,炼铁部与迁钢设备部及中石化天津分公司进行技术攻关,共同对冲渣区域使用的 LE3752 进行国产转化,每年可节约费用 158 万,油品国产化降本成效显著。

（解长永）

【工程改造】 2014 年,炼铁部完成设备技术改造工程

4 项。9 月,1 号炉新建高炉料仓除尘系统投入使用;10 月,2 号高炉冲渣余热回收项目完成,为迁钢厂区取暖供热;12 月,料场抑尘打水喷淋系统改造工程完成,解决冷轧含铬废水外排问题;完成 3 座高炉炉前除尘系统改造,达到国家排放标准。

（解长永）

【技能竞赛】 2014 年,迁钢公司承办北京市炉前工技能大赛,炼铁部作为协办单位承担赛事筹备、组织、考场准备等系列工作;本着生产操作岗位职工全员参与、科学培训、重点突破、注重实效、逐级负责、分层选拔的原则,组织 13 个工种 914 人参加比赛,76 人获奖励,其中 1 人获三等奖。

（陈俊生）

【队伍建设】 炼铁部开展"用总结增加工作经验、用归纳增加工作能力"活动,管理人员每月 15 日前梳理、总结上月工作,对"干什么了、学什么了、会什么了、下月干什么"整理汇总,以此促进青年干部真学、真懂、真用。注重在艰苦岗位和复杂环境中培养锻炼青年员工,把基层工作阅历作为后备干部选拔使用的基础条件之一,通过内部挂职锻炼、岗位交流等措施,提升青年后备干部的素质和能力。下发《炼铁作业部劳动纪律、工作纪律、作风建设标准要求》,在全作业部形成"靠制度管人,用制度管事"的氛围。2014 年,炼铁部对 6 个科级岗位进行交流,推荐 2 人到科级岗位内部挂职,对生产、行政、技术类职位的 13 个管理岗位进行交流学习。

（陈俊生）

【TPM 管理】 炼铁部全年开展小组设备清扫活动 823 次;查找问题点 9734 项,整改 9672 项;完成改善亮点 1176 个;制作 OPL 课件 822 个;制作三现地图 456 个;合理化提案 463 件。炼铁部获迁钢公司第 26、29 期 TPM 推进"金牛奖",制粉、原燃料作业区获迁钢公司"TPM 管理创新示范区"称号。年内,炼铁部评出金牛奖 10 次,优秀活动小组 48 次,优秀改善亮点 18 个,优秀焦点课题 8 个。34 个小组全部通过"3"阶段验收,准备导入"4"阶段。通过润滑综合治理,各类油品消耗较上年同期降低 192.35 万元。通过开展电源箱、电线接头、干油分配器等专项治理,设备故障率降低,生产成本持续优化。

（陈俊生）

【安全管理】 2014 年,炼铁部全面落实安全生产责任

和措施,持续强化安全基础管理。推进安全生产标准化、职业健康安全管理体系建设。开展"转动传动部位、皮带通廊、浴室安全专项整治"、"安全月、元旦、春节安全大检查"等活动,合计作业部级安全检查51次,作业区级检查221次,对9个责任单位及相关责任人员落实考核2.1万元,跟踪检查隐患整改情况。推进安全文化建设和宣传教育,定期组织应急预案演练,安全生产工作稳步推进,全年无因工死亡事故、重伤事故、重大火灾事故、甲方责任交通事故、压力容器爆炸事故,千人负伤率为0。

(王凤海)

【环保管理】 2014年,炼铁部坚持建设环境友好型企业科学理念,全年环保设备同步运行率100%,外排合格率100%,无环境污染事故发生。为规范危险废物存储管理,新建危险废物临时贮存点一座。强化危险废物回收管理工作,共回收废矿物油6.25吨,回收危险废弃物1.49吨。开展7套炉前除尘设施升级改造工作。制定APEC会议期间环保控制方案,遏制各类污染现象。

(王凤海)

【组织建设】 炼铁部以保高炉顺稳生产为中心加强和改进党的建设。全年发展党员9人,按期转正15人。组织入党积极分子培训12人。组织374人开展党员民主评议。开展创先争优、"达晋创"、党的群众路线教育实践活动等。每季度举办一次党员创"六优"优秀党员评比活动,近120人被评为作业部"六优"党员。

(王雪冬)

【企业文化建设】 炼铁部参加各项文体活动,获迁安市乒乓球比赛男单第三名、女单亚军;1人获首钢总公司长跑比赛第二名;参加迁钢棋类比赛,获五子棋和跳棋团体赛第三名、围棋个人赛第一名;参加迁钢投产十周年环厂跑比赛,男子青年组9人、男子中年组4人、领导组1人获奖。做好职工三项互助保险报销及首钢帮困基金申请工作,上报住院保险27人次,意外保险3人次。上报困难职工28人,退休困难职工1人;上报慰问骨干8人。开展住院医疗、意外伤害、重大疾病三类保险792人次,保险金额73716元。

(王雪冬)

【廉政建设】 炼铁部上报廉政故事《北京精神传承之曾国藩的节俭清廉为官》、廉政微短剧《我不是这样人》;加强节前党风廉政教育工作,营造风清气正良好氛围。组织观看党风廉政教育专题片《生命线》、《底线》、《高墙里的官员们》。召开党风廉政教育大会。炼铁部纪委通过调查研究,确定减少3号高炉出铁次数、提高2号高炉铁水温度攻关两个效能监察项目,做好监察、审核和指导等工作,确保两项工作按期完成。按照"谁主管、谁负责,一级抓一级,层层抓落实"的工作原则,落实党风廉政建设责任制。严格执行《廉政准则》和《若干规定》,以整治"庸懒散"、严禁在公务活动中赠送或接受礼品等专项工作为重点,开展"严明纪律正党风"主题教育活动,促进领导干部廉洁从业。

(王雪冬)

迁钢公司炼钢作业部

【炼钢作业部领导名录】

部　长:张　涛

副书记:吴广丰

副部长:黄怀富　彭开玉(9月任职)

首席电气工程师:郝殿国

(王　磊)

【概况】 迁钢公司炼钢作业部始建于2003年6月,2010年配套项目全面投产,具有800万吨生产能力。设5个专业科室、14个作业区。2014年底,在册职工1948人,处级5人,科级51人,一般管理190人,生产操作岗位1702人。在册职工中,党员674人、团员96人,党团员占在岗职工的34.59%。2014年,炼钢作业部克服品种钢繁重、设备检修频繁、外部铁水供应波动等困难,通过加强对生产态势变化的预研、预判和生产组织模式的动态调整,适应新变化、明确新思路、制定新措施,整体生产保持安全稳定顺行的良好局面,全面完成任务。

(潘冬梅)

【产量和指标】 2014年,钢产量741.80万吨,其中,一炼钢415.6万吨,二炼钢326.2吨。重点指标管控效果显著,钢铁料消耗1081.983千克/吨,创历年最低水平。副枪自动化炼钢保持去年整体水平,IF钢精炼处理周期平均缩短3.3分钟,恒拉速指标继续保持97%以上,全年平均每月进行插隔板40次,调宽47次,异断面连浇55次。板坯一检查合格率,一、二炼钢分别为99.42%和99.69%。综合合格率,一、二炼钢板坯分别为 99.74% 和 99.94，管线钢热轧板卷夹杂物一检不合比例平均为 2.45%，全氧平均 33ppm，夹杂物控制较好，高级别管线一检不合比例为 0.63%。整体控制水平较好，铸坯 O5 板判成率为 85%，中包全氧平均为 21ppm，GA 板成品碳含量 12ppm，表明迁钢已具备高档 O5 板生产能力。

（王　东）

【降成本工作】 2014 年初，迁钢制定并推进《2014 年炼钢系统降本增效工作方案》，炼钢作业部实施少渣冶炼、降低中包铸余、降低钢包剩钢、增加渣钢、降低耐材、调整外购废钢比例等措施，并按照每季度目标稳步推进各项措施，全年实际降低工序成本 13.29 元/吨，降本总额 9858 万元。

（贾　毅）

【品种钢生产】 2014 年，炼钢作业部形成钢种牌号齐全的产品集群，实现电工钢、汽车板、管线钢、高强钢、焊瓶钢、热轧酸洗板、耐候钢、车轮钢、船板等计 19 个系列 400 多个牌号的稳定生产，完成不同系列的 35 个新牌号的试制、冶炼工作。冷轧用钢以迁钢顺义生产线汽车板钢种、家电板新品种开发为主；针对重点用户需求，推进控制计划，加强原料、设备、工艺和操作管理。通过与宝钢对标，完成 BH 钢的生产标准要求。针对热轧及冷轧板质量缺陷，开展提高铸坯质量的工艺攻关，形成以硅钢、汽车板为核心的两大管理团队。2014 年管线钢生产以出口为主，管线钢实现工艺优化、质量提升。高碳锯片钢实现品种牌号的系列覆盖。方坯开发出 4 个新品种，主要是合金焊线系列、低碳冷镦钢系列。

（郝丽霞）

【六西格玛管理】 2014 年，炼钢作业部 13 个六西格玛项目申请结题，参加评审。3 人通过六西格玛注册黑带考试。

（杨晓艳）

【规程管理】 2014 年，炼钢作业部结合总公司规制整改活动梳理所有规程，一二炼钢岗位作业规程、工艺技术规程分别进行合并后，炼钢作业部有 77 个岗位作业规程，工艺技术规程待审批。炼钢作业部清查所有规程情况，针对岗位职工反映的问题修订岗位规程，对所有规程进行全员培训，培训时间 8 小时以上。组织所有岗位职工进行规程考试，要求每名职工参加三规一制考试，合格后上岗。

（杨晓艳）

【专利、专有技术】 2014 年，炼钢作业部申报专利 30 项，受理专利 8 个；申报 19 个专有技术，其中 5 个设备类，14 个工艺类。

（杨晓艳）

【取向硅钢生产】 2014 年，炼钢部取向硅钢产量 134395 吨，突破 10 万吨；逐步用低温 HIB 品牌取向硅钢取代低牌号中温取向硅钢，完成从高温 HIB 向低温 HIB 的顺稳过渡，成为国际上第五家具备批量生产低温 HIB 取向硅钢能力的生产厂。窄成分攻关取得进展，HiB 取向硅钢铝满足 ±10ppm 的比例由 2013 年的 65% 提高至 2014 年的 84%，HiB 取向硅钢氮满足 ±3ppm 的比例由 2013 年的 73% 提高至 2014 年的 87%，HiB 取向硅钢 Ti≤20ppm 的比例由 2013 年的 59% 提高至 2014 年的 85%。

（赵艳宇）

【无取向硅钢生产】 2014 年，炼钢作业部生产无取向硅钢 123.94 万吨，月均产量 10.33 万吨，其中中低牌号比例 93.91%，高牌号比例 6.08%，高牌号比例同比基本持平。根据客户的个性化需求，综合考虑制造成本，将无取向硅钢钢种牌号进行细分，较 2013 年新增 6 个钢种，实现工艺、成本的差异化稳定控制。开展提高连浇炉数、降低出钢温度等 7 项降成本攻关，经济效益显著。

（赵艳宇）

【QPC 系统建立】 QPC 系统（Quality Process Control，质量过程控制）包括 IPC（Integrated Process Control，一贯过程控制）和在线质量判定两部分内容。二炼钢在线质量判定项目 4 月 1 日启动，10 月 15 日上线试运行。12 月 15 日参与终判。IPC 系统指标和 CTQ（Critical-To-Quality，品质关键点）11 月 7 日上线试运行，查询 11 月 14 日上线试运行。推出手机 APP 推送功能，直接从手机上安装客户端查询相关数据；开发用户行为分析功能，对用户活跃度和界面活跃度进行分析。

（魏文强）

【天车梁纠偏】 一炼钢 EF 跨、GH 跨天车车轮啃轨严重，车轮、轨道更换频繁。通过测量发现 FG 列天车梁中心线横向最大偏移 99 毫米，严重超标，2014 年 11 月 9 日～13 日进行纠偏。共计调整 6 组双肩梁，总长 96 米；单组双肩梁纠偏最大重量 150 吨，标高纠偏最大 20 毫米，天车梁中心线最大纠偏 60 毫米；相应调整 E、F、G、H 列天车 QU120 轨道共计 384 米，天车划线 192 米。

天车梁纠偏后满足 GB50205-2001《钢结构工程施工质量验收规范》中钢结构安装要求;避免车轮啃轨现象。这是首钢建厂后首次成功实践,证明纠偏方法安全、合理、可行。

（陈　征）

【板坯精整燃气管网改造】　炼钢作业部板坯精整清理机原采用高压焦炉煤气,为提升板坯清理质量,迁钢公司对板坯精整燃气管网进行改造,改用天然气。3月11日开始施工,6月5日清理机设备调试完毕,用时87天。使用天然气后,满足汽车外板质量要求,达到预期效果。

（田玉刚）

迁钢公司热轧作业部

【热轧作业部领导名录】

党委书记:李　冰(8月离任)

副部长(主持工作):于洪喜(4月任职)

党委副书记:陈小伟

副部长:谢天伟　李　彬

首席工程师:江　潇(9月任职)

部长助理兼设备管理室主任:李晓磊(4月任职)

（陈小伟）

【概况】　迁钢公司热轧作业部有2条热连轧生产线。一热轧主体设备由德国西马克、西门子公司与首钢合作设计制造,辊身长2250毫米的半连续热轧带钢轧机(简称2160轧机)于2006年12月23日建成投产;二热轧主轧线设备由中国一重集团设计制造,主轧线电气自动化系统、高温感应加热炉、边部加热器由TMEIC公司设计供货,加热炉蓄热式烧嘴、燃烧控制系统及二级系统由ROZAI公司设计供货,侧压机由德国西马克公司设计供货,其他设备及配套设计和供货均由首钢国际工程公司承担,2009年12月14日投产。

热轧作业部设综合办公室、政工室、生产技术室、设备管理室、安全环保室、一热轧轧钢作业区、二热轧轧钢作业区、精整作业区、生产准备作业区、天车作业区。职工961人,其中在册职工653人,协力职工308人。在册人员中,男职工571人,女职工82人,35岁以下职工511人,占职工总数的78.25%,职工平均年龄33岁。管理岗位157人,其中作业部领导6人、科级25人、一般管理126人,平均年龄33岁;操作岗位496人,平均年龄33岁。大专以上学历500人,占职工总数76.57%,其中博士1人,硕士41人,硕士以上占职工总数6.43%;中级职称以上人员73人,占职工总数11.18%;持有技能证中级以上316人,占操作岗位职工总数63.71%,其中高级技师3人、技师21人。党员223人,团员88人,党团员占在册职工的47.6%。

（邓海宾、尹海霞）

【主要指标】　2014年,热轧作业部产量704.16万吨,其中一热轧385.58万吨,二热轧318.58万吨。2.3毫米以下规格轧制量完成51.6万吨,2毫米以下30.3万吨。酸洗板轧出39.7万吨,硅钢137.3万吨(其中取向硅钢13万吨),汽车板110万吨(其中外板13万吨),管线28.24万吨。

（刘杏荣）

【品种钢开发】　2014年,热轧作业部新开发大类28个牌号。酸洗板形成SQ700MC-P等酸洗高端品种,薄规格汽车结构酸洗板1.6毫米、1.8毫米批量稳定生产。实现宝马汽车板批量供货,完成福特、神龙、铃木、比亚迪、郑州日产、一汽大众、宝马、东风商用车等认证。进行锯片钢8CrV、50Mn2V开发,对Q345B的成分进行重新设计,对耐候钢SG520JJ采取Mn/Ti微合金处理。开发复相钢CPW800、双相钢HR580DP、耐候钢Q235NH、SQ550J、耐酸钢Q295NS、高强钢SQK600、高耐候钢S450EW和S350EW。实现超快冷低成本管线钢X70/X80的生产,22毫米X80低成本的千吨级试制,X90管线钢试生产。

（王学强）

【质量管理】　2014年,热轧作业部完善质量管理体系、规范质量控制环节,将体系建设与产品实现、持续改进融为一体,完成CE扩证、TS16949监督审核等体系认证工作。开展降废减损提高效益的质量成本攻关,通过分缺陷质量攻关、将一检合格率与目标班产奖挂钩、进行待处理质量返摊等系列工作,提高全员参与的积极性与紧迫感。优化质量损失管理规定,分解指标到各单位,在KPI中进行奖惩,完成公司下达指标。

（吴利欢）

【技术进步】　2014年,热轧作业部加大工艺技术攻关和质量攻关力度。≤3毫米的薄规格平直度小于70I的比率提高到98.5%,终轧温度全长命中率99.34%,卷取温度全长命中率 96.60%。二热轧实现取向硅钢由高温向低温的工艺转变。无取向硅钢热轧原料边部质量 1、2 级合格率提高到 90% 以上，硅钢楔形指标大幅度提升，低牌号 2Σ 命中率由 79% 提高到 96%，中牌号楔形 2Σ 命中率由 71% 提高到 85%，高牌号楔形 2Σ 命中率由 51% 提高到 87%。

（王学强、曹瑞芳）

【1580 平整机组调试及产能攻关】 2 月 22 日，1580 平整机组第一卷重卷过钢，2 月 26 日平整过钢，3 月完成自动化基本功能调试，4 月试运行。12 月月产量 3.75 万吨，具备月产量 4 万吨水平。质量合格率提升至 12 月份的 93%。

（王凤美）

【设备检修】 11 月 3 日，一热轧进行为期 11 天的中修，计 1614 项，共编制检修方案 110 个，过程质量控制表 91 种，精度测量表 139 类，备件验收标准 213 项。5 月 23 日，二热轧进行为期 9 天的中修，计 1820 项，共编制检修方案 128 个，过程质量控制表 137 种，精度测量表 96 类，备件验收标准 116 项。通过每天可视化展板展示和情况签认，建立问题导向并补充相应要求，对中修各关键环节实现集中管控，提高责任单位执行力，强化参战单位的标准化检修意识。

（东占萃、周广成、高 伟、马夫明）

【2160 维护区域管理】 根据迁钢公司维护资源整合总体要求，四季度热轧 2160 生产线开始筹备维护单位整合优化方案，由维检中心承接一热轧全线设备维护，二十冶、北方厂、液压中心撤出一热轧维护和部分检修工作，预计减少维护人员 35 人，年产生效益近 300 万元。2014 年底，方案陆续实施。

（李晓磊、东占萃、周广成、高 伟、马夫明）

【热轧点检管理体系】 2014 年，热轧作业部强化以点检为核心的日常设备管理工作，结合 TPM 全优润滑管理，固化 A、B 角互补的专职点检团队，以精细化点检标准为基础，坚持功能精度和状态检修，实现 8 保 24 小时管理。建立相关管理文件和评价标准，5 月，实施 A、B 角色点检，经过 4 次优化共编制点检任务书 52 本，计划点检设备 437 台/套，计划点检项目 4500 余项。全年发现隐患 2500 余项，隐患奖励计 27 人次，其中维护单位 7 人次、设备室 20 人次。

（东占萃、周广成、高 伟、马夫明）

【轧钢作业区机构整合】 按照四班合并、工艺下移、调度强化的思路，热轧作业部系统梳理管理流程，编制组织机构及定员调整方案，将两线轧钢作业区按生产线整合，形成统一管理，按独立科级机构运行，优化调整生产技术室和轧钢作业区人员，生产技术室增加调度长定员 4 人。新组织机构 11 月 1 日开始运转。

（尹海霞、赵 阳）

【党群工作】 热轧作业部开展"学与讲"活动，领导干部带头读书，全年累计集中学习 20 次，700 余人参加。开展为支部增光，为党旗添彩主题实践活动，结合党员量化考核，全年评选产生季度"党员之星"25 人。开展"争创青年创新团队，争当青年创新先锋"活动，申报 43 项"双争"课题，其中 6 项获"最佳课题"，7 项获"优秀课题"，通过量化评比，评选产生季度"青年创新先锋"29 人。9 月，热轧作业部创建官方微信平台"热 i 爱"，累计发布消息 114 条。成立 24 个创新攻关团队，每季度召开一次创新攻关成果汇报会，推动技术进步。计 12 个作业区、60 个班组、16 个岗位参加小指标劳动竞赛活动，评选出优胜作业区 44 个，红旗班组 203 个，岗位之星 209 人，累计奖励 364000 元。

（胡 海、陈小伟、牛 科）

【安全与环保】 热轧作业部推动安全管理标准化、体系化建设，多角度、多层次开展教育培训活动，全年组织各类培训 20 余场次，2100 余人次，其中组织班组长、作业区以上安全管理人员参加河北省安监局组织的培训 2 次，77 人次参加；消防、治安、交通等培训计 7 次；组织环保制度、环保知识培训 4 场次；组织全员参加的各类安全、消防、治安、交通、环保考试 18 次，培训与考试结合，提高整体安全意识和知识水平；开展隐患排查治理活动，组织解决安全、消防、环境相关隐患问题 64 项；开展各类应急演练活动 12 次。全年安全生产无事故、消防安全无事故、环境保护无事件。

（崔国忠）

【TPM 管理】 热轧作业部各小组开展小组活动 1001 次，发现不合理问题点 13371 项，解决 13364 项。小组制作 OPL 教材 675 份。提报改善亮点 1996 项，评出月度改善能手 55 人次。完成焦点课题 20 个，第一期 7 个焦点课题中，获迁钢公司一等奖 1 个、二等奖 2 个、三等奖 3 个。10 月，获迁钢公司 TPM 管理金牛奖。

（陈小伟、杨春明、韩 瑞）

迁钢公司硅钢事业部

【硅钢事业部领导名录】

部　长:余　威(8月离任)

副部长(主持工作):孙茂林(9月任职)

副部长:陈凌峰　张广治　张连福

　　　　唐东育　龚　坚

首席工程师:赵东林　翁晓羽

　　　　陈建华(8月离任)　白昆军

　　　　梁　元　夏兆所　张琼予

部长助理:蒋本君(9月任职)

　　　　员大保(9月任职)

　　　　齐杰斌(1月任职)

党委副书记:张云山(12月离任)

(张　扬、苏　丹)

【概况】 迁钢公司硅钢事业部2013年由原冷轧作业部和硅钢部组合而成,是首钢迁钢公司集研发、制造、销售、服务于一体的硅钢产研销基地。2008年12月破土动工,设计硅钢产能120万吨。2010年6月成功试制合格无取向硅钢卷,2012年1月取向硅钢试制成功,2013年全年累计产销量突破100万吨,基本达到设计产能。硅钢事业部设安全管理室、生产管理室、设备管理室、销售业务室、营销管理室、硅钢研究所、质量一贯室、技术一贯室、政工室、综合办公室、冷轧一作业区、冷轧二作业区、冷轧三作业区、精整作业区、动力作业区、理化检验室、生产准备作业区、天车作业区。从业人员1426人,平均年龄31岁,其中在册职工1158人,外协人员268人,管理人员290人,操作人员820人;博士6人,硕士61人,本科368人,大专学历562人,高级工程师8人,工程师88人,助理工程师32人,技师24人,高级工101人。

2014年,硅钢事业部以"制造能力提升、质量提升、研发水平提升、服务水平提升"为主线,开展产品研发,技术攻关和工艺试验,通过专业管理创新、全员降本增效、深化员工培训,稳步提升产品优势和市场竞争力。

(张　扬、苏　丹)

【主要指标】 2014年,硅钢事业部硅钢产量1235658吨,其中无取向中低牌号硅钢产量925885吨,无取向高牌号硅钢产量227615吨,取向硅钢产量82158吨。另外,酸轧完成碳钢冷硬49053吨。

(赵运攀)

【销售情况】 2014年,硅钢事业部完成电工钢销售量126.2万吨,其中,无取向电工钢销售量117.9万吨(不含可利用材、尾卷),取向电工钢销售量8.3万吨,同比增长25%。迁钢电工钢产品成功进入格力、美的、格兰仕、日立、西门子、艾默生、SEW、ABB等国内外知名企业。直供用户销售量102.3万吨,平均直供比例87%,同比增长9%。出口销售量4.3万吨,同比增长65%。

(员大保、郝亚魁)

【技术创新】 2014年,迁钢取向硅钢全线跨入低温工艺行列,成为全球第五家掌握低温渗氮技术的取向硅钢制造商,完成25项技术难点和攻关工作,取向产品质量取得突破性进展;无取向硅钢完成35项技术难点和攻关工作,实现80%的产品更新换代,产品综合竞争力保持全国前三。

(胡志远)

【产品开发与认证】 2014年,取向产品磁性能整体提升,通过工艺改进和过程管控,取向0.30毫米产品单位铁损由1.08改善至1.03,30SQG120及以上牌号合格率由47%提升至98.8%,23SQGD085牌号合格率提高至55%;开发无取向产品8个钢种和33个牌号,12个专用牌号。取向硅钢通过试用认证23家,重点用户进入ABB集团、天威保变集团、西点集团和特变电工集团采购名录;无取向硅钢新开发客户15家,总用户达到56家,专有牌号销售量达到27万吨。

(胡志远)

【理化检验】 2014年,硅钢事业部理化检验室共组织完成生产检验65572批次,完成日立,美芝等客户批量消除应力退火及磁性能检测,无取向硅钢61个内部牌号、取向硅钢21个牌号完成检验工作。9月,CNAS评审专家对理化检验室进行现场审核,11月,获国家实验室认可证书,正式通过国家实验室认可资格,成为具有对外承担独立检测能力的第三方认可实验室。

(刘　英、张英彬)

【工程施工】 2014年,冷轧工程全面由工程建设转入生产阶段。截至年底,冷轧37条生产线中的35条完成功能考核验收。一冷轧单位工程114个全部竣工验收完成,二冷轧单位工程86个竣工验收完成82个。签订国内供货和进口设备合同共614个,已完成一冷、公辅一步、公辅二步和配套设备工程共 4 个单项工程设备费审核概算明细与合同核对工作。

（杨红伟）

【设备改造】 硅钢事业部以产品支撑、工艺升级为核心，以设备优化为基础，完成工艺升级项目 35 项，设备结构优化 47 项，主要项目包括：RCM2 号线钢卷预热坑改造，主要解决取向钢轧制断带问题，提高轧机取向钢产能；DCL1 号 2 号线氨气站改造，主要是实现 DCL1 号 2 号线低温生产工艺的贯通；DCL 涂层循环罐搅拌器改造，主要是改善氧化镁涂液均匀性，提高涂层质量；RCM 轧机控制系统优化，主要是实现 RCM 张力稳定控制，解决纵向板型厚差。

（刘新亮、程明亮）

【检修维护】 一冷轧组织检修 88 次，完成检修项目 12244 项；二冷轧组织检修 94 次，完成 11464 项检修项目，其中组织完成 4 个机组中修，包括酸轧及酸再生设备中修、1 号二十辊轧机中修、2 号环形炉设备中修、公辅系统全停产检修，计形成检修组织方案 53 个，检修技术方案 123 个；组织完成《连退机组和酸轧机组检修规程》编写工作。

（刘新亮、程明亮）

【用户技术服务】 硅钢事业部建立华东、华南区域用户技术服务基地，实现重点用户全天候体贴式服务；建立重点用户技术服务档案 10 家，落实用户需求 100 项；建立宝钢、武钢、新日铁 3 家对标牌号数据库，掌握材料技术动态；全年跟踪认证涉及美芝 50SW800、50SW1300、35SW300、50SWR350 四大类产品、格力 20SW1500、35SWKLD 两大系列产品、松下万宝 50SW800 无铝产品等计 37 家客户；重点解决美芝定转子切片问题、美芝发蓝后六价铬超标问题、美芝定子内径拉伤问题、美芝定子内孔偏小问题、顺特取向剪切崩刀问题、格兰仕毛毡脱落问题等各类问题 48 项；针对物流运输质量异议，成立物流运输联合攻关小组，明确快速理赔流程，物流类异议处理周期同比缩短 90 天。

（刘 磊）

【保卫管理体系】 硅钢事业部区域完成整体安防视频组网工作，安装调试、上传完成安防摄像头计 275 处；进行"夏防"及"冬季"、"119"等消防实战演练计 15 场，参加演练计 348 人次；完成二冷轧区域各生产线电气室、电缆隧道、电缆夹层、保安站、二十辊地下油库等部位火灾自动报警系统组网调试工作；完成全冷轧区域的电缆隧道、夹层等重要部位灭火弹安装调试、测试、验收工作；被评为首钢总公司级治安防范先进单位。

（张宏旭）

【TPM 管理】 硅钢事业部制定《硅钢事业部 TPM 管理规定》、《硅钢事业部焦点课题管理规定》，修订《TPM 管理评价标准》，开展设备清扫活动 104 次，发现并处理解决问题点 6745 项，提报并通过审批产生改善亮点 1415 个。全年焦点课题立项 16 个，全部结题。一冷轧 13 个小组中的 9 个小组完成三阶段验收，进入四阶段，二冷轧 41 个小组中的 37 个完成一阶段验收，进入二阶段。

（祝伟钢、刘希军）

【人才培训】 2014 年，硅钢事业部组织班组长培训 28 人次、特种作业取证复审培训 134 人次、职业技能等级鉴定培训 126 人次；组织管理人员参加"感受市场、感知用户"、"取向硅钢基础知识"等系列培训；作业区利用检修、调试空隙及班后业余时间，开展各类培训 496 场，1123 学时，参训 11190 人次，培训内容覆盖技术类、设备类、安全类、操作类、管理类、人事类等。

（祝伟钢、王菁建）

【党群工作】 2014 年，硅钢事业部发展党员 22 人，转正 24 人。持续开展党的群众路线教育实践活动，撰写理论学习简报 35000 余字。《风向标》出刊 48 期 25 万字，迁钢内网发文 53 篇。组织青年双争课题攻关 65 项，开展"同心杯"系列篮球赛、硅钢家属行、主题团日活动等文体活动，丰富职工业余生活，增强凝聚力。持续维护硅钢网站和微信平台运行，更新站牌橱窗宣传画册、完善硅钢展厅内容，展示硅钢发展朝气，宣贯核心价值追求。

（王冬冬、李 哲）

迁钢公司线材作业部

【线材部领导名录】
　　副部长：刘世赤　兰代旺
　　副书记：周凤明（9 月任职）

（李秀琴）

【概况】 2012 年 11 月 20 日，首钢线材生产线搬迁工程正式启动，2013 年 7 月 1 日，迁钢线材作业部成立，9

月 28 日加热炉一次点火成功,10 月 30 日生产线热负荷试车成功,2014 年线材作业部生产及设备运行逐步稳定,实现顺稳达产。线材生产线为摩根 5 代高速线材生产线,设计年产 40 万吨,产品涵盖直径 5.5 毫米～16 毫米规格,包括优质碳素结构钢、钢绞线、冷镦钢、弹簧钢、焊条钢等系列品种,其中钢绞线 SWRH82B-1 系列、合金焊线 ER50-6、冷镦钢 SWRCH22A 获冶金行业金杯奖。线材作业部设综合办公室、生产技术室、设备管理室 3 个职能科室,轧钢、生产准备 2 个作业区;岗位定员 374 人,其中在册职工 277 人,外协职工 72 人。

(李秀琴)

【主要指标】 2014 年,线材作业部产量为 20.46 万吨,比年度预算进度差 19.54 万吨,其中直径 5.5 规格占总产量 51%,直径 6.5 规格占总产量 39.9%,直径 8 以上规格占总产量 9.1%;年度平均成材率 96.47%;出口产品 2200 吨。自 5 月开始进行来料加工业务生产,共加工生产 10078 吨,收加工费 206.5 万元。受产量影响,综合成本完成 3339.65 元/吨,比年预算 3295.71 元/吨上升 43.54 元/吨,加工费 478.65 元/吨,比年预算 334.30 元/吨上升 144.35 元/吨,轧制费 435.65 元/吨(含质检站费用吨钢 4.10 元),比年预算 298.82 元/吨上升 136.83 元/吨。

(成世增)

【设备检修】 线材作业部全年计划并完成检修项目 1864 项,完成率 100%,其中机械项目 585 项、电气项目 300 项、自动化项目 642 项、介质项目 202 项、天车项目 5 项、工艺项目 130 项。

(宋 光)

【设备改造】 线材作业部解放思想,集思广益,实施大小设备改造 97 项,重点典型项目包括连轧机锁紧缸改造、事故水备用系统改造、水除鳞进出口改造、主电室报警系统优化改造、PDA 监控系统改造、1 号飞剪电流环优化、2 号飞剪原装控制改造、粗中轧润滑站管路改造、称重系统自动化改造、打捆机控制系统优化改造、散冷 1～13 段辊道加装故障预警信号改造、散冷风机加装备用柜改造等,提高设备稳定性及自动化水平、减轻职工劳动强度、提高预警能力。

(宋 光)

【新产品开发】 线材作业部开发 EM12K-1、EM12K-2、SWRM6-B、H08C-T、SGTB-6A 等新钢种 5 个;周密安排、精心组织,合理制定工艺参数、操作要点,根据新产品试轧情况及时进行工艺参数的调整、总结,保证新产品一次试轧成功。

(叶少峰)

【加热炉改造】 加热炉燃料由天然气改为高炉气,导致钢坯入炉温度高及高温在炉时间长。为解决钢坯入炉温度高的设计缺陷问题,线材作业部多次组织召开专题会。2014 年 6 月底 7 月初,线材作业部组织有关单位在加热炉 7 号和 8 号烧嘴间增加一道隔墙,利用 8 月底和 9 月底二次停产检修,将隔墙加高,同时还在 10 号烧嘴和 11 号烧嘴之间新增加一道隔墙,加热炉入炉温度由原来的 860℃ 以上降至 800℃ 左右,初步解决制约中高端产品开发的瓶颈。12 月,日本神户制钢再度对线材作业部产品进行综合评价,氧化铁皮嵌入深度由年初的 180 微米降至 20 微米,完全满足用户使用要求。

(康振华)

【尺寸控制】 线材作业部针对不同客户提出的个性化要求,成立加热、设备、工装保证、质量检查、生产组织等 6 个产品质量保证工作组,全方位展开质量攻关。购置在线导卫校正仪,规范并优化各架轧机红坯尺寸控制的精度范围,改进夹送辊控制,对生产线活套进行优化控制,加强剪头尾岗位监督检查工作。为解决盘条表面出棱问题,线材作业部联系辊环生产厂家,提出新要求,改进辊环材质,提高辊环寿命,以提升盘条质量,产品不圆度小于 0.3 毫米的比例由 50% 提高到 80% 以上,满足迁钢公司战略合作用户林肯、神户、鸿鹏等客户使用要求。

(叶少峰)

【规程修订】 2014 年 4 月,线材作业部组织专业技术人员结合生产实际及岗位特点,对工艺技术规程和 31 个岗位的作业规程进行修订,并对电气、机械点检标准进行修订,确保职工现场正确操作使用。

(宋 光、叶少峰)

【安全管理】 2014 年,线材作业部参与检修安全工作 28 次,查出违反首钢"四项禁令"等违规行为 3 起,罚款 3 起;开展安全检查工作 32 次,完成安全标准化基础管理台账建立、完善目标。开展隐患排查 13 次,发现隐患 87 项,整改 87 项。开展安全再教育活动,参加职工 352 人,集中闭卷考试,全部达标;开展职业卫生知识培训活动,参加职工 352 人,提高职工职业卫生知识,减少和杜绝职业病;开展安全月全员考试活动,参加职工 352 人,提高职工安全意识。

（王哲飞）

【人员培训】 2014年，线材作业部职工68人参加特种作业取证、复审培训；17人参加后备班组长培训；班组长15人参加岗位管理能力资格认证培训班；技师8人参加高技能人才创新能力培训班；79人参加2014年职业技能鉴定培训；在册职工全年学分23256分，人均85分。安全环保培训6次，参加培训1455人次。开展各项特种作业安全培训取证以及三级安全教育工作，取证等累计187人次。352人参加新安全生产法培训，交通安全教育培训和火灾报警器系统培训。职工56人参加TPM专项培训，科级以上领导TPM管理培训，基层推进员亮点平台管理培训。参加迁钢2014年通讯员培训、入党积极分子培训班、迁钢2014年度有业务处置权人员培训以及迁钢公司工会劳动保护专业培训。

（贺振强、王哲飞、杨 超、苏 宁）

【组织建设】 线材作业部开展群众路线教育实践活动，查找"四风"方面存在的问题。通过学习教育、查摆问题、进行对照检查，清洗思想和行为上的灰尘，端正行为，树立领导干部良好形象。学习贯彻习近平总书记重要讲话和靳伟书记在首钢党的群众路线教育实践活动第一批总结暨第二批部署会议上的讲话精神；落实群众路线教育实践活动整改方案；巩固教育实践活动成果，落实首钢"两会"和首钢迁钢职代会确定的目标任务；加强作风建设，努力建设"五好班子"。

（苏 宁）

迁钢公司钢材加工作业部

【钢材加工作业部领导名录】

部　　长：李学茹

党总支书记：张东明

副部长：蔡耀清

（林立伟）

【概况】 钢材加工作业部是迁钢公司的配套工程，2010年7月成立，有热卷开平生产线2条、罩式炉生产线1条、热轧酸洗生产线1条、酸洗卷破鳞拉矫生产线1条、酸洗卷开平生产线1条。其中1号开平生产线为进口生产线，年设计产能45万吨；2号开平生产线为国内设计制造，年生产能力20万吨。罩式退火线2011年6月28日投产，年设计产能12万吨；热轧酸洗生产线2012年9月28日投产，年设计产能77万吨。酸洗卷破鳞拉矫线年设计产能30万吨；酸洗卷开平线年设计产能12万吨。钢材加工作业部设3个科室，2个作业区，职工259人，其中在册职工136人，外协职工122人，返聘1人。其中：研究生4人，本科34人，大专46人，中专5人；高级职称2人，中级职称14人，助理工程师7人；高级技师2人，技师7人，高级工27人，中级工17人，初级工44人。

（林立伟、田玉华、陈国燕）

【主要指标】 2014年，钢材加工作业部生产热轧开平板12.67万吨，其中品种钢10.86万吨，占总产量85.71%；普碳、低合金1.3万吨，占总产量10.26%；法兰0.51万吨，占总产量4.03%。综合成材率98.26%，比2013年提高0.14%，其中毛边成材率完成99.0%，切边成材率97.65%，协议品率1.15%。2014年生产酸洗卷34.62万吨，综合成材率98.43%，比2013年提高0.51%，其中毛边成材率完成99.05%，切边成材率97.13%。

（陈 波、刘恩庆）

【品种钢开发与认证】 钢材加工作业部开平品种开发按照"品质优、强度高、规格薄、差异化"开发路线，配合技术质量部完成高强桥壳钢和锯片钢两个系列的开平板开发。高强钢开发SQK600桥用钢，下料使用效果好。2号开平线具备薄规格锯片钢的开平生产能力。根据客户需求，生产锯片钢28227.96吨，其中厚度≤4毫米规格的锯片钢计4469.471吨。固化锯片钢75Cr、65Mn成分工艺，新开发50Mn2V、STJ50、STJ80等高碳钢牌号。酸洗线开发10个新牌号，其中7个牌号已接受客户订货，共计生产1.1万吨。针对郑州日产、神龙汽车、长城汽车（主机厂）三家汽车企业以及上海日立、广东美芝两家家电客户开展认证。2014年开发新客户并采用酸洗产品的有34家，订货量计2.86万吨。其中家电类客户7家，订货量0.17吨；汽车类客户21家，订货量1.25万吨；冷轧类客户3家，订货量1.05万吨；贸易类客户4家，订货量0.39万吨。

（赵志刚、宋春华）

【设备管理】 钢材加工作业部完成全员设备职责划分、检修管理规定、备件材料管理规定、生产准备库运行管理规定等修订工作，全面推行标准化工作，完成部分台套设备的润滑基准任务书、设备清扫任务书等标准化文件的制定工作。建立零目标值管理奖惩机制,降低现场责任事故发生频率,保证设备稳定顺行,降低各类消耗。建立设备保障控制体系,针对影响产品质量点,共建立 115 个功能控制点和 72 个精度控制点。上半年,设备综合投入率 96.5%;精度保持率 95.8%。

（于建升）

【安全环保工作】 钢材加工作业部强化安全生产责任制的贯彻落实。对新入厂及转岗职工 32 人进行安全教育岗前培训,作业部有 2 人参加公司安全管理取证,2 人参加公司安全管理复审。发放安全简报 8 期,组织专项检查 16 次,办理动火证 520 份、临时出入证 6 张、携出证 300 份、车卡年审 38 张、更换灭火器 108 具。发现隐患 65 项,整改治理 65 项,整改率 100%。组织开展 10 千伏站、罩式炉、酸洗线、开平线应急预案演练计 8 次,全年安全罚款计 10400 元。

（赵志刚、李国越）

【党建工作】 钢材加工作业部发挥党支部战斗堡垒、政治核心和党员的先锋模范作用,推进基层党支部建设和党员队伍建设,强化基层党支部建设和党员队伍建设,确保生产顺稳、保持队伍稳定。2014 年,作业部设备管理室党小组获首钢先进党小组称号,1 人获首钢模范党员。

（林立伟、王小军）

【培训工作】 钢材加工作业部组织培训 128 学时。后备班组长培训取证 2 人/次,在职班组长培训 8 人/次,清华班组长培训学习 2 人/次。专业取证 63 人,其中,电气焊 1 人,信号指挥 17 人,压力管道工 2 人,产品质量检查工中级工 1 人,产品质量检查工高级工 4 人,酸洗工初级工 14 人,酸洗工中级工 2 人,轧钢精整工初级工 12 人,轧钢精整工高级工 1 人,天车工中级工 8,天车工高级工 1 人。共有 18 人复审,其中,高压电工 4 人,电气焊工 6 人,道路危险货物运输押运工 8 人。

（林立伟、王小军、巩刚伦）

【设备持续改进项目】 2014 年,钢材加工作业部完成设备持续改进项目,1 号开平线在除尘设备刷辊处增设吹扫装置,提高钢板表面质量;完成 2 号开平线精矫直机小辊系压下量的优化调试,提高薄板板形稳定性,降低带出品率;8 月,2 号线精矫直机传动轴改造完成,为开发薄规格高强钢打下设备基础;完成酸洗线百视泰设

备的安装调试工作,为表面质量检查提供支持,保证酸洗板表面质量;完成酸洗线烘干机组改造,将钢板烘干温度从 80 度提高到 105 度以上,烘干效果提高;完成酸洗线边降仪的安装调试,增强钢板表面厚度检查手段,保证产品质量;完成酸洗线卷取机卷筒改造,提高生产稳定性,并提高产品质量。

（于建升）

【试车投产】 钢材加工作业部酸洗线新上 JCL-6×1600 数控开卷校平横剪线设备安装调试完成,进入试生产阶段;破鳞拉矫机组在线设备整体安装完毕,设备单体试车完成,进入全线带载联动调试阶段。

（于建升）

迁钢公司动力作业部

【动力作业部领导名录】

部　　长:程　华

部长助理:许国峰（1 月任职）

（曲英传）

【概况】 迁钢动力作业部是水、压缩风、煤气、蒸汽等动力产品的生产供应单位,有 8000 立方米/分钟高炉鼓风机 1 台,7000 立方米/分钟高炉鼓风机 3 台,集中空压机站 3 个,喷煤空压机站 2 个,20 万立方米高炉煤气储气柜 1 座,15 万立方米焦炉煤气储气柜 2 座,15 万立方米转炉煤气储气柜 1 座,8 万立方米转炉煤气储气柜 2 座,30 万立方米高炉煤气储气柜 1 座,煤气干法除尘站 3 个,联合泵站 3 个,联合变配电站 1 个,配水泵站 1 个,中水脱盐水站 2 个,污水处理系统 2 个,综合水处理中心 1 座。动力作业部设生产技术室、设备管理室、综合办公室和供风、燃气、一供水、二供水、污水处理、管道运行作业区。从业人员 768 人,其中在册人员 688 人,外协工 69 人。在册职工中,部长 1 人,部长助理 1 人,科级 16 人,一般管理人员 40 人,操作人员 630 人;大专以上文化程度 495 人;高级技师 2 人,技师 11 人,高级工 221 人,中级工 235 人;女职工 144 人;中共党员 216 人。动力作业部落实“安全稳定保全局,优质低耗增效益”的方针,实施精细化管理,完善设备工艺,提高技术经济指标,降低成本,全面完成动力产品供应任务。

（曲英传、李志杰）

【主要指标】 2014 年,动力作业部供应高炉鼓风 76.96 亿立方米,压缩风 9.32 亿立方米。高炉鼓风电单耗 76.30 千瓦时/千立方米,压缩风电单耗 119.34 千瓦时/千立方米。供应工业新水 2472.52 万立方米,除盐水 865.77 万立方米,回用水 1756.73 万立方米,生活水 108.20 万立方米,吨钢耗新水 2.75 立方米/吨,工业水循环率 98.3%。回收高炉煤气 119.40 亿立方米,转炉煤气 7.05 亿立方米,输送焦炉煤气 7.71 亿立方米。高炉煤气放散率 0.40%,转炉煤气吨钢回收 95.08 立方米/吨,氮气消耗 5565.75 万立方米,干法除尘灰 3.10 万吨。

(谢红艳、杨进许)

【安全生产】 动力作业部通过安全活动、安全教育、岗位培训、事故演习等方式开展安全管理工作。开展各类安全培训 5 次,参加培训 3312 人次。开展安全检查 13 次,检查基础台账 7112 本,抽考 213 人次,抽查煤气防护仪器 92 台次,煤气排水器 367 台次,检查压力容器、起重设备 83 台次,开展各类事故演习 10 次,直接参与演练人数 102 人次,全年查出并解决各类隐患 180 项。

(王举成、曲英传)

【增收节支】 动力作业部完成水泵节能改造 29 台,累计节电 200 万度。迁安市环保部门鼓励推荐项目二级脱盐工程 1 月投产运行,产成品除盐水 122 万吨,水资源循环利用率提高。完成供冷轧 DN500 蒸汽管道保温改造,采暖季可节约蒸汽量 47894 吨、非采暖季可节约蒸汽量 28144 吨,年节约蒸汽 76038 吨。合理化建议提案 148 项,实施 52 项,提高系统整体效率、保稳定运行和降本增效。

(谢红艳、杨进许)

【设备检修维护】 2014 年,动力作业部完成维护项目 3080 项、检修项目 135 项。重点项目包括空压机一、二、三站滤风箱改造;高炉鼓风机站 1、3 号风机中修;4 号风机主推力瓦、副推力瓦和风机排气侧轴承温度检测探头恢复;5 号门排水与 2 号污水沙河取水泵站联通;经三北路雨排管更换;综水消防水管支管更换等。配合完成 10 次高炉停产检修和 1 次二热轧中修,利用停产检修机会消除设备隐患。停产检修项目 558 项,其中,机械项目 242 项、电气项目 105 项、计控项目 211 项。完成 200 项防雨防汛及防寒防冻项目。

(于俊波、曲英传)

【技术改造】 动力作业部完成若干重点技改项目。三柜区设备、工艺改造调整,保证新投产设备尽快满足生产变化要求,达到两座气柜同升同降目的,增大气柜吞吐能力,增强高气系统缓冲能力,通过与放散水封装置配合调整,杜绝高气损失,提高发电量。利用 2 号污水处理站原有水处理构筑物,对 MBBR 池进行改造和技术优化,通过工艺及管路改造,强化微生物培养,完善监测手段,使 2 号污水处理站能够接收处理部分矿业生活废水。完成纬九路及 CCPP 排水回收项目,污水排放对周围环境污染降低,污水站回收量增加,减少外排。

(谢红艳、曲英传)

【人才工作】 2014 年,动力作业部通过职工技能大赛、专业人员培训、职业资格技能取证等形式开展培训。职工技能大赛 453 人参与,开展各类培训 42 次,首钢代培 26 人,参与培训 1024 人次,职业资格技能培训 124 人取证。任命部长助理 1 人,首席副作业长 1 人。开展乒乓球、篮球、台球、羽毛球等多项文体活动,丰富职工业余生活。通过党内培训、廉政教育、座谈会、传达上级精神等形式加强党员思想建设。召开主题团日活动,丰富团员阅历,提高青工素质。

(曲英传、李志杰)

【专利情况】 2014 年,动力作业部申请控制板坯结晶器供水温度的工艺、煤气柜氮气置换防火装置、有径向荷载的减速机支撑装置、煤气柜柜位调节的系统及工艺计 4 项专利,有利于延长设备使用寿命和周期,优化供水系统运行及保障煤气系统平衡。

(杨 靖、曲英传)

迁钢公司电力作业部

【电力作业部领导名录】

  部　长:杨志勇

  副部长:杜　斌

(杨寅飞)

【概况】 迁钢电力作业部是为迁钢公司、中化公司供电供热的生产单位,有 110 千伏变电站 7 座、150 兆瓦 CCPP 发电机组 1 台、25 兆瓦汽轮发电机组 2 台、15 兆瓦高炉炉顶煤气压差发电机组(TRT)2 台、30 兆瓦高炉炉顶煤气压差发电机组(TRT)1 台、6 兆瓦饱和蒸汽发电机组2台、15兆瓦背压机组1台及50兆瓦CCPP机组2台。设综合办公室、生产技术室、设备管理室3个科室,供电、热电、压差发电、一循环发电及二循环发电计5个作业区。职工433人,技术管理岗位63人,生产操作岗位370人,2004年以后分配大学生265人,占作业部职工总数的61.6%。大专以上学历占93%。初级工26人,占工岗人数的9.6%;中级工152人,占工岗人数的41%;高级工130人,占工岗人数的35%;技师55人,占工岗人数的14.8%;高级技师12人,占工岗人数的3.2%。

（杨寅飞）

【主要指标】 2014年,电力作业部13台发电机组全年发电总量23.27亿千瓦时,比计划多发电2700万千瓦时,比2013年的19.27亿千瓦时提高4亿千瓦时,增长20.8%。自发电比例62.81%(含冷轧不含迁焦)。全年供电量37.39亿千瓦时;厂用电率计划7%,完成6.3%;压差吨铁发电量计划37.43千瓦时/吨铁,完成40.08千瓦时/吨铁,比2013年提高9.5%;度电水耗计划3.0千克/千瓦时,完成2.9千克/千瓦时,比2013年降低9.4%。全年外供次高压抽汽124721吨,低压抽汽819282吨。

（杨寅飞）

【增收节支】 2014年,电力作业部完成移峰填谷工作,增加效益758.9万元。其中,热电72.64万元,背压2.92万元,压差4.94万元,饱和0.68万元,一循环发电523.12万元,二循环154.59万元。

（杨寅飞）

【生产组织】 2014年,迁钢13台发电机组燃料总需求量大于煤气供应量,高炉煤气热值波动频繁。电力作业部以"蒸汽优先、高效优先、低成本优先"为调度原则,制定《2014年保23亿发电任务完成组织方案》等调控方案,根据燃料状况实时调控13台机组运行方式,在确保煤气放散为零的前提下,使有限的二次能源发挥出最大效能。

（杨寅飞）

【设备改造】 2014年,电力作业部对一循环煤冷水系统、热电除盐水站、一二循环煤冷水等设备进行改造,创经济效益716.23万元。其中"一循环煤冷水泵一用一备"改造,节省电费63.6万元;热电除盐水站反渗透浓水回收,每年节约生产新水15.48万吨,直接经济效益

52.63万元;一、二循环3台机组煤冷水试用加药防堵塞,全年增加发电量1200万千瓦时。

（杨寅飞）

【管理标准化】 2014年,电力作业部推行管理标准化、精细化工作。推进安全管理标准化,针对发供电不同区域,制定现场安全检查一览表,各级安全检查职责明确、点位周密、标准清晰,确保安全检查到位不漏项,不走形式;在热机岗位推进"两票四制"标准化操作,制定运行操作规范,使热机二氧化碳灭火系统投退、入口空气过滤器运行、果壳清洗等工作规范化;按照检修工艺标准、维护标准掌控检修维护工作,确保检修质量;推进TPM优秀改善标准化,巩固优秀改善成果。2014年把滤油机可视化操作标准、油面镜标识制作可视化等19项优秀改善固化,在作业部推广。

（杨寅飞）

迁钢公司制氧作业部

【制氧作业部领导名录】

部　长:洪　君

（叶　迪）

【概况】 迁钢制氧作业部承担为炼钢、炼铁、热轧、硅钢等提供合格氧气、氮气、氩气任务。一期工程即1套23000立方米/小时机组,2003年8月20日开工,2004年10月1日投产;二期工程即1套35000立方米/小时机组,2005年8月22日开工,2006年12月5日投产;配套完善工程即3套35000立方米/小时机组,其中3号、4号制氧机组2008年3月31日开工,分别于2010年1月3日、4月25日投产;5号制氧机组2010年4月30日开工,2011年11月20日投产。拥有1套23000立方米/小时和4套35000立方米/小时制氧机组。5套制氧机组均采用低温精馏原理,规整填料塔、全精馏(无氢)制氩、内压缩流程,是集法国、瑞士、德国等国家先进技术于一体的制氧设备。总生产能力,氧气162500立方米/小时;氮气188000立方米/小时(含中压氮59000立方米/小时);氩气6425立方米/小时;产品纯度,氧气≥99.6%;氮气≥99.99%;氩气≥99.99%。制氧作业部在册职工166人,研究生学历6人,本科学历67人,专科75人;高级职称4人,中级职称8人,初级职称31人;高级技师5人,技师17人,高级工66人,中级

工 60 人。

（叶 迪）

【主要指标】 2014 年,制氧作业部生产纯度为 99.60% 的氧气 74449.86 万立方米、液氧 4592.05 万立方米,纯度为 99.99% 的氮气 90366.75 万立方米、液氮 2628.52 万立方米,纯度为 99.99% 的液氩 2642.89 万立方米。在保供前提下降低总成本 926 万元,完成各项生产任务。全年氧气放散率 3.98%、氮气放散率 5.02%;标准状况下每立方米制氧单电耗 0.64 千瓦时;标准状况下每立方米制氧综合电耗 0.785 千瓦时;新水单耗 1.71 千克/立方千米;蒸汽单耗 16 千克/立方千米;外销液氧 53875 吨、液氮 16497 吨、液氩 14933 吨。液体外销 3516.5 万元。

（马永进）

【安全工作】 制氧作业部作为迁钢公司唯一拥有危险化学品的单位,管控体系和制度的建立和完善以及执行到位尤为重要;明确各级、各专业、各岗位职责,细化从班组两会到作业部级会议制度、检查制度等,形成完善的安全管理网络。加强规制体系建设,提高规制针对性、操作性和执行力。制定《制氧作业部有限空间作业安全管理规定》,根据《生产安全事故应急预案管理办法》要求,开展各岗位安全规程的修订工作,完善预案 4 个。2014 年处理安全类隐患计 248 项,涉及基础管理、现场环境、设备设施等,现场安全环境和基础管理改善。累计处罚各类违章 7000 元。

（聂 鑫、叶 迪）

【技术攻关】 制氧作业部针对 3 号高炉铁产量低并停用富氧,导致氧气放散率较高,通过气体平衡测算,合理组织生产,优化机组运行,节约成本 383.9 万元;根据用户用量情况调整氮压机,优化运行模式,节约 498.5 万元;解决 3 号～5 号空分冷开车恢复期间低压氮气合格用时较长问题,提高空分运行经济效益;11 月利用 APEC 会议空分检修期间,对 3 号空分分子筛进行特殊再生活化,提高分子筛吸附性能,保证生产稳定顺行。

（马永进、叶 迪）

【设备改造】 2014 年,制氧作业部组织设备微缺陷改造工作 105 项,重点改造项目包括:3 号～5 号制氧机组空冷塔、氮冷塔液位计、1 号水泵房液位计改型;氮压机控制系统改造,改造后每年节省电费 100 万元;2 号机组油箱加热器扩容;2 号增压机油封改造;DCS 电源改造;3 号～5 号 E09 电加热器电源抽屉柜电流回路的改造。

（沈安武、叶 迪）

【加强管理】 制氧作业部以夯实基础为抓手,以服务一线为宗旨,以高效协同为目标,推进"服务一线、专业进班、高效沟通、强化管理"活动。梳理基层存在问题,每月开展评价和分析,逐一制定整改措施,落实责任人,限时整改。2014 年,专业进班组共发现问题 262 项,解决问题 255 项;强化规章制度管理,开展三规一制的全面整改工作,完成 31 个制度的修订工作;修订岗位职责、做好分工划线工作,明确任务,细化职责,通过对工作明细中的内容进行检查、考评,形成班组管控评价,每月根据评价结果进行奖励分配,实现日常工作方面的 PDCA 管理;以 TPM、六西格玛管理为抓手,将 TPM 管理等工具和方法运用到各工作环节。7、8 两月,制氧作业部连续获骏马奖,职工整体精神风貌提升。

（邱雪飞、叶 迪）

【人才队伍建设】 制氧作业部制定完善的专业考核体系和人才培养方案,加强多技能人才、高技能人才和管理人才的培养,推行管理岗测评、职工培训、多技能、师带徒、人才培养等方案,加快人才培养。2014 年 10 月,组织制氧生产调度、作业区技术员等管理岗位公开招聘,通过严格审核、上机考试、公文写作、面试以及迁钢公司组织的素质测评和专业知识考试,选出 6 人到管理岗位锻炼;建立钳工、电工实验室,为职工搭建平台。全年开展各项专题讲座 151 次,职工参加 1963 人次,培训 308 学时。组织职工职业资格取证报名 3 次,37 人次参加。

（邱雪飞、叶 迪）

【党群工作】 制氧作业部开展党内创先争优、小指标竞赛、党风廉政建设、效能监察等活动,发展党员 2 人,评选入党积极分子 10 人。11 月完成支部换届选举。本着方便管理、促进融合,充实一线党组织力量的原则,完成党组织机构调整。通过组织党总支、党支部、党小组学习活动,强化培养职工团结协作的意识、忘我工作的精神。利用单位公告栏、展板等方式号召职工学先进、树典型,开展多种寓教于乐的文体活动。开展扶贫帮困、送温暖活动,走访慰问职工 15 人次,发放慰问金 1.4 万元。

（邱雪飞、叶 迪）

迁钢公司质量检查站

【质检站领导名录】

　　站　　长：崔全法
　　站长助理：顾红琴
　　党委书记：崔全法
　　党委书记助理：林海涛

（杨海东）

【概况】　质量检查站负责迁钢公司进厂原燃（辅）料取制样及检测；出厂及工序间钢铁产品表面质量检查、判定及质量证明书的签发；热轧、线材产品性能检验及金相、ASPEX 夹杂物检测、电镜分析、腐蚀试验；炼铁、炼钢炉前自动化分析检验；水质、油品、耐材、煤气检验以及环保监测、低倍硫印检验；并承担公司新产品研发、技术攻关等试验任务。配有仪器设备 739 台套，包括原燃料自动取制样装置、全自动矿石冶金性能综合测定仪、全自动分析中心、一炼钢自动化系统、二炼钢低倍自动检测系统、ASPEX 大型夹杂物分析仪、Z3 自动取样系统等 25 台套自动化检测设备。质检站设生产技术室、综合办公室、政工室、原料质检作业区、化学分析室、物理检测室、钢轧质检作业区。在册职工 525 人，其中管理人员 64 人，操作人员 461 人；硕士 22 人、本科 157 人、大专 269 人；高级工程师 2 人、工程师 23 人、助理工程师 34 人；高级技师 6 人、技师 43 人、高级工 169 人、中级工 154 人；党员 181 人，团员 82 人。2014 年，质检站严把进厂原燃料和出厂产品质量关；加强检验技术攻关，增强实验室检测能力；夯实质量管理、设备管理、过程能力控制、六西格玛、TPM 等专业基础管理，全面提升整体管理水平；抓好三支人才队伍和党风廉政建设，实现职工与企业共同成长，完成各项任务。

（郭　静）

【主要指标】　2014 年，质检站完成原燃料检验 19080 批次；炉前样品分析 449728 批；耐材检验 340 批，油品检验 2420 批，水质检验 30308 批；板坯检验 318919 块；板卷外观检验 316662 卷；开卷检验 309523 卷；板卷物理性能检验 73793 批；板坯低倍检验 1646 块，腐蚀试验 263 组；围绕公司新品种钢研发，完成原燃辅料、合金及耐材等科研样品检验 9371 批；金相、力学性能、扫描电镜、ASPEX 夹杂物检测等检验分析 17928 批。

（郭　静）

【严把质量关】　质检站严把进厂原燃料质量关，2014 年，外购原燃料扣罚共 58.67 万吨 3466.2597 万元。其中，煤扣罚 21.78 万吨 3286.90 万元，原料扣罚 36.89 万吨 179.36 万元。进厂原燃料退货 22 批；其中直接退货 17 批，仲裁退货 5 批，避免经济损失，维护企业利益。

（郭　静）

【技术攻关】　质检站开展取向硅钢热轧板卷 AL s/N 攻关，Als 分析精度达到 1.1ppm，N 分析精度 0.9ppm；DCL 工艺氧化膜（speed 法）分析攻关，确定最佳自主设计实验方案，实现硅钢氧化膜的稳定检测；开发合金中钛元素检验技术，分析方法具有准确性和稳定性；开展 Q21G 样品激发打点控制优化工作，通过优化改善，Q21G 冶炼整体的 2 点通过率由 57.1% 提高到 80.1%；推进实验室 SPC 统计过程控制攻关，实现对 C、Si、Mn、P、S 等共 17 个元素 28 个含量范围的过程控制，一炼钢、二炼钢过程能力指数（Ppk）>1 分别为 91.1% 和 89.3%。

（杜士毅）

【检验标准修订】　2014 年，质检站完成《硅钙合金　钙含量测定　EDTA 滴定法》《硅钙合金　磷含量的测定　磷钼蓝分光光度法》两项行业标准的起草修订，通过由国家冶金信息工业标准研究院承办的标准审定，其中《硅钙合金　钙含量测定　EDTA 滴定法》被专家评定为国际先进水平，《硅钙合金　磷含量的测定　磷钼蓝分光光度法》被专家评定为国际一般水平。

（张希静）

【质量体系建设】　2014 年 8 月 9 日，迁钢理化检测中心通过中国实验室合格评定委员会年度审核，新增线材扭转、顶锻以及水中氨氮 3 个检测项目，认可范围全面涵盖迁钢检验需要，共 8 个领域 83 个检测项目 121 个检测方法。2014 年参加中实国金能力验证项目 16 项 42 个元素，检测结果全部为满意（ZB≤2）。2014 年 6 月，联合中实国金国际实验室能力验证研究有限公司对理化检测中心检测人员开展化学分析、ICP、冲击、拉伸试验等 15 项检测技术培训工作，共计 454 人参加，其中换证 237 人、取证 217 人。

（郭　静）

【基础管理】　2014 年，质检站参加总公司级季度比对 4 次 52 批样品 293 个元素，检验结果全部满意，未发生超差现象。加强内外学习交流,分别与武钢技术中心、钢铁研究总院、首钢理化检测中心、京唐公司等单位进行检验技术交流,主要包括 ICP-MS 分析、质量过程控制、标准样品制备、金相检验等内容。2014 年,对取制样、化学分析、物理性能检验等 26 个岗位作业规程进行全面梳理和修订。重新修订管理规定 24 个,新增《迁钢公司质量检查站设备操作牌管理规定》1 个。稳步推进 TPM 管理,查出并整改问题点 5275 项,形成改善亮点 739 个,参加迁钢公司焦点课题评比,其中获得一等奖 1 个,二等奖 2 个。

（郭 静）

【管理创新】 2014 年,质检站《一种炉前低氮钢样的高精准度氮成分分析方法》等 4 项专利申请已被专利局受理,《一种落锤撕裂冲击试验机的试样支承装置》等 3 项专利已授权,提报《超薄样品加工专用夹具装置》等 3 项专利,截至 2014 年底已授权专利 14 个,受理专利申请 16 个。2014 年提报《取向硅钢标准样品感应重熔法制备技术》等 5 项专有技术,截至 2014 年底共拥有专有技术 20 项。提报合理化建议 128 项,直接经济效益约 51 万元。

（杨文静）

【六西格玛管理】 2014 年,质检站六西格玛项目《提高钢中痕量 Nb 检测的准确度》《提高感应重熔法制备取向硅钢标准样品的均匀性》分别获迁钢二等奖、三等奖。组织申报六西格玛项目 4 项,全部完成预定目标,其中《提高低温取向硅钢板卷样直读法 Als 分析准确度》由 32ppm 提高到 2.79ppm;《提高高铝缓释脱氧剂中 Ti 分析精密度》由 0.55% 提高到 0.03%;《改进质保书审核管理模式及提升质量服务水平》月平均异常反馈次数由 10.5 次降到 2 次;《提高 ASPEX 对夹杂物自动识别的检测准确率》由 50% 提高到 96.1%。2 人担任迁钢六西格玛培训讲师。

（张希静）

【设备管理】 质检站推动全优润滑工作,成立以 TPM 小组为依托的全员润滑体系,全年完成润滑基准书 116 台套;清扫基准书 149 台套,首批选取的 9 台套典型设备通过迁钢综合治理验收。2014 年,质检站设备运行整体稳定,设备完好率保持在 98% 以上,月均完好率 99.5%,全自动分析中心、Z3 自动取样系统等 25 台套自动化检测设备自动运行率 99.77%。

（夏碧峰）

【降本增效】 质检站通过科研试验收费、进口备材国产化、修旧利废等措施开展成本管控,2014 年增收节支 278.84 万元,其中实验室具备对外承担独立检测能力,科研试验收费 183.89 万元;接收外委抗硫化氢腐蚀试验样品收费 10.56 万元;通过样盒国产化及修复、自制标样、滚刷转国产化等措施累计节约资金 84.39 万元。

（张明超）

【自制标样】 质检站开展自制标样工作,满足高标准检验需求。2014 年研制 Q21G、75Cr、X70-1、S12、M3A20、ER50-6 等 23 个牌号 2996 块标钢,结合汽车板、方坯等新增检验需求,加工完成 M3A43、8CrV 等品种标样 9 种,根据合金检验需求,自制矿石、合金等原燃料标样 16 类 18 批。

（郭 静）

【人才队伍建设】 质检站选拔青年人才 2 人到科级岗位挂职锻炼;科级干部 5 人换岗交流;青工 2 人到普通管理岗上岗锻炼。推荐 3 人为"首钢技术带头人";1 人评选为迁钢"希望之星"。参加首钢公司化学分析、产品质量检查工技能竞赛,获化学分析工第五名,产品质量检查工包揽前五名。

（郭 静）

【党风廉政建设】 质检站发展新党员 4 人,预备党员转正 3 人,6 人参加入党积极分子培训。组织开展"强化管理,加强过程控制,提高喷吹煤检验质量"和"积极推进国产化工作,有效降低实验室成本消耗"两项效能监察项目。加强对有业务处置权岗位干部职工进行廉洁自律、廉洁执法专题教育,200 人参加专题教育学习,有业务处置权岗位干部职工 21 人参加廉洁从业培训班。全年无违法违纪案件、职工群众信访发生。

（郭 静）

迁钢公司设备维检中心

【设备维检中心领导名录】
主　任:陈　刚
副主任:杨　毅(9月任职)　陈建华(9月任职)
　　　　洪　君(6月离任)
党委书记:陈　刚
党委副书记:康大鹏

（赵　辉）

【概况】 设备维检中心负责迁钢炼铁、炼钢、热轧、硅钢主体设备的日常维护检修,包括炼铁作业部1号~3号高炉主体设备、热风炉设备、重力除尘设备、上料设备、液压系统、天车及电葫芦;炼钢作业部1号~6号脱硫设备、1号~3号转炉设备、1号~2号LF炉设备、1号~4号RH炉设备、1号~2号CAS-OB炉、1号~2号方坯连铸机设备、1号~4号板坯连铸机设备;热轧作业部一热轧主轧线设备、二热轧粗轧区域设备;硅钢事业部1号~6号连退线、酸轧线、1号脱碳退火线、罩式炉、1号~3号二十辊、1号常化酸洗线设备。设备维检中心设业务室、安全管理室、综合办公室、政工室4个科室和炼铁维检、炼钢维检、热轧维检、冷轧维检4个作业区。2014年末职工总数1066人,其中在册职工938人,外协人员128人;管理以上人员78人,操作人员988人;在册职工中硕士6人,本科155人,专科289人,大专以上学历人员占在册职工总数的47.97%;高级职称2人,中级职称15人,初级职称72人;在聘厂级技能专家2人;高级工446人,技师70人,高级技师8人,高级工及以上占在册操作人员总数的60.93%;多技能人员312人,占在册操作人员总数的36.28%。中共党员364人,占在册职工总数的38.8%。

(王仲民、时连兴、赵 辉)

【主要指标】 2014年,设备故障停机时间1644分钟,比2013年降低14.2%;小时以上设备故障发生5次,比2013年减少4次;检修收入计划1300万元,实际完成1621.05万元,超计划321.05万元。

(王仲民)

【设备维护与检修】 设备维检中心通过完善设备维护指标体系,推行三级设备月总结、四级巡检、设备检查数据化、作业指导书、故障手顺书、TPM管理、合理化建议、规范化标准化检修等专业管理,提高设备维护检修质量,保证设备正常运行。优化人员组织,克服人员紧张难题,完成各项检修、抢修任务,2014年完成炼铁高炉例修13次、高炉倒场例修45次;完成炼钢脱硫检修30次、转炉检修44次、炉役5次、精炼检修29次、板坯检修26次、方坯检修3次、炼钢全流程检修9次;完成热轧例修94次,中修2次;完成硅钢连退线检修49次、酸轧线检修44次、二十辊检修39次、脱碳退火线检修1次。

(王仲民、赵 旭)

【完善设备维护指标体系】 2014年设备维检中心继续完善设备维护指标体系,将炼铁区域降风温、减氧,硅钢区域二十辊停机时间纳入运行指标体系;将热轧废钢、硅钢连退线带钢断带、连退线改调整材等不适宜的指标从运行指标中取消;对掌控指标、拉练指标作出相应调整。设备维护运行类指标共三大类58项,其中运行指标25项、掌控指标26项、拉练指标7项。建立积分制管理评价体系,制定管理工作评价表,对各单位激励作用加强。

(王仲民、时连兴)

【积分制管理】 2014年,设备维检中心推行积分制管理,制定《设备维检中心推行积分制管理实施方案》和检查打分标准,积分制分为班组和作业区两级,班组积分制将班组的各项基础管理工作以积分的形式体现,用数据直观反映班组基础管理状况。作业区积分制将TPM管理、设备维护检修管理、安全管理、人力资源管理、党群及行政后勤管理、班组积分、重点任务纳入积分体系。2014年3月宣传发动,4月~5月试运行,6月开始每月检查验收,至年底对所有班组进行两轮全覆盖的检查,及时发现和纠正问题,促进班组、作业区管理水平提高。

(王仲民、刘亚南、时连兴、赵 辉)

【优化检修组织模式】 2014年,设备维检中心推行规范化、标准化检修,结合TPM检修现场管理标准,推进检修现场可视化,形成具有维检特色的检修组织模式。检修前召开检修准备会、制定检修组织方案、安全保卫方案、质量控制措施、主控项目检修作业指导书、天车平衡计划、试车阶段的注意事项等各类检修方案,汇总成中修文档汇编;检修中按TPM检修现场管理标准进行管控;检修后期进行精度测量数据分析;检修后总结经验教训。实施这一检修组织模式后,劳动效率提高,检修质量得到保证,1580、2160粗轧区域中修、酸轧线中修、二十辊中修等重大检修圆满完成,2160中修实现打造设备检修精品工程的目标。

(王仲民)

【指导书和手顺书】 2014年,设备维检中心新编写作业指导书25项,数年间累计编写作业指导书111项计30万字。将作业指导书作为点检标准、给油脂标准和检修规程的补充性技术资料,新入岗职工提供培训教材及指导日常维检作业。新编故障手顺书2项,数年间累计编写故障手顺书 48 项。将故障手顺书作为设备故障判断、积累处理经验的教材,并转化为维护技术的资料。通过组织职工学习、应用作业指导书和故障手顺书,设备维护检修效率和质量提高。

(王仲民)

【合理化建议】 设备维检中心发动职工利用全员自主创新平台,结合日常设备维护、检修需要,从设备、安全、技术、TPM 等多角度提报合理化建议,每月对已采纳的合理化建议及未实施项目进行跟踪,组织落实,提高项目实施率。2014 年,职工提报合理化建议 666 项,审批通过 619 项,审批通过率 92.9%,实施 609 项,实施率 98.3%,提案奖励 71200 元。全年提报奖励申请 93 项,评审通过 80 项,审批通过率 86.02%,成果奖励 60000 元。

(王仲民)

【六西格玛应用】 设备维检中心推进六西格玛实施。2014 年 5 月,迁钢召开 2013 年度六西格玛表彰会,设备维检中心《降低全自动分析中心切割铣样机崩片数》、《降低冷轧开关量传感器设备故障次数》两项目分获二等奖、三等奖,并作大会交流,其他项目获鼓励奖。跟踪 2013 年 7 个项目指标完成情况,指标均按计划完成。2014 年提报 9 个六西格玛项目,完成项目终审。通过实施六西格玛项目,设备维护水平提高,设备故障降低,规范化、标准化检修深入推进。

(王仲民)

【专利技术开发应用】 设备维检中心获授权专利计 11 项,其中 2014 年新授权实用新型专利 4 项,分别为“反冲洗过滤器旋转轴安装导向装置”、“高炉上料皮带机托辊运输装置”、“一种方坯切前切后辊道链节快速拆卸的专用装置”、“板坯电磁搅拌系统电缆插头的拆卸装置”。2014 年,新申请 9 项专利。通过专利技术的开发,设备维护检修水平提高,故障减少,检修进度加快,劳动效率提高,职工劳动强度得到改善。

(王仲民)

【掌握高精尖核心技术】 2014 年,设备维检中心组织力量对高精尖设备维检核心技术进行攻关,首次完成酸轧线卡罗赛芯轴涨缩缸密封更换、二十辊阶梯垫解体检修、二十辊内牌坊精度调整等重要检修项目。自 12 月起,调整维护范围,新增一热轧精轧、卷取后部区域设备维护及硅钢事业部 1 号常化酸洗线维护工作,设备维检中心在迁钢设备维检力量的核心作用增强。

(王仲民)

【TPM 管理】 设备维检中心将 TPM 工作与日常维护检修有机结合,用 TPM 的思想、工具、方法指导设备维护检修,推动维护检修作业规范化、标准化。2014 年,在巩固 TPM“0”阶段和“1”阶段工作基础上,推进“2”阶段各项工作,编制 TPM“2”阶段评比方案和评比标准,每月初对各作业区进行联检评比,促进各作业区 TPM 管理工作稳步推进。全年累计完成改善亮点 1160 个;不合理发现 13257 件,整改 13256 件;why-why 分析 598 件、三现地图 661 件;OPL 课件 1397 件,评出良好课件 108 件;开展第二批焦点课题 12 项,参加迁钢评比 7 项,获二等奖 1 项,三等奖 2 项。2014 年,3 次获迁钢 TPM 最佳跟进奖,4 月和 9 月组织迁钢 TOP 践行之旅和新任干部践行之旅,获好评。10 月,54 个活动小组全部通过 TPM“2”阶段验收。

(赵 旭)

【安全管理】 设备维检中心完善班组电子台账、安全教育培训教材、安全管理网络、职业卫生管理档案、教育基础资料、有限空间管理台账,统计有限空间点位 289 处,梳理基础管理共性问题 19 类。以安全监督卡为切入点,形成“班组自查、专业检查、作业区联查、中心抽查”为一体的安全检查体系,共检查发现问题 276 项,落实考核 39800 元。排查、整改安全隐患 931 项。编制《班组安全学习材料》,开展新《安全生产法》、《岗位作业规程》培训,组织开展安全知识竞赛、观看安全教育片,利用多种形式加强职工安全教育培训工作。增加检修前“7 个提前”,优化大型检修安全管理体系。修订完善安全生产预案,专项预案 2 个,应急处置方案 16 个,形成对常见事故类型应急预案的全覆盖;开展班组应急预案自主演练,组织煤气泄漏事故应急演练 3 次、触电事故应急演练 5 次、消防火灾事故应急 6 次、防雨防汛演练 4 次、酸泄漏事故应急演练 1 次。

(刘亚南)

【人才队伍建设】 设备维检中心制定《设备维检中心职工教育培训工作方案》、《设备维检中心多技能人才培养工作方案》、《设备维检中心师带徒工作方案》。成立机械、自动化两个兴趣小组,完成首钢 2014 年职业技能竞赛开幕式表演赛“多功能足球门”即“光立方”的设计制作。24 人参加高技能人才创新能力培训班,3 人参加维修电工技师研修班。制定"师带徒"工作细则,100对师徒签订师徒合同,建立"师带徒"管理库,按计划开展理论学习和基本操作培训。组织专题讲座567次,培训1622.25学时,参加11574人次。开展技能竞赛,19人被评为技术能手。开办电工、钳工、焊工、起重工、冷作工基础技能培训13期,培训77人。组织职业技能鉴定培训94人、特种作业复审培训204人、取证培训104人。

(时连兴)

【党群工作】 设备维检中心开展创先争优活动,5个党支部均达到"达晋创"一级党支部标准。全年发展党员12人,完成党支部班子换届选举。开展党的群众路线教育实践活动,查找班子和领导干部存在的差距,制定并落实整改方案。全年在内网发表稿件102篇,各作业区编发内部刊物22期。党委中心组组织理论学习12次。修订并落实党风廉政责任制,落实党委、纪委主体责任。围绕推进TPM"2"阶段工作和推进积分制开展效能监察。开展廉洁文化创建活动,拍摄廉政微电影《谁给我送礼了》,获首钢总公司三等奖。开展月度立功、小指标评比、季度劳动竞赛。组织送温暖捐款、慰问困难职工。举办感动维检人物颁奖晚会,7人受表彰。参加、组织各类文体活动,丰富职工业余文化生活。开展季度青年标兵和标杆团支部评比。组织"双争"课题攻关。开展"质量在我手中"活动,征文38篇,10人演讲,增强职工质量意识。

(赵　辉)

首钢京唐钢铁联合有限责任公司

【京唐公司领导名录】

总经理:王　毅

常务副总经理:王　涛(8月任职)

副总经理:杨春政　吴　峥　曾　立
　　　　　陈克欣　李　杨(8月离任)

总工程师:朱国森(8月任职)

总经理助理:高志平(9月任职)
　　　　　周　建(9月任职)
　　　　　张　兴(5月离任)

党委书记:王　毅

党委副书记:顾章飞(3月任职)
　　　　　梁宗平(3月离任)

纪委书记:顾章飞(3月任职)
　　　　　梁宗平(3月离任)

(刘志民)

【综述】 首钢京唐钢铁联合有限责任公司作为首钢搬迁的载体,2005年10月9日成立。京唐公司位于河北省唐山市曹妃甸工业区,2005年2月国务院批准首钢搬迁后,开始围海造地;2006年3月该项目被纳入国家"十一五"发展规划纲要;2007年2月,围海造地形成陆域面积21.05平方公里;2007年3月12日正式开工建设;2009年5月21日,项目一期一步工程竣工投产;2010年6月26日,一期二步工程竣工投产,形成年产生铁898万吨、钢970万吨、钢材913万吨的综合生产能力,是具有21世纪国际先进水平的钢铁联合企业。

党中央国务院高度重视首钢京唐钢铁基地建设,中央领导指示:要坚持高起点、高标准、高要求;要把首钢京唐钢铁厂建设成为"产品一流、管理一流、环境一流、效益一流"的现代化大型企业,成为具有国际先进水平的精品板材生产基地和自主创新的示范工厂,成为节能减排、发展循环经济的标志性工厂;要实现低成本生产高附加值产品。以中国工程院、重点科研单位和院校的院士专家为主体,主要依托京唐公司开发的"新一代可循环钢铁流程工艺技术",是国家"十一五"科技支撑计划重大项目。

2014年末,京唐公司下设计财部、制造部、设备部、供应管理部、销售管理部、安全管理部、工程部、人力资源部、信息计量部、办公室、党委组织部、党委宣传部(企业文化部)、纪检(监察)办公室、工会、团委等15个职能部门,焦化、炼铁、炼钢、热轧、冷轧作业部,板材加工部、能源与环境部、运输部、质检监督部、薄板开发部、长材部等 11 个单位。在册职工 8455 人，其中有技术和管理人员 2263 人；博士 22 人、硕士 545 人、本科 2243 人；高级职称 266 人、中级职称 621 人；女职工 661 人。

京唐公司拥有唐山首钢京唐西山焦化有限责任公司、唐山首钢京唐曹妃甸港务有限公司、唐山曹妃甸盾石新型建材有限公司、唐山中泓炭素化工有限公司、唐山唐曹铁路有限责任公司、唐山国兴实业有限公司等 6 家合资企业；代管北京首宝核力设备技术有限公司、首钢凯西钢铁有限公司、北京首钢朗泽新能源科技有限公司 3 个总公司合资企业。

2014 年，京唐公司干部职工认真贯彻落实总公司各项要求，坚持层层发动抓措施落实，降本增效取得新成果；抓工艺稳步推进瓶颈攻关，系统运行质量得到新提升；加强市场开发加快产品认证，品种结构优化取得新突破；推进重点工程和技改项目建设，系统工艺水平进一步完善；不断强化基础工作，精细管理水平进一步提升；强化党建工作，和谐企业建设不断深入，职工物质文化生活水平进一步提高；落实京津冀协同发展战略，助推区域经济社会发展。在严峻的市场形势下实现扭亏为盈，公司发展实现重大转折。

（石韶华）

【京津冀协同发展】 京唐公司作为首钢在曹妃甸推进京津冀协同发展战略的实施主体，受到国家及省市领导高度重视。4 月 17 日，北京市委副书记、市长王安顺，副市长张工等一行到京唐公司考察调研，对首钢的历史贡献表示充分肯定，指出首钢是京津冀协同发展的先锋队，首钢的搬迁调整也是推动京津冀协同发展的重要举措；京唐公司在曹妃甸发展得非常好，有力推动了首钢的转型发展，也紧密了京冀两地的产业合作。希望首钢抓住机遇、找准定位、勇挑重担，特别要把曹妃甸园区建设好，发挥其独特的区位和地缘优势，使之成为推动京津冀协同发展的重要载体，形成良好的示范带动作用；要深化改革、苦练内功，加快推动首钢转型发展，用五年的努力，再上一个台阶和新的水平，再创辉煌。

6 月 28 日，中共中央政治局委员、北京市委书记郭金龙率北京市党政代表团，在河北省主要领导陪同下，赴河北省学习考察，推动京津冀协同发展，到京唐公司调研，实地了解企业发展情况，看望慰问先进基层党组织、优秀党员及一线职工。调研过程中，郭金龙一行到

三冷轧食堂与职工一起用餐，并走进厂前区公寓了解职工生活住宿环境等情况；在钢铁厂沙盘模型前，听取京唐公司建设历程、区域功能布局、主要装备、规划及运营情况汇报；考察产品展厅、2 号高炉、炼钢主控室、海水淡化、三冷轧厂、2250 毫米热轧生产线、成品码头等现场，详细询问生产设备、工艺技术等情况；乘船察看矿石码头、通用码头、煤炭码头、LNG 码头、原油码头等港口建设情况。对推进京津冀协同发展作出重要指示：要把首钢京唐公司搞得更好，首钢要作出更大的贡献，要把它作为协同发展的一个重要区域来做实、做好。

京唐公司协助举办"2014'转型发展·钢铁强国之路'高峰论坛暨京津冀协同发展首钢实践研讨会"。论坛以创新驱动、转型发展为理念，旨在推动钢铁业转型升级，同时在京津冀协同发展大背景下，通过解析首钢搬迁调整建设京唐公司并实现转型发展的成功案例，总结实践经验，为钢铁行业发展提供借鉴，探索中国钢铁工业的强国之路。来自企业、协会、研究机构、政府管理部门的领导、专家、企业家、行业精英共 300 余人出席，第十届全国政协副主席、中国工程院主席团名誉主席、院士、中国金属学会理事长徐匡迪，首钢总公司副总经理王毅，中国钢铁工业协会名誉会长、原冶金工业部副部长吴溪淳，中国工程院主席团成员、院士、中国钢研科技集团有限公司钢铁研究总院名誉院长、中国金属学会名誉理事长、原冶金工业部副部长殷瑞钰等专家和领导，先后以《创新驱动促进钢铁业转型发展》、《践行钢铁强国之路，在京津冀协同发展中发挥更大作用》、《探索中国钢铁行业脱困图强之路》、《论曹妃甸钢铁基地的设计思路》为题作主旨演讲，人民日报、经济日报、新华社、中央电视台等十余家新闻媒体记者到会进行采访报道。

京唐公司认真落实领导指示，积极围绕推动京津冀协同发展开展工作。作为出资主体，出资 5 亿元，占股 20% 参与唐曹铁路建设，助推区域经济发展，按股东出资时间要求出资 1.5 亿元，并委派董事 1 人、监事 1 人及管理人员 2 人，9 月 1 日全部到位并正常履职。加强与地区的互动合作，与曹妃甸区联合举办"祖国颂"七彩曹妃甸·企地联谊会，共庆新中国成立 65 周年；联合举行"爱在曹妃甸·携手建家园"青年集体婚礼，65 对新人喜结良缘，鼓励职工在曹妃甸安居乐业。举办"走进曹妃甸·唱响新首钢"中国三大男高音慰问演出。

渤海家园小区幼儿园9月建成开园,由首钢幼教中心负责教学管理,借鉴北京金苹果幼儿园经验,引入先进教学管理理念,为学前幼儿提供高质量、科学规范的教育,解决了职工子女入托的后顾之忧。

(黄明启、别业武、王明江、乔士坤)

【重要会议】 首钢京唐钢铁项目专家委员会会议1月17日在中国工程院召开。第十届全国政协副主席、中国工程院主席团名誉主席、院士、中国金属学会理事长徐匡迪,中国工程院主席团成员、院士、中国钢研科技集团有限公司钢铁研究总院名誉院长、中国金属学会名誉理事长、原冶金工业部副部长殷瑞钰,中国工程院副院长、院士干勇,国家发展和改革委员会顾问、中国国际工程咨询公司专家学术委员会顾问、中国国际工程咨询公司原总经理石启荣,武汉钢铁(集团)公司原副总经理、总工程师、中国工程院院士张寿荣,中国钢铁工业协会名誉会长、原冶金工业部副部长吴溪淳,中国工程院院士、钢铁研究总院名誉院长、中国金属学会名誉理事长、原冶金工业部副部长翁宇庆,中国科协副主席、中国金属学会副理事长、中国工程院院士刘玠,武汉钢铁(集团)公司原总经理、中冶科工集团董事长刘本仁,原中冶京诚工程技术有限公司副总工程师王泰昌,宝钢工程指挥部原副总指挥杨广,中国钢铁工业协会常务副会长朱继民,中国金属学会常务副理事长王天义,首钢总公司、京唐公司领导靳伟、王毅、张功焰、赵民革等出席会议。会议由干勇主持,靳伟致欢迎词,王毅、杨春政就京唐公司新一代可循环钢铁流程关键技术应用、产品开发进展、循环经济和节能减排的实践及效果、生产经营情况作详细汇报;会议现场播放展示绿色京唐、科技京唐、人文京唐的专题片《前进中的首钢京唐公司》。与会院士专家就首钢及京唐公司在生产经营、品种开发、循环经济、节能减排等工作进行点评,就发挥工艺装备优势、调整产品结构、开发产品销售市场、提高系统管理水平等提出建设性意见和建议。

1月27日,京唐公司召开第一届职工代表大会第二次会议,审议总经理王毅题为《系统推进、全面提升、发奋努力,打胜扭亏增效攻坚战》的工作报告,审议《首钢京唐公司2014年预算安排》《首钢京唐公司领导班子廉洁自律情况的报告》《首钢京唐公司2013年业务招待费使用情况的报告》《首钢京唐公司一届一次职代会代表提案受理情况的报告》,与会代表分成9个代表团共11个小组,结合实际深入讨论,通过《首钢京唐公司第一届职工代表大会第二次会议决议》。2014年,京唐公司以保证实现扭亏增效目标为底线,推进工艺稳定,提高系统运行水平;加大关键环节攻关力度,努力实现新突破;加大市场营销和高端产品开发力度,提升产品盈利能力;深挖各方面潜力,提高降本增效能力;推进管理创新,提高精细化管理水平;做好党的群众路线教育实践活动整改落实和建章立制工作,推动干部队伍和企业文化建设。

6月30日,京唐公司召开庆祝建党93周年暨表彰大会,王毅、顾章飞、杨春政、吴峥、陈克欣等出席会议。与会人员收看"首钢庆祝中国共产党成立93周年暨先进基层党组织、优秀共产党员表彰大会和领导干部周末大讲堂"视频,收听首钢总公司党委书记、董事长靳伟题为《关于加强和改进首钢党建工作的几点思考》的报告。会议对2014年度先进党组织和优秀共产党员进行表彰。王毅作题为《建设服务型党组织,加快建设具有世界影响力钢铁企业的步伐》的报告。

6月30日至7月1日,京唐公司召开第一届科技工作会议,首钢总公司和京唐公司领导王毅、赵民革、顾章飞、杨春政、曾立、吴峥等,首钢总工室、首钢技术研究院有关领导出席。中国钢铁协会常务副秘书长、冶金规划院院长李新创和北京科技大学王新华教授围绕钢铁市场的未来走向、钢铁企业如何开展科技创新作报告。杨春政作《坚持创新驱动,建设最具世界影响力的钢铁厂》主题报告,全面回顾2013年的科技创新工作及成果,明确2014年科技创新工作思路和目标,部署下一步科技创新的重点工作。会议对2013年度获得行业协会、北京市、首钢总公司科技进步奖等奖项及2014年"科技标兵"进行表彰;吴峥发布京唐公司26项重点工艺技术攻关项目和重点技改项目,王毅与项目承担部门签订责任书;制造部对《首钢京唐公司2015～2017年度科技发展规划(草案)》作编制说明。受表彰代表、项目有关人员表态发言;赵民革、王毅作重要讲话。

9月17日,首钢京唐钢铁项目专家委员会会议在中国工程院218会议室召开。第十届全国政协副主席、中国工程院主席团名誉主席、院士、中国金属学会理事长徐匡迪主持会议。出席会议的专家委员会成员有:中国工程院主席团成员、院士、中国钢研科技集团有限公司钢铁研究总院名誉院长、中国金属学会名誉理事长、原冶金工业部副部长殷瑞钰,国家发展和改革委员会顾问、中国国际工程咨询公司专家学术委员会顾问、中国国际工程咨询公司原总经理石启荣,中国工程院院士、武汉钢铁(集团)公司原副总经理、总工程师张寿荣;中国钢铁工业协会名誉会长、原冶金工业部副部长吴溪淳,中国工程院院士、中国钢研科技集团有限公司钢铁研究总院名誉院长、中国金属学会名誉理事长、原冶金工业部副部长翁宇庆,中国工程院院士、中国科协副主席、中国金属学会副理事长刘玠,中冶京诚工程技术有限公司原副总工程师王泰昌,宝钢工程指挥部原副总指挥杨广。出席会议的相关专家领导有:中国钢铁工业协会常务副会长朱继民,中国金属学会常务副理事长王天义,中国金属学会秘书长赵沛,中国工程院院士、中国钢研科技集团有限公司教授王海舟,济钢原副总经理、总工程师温燕明,宝钢集团原炼铁专家李维国,中冶京诚工程技术有限公司董事长、北京钢铁设计研究总院院长施设,中国金属学会原副理事长、秘书长、首钢总公司原总工程师李文秀。出席会议的政府相关部门领导有:国家工信部原材料工业司副司长骆铁军、钢铁处处长徐文立,北京市经信委副主任樊健。总公司、京唐公司领导靳伟、徐凝、何巍、王毅、张功焰等参加了会议。会议听取靳伟《首钢在曹妃甸地区进一步发展的总体设想》汇报,并就首钢如何抓住京津冀协同发展战略机遇,加快发展步伐出谋划策。

(乔士坤)

【生产经营】 京唐公司2014年坚持稳中求进、改革创新,做精产品,创优品牌,稳定工艺,强化营销,升级环境,抓好扭亏增效重点突破和企业竞争力全面提升。自5月份扭亏为盈,全年实现利润1.23亿元,比总公司下达的任务增利3.93亿元,同比增利14.27亿元。

受内外因素影响,全年产生铁890.5万吨,同比减少5万吨;钢坯866.6万吨,同比减少2.3万吨;热轧卷851.4万吨,同比增加13.5万吨;酸轧卷412.7万吨,同比减少1.3万吨;连退卷182万吨,同比减少1.5万吨;镀锌卷163.2万吨,同比增加2.1万吨;罩退卷56.2万吨,同比增加12.1万吨;焦炭385.1万吨,同比增加1.1万吨;烧结矿1067.6万吨,同比增加17.1万吨;球团矿397.2万吨,同比增加27.2万吨。自发电量58.3亿千瓦时,同比增加2.2亿千瓦时;自有码头吞吐量980万吨,同比分别增加83万吨。

主要技术经济指标改善。炼铁焦比310.9千克/吨,同比降低1.4千克/吨;喷煤比154.7千克/吨,同比提高1.3千克/吨;炼钢实物钢铁料消耗1084.4千克/吨,同比降低2.2千克/吨。吨钢综合能耗635千克,同比降低10千克;吨钢耗新水3.24吨,同比降低0.2吨。

生产纪录刷新。全年创月产纪录14次,其中1月份产生铁79.4万吨;1月份、3月份、10月份分别产钢坯76.2万吨、76.8万吨、77.7万吨;1月份、3月份、8月份分别产热轧卷75.2万吨、75.4万吨、75.7万吨;6月份热轧产薄规格产品25.2万吨,2.0毫米以下产品6.7万吨;3月份、5月份分别产酸轧卷36.6万吨、37万吨;3月份产镀锌卷15.2万吨;1月份、3月份、10月份分别产罩退卷4.7万吨、5.07万吨、5.1万吨。创日产纪录4次,其中1月12日产热轧卷29464吨;1月12日、6月9日、10月3日2250毫米热轧生产线分别产16041吨、16781吨、16934吨。1号脱磷炉创炉龄纪录1次,9月10日达到14341炉,比原纪录提高372炉。

(黄明启)

【增收节支降成本】 京唐公司坚持全员发动、对标挖潜,推进降本增效。抓关键环节攻关。成立19个减亏增效攻关组,全年降本增效10.12亿元。其中,优化品种结构增利4.69亿元、原燃料采购成本降0.76亿元、配矿成本降1.37亿元、配煤成本降0.67亿元、大型工具费用降0.32亿元、财务费用降0.53亿元、辅材费用降0.31亿元、耐材费用降0.33亿元。

各工序加工费持续降低。铁水冶炼费644元/吨,同比降低134元/吨;冶金焦加工费112元/吨,同比降低7元/吨;钢坯580元/吨,同比降低33元/吨;热轧卷190元/吨,同比降低18元/吨;酸轧卷176元/吨,同比降低30元/吨;连退卷261元/吨,同比降低24元/吨;罩退卷313元/吨,同比降低50元/吨。开展职工创新活动。新成立焦化作业部董玉奎、炼钢作业部王建斌、热轧作业部孙宝平、冷轧作业部刘学良、冷轧作业部王利锋、冷轧作业部李京川、质检监督部董浩明、运输部葛枫、供应管理部宿光清、制造部郭亮等职工创新工作室10个,总数达33个,完成稳定球团矿抗压强度、全三脱冶炼实现无氟化炼钢、1580加热炉装钢辊道光检位置改造、提高焊缝质量、提高混匀矿TFe稳定性、优化马口铁装船工艺等攻关课题263项。职工提合理化建议

2344 条,采纳实施 1149 条,实现效益 3.8 亿元。烧结厂混 4 和混 8 皮带改造建议实施后皮带寿命延长 1 倍;酸轧高速断带自动开辊缝建议实施后年效益 580 万元;利用冷轧部蒸发冷却器对钝化液进行减量建议实施后年效益 252 万元。

（王鹤更）

【优化产品结构】 京唐公司以汽车板"五大体系"建设为抓手,推进全流程制造能力提升。推进产品完成 520 万吨,同比增加 76 万吨。汽车板完成 82.9 万吨,同比增加 20 万吨,其中镀锌汽车板比例同比提高 13 个百分点。出口产品 130.4 万吨,其中出口汽车板实现翻番。推进产品增收 15 亿元、增利 8.9 亿元。

高附加值产品加大开发力度。全年新开发品种钢 50 个牌号,可生产热轧产品 14 大类、26 个类别、153 个牌号,冷轧产品 6 大类、18 个类别、145 个牌号。热轧系列产品,管线钢开展供中石油 X90 小批量试制;实现沙特海水淡化项目用 22 毫米厚度极限规格 X65 批量供货 3.5 万吨。高强钢与中国电力科学研究院、北京科技大学合作,完成新型耐候钢 SQ420NH 的工业试制;完成高强集装箱板 S800NQ、高强车厢板 SH900MC 的工业试制。车轮钢成功开发轮辋用钢 S600CL;采用低锰微铌成分体系,成功实现超载重卡专用轮辐钢的系列化开发并供货 3.6 万吨,吨钢降成本 30 元。冷轧系列产品,汽车板开发出 DP、TRIP、含磷高强、烘烤硬化、高强 IF 钢等系列产品,实现 780 兆帕级别以下钢种全覆盖,其中连退实现 980 兆帕级别以下钢种全覆盖。家电、专用板开发出供南京 LG 洗衣机电机端盖用全无铬钝化板 DX52D+Z、合肥美的洗衣机用 DX51D+Z、江苏立霸供三星洗衣机彩涂板用 JD4+Z、供帅康热水器内胆用搪瓷钢 STC2、天津加美特接线端子用 40 号钢等产品。镀锡板实现从无到有,填补首钢这一产品空白,覆盖一次冷轧连退 MR T-3 CA、MR T-4 CA、MR T-5 CA 和罩退 MR T-2 BA、MR T-2.5 BA、MR T-3 BA,二次冷轧材 MR DR-7M CA、MR DR-8 CA 具备小批量接单能力;产品厚度最薄拓展至一次冷轧连退材 0.16 毫米、罩退材 0.20 毫米,二次冷轧材 0.15 毫米。酸洗板开发出 SAPH400-P、SAPH440-P、510L-P 等汽车用高强系列产品。彩涂板开发出深冲级别高档建筑用板和书写板产品。

推进高端产品认证。全年开展认证项目 65 个,超计划 22 个。其中,汽车板开展 24 家车企、50 款车型共 469 个零件的认证,包括长安福特的蒙迪欧、翼虎、锐界,通用 GL-8、凯越,神龙新爱丽舍、标致 3008 等,实现向通用汽车、四川现代、长安福特小批量供货。用一年半时间完成长安福特的体系、材料、零件、涂装认证和主供应商审核 5 个流程,一次性通过软钢 6 个牌号的涂装认证。家电专用板开展中粮、大金、美的、富士康等 13 家用户的认证,涉及制桶钢、全无铬钝化、优碳钢、双层焊管、搪瓷钢等系列产品。高强钢开展北汽福田自卸车车厢侧板用钢 SH900MCD、湖北明盛的弥散强化钢 MS700MCD 等 4 个项目认证。车轮钢开展厦门日上 510L、山东正兴低锰微铌成分 S440LF 等 3 个项目认证。镀锡板开展中粮包装、奥瑞金包装等 14 家企业的制罐用钢认证。酸洗板开展比亚迪、北汽增城、上汽大通等 6 家用户认证。彩涂板通过石家庄科达书写板 TDC51D+Z 的认证。

完善用户服务体系。推进"用户交货期管理平台"系统应用,着手实施《大客户代表实施方案》、《客户走访制度》。每月分析合同兑现情况,及时查找分析问题并采取针对性措施,全年整体合同兑现率 96.12%,同比提高 1 个百分点;整单合同兑现率 87.19%,同比提高 0.21 个百分点;直供比例 82.67%,同比提高 1.05 个百分点;质量异议处理时间降至 10.58 天/件,同比减少 4.86 天/件。

（郭　亮、朱余秋）

【工艺稳定攻关】 京唐公司对影响工艺稳定的重点环节和关键点持续攻关。2014 年,新增生产、销售类管控指标,公司级评价指标由 81 项增至 100 项,作业部级支撑性评价指标由 130 项增至 166 项,实现从原燃料进厂到质量异议处理全覆盖。通过实施 38 大项攻关措施,质量、工艺、设备等方面存在的若干问题得到解决,工艺稳定水平提高。重点攻关措施包括:成功投用 2 号高炉氧煤枪,富氧率由 5% 提高到 5.5%,"张贺顺高炉氧煤枪富氧团队"获北京市国资委 2014 年度企业优秀科技创新团队资助。通过优化精炼结束温度控制、保护渣标准化操作等措施,11、12 级板坯合格率由 79.27% 提高到 90% 以上;攻克减少萤石加入量后转炉炉渣发粘、脱磷困难、氧枪沾粗、炉衬"结瘤"等难题,实现转炉无氟化炼钢。推行"3+3"轧制模式,热轧平均机时卷数同比提高 2.5 卷。强化汽车板锌灰锌渣攻关,百米锌渣个数控制在 2.5 个以下。

（刘建华）

【企业管理】 京唐公司推进管理科学化、规范化、精细化。落实国家相关法律法规和总公司相关要求，结合实际修订完善专业管理制度 16 类 60 项，调整优化机构 8 个。根据首钢总公司要求，自 9 月 1 日起首钢凯西公司划归京唐公司管理。

推进精益六西格玛管理。实施第二期 40 个公司级、66 个部门级精益六西格玛项目，涉及 18 个部门，覆盖主流程所有管理业务。首次选聘骨干 12 人作为内部顾问辅导项目实施，产生优秀项目 11 个、良好项目 53 个，创造经济效益 2.7 亿元。通过两年精益六西格玛项目的培训和实施，49 人取得黑带课程培训合格证，422 人取得绿带培训合格证。

推进 6S 现场管理。按照培训先导、样板先行、全面推进、巩固提升的总体思路，2 月份打造出 9 大样板区、13 个样板点，4 月份全面推广，11 月份进入巩固提升阶段。打造 6S 标准区域 543 个、亮点 9355 个，整洁有序、安全高效的工作环境初步建立，生产办公效率和职工素养得到提升。

推进管理标准化工作。通过莱茵公司"四标合一"管理体系年审及能源管理体系转版认证，启动信息化、工业化"两化"融合管理体系贯标工作。300 兆瓦机组获国家能源局核发的"电力业务许可证"。推进安全生产标准化建设，达标生产单元达到 8 个。

（黄明启、朱立新、关　锴、王俊杰）

【节能环保】 2014 年，京唐公司完成节能项目 9 项，其中，供热锅炉除氧器、锅炉排污蒸汽回收项目年节约标煤 4500 吨；污水处理站再生水自动勾兑项目年节约除盐水 16 万吨。深化环境治理，3 月 9 日拆除 1 号 300 兆瓦机组烟气脱硫旁路，11 月 10 日、12 月 17 日先后拆除 1 号和 2 号烧结烟气脱硫旁路；3 月 9 日、9 月 20 日先后完成两台 300 兆瓦机组脱硝加第三层催化剂项目。通过早调度会及时发布国家和地方政府关于环保工作的要求，通报各地违法排污事件相关信息，警示各单位做好环保工作。2014 年，吨钢烟粉尘排放量 0.43 千克、二氧化硫排放量 0.41 千克；大气环境质量二氧化硫平均 23 微克/立方米，优于国家二级标准年均值。

（刘正发）

【薪酬分配制度改革】 京唐公司落实总公司深化薪酬分配制度改革试点工作要求，研究制定《首钢京唐钢铁联合有限责任公司年功工资实施办法》、《首钢京唐钢铁联合有限责任公司 2014 年工资制度改革实施细则》，分别于 11 月份和 12 月份完成年功工资补发和套标工资发放。根据《首钢总公司四地钢铁业艰苦岗位津贴实施办法》、《首钢总公司异地工作补贴实施办法》，结合实际，推进京唐公司的艰苦岗位津贴、异地工作补贴实施工作。

（刘志民）

【行业交流与合作】 京唐公司 2 月 13 日至 14 日组织召开第三代汽车用钢及高强管线钢技术交流会，中国工程院院士翁宇庆、中国金属学会常务副理事长王天义、中国钢研科技集团有限公司钢铁研究总院副院长董瀚、教授曹文全、北京科技大学教授尚成嘉、西安管材研究院院长霍春勇，长春一汽技术中心材料部部长应善强等专家出席会议。翁宇庆作《产、学、研、用合作开发新一代汽车用钢》专题报告；霍春勇、尚成嘉、应善强、曹文全等分别就第三代大输量天然气管道关键技术研究进展、第三代管线钢研发、第三代汽车用钢需求和发展、高强塑积汽车用钢研发的最新进展作专题报告。首钢技术研究院和京唐公司分别就汽车板和管线钢开发作汇报。与会专家就热轧、冷轧产品的研究与开发等问题进行互动交流。

4 月 16 日，宝钢集团总经理何文波，宝钢集团党委常委、宝钢股份总经理戴志浩，率宝钢股份、梅山钢铁、宝钢特钢、湛江钢铁、新疆八一钢铁、宁波钢铁、韶关钢铁、宝钢不锈钢、宝钢工程、宝钢节能、宝钢国际、宝钢北方等宝钢集团下属公司领导及相关部门负责人一行 30 余人，参观京唐公司，双方围绕生产线工艺技术、节能环保技术应用、加强双方沟通等进行交流。

10 月 27 日至 31 日，京唐公司总经理王毅带队，赴韩国现代制铁唐津制铁所开展技术交流并签署双方第二个三年技术合作谅解备忘录，继续在铁前、炼钢、热轧带钢等生产和环保、能源、设备维护维修、安全管理等方面开展定期技术交流；赴浦项制铁公司考察烧结脱硫和电除尘技术，走访 Ajubesteel、Nexteel 等京唐公司 J55 管线钢韩国客户。

11 月 7 日，武钢集团董事长邓崎琳一行参观考察京唐公司。

12 月 2 日至 3 日，韩国现代制铁所技术研究所专务李桂荣、五星公司常务柳荣根一行 14 人,到京唐公司参观钢铁厂沙盘模型、高炉主控室、球团、烧结、炼钢主控室、2250 毫米热轧生产线、1420 毫米冷轧生产线、成品码头等现场,并分成研究开发、炼铁、炼钢、安全 4 个小组分别与京唐公司相关专业人员进行交流。12 月 29 日,鞍山钢铁集团公司、本钢集团有限公司、唐山钢铁集团公司相关领导,率各自团队到京唐公司座谈交流,四方本着相互信任、利益共享和风险共担原则,提出共享采购库存及联合储备的管理模式,签署备件战略储备合作相关协议。

(朱立新、邵文策)

【校企合作】 北京科技大学校长张欣欣 11 月 19 日率领校教务处、科研部、冶金与生态工程学院等院、处领导到京唐公司,就校企深入合作事宜,与京唐公司领导王毅、顾章飞、王涛等会谈,总公司副总经理赵民革、技术研究院领导王立峰等出席。双方举行"校企协同、共谋发展"合作签约仪式,王毅代表京唐公司、张欣欣代表北京科技大学,共同签署技术开发(合作)、校企联合人才培养、合作编写教材 3 项协议。

(刘建华)

【项目建设】 京唐公司二期项目取得进展。9 月 22 日国家发改委委托中咨公司组织召开二期项目方案专家论证会,围绕二期项目节能、环保、资源综合利用、与一期工程的配套和衔接、项目产能置换等方面,提出 45 条意见和建议。11 月 23 日与会专家专程到京唐公司调研,参观考察钢铁主流程的主要生产线,海水淡化、水渣细磨、煤气发酵制乙醇等循环经济项目和成品码头,听取京唐公司关于一期工程建设运行和二期工程安排情况的汇报,进一步提出具体意见和建议。

7 月,电厂粉煤灰深加工项目投入试生产,实现工业废渣再利用。

8 月,1420 毫米冷轧配套项目 8 号重卷机组投入运行,镀锡缺陷卷和连退切边卷的处理能力得到增强。

10 月,钢渣处理间大型颚式破碎机生产线正式投产,实现含铁钢渣 100%"自循环"。

11 月,完成热轧 2250 毫米超快冷、强力卷取机改造项目,使同等合金成分条件下强度提高 100 兆帕～200 兆帕,同等强度条件下降低冶炼成本 100 元/吨,为开发更高强度的高强钢、双相钢、TRIP 钢创造条件。

全年完成技改项目 75 项。其中,烧结机密封改造项目投用,漏风率降低 12 个百分点;铁包加盖项目投用,铁水到站温降减少 15.1℃;炼钢 RH 智能精炼改造项目投用,提高精炼质量的同时减少合金损耗,年降成本 87.6 万元。2250 毫米热轧 1 号、2 号加热炉自动化烧钢改造项目,通过调整煤气量减少热量损失,年降成本 600 余万元。1700 毫米冷轧 1 号镀锌线增加沉没辊刮刀项目,减少带钢锌渣缺陷的产生,年效益 180 万元。

(杜朝辉、刘建华)

【干部和职工队伍建设】 京唐公司加强干部队伍建设,年内调整领导干部 95 人,其中提职 48 人,交流 41 人,处级以上领导干部 4 人因精神状态不好或发生重大责任事故受到免职处理。加强后备干部队伍建设,推荐 14 人参加总公司特(短)训班学习,完成后备干部 226 人推选考察。建立党委中心组(扩大)学习制度,强化领导干部的理论学习培训,开展集体学习 32 次。加强职工队伍建设。成立首钢培训中心京唐公司培训工作站,钢铁冶金预备技师班开班,推动首钢培训中心与京唐公司实名教育培训工作的合作,为培养技能人才开创新模式。全年累计组织培训 2621 期次,编写培训教材 18 册,人均培训 68 学时,员工持证上岗率 100%。推荐选拔岗位技术骨干 16 人参加总公司和北京市操作技能专家研修班,取得课题成果 120 项。完成 1500 余人技能等级课程培训与资格鉴定,414 人取得高级技师或技师职业资格。完善科技人才选拔和管理制度,职工 15 人被评选为京唐公司"科技标兵"。受总公司委托,成功承办北京市第十六届职业技能竞赛首钢赛区决赛开幕式,组织职工 7000 余人参加 56 个工种的预赛,选拔 91 人参加 14 个工种决赛,5 人获第一名,26 人获"首钢技术能手"称号,京唐公司获评"优秀组织单位"。

(刘志民)

【党建工作】 京唐公司深化党的群众路线教育实践活动。3 月 6 日召开党的群众路线教育实践活动总结会议。公司领导王毅、顾章飞等,各基层单位党政主要干部和首钢党的群众路线教育实践活动第一督导组成员参加会议。2014 年,在学习教育、听取意见,查摆问题、扎实推进的基础上,从严从实深化党的群众路线教育实践活动整改落实、建章立制工作,对领导班子整改方案中 5 个方面 17 项措施逐项落实,年内完成 15 项。

持续改进工作作风,落实总公司要求,建立健全制度体系,强化制度的约束力。推进机关作风建设,按季度开展民主评议,促进职能部门作风转变。推进党风廉政建设,组织召开座谈会,总结部署党风廉政建设和反腐败工作;开展"牢记宗旨讲党性、严明纪律正党风"主题教育、廉洁文化"进班子、进岗位、进宿舍"和北京廉政故事、廉政微短剧征集等活动,营造廉洁文化氛围;开展效能监察17项,围绕经营生产中暴露的问题和薄弱环节、原燃料取样、招投标项目等开展专项监督检查,确保公司重点工作有效落实。

完成86个基层党支部的换届选举,加强党的基层组织建设。推进服务型党组织建设,炼钢作业部炼钢区党支部、冷轧作业部第三冷轧分厂党支部和办公室党支部三个试点单位积极探索服务生产、服务职工、服务党员的方法和途径。全年培训入党积极分子103人,发展党员78人,其中一线职工占79.5%,党员队伍结构得到改善。开展党内创先争优、党支部"达晋创"活动,评选出先进党支部6个、先进党小组24个、优秀共产党员125人,先进集体21个和先进个人51人受到总公司表彰。

(刘志民)

【宣传和企业文化建设】 京唐公司抓住扭亏为盈等重大契机,强化对外宣传,人民日报、新华网等主流媒体报道50多次,京唐公司品牌形象得到提升。用好报纸、电视、网络网站三大平台,将2开对开《首钢京唐通讯》扩版为对开《首钢京唐报》,内容增加40%,完成公众微信平台申请认证,职工通过微信能够及时了解京唐公司重要决策和生产经营动态;丰富京唐电视新闻内容,编制《京唐电视新闻》49期,12个电视专题;公司网站重新设计改造,1月份正式运行。强化形势任务教育、先进典型事迹和公司重点工作宣传,报道先进集体和个人46个,结合生产经营中心工作开办"降本增效"、"6S管理"等专栏和征文。开展"最美首都国企人"、"首钢人的故事"、"曹妃甸道德模范"等宣讲评选活动,激发职工工作热情和干劲。

(王明江)

【改善职工生活】 京唐公司持续推进"家园"、"心田"、"鹊桥"工程。组织职工团购3+区域蓝海嘉苑和昱海澜湾住房1450套,基本形成唐海渤海家园小区、3+团购住宅和厂前区公寓三点一线居住格局。厂前区候车大厅建成投用,改善职工候车环境。协调曹妃甸区工人医院完善科室建设,唐山籍职工实现刷医保卡就

医。慰问一线骨干和困难职工235人,办理各类理赔保险1343人次。开展"走进曹妃甸·感受新京唐"活动,组织百余名先进职工家属参观钢铁生产全流程、曹妃甸工业区商务区、职工生活小区,了解职工生活、工作环境。评选职工"幸福之家",择优向总公司工会推荐5个,其中冷轧作业部杨振宇家庭获首钢职工"幸福之家"特别奖;举办青年交友联谊活动,组建"爱心红娘"团队,多渠道解决青年婚恋问题。实施"菜园"工程,利用厂前区滩涂开荒造田,开发蔬菜种植地40亩,各单位分区域管理,通过自主种植、管理,倡导积极、健康、快乐的生活方式,增强职工的集体荣誉感和成就感,成为厂区一道亮丽的风景线。组织开展"奋斗的青春最美丽"、年修"青年突击队"等系列活动,激发青年职工立足本职工作的热情。

(石韶华、别业武、王明江、蔡 爽)

【创新成果】 京唐公司承担的"十二五"国家科技支撑计划项目——"钢铁企业关键界面物质流、能量流协同优化技术与工程示范"课题全面启动。铁钢界面、钢轧界面、能源转换界面技术3个子课题已具备中期验收条件。

推进科技创新。"微合金化钢板坯角部缺陷形成机理及控制技术的开发与应用"、"大型带式焙烧机球团技术研究开发与创新应用"分获冶金科学技术奖一等奖,"京唐热轧厚规格管线钢高效稳定轧制开发与应用"、"首钢京唐公司脱碳转炉炉龄与底吹同步技术研究"分获三等奖;"海水淡化联合发电关键技术研究与应用"获北京市科学技术奖二等奖,"首钢京唐300吨转炉'全三脱'冶炼自动化炼钢技术"、"超大型高炉高效低耗技术集成研究与应用"分获三等奖;"大型高效板坯连铸机自主设计与集成"、"300兆瓦发电机组节能减排综合应用技术"分获河北省科学技术奖三等奖;"高炉炉体水温差无线监测及在线维护技术"获中国金属学会主办的"冶金青年创新创意大赛"企业组特等奖。在总公司科学技术奖评选活动中,获首钢科学进步一等奖6项、二等奖11项、三等奖13项。经总公司验收评估,京唐公司"提高京唐干熄焦炉斜道区耐火材料使用寿命的研究"项目达到国际领先水平,"首钢京唐炼钢系统冒烟综合治理技术研究"项目达到国际先进水平,另有9项成果达到国内领先水平,5项成果达到国内先进水平,1项成果达到行业领先水平。全年申报

专利 83 项,获专利授权 52 项,其中发明专利 13 项、实用新型专利 39 项。

推进管理创新。"大型钢铁企业以工艺稳定为目标的系统保障能力建设"获冶金企业管理现代化创新成果一等奖,"大型钢铁企业系统性物流管理体系的构建与实施"获二等奖;"大型钢铁企业集中一贯管理体系的构建与实施"获北京市管理现代化创新成果一等奖,"现代钢铁联合企业可靠性设备维检体系构建与实践"获二等奖。"减少非稳态坯比例"、"降低烧结返矿率"均被中国质量协会评为"2014 年六西格玛优秀项目","降低原燃料收发存成本"被评为"2014 年精益管理优秀项目";"减少 2250 托盘运输线吊点钢卷下线异常事故"被评为 2014 年度河北省冶金行业质量管理优秀成果第二名。

推进工程质量创优。三冷轧厂酸轧磨辊标段工程、三冷轧厂连退—电镀锡工程均被评为冶金行业优质工程。

推进产品质量创优。京唐公司 J55 石油套管用热轧宽钢带、HP295 焊接气瓶用钢板和钢带、DC03 冷轧低碳钢板及钢带 3 项产品,获 2014 年冶金行业实物质量"金杯奖"。

(孟令功、魏志军、王立芬)

【荣誉称号】 京唐公司被中国钢铁工业协会授予"中国钢铁工艺清洁生产环境友好企业"称号,被河北省确定为省内首家清洁生产标杆企业;被中国企业文化研究会评为"企业文化顶层设计与基层践行优秀单位"。炼铁作业部 1 号高炉获"北京市工人先锋号"称号;炼铁分厂获 2013 年度"北京市'安康杯'竞赛优胜单位"称号。

京唐公司总经理王毅获"全国五一劳动奖章"、2013~2014 年度"北京优秀企业家"称号;炼钢作业部脱碳炉炼钢工陈香荣获"首都劳动奖章";酸轧日修钳工陈云获"全国青年岗位能手"称号。

(别业武、孟令功、蔡 爽)

【京唐公司部门负责人】

计财部

部　长:黄明启

副部长:王鹤更

制造部

部　长:朱立新(4 月任职)

　　　　曾　立(兼,4 月离任)

第一副部长:朱立新(4 月离任)

副部长:刘建华　林绍峰　王晓朋　范　军

设备部

部　长:邵文策(9 月任职)

　　　　高志平(9 月离任)

副部长:谢启川　张　扬

党委书记:曹连成(4 月任职,9 月离任)

　　　　　高志平(4 月离任)

党委副书记:高志平(4 月任职,9 月离任)

　　　　　　焦建峰(4 月离任)

　　　　　　李春风(10 月任职)

纪委书记:曹连成(4 月任职,9 月离任)

　　　　　焦建峰(4 月离任)

　　　　　李春风(10 月任职)

供应管理部

部　长:周　波(4 月任职)

　　　　薛万青(4 月离任)

副部长:王育奎　王吉航

　　　　周　波(4 月离任)

党委书记:薛万青(4 月任职)

　　　　　曹连成(4 月离任)

党委副书记:周　波(4 月任职)

　　　　　　薛万青(4 月离任)

纪委书记:薛万青(4 月任职)

　　　　　曹连成(4 月离任)

销售管理部

部　长:李　越

副部长:赵继红

安全管理部

副部长:王俊杰

党委副书记:吴宝田(4 月任职)

纪委书记:吴宝田(4 月任职)

工程部

部　长:杜朝辉

副部长:刘庆云　周　雁(1 月离任)

人力资源部

部　长:杨木林(4 月任职,9 月离任)

　　　　许春明(4 月离任)

　　　　刘志民(9 月任职)

副部长:关　锴(4月任职)

　　　　陈晓萍(9月离任)

信息计量部

部长:高　莉

办公室

主　任:陈克欣(兼)

副主任:石韶华　别业武(4月离任)

党委组织部

部　长:杨木林(4月任职,9月离任)

　　　　许春明(4月离任)

　　　　刘志民(9月任职)

副部长:张福杰(5月离任)

党委宣传部(企业文化部)

副部长:王明江

纪检(监察)办公室

主　任:张延风(10月任职)

副主任:李春风(10月离任)

工　会

副主席:别业武(4月任职)

　　　　孙建民(4月离任)

团　委

副书记:蔡　爽

机关党委

党委书记:别业武(4月任职)

　　　　陈克欣(兼,4月离任)

党委副书记:别业武(4月离任)

纪委书记:别业武

焦化作业部

部　长:杨庆彬

副部长:李　鹏　王贵题(4月任职)

党委书记:韩致洲

党委副书记:杨庆彬

纪委书记:杨庆彬

炼铁作业部

部　长:张贺顺

副部长:张保顺　任立军

　　　　熊　军(4月任职)

　　　　刘正发(4月离任)

党委书记:张贺顺(4月任职)

　　　　卢正春(4月离任)

党委副书记:安　钢(4月任职)

　　　　张贺顺(4月离任)

纪委书记:安　钢(4月任职)

　　　　卢正春(4月离任)

炼钢作业部

部　长:罗伯钢

副部长:苏震霆　曾卫民　张丙龙(11月任职)

党委书记:罗伯钢

党委副书记:李金柱

纪委书记:李金柱

热轧作业部

部　长:赵继武

副部长:王松涛　汪万根(5月离任)

党委书记:焦建峰(4月任职)

　　　　毛庆会(4月离任)

党委副书记:赵继武

纪委书记:焦建峰(4月任职)

　　　　毛庆会(4月离任)

冷轧作业部

部　长:周建(兼)

副部长:尹显东　王贵阳

党委书记:孙建民(4月任职)

　　　　杨木林(4月离任)

纪委书记:孙建民(4月任职)

　　　　杨木林(4月离任)

板材加工部

部　长:汪万根(5月任职)

　　　　张　兴(兼,5月离任)

副部长:王大川　张东风

党委书记:刘志民(9月离任)

纪委书记:刘志民(9月离任)

能源与环境部

部　长:刘正发(4月任职)

　　　　邵文策(4月离任)

副部长:王树忠　吴礼云

　　　　汪洪涛(9月任职)

党委书记:陈晓萍(9月任职)

　　　　邵文策(9月离任)

党委副书记:刘正发(4月任职)

　　　　吴宝田(4月离任)

纪委书记:邵文策(4月任职,9月离任)

吴宝田(4月离任)

陈晓萍(9月任职)

运输部

副部长:张海云(主持工作)

冯 超 张 英

党委书记:郭大林

纪委书记:郭大林

质检监督部

部 长:魏 钢

副部长:于学斌 艾矫健

党委书记:魏 钢

党委副书记:曾德辉

纪委书记:曾德辉

薄板开发部

负责人:张召恩

长材部

负责人:刘志忠

(刘志民)

【首钢京唐2014年大事记】

1月2日 京唐公司入选第二批符合《钢铁行业规范条件》企业名单。

1月17日 首钢京唐钢铁项目专家委员会会议在中国工程院218会议室召开。

1月20日 京唐公司召开6S现场管理暨精益六西格玛二期项目启动大会。

1月23日 京唐公司一期建设项目通过国家环保部验收。

1月26日 总公司党委书记、董事长靳伟,党委副书记姜兴宏到京唐公司调研并慰问生产一线干部职工。

1月27日 京唐公司召开第一届职工代表大会第二次会议。

1月 京唐公司转炉实现无氟化炼钢。

2月13日~14日 京唐公司组织召开第三代汽车用钢及高强管线钢技术交流会。

2月25日 京唐公司负责的"十二五"国家科技支撑计划项目——"钢铁企业关键界面物质流、能量流协同优化技术与工程示范"课题正式启动。

3月6日 京唐公司召开党的群众路线教育实践活动总结会议。

3月12日 中国石油冀东油田公司总经理齐振林一行到京唐公司参观座谈。

3月13日 京唐公司撤销销售管理部成品发运中心,成立运输部储运分部。

4月1日 京唐公司召开党风廉政建设工作座谈会。

4月11日 人民日报、新华社、中央人民广播电台、中央电视台等30余家中央、省、市的媒体记者到京唐公司参观采访。

4月16日 宝钢集团总经理何文波率宝钢集团下属公司领导一行到京唐公司参观交流。

4月16日 京唐公司1号110千伏变电站为冀东油田第二路电源正式送电。

4月17日 北京市委副书记、市长王安顺,副市长张工率市政府办公厅、研究室,市经信委、财政局、国资委、发改委、科委、国土资源局、规划委及市委宣传部领导一行到京唐公司考察调研,总公司领导靳伟、徐凝、姜兴宏、许建国、王毅、张功焰、孙永刚、顾章飞等陪同。

4月28日 京唐公司召开一季度干部大会。

5月6日 国家开发银行总行行长郑之杰一行到京唐公司参观考察。

5月7日 包钢稀土板材公司党委副书记、工会主席郑玉君一行到京唐公司参观交流。

5月12日~13日 中冶集团原董事长杨长恒一行到京唐公司参观考察。

5月15日 国务院发展研究中心主任李伟一行到京唐公司参观考察。

5月15日 京唐公司对材加工部组织机构进行调整,成立生产技术室、设备工程室、综合办公室(党委办公室)三个处级机构。对供应管理部组织机构进行调整,撤销供料场,成立生产技术室、设备工程室、资源利用处。

5月16日 中关村管委会主任郭洪、中国农科院副院长唐华俊、山西省司法厅厅长崔国红、中冶集团总经理国文清一行到京唐公司参观考察。

5月21日 北京市政协副主席赵文芝一行到京唐公司参观调研。

5月28日 "走进曹妃甸·唱响新首钢"——中国三大男高音慰问演出在京唐公司举行。

6月5日 北京市经信委副主任熊梦、樊健一行到京唐公司调研。

6月5日　京唐公司在厂区内举办"绿色出行倡议"活动。

6月11日　富士康采购中心负责人管鹏宇一行到京唐公司参观交流。

6月19日　京唐公司炼铁2号高炉氧煤枪(2号氧煤枪)投用。

6月19日　京唐公司1600米通用码头工程通航安全影响论证报告顺利通过河北海事局评审。

6月24日　上海市政协党组副书记、副主席周太彤一行到京唐公司参观考察,河北省副省长、唐山市委书记姜德果等陪同。

6月26日~27日　首钢后备干部特训班学员84人到京唐公司参观学习。

6月28日　中共中央政治局委员、北京市委书记郭金龙,市委副书记、市长王安顺率北京市代表团赴河北学习考察,到京唐京唐公司调研,看望慰问先进基层党组织、优秀党员及一线职工,河北省主要领导陪同。

6月30日　京唐公司召开庆祝建党93周年暨表彰大会。

6月30日~7月1日　京唐公司召开第一届科技工作会议。

7月7日　中国工业经济联合会执行副会长陈小津、中国船舶行业协会常务副会长李柱石等一行到京唐公司参观调研。

7月10日　京唐公司成立劳动争议调解委员会。

7月16日　京唐公司冷轧3号镀锌线成功试制出GA板(锌铁合金板)。

7月23日　京唐公司成立办公室法律事务处。

7月29日　北京市国资委副主任张宪平及部分市属企业领导到京唐公司参观调研。

7月份　京唐公司粉煤灰深加工项目投入试生产。

8月14日　由北京市委宣传部、河北省委宣传部共同组织京冀两地主流新闻媒体赴河北联合采访记者团到京唐公司参观采访。

8月20日　京唐公司三冷轧配套项目8号重卷机组投入运行。

8月22日　"2014'转型发展·钢铁强国之路'高峰论坛暨京津冀协同发展首钢实践研讨会"在京举行。

8月26日　京唐公司"两化"融合管理体系贯标工作正式启动。

9月1日　首钢凯西钢铁有限公司划归京唐公司管理。

9月10日　京唐公司渤海家园小区渤海幼儿园正式开园。

9月12日　京唐公司300兆瓦燃煤机组获得"电力业务许可证(发电类)"。

9月12日　京唐公司与曹妃甸工业区联合举办"爱在曹妃甸·携手建家园"2014年青年集体婚礼。

9月17日　首钢京唐钢铁项目专家委员会会议在中国工程院218会议室召开。

9月22日　国家发改委委托中咨公司组织召开京唐公司二期工程方案评估会。

9月24日　京唐公司与曹妃甸区联合举办"祖国颂·七彩曹妃甸"企地联谊会暨慰问演出。

10月7日　北京市体育局副局长孙学才等率领世界冠军马龙、丁宁等北京首钢乒乓球俱乐部队员到京唐公司慰问表演。

10月14日　新任唐山市委书记焦彦龙到京唐公司参观调研。

10月15日　京唐公司炼钢作业部钢渣处理间大型颚式破碎机生产线正式投产。

10月15日~17日　总公司党委书记、董事长靳伟到京唐公司调研,总公司领导王毅、张功焰等参加调研。

10月16日　京唐公司承办北京市第十六届工业和信息化职业技能竞赛首钢赛区决赛开幕式。

10月27日~31日　京唐公司总经理王毅带队赴韩国现代制铁唐津制铁所开展技术交流,签署双方第二个三年技术合作谅解备忘录。

10月30日　由国务院新闻办组织的新西兰电视台媒体记者简·勒斯克姆一行到京唐公司参观采访。

11月1日~12日　京唐公司按照地方省市政府下达的APEC峰会期间停产限产要求落实各项环保措施。

11月7日　武钢集团董事长邓崎琳一行到京唐公司参观考察。

11月7日　北京市企业管理现代化创新成果办公室主任、北京市企业联合会会员部部长张可新一行到京唐公司参观座谈。

11月10日　京唐公司1号烧结机烟气脱硫系统旁路顺利拆除。

11月12日　河北省推进京津冀协同发展专家咨询委员会组长叶连松一行到京唐公司参观考察。

11月13日　京唐公司2250毫米热轧生产线新增超快冷系统投入生产。

11月19日　京唐公司与北京科技大学举行"校企协同·共谋发展"合作签约仪式，签署技术开发（合作）、校企联合人才培养、合作编写教材3项协议。

11月23日　国家发改委顾问、中咨公司原总经理石启荣，中咨公司冶金建材部副主任陈子琦，中钢协副秘书长迟东京，冶金经济发展研究中心副主任郑玉春等京唐二期工程评估专家到京唐公司参观调研。

12月8日～9日　大宇中国董事长南廷垠一行到京唐公司参观座谈。

12月11日　三菱日立电力系统有限公司百武慎德一行到京唐公司座谈交流。

12月17日　京唐公司2号烧结烟气脱硫系统旁路顺利拆除。

12月18日　京唐公司获得《河北省排放污染物许可证》。

12月18日　国家发改委党组成员、副主任胡祖才一行到京唐公司考察调研。

12月18日　京唐公司召开6S现场管理年终总结报告会。

（闵　亮）

首钢凯西钢铁有限公司

【首钢凯西公司领导名录】

董事长：韩　庆

副董事长：黄亚河

总经理：瞿　标

常务副总经理：张庆春

副总经理：叶松仁　吴　辉　王光峰

（黄紫云）

【综述】　按照国家钢铁产业调整和振兴规划以及国务院关于"海西战略"发展的要求，首钢总公司与福建凯西集团有限公司于2011年5月30日合资设立首钢凯西钢铁有限公司，公司注册资本15亿元，其中首钢总公司、福建凯西集团有限公司分别持股60%、40%。公司位于福建漳州招商局经济技术开发区，总占地面积1220亩。主要产品为冷轧薄板、镀锡板、镀铬板，产品销售市场主要以福建、广东为主，辐射江浙、江西、台湾地区及东南亚、欧美等海外市场。包括2条推拉式酸洗生产线、1条八辊五机架全连续冷连轧生产线、1条四辊五机架全连续冷连轧生产线、2套二十辊森吉米尔可逆薄板轧机、2套四辊单机可逆薄板轧机、1条钢带连续光亮退火生产线、16台光亮罩式退火生产线、1条脱脂线、3条拉矫线、1条电镀铬生产线、1条电镀锡生产线、1条马口铁剪切线。部分生产线逐步进行升级改造，不断优化产品结构，提升产品质量水平，提高产品市场竞争力。与首钢京唐、首钢迁钢等紧密衔接，除钢铁制造板块外，利用首钢整体优势和凯西自身区位优势，做好产业链延伸，发展钢材加工配送，为首钢集团在华南地区战略布局服务。根据首钢总公司要求，自9月1日起，由首钢京唐公司代管。首钢凯西设生产管理部、技术质量部、设备管理部、销售部、采购部、计财部、安全环保部、技术改造部、综合管理部、轧钢一分厂、轧钢二分厂、马口铁分厂、酸洗车间、维修车间、磨辊车间、公辅车间、生产协力车间，在职职工616人，平均年龄31岁，其中本科及以上学历94人，女职工136人。

2014年，首钢凯西围绕经营目标任务，明确路径、攻坚克难，克服钢铁行业产能过剩、钢价下跌、竞争加剧、内部生产组织复杂等不利影响，通过调整管理架构，完善管理制度，理顺管理流程，明确管理职责，向管理要效益；通过强化精细化管理，加强内部管控，挖掘自身潜能，推进降本增效和新产品开发工作，企业运营质量有较大提升。

（黄紫云）

【主要指标】　2014年，首钢凯西自轧产品产量30.94万吨，其中马口铁产品入库量9.77万吨，占比31.58%，比2013年提高10.21个百分点；自轧产品销量30.73万吨，其中马口铁产品9.37万吨，占比30.49%，比2013年提高10.33个百分点，尤其是镀铬板产量3.16万吨，比2013年增加1.79万吨，增幅达130.66%。成材率普遍提高，冷板97.36%，比2013年提高0.25个百分点；镀锡板100.04%，比2013年提高0.77个百分点；镀铬板99.72%，比2013年提高0.47个百分点。投资回报率比2013年提高3.45个百分点。

（陈鹏举）

【降本增效】　首钢凯西实施一系列降成本措施。实施罩式炉系列改造,通过将燃料从液化气改为天然气,吨钢燃料成本由 100 元降至 78 元,每月降本 12 万元;完成分段使用氢气用量的工艺改造,单炉氢气用量减少158.5 立方米,吨钢成本降低 4 元。实施锅炉系列改造,通过调整工艺、增加设备、细化管道及完善操作制度,每吨蒸汽消耗燃料同比减少 0.03 吨,全年节约成本60 万元;通过对马口铁水煤浆锅炉供浆泵系统进行系统 PLC 程序修改、增加一台供浆泵变频器、将共用进浆管道改为独立进浆,实现两台供浆泵独立驱动电源而互不影响;通过对两台 10 吨锅炉安装省煤器,排烟温度从210℃降至 135℃,锅炉效率提高 5%～7%;对 10 吨锅炉的鼓风机、引风机进行变频改造并调整燃煤混合比例,每吨蒸汽耗电同比减少 4.75 千瓦时,全年节电 15 万千瓦时。对物流运输环节进行优化调整,增设一条南北地爬车通道,贯通三条拉矫线,缩短各个环节的运输距离共 760 米,实现节电、降低物流成本、减少行车工作量和使用压力等多重效用,同时年降低外租车辆运输成本12 万元。开展群众性节支活动,回收和利用废旧包装材料,降低生产成本。其中,回收塑料垫片 19254 个,供包装二次使用,节省 7701 元;回收镀锌内护角 6418 套,供基板以及精包装使用,节省 77016 元;回收镀锌铁皮,经加工制作成镀锌内外护板、侧护板等包装材料,供铁皮精包装使用,节省 37000 元;回收马口铁基板拆包后的废打包带 14672 条,通过剪切、整理实现二次利用,节省 51352 元。吨钢轧制费用与上年相比,镀锡板降低22 元,镀铬板降低 46 元。比 2013 年减亏 5162 万元,减亏幅度 17.27%。

(刘福汀)

【设备改造】 首钢凯西成立技术改造部,加强设备维护和技改力量,实施一系列设备改造和工程技改项目,一批生产、设备上的瓶颈问题得到有效解决,设备运行的稳定性和产品制造能力提高,生产成本降低。实施"1 号 20 辊左卷取机空心套拆装"项目,机组成品只能在右卷取机卸卷的缺陷得到解决,部分带钢轧制工艺由原 6 道次改为 5 道次,生产效率提高近 10%,全年创效100 万元;通过自主施工节省费用 9 万元。实施"1450可逆轧机机组辊系改造"项目,机组生产能力和效率得到提高,全年创效 50 万元。自主设计、组织施工的"平整液循环系统"顺利投用,投入仅 5.56 万元,全年减少平整液消耗费用 144 万元,长期以来的铁粉压印问题大

幅度减少,实现成本和质量双重效益。

(万方潜)

【新产品开发】 首钢凯西新成立普冷板和马口铁两个新产品开发小组,将技术部门推到市场前沿,更贴近用户,产品结构调整取得新进展。冷轧板方面,开发出高附加值产品光亮板,试生产 30 吨,售价达 5500 元/吨,比普通冷板增值 1000 元/吨;开发导轨钢、深冲钢、焊管料等较高附加值产品,较普通冷板增值 200 元至 500元。马口铁方面,易开盖、饮料罐每月订货量达到 2000吨;高端两片罐、油墨罐开始试用。成功开发覆膜铁并实现批量供货 2600 吨,对镀铬产品的未来发展起到积极促进作用。

(万方潜)

【技术攻关】 首钢凯西围绕提高产品质量开展系列技术攻关。通过从源头入手控制马口铁基板性能,总结、固化马口铁基板工艺并制定马口铁基板综合性能达标率,提升马口铁产品质量。马口铁基板一级品率从年初的 67.65% 提高至年末的 90.33%,全年平均达 82.85%;镀锡及镀铬产品一级品率由年初的 74.62% 和 63.35%分别提高至年末的 87.02% 和 87.05%,完成全年双破85% 的目标。

通过数据分析寻找工艺变量,为产品质量精细化管理提供科学依据。开展全工序收集数据并采取科学的分析方式,准确掌握生产过程中影响质量的第一工艺节点,实现生产工序精细化管控。其中,为解决镀铬板产品板面色差和小黑点质量问题,从 1 号 20 辊至拉矫全工序收集 8000 多个数据样本,经过数据分析,确定镀铬生产工艺要点,为进一步提高镀铬产品一级品率提供重要支撑。

通过开展质量专题攻关,开发新工艺,解决影响产品质量提升的问题。细化酸洗生产模式,制定酸槽打磨周期,酸洗机组划伤问题得到解决;八辊连轧机组以大压下生产工艺为基础,完善各项工艺条件,实现批量生产 0.25 毫米、0.29 毫米等薄规格带材;不断创新工艺挖掘设备潜能,开发出 0.12 毫米规格极薄产品,极限规格生产能力增强;利用平整液生产 T5 性能以上基板,避免乳化液残留导致降级,提高马口铁产品板面质量;开发激光毛化辊改轧 DR 材,避免出现乳化液白条纹导致降级,改善 DR 材板面质量;利用 1450 毫米四辊机组大辊径轧制超薄 DR 材,提高 DR 材产量和 1450 毫米机组

生产能力。

（万方潜）

【管理改进】 首钢凯西2014年9月1日划归首钢京唐公司代管后，积极开展对接工作，完善各项规章制度，夯实管理基础。在产品开发方面，与京唐公司镀锡产品形成差异化发展，积极推动首钢马口铁产供销研整体战略规划，建立协同高效的产供销研运作机制；在京唐公司与北京奥瑞金（包装）公司合作的前提下，增加覆膜铁用镀铬板的开发等合作内容，拓展双方合作范围。努力提高高端镀铬产品生产能力以满足市场需求，提升首钢马口铁系列产品综合竞争力，打造京唐公司马口铁高端制造基地。

（黄紫云）

北京首钢特殊钢有限公司

【特钢公司领导名录】

董事长：李兵役

总经理：李兵役（4月离任）

副总经理（主持工作）：焦亚伏（4月任职）

副总经理：王明信　王　敏

总经理助理：梁玉洁　石　峰（12月离任）

　　　　　　许　良　段武涛

党委书记：李兵役

纪委书记：李兵役

工会主席：李兵役

（乔春海）

【综述】 北京首钢特殊钢有限公司（以下简称特钢公司）是首钢集团下属独立法人子公司，位于北京市石景山区杨庄大街，总占地面积89.87公顷，特钢厂区已纳入北京市中关村科技园区石景山园南区，并作为首钢在京三大园区的重要组成部分。首特钢园区总体定位是，充分利用建筑节能、环保手段打造绿色园区，在发展新能源、新材料及节能环保产业的同时，引入符合区域经济发展的文化创意、高新技术、商务服务、现代金融、高端产业及旅游休闲等高端产业总部落户。经北京市规划委员会批准，特钢公司将先期启动15、16号地开发，吸引有发展潜力的高新技术企业入驻，特钢公司将转型为科技园区开发、建设、管理专业运营公司。特钢公司下设开发部、招商部、工程部、办公室、计财部、人力资源部、物业部、投资管理部、经营部、房管办公室、党群工作部、工会12个部门；全资及控股子公司6家、参股改制公司5家、对外投资企业8家。主营汽车贸易及服务、节能环保、旧机动车拆解利用、环保设备制造、噪声与震动防治、冶金工程设计、设备检修、技术咨询、创业服务、医疗、食品加工、物业管理等。2014年特钢公司在册职工789人，其中在岗522人；大学本科及以上学历96人，大中专学历131人；中高级职称86人；技师、中高级技工200人。

2014年是特钢转型发展的起步之年，面对生存发展新形势、新任务，开展创收增效、抓措施落实，全面超额完成年度经营计划指标；推进首特钢园区开发，前期工作取得新进展；强化汽车园区管理；收益水平逐步提高；加强职工队伍建设，促进职工与企业共同转型发展。

（郝占起）

【主要指标】 特钢公司2014年销售收入24509万元，超计划12909万元；利润13.07万元，超计划13.07万元；销售收入劳产率每人每年44.6万元，比计划提高22.7万元；期末在册人数789人，比计划减少62人；全年无死亡、重伤及重大火灾和甲方交通责任事故。

（徐　剑）

【工作思路】 特钢公司1月24日召开十一届二次职代会，审议通过李兵役《全力以赴，奋发有为，开创特钢转型发展新局面》工作报告。会议明确2014年工作思路：深入贯彻首钢十七届八次党委扩大会和十八届二次职代会暨集团工作会议要求，以推动特钢转型发展和维护职工根本利益为出发点和落脚点，着力抓好首特绿能港科技中心项目建设和日常经营两项工作，深化考核分配制度改革,抓好党建、企业管理和人才队伍建设,加速企业与职工共同转型,开创特钢转型发展新局面;号召干部职工,全力以赴,奋发有为,实现企业与职工共同转型发展。

(郝占起)

【园区项目开发】 首特钢园区为新首钢高端产业综合服务区组成部分,同时隶属于中关村科技园区石景山园南区。2014 年园区开发以推进首特绿能港科技中心 15、16 号地先期启动项目为主,积极做好外部手续办理和内部前期准备专项工作。

控规调整工作,3 月 31 日取得北京市规划委员会关于石景山首特钢园区 15、16 号地控规调整的规划意见,同意 15、16 号地控规调整的申请。

首特绿能港科技中心 15、16 号地项目,3 月纳入市政府扩大内需重大项目绿色审批通道,7 月完成首特绿能港科技中心 15 号地项目立项,被石景山区纳入 2015 年十项重点工程之一;12 月完成首特绿能港科技中心 16 号地项目立项;3 月特钢公司与中国光大银行股份有限公司、石景山区人民政府签订中国光大银行研发中心项目落户石景山区合作意向书。获市国资委国有资本金预算项目资金支持 1 亿元。

道路规划方案,12 月取得北京市规划委员会关于首特钢园区 15、16 号地道路规划方案及市规划院针对首特钢园区 15、16 号地周边道路定线,并委托市测绘院完成首特钢园区 15、16 号地周边道路测绘工作。

初步完成首特钢园区概念性规划设计方案;启动项目方案设计、深化优化工作,对 15、16 号地项目进行公开展示及评审、15 号地绿色建筑评估研究分析,并启动土地评估、道路测绘、相关勘察、专项设计等;开展能评、环评、震评、水影响评价、人防等专项咨询;项目用地范围资产处置及地上物拆除工作基本完成,轧钢生产线设备拆除及盘活资金 3531 万元,拆除建构筑物近 5 万平方米,达到地平标准。

继续推进招商工作,参加在京举办的第 17 届科博会、中外知名企业投资首钢行、第 18 届京港洽谈会项目推介会,搭建绿能港网站、微信平台,宣传推介首特钢园区。新开发意向合作企业 36 家。参与区科委功能性新材料推广平台项目,获得支持资金 15 万元。

(尹海娟、黄 河、杨 威)

【创收增效】 特钢公司制定实施 2 批、12 项创收增效措施,活化资金及减少成本支出 2269 万元。强化闲置厂房、场地和房屋租赁经营管理和服务,对到期租户按照租赁管理办法重新签订租赁合同,为办公楼租户接入网络宽带,收取租赁费 747 万元。将位于厂外的古城小街 6 号院临街房对外出租创收,收取租赁费 62 万元。加大资产处置力度,严格履行报批等处置程序,按照效益最大化原则,回收资金 4513 万元。加强单身宿舍内部出租管理,改善居住环境,实现收入 53 万元。南区临时停车场运营正常,实现收入 33 万元。

(徐 剑、陈田生、孙 涛)

【投资企业运营】 特钢公司加强对子公司及对外投资企业管控及服务,对全资子公司坚持实行资金预算控制,以及资产和预算管理的分析;对对外投资企业规范并强化管理,调整董事会、监事会及外派高管人员,坚持按季度加强沟通,随时分析掌握经营状况并提出建议措施,强化资产和投资的监督检查,保证国有资产保值增值和投资质量。全资子公司除 1 家利润亏损 36 万元外,其他子公司实现利润 2.03 万元,超计划 2.03 万元。收取子公司租赁费和投资回报 211.7 万元,对外投资企业投资回报 70 万元。

(徐 剑、王宝金)

【汽车园区管理】 特钢公司对入住汽车园区各商户情况逐一进行梳理、清查和分析,摸清底数,研究措施。加强园区内停车秩序管理,恢复停车收费项目。加大土地租金回收力度,采取多种方式按照租赁合同约定催交,并通过法律诉讼等必要措施追缴前欠租金,全年收取土地租赁费 1840 万元,其中收缴前欠租金 490 万元。对未正常履行租赁合同约定的部分商户,终止租赁合同,并按当前市场价格采取一年一签方式重新签订,提高收益。园区内新型汽车电脑软件研发大厦和新型动力汽车展示大厦两个合作项目,工程建设主体结构完工。合作项目建设中的问题,已分别采取措施。根据软件大厦合作方屡次违反双方约定的情况,双方 12 月 26 日签署合同终止协议,软件大厦改为完全由特钢公司持有及经营。根据动力大厦合作方与施工方产生矛盾、长期停工等情况,开展解除合作协议的法律诉讼工作,石景山区人民法院已受理立案。

(郝占起、王宝金、黄 河)

【首特钢创业公寓运营】 特钢公司从消除房屋安全隐患和盘活闲置资产两方面考虑,并为园区开发建设设计、施工、管理、运营等积累经验,通过自筹资金及办理相关审批手续,将位于石景山区古城小街 6 号院的原特钢公司职工食堂改建为首特钢创业公寓,12 月 21 日正式运营。

(杨 威、黄 河)

【钢材加工出口及贸易】 特钢公司以效益为中心,围绕钢材外委加工及出口贸易和降低库存等重点工作,适应市场变化,调整营销策略,开发新品种及用户,压缩库存,活化资金,钢材库存比年初下降 5291 吨,回收资金 2200 万元。全年钢材加工、出口及贸易销售 26857 吨,实现收入 9059 万元、利润 31 万元。

(郭建刚)

【体制机制建设】 特钢公司以强化园区开发板块和项目物业管理力量为目标,优化劳动组织,理顺管理职责,合理配置人力资源,从基层单位调整 31 人充实到新岗位工作。有序清退劳务用工,将在岗职工 50 人充实到原劳务用工岗位。加强制度建设,制度体系建设与加强管理相结合,新颁发制度 7 项,现行管理制度 222 项。完善三支人才队伍薪酬激励机制,调整分配结构,理顺分配关系,落实群众路线教育实践活动整改方案,坚持一线职工先行,完成年功工资、异地工作补贴和岗位工资套改工作。完善效益、月度重点工作任务与绩效工资挂钩考核分配办法,改进考核方式。2014 年在岗职工人均年收入同比增长 7.6%。按文件规定,调整、落实不在岗人员、退休教师和企业退休的军队转业干部待遇。

(苏晓红)

【职工队伍建设】 特钢加强人才队伍建设和职工队伍培训,制定并实施职工培训方案。通过内部培训和走出去相结合的方式组织厂处级以上领导干部及后备人员开展培训 10 次。对职工开展适应园区发展需求的专业知识、转岗及从业资格培训,开办项目设计管理培训课程,8 人通过物业师取证考试并取得注册物业师职业资格,44 人通过国家级消防中控取证考试并取得资格证书,10 人参加中餐厨师转岗培训,4 人参加保育员中级工转岗培训并取得职业资格证书,7 人参加特种作业培训并取得操作证。40 人参加用友软件和合同管理等内容培训。

(苏晓红、乔春海)

【党群工作】 1 月 16 日,特钢公司召开领导班子专题民主生活会情况通报会。李兵役通报专题民主生活会基本情况、公司领导班子"四风"问题、"四风"问题原因分析、努力方向和改进措施。公司领导和各单位厂处级干部、基层支部书记、部分职工代表和首钢教育实践活动督导组人员参加。3 月 12 日,特钢公司召开群众路线教育实践活动总结会,李兵役总结,总公司党委第八督导组成员郝玉出席并讲话,各单位负责人、部分职工代表和特钢群众路线教育实践活动领导小组办公室成员参加。深化干部人事制度改革,加快年轻干部培养和使用,部分厂处领导改任调研员,调整交流厂处领导干部 14 人,其中选拔年轻干部 3 人。

维护职工权益办实事,履行《集体合同》有关规定,完善职工健康管理,组织在岗职工及女职工健康体检。实施在职职工住院医疗互助保险、重大疾病互助保险、意外伤害保险等险种,为出险职工办理理赔,赔付金额 63531 元。开展"献爱心"募捐活动,捐款金额 36716 元。为困难职工子女 22 人发放帮困助学金 45760 元。工会组织"特钢春季环厂跑比赛"、"快乐健康撑起来"平板支撑大赛,组织职工参加健康知识讲座,增强凝聚力,促进企业和谐稳定。

(闫秀清、乔春海、郭建辉)

【职工生活】 特钢公司加快职工房产证办理,完成赵山小区 10 号楼和门头沟桃园 2 号楼公产证办理;为 20 人办理房产证;完成八角南路 3 栋、5 栋 113 户职工房产证前期各项工作;南区集资建房 55 户进入审核制证阶段。投资 136 万元,对部分家属区进行屋面防雨大修,上下水、电增容改造,更换磁卡水表和安装小区监控。争取政府资金支持,对部分老旧小区楼房进行抗震加固及外保温工程改造,改善职工及家属生活环境。

(孙 涛)

【市委讲师团调研】 6 月 19 日,市委讲师团团长贺亚兰、副团长魏永旺等一行到特钢公司调研,特钢公司党委书记李兵役向来宾汇报特钢公司基本情况和开展培训学习情况。贺亚兰认为首钢特钢公司每个人都在创新,是在学习提升达成共识之后作出选择。

(闫秀清)

【理论宣讲示范基地】 12 月 24 日,北京市委宣传部、市委讲师团召开 2014 年度北京市理论宣讲示范基地工作会议,会议由市委讲师团副团长魏新国主持。中共北京市委宣传部巡视员崔耀中、市委讲师团团长贺亚兰、北京市委宣传部理论处处长张际出席会议。张际宣读表彰决定;魏新国通报2014年度36家北京市理论宣讲示范基地一、二、三星级考评结果、公布2015年北京市理论宣讲示范基地名单。特钢公司获北京市"三星级理论宣讲示范基地"称号。

（闫秀清）

【监督检查】 11月4日,总公司监事会工作办公室会同总公司党委组织部、总公司纪（监）委组成联合检查组进驻特钢公司,对2012年以来经营及财务、园区开发、合资联营、资产盘活与处置、内部管理、领导班子履职以及贯彻落实总公司深化改革转型发展战略部署等方面开展联合监督检查。特钢公司召开动员会,李兵役主持会议,联合检查组组长丁建国作动员讲话,焦亚伏作表态发言,全力配合检查组了解情况、发现问题、解决问题。

（闫秀清）

【泰康医院】 泰康医院有医务人员118人,高级职称9人,中级职称33人,还聘请中医专家10人定期出诊;全年门诊量突破20万人次;投资281万元对院内口腔科改扩建,面积由200平方米扩大到500平方米,牙椅由5台增加到9台,新增口腔CT,改善就医环境,提高诊疗水平。赵山社区卫生服务站对针灸、按摩及口腔诊区进行扩建,方便患者就诊,针灸、按摩床由9张增加到19张,口腔牙椅由2台增加到3台。

（李 梅）

秦皇岛首秦金属材料有限公司

【首秦公司领导名录】
董事长:王相禹（7月任职）
　　　　张文喆（7月离任）
副董事长:李少峰　张文辉（9月任职）
　　　　王兆镛（9月离任）
董　事:赵久梁　丁汝才（9月任职）
　　　　刘海龙　姜哲镐（韩国;3月任职）
　　　　张文辉（9月离任）
　　　　车东讚（韩国;3月离任）
总经理:赵久梁
副总经理:王相禹（7月任职）
　　　　沈一平　周德光
　　　　刘海龙（10月任职）
　　　　张文喆（7月离任）
　　　　丁建国（8月离任）
总经理助理:张立伟（10月任职）
　　　　王　普（10月任职）
　　　　刘海龙（10月离任）
党委书记:张文喆（7月离任）
　　　　王相禹（7月任职）

党委副书记:赵久梁
纪委书记:张文喆（7月离任）
　　　　王相禹（7月任职）
工会主席:张文喆（7月离任）
　　　　王相禹（7月任职）

（余永光、何　健）

【综述】 首秦公司是首钢总公司、香港首长国际企业有限公司与韩国现代重工业株式会社共同建设经营的一家钢铁联合企业,地处河北省秦皇岛市抚宁县。2003年5月3日开工建设,2006年10月20日实现铁、钢、坯、材工艺流程全线贯通,年生产能力为生铁255万吨、钢260万吨、宽厚钢板240万吨。坚持"节能环保型、循环经济型、清洁高效型"建厂方针,总体布局采取紧凑式流程设计,吨钢占地面积0.7平方米,相当于传统吨钢1.5平方米的46%。首秦公司以打造"专、精、深、强"宽厚板精品基地为目标,形成12大系列、300多个品种,包括造船板（含海工钢）、管线钢、桥梁板、容器板（含合金容器板）、低温容器板、高建钢、高强钢（含耐磨钢）、模具钢、储油罐钢、水电钢、风电钢、核电钢。坚持"专精深强"的发展定位,以"让客户满意、让职工满意、

让股东满意"为宗旨,确立打造客户"首选之板"核心价值观,软实力、硬实力建设并举,打造"专精深强"的宽厚板综合制造+服务商。

首秦公司设处级机构10个。其中,设置炼铁、炼钢、轧钢、能源和设备等事业部5个;设置制造部、安全部、计财部、组织人事部和办公室等职能部室5个。2014年底在册职工2620人,其中博士4人,硕士217人,本科754人,大专791人;高级职称83人,中级职称265人;高级技师31人,技师121人,高级工735人,中级工415人;职工平均年龄36岁。

2014年,中厚板产能过剩加剧,下游支撑不足,产品价格急剧下滑,合同组织异常困难。首秦公司干部职工直面挑战,迎难而上,在总公司支持、总公司首秦技术服务组帮助下,以减亏控亏为中心,贯彻"抓两头、带中间"工作方针,夯实管理基础,提高生产线保障能力,各方面工作取得进步。

(孙娟娟、葛　鹏)

【主要指标】　首秦公司2014年生产基本安全稳定顺行,多项工艺技术指标有所下降。吨全焦指标400.36千克,同比提高5.78千克。其中,吨入炉焦比342.76千克,同比提高5.93千克;优化炉料结构和生产工艺,吨钢铁料1080.08千克,同比降低4.82千克;强化技术展开和现场执行,4300毫米成材率89.5%,同比降低2.02%;3300毫米成材率88.79%,同比降低1.12%。全年烧结矿、铁、钢、材产量分别为341.49万吨、248.79万吨、241.54万吨和217.39万吨(含3300毫米钢材产量53.03万吨),烧结矿、生铁、钢坯超计划9.39万吨、1.59万吨、1.84万吨。钢板比年计划少完成1.71万吨。

(陈会丽)

【市场营销】　产品结构优化改善。推进产品全年产量164.17万吨,占总量75.52%。其中,高端产品34万吨,同比增加16.14万吨;领先产品30.13万吨,同比增加10.18万吨。在保证产销衔接的同时,合同价效管控水平得到提升。4300毫米生产线产品综合单价3946元/吨,3300毫米生产线产品综合单价3731元/吨。市场开拓、产品研发稳步推进。开发新客户67个,签订合同23.65万吨。加深与中船重工、中铁山桥、中油宝世顺等高端战略客户合作,高位锁定船板资源53万吨,先后中标11项重大桥梁工程合同20.29万吨,直供比例

81.66%,同比提高12.65%。加大高端品种和国际市场开发力度,出口总量20.6万吨,临氢钢、抗酸钢及合金容器钢2.05万吨,抗酸管线钢1.72万吨。14Cr1MoR临氢钢、Q345R-HIC抗酸钢、A516系列抗酸钢、120毫米特厚Q420GJ-Z35高建钢、S460ML-Z35欧标高强钢、API2W海工钢等高端新产品开发并实现商业供货。不锈钢复合板研发取得进展并完成首批合同供货。

(张继文)

【降本增效】　首秦公司采购贸易矿102万干吨,占比33.7%,折合62%指数价89.24美元/干吨,低于年均普氏指数7.71美元/干吨,进口矿消耗价格较主流矿降低5.69美元/干吨,直接经济效益1.11亿元。挖潜降本4亿元,吨钢降本166元,降低率4.45%。生铁制造成本2032元/吨,剔除价格因素外,工序降本38元/吨;炼钢工序成本764元/吨,同比降低75元/吨;轧钢工序成本560元/吨,同比降低41元/吨。

(张继文)

【生产线保障】　生产运行总体稳定。首秦公司完成生铁248.8万吨,同比增加3.6万吨;钢坯241.5万吨,同比增加4.89万吨;4300毫米生产线入库164.4万吨,3300毫米生产线入库53万吨。铁前系统烧结稳定性提高;高炉生产基本顺稳。钢轧系统,炼钢工序及两条轧线生产基本顺畅。设备系统,组织完成4月份、11月份两次系列中修。全年设备故障停机同比降低33小时,降低率7.5%。钢轧一体化有序推进。优化配置坯型断面,铸机断面由13个减少到7个,用180毫米厚断面替代150、220毫米厚断面,钢轧成本降低,交货期缩短;将钢种划分为19大类,合并、取消47个牌号,为柔性轧制创造条件;A517Gr.60合同取消RH炉处理工艺,工艺降本做出有益探索。产品质量改进,出口韩国现代的20余艘船板未出现质量异议。合同兑现率提高,整体合同兑现率92%,同比提高1.94%;整单合同兑现率88%,同比提高8.45%。

(张继文)

【技改成效】　首秦公司完成技改及工程项目25项。炼铁大料场投入使用,实现厂内存储与筛分同步,年接卸量32万吨;废钢料场8月10日完工,实现废钢厂内精准配送;钢包加盖技术改造3月20日热试成功,11月份加盖率100%;炼钢天然气改转炉煤气项目,8月14日投入生产,10月份炼钢天然气单耗降至1.92立

方米/吨。

（张继文）

【设备中修】　4月18日，首秦公司组织以2号高炉、4300毫米轧钢系统为主线的系列中修，安排检修项目1796项，其中公司级重点项目13项，部门级重点项目23项，区域级重点项目60项，常规检修项1700项，涉及施工单位36家约2200人，其中本部维检人员约1100人，外调施工力量约1100人。4月27日，套筒窑大修除外，各系统按计划完成检修，恢复生产。11月份，按照APEC峰会要求，结合公司生产经营计划及设备运行状态，首秦公司组织系列检修，安排检修项目2175项，其中公司级重点项目73项，参与施工单位23家，施工人员约1400人，检修涉及铁、钢、轧、能源四大区域。11月26日，系列检修工作全部完成。

（张　君）

【节能环保】　首秦公司自发电4.96亿千瓦时，自发电率37.27%。厂区电伴热改造提高自发电量400万千瓦时。厂前区采暖洗浴改造项目节约蒸汽1.73万吨。投资2444万元实施环境治理。第四套脱硫机组运行，2台烧结烟气旁路拆除。完成炼钢3号转炉塔文除尘升级改造、1号汽车卸料间除尘器改造、炼铁大料场抑尘网建设。完成4项政府污染减排任务，获省市政府肯定，获专项资金、政府财政阶梯奖励1494万元。

（张继文）

【经营渠道】　板材公司挖潜降本，钢坯直发车间比例44%，节约物流费600万元；承接来料加工2.29万吨，同比增加1.95万吨。检修分公司外创产值267.27万元。秦机厂厂内加工基地建设完成，8月14日开始配送废钢，年底计划配送率和精准率均为100%；承接首秦烧结脱硫设备运行维护，确保稳定生产。首秦加工公司高级别抗酸不锈钢复合板关键工艺环节取得突破，为批量生产打下基础；8600余吨海洋钻井平台合同成功交付，与太重滨海基地建立稳固合作关系。首秦龙汇公司开展多元化经营，承揽钢渣加工、炼钢保产、物流运输等项目，为首秦公司保产增效作出贡献。首秦嘉华公司成品仓库建成投入使用，装船能力提高，物流费用降低。

（张继文）

【计量、投料和信息化管理】　首秦公司自主开发铁钢数据采集、EMS能源管理系统完善、报表中心及电子质保书开发等12个信息化项目。增加铁钢4000余个数据采集点，校核能源EMS 2万多个信息点。新增一台150吨废钢料场汽车衡，改造天然气、高炉煤气等计量设备。

（张继文）

【自主创新】　首秦公司8个运营改善项目、21个管理创新项目按期完成。6个项目获省市级别以上奖。其中，与首钢共同研发的SGRS炼钢新工艺，获全国冶金科学技术进步1等奖，在国内30多家钢厂推广应用。提高连铸坯表面质量项目，使特厚板坯扒皮率从40%降到2.75%，1号铸机含铌钢切角率从20%降到0.4%。创新维检模式，组建首秦维检队伍，安置富余人员，减少外协用工145人，节省外包费用1089万元/年。

（张继文）

【TPM管理】　首秦公司TPM管理7月31日在9个样板区启动，全年在61个区域实施。板材公司、秦机厂9月4日、11月12日分步推进。完善邵良备件库以及废旧、闲置物资库，建立炼铁、轧钢二级库，确立115个存放点，实现备材现场有序管理。优化班组管理基础台账，完善班组基础硬件。持续推进班组准利润中心工作，提高班组成本管理水平。

（张继文）

【安全活动】　2014年首秦公司用亲情、教育、辨识夯实安全基础。开展安全"走进家庭，家庭走进首秦"系列活动，组织30多个家庭，70余人次职工家属走进首秦，让父母、妻子、孩子亲身体会亲人工作环境，感受公司安全氛围，让亲人成为职工的第一个安全员。开展岗位风险辨识及岗位达标创建活动。总结岗位基层安全作业经验，形成176个岗位风险辨识表张贴上墙；从岗位安全职责、基础管理、安全行为等6个方面固化156套岗位安全达标手册，指导基层作业行为。推出"检修安全五大制度"。提出安全三级联查制度、创立安全问题日曝光制度、开设安全风险日提示制度、执行安全管理人员旁站制度、检修完成验收"三门槛"制度，确保系列检修安全顺稳。

（叶洪义）

【治安保卫】　首秦公司东大门建成，加强技防设施建设，强化门禁管理。与公安机关配合，采取秘密布控、夜间突击检查等方式，查获盗窃案件39起，缴获物资15.84吨；联合驻厂干警打掉盗销团伙4个，追缴赃款12.4万元。

（张继文）

【党建工作】 2014 年，首秦公司加强党组织建设，增强党组织战斗力。开展"遵章守制做表率，夯实基础我带头"创先争优主题实践活动。组织开展"首秦之星"评选。加强党员教育工作，通过党员教育学习信息平台，每周发送党员手机报，第一时间传递上级党组织重大决策、公司党委工作部署。做好党员发展工作、组织完成党员民主评议、党支部"达、晋、创"等日常重点工作。

（杜柏强）

【群众路线教育实践活动】 首秦公司抓教育实践活动整改方案落实，巩固教育实践活动成果。领导班子整改方案涉及理想信念、制度建设、工作落实、工作作风、联系群众等 5 个方面 26 项整改措施，完成 24 项，持续推进 2 项。领导干部更加自觉反对"四风"、改进作风，增强直面问题的勇气，更加积极主动为基层和职工群众服务。

（马志伟）

【队伍建设】 首秦公司完善干部管理制度体系，优化公司和各单位领导班子，交流调整干部 84 人次。培养后备干部，举办优秀青年干部培训班，42 人参加首批培训。组织职能部门管理人员每月参加现场劳动，改善现场工作环境。加强劳动纪律、工作纪律管理见成效。提高职工素质，主要岗位人员培训率 100%，甄新刚获"全国钢铁工业劳动模范"称号，褚世亮获"全国钢铁行业技术能手"称号，刘鑫、果志伟包揽全国青工技能竞赛北京赛区冠、亚军，赵海青等 6 人获首钢技能竞赛状元。成立首秦公司劳动争议调解委员会，排查解决劳动关系矛盾。开展文体活动，举办第八届青年集体婚礼。走访慰问职工，发放近 10 万元困难补助款，为 1789 人体检。完善能源中心售饭点，方便职工就餐。

（张继文）

【调研交流】
2 月 11 日，韩国现代采购部徐德源常务一行到首秦参观交流。

2 月 20 日，中船工业成套物流物资部严俊春主任、沪东船厂物资部盛健部长一行到首秦参观。

3 月 20 日，河北省水利厅副厅长刘凯军一行到首秦参观。

4 月 15 日，天津新港船厂齐振聪副厂长一行到首秦参观。

5 月 15 日，秦皇岛市人力资源与保障局宋玉林副局长一行到首秦参观。

6 月 25 日，首钢总公司后备干部特训班（第一期）一行到首秦参观。

7 月 15 日，中铁大桥局集团物资有限公司严生平副总经理一行到首秦参观，签订孟加拉国帕德玛公铁两用大桥供货协议。

7 月 30 日，大宇造船海洋（山东）有限公司韩晟焕总经理一行到首秦参观。

7 月 31 日，91336 部队贾宏进主任、安胜利政委率部队官兵一行到首秦参观。

9 月 22 日，中铁大桥局专家彭月燊一行到首秦参观。

10 月 22 日，河北省"四提升"工作竞赛观摩评议组成员一行到首秦参观。

11 月 3 日，北美石油公司到首秦检查审核工作。

11 月 27 日，河北省文丰集团总裁石凤海一行到首秦参观交流。

12 月 4 日，韩国现代制铁李桂荣院长到首秦参观交流。

12 月 4 日，首钢总公司后备干部特训班（第二期）一行到首秦参观。

12 月 16 日，中建钢构有限公司张泗杰副总经理一行到首秦参观交流。

12 月 19 日，大连船用柴油机有限公司刘贤乐副总经理一行到首秦参观交流。

（余永光）

秦皇岛首钢板材有限公司

【板材公司领导名录】
董事长：李少峰
副董事长：张文辉
董　事：赵久梁　杨俊林　王建国
党委书记：董鸿斌
总经理：王建国

（王　琳）

【概况】 秦皇岛首钢板材有限公司 1992 年成立，是首钢在香港上市公司首长国际企业有限公司全资公司，注册资本 8600 万美元。板材公司生产厚度 5 毫米～60

毫米、宽度 1500 毫米～3000 毫米的普碳、低合金钢板；6 毫米～32 毫米厚船体结构钢板、中低等级管线钢；6 毫米～40 毫米厚锅炉和压力容器板、桥梁板、优碳板等。船体结构钢板获中国 CCS、美国 ABS、英国 LR、德国 GL、法国 BV、意大利 RINA、挪威 DNV、日本 NK、韩国 KR 九个国家船级社质量认证及中国渔业船舶认证。板材公司面对外部市场持续低迷、企业成本趋高、供销压力骤增等困难，开辟企业转型之路，积极抢抓市场机遇，从 6 月份起连续 4 个月实现当期扭亏为盈，确保全年经营生产及利润指标完成。2014 年，河北省科学技术厅为板材公司颁发河北省科学技术成果荣誉证书，板材公司获秦皇岛市无偿献血促进奖，获首钢总公司安全生产先进单位荣誉称号。

（王　琳）

【对标降本】　板材公司做好经济尺寸生产、合坯轧制和推行精细操作、精准轧钢等工作，全年成材率比计划提高 0.22%；面对船板量不断增多情况，超前谋划船板检验，通过集中排产、集中检验等方式降低费用支出，与各船级社沟通协调，组织船板内检，降低成品库存。通过实施全方位操检合一、压缩外委费用和采用检修与交接班相结合的化整为零组织方式，既提高机时产、作业率，又大幅降低修理费用。

（王　琳）

【系统建设】　板材公司生产部全年钢坯直入车间比例 44%，节约运杂费 600 多万元；开展打产增效工作，克服产品规格零散、品种结构复杂、坯料及合同阶段性不足等困难，从各重点设备生产能力入手，施行月度产量倒排，改进和控制"瓶颈"环节，在保证产品质量前提下，优化产量规模；启动、推广 TPM 治理工作。设备部（检修分公司）牵头组织完成设备中修及多项技改项目。实施 1 号加热炉汽化冷却改造、3 号加热炉蓄热式改造，节能效果明显；实施机后水冷项目，为企业开发高端产品、提升钢板表面及内部性能质量提供支撑；配合首秦公司维检中心筹备工作，完成人员选调、办公设施配置等工作，10 月 16 日维检中心成立，为首秦"操检合一"、设备自修、减少外委外包打基础；运行车间实施 110 千伏变电站高压预试和 SVC 改造等数十项设备改造项目；自主设计制作浊环水磁凝聚装置，承担浊环蓄水池、水幕蓄水池、浊环提升蓄水池清淤工作，降低外委费用。完成余热利用自修项目，改造厂区西侧供热管网，实现 3 号加热炉换热器、锅炉房换热器和厂区东部水暖换热器联动控制；人力资源部制定实施新的定岗定编方案，实现减员增效工作目标。公司组织开展对各类制度文件的系统修订和完善，做到责任明晰、管控到位、不留死角。一线重点岗位开展以"一专多能、操检合一"为主题的职业技能竞赛，锻炼队伍、树立标杆，职工劳动效率提升。

（王　琳）

秦皇岛首钢机械厂

【秦机厂领导名录】
> 党委书记：高继林（11 月离任）
> 　　　　　洪波（11 月任职）
> 厂　　长：高继林
> 副厂长：孙建存

（孟丽杰）

【概况】　秦皇岛首钢机械厂（以下简称秦机厂）始建于 1955 年，其前身系秦皇岛拖拉机配件厂；1988 年归属首钢总公司，是首钢总公司全资企业，注册资金 953 万元；主营业务：机械加工产品和铸造产品；异形件、结构件、法兰、锻料块等钢材深加工产品以及来料加工产品，钢坯切割及废钢处理业务；试样加工和首秦试样加工业务；设备检修维护业务；普通货运、桥式起重机、门式起重机的安装维修业务；园林绿化及后勤服务、房屋修缮、室内外装饰装修工程、装卸服务以及制造业废气污染治理服务等业务；新增环保专用设备及配件、仪器仪表、配电柜、配电箱、五金产品、制冷设备及配件的销售等业务。秦机厂自主研制生产 ZG9511 算条、火焰切割机总成、切分导位装置总成等产品，其中 ZG9511 算条获河北省科技成果称号。2014 年，秦机厂树立"服务首秦"大局意识，以效益为中心，以持平为底线，自强不息、敢创新路，强化管理、抓落实，完成全年盈亏持平任务指标。

（孟丽杰）

【主要指标】　秦机厂 2014 年实现收入 2.16 亿元，其中：加工板块 1.59 亿元；设备检修板块 3591.55 万元；服务板块 2114.25 万元。实现利润 9.45 万元。累计上缴税金 936.91 万元，其中：增值税 539.17 万元；其他税金 397.74 万元。国有资本保值增值率 99.39%，流动资产周转率 1.54(次/年)。

（张诚午）

【重点工作】 秦机厂完成加工基地建设。工程总占地面积 75 亩,新建余料增值和试样加工生产车间 2 个,废钢加工仓储料场 1 个,实现深加工产能提升和废钢精准配送。组织完成首秦公司生产设备中修 2 次。一季度完成首秦公司脱硫尾工施工计 121 项;7 月份,对首秦公司新上 4 号风机系统进行设备制作安装,12 月完成 4 号风机系统施工并投入运行,达到环保要求,为秦机厂发展环保产业奠定基础。承揽备件业务,销售收入 2830 万元,超计划 330 万元。

（孟丽杰）

【基础管理】 秦机厂成立基础数据管理小组,制定完善《基础工作管理办法》。全年规范各类台账报表 209 张;制定完善"交叉考核办法"和"经济责任反摊管理办法";完成 13 项职业卫生危害防治制度修订,通过省安全质量标准化复审;组织设备例修 21 次,设备投入 642.2 万元;制定下发《年度规章制度修订实施方案》,下发规章制度 5 项;组织物资采购招投标 11 次,节约采购资金 27.36 万元;通过 ISO9000 质量管理体系外审;机构由原 14 个减到 12 个;组织开展管理人员及一线技术岗位竞聘上岗工作,核减管理人员比例 15%。

（孟丽杰）

【党群工作】 秦机厂完成 7 个支部换届选举和发展工作,干部交流 11 人次;完成职工年度测评和工资套标并轨,人均增资 49 元;根据《首钢总公司年功工资实施办法》文件精神发放职工年功工资;开展"送温暖献爱心"困难帮扶工作,慰问职工 56 人次,发放慰问金 65000 元;为突发火灾和家属患重大疾病职工筹集爱心善款计 28000 元;组织全员健康普查,开展特殊工种及女职工健康体检;对家属区自来水管网进行更新改造;组织职工开展棋类、球类等趣味性活动,丰富职工业余文化生活。

（孟丽杰）

秦皇岛首秦钢材加工配送有限公司

【首秦加工公司领导名录】

董事长:李少峰

副董事长:赵久梁

董　　事:张文辉　丁建国(11 月离任)

　　　　　张铭柱(10 月离任)

　　　　　车东赞(韩国;3 月离任)

　　　　　姜哲镐(韩国;3 月任职)

　　　　　刘海龙(11 月任职)

　　　　　王普(11 月任职)

总经理:王普(11 月任职)

　　　　赵久梁(11 月离任)

常务副总经理:张铭柱(10 月离任)

党委书记:张秋生

（韩　婷）

【概况】 秦皇岛首秦加工配送有限公司由秦皇岛首秦金属材料有限公司、香港首长国际康硕公司共同投资建设,2007 年 4 月 27 日注册成立,注册资本 3 亿元人民币。公司位于秦皇岛经济技术开发区东区(山海关),总占地 1165 亩,有 500 米长自主海岸线和 3.5 万吨泊位码头 2 个,具备区位优势和发展潜力。公司一期工程 2009 年 3 月运营,主厂房面积 9.16 万平方米,装备精密数控切割、剪板、自动焊接、抛丸喷漆、热处理等加工设备。板材(型材)年预处理能力 15 万吨,年数控切割能力 8 万吨,年钢结构焊接能力 6 万吨。公司产品应用于造船、桥梁、装备制造、工程机械、风电设备、高层建筑等领域。首秦加工公司关注新产品新市场开发,形成热轧轧制不锈钢复合板系列产品生产能力。

（韩　婷）

【主要指标】 2014 年首秦加工公司推进市场开发,加强市场保障,推进产品研发和技术创新,夯实管理基础。产品总产量 3.34 万吨,销售收入 7.63 亿元。

（韩　婷）

【产品研发】 首秦公司成立复合板项目组,利用首钢技研院、首秦及加工公司协作优势,推进不锈钢与钢板的轧制复合资源节约型产品研发,经过试验、摸索、解决技术难题,在关键环节取得重大突波,完成番禺钢管首单两批不锈钢复合板的交付,为批量生产奠定基础。

（韩　婷）

【机构调整】 2014 年,首秦加工公司将原有市场部、制造部、技术部、质管部、生产保障部、钢结构部、计财部、人力资源部、办公室等 8 部 1 室调整为市场部、制造部、计财部、人力资源部、办公室等 4 部 1 室,办公室下设综合服务公司。压缩管理人员编制,减少管理层级,促进重心下移。核减管理岗位27个;推行择优竞聘上岗,清退辅助岗劳务人员。借助综合服务公司平台,搞好职工转岗分流,搞活食堂、超市,开发除尘滤袋项目,让转岗职工有新的岗位,实现新的价值。

(韩 婷)

【队伍建设】 首秦加工公司利用多方资源开展培训,培养复合型精尖人才。培训28项、580人次。2人考取特种设备检验检测证书,19人次通过CCS船舶焊工取证考试,10人考取压力容器焊工证,10人通过国际焊工复审考试。4人入围北京青工系统以及全国焊工技能竞赛总决赛,其中2人获首钢职工技能大赛冠亚军。

(韩 婷)

秦皇岛首秦龙汇矿业有限公司

【首秦龙汇领导名录】

董事长:赵久梁

副董事长:余静龙

董　事:刘海龙　刘政群

　　　　王　立(4月任职)

　　　　吴光蜀(4月离任)

　　　　付　民(4月离任)

总经理:刘政群

党委书记、副总经理:郭湘平

副总经理:冯小亮

(于纳伟)

【概况】 秦皇岛首秦龙汇矿业公司是秦皇岛首秦金属材料有限公司、秦皇岛首钢板材有限公司与秦皇岛龙汇工贸集团共同出资成立的合资公司,3家股东持股比例分别为9%、61%、30%;总投资13亿元,位于青龙县大巫岚镇河北青龙经济开发区。首秦龙汇主体为一厂两矿:氧化球团厂和宏达铁选厂、岔沟铁选厂。首秦龙汇2008年6月6日开工,2009年6月6日投产,创出同等规模项目建设的高速度、高水平,被誉为"首秦龙汇速度"。公司按"节能环保型、循环经济型、清洁高效型"建厂理念设计、组织,整体工艺装备、技术质量水平国内领先。球团综合品位62.93%,抗压强度2500牛顿～3000牛顿,转鼓强度95%,质量指标属国内先进水平。球团产品销往津、冀、鲁、豫等区域市场,与国内知名钢铁大企业建立供应关系,市场形象良好。首秦龙汇先后

获"青龙县十佳明星企业"、"青龙县安全生产管理先进单位"等称号,列入青龙县挂牌保护的发展环境监测重点单位。

2014年,首秦龙汇在极端困难的经营形势下谋划经营变革,承担多元化经营项目,加强安全稳定管理,做好群众路线教育实践活动,推进企业体制改革和二次创业。

(于纳伟)

秦皇岛首秦嘉华建材有限公司

【首秦嘉华领导名录】

董事长:赵久梁

董　事:徐应强　张立伟(11月任职)

　　　　张永康(6月任职)

　　　　许福山(11任职)　王新宇　刘丙臣

　　　　曹欣荣　冯建设(4月离任)

　　　　丁建国(11月离任)

　　　　陈启能(6月离任)

总经理:王新宇(11月任职)

　　　　赵迪卫(4月任职,11月离任)

　　　　郭　涛(4月离任)

副总经理:杨　可

(赵　娜)

【概况】 秦皇岛首秦嘉华建材有限公司是卓桦投资有限公司、秦皇岛首秦金属材料有限公司、北京首钢耐材炉料有限公司2008年5月15日共同投资人民币6000万元组建的中外合资公司,位于秦皇岛市抚宁县杜庄镇秦皇岛首秦金属材料有限公司北侧,占地50亩,从事绿色环保型建材产品——粒化高炉矿渣粉的生产、销售。主营矿渣微粉生产和销售;水渣加工、销售;提供水渣、矿渣微粉产品的技术咨询、服务。首秦嘉华利用秦皇岛公路网络和港口条件开拓南、北方销售市场,与20余家销售客户及代理公司签订稳定合作关系。2013年7月与唐山冀东综合利用发展有限公司签署战略合作协议书。2014年12月与深圳海星小野田水泥有限公司签署战略合作协议书。2013年9月建设3.5万吨的仓存库2座,2014年8月仓存库投入使用,在船运市场营销中发挥积极作用。

首秦嘉华拥有一批高素质的管理及生产技术人员,

配备现代化的中心化检验设备,本着"严格管理,持续改进、以一流的产品服务于社会,顾客满意是首秦嘉华人永恒的追求"的质量方针,为客户提供优质产品、完善的售前售后咨询及技术服务。首秦嘉华矿渣粉成为优质产品的代名词。

2014 年,首秦嘉华生产量 70 万吨,销售量 90 万吨(其中 20 万吨外购),年销售额 9143 万元,利润 1850 万元。

(赵　娜)

首钢长治钢铁有限公司

【长钢公司领导名录】

董事长:贾向刚(12月任职)
　　　　郭士强(12月离任)
董　事:熊万平　张振新　王建军
　　　　徐建国(职工代表)
监　事:乔裕奎　蔡庆华
　　　　李秋生(职工代表)
总经理:熊万平
副总经理:李虎山　李怀林
　　　　杨　辉(7月离任)
　　　　姜广银　高雪生
总经理助理:李　明　樊建富
总会计师:张振新
党委书记:郭士强
纪委书记:崔永康
工会主席:徐建国

(黄建奇)

【综述】　首钢长治钢铁有限公司位于长治市郊区,距市区 27 公里,占地面积 8.21 平方公里。其中旧厂区 1.63 平方公里,新厂区 1.85 平方公里,生活区 1.17 平方公里;厂外有太原办事处、铁运部、锻压机械公司、瑞昌水泥公司等单位,厂外区域占公司面积约 43%。长钢前身——晋冀鲁豫边区故县铁厂,是中国共产党于 1946 年创建的第一座钢铁厂,为解放战争的胜利和新中国成立、建设作出重大贡献,被誉为"红色钢铁的摇篮"。2009 年 8 月 8 日,长钢与首钢联合重组。长钢集采煤、炼焦、炼铁、炼钢、轧材、水泥制造、工程建设、锻压机械制造、房地产开发、余压余热发电于一体;拥有冶金

产品科研博士工作站、国家级实验室;是全国标准化技术委员会选定的"钢筋混凝土用热轧带肋钢筋"标准制修订单位之一;是中国建筑材料联合会道路缓凝水泥标准编委成员单位;具有世界 500 强——首钢总公司精品长材技术、研发、生产、市场和全国唯一出口免检品牌优势。长钢产销钢材、锻压机械、水泥三大类产品。钢材品种包括 H 型钢、棒材、线材三大系列产品。其中,H 型钢产品包括碳素结构钢、低合金高强度结构钢、耐候钢等热轧 H 型钢;棒材产品包括热轧圆钢、热轧光圆钢筋、热轧带肋(抗震)钢筋、支护用高强度锚杆钢等;线材产品包括低碳钢热轧圆盘条、高碳钢盘条、优质碳素钢热轧盘条、焊接用钢盘条、热轧光圆钢筋盘条、热轧带肋钢筋盘螺等。钢质纯净,"上党"牌热轧带肋钢筋主导产品获冶金行业产品实物质量"金杯奖"、"国家免检产品"、"山西省标志性名牌产品"称号,曾用于毛主席纪念堂、奥运场馆、青藏铁路、深圳湾跨海大桥、秦山核电站等国家重点工程,抗震钢筋通过国家质检部门严格检测;制造锻压机械设备,素有"弯卷之冠,中国长锻"美誉;"长钢"牌水泥是国家免检产品。长钢多次被评为山西省质量信誉 AAA 级企业。

2014 年,长钢公司下设规划发展处、计财处、生产处、装备处、技术质量处、计量信息处、安全处、环保处、供应处、销售处、市场调研评价处、技改工程处、管理创新处、审计处、质量监督站、法律事务处、督察室、职工培训中心、人力资源处、武装保卫处、离退休管理处、公司办公室、文化信息处、监察处、工会、团委等部门,有烧结、炼铁、炼钢、轧钢、熔剂、煤焦、动力、铁路运输、机械运输、水泥、锻压机械等部门共 54 个,在册职工人数

14834 人,其中在岗职工 13498 人,内退职工 1336 人。高级职称 191 人,中级职称 1059 人。高级技师 440 人,技师 1373 人,高级工 3126 人。

（丁竹梅）

【主要指标】 长钢 2014 年实现工业总产值 88.37 亿元;完成铁 279.51 万吨,钢 287.23 万吨,材 291.61 万吨,主要产品产量完成情况见下表。

2014 年公司主要产品产量完成情况表

（单位:吨、%）

产品名称	年产量	年计划	计划完成率	上年产量	与上年比较
人造富矿合计	4533443			5425751	-16.45
烧结矿	4361446			4475790	-2.55
球　团	171997			949961	-81.89
生铁合计	2795100	3100000	90.16	3121222	-10.45
炼钢生铁	2782538			3111860	-10.58
铸造生铁	12562			9362	34.18
粗钢合计	2872319	3050000	94.17	3175854	-9.56
非合金钢	501890			654475	-23.31
低合金钢	2370429			2521379	-5.99
钢材合计	2916131	3050000	95.61	3273103	-10.91
中小型 H 型钢	379142			443952	-14.60
圆　钢	42509			70120	-39.38
螺　纹	2164392			2286777	-5.35
高速线材	298765			443520	-32.64
其他钢材	31323			28734	9.01

主要技术经济指标,全年生铁成本 2081 元/吨,同比降低 351 元/吨。钢铁料消耗 1057.74 千克/吨,较计划降低 0.25 千克/吨,同比降低 0.65 千克/吨;轧材综合成材率 100.82%,较计划提高 0.60 个百分点,同比提高 0.38 个百分点。

能耗指标,综合能耗同比降低 17.28 千克标煤/吨;自发电量同比增加 811.03 万千瓦时;高炉煤气放散率同比上升 0.04%;转炉煤气回收量同比提高 3.7 立方米/吨;吨钢耗新水同比上升 0.11 立方米/吨;炼钢工序能耗同比上升 2.5 千克标煤/吨。

（黄建奇）

【对标挖潜降本增效】 长钢公司积极应对"钢铁严冬",眼睛向内,深入对标挖潜,年初下达降本增效任务 5.53 亿元,10 月份追加后两个月降本增效任务 1.18 亿元及四季度降低期间费用 5%～10%任务,配套"五对"降本增效、班组"小指标"创优夺魁竞赛、"降成本、增效益、强管理"合理化建议等奖励办法,形成人人主动降本、岗位积极增效的良好氛围。

加强直供合作,7 月份与全球第四大矿企 FMG 公司建立战略合作关系,首次实现从海外矿山公司直接采购,全年采购 88.8 万吨,累计折扣 12%;跟踪政策、沟通谈判,阶段性启动汽车运输,降低运费、代发费和港杂费等 1393 万元。全年采购外矿折 62%品位到岸价低于普指 11.96 美元/吨;炼焦煤、喷煤、冶金焦采购成本分别低于行业平均水平 168 元/吨、141.6 元/吨、90.5 元/吨。

全年可比产品成本降低额 3.89 亿元,降低率 4.21%,比计划多降 1.21 个百分点。下半年逐月、逐季实现提高,三季度为 3.97%、四季度为 6.4%,四季度比上半年提高 3.27 个百分点。

（黄建奇）

【新产品开发】 长钢公司开发 G4Si1 合金焊线钢、65Mn 弹簧钢、DPCHW8.8 冷镦钢、T 型钢用 H 型钢、扁钢 5 个新品种,DPCHW8.8 冷镦钢作为免调质加工高强级别螺栓的替代原料,得到用户继续试用认可。

(丁竹梅)

【科技项目】 长钢公司《4 号、5 号烧结机烟气脱硫技改工程项目》《烧结环冷机烟气余热发电项目》列入山西省科技成果推广计划;锻压公司《卷制多曲率异形工件的数控四辊卷板机》列入"山西省火炬计划项目";《CDW11XCNC 特大型冷热卷数控水平下调式卷板机》为山西省科技创新计划项目。炼钢厂《优化转炉供氧工艺实践及技术应用》项目获首钢总公司科技成果 3 等奖,轧钢厂《减量化高强钢筋生产线的开发与实践》项目获总公司科技成果 1 等奖、山西省科技成果奖。合作完成《首钢烧结精细化配矿软件的开发与应用》《首钢长钢填平补齐 100 万吨棒材项目全交流传动及轧线自动化控制系统》《长钢烧结使用非主流矿粉应用》《首钢长钢棒线材双蓄热步进梁式加热炉设计研究与应用》4 个技术项目获首钢科学技术奖。轧钢厂《直径 18 毫米螺纹钢三线切分控制轧制技术的开发与应用》《600MPa 级热轧高强锚杆钢筋工艺研发》、炼钢厂《6 号炉顶底复吹改造项目》、瑞昌水泥《脱硫石膏代替天然石膏作为水泥缓凝剂的应用》等 4 个项目入选山西省 2014 年"金桥工程"。《重型三辊卷板成套设备》项目通过省级科技成果鉴定。

(黄建奇)

【信息系统开发】 长钢公司针对销售系统、计量系统和质检系统质检过程存在的数据和业务流程改变,配合首自信完成销售系统后期修改和完善 30 多处。配合首自信完成质检系统 2 台直读光谱仪、6 台微机控制拉力试验机和 1 台 X 荧光光谱仪共 9 台设备的数据采集项目,与销售、计量信息系统数据共享,初步建成钢后 LIMS 雏形,信息反馈效率和生产过程控制能力提升。

(丁竹梅)

【完善基础管理】 长钢公司开展"加强现场文明生产和定置管理、完善三规一制和基本管理制度并强化执行"为主要内容的基础管理整顿工作,初步建立公司三级规章制度目录信息库和公司级规章制度评价体系,实现"横向到边,纵向到底"的全覆盖管理。修订完善工艺技术规程、岗位技术操作规程、设备规程、安全操作规程 1992 个。通过强化制度流程图绘制管理,提升制度间的匹配性和制度本身效力。审核公司级规章制度 45 项,正式颁发 36 项。填补公司管理空白 20 项,占颁发总数的近 60%,全面夯实基础管理。

(黄建奇)

【节能环保】 长钢环保理念:低碳发展,可持续发展。环保技术装备:新增炼铁厂喷煤料场挡风抑尘墙、套筒窑挡风抑尘墙、新区料场挡风抑尘墙、8 号高炉炉前除尘设备改造。循环经济特点:构建煤—电—钢—化工—机械制造"五位一体"循环经济产业链。环保指标水平:烟尘、粉尘、废水、二氧化硫、固体废物等均达国家标准排放。长钢公司努力提升资源、能源综合利用水平,实现固体废物"体内"循环。推进节能减排,采取建设节能环保工程与实施"短、平、快"节能改造相结合模式,陆续完成煤气柜、高炉 TRT 工程、余热蒸汽发电、生活污水处理等一系列节能环保项目。实施变频节电改造、高炉风机改造、节水工程改造等"短、平、快"节能项目。开展污染治理,深化资源综合利用,实现"五用二降低",即:利用高炉煤气发电,利用余能余热发电,利用含铁尘泥、氧化铁皮、除尘灰生产烧结矿,利用高炉水渣制造水泥,工业用水重复利用;降低能源消耗、污染物排放量。在固体废物处理方面,建立钢厂内部含铁物料利用循环链、钢厂——建材冶金炉渣利用循环链,高炉水渣、转炉钢渣、粉煤灰、含铁尘泥(灰)等固体废物利用率达到 100%。

(丁竹梅)

【科研专利】 长钢公司申报专利 37 项,其中实用新型 27 项、发明专利 10 项,根据长治市科技局专利申报分配指标的规定,已受理 15 项,授权 7 项。

(黄建奇)

【技改工程项目】 长钢公司瑞达工业园区焦化一期项目于 6 月 16 日开工建设,工程建设采取项目指挥部项目管理、EPC 总承包项目管理和外部监理的管理模式,完成地质勘探、施工图设计、三通一平和焦炉桩基及围墙工程,即将进入焦炉主体土建施工阶段。"晋豫鲁通道"首钢长钢壶关集运站专用线项目,于 9 月 25 日开工建设,11 月份对拟占用土地位置及面积进行放线确认。在襄垣县建设一条年产 150 万吨的石灰石矿产品生产线以及公辅配套设施,已完成分公司定员定编和设备安装调试。

(丁竹梅)

【民主评价制度】 长钢公司探索创新工作模式,推进、深化市场调研和民主评价工作,在健全完善公司民主评价制度、拓展调研评价领域、提升调研评价质量上做出积极努力，民主评价工作得到全国总工会、省、市工会及省市纪检部门认可，受到人民日报等国内权威媒体关注，不少企业前往观摩、学习、借鉴。

（黄建奇）

【群众路线教育实践活动】 长钢公司采取集中学习、专题辅导、个人自学、观看专题教育影片、赴革命教育基地参观等多种形式，开展学习教育培训。共安排集中学习 10 次，参加专题辅导 3 次，观看专题影片 2 次，参观学习 1 次，11 名领导班子成员撰写学习心得，接受职工群众检验。征集到各类意见与建议 160 条，经过归纳梳理为 6 大类 23 个方面 56 个问题，11 位班子成员查找"四风"问题 156 条，制定整改措施 69 条。针对归纳梳理的问题，11 名公司领导主动领题，确保每个问题得到回复和解决。重大案件和事故中涉及的有关单位和人员进行严肃问责，计问责 76 人次，其中副处级以上领导干部 26 人次，科级人员 28 人，其他人员 22 人。初核案件 17 起，正式立案 7 起，结案 6 起。给予党政纪处理 11 人次，其中党纪处分 4 人，政纪处理 7 人。经过集体评价、问责，广大干部反腐倡廉的自觉性以及群众与干部之间的信任感增强。

（丁竹梅）

【特色帮扶为民生】 长钢公司按照"月月帮抚探访"工作机制开展有效帮抚，发放慰问金 99.55 万元。"金秋助学"活动与"暖冬工程"相结合，打造完善的助学活动网络体系，全年为 171 名困难职工子女上学发放救助金 30 万元；为 266 名职工申请办理发放职工大病互助金 355 次，近 98.26 万元，为困难职工提供更多的精神性、延伸性服务。

（黄建奇）

【企业文化建设】 长钢公司以创建学习型党组织和学习型企业为契机，基层单位及机关处室普遍建起职工书屋，职工读书活动方兴未艾。结合钢铁市场严峻形势，全公司开展"如何学宝钢、战胜钢铁业严冬"大讨论，通过讨论和反思，全体干部职工提高思想认识，达成共识，形成合力。聚焦生产一线，开展挖掘宣传"首钢人故事"活动，为公司经营生产提供精神动力。21 场"道德讲堂"活动场场接地气，弘扬正能量。在公司创始人——陆达百年诞辰之际，公司党委派人到太原、北京、武汉等地采访，编撰并出版《百年陆达》一书，于 12 月 18 日召开纪念陆达诞辰百年纪念大会，举办纪念陆达诞辰 100 周年图片展。

（丁竹梅）

【长钢 2014 年大事记】

1 月 3 日 公司召开干部大会。熊万平传达总公司领导对长钢指示精神，并围绕钢铁行业形势、经营生产、旧区升级改造等工作作简要总结；郭士强作《正视问题，强化执行，坚定信心，决战决胜，为坚决打赢生存攻坚仗而奋斗》讲话。

1 月 7 日 公司离退休管理处获国家级荣誉——第一届全国"敬老文明号"荣誉称号。

1 月 9 日 由首钢发展研究院牵头，通钢、水钢、长钢学习石横经验研讨会在长钢公司召开。

1 月 13 日 长钢锻压公司入选山西省第一批创新型企业。

1 月 14 日 长钢瑞昌公司获"山西省水泥行业大对比全合格单位"称号。

2 月 15 日 总公司领导张功焰、赵民革一行就长钢在山西省内规划发展及项目建设等事宜与山西省政府达成共识并做出安排部署，帮助长钢推进工作。

2 月 19 日 全国唯一一位 12 届连任的全国人大代表申纪兰在赴京参加全国"两会"前夕，到长钢公司征求意见建议。

3 月 7 日 公司通过山西省质量技术监督局评定，达到山西省质量信誉 AAA 等级标准。

3 月 7 日 山西省经信委主任张华龙一行到公司调研指导。

3 月 11 日 公司成立旧区淘汰落后升级改造项目拆除工程指挥部和 200 万吨焦化项目一期工程建设指挥部。两指挥部将分别负责拆除工程和 200 万吨焦化项目一期工程总体决策、部署、协调和推进等工作。

3 月 18 日 公司炼铁厂 9 号高炉获 2013 年度"山西省青年文明号"称号。

3 月 25 日 山西省知识产权局局长闫毅、长治市知识产权办公室主任王伟一行到长钢锻压公司，就科技创新及知识产权贯标工作进行调研。

3 月 28 日 公司"CD 牌"弯管机和"CD 牌"板料校平机获"山西省名牌产品"称号。经山西省质量技术监督局评定，长钢锻压公司被评为"山西省质量信誉 AAA 级企业"。

4月3日　重钢工会、纪委等多部门负责人现场观摩长钢公司2014年第一次民主评价会。

4月4日　公司工会获"全省厂务公开民主管理先进单位"称号。

4月8日　公司职工李建英获"全国机械工业劳动模范"称号。

4月18日　长钢锻压公司《数控高强度钢板校平机推广应用》被列入"山西省专利推广实施资助项目"。

4月24日　公司职工于杨等7人被总公司授予"首钢优秀青年人才"称号。

5月4日　共青团中央授予长钢团委2013年度"全国五四红旗团委"称号。

5月7日　公司"赵德刚创新工作室"被山西省机械冶金建材工会授予"十大创新工作室"称号。职工吴冯胜被授予"十大金牌工人"称号。

5月9日　公司获得"2013年度全省职业技能鉴定工作先进单位"称号。

5月12日　"中国梦·长钢行"书画创作联谊活动在长钢举行。首都书画名家范印华、李洪海、张坤山及长治市书画家韩志鸿、许华林等参加。

5月14日　物产中拓股份有限公司党委书记、董事长、总经理袁仁军一行到公司,就钢铁贸易等方面合作情况进行交流座谈。

5月15日　总公司领导姜兴宏到长钢,就企业文化建设工作进行交流座谈。

5月19日　长钢公司与首钢建设集团共同开拓海南省市场,海口重点项目选用长钢钢材,长钢实现铁路发运钢材产品全国省会城市全覆盖。

5月23日　加拿大翠岛国际贸易公司北京分公司经理张力及外籍技术员一行到长钢公司,考察长钢优质线材产品。

5月　公司启动"强化红线意识、促进安全发展"安全生产月主题活动。

6月3日　北京科技大学工业工程硕士长治教学班首批12名学员在长钢公司进行毕业答辩。

6月4日　《公司"转变作风"探索建立"不反腐"机制》等8件宣传稿件分获全国冶金记协第29届好新闻、第22届"长治新闻奖"评比活动一、二、三等奖。

6月6日　山西省钢铁行业协会常务副会长吴晓程一行到长钢公司调研。

6月10日　公司轧钢厂《热轧钢筋导卫标定装置》和《打捆机的扭结头》两项个人科技成果获国家实用性专利。

6月16日　长治市瑞达工业园区高端煤化工项目一期工程开工动员会在项目工地现场召开。

6月19日　全省厂务公开民主管理交叉调研检查组第三组到长钢公司调研。

7月7日　公司瑞昌公司成功开发P.S.B32.5缓凝水泥新品种。

7月8日　长钢锻压公司作为国内专业卷板机生产厂家参加2014第12届中国国际机床工具展览会,展出具有完全自主知识产权、获国家"弧线卷板机实用新型专利"的CDW11HNC-16×2200微控弧线下调式三辊卷板机。

7月29日　公司顺利通过2014年度质量管理体系第三方(北京国金恒信管理体系认证有限公司)的审核。

8月7日　第八次全国厂务公开民主管理工作调研检查组到长钢调研检查。

8月8日　公司炼铁厂被中国钢铁工业协会授予"全国钢铁工业先进集体"称号,郭新文等4人被授予"全国钢铁工业劳动模范"称号。

8月9日　公司成功开发直径6.5毫米规格65Mn弹簧钢。

8月11日　长钢参加"武钢杯"质量管理QC小组竞赛,烧结厂三车间一缕阳光QC小组课题《降低布料小车故障停机时间》和炼铁厂喷煤车间希望QC小组课题《提高新区皮带上煤率》被评为"全国优秀质量QC小组",炼铁厂除尘车间除尘绿色风尚班组被推荐为全国优秀信得过班组。

8月13日　新兴重工集团有限公司副董事长宁春林、副总经理汪宇,国新能源集团山西远东实业有限公司董事长王洪恩一行到长钢公司,座谈双燃料汽车项目合作事宜。

8月14日~15日,长钢参加2014年中国(第三届)建筑用钢产业链高端论坛会,被授予"中国国有钢厂优质建筑用钢品牌"称号。

8月15日　山西省人大常委会委员、法工委副主任张铁锁,长治市人大副主任、市总工会主席张书庆一行到公司,就《山西省企业工资集体协商条例(草案)》

的针对性和可操作性进行调研。

9月16日　由长钢锻压公司承担的"重型三辊卷板机成套设备研发"通过山西省"十二五"科技重大专项办公室项目专家组验收。

9月21日　长钢锻压公司与山西省科技厅签订2014年"山西省火炬计划项目任务书",由长钢自主设计研制的"卷制多曲率异形工件的数控四辊卷板机"列入省级科技计划项目。

9月25日　"晋豫鲁通道"首钢长钢铁路专用线(壶关集运站)工程开工奠基仪式在壶关集店举行,铁路专用线正式开工。

9月29日　中铁物资集团有限公司副总经济师季军一行到公司商谈双方合作事宜。

10月10日　公司召开学习贯彻总公司"三创"交流会精神干部大会。

10月12日　中钢集团金信咨询有限责任公司总经理廖世波、副总经理赵海燕及省、市发改委有关部门负责人一行到长钢进行现场调研评估。

10月29日　公司成功开发直径10毫米规格的8.8级非调质双相冷镦钢盘条。

10月29日　FMG矿业全球销售总监刘晓东一行到长钢座谈双方合作事宜。

11月4日　由总公司技术服务组组长李岩建议的2×30吨/小时除盐水系统扩容改造工程一次性通过验收。该工程投产后每小时可增加一级反渗透产水量25吨~30吨,蒸汽供应每小时可增加25吨~30吨。

11月6日　陕西思安新能源股份有限公司董事长邢玉民一行到公司就200立方米烧结机余热发电节能减排项目等进行交流。

11月12日　公司申报的《8高炉冲渣水余热利用工程项目资金申请报告》,通过山西省经信委专家评审,获得省政府财政奖励资金279万元。

11月14日　总公司领导张功焰、赵民革一行到长钢,对经营生产、2015年决策和预算等工作进行调研、指导。

11月18日　长钢锻压公司发明专利"型材弯曲机"被长治市列入首批专利推广实施资助项目。该专利抗弯截面模量为5500立方厘米。

11月18日　陕钢集团公司党委委员、工会主席陈敏锋一行到长钢座谈交流职工代表民主评价制度及相关工作细节。

11月18日~20日,总公司"三规一制"督导检查组到长钢检查指导。

12月2日　公司召开干部大会。经总公司党委常委会议决定:郭士强担任总公司监事会办公室专职监事,不再担任长钢党委书记、董事长,总公司名誉董事职务。贾向刚任长钢公司党委书记、董事长,不再担任总公司供应公司党委副书记、总经理职务。

12月2日　长钢锻压公司获2014年中国技能大赛山西省机电行业"卓里杯"焊工职业技能竞赛"优秀组织奖"。

12月18日　长钢举办纪念陆达诞辰一百周年座谈会。陆达是故县铁厂创始人、第一任厂长;中国冶金工程技术专家、科技领域开拓者和冶金军工材料奠基人之一;在抗日战争、解放战争及新中国建设时期,为中国钢铁工业及军工事业作出巨大贡献。总公司党委副书记何巍,长治市副市长陈鹏飞,原冶金工业部政策法规司司长董赃正,总公司党委宣传部部长承伟,钢铁研究总院副院长秦松,中国金属学会秘书长助理李静安,山西省钢铁行业协会常务副会长吴晓程及陆达子女参加座谈会。

12月18日　公司举行瑞达工业园区焦化项目一期工程EPC总承包合同签约仪式。

2014年度,长钢公司入围2014山西省企业100强和2014山西省制造业企业100强,分列第19名和第8名。

(丁竹梅、黄建奇)

首钢水城钢铁（集团）有限责任公司

【水钢公司领导名录】

党委书记、副董事长：卢正春

董事长、党委副书记：张槐祥

总经理、党委副书记：张新建

党委副书记、纪委书记、工会主席：赵　单

党委委员、总工程师：王琳松

副总经理：王　彬　常　进　夏朝开　何友德

总会计师：高　军

总经理助理：戴　鹏（7月任职）

（李丽娟、吴　树）

【综述】　首钢水城钢铁（集团）有限责任公司（以下简称水钢）位于贵州省六盘水市，始建于 1966 年，是以钢铁业为主，采矿、煤焦化、水泥制造、机加工、建筑、物流、进出口等配套经营的大型国有控股企业。公司注册资本 341395 万元，首钢总公司、中国华融资产、中国信达资产、中国长城资产、中国建设银行、贵州省国资委分别占股权的 61.06%、16.23%、13.15%、0.36%、4.69%、4.51%。钢铁主业具备 500 万吨钢产能，有抗震钢筋、高速线材、棒材等 13 个长材产品 30 多个品种。

水钢下设公司办公室（直属机关党委）、生产运输部、机动部、环境保护部、安全技术管理部、规划发展部（欣欣房开公司）、管理创新部（兴源公司）、财务部（交易中心）、组织人力资源部、市场调研评价部、工会、团委、宣传（企业文化）部、纪委（监察审计部）14 个职能管理部门；技术中心、保卫（武装）部、离退休服务中心 3 个复合部门；炼铁厂、炼钢厂、轧钢厂、煤焦化公司、运输部、动力厂、水电（氧气）厂、维检中心 8 个主辅生产单位；观音山矿业公司、自动化公司 2 个分公司；销售公司、原材料（进出口）公司 2 个购销部门；博宏公司、赛德公司、瑞泰公司、总医院（模拟子公司）、职教中心（模拟子公司）5 个子公司。2014 年底在册人数 17795 人；研究生及以上 38 人，含硕士 16 人，大学本科学历 1446 人；高级职称 135 人（其中正高级 6 人），中级职称 870 人；高级技师 47 人，技师 407 人，高级工 7091 人；平均

年龄 43.2 岁；中共党员 4918 人（其中预备党员 28 人）。

2014 年，面对产能严重过剩、需求增速放缓、环保压力加大、资金紧张等严峻形势，水钢深入贯彻党的十八大和十八届三中、四中全会精神，以坚守经营结果"不失血"，打赢扭亏脱困保卫战为主线，以"十讲十重十做到"为行为准则，秉承"三个管理"、"三个挖不尽"、"三个有利于"理念，弘扬"三个一分钱"精神，坚持问题导向，持续推进"八项重点"、"十项降本措施"和新常态经营生产组织优化等重点工作，全力消化市场增支减利因素，全力以赴坚守资金不断流的底线，实现公司经营生产在新常态下的可持续运行。

（陈忠燕、陈小艳、杨丽云）

【主要指标】　2014 年，水钢生产整体稳定顺行，多项工艺技术指标提升。吨综合焦比指标 507.62 千克，同比降低 2.65 千克。其中，吨入炉焦炭 354.14 千克，同比降低 7.94 千克；吨钢铁料 1055.15 千克，同比降低 5.81 千克；钢材综合成材率 97.74%，同比降低 0.06%。从三季度开始，为缓解产销衔接困难，铁钢工序按照限产组织。全年烧结矿、铁、钢、材产量分别为 673.47 万吨、438.17 万吨、439.85 万吨和 430.10 万吨，低于计划 93.53 万吨、46.83 万吨、60.15 万吨、57.90 万吨。

（禹寿荣）

【降本增效】　水钢确立"做精主业，做活辅业"经营方针，把保生存放在首位，以降铁成本为重点，采取措施降本增效。关停博宏小河金属铸业公司 450 立方米高炉，每年避免上亿元亏损；根据形势变化，从 8 月份起，关停 1 号、2 号高炉及相关高成本生产线，从 500 万吨产能优化到 350 万吨规模，确立"减产减亏"经营生产新常态。采取"八项措施"推进降吨铁成本 100 元工作，完成降低吨铁成本 94 元/吨，创效 3.9 亿元，主要经济技术指标改进，经济用料优化；减少外委外包费用 1 亿元，优化进口矿发运工作，降低储运费用 2650 万元。启动 10 个投资少、见效快、前景好的"短、平、快"非钢产业项目，取得成效。寻求政策支持，保持信贷额度不减，争取政

府补助,支撑经营生产基本现金流转。年末吨铁成本控制在 2000 元以下,吨铁成本比年初降低 733 元,对比预算,全年消化两头市场减利因素 7 亿多元,同比减亏 0.83 亿元,6 月份、11 月份两度实现"止血"目标。

（杨绍成）

【科技创新】 水钢组织实施新产品开发、新技术引进、技术攻关、课题研究、前瞻性研究等五类技术创新项目 29 项,完成项目投资 847 万元。承担省重大科技专项《高性能钢筋产业化及在高墩大跨径桥梁中的示范应用》子课题《高性能钢筋材料研究》;对《水钢高炉经济炉料结构的技术研究》等 22 项进行验收;《一种热轧 82B 盘条人工时效检验方法》等 2 项获六盘水市科技局立项,获政府资助 25 万元;全年申请专利 25 项,获国家知识产权局授权专利 13 项,其中发明专利 1 项,实用新型专利 12 项。

（张东升）

【科技成果】 水钢炼钢厂《转炉炼钢低成本生产关键技术的研究应用》获贵州省科技进步三等奖;《120 吨转炉优质钢深度脱磷生产工艺研究与应用》、《双继电器控制串联控制起升机构控制动器》、《钢包烘烤器烧嘴》、《1350 立方米高炉高利用系数低焦比的研究与实践》、《一种防止喷补反弹料结块快速恢复炉况的方法》、《屈服平台在高强度盘螺钢筋中的应用研究》等 6 项申报首钢总公司科技成果。

（熊 颖）

【品种钢开发】 水钢实现高碳硬线钢、钢绞线 SWRH82B 等品种钢在二高线转产。优化 MG335 左旋锚杆钢 Mn 成分降低表面加工硬度,从孔型设计改进角度提高 MG335Y 的 dv 轧制尺寸稳定性。成功轧制直径 11.0 毫米、直径 13.0 毫米规格 SWRH82B 供水钢红桥同鑫晟拉丝厂使用。修改、审批、执行 SWRH82B 系列钢绞线和高碳硬线钢质量计划。

（李鸿荣、高长益、江金东）

【制度管理】 水钢完善《规章制度管理办法》,将管理职责、综合管理、生产管理、应急预案等制度细分为 12 大模块,涵盖公司经营管理全过程。下发 86 项规章制度梳理,其中新建 26 项、修订 60 项、废止 85 项。依照《首钢水钢专业管理考核办法》评价各职能部门的管理活动、管理过程、管理效果,跟踪落实和督办 106 项重要事项,考核 11 人次,单位考核 1 次;督促落实 34 起影响

生产 2 小时以上事故处理情况;追究 6 起重大事故责任,计 44 人次受到责任追究处理,中层干部 13 人次,科级及以下 31 人次。

（刘 虹）

【改革改制】 水钢《博宏小河公司避峰停产方案》、《职教中心、瑞泰公司、总医院、观音山矿业公司橡胶厂子公司运作方案》、《车辆清理整合管理方案》拟定工作完成,草拟《水钢医院改革框架方案》;根据经理办公会决议要求,取得原生活服务公司债转股剥离资产设立成独立法人资格子企业的批复,生活公司成为瑞泰公司并办理工商注册登记;完成建材厂改制后遗留土地处置工作,收回 2088 万元土地处置款。

（夏 军）

【辅业发展】 水钢明确产业发展任务目标,推动公司对外经营产业,做活辅业板块。博宏公司 30 万吨矿渣微粉生产线、60 万吨钢渣热闷及配套钢渣处理生产线、废盘园乱丝料深加工等项目前期准备工作启动;赛德公司与贵州银行签订 7200 万元的授信合同,获得 2000 万元承兑票据支持。与贵安产业投资有限公司达成合作经营协议,启动 8 栋标准化厂房的建设;电气自动化公司、瑞泰公司、职教中心对外经营收入分别为 107 万元、2219 万元、500 万元;技术中心对外检测收入 5.6 万元;观音山矿业分公司实现废弃石灰石再利用;盛鸿达公司与北京、贵阳、河南等地开展合作;贵州水钢物流有限责任公司扶持贵阳分公司对重点工程开展钢材配送业务。

（邓丽娜）

【企业管理】 水钢建立合同 OA 审批流程,全年发生合同 3152 份,合同金额 1.76 亿元;2014 年外委外包财务结算 61596.66 万元,较 2013 年下降 30207.17 万元,较 2014 年指标下降 9929.55 万元;办结案件 25 件,涉案金额 1.33 亿元,避免诉讼损失 4203.57 万元,避免诉讼 9 起,涉案金额 3762.20 万元,减少诉讼费 35.07 万元;收回对汉方公司投资及收益 130 万元,退出股权;收回对兴源激光公司投资及收益 220 万元,退出股权;统计、清收投资企业股利,收回现金股利 2029.12 万元。

（丁 浩）

【安全管理】 水钢落实各项安全管理制度,强化安全基础管理。推进检修作业挂牌制、确认制和安全锁管理。开展安全隐患督查整改专题活动,增强隐患检查整改针对性。录播领导安全月讲话,举办"钢城十佳最美

安全卫士"、安全生产好新闻评选、安全生产宣传咨询、典型事故案例图片巡回展。各类安全管理人员及特种作业人员计 2053 人参加资格培训、取证培训。吸取"3·16"动力厂 8 万立转炉煤气柜顶冲事故和炼铁厂"8·10"煤气中毒死亡事故的经验教训,强化煤气系统隐患专项整治,进行拉网式彻底排查,查出和整改煤气隐患 87 项、蒸汽管道隐患 14 项。全年组织片检 24 次,互检 168 次,查出隐患 3250 项,整改 3067 项,隐患整改率 94.36%。

（李　顺、林　吉）

【环境保护】　水钢污染物综合排放合格率 88.22%,外排工业废水达标率 99.78%,外排废气达标率 80.40%,工业水重复利用率 97.4%,冶炼渣综合利用率 78.13%。安排环保项目三项。全年获环保专项补助资金尾款 40 万元。建设项目环境影响评价率 100%,4 项"环评"工作获批复。竣工验收 3 项环保专项。观音山矿业分公司等 5 个单位清洁生产审核报告通过专家审核并获贵州省环保厅批复。举办三期环境保护知识培训,一期中层管理干部环保知识讲座;参加贵州省环保厅组织的放射性同位素与射线装置安全与防护上岗培训,参培16 人。

（李锌江、王世荣、丁永芬、谌谋平）

【节能降耗】　水钢节能、创效取得效果。焦炉煤气、高炉煤气、转炉煤气基本实现零放散。实施煤气价格调整,年创效 2000 万元以上。转炉煤气放散解决,达到能源综合利用。烧结余热发电整改完成,2014 年 12 月运行。自发电 98311 万千瓦时,自发电率 46.62%。做好涉外工作,利用相关政策,争取外部帮扶,全年缴纳水资源费降低 55.64 万元;电力系统创效 6041.6 万元;通过提高功率因数实现冲减电费 386.85 万元。

（赵政华）

【设备管理】　水钢设备管理以"控事故、降费用、保运行"为目标,突出设备管理"五级防护体系"建设,实现全员维修常态化、点检定修标准化、备品备件管理自主化、查反活动经常化、隐患事故分析统计常态化、责任追究制度化、指标设置合理化、队伍建设长期化,全年检查隐患 10287 项,整改治理 10263 项,完成率 99.76%。组织以转炉和高炉为中心的同步检修 9 次,完成检修5000 余项。主要生产设备事故故障停机率控制在1.61‰,同比降低 0.72‰,低于水钢公司 3.00‰的管理

目标。按新常态生产组织模式,主要生产设备由原 61台(套)过渡到 39 台(套)常规运行。加强备品备件全过程管理,严格控制备件消耗,吨钢备件消耗 45.66 元,同比降低 16.19 元。

（周天春）

【效能监察】　水钢效能监察立项 27 个,其中,涉及经营生产类 19 项,降本降耗类 2 项,管理类 6 项。提出监察建议 199 条,制定、落实整改措施 71 项。年内 27 个项目全部结项,创效 8956.76 万元,管理效益和经济效益良好。开展督察活动 1095 次,组织协调召开阶段性总结大会 3 次、工作例会 8 次、督察小组例会及相关协调会议 36 次,督办落实事项 21 件/次,提出整改意见149 项,督促相关单位完善管理规章、修订合同条款20 项。

（宋帮健）

【内部审计】　水钢年度完成管理审计项目 37 项,查出有问题资金 9171.17 万元,其中,成本不实 4980.92 万元、调整账务 2004.03 万元、账外资产 1665.20 万元、账实不符 518.94 万元、重复报账 2.08 万元,提出审计建议 89 条。建设项目结算复审值 50020.37 万元,终审值49688.56 万元,审减金额 331.81 万元,其中内部审计的复审值 19973.60 万元,终审值 19865.99 万元,审减金额 107.61 万元。

（宋帮健）

【党群工作】　水钢新命名"五好"党支部 12 个,"红旗"党支部 29 个,发展党员 40 人。获首钢总公司 2013 年度"三创"先进集体 6 个、模范基层党委 1 个、模范党支部 1 个、先进党支部 3 个、先进党小组 6 个、劳动模范 5人、"三创"标兵 15 人、模范共产党员 3 人、优秀共产党员 5 人。获"贵州省五一劳动奖章"2 人、贵州省工人先锋号班组 2 个。贵州省"五好"基层党组织 1 个,贵州省国资委系统企业"五好"基层党组织 2 个。开展劳动竞赛,参赛职工 9800 多人次,覆盖面 98%以上。建立"金字塔"式群众性经济技术创新创效工作体系,职工申报金点子 616 项。杨延创新工作室被全国总工会命名为全国示范性劳模创新工作室,刘世红创新工作室、谢祥创新工作室、利剑创新工作室分别受全国机冶建材工会、贵州省有色冶金产业工会授牌命名以及首钢总公司表彰。帮扶困难职工、党员、离退休职工 4353 人次,发放帮扶资金 263.64 万元。团组织开展突击活动 670

余次,开展志愿者活动86次。信访举报45件(次),受理办结32件,办结率100%,责任追究13人。全年打假堵漏及治安防盗,避免、挽回经济损失和创效4002.97万元,抓获盗窃分子359人次。

(唐 恒、王景刚、宋都健、罗 飞)

【教育实践活动】 水钢群众路线教育实践活动历时9个月,完成学习教育、听取意见,查摆问题、开展批评和整改落实、建章立制。公司领导班子及成员查摆"四风"突出问题50个,整改44个。2014年8月28日,水钢召开领导班子专题民主生活会,首钢总公司副总经理赵民革及纪委、组织部门相关领导、省委第十三督导组全程督促指导。

(唐 恒)

【干部人才工作】 水钢按照"科学、合理、精干、高效"原则制定《首钢水钢中层管理干部职数设置方案》、《首钢水钢高级技术人员职数设置方案》;对33个二级单位进行年度(聘期)考评,调整、充实,续聘、新聘(任)中层管理人员148人、高级技术人员26人,未续聘6人;选派16人参加贵州省学习培训、首钢总公司干部特训班和短训班;公开招聘团委等5家单位副科级团干部、宣传部等4家单位一般管理人员22人;引进大中专毕业生39人,医疗卫生专业成熟人才9人;推荐并获贵州省第七批省管专家称号1人,继续纳入第四批省管专家管理1人,六盘水市市管专家称号1人,首钢"优秀青年人才"3人;2人晋升正高职称、19人晋升副高职称。

(黄成玖)

【绩效、薪酬管理】 水钢围绕做精主业,做活辅业思路和年度目标完善绩效考核体系,引导生产单位攻指标、降成本,辅助单位降耗、降费、保产,分子公司闯市场,寻求新经济增长点,提高盈利能力。调整补充销售公司和轧钢厂相关绩效指标,促进产销单位发挥高效协同效应,快速反应市场。四季度调整薪酬绩效考核办法,用减薪方法降成本,激励职工降本增效,实现控亏目标。实行子公司和模拟子公司领导班子经营业绩考核,制定2家子公司和3家模拟子公司领导班子2014年经营目标责任书,加强薪酬管理。规范内部薪酬分配管理,薪酬分配与绩效考核挂钩,确保公司整体目标实现。

(陈卫菊)

【劳动组织工作】 一季度,水钢对贵州博宏小河金属铸业公司实行避峰停产,分流安置653人,主线生产单位一线操作岗位人员紧张问题得到缓解;重新修订《首钢水城钢铁(集团)有限责任公司员工管理条例(暂行)》及《首钢水城钢铁(集团)有限责任公司劳动纪律管理办法(暂行)》,强化员工纪律意识和责任意识,助推扭亏攻坚;四季度炼铁厂、炼钢厂、轧钢厂开展人力资源优化分析工作,为合理配置人力资源、清退劳务及外委维检队伍奠定基础。截至2014年年底,通过降低劳务承包费用和单价、减少用工量以及终止部分劳务合同、清理清退劳务派遣用工等措施,清退1520人,每年减少费用支出6815万元。

(杨 芳)

【职工培训工作】 水钢举办各级各类培训班624期,培训职工36438人次。选派10人参加"首钢高技能人才创新能力研修培训班"、11人参加"首钢干部特训班"、4人参加首钢总公司职业技能竞赛、3人参加"宝钢杯"职业技能竞赛,600余人次参加18期"首钢周末大讲堂";开展车间主任培训班、班组长轮训班、职业资格取证培训、"三规一制"培训和考试等;申报"贵州省级专业技术人员继续教育基地";申报国家政策性资金补贴培训项目,举办提升技能培训和转岗培训99期,培训3266人。

(杨小英)

【宣传思想文化工作】 水钢党委在《水钢日报》发表《坚持问题导向,聚焦"三大战役"》等文章,传递重要主张、重大决策;举办"重温历史,弘扬艰苦奋斗精神,认清形势,坚定扭亏攻坚信心"教育活动,引导干部职工与企业同呼吸、共命运。开展理论研讨、专题研究,2项成果获省国资委学习贯彻党的十八届三中全会精神征文一、三等奖;4项成果获全国冶金思想政治工作优秀论文一、二、三等奖;1项成果获中国冶金政研会思想政治工作创新奖;1项成果入选中国思想政治工作《党史党建与贯彻"十二五"规划(2014年度)》年刊。完成《水钢企业文化案例故事第二集》编撰工作,并发布电子书,固化企业文化建设成果。强化文明创建活动,持续开展"最美水钢人"评选,8人被评为六盘水市"身边好人",1人被授予"贵州省第四届见义勇为先进人物"称号。水钢文联荣获2014年度贵州省文联系统先进集体称号。

(陈忠燕)

【十讲十重十做到】 企业越是困难时期,越需要文化引领。2013年12月19日,水钢召开"十讲十重十做到"动员大会,专门部署企业文化建设工作。具体内容:讲理想,重信念,做到意志坚;讲学习,重技能,做到业务精;讲制度,重管理,做到严细实;讲执行,重落实,做到作风正;讲责任,重履职,做到勇担当;讲创新,重突破,做到敢超越;讲进取,重追求,做到干劲足;讲忠诚,重品行,做到甘奉献;讲团结,重协作,做到顾大局;讲文明,重修养,做到形象好。"十讲十重十做到"成为水钢员工的行为准则,为水钢打赢"三大战役"奠定坚实文化基础。

（陈忠燕、田　甜）

【水钢2014年大事记】

1月2日　水钢召开2014年安全环保工作会议。

1月6日　水钢被共青团贵州省委命名为2013年～2016年度贵州省"青年就业创业见习基地",享受省级财政支持待遇。

1月8日　水钢开展为期一个月的进出厂物资打假堵漏及治安防盗集中治理行动。

1月8日　水钢组织各二级党委（总支）政工负责人通过视频观看首钢总公司党委请中国纪检监察学院副院长李永忠所作《八项规定与作风建设》专题讲座。

1月8日　国家安全监管总局刘云昌司长一行就2013年8月4日检查水钢二炼钢提出的四个问题点整改情况进行"回头看",并对当前安全生产工作进行专项督查。

1月8日　首钢总公司召开安全生产视频大会。水钢领导卢正春、张槐祥、张新建及各二级单位相关负责人通过视频学习本次大会精神。

1月9日　水钢出台《关于进一步深化改革促进对外经营产业发展的实施意见》。

1月9日　六盘水市副市长周宏文带领市经信委、安监局及市燃气公司相关负责人到水钢就确保民用煤气供应事宜进行调研。

1月14日　卢正春、张槐祥、张新建作为职工代表,赵单作为特邀代表出席首钢第十八届职工代表大会第二次会议暨集团工作会议。

1月16日　贵州省国资委副主任胡勇忠等人一行到水钢,入户慰问水钢困难党员并进行节前安全检查。

1月17日　水钢组织各生产单位、职能部门学习贯彻"1·15"全国安全生产电视电话会议精神。张新

建强调,进一步绷紧安全生产这根弦,确保水钢生产稳定顺行。

1月21日　水钢党委开展"庸懒散"专项整治工作,重点解决纪律松散、工作拖拉、执行力差、履职不力等问题,营造崇尚节俭、风清气正的良好氛围。

1月22日　水钢领导张新建、王琳松、常进及公司党委委员龙建刚对劳模、困难职工、党员进行春节慰问。

1月22日　水钢组织、人力资源部部长龙建刚参加"全省党的路线教育实践活动第一批总结暨第二批部署会议"。

1月23日　水钢完善教育实践活动领导小组机构,成立组织组、秘书组、宣传组及4个督导组。

1月23日　水钢获"全国厂务公开先进单位"、"全国厂务公开民主管理示范单位"称号。

1月24日　水钢召开干部大会,学习传达总公司"两会"精神,对博宏公司领导班子进行考核处理;卢正春作重要讲话,张新建主持会议并提出工作要求。

1月25日　六盘水市委副书记、市长周荣率队到水钢现场办公,了解水钢棚户区改造情况、炼焦煤储备情况和煤炭采购价格及煤气输送价格。

1月26日　卢正春率水钢春节慰问团,慰问武警六盘水消防支队、武警六盘水市支队、水城军分区官兵。

2月11日　贵州省经信委副主任、省民营经济局局长龙超亚一行到水钢开展服务企业大行动调研。

2月12日　水钢召开2014年度技术创新项目专家论证会。炼铁厂、炼钢厂、轧钢厂等单位27个项目被列为水钢2014年度技术创新项目。

2月18日　贵州省国资委副主任朱继明一行到水钢调研。

2月20日　六盘水市质量技术监督局批准水钢赛德公司焊接培训中心成为六盘水市首家特种设备焊接考试及发证机构。

2月21日　水钢召开党的群众路线教育实践活动动员会;省委第三督导组开展测评、组织谈话。

2月25日　贵州省有色冶金产业职工经济技术创新交流暨职工创新工作室观摩会在水钢召开。

2月25日　水钢编制《水钢各级党组织开展党的群众路线教育实践活动操作指南》和《水钢开展党的群众路线教育实践活动督导手册》。

2月26日　水钢召开工会一届六次全委会,总结

2013 年工作,部署 2014 年工作。

2月28日　水钢 3 项成果获贵州省第十五届省级企业管理现代化创新成果奖。

3月5日　贵阳海关副关长陈清峰一行到水钢调研,六盘水市商务和粮食局副局长万昌思陪同。

3月6日　水钢召开庆祝"三八"国际劳动妇女节104 周年女职工座谈会暨 2013 年度表彰会。

3月7日　首钢总公司副总经理强伟率队到水钢调研,要求水钢通过数据提升整个管理水平。

3月8日　水钢组织党的群众路线教育实践活动第一次集中学习,副处级以上领导干部参加;卢正春讲《走好群众路线,加强作风建设,助推水钢扭亏》专题党课。

3月11日　贵州省副省长慕德贵到水钢进行专题调研。

3月12日　省委第十三督导组刘友忠一行到水钢督导群众路线教育实践活动开展情况,对水钢"十讲十重十做到"活动及教育实践活动细化到支部的做法给予肯定。

3月16日　水钢动力厂突发 8 万立方米转炉煤气柜柜顶冲开事故,未造成人员伤亡。

3月17日　贵州省国资委片检组到水电(氧气)厂制氧片区进行安全检查。

3月19日　水钢被中钢协评为"2013 年度钢铁工业环境保护统计工作先进集体"。

3月19日　水钢党委中心组集中学习贵州省委书记赵克志在全省党的群众路线教育实践活动第一批总结暨第二批部署会议上的讲话。

3月28日　六盘水市政府党组成员在市委副书记、市长周荣的带领下,到水钢开展党的群众路线教育实践活动集中学习。

4月2日　六盘水市委常委、副市长彭说龙带领市相关部门负责人到水钢调研。

4月3日　水钢通过贵州省质监局 4A 级标准化良好行为企业初审。

4月4日　市政府副秘书长黄志芳、市经信委副主任王瑞等人到水钢调研。

4月16日　国家外经贸部原副部长龙永图、山东万宝集团董事长辛为华考察水钢。

4月17日　首钢长钢公司工会主席徐建国一行到水钢交流长钢民主评价工作情况。

4月17日　省委第十三督导组组长刘友忠率督导组到水钢督导工作开展情况。

4月24日　贵州省副省长王江平组织召开专题会议,听取水钢经营生产和改革发展工作汇报。

4月25日　贵州省经信委副主任宛东会一行到水钢调研。

4月26日　贵州省副省长刘远坤携省国税局、省安监局、省金融办、省能源局等相关部门负责人到水钢调研,六盘水市市长周荣陪同。

4月29日　六盘水市委书记李再勇,市委副书记、市长周荣会见首钢总公司党委书记、董事长靳伟一行,双方就水钢及首钢在贵州"一业三地"转型发展交换意见。

4月30日　首钢总公司党委书记、董事长靳伟,副总经理张功焰,总经理助理刘桦,总公司总工室副总工程师张英到水钢调研。

5月5日　水钢召开二届二次董事会。根据《公司法》及公司章程,首钢水城钢铁(集团)有限责任公司董事会全体股东召开 2014 年股东会议,授权卢正春等股东代表 6 人审议关于 2013 年经营生产计划完成情况及 2014 年经营生产计划等议案。

5月7日　六盘水市委书记李再勇率六盘水市、钟山区相关部门负责人到水钢,就群策群力推动水钢转型升级发展进行调研。

5月9日　贵州省人力资源和社会保障厅厅长夏一庆到水钢调研。

5月15日　水钢被命名为省级"青年创业创新创优"示范基地。

5月15日　水钢动力厂《鼓风机双电源自动切换装置》《用于调整高炉鼓风机隔板同心度的假轴装置》获国家知识产权局授权的实用新型专利。

5月16日　水钢职工服务帮扶中心、轧钢厂职工服务帮扶中心获贵州省"先进职工服务帮扶中心"称号。

5月17日　首钢技术服务专家组进驻水钢。

5月19日　水钢召开群众路线教育实践活动推进会,卢正春作重要讲话。

5月29日　水钢召开 2014 年安全生产月活动动员会,夏朝开作动员讲话、张新建主持会议并讲话,六盘水市安监局副局长蒋弟明出席会议并讲话。

6月12日　水钢召开领导班子及成员2013年度考核和"一报告两评议"民主测评会。贵州省委第十三督导组成员张志忠一行3人对水钢领导班子及成员进行考核。

6月24日　水钢召开表彰动员大会,发出打好打赢"减亏、止血、扭亏"攻坚战动员令。

6月25日　省委副书记、省长陈敏尔率队到首钢贵阳特殊钢有限责任公司召开座谈会,就首钢在黔企业改革发展开展督导服务活动;陈敏尔听取首钢集团和贵钢、水钢负责人情况汇报并进行现场协调。

6月27日　水钢召开2014年科技大会,总结回顾2012年～2013年度水钢科技工作,安排部署2014年科技工作重点任务。

7月3日　水钢举行"三创"经验交流暨"十讲十重十做到"企业文化论坛;本届企业文化论坛的主题是"文化发力"。

7月4日　水钢召开通报会,首钢技术专家组通报水钢生产成本及经营情况、规章制度及培训情况、设备操作事故及其原因,并总结前期工作。卢正春主持会议。

7月4日　水钢召开职工代表民主评价工作模拟评价会。

7月8日　全国政协常委、副秘书长,九三学社中央常务副主席邵鸿一行调研水钢。

7月10日　水钢召开进出厂物资打假堵漏及治安防盗工作总结表彰推进会。

7月15日　中国质量认证中心贵州评审中心审核组一行对水钢质量管理体系实施换证审核,对环境、职业健康安全管理体系实施监督审核。

7月23日　水钢循环经济轻型墙体材料厂举行开工仪式,六盘水市综合利用固体废弃物发展循环经济示范项目正式启动。六盘水市委书记李再勇、市长周荣、市人大常委会主任黄金等出席开工仪式。

7月25日　首钢长治钢铁有限公司党委书记、董事长郭士强一行到水钢参观学习。

7月底　水钢申报的《"基层故事会"打造水钢思想政治工作创新品牌》获中国冶金企业思想政治工作创新奖。

8月5日　水钢2人被贵州省总工会授予"贵州省五一劳动奖章"。

8月份　水钢作出停产和减产减亏决策,从500万吨规模优化到350万吨。

8月18日　水钢职工服务帮扶中心发放首批"金秋助学"金41.99万元,528人获资助。

8月22日　水钢召开第一次民主评价会,职工代表对设备采购进行民主监督。

8月25日　中央组织部干部二局三处处长、中央教育实践活动第四巡回督导组成员周健一行到水钢调研。

8月28日　水钢召开领导班子专题民主生活会,首钢总公司副总经理赵民革、省委第十三组组长刘友忠一行全程参加会议。

9月1日　水钢"推动'三个转变'、建设质量强国"质量月活动开幕。

9月2日　水钢召开第二届职代会第十次代表团长及专门委员会负责人联席会议。

9月5日　水钢召开公司领导班子专题民主生活会情况通报会。

9月15日　水钢开展为期一个月的"十讲十重十做到"故事会巡回宣讲活动。

9月16日　水钢召开二届二次职代会提案审查会。

9月18日　贵阳党政代表团到水钢参观。

9月18日　水钢讨论原材料(进出口)公司、技术中心、自动化公司、(武装)保卫部四家单位具有业务处置权的岗位人员轮岗交流工作方案。

9月25日　水钢决定实施新《首钢水城钢铁(集团)有限责任公司员工管理条例(暂行)》和《首钢水城钢铁(集团)有限责任公司员工违规违纪行为处理办法》。

9月28日　卢正春、张槐祥、张新建赴京参加首钢2014年"创新创优创业"视频交流会;王琳松、王彬、高军和各二级单位相关负责人在水钢收看交流会实况。

10月10日　水钢知识产权优势企业培育工程项目通过贵州省验收。

10月16日　省国资委纪委副书记、监察室主任龙胜芝参观水钢警示教育基地。

10月16日　冶金工业规划研究院马军一行5人到博宏公司冷料厂交流循环经济开发事宜。

10月17日　水钢召开党的群众路线教育实践活动总结大会。

10月21日　水钢历时10个月的"十讲十重十做到"故事会宣讲活动举行最后一场宣讲。卢正春对宣讲活动进行总结,并提出具体工作要求。

10月30日　经六盘水市正式批复同意,在水钢总医院基础上成立水钢职业病防治院,成为六盘水市获批的第一家职业病防治院,也是贵州省第二家职业病防治院。

11月5日　首钢总公司副总经理赵民革一行7人到水钢调研。

11月6日　贵州省环监局副处长钟自贵和省、市、区相关环保监督专家对6、7号烧结机烟气脱硫系统工作进行检查评审。

11月7日　贵州省(市)人资社保厅(局)领导一行到水钢总医院进行工伤康复工作指导;水钢总医院成为工伤康复定点医疗机构。

11月12日　贵州省教育厅厅长霍健康一行到水钢高级技工学校新校区视察。

11月14日　由六盘水市文物局、市博物馆组成的专项调查小组到水钢进行"三线建设"工业遗产专项调查。

11月21日　六盘水市人大副主任、市工商联主席陶兴锐率相关人员到贵州瑞泰环保建材公司调研。

11月21日　水钢举办2014年度安全资格证复审培训班,130余人参加培训。

11月25日　水钢"党的群众路线教育实践活动"征文,评选出一等奖1项、二等奖2项、三等奖3项、优秀奖5项。

11月25日　水钢制定降铁成本100元方案。

11月26日　水钢轧钢厂杨延创新工作室被全国总工会命名为"全国首批劳模示范性创新工作室"。

11月26日　首钢总公司安全处处长苏德山、设备部管理处副处长史锡强、技术质量部处长助理张源等一行9人到水钢检查指导"三规一制"工作。

11月27日　水钢4篇论文获2014年全国冶金思想政治工作优秀论文奖,《柔性灌输、刚性需求、"五步联动"推进核心价值观落地深植》获得一等奖。

11月27日　水钢高级技校获第十二届国家技能人才培育突出贡献单位称号。

11月29日　水钢总医院与六盘水市总商会青年商会签署医疗健康服务合作协议。

12月2日　贵州遵钛(集团)有限责任公司副总经理王忠朝一行6人到水钢参观,学习水钢"提质降本,挖潜增效"经验。

12月5日　贵州省总工会市(州)考核调研组第四组一行6人到水钢调研。

12月10日　水钢公司党委下发《整顿作风严肃纪律"八个严禁"》的通知。

12月15日　水钢工会慰问组对9家单位的困难职工进行入户、进岗慰问。

12月15日　水钢成立有毒有害气体防护站。

12月21日　水钢组织学习云南呈钢钢铁有限公司成功经验。

12月23日　水钢中层管理人员培训班开班。卢正春出席并授课,90余人参加培训。

12月25日　水钢召开党委二届九次(扩大)会。卢正春作党委工作报告。

12月29日　水钢召开水钢二届二次职工代表大会。张新建作行政工作报告。

(李丽娟、吴　树)

水钢公司技术中心

【技术中心领导名录】

主　任:张新建

常务副主任:常　进

副主任:郑家良(主持工作;11月任职)

副主任:李全熙(8月任职)

　　　　李正嵩(8月任职)

　　　　毛　锐(8月任职)

　　　　龙明华(8月离任)

党委书记、纪委书记、工会主席:龙国荣(8月任职)

党委副书记:郑家良

(朱　钧、杨真华)

【概况】　水钢技术中心是水钢二级复合部门,承担水钢产品研发、科技管理、技术攻关、质量管理等职能;设9个管理科室,2个理化检测室和5个质量管理站,在册职工356人,其中留学生1人,硕士3人,本科生50人,高级职称11人、中级职称26人,高级技师1人、技师20

人,博士后工作站博士1人;在"技术促水钢发展,质量创水钢品牌"思想引领下,以省级企业技术中心和博士后科研工作站为平台,通过引进、消化、吸收和创新开展工作,使水钢产品形成建材、高强钢、软线钢、硬线钢、焊接用钢、碳结圆钢、PC母材用钢等十余个产品系列,轧制规格直径6毫米~40毫米,品种规格多达数十个,用途从单一建筑用钢拓展到制丝、制绳、机械、五金、汽车制造等行业,产品得到市场认可、用户肯定。通过加大质量管理力度,实施过程质量管理,实现预防型质量控制,严把原燃料进厂关和产品质量出厂关,为水钢树立良好品牌形象。2014年,技术中心围绕水钢深挖内潜、降本增效等目标任务发挥自身职能,保障生产稳定顺行,维护水钢品牌形象,支撑水钢经营生产。

(杨真华、朱　钧)

【降本增效】　技术中心将镜质组发射率纳入保华煤采购合同工作,2014年1月~9月降低采购成本359448.18元。采用钒氮合金代替铌铁进行强化,铌含量降低0.01%,钒含量增加0.01%,吨钢降成本19元。开展HRB400富氮强化+强冷工艺试制工作。利用碳氮化物强化钢材性能,适当提高轧制控冷强度,钢中硅、锰含量分别降低0.05%和0.20%,吨钢降合金成本18元,全钢成本降10元左右。开展HRB400产品强穿水工艺的试制工作。通过优化化学成分和控轧控冷工艺等手段,硅、锰含量分别降低0.05%,吨钢降成本30元以上。建立费用管理台账,每月进行科学分析,减少费用开支,完成可控费用63万元,比预算指标节约16万元。

(刘　欣、敖万忠、刘占林、朱　钧)

【质量管理】　技术中心以稳定原燃料质量为中心,以控制钢材产品质量为重点,注重关键参数控制及数据分析,提升异常事件预警预报能力,推进预防型质量管理体系。铁前系统推行要素平衡管理,开展生产要素对比分析和测算预测;优化大宗原燃材料管理流程,推进三方联合监管。产品打包、定尺、定支、重量偏差、外观质量等改进、提升,钢轧系统利用先进质量管理方法和统计技术,实行产品质量趋势的预测预报。全年质量异议赔付125万元(0.31元/吨钢),处于同行业较低水平。开展QC小组活动,获国家级优秀QC小组1个、省特优特优秀QC小组1个和贵州省优秀QC小组4个。

(魏福龙)

【设备管理】　技术中心加强设备基础管理,将"只管使用,不管维护保养"转变为"生产操作是设备第一责任人",推行全员设备管理,强化干部职工设备管理意识,完善设备使用、保养和维护等管理制度,建立精细化、标准化设备管理工作流程,加强在线使用设备的监控,杜绝操作事故发生。

(范　航)

【基础管理】　技术中心实施"三化"管理目标各项措施。在基层站、室全面推行团队竞赛工作,增强团队精神及竞争力,以精细化管理和专业管理为支撑,以综合检查为手段,实施月度检查评比,实行靠前奖励、靠后考核的奖惩机制,加大激励、鞭策作用,提高员工整体素质、打造高效一流团队。

(朱　钧)

【原燃料打假堵漏】　技术中心开展国家标准允许范围内炼焦煤预干燥工作,减少煤试样水分损失带来的无形损失,3月~12月炼焦煤采购成本降低2009万元。推进、形成水钢原材料取、制、锁联合监督管理,规范进厂大宗原材料管理职责、内容、措施,强化联合监管的质量管理。与相关单位和部门强化沟通协作,打击供方不法行为,查处作假和涉嫌作假进厂原燃料3起,没收作假铁矿石4车,处罚供方违约金15万余元。

(朱六夫、耿　茜)

【党建创新】　技术中心制定、实施党支部例会制度。引导支部所辖站、室及时掌握职工队伍思想动态,有针对性地开展形势任务教育工作,对存在的问题,分门别类处理。看望患病职工26人次,发放慰问金5200元;落实困难助学职工32人,受助金额22100元;帮扶医疗救助1人,受助金额800元。党建工作务实和生动,通过面对面了解问题、群策群力破难题,拉近和缩短党组织与职工群众的距离,密切党群干群关系,增强向心力、凝聚力和战斗力。

(杨真华、杨锦旭、王金富)

水钢公司原材料(进出口)公司

【原材料(进出口)公司领导名录】
　　经　理:张雷鸣(2013年12月任职)
　　　　　　何友德(2013年12月离任)
　　党委书记:欧阳宇峰(3月离任)
　　　　　　帅学国(3月任职)

副经理:帅学国(3月离任) 蔡 欣
　　　　韩国礼　龙明华(3月任职)
经理助理:邹荣平(10月离任)

（王军武）

【概况】 水钢原材料(进出口)公司2013年12月由燃料分公司(进出口有限公司)和物资供应分公司组建成,是水钢大宗原燃料、资材、辅料等采购部门,主要采购铁矿、煤焦、合金、生铁、废钢、耐火材料、各种小规格辅料和材料等;同红发公司、盘江精煤股份公司等建立长期战略合作伙伴关系,同国内外矿、煤、资材、辅料供应商建立良好合作关系;不断加大民洗精煤采购量,从源头上稳定水钢生产用原燃料。

（王军武）

【经济保供】 2014年,原材料(进出口)公司强化进口矿市场运作,采取"低位错峰议价,压价锁定一口价"策略,订货进口矿折算62%粉矿价格低于普指均价3.17美元/吨。优化进货结构,提升更具成本优势的进口矿比例至85%左右;细化炼焦煤12种;利用进口澳洲煤替代高成本盘江煤、盘县民煤;全年降低采购成本6691万元。

（王军武）

【港口管理】 原材料(进出口)公司加大防城港排港量,发运量376.43万吨,同比上升27.48%,节约物流费用1000余万元;利用水钢属两港发运量最大客户的优势,首次争取到港口达量优惠政策,实现两港物流费用优惠1650万元;利用防城港自主发运管理的有利条件,强化进口矿监卸监装,及时协调清场底子矿的收整归堆,节支600余万元,减免港口堆存费70余万元。全年港口物流费用节支降费计3320余万元。

（王军武）

【克难减亏】 原材料(进出口)公司加强制度建设,理顺管理流程,强化内部管控,支撑扭亏攻坚。对主要原材料实施质量扣款2674万元;严控外委外包费用,实现降费20%的要求,运输费、劳务费、水处理总包费超额完成指标,同比降低1672.55万元,降幅28.66%;加强督察进厂原燃料,查处各类违约事件27起47车次,创效18.53万元;规范公司废旧物资回收管理,外销废旧资材增收307万元。

（王军武）

水钢公司销售分公司

【销售分公司领导名录】

经　理:章 帆
副经理:王 军(7月离任) 罗 辉
　　　　阳 杰　柴红贵(7月任职)
党委书记:章 帆(7月离任)
　　　　　龙建刚(7月任职)
纪委书记:章 帆(7月离任)
　　　　　龙建刚(7月任职)
工会主席:邱志良(4月离任)
　　　　　刘 丹(4月任职;12月离任)

（谢中杰）

【概况】 销售分公司负责销售水钢钢材、煤化工副产品及气体产品;设综合办公室、党群办公室、市场信息室、资源调配室、仓储中心5个职能部门,在省会城市贵阳、重庆、昆明、成都、南宁设销售机构,在相应地级城市设销售网点;销售网络以贵州省内市场为核心,辐射西南、华中、华南、华东。2014年底,在岗员工146人,内部职能管理部门32人,仓储物流人员60人,驻外营销人员54人。2014年,销售分公司坚持"省内做量,省外做价",推进"优化区域、优化品种、优化规格,创水钢最佳效益",完成销售分公司各项主要工作任务指标。

（谢中杰）

【主要指标】 销售分公司完成钢材销售量428.78万吨,产销率99.51%;实现钢材销售价格3338.89元/吨(含税价);回笼货款146.59亿元,货款回笼率98.83%,比预算指标98%提高0.83个百分点;现金比例27.05%,比考核指标30%降低2.95个百分点;累计吨材销售费用4.23元/吨,同比降低0.18元/吨。

（谢中杰）

【销售管理】 销售分公司将过去"做价、走货、回款"营销思想调整为"回款、走货、兼顾价格";坚持周均衡回款,出台客户资金回笼激励政策,确保公司资金回笼;采取需求量兑现100%、品规100%、进度100%措施,实现省内资源投放比例80.17%,确保省内销售增量目标;贴近市场定价,注重区域品规价格差异,提高高价品规销售量;盘活内外库存资源,坚持低库存运作,实现内外库存3.75万吨;推进直供终端销售,累计完成直付比例

25.05%,同比提高 5.05%;推进产品定牌制造定制工作,累计收回品牌使用费 1500 多万元;梳理价格、物流、合同、资金、结算等主要业务方面的现行管理制度和流程,规范经营活动。

（谢中杰）

【党群工作】 销售分公司获水钢"扭亏创效先进单位"、"厂务公开先进单位"等称号。开展了群众路线教育实践活动,抓好中央八项规定和省委十项规定,倡导水钢公司"十讲十重十做到",反对"庸懒散慢浮",开展厉行节约反对浪费,严控各项费用,以硬制度和硬举措反对"四风";加强党的建设,健全完善领导班子决策程序和机制,开展科级管理（技术）人员年度考核工作和民主评议党员工作,发展预备党员 1 人。

（谢中杰）

水钢公司炼铁厂

【炼铁厂领导名录】

　厂　长:翟勇强

　副厂长:雷兴扬　潘　建

　　　　　吴永康（7 月任职）

　　　　　雷世江（7 月任职）

　　　　　毛　锐（7 月离任）

　厂长助理:罗晓岗（7 月任职）

　主任工程师:肖扬武（7 月任职）

　　　　　　顾尚军（7 月任职）

　　　　　　雷世江（7 月离任）

　党委书记:雷兴扬

　党委副书记:翟勇强

　纪委书记:陈　勰（2013 年 12 月任职）

　工会主席:陈　勰（2013 年 12 月任职）

（周建国）

【概况】 2014 年,炼铁厂按照"效益优先、经济炼铁"工作思路,围绕保高炉稳顺、烧结稳定为目标,抓基础管理,挖掘内部潜力,开展降本增效。根据市场行情调整生产节奏频繁,先后停产 1 号、2 号高炉;整合 1 号、2 号高炉停产后富余人员,清理外委外包;全年休风率 3.58%,同比下降 2.19 个百分点,慢风率 1.4%,同比下降 1.05 个百分点;严格把控原燃料品种、质量和数量,优化配料、经济炼铁;重视生产组织难点攻关,严格操作

管理,确保过程受控;抓烧结料堆合理使用、返矿率攻关、燃料破碎率攻关、生石灰配加方式攻关、烧结机关键参数控制,确保烧结矿强度和碱度稳定率提升,返矿率由 17.63% 降到 15.68%;通过调整高炉基本制度,改善煤气利用率,稳定热制度,提高炉温合格率,及时出尽渣铁,实现高炉长期稳定顺行。炼铁厂生铁产量 438.2 万吨,欠产 46.8 万吨;生产烧结矿 673.5 万吨,欠产 4.1 万吨;焦比 344 千克/吨,煤比 160 千克/吨,烧结工序能耗 54.14 千克标准煤/吨,炼铁工序能耗 433 千克标准煤/吨。

（周建国、顾尚军）

【设备管理】 炼铁厂确立"点检是基础、检修是关键、日常维护是根本、备品备件是保障"的设备管理理念,简化制度,规范管理,建立炼铁设备稳定、经济、高效运转管理模式。设备重大事故为零,一般事故 1 起,同比降低 93%。设备维修费用 5890.68 万元,同比降低 38%。备件成本费用 4101.8 万元,同比降低 40%。

（吕智波）

【设备改造】 炼铁厂完成 1 号、3 号高炉炉前除尘变频节能改造,6 号、7 号烧结机除尘风机变频节能改造,6 号烧结机余热发电改造,27 号变电所大修升级改造、3 号高炉冲渣转鼓大修改造等数十项技术改造,生产条件有效改善。

（吴长林）

【科研成果】 炼铁厂《高炉降焦研究与应用》获首钢科技进步三等奖;《翻车机系统防止车皮掉道自动监控装置》、《一种高炉泥跑回转立柱及油路绞冷却装置》、《一种喷煤连锁控制系统》获国家实用新型专利授权;《一种钢丝绳新式编结方法》获国家发明专利受理,《一种皮带运输系统的打滑检测系统》获国家实用新型专利受理。

（肖扬武）

【安全管理】 炼铁厂持续开展安全培训,培养炼铁安全文化;梳理增补危险源辨识 26 条,增补规程 19 个;深化风险识别和安全监管,强化生产受控操作,严格检维修作业程序,加强作业过程管理;开展查违章、查隐患及百日安全大检查活动;强化职业健康安全体系管理,危险源点分级落实到人。全年查出安全隐患 737 项,处理 728 项,完成率 98.8%。完成转岗人员及休假人员的安全学习 500 余人次。2014 年,轻伤事故 10 起,工亡事故

1起,工亡2人。

（宋文军）

【环保工作】 炼铁厂全年环保设施运行率98.51%；废气、废水合格排放；工业固体废物处置（利用）率100%；危险废物（含危化）无害化处置（利用）率100%。整改、调试6号、7号烧结机烟气脱硫系统，通过省公安厅、环保厅检查验收。开展4号烧结机烟气脱硫系统建设前期工作。

（宋文军）

【人才工作】 炼铁厂开展职工技术比武、劳动竞赛、职工"金点子"等活动，提高职工岗位技能和综合素质。3人参加贵州省职工技术比武，分获第1名、第4名、第7名。送评达到申报条件的专业技术人员22人，重新聘任达到聘任条件的专业技术人员76人，重新评定管理岗位专业技术人员职务工资，组织推荐省管专家和市管专家。调整8个车间领导班子，科级管理人员变动23人次，其中新提拔6人，降职使用3人。搭建敢管理、勇担当的管理平台，营造管理人员竞争氛围。

（周建国）

【党建工作】 炼铁厂党委加强党建和企业文化建设，提升炼铁软实力。抓好形势任务教育，开展党支部晋级竞赛、"党员突击队"、每季一星党员评比等活动，探索党建工作与经营生产工作的结合点。各支部树立经营生产目标就是党建工作的重点，经营生产难点就是党员的攻关点意识，开展"提强度、稳生产、保高炉"等特色活动。将改进工作作风、打假堵漏、整治现场环境、查职工履职尽责活动有机结合。将群众路线教育实践活动作为贯穿全年工作的抓手。党员436人参加，在职党员参与率99.31%；发展党员7人。

（周建国）

【文化建设】 炼铁厂1人被评为六盘水市"身边好人"，1人被评为"最美水钢人"；参加水钢各类征文比赛，8篇分获一等奖、二等奖、三等奖；参加水钢党建工作十佳金点子征集活动，选送20条，3条被评为十佳金点子；参加水钢"十讲十重十做到"各项主题活动，文化引领论坛和炼铁两个故事巡回演讲展现炼铁人良好精神风貌。

（周建国）

【民主管理】 炼铁厂坚持职代会制度，探索民主管理新思路、新方法。每两月召开职工代表"问政、问需、问效、献策"心连心交流活动1次，厂领导、职能部门负责人与职工代表面对面沟通交流，直面职工代表现场提出的问题，给出承诺和解决办法，解答职工问题112个，职工诉求渠道畅通，参与民主管理的积极性和主动性提高；推行设备备品备件使用周期性价比阳光公开政策，职工监督备品备件材料比质比价购用管理，倒逼设备管理机制建立健全；规范申报、审核、备件跟踪管理流程；被评为水钢"2014年度厂务公开先进单位"。

（郑家英）

【职工文化】 炼铁厂以职工书屋为平台，推进职工业余文化队伍建设。发挥职工兴趣小组作用，举办职工迎春书画展等活动，深入现场采写生产建设、职工风采宣传稿件，发表117篇。编发《聚变》《征程》《先锋》等书籍，按月编发《炼铁厂工会工作动态》。开展以"勇于担当、务实真干、体现作为"为主题的"创优做实，争先进位"竞赛。开展文体活动，增强职工活力。承办水钢庆"炼铁杯"职工篮球联谊赛，获第1名；参加"工贸杯"拔河比赛获第1名；参加乒乓球、羽毛球比赛，分获团体第4名和第2名。

（郑家英）

水钢公司炼钢厂

【炼钢厂领导名录】

厂　长：张　毅

党委副书记：张　毅（8月任职）

党委副书记（主持工作）、副厂长：胡友红（8月任职）

工会主席：杨厚忠（8月任职）

　　　　　顾　岚（8月离职）

纪委书记：杨厚忠（8月任职）

　　　　　顾　岚（8月离职）

副厂长：王　劼（8月任职）

　　　　王涤非（8月任职）

　　　　伍从应（8月任职）

（罗　珊）

【概况】 炼钢厂是水钢主体生产厂，老区生产线1984年4月建成，新区生产线2005年9月建成。2014年10月，按照水钢公司"避峰减产减亏"工作部署，老区生产线暂停生产。炼钢厂主要生产碳素结构钢、优质碳素结构钢、焊条钢、低合金高强度结构钢及混凝土用热轧带肋钢筋等,实现 SWRH82B 品种钢批量生产、抗震钢全量生产。设职能科室 9 个、车间 6 个;在册职工 1706 人,其中硕士 1 人、本科 73 人、大专 250 人;高级职称 3 人,中级职称 46 人;高级技师 12 人,技师 103 人,高级工 922 人,中级工 206 人。2014 年,围绕水钢减亏、止血、扭亏三条主线,以开展群众路线教育实践活动为动力,坚持问题导向,抓基础、强管理,主要产品产量和技术经济指标达到水钢新常态目标要求。

(杨跃华)

【主要指标】 炼钢厂年产合格钢坯 439.85 万吨,吨钢钢铁料消耗 1055.15 千克;转炉工序能耗下降 3.84 千克标煤/吨钢,同比降低 1.94 千克标煤/吨钢;二炼钢铸机单包连浇炉数 46.47 炉,同比提高 1.27 炉/包。转炉煤气回收 73 立方米/吨钢,比绩效考核指标降低 20 立方米/吨钢,同比降低 20.59 立方米/吨钢。二炼钢热装热送率 90.61%,比年绩效考核指标提高 8.61%,同比提高 2.28%。自发电量 3747.78 万千瓦时/年,日均发电 10.27 万千瓦时,比绩效考核指标提高 1.27 万千瓦时。

(吕江莉)

【降本增效】 炼钢厂理顺、优化各工序生产组织,提高过程管控,全年生产安全、稳定、顺行、高效,实现降本增效生产目标。年产品实际综合成本 2896.82 元/吨钢,较公司考核指标降低 9.09 元/吨钢,降低成本总额 3998.21 万元;年耗含铁资源 57.72 千克/吨钢,同比提高 18.63 千克/吨钢,单位成本降低 29.08 元/吨钢,节约采购支出 1.5 亿元;引进性价比高的新材料替代高成本材料,年创效 75.32 万元。

(吕江莉)

【科技创新】 水钢实施低成本生产战略,采用全自循环含铁资源加烧结返矿进行生产,炼钢厂开展返矿、复杂原料经济冶炼及少渣量操作攻关,稳定转炉冶炼工艺,解决喷溅、返干、粘钢等难题。探索、推广生铁垫大面工艺,保障炉型正常;引进引流棒试验,完成钢包全程加盖,降低温低事故。钢铁料消耗 1055.15 千克/吨;采用 PDCA 方法抓细节管理、过程控制,化学成分一次命中率提高到 90% 以上。获贵州省科技成果进步三等奖 1 项,获贵州省第十五届企业管理现代化创新成果二等奖 1 项,获市科技进步二、三等奖各 1 项,向国家专利局申报专利 5 项,累计获国家专利授权 15 项。

(郑新泉、曾圣明)

【节能降耗】 炼钢厂通过北京国金恒信管理体系认证有限公司能源管理体系审核取证。开展能源变量识别管理,识别 2409 项,制定能源管理管控项目 11 项,能源目标、基准、标杆、绩效参数、重点用能设备及节能措施纳入日常管理,节能效果显著。完善计量仪表,从 7 月份开始对转炉工序进行计量计算。通过"EPI"方式改造节能水泵 22 台;应用"EMC"模式在 13 台大功率电动机上使用高压变频器;15 个钢包及 900 吨混铁炉烘烤器实施焦炉煤气改转炉煤气;采用 6 台连铸机钢坯切割火焰窄缝切割技术;钢包全程加盖项目投入使用,进一步降低焦炉煤气消耗。

(汤广英)

【全员设备管理】 炼钢厂引入预知预控理念,促进设备缺陷(隐患)早发现、早治理,形成 PDCA 闭环管理。以点检为基础,构建检修模型,建立适应新常态炼钢设备管理模式,形成全员设备管理体系。设立 SS 炼钢设备信息平台,及时传递设备点检信息。全年备件消耗 4603.93 万元,备件成本 10.37 元/吨钢,较考核指标下降 0.63 元/吨钢;备件库存 1386.98 万元,较考核指标下降 13.02 万元;节约备件采购费用 481.66 万元;清退外委外包核减费用 200 余万元。

(周步祥)

【安全环保工作】 3 月,二炼钢安全标准化通过贵州省延期复评,二级标准顺利延期;6 月,炼钢厂确立每周五环保专题例会制度;8 月,提出"杜绝大事故,控制小事故"安全管理思路,炼钢厂在水钢内部率先制定《危险源分级管理制度》,对重大风险进行责任划分,形成从厂领导到班组职工管理责任层层落实的管理机制;11 月通过首钢总公司"三规一制"检查验收;被评为年度水钢公司现场管理星级单位和环保管理先进单位。

(申朋)

【制度管理】 炼钢厂完成全厂 115 个操作岗位《作业指导书》、7 个工艺技术规程、1 个安全生产通则、95 个作业岗位安全技术规程、24 个作业安全技术规程、11 个设备维护规程的讨论、修改、会签和下发;重新修订厂部交接班制度,对车间交接班制度和 27 个岗位交接班检查表进行讨论、修订;重新修订全厂安全环保管理制度,做好转岗分流人员安全培训,避免安全事故。

(彭骞)

【党群工作】 炼钢厂融入经营生产抓党建,党组织政治核心作用、领导干部示范带动作用、基层党支部和广大党员主体作用发挥和体现,涌现出首钢模范基层党支部、首钢模范共产党员、首钢劳动模范等先进集体和个人。围绕"群众路线激斗志,艰苦奋斗克难关"主题活动,完成班子及成员"四风"问题整改。工会完善组织、监督、考核,夯实民主管理基础,多形式公开重大事项400余条,职工群众知情、参与、监督权得到保证。完善班组、职工劳动争议调解机制,全年接到仲裁申请11项,判定职工提请仲裁4项,促进企业劳动关系和谐稳定。共青团开展青字号活动,搭建青工成长成才平台,厂团委获全国钢铁行业"青安杯"竞赛先进集体、一连铸团支部获全国钢铁行业"五四红旗团支部"称号。

(罗 珊、李 彬)

【人才队伍建设】 加强青年干部培养和选拔,3 人被选拔到领导岗位;追究管理责任,强化日常管理,调整科级干部 6 次,解聘 5 人,降职 1 人,提拔任用 11 人。按照减产减亏部署,撤销一炼钢车间、一连铸车间和一准备车间,车间由 9 个减到 6 个。引进大中专毕业生 3 人;组织培训 4883 人次,组织关键岗位持证上岗、班组长轮训考试 302 人次;专业技术人员 20 人晋升上一级专业技术岗位;职工参加公司级以上技术比武 3 期,1 人获贵州省有色冶金产业第十一届职工职业技能竞赛电工组决赛第 3 名。

(罗 珊、彭佑美)

【企业管理】 炼钢厂以成本、效益为中心,坚持问题导向,坚守安全生产红线及环保管理底线,以"杜绝大事故,控制小事故"为目标,抓基础、强管理。树立生产大系统理念,保生产稳定顺行;通过技术进步实现工艺降本增效;创新管理思维,培育系统思考的设备管理文化;推进班组团队竞赛、现场管理。《以提高轧线热送率为目标的即时生产组织模式》获首钢总公司管理创新成果三等奖。

(沈长松)

【人力资源管理】 炼钢厂办班培训 2804 人次,开展"三规一制"培训 1583 人次,技能提升、转岗培训 301人,送培参加班组长培训 48 人,参加中级工、高级工鉴定前培训 22 人,技师考评前培训 23 人,转岗人员岗前培训 46 人,学生岗前培训 30 人。撤销一炼钢车间、一连铸车间、一准备车间 3 个车间,妥善分流安置富余人员 326 人。清理清退炼钢厂外委外包劳务用工,安排富

余职工 52 人,全年减少劳务费用 205 万元。

(姜 飞、余仁勇)

【企业文化建设】 炼钢厂坚持文化发力,助推生产进步。学习讨论总公司、水钢公司领导讲话,统一思想,增强信心。开展重温历史,弘扬艰苦奋斗精神系列教育活动;开展以问题为导向专题讨论,促进基层干部系统思考能力提升。以《水钢日报》、水钢电视、《炼钢通讯》等媒体为阵地,宣传感人事迹。参与道德模范、"最美水钢人"、钢城"最美青工"等推荐和选送;通过基层普通职工故事会巡回宣讲,发挥道德模范示范引领作用,弘扬正能量。

(吴向东)

水钢公司轧钢厂

【轧钢厂领导名录】

厂 长:杨茂麟(8月任职)

　　　谈 震(8月离任)

党委书记:刘登其

纪委书记:刘登其

工会主席:张世谦

副厂长:周汝文　张文峰(8月任职)

　　　蒙世东　汪 洪(8月离任)

主任工程师:蔡 冬(8月任职)

　　　杨 延(8月任职)

(余仁发)

【概况】 水钢轧钢厂是水钢主体生产厂之一,有 3 条棒材生产线、2 条高速线材生产线,产品有直径 5.5 毫米～20 毫米高速线材,直径 12 毫米～40 毫米热轧带肋钢筋及其他优质棒材。轧钢厂设生产(调度)室、安全环保基础管理室、技术质量室、设备管理室、综合办公室、政工室、工会、保卫室 8 个科室;设立三棒线、一高线、二高线等 7 个作业区。在册职工 1568 人,专业技术人员 421 人,其中高级专业人员 6 人,中级专业人员 52人,初级专业人员 363 人;操作岗位人员 1404 人,其中高级技师 8 人,技师 63 人,高级工 759 人,中级工 226人,初级工 22 人。

(余仁发、陈 彬)

【年度指标】 轧钢厂生产合格钢材 410.81 万吨,同比减 24.4 万吨;综合成材率 97.74%,同比降低 0.06 个百

分点;综合合格率 99.68%,同比降低 0.04 个百分点;轧机作业率 66.21%,同比降低 0.54 个百分点。工序能耗50 千克标准煤/吨,同比增加 1 千克标准煤/吨;综合成本 3106.05 元/吨,对比预算指标节约 1293 万元。

（余仁发）

【科技成果】 轧钢厂以杨延创新工作室为中心,申报创新项目 44 项,完成 40 项;杨延创新工作室被推荐为全国劳模创新工作室;刘世红创新工作室获全国机冶建材工会、贵州省有色冶金产业工会授牌命名。制定和完善《钢筋性能攻关方案》、《棒材产品外观质量攻关方案》、《产品外观质量检查办法》、《入库产品管理办法》、《棒材产品打捆管理办法》、《关键工序管理办法》以及《质量事故及质量异议管理办法》。收到职工金点子155 项,创效 2000 多万元;上报合理化建议 24 项,创效586 万元,《职工创新创造平台的构建》获贵州省第十五届企业管理创新成果二等奖。

（余仁发、练　昌）

【品种钢生产】 轧钢厂年产 60 号～80 号高碳钢37942.28 吨;SWRH82B 产品 87713.9 吨;锚杆钢11736.62 吨。

（练　昌）

【全员设备管理】 轧钢厂推行设备包机到人管理办法,通过挂钩考核推行全员设备管理。全年设备可开动率 95.74%,同比上升 0.81%;故障停机率 15.47‰,同比下降 10.62‰。按照"先高线、后棒线"制定滚动检修项目表和周检修计划项目表开展设备点巡检。发现 9起隐患,挽回经济损失 300 余万元。修旧利废,通过修、改、配优化 350 轧机备件,实现 350 轧机几条生产线共用,互换;《二高线精轧机锥箱增设排气孔》、《一棒线 1号冷剪上剪臂优化》等项目,有效解决二高线精轧机频繁烧辊箱和一棒线 1 号冷剪频繁断裂技术难题;全年修旧利废 432 项,创效 917.94 万元。

（余仁发）

【企业管理】 轧钢厂制定、调整《轧钢厂 2014 年绩效考核方案》、《故障时间考核办法》、《班产指标攻关激励办法》;针对产品质量问题制定《棒材产品外观质量攻关方案》、《钢筋性能攻关方案》;针对成材率、定尺率等指标出台相应管理办法和措施。强化干部责任,绩效考评与责任追究结合,实行"综合成本、产量、综合成材率"三项指标挂钩考核。强化团队建设,开展以综合成本、产量、综合成材率为核心指标的劳动竞赛以及以"五项修炼"为核心内容的班组竞赛。通过双向选择、竞争上岗、合理流动机制优化劳动用工管理,有效调配人力资源。

（余仁发）

【安全环保】 轧钢厂把 2014 年定为安全基础年;开展安全环保专项检查 10 多次,安全督查 90 次,查处违章118 项,隐患 266 项,隐患整改率 99%。外排废水达标率 100%、工业固体废物处置(利用)率 100%、危险废物(废油)无害化处理率 100%。

（唐小波）

【党建工作】 轧钢厂安排支部书记和业务人员参加省国资委发展党员工作实务培训;举办党支部书记提素培训;执行《水钢党建标准化体系》和《水钢党支部目标管理考核检查细则》,9 个党支部提档升级。开展教育实践活动民主评议党员。围绕降本增效,开展党员"立项攻关、提金点子、公开承诺、身边无事故"活动,丰富党支部创先争优竞赛内容。运行党支部获首钢总公司级先进党支部称号,1 人被首钢总公司评为优秀共产党员;1 人被评为贵州省三八红旗手、1 人获首钢三创标兵称号。

（余仁发）

【人才队伍建设】 轧钢厂举办 3 期"科干大课堂",参加 220 人次,科级和技术管理人员 71 人分批参加安全任职资格培训。科级管理(技术)人员查找"庸懒散慢浮"问题,通过转作风、找差距、抓管理、强服务,强化干部执行力提升。厂班子成员和科级人员开展双休日查找问题 113 次,参与人员 452 人次,查找并落实问题 650余项。严格干部考核和绩效考评,提高日常考核频次和强度。适时调整科级人员 4 次,涉及科级人员 51 人次,免职 1 人、降职 4 人、提职 4 人。对作业区班子诫勉谈话 1 次,科级人员诫勉谈话 5 次,调整谈话 22 人次。全年聘用技术业务系列人员 97 人。

（余仁发）

【班组团队竞赛】 轧钢厂开展以产量、综合成材率、成本为核心指标的"决胜生死线,夺取生存权"竞赛,每月评比优秀团队、优秀个人。收到职工金点子 155 余项,创效 2000 多万元;完成修旧利废 432 项,创效 917 万元,职工提出合理化建议 36 项,创效 1161 万元。杨延创新工作室被全总授予劳模示范性创新工作室;刘世红创新工作室获全国冶金行业创新工作室。

（余仁发、赵　晓）

【困难职工帮扶】　轧钢厂用真情和爱心帮扶困难职工，走访 458 人次，慰问金额 322300 元。两节送温暖 107 人次，慰问金 62400 元；看望伤病住院职工 51 人次，慰问金 23600 元；办理临时救助 16 人次，慰问金 56500 元；对 93 人进行丧事慰问，慰问金 17800 元；为困难职工子女发放春季助学金 10000 元。发放金秋助学金 132 人次，金额 120000 元。中央财政补助 19 人，补助金额 32000 元。

（王涤资）

水钢公司煤焦化公司

【煤焦化公司领导名录】

党委书记：吴学龙

党委副书记：王为环

经　　理：王为环

纪委书记、工会主席：

　　　　吴学龙（2013 年 12 月离任）

　　　　侯　平（2013 年 12 月任职；8 月离任）

　　　　代　红（8 月任职）

副经理：吴学龙　甘国庆　王长林（8 月任职）

主任工程师：王长林（8 月离任）

　　　　刘　麟（8 月任职）

（郑　晶）

【概况】　煤焦化公司 1966 年建，有 2 座鞍 62 型 36 孔焦炉、2 座 JN55 型 50 孔焦炉（3 号、4 号）焦炉及附属配套设施，年产全焦 140 万吨。2012 年 3 月 30 日 3 号、4 号焦炉干熄焦建成投产，结束贵州省不产干熄焦历史。设备总量 900 余台（套）。焦炉煤气日产量 210 万立方米。主要产品有焦炭、沥青漆等 20 余种。设原料、炼焦、化验 7 个车间及综合办公室等职能部门 5 个；职工 1101 人，其中工程技术人员 143 人，聘任高级职称 2 人，中级职称 40 人，初级职称 75 人，管理人员 99 人。2014 年以群众路线教育实践活动为契机，围绕 2014 年经营生产目标任务，推进对标挖潜，对比找差，技术攻关，做好提质降耗、降本增效等工作，完成经营生产任务。

（郑　晶、里志军）

【主要指标】　2014 年，煤焦化公司全焦产量 1403636

吨，改质沥青 37021 吨，三苯 7619 吨，工业萘 4968 吨，粗苯 6857 吨，分别为计划的 101.71%、123.69%、115.94%、123.73%、140.05%；主要产品质量冶金焦 M40 为 84.65%，同比上升 0.04%；M10 为 6.54%，同比上升 0.06%；水分 2.20%，同比上升 0.08%，灰分 13.35%，同比下降 0.05%；硫分为 0.66%，同比上升 0.01%；外供焦炉煤气 53604 万立方米，综合能耗指标 171.83 千克标准煤/吨、炼焦工序能耗指标 150.49 千克标准煤/吨。实现内部利润 11246 万元，完成计划指标 8889 万元的 126.52%，超 2357 万元。

（里志军）

【管理创新】　煤焦化公司按照确定的年产焦炭 ≥138 万吨的目标组织生产，推行日保周、周保月、月保季、季保年的生产组织考核指标管理模式，坚持干部带班作业值班制度、早调会和生产设备例会等制度。加强全系统整体利益最大化的组织协调，保证全年经营生产的稳定均衡，经济低耗，高效运行。

（里志军）

【技改项目】　煤焦化公司完成初冷器大修、干熄焦年修、蒸氨系统冷却水物理除垢技术改造三项技改大修，投资 315.34 万元。干熄焦年修准备工作充分，过程监管到位，项目验收严格把关，项目施工质量得到有效控制。

（里志军）

【安全管理】　煤焦化公司遵循国家安全生产方针，贯彻学习新《安全生产法》，开展"查隐患、反违章、学三规一制、提素质"活动，通过强化隐患自查整改及现场安全检查管理，重点排查危险源、风险辨识及事故隐患，防止重大安全事故发生。定期检测生产现场粉尘、高温、一氧化碳、苯、噪声、热负荷指数及放射源；组织在岗职工健康体检并协调完善炼焦系统增设制冷设施等防暑降温工作。1 月、4 月获安全绿牌，水钢"安全月"职业健康知识竞赛团体第 1 名；获六盘水市安监局、团市委联合颁发的十大企业"安全生产示范岗"称号，炼焦车间热工班获"贵州省班组安全管理成果展示"优秀班组。全年工亡、重大火灾、重大设备、重大交通、重大爆炸、重大安全操作、重大急性职业危害事故为零。

（里志军）

【环境保护】　煤焦化公司抓好环保设施运行管理，提升治污减排水平。制定《煤焦化公司 3 号、4 号焦炉冒烟治理措施》，每月定期检查焦炉冒烟，确保焦炉炉体冒烟率≤2%。焦化酚氰污水处理工程经过设备调试、工艺调整、细菌培养、加药装置改造、人员培训等,通过省、市、区环保部门共同验收。实现外排废水合格率≥98%;工业固体废弃物处理利用率100%;工业水重复利用率100%;环保设施同步运行率≥98%。

（里志军）

【设备管理】 煤焦化公司按照严、细、实工作理念做实做细设备管理,以推进 TPM 管理为中心,以落实点检为推手,开拓设备管理新思路,保障生产稳定顺行。2014年计划检修 534 项,完成 534 项,完成率 100%、计量器具送检率 100%,特种设备安全装置检定率 100%。开展修旧利废,修复旧设备备件 105 项,177 台套件,总价值 248.68 万元,效益 83.43 万元。全年主要生产设备完好率 100%,主要生产设备作业率 100%,全年重大设备事故为零,主要设备故障停机率为零。

（里志军）

【科技进步】 煤焦化公司依托科技创新提升攻关能力,发挥技术人员的主观能动性,开展课题研究。与技术中心共同开展的《利用岩相分析对六盘水及周边区域炼焦煤资源调查和配煤炼焦应用研究》项目通过验收,配合完成"干熄焦环境除尘灰的综合利用"项目实施。申报实用新型专利 3 项、发明专利 2 项,均已受理。《3 号、4 号焦炉干熄焦稳定高效运行实践》获水钢科技进步二等奖和六盘水市科技成果三等奖,获水钢合理化建议一等奖 1 项,二等奖 3 项,三等奖 8 项。优秀论文 2 篇。完成 2015 年"粗苯贫油螺旋板换热器应用"、"2 号焦炉新增除尘装煤车"、"焦炉烟道废气余热回收利用"、"新增改制沥青装车料仓"等固定资产投资项目和科技技术进步项目申报。

（里志军）

【基础管理】 煤焦化公司依据归口管理原则重新划分科室职责,明确管理职责、职能。两次梳理煤焦化公司体系文件及规章制度,完善和规范程序文件,并对五大体系管理岗位进行识别,建立 264 个岗位识别清单。完成煤焦化公司工艺规程的制订及安全规程、岗位操作规程、设备维护、检修规程、交接班制的修订。

（里志军）

【岗位练兵、技术比武】 煤焦化公司践行水钢"集聚正能量、亮剑求图存"主题劳动竞赛精神,开展电工、化验工、皮带工、蒸馏工技术比武,劳动竞赛,"五小"等活动,职工岗位技能竞争积极性提升,形成"在工作中学习、在学习中工作"和谐氛围。"五小"活动收到上报项目 115 项,组织实施 63 项,公司给予奖励 52 项。

（里志军）

【精神文明建设】 煤焦化公司弘扬劳模精神,发挥先进集体、先进个人模范作用,以榜样的力量教育人鼓舞人,提升企业的战斗力。推进精神文明建设,形成"快乐炼焦,强焦保铁"的企业文化。开展文娱体育活动,丰富职工文化生活。加强计生、爱卫、普法宣传,推进各项工作。对职工困难情况进行调查摸底,建立 72 户困难职工台账。组织女职工 298 人购买"安康保险";春季助学活动救助困难职工 55 户,助学金 11100 元;金秋助学活动帮扶 63 人,金额 43800 元,"两节"慰问困难职工 43 户,慰问金 13300 元。

（里志军）

水钢公司动力厂

【动力厂领导名录】

厂　　长:高连生

副厂长:向　剑　姚华强(8月任职)

主任工程师:姚华强(8月离任)

　　　　　熊训强(8月任职)

党委书记:王　勇(8月任职)

党委副书记:高连生(8月离任)

　　　　　王　勇(8月离任)

纪委书记:杨　钢(8月离任)

　　　　　侯　平(8月任职)

工会主席:杨　钢(8月离任)

　　　　　侯　平(8月任职)

（杨筑燕）

【概况】 动力厂有中、低压锅炉 10 台,高压锅炉 2 台,汽轮鼓风机 4 台,电动鼓风机 1 台,中温中压汽轮发电机 5 台,烧结低温余热发电 1 台,煤气差压 TRT 发电机组 3 台,干熄焦发电 1 台,60 兆瓦富余煤气发电机 1 台,炼钢低温余热发电 1 台,高、低压空气压缩机 17 台,15 万立方米、16.5 万立方米高炉煤气柜各 1 座,3 万立方米、8 万立方米转炉煤气柜各 1 座,7 万立方米焦炉煤气柜 1 座,干法布袋除尘装置 1 套,混合煤气站 1 座等主要设备以及相应动力配套设施,固定资产原值 14 亿元。

7月,水钢生产和设备管理系统划归动力厂管理,动力厂相应调整内部管理模式,成立生产(调度)室、设备管理室、安全环保室。动力厂有综合办公室、政工室、生产(调度)室、设备管理室、安全环保室、工会、保卫室7个室办,热力、汽机、燃气、电气、化学、检修6个车间;职工878人。2014年,动力厂以生产稳定顺行为基础,降本增效为核心,安全环保为关键,效益最大化为目标,以新的生产组织模式适应新常态下的经营生产要求,确保动力系统稳定、安全、经济、高效运行。

(杨筑燕)

【主要指标】 2014年,动力厂发电量9.831亿千瓦时,供高炉鼓风63.798亿立方米,压缩空气5.168亿立方米,生产软水69.119万立方米,回收转炉煤气3.211亿立方米;转炉煤气回收率达到75.29立方米/吨钢;3号高炉TRT发电34.42千瓦时/吨铁,4号高炉TRT发电58.24千瓦时/吨铁,产品综合电耗3147.66千瓦时/月。

(郭 平)

【科技成果】 动力厂《干熄焦发电技术在水钢运行的研究与应用》获水钢科技成果二等奖;《2号高炉煤气洗涤系统运行的研究与应用》、《降低电动鼓风机停机故障率的研究与实践》获水钢科技成果三等奖;申报专利2项。

(孟 玮)

【技术攻关与维修】 动力厂组织分析5号发电机运行问题,制定发电机定期停机吹灰保产措施;60兆瓦发电机组利用高炉休风实现停机,重新增加工业水与消防水联络门,确保机组设备安全稳定运行;准确判断1号发电机存在问题,恢复运行后效果良好;提出一、三空压站离心空压机串联改造方案,解决三空压站无备用空压机问题;改造5号汽轮发电机射水箱,解决溢流循环水回收利用和环境治理问题,减少循环水池补水量,提高能源利用率,确保设备安全稳定运行;组织烧结余热发电机技术攻关,实现最高负荷5600千瓦,最高日发电量9.36万千瓦时;组织转炉煤气返送至铁片区用户调试攻关,提高转炉煤气吨钢回收量。完成5号锅炉局部、1号汽轮发电机汽轮机转子、5号发电机转子、空压机机头大修,8万立煤气柜抢修及一空压水塔大修。编制、完善《干熄焦锅炉除盐水泵联轴器改造》、《5号发电机空冷器端盖改造》、《2号汽轮鼓风机推力瓦改造》、《球磨机入口螺旋管改造》、《3号汽轮鼓风机入口侧轴封改

造方案》等攻关课题30余项;制定《动力厂停运设备维护保养管理方案》。

(孟 玮、谢新宇)

【安全环保】 动力厂承办燃气锅炉发电危化综合事故应急处置演练。各岗位自查隐患860项,岗位人员自主整改600项,班组组织整改120项,车间组织整改100项,厂部组织协调整改40项,消除不安全因素。完善和修改新版《动力厂职业健康安全技术规程》5项,全年未发生生产性轻伤以上事故。锅炉烟气达标排放,冲渣外排水达标率100%,净化废气达标率≥98%,环保设施完好率100%,环保设施同步运行率100%,粉煤灰处置(利用)率100%,工业垃圾处置率100%,环境污染事故为零。

(高 辉)

【管理创新】 动力厂实施战略化管理、体系化运作,确定动力发展领先、优质服务领先、基础管理领先、主要业绩指标领先、构建和谐企业领先关键指标群,完善企业发展战略体系。规章、制度、流程梳理和优化全面展开,66个规字文件颁发执行。发挥狼性团队精神,确保动力系统稳定、安全、经济、高效运行。自发电9.83亿千瓦时,完成计划的89.78%;实现内部利润9897.03万元,超额167.03万元。

(李 刚、杨 艳)

【党群工作】 动力厂以"效益动力、科技动力、人文动力"为企业愿景,加强厂两级党组织建设。以群众路线教育实践活动为契机,通过个人自学、专题党课,改进"三会一课"的形式,开办"动力讲堂"。开展"十讲十重十做到"活动进车间班组、党员师带徒等活动;围绕社会主义核心价值观、安全、环保、廉洁、狼性团队建设等内容开展主题活动。重新修订《动力厂党务公开实施办法》等23项党群工作制度。化学车间党支部被评为2013～2014年度水钢创先争优先进集体。职工1人获贵州省"明礼知耻·崇德向善——贵州好青年"称号;1人获六盘水市"身边好人"(敬业奉献)称号。

(宋 超)

【创新创效】 动力厂《1号汽轮发电机联轴器改造》等3项合理化建设、金点子报省有色工会参评、《5号汽轮发电机射水箱溢流水回收改造》1项金点子报市总工会参评;《干熄焦锅炉除盐水泵联轴器改造》等29项金点子获水钢优秀"金点子"奖,职工提出合理化建议、金点

子 92 项,创效 121.67 万元;对废旧设备进行修、配、改,修复变压器、循环水泵真空断路器、便携式 CO 报警仪等,创效 161.58 万元。

(刘彦丽)

水钢公司运输部

【运输部领导名录】

党委书记:黄 杰(3 月离任)

温培华(3 月任职)

党委副书记:陈 刚

主 任:陈 刚

副主任:温培华 雷祖英

罗忠一(8 月任职)

工会主席、纪委书记:宋文斌

主任工程师:罗忠一(8 月离任)

王伟林(8 月任职)

(吴 敏)

【概况】 水钢运输部始建于 1996 年,铁路线路总长约 56.6 公里、道岔 175 组、交叉渡线 10 组、隧道 7 个、桥梁 4 座、机车 21 台,年运输量 2009 万吨,主要承担水钢进出厂生产物资、产成品和工序间原燃料、成品、半成品等铁路运输任务。设机务段、电务段、工务段、车辆段、厂内站、炼铁站、炼轧站、矿渣段 8 个车间及综合办公室、政工室、设备室、安全环保(基础)管理室、生产室、保卫室、工会 7 个职能部门。职工 742 人,专业技术人员 112 人,其中聘任高级职称技术人员 2 人,中级 12 人,初级 59 人,管理人员 78 人。2014 年,运输部围绕打赢减亏、止血、扭亏"三大战役"决策部署,按照"军事化管理、标准化操作、问需式服务"工作思路优化运输组织,确保大宗原燃材料输入、产品输出以及铁、钢、材等主体工序生产环节物流运输。

(尚俊宇)

【主要指标】 2014 年,运输部铁路总运输量计划 2160 万吨,完成 2009.95 万吨。高炉配罐正点率:1 号高炉计划 90%、完成 94.43%;2 号高炉计划 90%、完成 94.71%;3 号高炉计划 88%、完成 92.67%;4 号高炉计划 100%、完成 100%。产品外发计划兑现率完成 100%。物料上秤率 100%。

(尚俊宇、冯德建)

【管理创新】 运输部结合经营生产变化,将高炉铁水罐取配正点率列入管理创新攻关课题和效能监察实施项目,通过走访炼铁、炼钢等单位,制定保高炉正点率措施,确保炼铁、炼钢生产物流需求,完成公司下达的铁水罐配罐正点率指标。开展保铁路运输不受影响、保运输安全、保运输物流费用、保设备满足生产、提升铁路运输整体水平为内容的"四保一提升"主题竞赛,为运输保产保安全,实现经营目标任务奠定基础。

(张能安)

【技改项目】 运输部《GK1C 型内燃机车电气控制系统技术引进》项目获水钢科技进步三等奖,《内燃机车智能燃油回油检测控制器》获国家实用新型专利,《铁路金属箱型道口装置》与《一种冶金车辆枕簧装置》创新项目申报实用新型专利。2014 年,实施合理化建议 10 项,经济效益 60 多万元。

(刘得熠)

【安全管理】 运输部完善安全管理制度,制定下发《运输部安全环保管理办法》,并结合"三规一制"要求,对岗位作业指导书重新修订。修订完善《铁路运输技术规程》23 项,《安全操作规程》42 项并下发执行,组织全员"三规一制"培训学习和考试。创新安全激励方式,对各车间安全管理实行绩效考核,每月由安委会考核兑现。结合典型事故案例开展学习教育和专项讨论、隐患排查治理活动。组织开展"安全生产月"、"百日安全大排查"、"百日安全查违章"等活动,全年查出各类隐患 211 项,整改 210 项。组织铁路线路隐患整治行动,利用 197 万元安全基金对铁路线路大修,实施 320 万元的铁路大修工程,消除安全隐患。10 月份,运输部获水钢安全生产绿牌单位。

(尚俊宇、魏明贵)

【环境保护】 运输部加强固废和危险废物处理,将机车废旧电池纳入危险废物管理范畴,按程序处置废旧电池 12 节,实现环保污染事故为零,工业固体废物处理(利用)率 100%,危险废物(含危化)无害化处理(利用)率 100%。

(魏明贵)

【设备管理】 运输部加大对特种设备的管理和隐患缺陷的消除,全年查出并整改设备隐患 169 项,有效预防、控制设备事故。加强设备计划检修、点检定修、检查制度落实,强化设备摸底排查,及时下发整改通知书并限期整改,机车、车辆、铁路线路、铁路信号以及相关重型设备均按年度计划完成检修。完成 10 台机车的大轮修工作,恢复 365 号机车、16 吨、32 吨轨道吊车的修复运用,加强翻渣设备维护保养。组织更换 90 吨铁水车轮对 24 条,线路大修 3448 米,更换钢板道口 2 组、道岔 4 组,保证行车安全。

(刘得熠)

【机构整合】 7 月,水钢将生产运输部和机动部统管的生产室、设备室划归运输部;运输部按照 350 万吨新常态生产组织模式,对部分道口、区调、信号等岗位进行撤并,优化人力资源配置。

(尚俊宇)

【创新创效】 运输部开展技术攻关 18 项。获国家专利 1 项、申报国家专利 1 项、获贵州省 QC 成果特等奖 1 项、获贵州省职工创新项目三等奖 1 项;推荐市职工优秀"金点子"参评 2 项、推荐省职工优秀"金点子"参评 3 项。表彰职工优秀"金点子"27 项。

(张贵山)

【精神文明建设】 运输部企业文化建设以"十讲十重十做到"为重点,开展演讲比赛、制作模范人物先进事迹视频《榜样的力量》,开展"十佳员工"、优秀科级管理人员评选,加强对先进人物的挖掘、宣传和表彰。车辆段列检班获省"模范职工小家"称号,机务段站修班获省"先进学习型"班组、"工人先锋号"班组。1 人获六盘水市"孝老爱亲"模范,其先进事迹在首钢总公司宣讲;1 人当选首钢总公司第一届最美青工;3 人舍己救人受表彰。组织党员、团员青年突击队 360 余人参加大修回填道渣、清理排水沟,站场除草等活动 5 次。道口值班室进行美化和绿化,做到规范管理、文明值守,树立窗口形象。车辆段晋级为水钢现场管理四星级车间,运输部整体实现保级目标。

(尚俊宇)

水钢公司水电(氧气)厂

【水电(氧气)厂领导名录】

厂　长:周岁元
党委书记:李广武(8 月离任)
党委副书记:蒋文全(主持工作;8 月任职)
　　　　　周岁元

副厂长:封孝成　马贵云
　　　　马怀忠(8 月任职)
纪委书记、工会主席:蒋文全
厂长助理:王冶宇(8 月任职)
主任工程师:郑雄(8 月任职)

(杨倩槟)

【概况】 水电(氧气)厂 2012 年 11 月由水电厂和氧气厂合并而成,主要负责水钢生产能源介质(水、电、气)的供给。电系统有 110 千伏电压等级变电站 3 座、35 千伏电压等级变电站 10 座、6 千伏电压等级变电站 6 座,年用电量 21.5 亿千瓦时;水系统有大河水源和深井 1 座,泵站 18 个,生活水池 4 个,工业水池 9 个,年供水量 1.25 亿立方米,回收污水 0.33 亿立方米,净环水 0.54 亿立方米,污环水 0.22 亿立方米;气系统有 4 套制氧机组,制氧能力 30680 立方米/小时。水电(氧气)厂设 6 室 1 会 4 作业区,在岗职工 628 人,其中科级(技术)管理人员 35 人,聘任高级职称 3 人,聘任中级职称 18 人,聘任初级职称 60 人;高级技师 2 人,操作师 19 人,业务专家 4 人,中高级操作员 449 人,中共党员 200 人。

2014 年,水电(氧气)厂开展群众路线教育实践活动,坚持问题导向,推行顶层设计和流程管理,确保水、电、气稳定顺行;从粗放型管理向精细化管理转变,从"先干后算"向"先算后干"转变;完成生产经营目标 8326.41 万元的内部利润。

(杨倩槟)

【主要指标】 2014 年,完成总供电量 205675.08 万千瓦时,同比减少 4.4%;总供水量 105892.3 千立方米,同比减少 15.62%;回收污水 32203.3 千立方米,同比减少 1.47%;生产氧气 37186 万立方米;输出氩气 32.186 万立方米、氮气 29743 万立方米;外销液氧 3011.265 立方米、液氩 3789.636 立方米;销售工业瓶氧 21053 瓶;医用瓶氧外销 13750 瓶;吨钢耗新水 2.8 立方米;自发电输配率 100%;供电功率因数 0.96;综合水电耗 0.59 千瓦时/立方米;月平均最大需量 24.18 万千瓦;氧气纯度 99.6%;氮气纯度 99.8%;制氧综合电耗 0.947 千瓦时/立方米;制氧水耗 0.001 立方米。

(袁道朵)

【降本增效】 水电(氧气)厂调整运行方式,市政供水由 42 万立方米减至 18 万立方米,减少水费支出。污水回收从 8 万立方米/天增加至 9.5 万立方米/天,做到污水多回收、少排放,循环经济效益和社会效益良好。开展供电系统技改工作,在确保安全供电前提下,04 号、05 号、09 号、15 号变电所采取单台主变运行方式,减少主变空载损耗。制氧系统完成 3 号机组空压机励磁电源改造、2 号机组水冷塔改造、二罐区 PLC 控制系统双电源改造、1 号 2 号空压机排烟系统改造、3 号机组低压氧氮放散系统的改造及 1 号 2 号氮透循环水系统隔离改造,实现降本增效。

(袁道朵)

【设备管理】 水电(氧气)厂设备管理从梳理规程、规范流程、强化制度入手,排查治理隐患 1031 项,完成定检计划 800 项,完成 198 台(套)特种设备检定工作。对 3 号机一万立氧透解体检修,氧气中间冷却器大修,氧透高低压缸返厂镀铜。有序安排设备点检定修、隐患排查处理、同步检修等工作,确保水、电、气三大系统设备稳定运行,实现不因自身原因影响公司生产一秒钟的承诺,获 2014 年度水钢设备工作先进单位。

(谭本武)

【安全环保】 水电(氧气)厂完善《2014 年安全管理办法及考核细则》;对 69 个点进行职业危害检测,组织职业健康检查 261 人次,清查特种作业人员证件,换证、复审 146 人次;办理有限空间作业 65 次、动火证 246 次;厂级安全环保综合检查,厂领导带队检查 38 次,作业区完成检查 216 次,水电(氧气)厂轻伤以上事故为零;检修环保设施 69 台套,环保设施同步运转率 99.68%,生态环境污染事故为零;获公司安全先进集体、环境保护先进集体、劳动保护先进集体及贵州省职业卫生标准化二级企业称号。

(张红伟)

【党群工作】 水电(氧气)厂紧紧围绕经营生产总目标,聚焦"三大战役"大方向,以党的群众路线教育实践活动为主线,发动群众,凝聚人心,激发职工激情与活力,发挥职工创新创效的智慧与才能,收到"金点子" 102 项;各部门协同作战,发挥综合管理效能;获水钢工会工作先进集体、水钢女职工工作先进单位、首钢集团先进纪检监察组织、首钢总公司模范基层党委、全国"安康杯"竞赛优胜单位称号。

(杨倩槟)

水钢公司观音山矿业分公司

【观音山矿业分公司领导名录】

经　　理:杨安成

副经理:张应全　赵春波

经理助理:杨忠学(8 月任职)

主任工程师:梁恩炳

党委书记:张应全

党委副书记:杨安成

纪委书记:李家庆(8 月任职)

工会主席:李家庆(8 月任职)

(陈冬云)

【概况】 观音山矿业分公司位于六盘水市水城县老鹰山镇,1955 年建,1997 年改制成立分公司,是水钢白云石基地。设综合办公室、政工室、生产安全室、设备管理室、质检室、武装保卫室、营销室、工会 8 个科室;有铁矿石采矿车间、洗选车间、白云石采矿车间、白云石焙烧车间、橡胶厂、水电所 6 个生产车间;实业公司。在册职工 615 人,其中研究生 1 人,大学学历 17 人,大专学历 47 人,中专、中技学历 215 人,高中及初中学历 330 人;高级职称 2 人,中级职称 26 人;技师 2 人,高级工 313 人,中级工 97 人;职工平均年龄 44 岁。

2014 年,观音山矿业分公司通过干部职工共同努力,白云石生产保产、对外经营发展、非钢产业发展等工作取得进步和突破。

(陈冬云)

【主要指标】 2014 年,观音山矿业分公司产铁矿石成品矿 8.58 万吨,销售 6.8 万吨;白云石自产 53.5 万吨,销售白云石成品矿 67.5 万吨;产轻烧白云石 5.6 万吨,销售 5.6 万吨;产橡胶运输带 36.5 万平方米,销售 36.7 万平方米。销售产值 1.14 亿元,实现内部利润 542.6 万元,完成利润指标总额 127%。

(陈冬云)

【生产组织】 观音山矿业分公司克服工程机械短缺、正规采场难形成、原矿供给不足、连续受大雨袭击等困难,从矿石到车间成立保产组,加大生产组织力度,干部现场跟班作业,改变生产被动局面,保证公司白云石用量。在轻烧白云石生产组织中,把好原燃材料验收关和竖窑工艺流程掌控,确保产品质量要求。井下铁矿石系统保证安全生产、适时组织生产,为分公司完成产值和利润指标提供支撑。

(陈冬云)

【安全环保】 观音山矿业分公司开展"打非治违"自查自纠、"百日安全无事故"及"查、反、学、提"活动。查出安全隐患 1169 起,整改 1150 起,整改率 98%。井下安全险"六大系统"建设项目和示范项目通过验收并投入使用。完善修订《安全管理考核办法》、《环境保护管理考核办法》、《现场管理考核办法》,按制度检查考核。加强环保设施运行管理,确保环保设施正常运行。安全环保事故为零,获水钢 2014 年度安全管理、环境保护、劳动保护、青安总岗先进集体称号。

(陈冬云)

【节能降耗】 观音山矿业分公司加大技术创新和节能降耗力度,开展修旧利废、小改小革、提"金点子"等活动。完成 PC220 挖掘机挖斗修复,完成 1500A 型复合式破碎机机芯修复,改装轻烧白云石 2 号窑顶电动推杆接触器,完成二段阀汽缸、电磁换向阀、振动电机、成品振动筛架、气动推杆修复,利用矿区周边水源取代茨冲水源、井下空压机取水方式改造等修、配、改、代工作。按《观矿设备管理系统节能降耗具体措施及考核细则》、《观矿办公用水、电、汽、煤管理规定》和《观矿关于对设备事故、故障影响生产的暂行规定》要求,推进节能降耗,降低材料备件消耗 190 万元。

(陈冬云)

【对外经营发展】 观音山矿业分公司坚持"矿业为主,多元发展"思想,通过对外经营发展拓展矿山生存发展空间、锤炼干部职工。成立对外经营发展项目组 4 个,实施石灰石、白云石覆土开发利用,派遣劳务用工,建成 30 万米阻燃带生产线,引进河北亿达橡胶有限公司与分公司合作经营橡胶厂。对外经营收入 548.8 万元,利润 176.8 万元。

(陈冬云)

【人力资源与机构整合】 观音山矿业分公司推进人力资源和机构整合,缩减两级机关管理人员,优化管理流程,提高工作效率。将原实业公司后勤服务管理等职能划转水电所,实业公司成为对外经营产业发展组织单位和真正实体;将原机运公司归入实业公司,拓展对外机械加工和汽车运输业务;橡胶厂生产人员从 47 人减至 25 人;通过内部人员整合清退劳务用工,节约劳务费

33.8 万元。

(陈冬云)

【党群工作】 观音山矿业分公司以"十讲十重十做到"、"最美水钢人"评选等活动为载体,以"创新工作室"为平台,通过技术比武、岗位练兵、劳动竞赛等形式,实施职工素质提升工程,促进职工自我管理能力提升。通过开展群众路线教育实践活动,加强领导干部履职管理和党员队伍建设。帮扶困难职工 334 人次,发放扶贫帮困资金 18 万元。2014 年,分公司党委被省国资委命名为系统企业"五好"基层党组织,被省委命名为省级"五好"基层党组织。

(陈冬云)

水钢公司职教中心

【职教中心领导名录】

主　　任:汤　哲
党委书记:刘　东
主任助理:方俪滔(8 月任职)
教学总监:张人钦(8 月任职)
工会主席:冯晓方

(王　勇)

【概况】 水钢职教中心负责水钢职工教育培训计划的实施和开展电大、中专、技校办学工作。职教中心有职工 96 人,大专以上文化程度 90 人,研究生 5 人;专职教师 81 人,其中高级职称 6 人,中级职称 60 人;聘请兼职教师 120 余人。电大、中专、技校在校学生 4000 余人。2014 年,职教中心主动适应职业教育与培训新常态,人的潜力、团队潜力、管理潜力得到进一步挖掘和发挥,各项工作取得新进展。

(王　勇)

【主要指标】 2014 年,职教中心完成各类培训 49 期,培训 2140 人;与公司相关部门共同组织开展 10 个工种的职业技能竞赛,参赛员工 3000 多人;完成电大招生 712 人,中职招生 1946 人;开展对外培训 97 期,培训 3853 人。培训办学收入 1660.87 万元,获国家级、省级、市级等专项资金 1710 万元。2014 年,国家级、市级高技能人才培训基地获批;技校升格为高级技工学校。

(王　勇、张　燕)

【职工培训】 职教中心紧扣水钢经营生产主题和求生

存求发展现实,完成新提任中层管理(技术)人员、车间主任、党支部书记、班组长能力提升等培训班。举办"一岗多能"、"兼岗作业"等技能培训。与工会、人力资源部、团委共同完成2014年10个工种的职工职业技能竞赛暨青工技能大赛,为改善技能型人才断层做出努力。

(王 勇)

【社会办学】 水钢技工学校升格为高级技工学校;国家级、市级高技能人才培训基地、贵州省首批实训基地获得批准。高级技校招生1946人,获省级"以奖代补"专项资金900万元。电大招生712人,在读学1600余人。安培中心面向社会、面向企业开展特种作业人员、安全管理人员培训89期,培训3427人。承办2014年全市职业院校职业技能竞赛、全市青年职业技能大赛等赛事,受到主办单位充分肯定。技能培训中心主动送培训到乡镇取得实效,开展技能培训8期,培训426人,培训效果得到充分认可。引进网络、传媒企业进校园,产教融合进程推进。牵头组建的六盘水工业职业教育集团正式成立。贵州轮胎、贵钢、富士康等20余家企业、学校陆续加盟,为高级技校发展搭建更大平台。雅阁学院正式落户水钢高级技校。毕业生就业继续保持良好势头,全年推荐技校毕业生就业700余人。安排学生600多人进行社会实践和顶岗实习。推进"一体化"教学,相关专业"以赛代考"继续推进,学生参加全国技能大赛并获三等奖。

(王 勇)

【内部管理】 职教中心加强信息管理,做好与省、市、区有关管理部门的沟通协调,及时搜集、了解培训办学方面的政策信息,有针对性地开展培训办学。完成水钢高级技工学校、水钢中等专业学校、水钢电视大学三所学校二类独立事业法人资格办理。加强人力资源管理,重新设定教师岗位和行政管理人员岗位,全员公开竞聘,分工更加明确,绩效管理、系部管理模式初见成效。按学校管理模式设置相应管理部门。实施部门工作目标责任制,将职教中心全年总经济目标分解到各部门进行考核。基础建设、职业培训等采取项目组负责制,工作效率和工作质量提高。加大科级管理(技术)人员管理力度,完成16人科级干部调整上岗工作。加强师资队伍建设,选派人员参加培训、业务交流、技能大赛。强化财务管理,实行严格成本核算,提高成本意识,减少开支。开展学生资助金按月申报、审核、管理、发放工作,未出现违规和重大工作失误,国家资助政策有效贯彻落实。

(王 勇)

【党群工作】 职教中心开展群众线路教育实践活动。重新划分和调整中心党支部,做好3个党支部换届改选工作,优化组织结构。把落实党风廉政建设责任制和反腐倡廉工作融入中心培训办学和党建全局工作中。在申报高级技工学校、校区搬迁调整、加快基础能力建设、勇闯市场等工作中,职教中心"责任、专业、务实、共赢"的核心理念得到较好体现,在市场竞争、速度向前、质量提升、团队聚力、品牌带动等方面取得社会效益。组织开展春季篮球赛、"中国梦·青春梦"合唱比赛、学生禁毒演讲比赛、"飞扬青春,祝福祖国"文艺汇演、纪念"一二·九"演讲比赛、道德大讲堂、校园文明倡议等活动,校园文化建设有声有色。通过各种形式开展"创建全国文明城市、创建国家卫生城市、创建国家环保模范城市、创建国家循环经济示范城市"活动,2014年被评为"六盘水市精神文明创建先进单位"。

(王 勇)

贵州水钢物流有限责任公司

【物流公司领导名录】

董事长:彭文俊

总经理:曾研究

副总经理:张伟峰 吴道均

党委书记:彭文俊

纪委书记:张伟峰

工会主席:张伟峰

财务总监:周 菲

(石桂发)

【概况】 贵州水钢物流有限责任公司(以下简称物流公司)2012年3月成立,是水钢改制重组的新公司,是集普通(危货)货物运输、吊装业务、车辆维修、汽车配件经营、汽车租赁、机加工、仓储、商贸等经营项目为一体的综合性物流企业,是六盘水市大型汽车货运物流运输企业和大型汽车维修服务基地之一;各种运输设备329辆,其中货运车辆182台,大客车43台、面的车30台、载人车辆60台、其他特种车辆14台;年工业总产值

5000万元;物流公司设生产部、市场经营部、财务人力资源部和综合办公室,有钢片区运输车队、铁片区运输车队、白云石运输车队、危货运输车队、吊装运输车队、职工通勤车队、商务车队、汽车维修分公司大型汽车修理厂、汽车维修分公司小型汽车修理厂、工程机械维修分公司、机械加工分公司、物资供应分公司、贵阳分公司和贸易分公司等14个基层单位。员工516人。

（石桂发、岳 鹏）

【年度指标】 物流公司2014年货运量464.4万吨,收入1.1亿元,税前利润19.31万元,上交税金577.47万元,车辆完好率96%以上。

（石桂发）

【设备管理】 物流公司购货运车辆11台;自主大修44台,二级维护车辆183台次,车辆报废10台。

（岳 鹏）

【后勤服务】 水钢职工上下班客运通勤线路由原来的37条优化为24条,物流公司通过优化管理,既满足职工正常上下班,又减少费用支出180万元。

（石桂发）

【改革改制】 物流公司建立经济责任制绩效考核体系,按照"全流程、全系统、降成本、增效益"的思路,形成"小河有水汇大河,大河集水润小河"共享机制。制定并梳理工作业务程序,建立企业内外部资源集成和整合的"五统一"管理模式,实现自上而下"考核层层落实,责任层层传递,激励层层连接"的股东资产保值增值责任体系。

（石桂发）

【党群工作】 物流公司"两节"期间送温暖,慰问走访困难职工70户,发放慰问金31000元;"金秋助学"活动资助小学生至高中生14人,发放助学金16200元,大学应届生1人,发放助学金4000元;自筹资金帮扶职工子女15人,发放助学金17000元;发放独生子女保健费100户,金额为14360元。

（王 莉）

贵州六盘水盛鸿达机械设备制造有限公司

【盛鸿达公司领导名录】

　　董事长:范显章

　　董 事:朱华钧　张定长　张一檬

　　总经理:范显章

　　副总经理:张育茂　周庆珠　张 黔

　　党委书记:朱华钧

　　纪委书记:朱华钧

　　工会主席:朱华钧

（罗 英）

【概况】 贵州六盘水盛鸿达机械设备制造有限公司(以下简称盛鸿达公司)1966年建,1997年改为水钢机制公司,2011年改制注册为混合型所有制企业,位于六盘水市钟山区水月产业园区内;占地面积7.5万平方米,固定资产5000万元,注册资本1500万元,其中:水钢持股39%,盛鸿达公司管理层和部分技术骨干持股61%。公司主营起重机械制造、安装、维修,汽车运输。一般经营项目包括机械设备加工、制造、维修、安装,机床维修、电机修理、矿山设备制造、特殊钢的冶炼、轧辊制造、环保设备、铁合金、建筑材料(木材除外)、装饰材料、钢板及金属材料制品、矿石、五金、机电产品、化工产品(危险化学品除外)、制冷设备的经销。公司主要产品是半钢轧辊,水钢市场年需求量在800万吨左右。盛鸿达公司设职能科室8个,分厂5个。在岗正式员工247人,其中,高级职称3人,中级职称16人。

（罗 英）

【主要指标】 2014年,盛鸿达公司加工件987.68吨;铸钢件1169.99吨;铸铁件619.78吨;铆焊件370.5吨;工业总产值2504.48万元,销售收入3156.92万元,盈利218.15万元;职工人均实发月工资2670元。

（罗 英）

水钢公司瑞泰物产有限责任公司

【瑞泰公司领导名录】

　　经理:杨胜刚

　　党委书记:潘拥平

　　工会主席:帅 红

　　副经理:肖居宽

　　经理助理:洪 敏(8月任职)

　　主任工程师:郑克勤(8月任职)

（邓运金）

【概况】 水钢瑞泰物产有限责任公司(以下简称瑞泰公司)是集建材产品生产基地、水钢民用水电煤气供应

（负责收费、管线网安装和维护）、机电制造（备品件加工制作）、重型机械作业、道路修建、环境卫生管理、幼儿教育、餐饮服务、接待服务、工业旅游、工业洗涤、布草洗涤、物业管理、绿化美化工程施工与维护、大自然山泉饮用水生产等多种行业为一体的生产辅助服务及生活后勤服务单位。2014年，瑞泰公司经营收入1.6亿元；实现水、电、煤气控亏357万元；道路完好率、治理率和环境卫生、主干道路、生产厂区无尘保洁达到考核目标；现场管理、绿化美化、爱国卫生、信访、档案管理、社会管理综合治理、厂务公开、班组建设、计划生育等工作按水钢要求全面完成。

（邓运金）

水钢公司总医院

【总医院领导名录】

院　　长：周兴高（7月任职）
　　　　　郭　骏（12月离任）
副院长：邵　军　田景玉　郭炯辉
　　　　　张　敏　陈冀欣
　　　　　肖　溶（2015年1月离任）
党委书记：邵　军
纪委书记：卜　恒
工会主席：卜　恒

（秦礼江）

【概况】　水钢总医院是预评审已获通过的贵州省三级甲等综合医院。2014年，水钢总医院以整体搬迁为契机，以开展医院管理提升年活动加强基础管理，提升医疗服务质量，打造六盘水市一流、省内知名，人文与园林相结合，集医、教、研、防、康于一体的现代化三级甲等综合医院；以全面提高人才、技术、安全、服务、管理、科研、教学、文化八大品位为支撑，依托水钢，立足六盘水，面向全省，确保基本医疗，满足特需服务，为水钢职工及家属和六盘水市人民提供优质、便捷、经济的医疗服务。2014年，总医院实际开放床位数730张；门诊141583人次，急诊18118人次，出院15837人次；病床使用率66.3%；住院手术3072例；职业健康体检、健康体检20122人次；医疗收入1.86亿元，利润458.47万元。

（秦礼江）

【人才工作】　总医院聘请北大首钢医院专家4人常任泌尿外科主任，培养泌尿外科专业技术人员；招收新分学生21人，成熟人才8人；采取请进来讲、走出去学的形式，定期开展临床医护人员三基理论、技能培训；选派33人赴外进修、200余人次参加省内外各种短期培训班，接收实习生120余人，举办各种学术交流会、巡回演讲及新技术培训21次；组织4人申报高级职称，3人通过；79人参加执业医师考试，通过37人；139人参加其他专业技术资格考试，52人达到国家级标准；安排7人参加住院医师规范化培训；确保全院医护人员学时学分达标率100%，报贵州省继续医学教育培训班7班次。

（秦礼江）

【对外交流】　总医院承办2014年度市泌尿外科学术交流会；与北大首钢医院、蓝海之略合作，优化学科结构，推进学科建设；邀请台湾医疗产业管理发展学会理事长钱庆文教授指导医院管理工作；承办贵州省2014年疼痛学术年会；心血管内科作为国家级重大课题项目参与单位参加"冠心病医疗质量改善China PEACE Ⅱ-AMI"启动培训会议，并签署课题合同。

（秦礼江）

水钢公司赛德建设有限公司

【赛德公司领导名录】

董事长：高昭宗
董　　事：朱中华　胡常暄
　　　　　谢玉德（5月任职）
　　　　　张卡佳（5月任职）
董事会秘书：熊家强（5月任职）
监事会主席：张建平
监　　事：杨　荣
总经理、党委副书记：高昭宗
副总经理：周奇荣　胡常暄
　　　　　伍绍溢（8月任职）
主任工程师：蔡　菲（8月任职）
党委书记：周奇荣（8月任职）
工会主席：谢玉德（5月任职）
纪委书记：谢玉德（5月任职）

（熊家强）

【概况】　水钢赛德建设有限公司（以下简称赛德公司），系水钢集团全资子公司。2009年1月1日起按规范化子公司运作,为独立企业法人实体,注册资本5100万元;设办公室、财务室、工程管理室、综合管理室、人力资源室、政工室、武装保卫室、工会8个职能管理部门,下设工装分公司、机电分公司、钢结构分公司、建材分公司、建筑分公司、设备管理分公司、混凝土分公司、六盘水分公司、贵安分公司、毕节分公司、精正检测分公司、欣赛建设劳务有限分公司、贵安金属结构加工基地、外项目部、加工配送中心和焊培中心;有见证取样检测实验中心、H型钢生产线、商品混凝土搅拌站、钢构制作车间及各类工程吊装机械、运输设备、试验、检测设备、加工设备、施工机具等千台。赛德公司具有国家房屋建筑施工工程总承包一级、冶炼工程施工总承包二级、管道工程专业承包二级、钢结构工程专业二级、炉窑工程专业承包二级、环保工程专业承包三级资质及锅炉安装、试安装压力管道、特种设备安装改造维修、特种设备安装改造维护(安装)、市政公用工程施工总承包三级、商品混凝土三级资质、"CMA"计量认证的建筑检测等专项资质。在册职工498人,其中国家一级、二级注册建造师39人;技师、高级技师29人;各类专业技术人员160人;初、中、高级技术工人251人;56人持有特种作业操作证。2014年,在钢企寒冬持续、资金紧缺、要素资源市场跌宕起伏、钢市需求不旺导致价格直线下滑等不利条件下,赛德公司积极应对市场、成本、资金和人员技术力量等挑战,紧盯全年目标任务创新求变,开创生存发展新局面,完成产值4亿元,实现利润304万元。

(张文锐)

贵州博宏实业有限责任公司

【博宏公司领导名录】

董事长:龙　雨
副董事长:罗达勇
董　事:张定长　陈端清(职工代表)
监事会主席:张建平
监　事:刘建国(5月离任)
　　　　张卡佳(5月任职)
　　　　任忠红(职工代表)
总　裁:龙　雨
副总裁:罗达勇　王　英　何　瞻

财务总监:杨　荣(8月离任)
　　　　程　宁(8月任职)
主任工程师:方定钟(8月任职)
党委书记:罗达勇
纪委书记:陈端清
工会主席:陈端清

(胡贵旭)

【概况】　贵州博宏实业有限责任公司资产总额14.83亿元,下辖13个分(子)公司、3个参股公司,主要生产经营水泥、活性石灰、冶金石灰、石灰微粉、水渣开发、钢渣铁渣及冷料加工、钢材配送、乙炔、氧气、物流运输、铁路货站、环保除尘、净水剂、机加工、煤焦、铁矿石贸易、旅业疗养服务等。在册员工2204人,其中,专业技术人员664人,高级专业技术职称5人,中级专业技术职称89人。2014年,博宏公司贯彻党的十八届三中全会及集团公司"两会"精神,降低成本创效益,以市场为导向,以"十讲十重十做到"为抓手,转变观念、开拓市场,勇当辅业排头兵,力争效益最大化。

(李文宏、胡贵旭)

【主要指标】　2014年,博宏公司经营收入8.1亿元,控亏2982万元,实现年度目标。生产水泥88.37万吨,石灰39.34万吨,螺纹钢19.29万吨,氧气44178瓶,乙炔50018瓶;水泥综合电耗106.92千瓦时/吨,水泥综合煤耗169.77千克标煤/吨;活性石灰活性度316毫升,普通石灰活性度225毫升。

(岑天林)

【年度亮点】　博宏公司小河铸业450立方米高炉关停,扎住大额亏损口子,确保人员分流,有效保护资产,同比减亏8756.48万元。成立对外市场营销中心,整合博宏公司内部资源,抢占本地市场,对外营运销售矿渣、石灰、建材、钢材等实现销售收入1.07亿元。管理好新增资源,水渣盈利能力增加,同比水渣销售增量20万吨,增价4.53元/吨,创效1125.5万元。拓展非定尺钢材销售,增加产品附加值,2014年6月～12月共销售非定尺螺纹钢2.67万吨,初步建立起营销网络渠道。

(胡贵旭)

【压力和挑战】　博宏公司与水钢公司保产关联业务降价20%,生存压力大。对外闯市场项目不多、推进滞后,不足以支撑公司转型。债务负担重,法律风险大。部分单位亏损严重,管控能力和经营水平不高。安全形势严峻,管理防范意识薄弱。信访维稳压力大,改革改制推进缓慢。长期亏损,职工积极性和创新力受影响。

（胡贵旭）

【节能减排】 博宏公司环境污染事故为零、外排废水、废气达标率≥96%；工业水重复利用率≥98%；环保设施同步运行率100%；废渣综合利用率≥95%。水泥分公司水泥窑低氮燃烧技术改造项目通过环保部门验收。投入资金改造石灰矿业分公司石灰三车间除尘设施,保证除尘效果。

（卯昌昆）

【社会责任】 博宏公司围绕大集体退休人员遗留问题、原机修厂大集体退休人员群访、化工公司搬迁户、贵阳改制单位及云丰公司改制等,投入时间与人力,开展细致严谨的解释疏导工作,全年信访回复率100%,缠访、闹访事件减少。通过提前部署,制定预案,分步实施,确保全国"两会"及党的十八届四中全会期间的稳定,得到贵州省委、省政府、省国资委各主管部门及水钢公司认可。

（洪金屏）

【党群工作】 博宏公司结合群众路线教育实践活动和"十讲十重十做到"要求,争当非钢产业改革发展排头兵,以创建"双优"党组织及基层党支部"晋级达标创一流"活动为载体,评选"双优"、"勇闯市场增效益"优秀党组织及"晋级达标创一流"流动红旗党支部。举办"博宏讲堂",搭建干部常态化学习平台；开展安全生产法培训、健康心理知识讲座等65期。1人获首钢劳动模范、1人被评为贵州省"第四届见义勇为先进人物"、1人被评为2014年"最美水钢人",2人参加水钢"十讲十重十做到"故事会巡回宣讲,石灰矿业分公司检测中心化验班获贵州省"工人先锋号"荣誉。

（尹栋华）

水钢公司工贸有限责任公司

【水钢工贸公司领导名录】

　　董事长：石朝茂

　　董　　事：张刚强　姚晓昆　张定长　章　帆

　　总经理：石朝茂

　　副总经理：姚晓昆　张刚强

　　党委书记、纪委书记、工会主席：石朝茂

（于荣斋）

【概况】 水城钢铁（集团）工贸有限责任公司2011年5月17日注册成立,注册资本3000万元人民币。工贸公司为水钢提供市场窗口和信息平台；通过多种经营实现资产有效增值,提升水钢产品市场竞争力；通过开展钢材加工配送服务及终端供货业务、仓储物流,参与水钢原燃料、辅料供应,利用好本地区的煤炭资源,参与外地用煤企业供货业务；努力实现从单纯钢材贸易型公司向综合配套服务工贸公司转变。2011年9月,工贸公司购置97亩土地,兴建六盘水市最大的钢材市场——六盘水钢材交易中心,填补六盘水市无正规钢材交易市场的空白。库区钢材日均库存高达2万余吨,年销售钢材约80万吨；作为水钢最大钢材销售代理商,先后参加贵州省高速公路建设及水利枢纽工程投标,相继中标凯羊高速公路、惠罗高速公路、三黎高速公路及黔中水利枢纽工程。工贸公司在册职工85人,本科学历37人,大专学历、中专及以下学历48人；中级职称29人,初级职称36人。2014年,工贸公司营业收入215186.04万元,同比减少66770.89万元；营业成本206297.53万元,同比降低67187.36万元；营业税金及附加277.36万元,同比降低95.84万元；利润总额463.71万元,同比降低432.85万元；应缴纳所得税152.65万元。净利润311.05万元。

（于荣斋）

水钢公司电气自动化分公司

【自动化分公司领导名录】

　　经　　理：袁永偿

　　副经理：于小黔　袁玉祥（8月任职）

　　主任工程师：袁玉祥（7月离任）

　　　　　　　刘　丹（8月任职）

　　党委书记：邓晓强

　　工会主席、纪委书记：郜永生

（李章辉）

【概况】 水钢电气自动化分公司（以下简称自动化公司）是由原水钢电器仪表修理制造厂和自动化公司合并而成,承担水钢各单位大、中型电机、变压器维护和修理；电话通信、电视监控系统、对讲指令系统、宽带网、VPN等信息工程的规划、设计、建立及运行维护；进出厂物资计量、厂际间物资计量,自动化仪表的安装、维护与检修,工业自动化控制系统的设计、施工,办公自动化设备的维护,测量设备检定等工作。主要设备设施有:电子计量汽车衡 12 台,轨道衡 6 台,单捆计量秤 12 台,电子皮带秤 1 台,20 吨龙门吊 1 台,DH—HGX3×4×5 干燥炉 1 台,HY50UB 硬支承动平衡实验机一台,微机型中大型交流电机变压器综合试验系统、微机型直流电机综合试验系统各 1 套;中兴 ZXJ10 数字程控交换机 5000 门;固定资产总额 4111.91 万元。具有由贵州省六盘水市质量技术监督局授权,拥有 100 吨以下汽车衡及单捆计量秤的检定权;贵州省质量技术监督局授权,建立最高计量检定标准器 20 套,对测量设备进行检定等主要资质。自动化公司设综合(政工)办公室、生产设备安全室、技术开发室、市场经营室、保卫(武装)室、工会和计量车间、自动(信息)化车间、制造修理车间;在职职工 416 人,其中高级技师 4 人,技师 35 人;高级职称 3 人,中级职称 21 人;国家二级注册计量师 10 人。国家注册安全工程师 1 人。中高级工 356 人,占职工总数的 86%。2014 年,自动化公司围绕双轮驱动,闯创并举,内保主业生产安全稳顺,拓展外部市场增效持续工作路径,提升管控能力,拓展发展空间;实现收入 3778.46 万元,利润 188.35 万元,其中外闯市场利润 37.94 万元。

(曾　奎、李章辉)

【主要业绩】　2014 年,自动化公司出击内外市场,拓展生存空间。与用户签订工艺仪表及厂际间计量仪表维护、水钢主干网络系统、OA 办公系统、网络租赁维护、电视监控维护协议、条码系统维护等业务。外闯市场取得初步成效,将自动化仪表、信息化建设、电机、变压器修理等业务向周边企业拓展,实现外闯市场收入 100.32 万元。获水钢档案管理先进单位等称号;1 人获首钢总公司"三创"标兵、最美水钢人称号,1 人被评为首钢总公司优秀共产党员,1 人获全国钢铁工业劳动模范称号,制修车间党支部被评为首钢总公司先进党支部。

(曾　奎、王金生)

【管理创新】　自动化公司制定、修订、完善《自动化公司经营生产管理办法》等制度 28 项,有效推进各项管理工作。举办 2 期问政问需问计问责"四问"平台现场互动交流会;解决班组、职工所需所想的问题 50 个;开展"我为管理建一言、我为降本增收献一策"金点子活动,

收到"金点子"92 条。

(李章辉)

【安全工作】　自动化公司 2014 年参加职业健康取证培训 12 人;安全管理资格证培训 23 人、处级干部 6 人;参加各类特种作业操作资格培训 56 人,其中复审 54 人、取证 2 人。加强职工职业危害预防,组织职工体检,其中职业健康专项体检 147 人。

(曾　奎)

【设备管理】　自动化公司坚持问题导向,夯实设备管理。成立三个专项工作小组,对所维护业务范围内的所有设备关键控制点以及危险源辨识进行现场落实,建立统计台账和 A、B、C 三类关键控制点目录和关键设备危险源点辨识目录,确定重点设备关键控制点 5076 点,其中 A 类控制点 769 点,B 类控制点 3698 点,C 类控制点 609 点。关键控制 A 类危险源 533 点,其中外部维护 480 点。编制完成 76 个关键控制点危险源辨识评价工作。制定《首钢水钢电气自动化分公司 A 类设备参数日报表》及相应管理考核办法和要求。修复完善保卫部技防监控系统,使系统上线运行率达到 97.45%,超过维护协议指标规定,赢得用户好评。

(曾　奎)

【技术开发】　自动化公司在线处理 3 号高炉 TRT 环缝控制系统故障,解决在线维护重要生产仪器仪表的技术难题;替代外委外包,首次独立完成水钢生产调度报表系统的软件开发项目,节约资金,储存自主知识产权,打破技术垄断,锻炼、培养技术队伍;推动水钢无人值守集中计量系统,高线、棒线挂牌标牌改进,分公司技术档案资料管理系统等项目建设。

(田应河)

【降本增效】　自动化公司从保产、降本、创收三方面抓降本增效。强化库房管理,优化备件和材料的应用。开展修旧利废活动,修复废旧仪器仪表 26 台,计量数据板 2 块,创造价值 3 万元。开展劳动竞赛、技术比武等活动,职工素质提升;各班组劳动竞赛活动创造经济价值 90 万元。

(曾　奎)

【党群工作】　自动化公司开展群众路线教育实践活动,制订学习教育计划,举办专题党课报告会,召开领导班子学习研讨会。通过发放征求意见表、个别访谈、设立意见箱、谈心等方式听取一线职工、劳模、党代表意见

建议 135 人次。专项整治办公用车、会员卡、公款吃喝、"庸懒散"等问题。制订作风建设制度计划，巩固教育实践活动成果，形成群众路线长效机制。开展党员创新工作室、党员示范岗、党支部品牌、党小组特色等活动，举办"闯创并举、谁与争锋"党组织创新创效活动；慰问

困难职工 108 人次，慰问住院职工 20 人次，慰问职工生日 410 人次，发放慰问金 3.28 万元；助学 65 人次，发放帮扶资金 6.34 万元，开展职工身体健康检查，让职工感受"职工之家"温暖。

（李章辉）

首钢贵阳特殊钢有限责任公司

【首贵公司领导名录】
董事长：赵民革（7月任职）
副董事长：孙 励 杨 方
总经理：侯羽卒
副总经理：张 兴 赵 健 吴 伟
　　　　　郭蜀伟 陈卫平
总经理助理：唐落谦
党委副书记：孙 励（主持工作） 杨 方
纪委书记：潘明祥
工会主席：潘明祥

（曹 辉）

【综述】 贵钢建于 1958 年，是中国西部重要特殊钢企业、凿岩用钎钢钎具科研生产基地。贵钢环保型电弧炉、中空钢生产线属世界先进水平，钎具、锻轧材、无缝钢管生产线为国内先进水平，设计年产特殊钢 50 万吨，钢材 46 万吨，产品主要用于工程、机械、军工等领域。2014 年，贵钢在群众中缝教育实践活动中，优化公司老区土地及物业资产出租管理，按照"谁出租、谁负责"的原则，堵塞漏洞，整顿不正之风，提高效益。贵钢新区电炉系统、钢包炉、VD 炉系统、连铸系统于 7 月 20 日试产第一炉后，进行热负荷试车，共计生产 283 炉、16900吨，设备热负荷试车基本成功。高线继续进行试产，锻钢 800 吨和 7 吨锤热负荷试车成功。贵钢学习贯彻新《安全生产法》《环境保护法》，依法治企，按照"强化红线意识，促进安全发展，创建全国生态文明建设试点城市"的理念，全面落实各级各类安全环保责任，党政同责，一岗双责，抓好安全环保。

2014 年，受电炉炼钢厂停产搬迁以及市场需求下

滑等因素影响，贵钢全年易切钢和成品钎销量同比大幅降低，但重型钎、接杆钎年销量分别达 4.37 万支和 9.5万支，钎具销售收入突破亿元。搬迁后，贵钢实施"低成本、高端化、差异化、特色化"竞争战略，消化利用废旧金属材料，实现绿色低碳和环保，体现资源节约、环境友好、循环经济、崇德向善理念。

（万建华、刘 刚、袁昆喜）

【群众路线教育实践活动】 2014 年以来，贵钢以深入开展党的群众路线教育实践活动为载体，推进领导班子建设、党员队伍建设。通过教育活动，广大党员干部普遍受到一次深刻的党性修养洗礼和锻炼，企业发展思路理清，思想统一，目标坚定；干部作风转变，"四风"之弊得到有效遏制，群众反映强烈的一些问题得到切实解决，党群干群关系进一步密切，党的凝聚力和战斗力进一步增强。

（卢伟山）

【市场营销】 2014 年是贵钢电炉炼钢搬迁和试产年，延续客户供给，维系重点客户是核心工作，同时，适时拓展市场开发新用户。钎钢产能达到极限，在继续稳定质量的前提下增加产能，预计能够完成 5 万支/年。接杆钎产能比 2013 年增长 22%，达到近 10 万支，低端成品钎及中空钢销量下滑，中高端成品钎微幅下降。G、G I下滑 31% 和 23%；G II、G III 下滑 3% 和 6%；中空钢下滑29%。电炉炼钢恢复生产后面临重新与国外材料竞争夺回 12L14 市场的压力，自产盘园表面存在比例较高的针孔状小翘皮，未能达到预期目标。

（韦 平）

【安全环保】 2014 年，贵钢完善安全责任体系，全面落

实安全责任目标。强化隐患排查,保证安全生产顺稳;加强职工培训,完成4318人次。分类筛查老工伤人员,对1196人进行信息采集,完成381人纳入工伤保险统筹管理工作,解决历史遗留问题。环保方面,5月30日,国家环境保护部以环审〔2014〕130号对首钢贵钢公司实施城市钢厂搬迁建设新特材料循环经济工业基地项目环境影响报告书进行批复。根据"贵阳市创建模范环境保护模范城市"要求,在一轧钢厂、中空钢作业部、锻钢厂、钢管厂及钎钢厂设置危废收集点,强化公司全员环保意识。将保护环境贯穿贵钢搬迁调整、转型发展始终,努力把贵钢建设成为环保经济责任型企业。

(林庆荣)

【企业文化建设】 2014年,贵钢加大企业文化建设和宣贯力度,把企业文化理念宣讲作为重点。在《贵钢报》、贵钢网站等媒体系统介绍企业愿景、企业使命、企业精神、企业道德、企业核心价值观等,通过潜移默化的文化影响和文化渗透,将企业的发展规划转化成干部职工的实际行动。《贵钢报》发表《与首钢文化深度融合,加快贵钢转型发展》的评论员文章,号召干部职工以首钢总公司先进企业文化引领贵钢企业文化建设,探索建立具有贵钢自身特色的首钢子文化体系。

(万建华)

【首贵公司2014年大事记】

1月20日 贵钢高线作业部试轧直径为6.5毫米盘卷取得成功;成功轧制直径5毫米~25毫米各种规格及易切削钢产品,标志着高线具备正式生产能力。

4月9日 中共中央政治局委员、国务院副总理马凯到贵钢调研考察。马凯副总理十分关心贵钢的发展定位和生产经营,仔细询问需要协调解决的困难与问题,希望贵钢坚持"专、高、特"方向,走循环经济道路。

4月29日 首钢总公司党委书记、董事长靳伟到贵钢调研。

5月30日 国家环保部下发环审〔2014〕130号文,对贵钢实施城市钢厂搬迁建设新特材料循环经济工业基地项目环境影响报告书予以批复。

6月25日 陈敏尔省长,省委常委、贵阳市委书记陈刚到贵钢开展督导服务活动。

7月18日 贵钢"康斯迪"电炉炼钢系统自2013年11月26日停产搬迁以来,经过修、配、改,以全新面貌在新区进行热试生产。

7月23日 贵钢召开干部大会,宣布首钢党委关于调整贵钢领导班子决定:首钢副总经理赵民革兼任贵钢公司董事长;孙励任公司党委副书记、副董事长,主持工作;张兴任公司党委委员、董事、第一副总经理。

8月 由贵钢承担的贵州省"十二五"科技重大专项"高品质中空钢及制品产业化关键技术的研发"项目,通过贵州省科技厅组织专家验收,标志贵钢公司在中空钢材料的纯净度、外形尺寸、芯孔的精确度控制和轧制工艺方面的创新,已转化为高品质中空钢与制品的成套生产工艺技术——钻孔法半连轧中空钢生产工艺和制品产业化关键技术,将巩固贵钢公司中空钢及制品产量世界第一、技术水平国内领先的地位。

8月30日 贵钢召开党委扩大会,分析面临的形势和困难,统一思想,坚定信心。会议号召各级干部和各单位要"承认历史,面对现实,实事求是"为生存而战。会议确定近期工作思路:在省市党委政府和总公司领导和支持下,千方百计筹措资金,尽快把老区短流程项目全系列搬迁到新区建成投产,恢复原有生产能力,确保现金不流失,稳定职工队伍,为企业持续稳定发展夯实基础。

9月1日 贵钢召开生产经营大会,提出围绕目标任务和重点工作,转变作风,落实责任,一抓到底。会议要求把压力和正能量传导下去,打破原有习惯思维和工作习惯,将贵钢人"不服输、诚实干"精神与首钢"尺子文化"相结合,做到有目标、有标准、有责任人。

10月15日 贵钢召开党的群众路线教育实践活动总结大会。该活动自2月18日召开动员大会以来,贵钢按照中央、贵州省、首钢总公司部署,切实抓好活动每一环节工作的有效落实。通过作风转变的新成效推进企业各项工作取得新进展、新突破,达到活动开展的目的和预期效果。

12月16日~17日 中国南车株洲电力机车有限公司专家组到贵钢进行供应商审核工作,按照铁路总公司标准,对贵钢生产、管理等要素进行认真评审,专家组通过贵钢供应商资质论证评审及产品首件评审,为该项产品新区生产创造条件。

12月29日 锻钢项目主体设备——800吨快锻机及7吨电液锤试产成功,先后为株洲电力机车有限公司锻造出8支机车电机轴,总重量12吨。

(刘 刚、袁昆喜)

首钢通化钢铁集团股份有限公司

【通钢集团领导名录】

董事长:王自亭(8月任职) 王 涛(8月离任)

副董事长:王自亭(3月任职,8月离任)

董 事:王自亭(3月任职)

　　　　王 涛(8月离任) 孙 毅

　　　　李志强(兼) 胡 品(3月离任)

　　　　聂秀峰(8月离任)

　　　　杨瑞海(8月任职)

　　　　马伟健(8月离任)

　　　　于 锋 张成武(职工代表)

监事会主席:陈立军

监 事:范大义(8月离任)

　　　　毛长武 徐 明

　　　　王海鹰(2月任职)

　　　　于鹏举(职工代表)

　　　　李秀平(职工代表)

总经理:王自亭(8月任职)

　　　　王 涛(8月离任)

常务副总经理:胡 品(3月离任)

副总经理:王自亭(3月任职,8月离任)

　　　　孙 毅 周宝航

总经理助理:孙利军 曹向葵 马卫旭

　　　　陈世雄(10月任职)

党委书记:孙 毅

党委副书记:王自亭(8月任职)

党委书记助理:王海鹰

党委常委:王自亭(8月任职)

　　　　王 涛(8月离任) 孙 毅

　　　　王海鹰 胡 品(2月离任)

纪委书记:孙 毅(1月任职)

纪委副书记:王海鹰(2月任职)

工会主席:孙 毅(1月任职)

(张 宏)

【综述】 首钢通化钢铁集团股份有限公司(以下简称"通钢集团")是吉林省属最大的工业企业,是省内最大的钢铁联合企业,也是国家振兴东北老工业基地重点支持的企业。通钢始建于1958年6月,1996年11月,组建通化钢铁集团有限责任公司,2005年12月改制并与民营企业重组,2009年12月民营企业退出通钢,2010年7月与首钢联合重组。注册资本181990.85万元。其中,首钢总公司、首钢控股合计持有通钢77.59%股权,中国华融资产公司、吉林省国资委分别持有10.33%、10%股权,其他小股东合计持有2.08%股权,通钢成为首钢集团的外埠核心钢铁企业。

通钢集团所属企业主要分布在吉林省长春市、通化市、白山市、吉林市、四平市和延边州境内;下辖通化钢铁公司、通钢矿业公司、磐石钢管公司、四平钢铁制品公司4家控股公司,通钢国际贸易公司、吉林焊管公司、通钢自信公司3家全资子公司。资产总额357亿元,钢年产能520万吨。2014年铁476.57万吨,钢439.12万吨,钢材431.67万吨,铁精粉271.85万吨。实现营业收入166.2亿元,实现工业总产值162亿元,实现利润-9.95亿元。

通钢集团主要产品有板材、建材、优特钢、型材、管材5个系列。有11个产品获得国家冶金产品金杯奖,4个产品获得冶金行业品质卓越产品,7个产品获得吉林省名牌产品称号。热轧卷板获得欧盟标准认证证书,热轧等边角钢和热轧卷板产品通过中国船级社认可。产品主要应用于机械制造、石油开采、高层建筑、高速公路、桥梁隧道、水利枢纽、电力建设等领域。

通钢集团总部位于长春市,下设办公室、组织人事部、宣传部、纪检监察部、工会、财务部、购销部、生产运行部、规划发展部、安全环保部、审计处11个部门。截至2014年末,职工总数18950人,其中管理人员963人,专业人员2287人,操作人员15141人,其他559人。建厂56年来,通钢所属企业在税收缴纳、社会就业、公益事业等方面积极履行大企业的经济和社会责任,为吉林省地方经济和社会发展作出积极贡献。

（冯世勇）

【生产经营】 通钢集团以新项目投达产为主线,制定完善投达产方案,提前编制技术操作规程,超前开展人员培训,推进人机磨合,严格执行产前设备、安全确认制度,确保新项目顺利投达产。新高炉用 3 天时间实现阶段性达产目标。新高炉投产后,针对铁产能大于钢产能的实际,抓住炼钢瓶颈环节,排定生产预案,组织开展满负荷生产竞赛,钢产量逐月递增,四季度日均产钢14252 吨。全集团年产铁 476.57 万吨,钢 439.12 万吨,钢材 431.67 万吨,铁精粉 271.85 万吨。实现工业总产值 162 亿元,营业收入 166.2 亿元。

（杜晓东）

【安全管理】 2014 年,通钢集团面对大面积设备检修、落后装备拆除、新工程投达产等安全不利因素,认真贯彻落实"安全第一、预防为主、综合治理"的方针,严格落实安全生产责任制,强化全员安全教育和现场安全管理,排查和整改各类事故隐患,确保安全生产落到实处。2014 年,集团重伤以上事故为零,轻伤事故 7 起,千人负伤率 0.36‰,实现全年无工亡事故目标。

（杜晓东）

【环保管理】 通钢集团强化环保设施运行管理,确保污染物达标排放。在各单位定期开展自检自纠工作基础上,节假日等重点时期组织开展环保专项检查整治活动。发现问题及时落实整改,确保环保设施运行稳定,避免环境污染事故发生。推进通化钢铁 3 号高炉 TRT发电工程、1 号高炉除尘改造项目、5 号烧结机脱硫项目、焦化酚氰污水处理、料场防风抑尘网等环保项目,定期调研项目进度,推进项目进程。

（杜晓东）

【技术成果】 5 月份,由通化钢铁公司型钢厂申报的"一种圆钢成品齐头装置"、第二炼钢厂申报的"一种抓斗钢丝绳的保护装置"、烧结厂申报的"一种胶带自重清扫器"被国家专利局评为实用新型专利。通化钢铁公司炼轧厂轧钢车间磨工 QC 小组、运输处机修段 QC小组、第二炼轧厂 QC 小组、炼铁厂喷煤车间煤粉二班QC 小组,被中国质量协会评为冶金行业先进质量管理小组。8 月份,通化钢铁公司高线厂"一种轧制高速线材、棒材设备的活套辊"、"一种轧制高速线材、棒材设备的活套"、"一种高速线材精轧机辊箱气密封装置",被国家专利局授予实用新型专利。

（冯世勇）

【项目建设】 2014 年,通钢集团克服资金短缺、设备到货滞后、施工力量不足等困难,解决环保搬迁等制约工程建设的一系列难题。4 月 26 日,120 吨转炉竣工投产;4 月 27 日,360 平方米烧结机竣工投产;7 月 13 日,2680 立方米高炉竣工投产,通钢淘汰落后、产能置换项目阶段性建设目标完成。通钢成功入围第三批《钢铁行业规范条件》准入名单。通钢矿业公司上青矿深部开采、井下矿水平开拓、桦甸矿深部开采等生产接续工程按计划推进。通钢集团全年累计完成固定资产投资6.7 亿元,其中,淘汰落后产能置换项目完成 4.5 亿元,占全年工程投资的 67%。

（杜晓东）

【购销工作】 2014 年,通钢集团抓购销系统融合,提高集团与子公司间互动与决策效率。围绕降本增效,集中解决购产销衔接中的突出问题。销售工作围绕效益和效率整体联动,提升本地化、直供化比例,全年本地化销售比例 64%,比计划提高 6%;直供化销售比例 41%,比计划提高 3%。全年坯材销售量 477 万吨,产销率100%。其中,重点工程销售 33 万吨,占建材总销量的33%。通钢国贸公司积极推动出口战略,全年出口热卷、方钢等产品 32 万吨,实现效益 3600 万元。采购工作加强市场研判,及时调整进口矿采购策略,通过锁价及指数定价采取月份延后定价机制,全年进口矿折62% 品位同口径平均价格 85.41 美元,低于平均普指11.29 美元。9 月~10 月份通过采取延后定价机制采购 4 船约 49 万吨(干吨)进口粉,降低采购成本 1400 万元。物流管理优化整合港口物流,加大物流降成本工作力度。全年丹东港转运量 418 万吨,同比增加 363 万吨,降成本 1.4 亿元。

（杜晓东）

【企业管理】 通钢集团在资金管理中发挥资金集中管控作用,努力增加融资规模。通过委托收款、拆票业务及长期票据置换短期票据办理贴现,将承兑汇票转为贷款或信用证等方式,全年降低财务费用 3000 万元。在干部管理中注重完善体系、优化机制,加强领导班子业绩考核。全年调整基层领导班子 6 个,新提职 13 人,交流22 人,免职 3 人。推进后备干部管理,选拔处级以上后备干部人选 172 人。组建 258 个自主管理活动圈,完成主题 286 项,全年创效 2800 万元。效能监察抓"零容忍、抓重点、全覆盖"理念的落实,动员职工参与原燃料稽查和监督,堵塞管理漏洞,全年避免和挽回经济损失 1880 万元。以淘汰落后、产能置换项目改造为契机,通过正式工顶替劳务工、推进岗位无人值守、调整单位职能等措施,持续优化劳动组织。

(杜晓东)

【党的建设】 按照吉林省委和首钢党委统一部署和要求,通钢从 2014 年 2 月到 10 月开展党的群众路线教育实践活动。贯彻"照镜子、正衣冠、洗洗澡、治治病"总要求,围绕促减亏、保生存中心工作,着力解决影响生存发展的突出问题,着力维护职工根本利益,把反对形式主义、官僚主义、享乐主义和奢靡之风贯穿始终,把整风精神贯穿始终,把领导带头贯穿始终,把制度建设贯彻始终,通过学习教育、听取意见、查摆问题、开展批评,整改落实、建章立制三个环节,领导干部作风建设取得了重要成果。加强改进党建工作,为生存而战提供坚强保证。优化干部队伍结构,强化干部跟踪考核;创新纪检监察工作领导体制和工作机制,对各子公司纪委书记实现派驻制;与首钢评比表彰工作接轨,开展创先争优活动,一批先进党组织和优秀共产党员受表彰;创新民主评议方式,把民主评议党员与基层党支部组织生活会结合起来,强化党员管理;选准突破口,推出一批企业文化建设新亮点;打造报纸、网络、有线电视、广播、微信"五位一体"立体互动式舆论宣传格局。3 月份,《通钢新闻》由小报版式改为大报版式,正式出版发行,6 月份,《通钢新闻》微信公共平台正式开通。注重关爱职工,促进企业和谐稳定。千方百计筹措资金保证职工工资及时发放;丰富职工文化生活,进厂区、下矿山,组织慰问一线职工演出活动,为基层"送温暖、送文化、送稳定、送问候"。开展职工乒乓球、羽毛球、篮球赛、书画摄影赛、"通钢人的故事"演讲赛、主题征文等文体活动,传递攻坚克难的正能量;开展"面对面、心贴心,百名干部进千家"活动,把联系服务职工"最后一步路"走稳走实。开展扶贫帮困送温暖活动,"两节"期间投入 247 万余元,走访帮扶职工 3523 人。

(杜晓东)

【通钢大事记】

1 月 2 日~5 日 通钢 FTSR 生产线成功批量生产高强度低合金 Q345C、冷弯结构空心型钢 SS490B 和硼微合金化热轧出口 SS400B 三种板卷。

1 月 4 日 吉林省安监局局长曹宇光到通钢矿业公司大栗子矿调研。

1 月 9 日~10 日 国家安全监管总局验收组对通钢矿业公司塔东铁矿项目安全设施竣工验收。

1 月 15 日 吉林省总工会常务副主席、党组副书记费加到通化钢铁公司走访慰问。

1 月 17 日 通化钢铁公司炼轧厂 FTSR 生产线成功开发试制 1200 毫米硼微合金化出口材 A36B。

1 月 19 日~20 日 首钢总公司党委书记、董事长靳伟、副总经理张功焰一行到通钢调研。

1 月 23 日 吉林省桦甸市委书记邱鹏一行到通钢矿业公司桦甸矿调研走访。

1 月 28 日 吉林省工信厅工会主席杜广勤、副主席赵春有到通钢矿业公司调研。

1 月 29 日 吉林省临江市市委书记张习庆到通钢矿业公司大栗子矿走访慰问。

1 月 通钢集团党委、通钢集团工会组织开展"面对面、心贴心,百名干部进千家"活动,并将此项活动作为通钢干部联系群众的长效机制贯穿全年。

2 月 17 日 装载通钢 16.7 万吨进口矿粉的散货船首次靠泊丹东港新建 30 万吨码头,通钢与丹东港合作进入新阶段。

2 月 18 日 首钢技术服务团抵通化钢铁公司,就精棒线生产及产品开发开展技术服务。

2 月 19 日 辽宁省建平县委书记肖森、副县长刘文俊一行到通钢矿业公司建平深井矿调研安全生产工作。

2 月 通化钢铁公司第二炼轧厂开发成功非调质钢 F38MnVS 钢种,化学成分一次命中率 100%,铸坯表面质量良好。

3 月 2 日 沈阳铁路局副局长张海涛一行到通化钢铁公司调研。

3 月 5 日~6 日 国家钢铁产品质量监督检验中心专家组对通钢磐管公司高压锅炉管、高压化肥管、石油裂化管等产品进行型式试验现场评审。

3 月 6 日 龙煤集团副总经理郑万军到通化钢铁公司调研。

3 月 7 日 通化钢铁公司生产的"TG510L 汽车大

梁钢"、"热连轧花纹钢带"两个产品通过省级新产品鉴定。

3月13日 国家安监总局监管一司司长王铃丁到通钢矿业公司建平深井矿检查矿山安全生产工作。辽宁省朝阳市副市长武永存、建平县常务副县长张致才、副县长刘文俊的陪同。

3月15日 通化钢铁公司炼轧厂FTSR生产线成功轧制SAE1020B牌号硼微合金化出口材,产品成分控制及表面质量均达到用户订单要求。

3月17日 中国第一重型机械集团公司副总裁孙敏一行到通化钢铁公司调研。

3月17日～18日 首钢总公司副总经理张功焰到通化钢铁公司调研。

3月18日 首钢总公司党委在通钢集团召开干部大会,宣布关于通钢集团领导班子成员调整的决定:王涛任首钢总公司总经理助理,兼任通钢集团董事长、总经理;王自亭任通钢集团副董事长、副总经理。总公司副总经理张功焰等参加会议。

3月18日 吉林省省长巴音朝鲁到通钢调研,通化市委书记刘保威陪同。首钢总公司副总经理张功焰,通钢集团领导王涛、孙毅等参加调研。

3月18日～20日 首钢总公司副总经理强伟一行到通钢调研。

3月26日 吉林省副省长谷春立一行到通化钢铁公司调研。

3月26日 通钢集团邀请吉林省检察院副检察长韩起祥作预防职务犯罪警示教育专题报告。

3月28日 建设银行吉林省分行常务副行长郭元析一行到通钢矿业公司调研。

4月1日 通钢磐管公司取得高压锅炉管、高压化肥管和石油裂化管生产许可证。

4月12日～12月24日 通化钢铁公司第一钢轧厂板坯连铸共生产579个浇次,12316炉,180.45万吨,连续257天无漏钢。

4月22日 首钢总公司"三规一制"第二联合督导小组来通钢检查第一阶段规制整改工作落实情况。

4月24日 通钢集团党委举办党的十八届三中全会精神理论辅导报告会。

4月24日 通化钢铁公司烧结厂原1号～3号烧结机正式停产,新1号烧结机进入改代对接阶段。

4月26日 通化钢铁公司炼轧厂3号120吨转炉成功热试,投入生产。

4月27日 通化钢铁公司1号烧结机投入生产。

5月7日 通化钢铁公司炼轧厂尝试品种钢柔性生产组织模式取得成功。

5月13日 通钢矿业公司连续11年荣获白山市委、白山市人民政府颁发的平安白山建设先进单位。

5月16日 通钢集团召开领导班子群众观点群众路线学习研讨会。

5月22日 吉林省白山市委常委、副市长蒋达华到通钢矿业公司调研。

5月30日 通化钢铁公司第二炼轧厂精品棒大盘卷生产线一次性热试成功。

5月 通化钢铁公司炼铁厂运行车间水泵班荣获"吉林省五一劳动奖状"。通化钢铁公司炼轧厂连铸车间荣获"吉林省工人先锋号"称号。

5月 吉林省通化市总工会副主席朱文秀访问通化钢铁公司。

6月5日 国家环境保护部应急与事故调查中心副主任闫景军带领督查组到通钢矿业公司专项督查尾矿库汛期安全管理及环境保护工作。

6月16日 渤海银行华北审批部总经理张翼一行到通化钢铁公司调研。

6月16日 通钢集团成为上海期货交易所首批热卷期货交割注册品牌的十家钢铁企业之一。

6月19日 吉林省临江市市长刘宝芳、副市长代振华到通钢矿业公司大栗子矿调研。

6月19日 建行吉林省分行行长杨铁军到通钢矿业公司调研。

6月25日 吉林省通化市代市长乔恒,通化市副市长赵正军、梁勇到通化钢铁公司调研。

6月 通钢技术中心与一汽技术中心正式签署35钢、45钢、40Cr调质钢、42CrMo调质钢供货技术协议。

7月13日 通钢集团淘汰落后技术改造主体项目——有效炉容2680立方米,年产生铁220万吨的新2号高炉开炉出铁。该高炉由吉林省冶金设计院设计,首建公司主体施工,2011年4月1日开工。

7月16日 通钢集团新2号高炉日产5423吨,超计划63吨,实现达产目标,刷新同类型高炉开炉达产新纪录。

7月17日~18日　国家工信部钢铁行业规范准入现场核查组到通化钢铁公司进行《钢铁行业规范条件》符合性现场核查。通钢顺利通过现场核查。

7月24日~25日　通钢集团党委书记、纪委书记、工会主席孙毅获"全国冶金行业优秀宣传思想工作者"称号,通钢集团职工思想政治工作研究会获"全国冶金企业优秀思想政治工作研究会"称号。

7月25日　中国钢研集团、通钢集团、东北亚集团、吉林公司在通钢大厦举行股权转让收购签约仪式。

7月30日　吉林省安监局巡视组到通钢矿业公司巡视安全生产及防汛工作。

7月30日　通钢集团党委召开党的群众路线教育实践活动领导班子专题民主生活会。首钢总公司副总经理赵民革到会并讲话。

7月31日　通钢集团被人力资源和社会保障部、中国钢铁工业协会授予"全国钢铁工业先进集体"荣誉称号。

7月　通钢集团党委举行"送温暖、送文化、送稳定、送问候"巡回文艺演出。

7月　通化钢铁公司通过方圆标志认证公司质量、环境、职业健康安全管理体系换证复评,再次获得三体系认证证书。

8月6日　由国土资源部矿产资源技术指导中心和省国土资源厅相关专家组成的吉林省2014年度第一次老矿山监审组到通钢矿业大栗子矿监审项目工作。

8月12日　吉林省延边州副州长蓝公海到通钢矿业塔东矿调研,敦化市副市长窦庆国陪同。

8月12日　通钢自信公司研发的"通钢自信移动商务办公软件"通过国家知识产权局审核,成功申请软件著作权。

8月14日　通化钢铁公司8号TRT机组并网发电。

8月19日　首钢总公司党委在通钢集团召开干部大会,宣布关于通钢集团领导班子成员调整的决定:王涛不再兼任通钢集团党委常委、董事长、总经理职务;王自亭担任通钢集团党委副书记、董事长、总经理。吉林省国资委副主任马明,首钢总公司副总经理张功焰、赵民革,首钢总公司党委组织部部长郭荣等参加会议。

9月3日　华夏银行总行国际部总经理马晓华、国际业务结算管理室经理吕玉梅访问通钢国贸公司,就加深通钢国际业务合作达成共识。

9月17日~19日　通钢磐管公司通过质量管理体系、环境管理体系和职业健康安全管理体系监督审核。

9月29日　通钢集团孙毅、王杰、吕忠军被吉林省省委、省政府授予吉林省劳动模范荣誉称号。

9月　通钢国贸公司被中国金属材料流通协会评为"2013年~2014年度中国钢铁流通行业诚信经营示范企业"。

9月　在通化市第四届"通化骄傲"道德模范评选表彰活动中,通钢集团职工郭小平、王洪斌、张天明被评为"见义勇为好人";孙利、刘春辉被评为"孝老爱亲好人"。

10月11日　通化市常务副市长翟宪枝到通化钢铁公司调研。

10月11日　中国钢铁工业协会在通化钢铁公司技术中心举行专家技术讲座。

10月14日　吉视传媒通化市分公司与通钢自信公司在通化市广电大厦举行数字电视合作经营签约仪式。

10月21日~22日,通化钢铁公司出口欧盟产品(热轧卷板)通过英国劳氏CE认证现场监督审核。

10月24日　通钢集团召开党的群众路线教育实践活动总结大会。

10月27日　美国斯达公司总部采购总监艾林凯利到磐管公司进行商务考察。

10月　通钢集团被中国钢铁工业协会评为2014年度钢铁统计工作先进集体。

11月3日~4日　首钢总公司副总经理赵民革一行到通钢集团调研。

11月4日　中国冶金工业规划研究院院长助理马军到通钢矿业公司大栗子矿调研矿山长远发展问题。

11月5日　吉林省副省长谷春立到通钢矿业公司球团厂调研,白山市市长彭永林、副市长蒋达华陪同。

11月12日　中国建材国际贸易公司副总经理汤海涛到通钢磐管公司商务考察。

11月12日通钢集团吉林市焊管公司通过北京中安质环认证中心ISO9000质量管理体系认证审核。

11月18日~19日　吉林省安全生产协会专家组对矿业公司安全标准化二级资质进行复评验收。

11月20日　国家环保部东北督查中心主任文毅

一行到通钢集团调研。

11月25日 经国家工业和信息化部专家评审、现场核查以及网上公示,通钢集团1×1060立方米高炉、2×2680立方米高炉、1×70吨电炉、3×120吨转炉符合《钢铁行业规范条件》要求。通钢集团成为通过第三批符合《钢铁行业规范条件》的钢铁企业。

11月25日 通钢集团纪委组织到梅河口监狱开展现场警示教育活动。

11月30日 通钢磐管公司输送流体用无缝钢管获"冶金产品实物质量金杯奖"称号。

11月30日 通钢磐管公司供给长春通安汽车底盘厂"汽车拉杆料",经一汽集团检验(试验)中心检定合格。

12月8日 通钢国贸公司入选"兰格钢铁网金牌供应商TOP100"总评榜。

12月17日 通化钢铁公司批量生产供沈煤集团直径20毫米规格锚杆钢。

12月24日 通钢集团发布第七届自主管理活动成果,完成主题286个,创效2828万元。

12月26日 中国合格评定委员会专家评审组对通化钢铁公司获国家实验室认可的检测中心进行复评审核。

12月 通钢磐管公司输送流体用无缝钢管获中国质量协会冶金工业分会"冶金行业品质卓越产品"(2014年12月～2017年11月)称号。

12月 通化钢铁公司完成对东方矿业公司、鑫源气体公司的股权清撤工作。

12月 由通钢集团党委组织编印的《思想政治工作典型案例选粹》出版。

(冯世勇)

通化钢铁股份有限公司

【通化钢铁领导名录】
董事长:张德慧
经　理:张德慧
副经理:盛国权　吴　焱　朴峰云
　　　　于鹏举(7月任职)
总会计师:聂秀峰(7月离任)
党委书记:李秀平

党委副书记:刘胜禄　王　放(2月离任)
纪委书记:王　放(2月任职)
　　　　　刘胜禄(2月离任)
工会主席:刘胜禄

(刘心宇)

【概况】 通化钢铁股份有限公司位于吉林省通化市二道江区,是通钢集团控股公司。成立于2006年8月,注册资本850039.7万元。通钢集团持股86.53%,吉林焊管持股0.02%,吉林省国有资产管理有限公司持股3.97%,通化财源投资有限责任公司持股9.48%。通化钢铁是通钢集团钢铁冶炼加工基地,钢综合产能520万吨,总资产239亿元,占地面积336.87万平方米。主要产品包括建材、板材、型材、精品棒材和铸态管坯五大类。其中,6个系列产品曾获得国家冶金产品金杯奖,5个系列产品曾获得冶金行业品质卓越产品,2个系列产品曾获得吉林省名牌产品称号。在册职工12598人,劳务工897人。设经理办公室、党委工作处(监察处)、组织人事处、财务处、生产处(能源处)、安全环保处、技术中心、机动工程处、自控处、保卫处(武装部)10个处室,焦化厂、烧结厂、炼铁厂、第一钢轧厂、第二钢轧厂、新产品开发处、型钢连轧厂、高线厂、氧气厂、动力厂、运输处、供应公司、销售公司、培训中心14个直属单位,机电修造公司、汽运公司2个分公司,吉林通钢冷轧板有限公司、辉南轧钢有限公司、吉林通钢金属资源有限公司3个控股公司,1个参股公司,即通化金刚冶金渣综合利用有限公司。

(张　运)

【主要指标】 2014年,通化钢铁铁产量443.95万吨、钢439.12万吨、钢材431.49万吨;工业总产值125.46亿元,营业收入117.04亿元,利润-9.66亿元,上交税金1.1亿元。

(张　运)

【工艺装备】 通化钢铁主要设备:焦化系统,55孔焦炉2座,60孔焦炉1座,65孔焦炉1座,年产能212.7万吨;烧结系统,360平方米烧结机2台,年产能740万吨,10平方米球团竖炉4座,年产能165万吨;炼铁系统,1060立方米高炉1座,2680立方米高炉2座,年产能520万吨;炼钢系统,70吨康斯迪电炉1座,年产能60万吨,配5机5流方圆弧形连铸机1台,120吨顶底复吹转炉3座,年产能460万吨,配8机8流方坯连铸机2

台,一机一流薄板坯连铸机2台;轧钢系统,年产能30万吨小型材生产线1条,年产能42万吨型钢连轧生产线1条,高速线材生产线2条,年产能95万吨,年产能80万吨棒材连轧生产线1条,年产能245万吨热轧超薄带钢生产线1条,年产能100万吨冷轧板生产线1条(长期停产),年产能50万吨高强度机械制造用钢棒材生产线1条;还有干法熄焦、燃气蒸汽联合循环发电机组(CCPP)、高炉煤气余压透平发电机组(TRT)、制氧等配套生产装备。

(刘心宇)

【生产组织】 通化钢铁研究制定新工程投达产期间生产组织方案和生产应急预案,根据工程进度组织召开生产专业协调会议,及时整改出现的问题,保证工序链条衔接顺畅。结合生产计划、能源平衡等情况优化生产组织模式,统筹安排不满负荷生产线阶段性集中生产,提高能源利用水平。根据原燃料库存情况调整铁前生产组织模式,按高炉需求量组织烧结机、竖炉生产,同时加强钢轧系统生产计划管理,根据比价比效优先组织最具效益产品的生产。新项目投产后,以"打通理顺生产线"为核心,组织设备消缺完善和工序衔接匹配,并针对炼钢瓶颈环节开展满负荷生产竞赛,释放炼钢产能,实现铁钢平衡和工序贯通。

(刘心宇)

【产品研发】 通化钢铁以提高产品质量为核心,以打造拳头品种为抓手,以电炉—精棒线为重点,加大人力、物力投入,完成电炉双工位改造、VD炉功能恢复及精棒工程收尾项目,表面划伤、端头开裂、弯曲以及内部氧含量、组织不均等质量缺陷得到有效解决。电炉—精棒线累计开发生产齿轮钢、合金结构钢、碳素结构钢、非调质钢、轴承钢以及铸态管坯等31个品种37个规格共18.1万吨。部分品种与一汽达成合作意向。型钢线、一线材、棒材线成功开发生产出口方钢、5.5规格焊条、锚杆钢等普材替代钢种共10.55万吨。品种钢销量190万吨。

(刘心宇)

【工程建设】 通化钢铁成立新项目投达产领导小组和7个专业小组,明确目标,细化节点,倒排工期,集中人力、物力、财力协调推进设备到货、工程施工、设备安装调试及环保搬迁工作,保证新2号高炉、3号转炉、新360平方米烧结机按期投产。系统谋划新项目投达产

方案,提前编制技术操作规程、开展人员培训、准备备品备件、推进人机磨合,严格执行产前确认制度,实现新项目快速达产。科学制定拆除方案和预案,精心组织现场保护性拆除,按计划完成5座350立方米高炉、3座25吨转炉、3台64平方米烧结机淘汰落后产能任务。11月25日,正式成为第三批符合《钢铁行业规范条件》的钢铁企业。2014年累计完成工程投资4.77亿元,节点完成率95.14%。

(刘心宇)

【安全环保】 通化钢铁根据国家安全及环保相关法律法规,完善、调整安全环保管理制度,加大检查与考核力度,确保安全、环保工作有序进行。开展安全隐患排查治理,全年共查出各类安全隐患5700余项,隐患整改率96.5%。全年重伤以上事故为零,比2013年下降3起;负伤率0.62‰,比2013年下降0.07‰。加强环境监测和信息公开,加大环保投入和环境治理力度,强化在线环保设施运行,2014年污染物综合排放合格率98.4%,比2013年提高0.95个百分点。

(刘心宇)

【设备管理】 通化钢铁编制完善设备系统"四大标准"及操作规程280项、设备管理制度5项,建立健全1号烧结机、3号高炉、3号转炉、3.5万制氧新建生产线的设备基础管理资料。贯彻落实设备备件"6S"管理,按标准对各单位备件库房、机旁备件的存放区域、备件分类、定制定位、卫生清理等进行全面治理整顿。全年共组织主生产线定修150余次,完成1号至7号发电机组、35吨锅炉、1号气动鼓风机等设备大修项目。加强电力系统专业管理,组织完成总降35千伏SVC利旧、8号TRT发电机组临时并网、永安变电所减容增效改造、桃源变电所电源改带等多个改造项目,保证生产稳顺,创造可观的经济效益。

(刘心宇)

【党群工作】 通化钢铁以生产经营为中心,以提振职工士气、助力生产经营、确保稳定大局、夯实发展基础为目标,为实现全年工作目标提供组织、思想保证和智力支撑。2014年组织劳动竞赛65项,累计创效1.02亿元,充分发动职工提合理化建议,征集合理化建议3897项。走访慰问困难职工1117人,发放救济款139.8万元,帮扶患有重大疾病职工36人,发放爱心基金16万元,资助大学生348人。通过组织形势任务宣讲、大型

广场演讲、典型事迹宣传等形式,用身边事、身边人教育职工,营造群策群力为生存而战氛围。

（刘心宇）

吉林通钢矿业有限公司

【通钢矿业领导名录】

董事长:吴　波

经　理:吴　波

副经理:康　乐

经理助理:李宜祥　伊　惠(5月离任)

　　　　　张　伟　张　勇(5月任职)

党委书记:张成武

党委副书记:刘　波(2月离任)

党委书记助理:刘志坚

纪委书记:刘　波

工会主席:刘　波(2月离任)

工会常务副主席:刘志坚(2月任职)

（冯井亮）

【概况】　吉林通钢矿业有限公司,位于吉林省白山市浑江区板石街道,是通钢集团主要的含铁原料基地;成立于2007年7月,注册资本110170.5万元;通钢集团持股93.79%、吉林省国有资产管理有限公司持股6.21%。总部位于白山市浑江区,设11个处室,下辖板石矿业公司、大栗子矿业公司、桦甸矿业公司、建平通钢矿业公司、敦化塔东矿业公司、吉林双龙矿业公司6个控股公司和通钢营口澳矿加工有限公司、澳大利亚IMX公司2个参股公司。总资产133.29亿元,占地面积1010.2万平方米,在册合同工4453人,劳务工1678人。

（冯井亮）

【主要指标】　2014年,通钢矿业生产成品铁矿315.5万吨,球团矿122.77万吨,生铁32.62万吨,实现利润2249万元,上缴税金43012万元。

（冯井亮）

【工艺装备】　通钢矿业主要采矿设备:4台Simbah254采矿中孔凿岩台车,5台Bomer281采矿掘进凿岩台车,5台3立方米铲运机,1台4立方米电铲,74台2立方米/0.75立方米铲运机,11台提升机,28台自卸车和76台电力机车等。主要选矿设备:从较小的1500×3000到较大的4000×6000球磨机共33台,分布在4个子公司7个选矿厂21个系列上,以及各种型号破碎机26台。主要炼铁设备:1座80立方米高炉(2009年8月起停产),1座350立方米高炉。

（冯井亮）

【资源储量情况】　截至2014年末,通钢矿业公司所属及控股的矿山保有铁矿资源储量2.9亿吨,全铁品位29.09%。按类型分,111b类4010.2万吨,品位30.32%;122b类10645.6万吨,品位29.88%;2S21类548.2万吨,品位28.69%;2S22类929.7万吨,品位28.69%;332类93.3万吨,品位30.1%;333类12600.2万吨,品位28.07%。其中:板石矿保有储量10269.1万吨,品位33.69%;大栗子矿保有储量1070.1万吨,品位47.37%;桦甸矿保有储量4590万吨,品位28.50%;建平矿保有储量722.3万吨,品位26.94%;塔东矿保有储量12175.8万吨,品位23.95%。

【生产经营】　通钢矿业按照球团为龙头、选矿为链条、采矿为根本的总体思路,不断调整理顺生产工艺,通过链箅机预热段隔墙改造、环冷机各段分风改造等技术措施,强化点检维护、开展"一岗一标杆"活动等管理手段,强化薄弱部位,打通关键环节,增强系统联动能力,力求设备工艺长周期稳定运行,设备可开率达99.79%,比计划提高2.79%。针对铁精粉价格下落,协议采矿成本高的凸显矛盾,合理调整矿石原料结构,加大自产矿力度,强化边缘矿体、残采矿体回收。上青矿强化采矿、运输、提升系统管理,提高班次作业计划实现率,增产11万吨。桦甸矿回收露天边坡矿,增产4.5万吨,用低价位矿石调减置换高价位矿石4.56万吨。大栗子矿持续优化烧结配料比,自产粉矿比例提高到52.18%,并根据焦炭、喷吹煤市场价格变化,灵活采用全焦冶炼,降低燃料成本703万元。建平矿引用上吸式干选设备增产铁精粉3591吨。

（冯井亮）

【降本增效】　通钢矿业构建指标动态升级体系,确立首钢矿业、鞍千矿业等对标单位,设定目标、强化措施,合力攻关,重点经济技术指标稳中有升。73项工序关键指标中的53项完成预算,44项达到达标标准,39项达到提升目标;62项主要消耗指标中的45项完成预算,消耗成本下降2396万元,下降1.71%。铁精矿制造成本421.04元/吨,比2013年降低53.54元/吨,生铁制造成本2037.4元/吨,比2013年降低109.39元/吨。严控外包外委费用,削减外委工程和维修项目,加大自营、自修力度。持续推进劳动组织优化,通过岗位撤销归并、看护岗位无人值守、改变岗位配备方式等措施,优化定员标准,提高工时利用效率,三次压缩编制定员,精简518人,年内精简人员比例7.75%。

（冯井亮）

【工程建设】 通钢矿业坚持投资、进度、质量、安全"四位一体",加大工程项目管控力度。集团控制节点24个,到期节点完成率100%。上青矿区4号~6号矿组深部开采工程、井下矿17号矿组327水平开拓工程、桦甸矿三道沟铁矿深部开采工程等重点生产接续工程在计划轨道平稳运行。板石8号矿组深部补充勘探、大栗子铁矿深部及周边接替资源勘查、桦甸大西沟东山矿段外围详查、建平大南沟铁矿深部补充详查、塔东铁矿生产勘探等项目,累计完成钻探29246米。

（冯井亮）

【企业管理】 通钢矿业全方位贯彻低成本战略,持续深化、细化内部管理。构建、完善三级标准化制度体系,刷新、补充制度95项。注重"三规一制"整改落实,加大日常检查,严肃专业责任制考核。开展专业讲评77次、管理督查评价3次、组织管理技术服务3次、工作质询2次,及时纠正运行偏差、补齐管理"短板"。通过"一岗一标杆"评选、"两滴油"不落地等现场整治、外协单位安全整治,以及召开精细化管理、设备管理、班组建设现场会等活动,促进管理水平提升;强化绩效考核,畅通三个序列晋升通道,评选矿山专业优秀人才和拔尖人才105名。适时组织多种形式的攻关竞赛,确立并跟踪实施83项管理创新课题,组建162个自主管理活动圈,完成162项活动主题,创效1150万元。

（冯井亮）

吉林通钢国际贸易有限公司

【通钢国贸领导名录】
董事长:马春刚
经　理:马春刚
副经理:郭建学　江志伟(2月离任)
经理助理:金永权　王晓华(2月任职)
党委书记:王海鹰(兼)

党委副书记:江志伟(2月离任)
纪委书记:江志伟
工会主席:江志伟

（张　宏）

【概况】 吉林通钢国际贸易有限公司位于吉林省长春市,是通钢集团全资子公司,2004年5月成立,注册资本10亿元,是经营建筑用钢材、型材、板材及国际贸易、仓储物流,兼营煤炭、铁精粉、含铁原料、化工原料、冶金炉料、机电设备、工矿等产品的大型冶金综合贸易企业;总资产71亿元,在册职工111人,劳务工52人;高级职称5人,中级职称31人;设3个职能部门、4个事业部、7个钢材现货分公司,有通钢进出口公司、通钢香港公司、通钢营口物流公司、北京通钢丰易公司、吉林通钢物流公司5个全资子公司,1个控股公司,即长春通钢国贸仓储公司,沈阳通钢辽板公司、天津通钢立业公司、杭州通钢东联公司、苏州通钢舜业公司、浦项通钢钢材加工公司5个参股公司。

（苑桂佳）

【主要指标】 2014年,通钢国贸营业收入102.96亿元,利润3568万元。销售通化钢铁钢材量151万吨,其中内贸销量119万吨,出口钢材32万吨。进口含铁原料量246.5万吨,进出口总额4.37亿美元。

（苑桂佳）

【钢材销售】 2014年,通钢国贸在钢厂定价规则内,结合市场、库存和销售能力,以效益为导向进行南北方区域、区域现货之间以及品种之间资源动态调剂,共计10.75万吨,通过调剂实现创效770.4万元。现货销售采取直供、直拨、锁价、代销、保险等销售方式和定价方式,确保销售规模未出现大规模缩减。设立华南销售点,增加现货辐射范围,同时为收集市场信息和进行全局资源调剂创造条件。进行现货经营承包试点,探索转变国有企业经营方式,为优化现货经营模式积累经验。加大重点工程投标力度,全年参与投标17个,中标5个,累计供货10.55万吨,利润720万元。

（苑桂佳）

【国际业务】 通钢国贸抓住国际市场机遇,及时调整进口矿定价方式,从7月份开始主要采用到港当月指数定价,部分资源采用延后定价方式,把握住市场低点。7月~12月份到港进口矿176万吨折成62%品位后,价格与到港月份普氏指数相比,降低采购成本5460万元。组建原料采购微信平台,及时发布市场信息,与生产单位密切沟通,确定当期采购方案。全年出口装船钢材 31.84 万吨,实现效益 3600 万元。与 16 家客户实现热卷出口签约,目标市场以越南、韩国为主,签约量每月稳定在 1.5 万吨~2.0 万吨。成功开发方钢产品,先后与嘉吉、大宇、前程等公司达成合作意向,签约 10 万吨。

（苑桂佳）

【物流业务】 通钢国贸物流中心完成向丹东港的战略转移,2014 年物流转运量 536 万吨,其中丹东港转运量 418 万吨,比 2013 年增加 363 万吨,降成本 1.4 亿元。实现与本钢下水钢材交替配船,提高内贸分流钢材转运效率。协调铁路增加丹东港铁运运力,日装车量由 130 车上升至 240 车。通过公路运输方式有效缓解铁运运力不足,全年运输钢材 8.86 万吨,铁矿 7.26 万吨。全年出口装船 13 航次,丹东港出口钢材 18 万吨。专人登船监督船舶水尺检验过程、专人监督火车装车情况、检查货场货物堆存情况,全流程控制原燃料途耗。

（苑桂佳）

【融资及资金运作】 在贸易规模萎缩、财务指标全面下滑的情况下,通钢国贸保持总授信额度 50.57 亿元人民币。根据国家外汇管理局《跨国公司外汇资金集中运营管理规定》研究外贸资金入境的可行性,探索降低融资成本。寻求社会融资,与长春盈科和黑龙江龙煤宏泰开展贸易融资,资金时点占用最高时达到 3.7 亿元,有效缓解资金压力。调整融资结构,结合金融政策和金融市场运行情况及钢厂收款政策,调整流动资金贷款和开具银承比例,公司本部流动资金贷款 5.14 亿元,比 2013 年增加 2.14 亿元,流动资金贷款比例 33%,节约财务费用 300 万元。

（苑桂佳）

【投资贸易】 通钢国贸社会贸易坚持风险可控原则,稳固原有贸易渠道,山焦国贸业务由钢材贸易拓展到煤炭采购业务,扎实运作龙煤宏泰购销业务,直接为塔东矿业务提供外部资金。夯实管理基础,终止不可控贸易项目,精细操作计划平衡、合同签订、履行跟踪、付款测算、结算统计等环节,保持稳妥顺畅的经营秩序,实现六年来的最好盈利水平。统筹安排为通化钢铁采购垫资,累计为通化钢铁采购周边铁精粉 71.83 万吨、营口粉

28.3 万吨、塔东矿 66.14 万吨、煤 9.04 万吨,为维系集团经营安全和生产运行创造条件。

（苑桂佳）

磐石无缝钢管有限公司

【磐石钢管领导名录】
董事长:柴文军
经　理:柴文军
副经理:李有田　吴　涛
党委副书记(主持工作):周　杰
纪委书记:栾士双(兼,2月任职)
　　　　　周杰(2月离任)
工会主席:周　杰

（张　宏）

【概况】 磐石无缝钢管有限公司,位于吉林省磐石市烟筒山镇,是通钢集团的控股公司,1998 年 10 月成立,注册资本 18782 万元;通钢集团持股 87.05%,吉林省国有资产经营管理公司持股 12.98%;主要产品为无缝钢管。磐管公司总资产 46983 万元,占地面积 39.28 万平方米,在册职工 993 人,劳务工 53 人。高级职称 9 人,中级职称 48 人。

（何长艳）

【主要指标】 2014 年,磐石钢管生产无缝钢管 19.52 万吨,营业收入 74125 万元,实现利润 -441 万元,上缴税金 1719 万元。

（何长艳）

【工艺装备】 磐石钢管公司拥有热轧无缝钢管生产线 4 条,冷拔无缝钢管生产线 1 条。拥有较先进的 Accu-Roll 机组(直径 140 毫米、直径 100 毫米、直径 90 毫米机组)3 套,自动轧管机组 1 套;设计年产能 35 万吨;拥有成品管加工生产线和 1 套完整的精整生产线。拥有物理检验、金相检验、光谱分析、漏磁、涡流、超声、磁粉等系列完善检测手段。可按国家标准、API 石油管标准及用户特殊要求生产直径(12~180)毫米×(2~30)毫米的结构、输送流体、低中压锅炉、高压锅炉用、高压化肥用、石油裂化用、汽车半轴、液压支柱、J55 和 N80-1 钢级石油用套管、J55 和 N80-1 钢级油管、管线管等上百组距的无缝钢管产品。可提供 10 号钢、20 号钢、20G、Q345、45 号钢、45Mn2、27SiMn、37Mn5、33Mn2V、

36Mn2V 等多种材质无缝钢管。

（何长艳）

吉林市焊管有限公司

【吉林焊管领导名录】

    执行董事:吕长明
    经　　理:吕长明
    副 经 理:杨　东
    党总支书记:吕长明
    纪检专员:于跃先(兼)

（张　宏）

【概况】　吉林市焊管有限公司位于吉林省吉林市,是通钢集团全资子公司,2004 年 8 月成立,注册资本 8650 万元;总资产 9676 万元,占地面积 15.06 万平方米。主要产品为精密焊管、汽车用管、石油管;在册职工 64 人,劳务工 66 人;高级职称 2 人,中级职称 9 人。

（崔德涛）

【主要指标】　2014 年,吉林焊管产量 2.46 万吨,工业总产值 0.82 亿元,销售收入 10526 万元,利润-504 万元,上缴税金 430 万元。

（崔德涛）

【工艺装备】　吉林焊管拥有直径 219 毫米机组、直径 114 毫米机组、直径 60 毫米机组、直径 76 毫米机组、直径 50 毫米机组、直径 45 毫米机组、直径 32 毫米机组各 1 套,8×1500 毫米纵剪机组 1 套,4×400 毫米小型纵剪机组 2 套,以及钢管矫直机、水压试验机、铣头机、空压机、理化检验检测设备以及其中运输设备等 300 多台套。以生产直缝焊管为主,产品质量满足国家相关标准。年生产能力 15 万吨,产品规格包括直径 12.7 毫米~直径 219.1 毫米圆管、20×20 毫米~150×150 毫米方管、20×30 毫米~100×150 毫米矩形管、直径 36 毫米~直径 60 毫米去内毛刺管、直径 122 毫米~直径 175 毫米高精度焊管以及异型管等系列产品。

（崔德涛）

四平钢铁制品有限公司

【四平制品领导名录】

    董事长:刘力坤

    副经理(代行经理职权):范志平
    副 经 理:邱世昆
    经理助理:赵国锋
    党委书记:刘力坤
    纪委书记:刘力坤
    工会主席:刘力坤

（张　宏）

【概况】　四平钢铁制品有限公司位于吉林省四平市铁东区,是通钢集团控股公司,2001 年 8 月成立,注册资本 29296.8 万元,通钢集团持股 95.57%,吉林省国资公司持股 4.43%。四平公司有四平市铁东区幸福街 599 号、四平市铁东区重工路 83 号 2 个厂区,占地面积 19.88 万平方米,主要产品为冷轧薄钢板、预应力钢绞线;总资产 4.38 亿元,在册职工 462 人。

（赵　敏）

【主要指标】　四平制品公司冷轧生产线 2011 年 12 月停产,钢绞线生产线 2013 年 5 月停产。

（赵　敏）

【工艺装备】　四平制品公司冷轧生产线由酸洗、轧机、退火、平整、拉矫、纵剪、横切和酸再生机组成,设计产能 10 万吨,产品规格 0.2 毫米~2.0 毫米冷轧板和冷硬板。钢绞线生产线由 3 套拉丝机组、2 套绞线机组、1 套涂塑机组组成,设计产能 5 万吨,产品规格主要有直径 9.5 毫米、直径 12.7 毫米、直径 15.24 毫米、直径 17.8 毫米、直径 21.6 毫米等钢绞线和无粘结钢绞线。

（赵　敏）

吉林通钢自动化信息技术有限公司

【通钢自信领导名录】

    执行董事:王树强
    经　　理:王树强
    副 经 理:张建涛　王君海
    党委书记:毕耜远
    纪委书记:范贤力(兼,2 月任职)
　　　　　　毕耜远(2 月离任)

（张　宏）

【概况】　吉林通钢自动化信息技术有限公司位于吉林省通化市二道江区,是通钢集团全资子公司。2012 年 5 月,通钢集团在原通钢网航信息技术有限责任公司基础上,重组成立通钢自信公司,与集团信息部合署办公。注册资本 5000 万元,总资产 7846 万元,占地面积 460 平方米,在册职工 160 人,劳务工 11 人。

(侯佳清)

【主要指标】 2014 年,通钢自信销售收入 3206 万元,其中关联交易 992 万元,工程收入 1802 万元,对外经营收入 405 万元;利润 4 万元,上缴税金 160 万元。

(侯佳清)

【工艺装备】 通钢自信公司通信系统核心设备采用华为程控电话交换机,2000 年投入使用,为通化钢铁冶金区和生活区提供通信服务,固定电话有 4000 余户。通钢自信公司有线电视网络系统采用 HFC 结构,有模拟电视用户 1.5 万户,正处于数字电视整转实施阶段。计算机网络系统、软件系统方面,采用 DDN 专线互联,各子公司局域网络采用星型结构,核心 CISCO 6513 交换机,采用防火墙,上网行为管理,账号管理等设备进行限制后实现互联网访问,内网有 70 台物理服务器支撑业务系统,品牌包括 IBM、HP。子公司各分厂办公楼设置汇聚层机房,CISCO 交换机,光电收发器组成,连接各终端,全集团终端约 3500 点。

(侯佳清)

首钢伊犁钢铁有限公司

【首钢伊钢领导名录】

董事长:夏雷阁(12 月任职)
　　　　李志强(12 月离任)
副董事长:马西波
董　　事:王金波　王浩然　任黎宏
总经理:王金波
常务副总经理:刘玉海(12 月离任)
副总经理:王浩然(12 月任职)
　　　　　刘玉海　邵凤金
财务总监:金　昆(12 月任职)
　　　　　刘玉海(12 月离任)
总工程师:刘新华(12 月离任)
副总工程师:肖树勇　陈凯平　冯国华
党委书记:许春明(12 月任职)
　　　　　李志强(12 月离任)

(朱双念)

【综述】 首钢伊犁钢铁有限公司前身为河北前进钢铁集团兴建的伊犁兴源实业有限公司。新疆维吾尔自治区政府与首钢签订战略合作框架协议,2010 年 8 月,首钢伊钢项目签约,公司揭牌,注册资本 10 亿元,首钢控股、前钢集团分别占股 75%、25%。公司位于伊犁河谷的巩乃斯草原腹地,距那拉提草原 60 公里,本部地址在新疆维吾尔自治区伊犁哈萨克自治州新源县则克台镇则新路 41 号,与宝钢八钢控股的新疆伊犁钢铁有限责任公司毗邻。首钢伊钢设办公室、党群工作部、计财部、制造部、质检计量部、安全环保部、设备部、原料采购部、经销部、矿产资源部、工程指挥部、人力资源部、企管信息部、审计稽核部、能源管理中心、物资管理中心计 16 个职能部门和烧结、炼铁、炼钢、轧钢、焊管计 5 个分厂,控股经营巴州凯宏矿业(相对控股)、库车县天缘煤焦化(控股 100%)、库车县金沟煤矿(控股 100%)、乌恰县其克里克煤矿(控股 90%)计 4 家企业。首钢伊钢从业人员 3200 余人,其中本部 1945 人:少数民族占 38%,以哈萨克族员工为主,大专以上人员 337 人,占 30%。

2010 年以来,首钢伊钢坚持以"增强发展后劲、深化精细管理、提升运营质量、构建和谐企业"为工作思路,适应经济形势、市场环境的变化,系统谋划,发挥优势,统筹协调,务实进取,取得较好经济效益,促进发展方式转变。

(朱双念)

【主要指标】 2014 年,首钢伊钢生铁产量 56.81 万吨,较上年增长 1.14%,较年计划增长 1.45%;钢坯 56.97 万吨,较上年增长 3.09%,较年计划增长 1.73%;带钢 56.85 万吨,较上年增长 5.36%,较年计划增长 1.52%;

钢管 17.9 万吨,较上年增长 48.18%,较年计划增长 2.29%;烧结矿 68.98 万吨,较上年降低 4.17%,较年计划增长 1.44%;球团 33.81 万吨,较上年降低 2.03%,较年计划降低 3.4%;铁精粉 128 万吨,较上年降低 1.54%,较年计划降低 1.54%;焦炭 40 万吨,较上年增长 14.29%,与年计划一致。

（朱双念）

【差异化发展】 2014 年全国钢铁行业形势严峻,疆内钢铁市场环境封闭,疆内钢铁行业更加举步维艰,产能利用率低下,绝大多数钢企面临严重亏损,有的企业甚至已经全面停产。首钢伊钢凭借差异化的产品优势和开展挖潜增效,2014 年仍然艰难地保持盈利态势,销售收入 19.09 亿元,较上年降低 7.37%,较年计划降低 30.27%;其中:伊钢 14.24 亿元,凯宏 6.21 亿元,天缘 3.09 亿元;实现利润 8040 万元,较上年降低 36.7%,较年计划降低 34.1%,其中:伊钢 1603 万元,凯宏 4745 万元,天缘 1805 万元,其克里克煤矿费用 113 万元。

（朱双念）

【挖潜降本】 2014 年,首钢伊钢生铁成本 1898.29 元/吨,比 2013 年降低 185.23 元;钢坯成本 2278.30 元/吨,比 2013 年降低 215.76 元;带钢成本 2381.3 元/吨,比 2013 年降低 221.1 元;钢管成本 2572.66 元,比 2013 年降低 169.1 元;球团矿成本 675.86 元,比 2013 年降低 40.38 元;烧结矿成本 661.07 元,比 2013 年降低 6.43 元。

（朱双念）

【发展循环经济】 在能源综合利用方面,首钢伊钢通过强化能源管控,推广应用节能降耗生产技术,提高能源利用效率。以降低污染排放和增加经济效益为目标,2014 年建设完成 5 万立方米转炉煤气柜,2015 年规划建设高炉煤气柜,充分回收利用富余煤气资源,努力实现转炉、高炉煤气及氧气"零放散",提升系统节能及能源管控水平。

（朱双念）

【重点工程】 2011 年首钢伊钢公司从持续发展的战略高度,按首钢总公司和新疆维吾尔自治区政府达成的战略合作框架协议启动钢铁技改项目,为首钢在新疆发展钢铁产业,开拓中亚市场奠定基础,一期一步 120 万吨项目预计 2015 年末至 2016 年中达产达效。

（朱双念）

【人才建设】 首钢伊钢制定中层干部考核机制及措施、中层干部轮岗机制,加强后备干部人才队伍建设,加大职工教育培训力度、加强对少数民族职工的教育力度、加强对少数民族职工的管理、提高自主学习的能力。

（朱双念）

【群众路线】 首钢伊钢公司自开展教育实践活动以来,通过制订学习教育计划,组织多次学习,举办专题党课报告会,召开领导班子学习研讨会。通过发放征求意见表、个别访谈、谈心等,听取一线职工、劳模、党代表意见和建议,制定公司发展方向和改进措施,制定落实整改方案,巩固教育实践活动成果,形成群众路线长效机制。

（朱双念）

【调研交流】

3 月 19 日,八钢公司副总经理陆大胜一行到首钢伊钢公司调研,双方达成合作拓展疆内市场的共识,将企业的关系定位于战略合作关系。

4 月 3 号,伊犁州党委常委、常务副州长刘会军一行在县委书记贾伊生、工业园区管委会主任刘瑞江等领导陪同下到首钢伊钢公司进行调研。

5 月 20 日,首钢总公司督导组王相禹、王鹏及新疆自治区国资委党建处杨玉亮、张翠翠到首钢伊钢公司指导党的群众路线教育实践活动。

6 月 25 日,新源县委书记贾伊生、常务副县长苏晖、扬州对口支援新源县前方指挥组副总指挥孟亚东带领县发改、财政、经信、园区、国税、地税、统计等部门负责人到首钢伊钢公司进行调研。

10 月 31 日,新疆自治区环保厅环境监察总队书记叶尔肯、自治区纪检委驻环保厅纪检组纪检监察室主任李军等 9 人组成的联合检查组到首钢伊钢公司监督检查并指导相关工作。

11 月 6 日,伊犁自治州党委常委、统战部部长阿不都沙拉木、新源县县委副书记薛维长、统战部长巴合提努尔等人对首钢伊钢公司项目施工现场进行实地调研。

12 月 9 日,阿勒泰行署副专员沙比提·哈再孜一行 11 人,到首钢伊钢公司进行考察。

12 月 18 日,首钢总公司副总经理赵民革、党委组织部部长郭荣、干部处处长孙炜等总公司领导参加伊钢公司领导班子调整大会并指导相关工作。

（朱双念）

巴州凯宏矿业有限责任公司

【凯宏矿业领导名录】

总经理:王金波

常务副总经理:冉记东

副总经理:赵进学 李学文 陈永昌

田保国

(朱双念)

【概况】 巴州凯宏矿业有限责任公司地处新疆维吾尔自治区天山南麓和静县巩乃斯镇乌拉斯台沟,厂区建在海拔 2800 米~3600 米,年平均温度-4.8 摄氏度。公司于 2007 年 12 月 21 日注册成立,由新疆凯宏投资有限公司和新疆宝地矿业有限公司两大股东组成。公司下辖诺尔湖铁矿,已探明 M1 区矿石储量 2 亿吨,其中可供露天开采的矿石量为 4750 万吨,预计远景储量可达 3.38 亿吨。截至目前,巴州凯宏矿业总资产已达 14 亿元以上,已具备年采剥总量 1500 万吨、矿石 500 万吨、生产铁精粉 150 万吨的生产规模,是一家集矿山开发、矿石加工与销售的大型国有控股矿山企业。一选厂年生产能力 100 万吨的铁精粉车间于 2010 年 9 月 18 日竣工试产,二选厂生产能力 50 万吨的铁精粉车间于 2009 年 5 月竣工试产。公司投资建设一座占地面积为 8000 平方米的"职工之家",给员工提供一个良好的娱乐场所,丰富员工业余生活。凯宏矿业坚持"开拓、创造、和谐、无畏"的凯宏精神,以建设富美和谐矿区为目标打造个性的凯宏文化。凯宏矿业设办公室、人力资源部、销售部、计财部、机动能源部、质检部、车队、矿山部、总务部、物管部、工程部、生产部、安环部、采购部 14 个职能部门和预选厂、一选厂、二选厂 3 个生产单位。2014 年在册职工 646 人,其中研究生 1 人,本科 30 人,大专 119 人,中专 176 人,工程师 4 人。

(朱双念)

【主要指标】 凯宏矿业 2014 年采出矿石 480.72 万吨,完成全年供矿计划的 104.5%;M1 区 434.09 万吨,完成全年采出矿石计划的 108.5%。全年采出矿石平均品位为 23.35%。截至 2014 年 11 月 25 日,生产铁精粉 125.31 万吨,铁精粉品位达到 62.81%,全面完成全年生产经营指标。销售铁精粉 102.80 万吨,销售收入 5.76 亿元,比 2013 年下降 43.83%。

(朱双念)

【降本增效】 凯宏矿业引进先进技术提高生产力,在生产方面大胆改革,积极探索高产能技术改造。预选厂碎矿车间完成 2 号颚破的安装调试工作;2 号转运站振格筛的制作安装;6 号皮带干选机改造,皮带首轮安装干选机技术等改造工作。精矿品位提高 10% 以上,尾矿二次回收精矿达到 20% 以上,达到预期的安装目的。一选厂引进新设备磁场筛安装到磨选车间并投入使用,对提高产量效果显著。此后,磨选车间调整工艺管路,使整个流程更加合理化,缓解经常冒料的现象,使原矿处理量大大提高,实现减少磨矿、降低能耗的效果。

(朱双念)

【党群工作】 凯宏矿业积极开展各类活动,丰富职工业余生活,公司工会召开二届一次职工代表大会,审议通过《公司劳动合同管理制度》、《公司治安管理规定》、《公司人事考勤与休假制度》、《公司员工异动管理制度》等公司相关规章制度;选举产生公司二届民主评议干部委员会和提案委员会;表彰奖励 2013 年度优秀管理者、优秀员工及优秀班组;与各单位签订年度安全生产责任书和目标责任书。公司工会组织各分工会开展拔河、乒乓球、羽毛球、桌球、安全生产月系列活动;举办 2014"浓情中秋,情系凯宏"中秋联欢晚会,提升公司生机盎然、朝气蓬勃的精神文化氛围。凯宏矿业 7 月 23 日召开党支部成立大会。党支部成立标志着公司党的建设工作迈向新台阶,意味着公司加快向规范化迈进的步伐。

(朱双念)

库车县天缘煤焦化有限责任公司

【天缘焦化领导名录】

总经理:姜 涛(2011 年 7 月任职)

副总经理:张国立(2010 年 2 月任职)

王寿钧(2013 年 7 月任职)

工会主席、党支部书记:

张福松(2011 年 7 月任职)

(朱双念)

【概况】 库车县天缘煤焦化有限责任公司是由首钢伊钢控股的股份制公司,公司位于库车县北山矿区,法人代表:刘玉海;企业类型:有限责任公司;注册资金 2.6 亿元人民币;经营范围:机焦烧炼及附属产品销售、煤焦油回收、提炼及销售,余热废气回收净化,焦炉煤气发电,公司从业人员500余人。

（朱双念）

【发展沿革】　天缘焦化公司原为民营企业,隶属于新疆五洲集团有限公司,一期项目于2005年9月投产,占地6.6万平方米,设计规模60万吨/年,现生产能力30万吨/年,总投资1.193亿元;2005年后随着国民经济的持续强劲发展,钢铁产品的需求日益增加,伴随着国内一大批不符合国家产业政策的土焦和小焦炉的淘汰和国内焦炭市场价格的逐渐上涨,客户对焦炭的需求量在逐步加大,公司在一期30万吨/年的基础上,适时进行了二期90万吨/年捣固焦改扩建项目,2010年9月,为加速企业发展,促进企业转型,新疆五洲集团有限公司自愿将60%的股权转让给首钢伊犁钢铁有限公司,2011年1月24日,公司完成股权变更,并经库车县工商局备案,库车县天缘煤焦化有限责任公司正式完成由民营企业向国有控股企业的转型。

（朱双念）

【二期概述】　二期项目总体生产规模确定为年产90万吨焦炭,占地24万平方米,包括配煤炼焦,回收化学产品,焦炉煤气净化,配套建设有完善的环保、劳安、卫生、消防等设施,剩余煤气用于焦炉煤气发电。该项目生产规模和工艺技术符合国家和新疆的产业政策,焦炉选用TJL4350D型宽炭化室捣固焦炉,采用湿法熄焦工艺;项目总投资5亿余元,其中固定资产为41265万元,全投资回收期动态7.69年;静态6.04年,已累计完成投资5亿余元,二期1号45万吨/年焦炉已建设完工待试生产,待2号焦炉建设完成并进入试生产后,进行"三同时"竣工验收,并着手办理焦化行业准入,预计2015年竣工。

【经营管理目标】　强化成本意识,抓好产品质量,提高公司信誉,拓宽销售渠道;加强工程质量监管,提高工程质量指标;抓安全生产管理,全年实现安全生产零事故。

（朱双念）

【存在问题】　人员流失率较大。由于天缘公司厂区地理位置比较偏僻,新招员工多数为应届毕业生,年龄小无工作生活经验,适应性较差,造成全年流失人员超过百人。资金困难。银行对化工企业推行贷款限制政策,企业融资困难,造成公司资金严重短缺。销售渠道单一。天缘公司近两年来产品销售主要依赖集团内部消化。各项制度不完善。天缘公司以往制度多流于表面,制度规范性、实操性、可监督性不够完善。

（朱双念）

矿产资源业

首钢矿业公司

【首钢矿业公司领导名录】
　　总经理:吴　林
　　副总经理:李鸿泰　刘立东
　　　　　　黄佳强(12月任职)
　　　　　　郭志辉(12月任职)
　　　　　　张云生(12月任职)
　　　　　　齐宝军(12月离任)
　　　　　　徐景海(1月离任)
　　总经理助理:张云生(12月离任)
　　党委书记:李鸿泰
　　党委副书记:董　伟
　　党委书记助理:陈　波
　　纪委书记:董　伟
　　工会主席:董　伟

（全德新）

【综述】　首钢矿业公司位于河北省迁安市,1959年建矿,是首钢的主要原料基地。矿区面积7.01万亩,铁路与京山线、通坨线、京秦线相接,公路与京沈高速相连,海运与秦皇岛港、京唐港、天津港相邻。首钢矿业原矿处理能力2283万吨,烧结矿生产能力1150万吨,氧化球团生产能力300万吨,供首钢的烧结矿、氧化球团品位分别保持在56%、65%左右,发展机械制造、电气设备修造、建筑安装、重型汽车制造、矿山生产技术服务等相关产业。公司设计划处、生产处、技术处(技术发展中心)、机械动力处、能源环保处、安全处、技术改造工程处、资源土地管理处、总工程师室、保卫处(武装部)、劳动工资处、企业管理处、财务处、审计室、办公室、组织(人事)部、宣传部、纪(监)委、工会、团委20个职能处室,有大石河铁矿、水厂铁矿、杏山铁矿、球团厂、烧结厂、协力公司、机械制造厂、耐磨材料厂、电力修造公司、物资公司、计控室、质量检验中心、地质研究所、培训中心、实业公司、矿山医院、职工子弟学校、矿山街道居民管理委员会18个厂矿级单位,管理北京首钢矿山建设工程有限责任公司、唐山首钢马兰庄铁矿有限责任公司、北京速力科技有限责任公司、北京首钢重型汽车制造股份有限公司、北京首矿工程技术有限公司、烟台首钢矿业三维有限公司、迁安首矿建材有限公司、首钢矿业公司商业处,9月份成立首钢马城项目筹备组。2014年末固定资产原值85.24亿元,净值29.28亿元,国有资本保值增值率104.76%,从业人员11889人。

　　2014年,首钢矿业公司面对宏观经济增速趋缓、国际铁矿石价格大幅下滑、经营生产组织矛盾交织的复杂形势,干部职工适应集团管理新格局,从容应对挑战,奋力攻坚克难,保全局、谋发展。年产精矿粉475.36万吨;供迁钢球团矿312.98万吨、烧结矿889.22万吨;实现销售收入115.15亿元、总公司确认利润1.2亿元。

（房胜军、叶利鹏）

【主业生产经营】　首钢矿业公司把保自产粉生产、保迁钢经济稳定供料作为首要任务,深挖潜力,千方百计保全局。水厂铁矿发挥主力供矿作用,稳定采场供矿水平。公司矿岩采剥总量5885.87万吨;东端挂帮矿回收201万吨;协调配加、经济入选南部采区低品矿198.49万吨,超计划104.49万吨。杏山铁矿克服掘进巷道岩性破碎等影响,入选矿石268.16万吨;一期倒段延伸工程按计划推进,为地采衔接创造条件。大石河铁矿强化高品粉生产,全年产量37.92万吨。唐首马铁矿稳定供矿,入选矿石产粉27.75万吨。以效益为中心,合理组织干选资源回收产粉46.34万吨。

（房胜军、叶利鹏）

【相关产业发展】　首钢矿业公司非矿产值18.22亿元。机械制造厂承揽加拿大NMT公司卸矿车备件、首嘉立体车库及京唐取样机等新产品制作。电力修造公司承揽北京首钢生物质能源公司发电机组维护检修项目,成为具有发电全流程维检能力的队伍;开发并批量生产成套高压开关柜。首矿建公司承揽外部技改、球团烟气脱硫等项目,增加市场份额。矿自信应用新技术,完善产品设计,实现利润451万元。北京首钢矿山技术服务有限公司完成注册。

（黄军县、叶利鹏）

【对标挖潜】　首钢矿业公司以经济效益为中心，对照行业先进，合理优化、确定指标挖潜目标；动态掌握、对比同行业指标变化情况，瞄准先进不断提升，外出考察学习，分析指标差距与影响因素，制定攻关措施。全年露采、地采、选矿、球团、烧结76项同行业可比技术经济指标，37项排同行业前三名，占48.68%，25项排名第一，占32.9%。开展降本增效活动，制定10大类降成本措施方案，全年实现效益1.85亿元，超计划0.37亿元。

（黄军县、叶利鹏）

【科技创新】　首钢矿业公司实施科技项目32项，实现效益3500多万元。"首钢水厂铁矿露天采场设计优化"等6项科技成果通过冶金矿山企业协会和首钢总公司鉴定。"地面远程遥控井下电机车运输系统研发与应用"和"大型露天矿山胶带运输工艺高效运行关键技术研究"项目分获中国冶金矿山科学技术一二等奖。"磁性铁自动选别装置"等20项成果申请国家专利，已获专利56项。

（雷立国）

【管理创新】　首钢矿业公司创新信息化与工业化融合机制，提升运用信息化加强专业管理精细化水平，设备管理数据分析系统上线运行，计量数据全面实现管控分离。杏山铁矿在国内首家通过国家安全监督管理局"地下金属矿山数字化建设示范工程"验收。首钢矿业公司被评为"国家级信息化和工业化深度融合示范企业"，成为全国第一批"两化"融合管理体系贯标试点企业之一。实施重点管理创新项目54项，有10项分获冶金矿业协会成果奖、钢铁协会成果奖、首钢科技奖，在北京市企业管理创新工作经验交流会上进行经验交流。

（房胜军、叶利鹏）

【选矿标准流程建设】　首钢矿业公司打造选矿标准流程，解决制约流程循环负荷的瓶颈环节，完成11个系列标准流程建设，在稳定质量的基础上提高流程效率，实现选矿综合经济效益的大幅提升。5月份完成标准流程试验，台时效率明显提升，水厂铁矿新主厂台时效率增加4.9吨/小时，大石河铁矿台时效率增加3.27吨/小时；大石河铁矿、水厂铁矿淘洗磁选机精矿品位分别完成68.43%、68.51%，比计划分别提高0.6%和0.7%；二次循环负荷平均降低30.27%，振网筛筛分效率平均提高10.30%，二次磨矿效率平均提升21.11%。

（张成龙）

【皮带管理创一流】　首钢矿业公司巩固生产现场皮带管理，整理、交流皮带实践成果案例20余项。120项皮带管理创一流指标，有115项达到提升标准。皮带系统人身事故继续保持"三为零"目标。

（刘　军、房胜军）

【工序管理升级】　首钢矿业公司以创建"示范工序单元"为抓手，强化日常工序升级计划管理和分级评价，对示范工序按月确定整改项目和内容，总结分析、验收评价，推动工序管理升级。290项生产工序计划指标，兑现率88.97%；在46个生产工序有36个达到一级工序标准；8个"示范工序单元"的现场管理水平明显改进。

（刘　军）

【制度管理体系建设】　首钢矿业公司加强制度建设，提高科学决策水平。夯实规章制度管理基础，编制《加强规章制度建设的安排意见》，对国家法律法规、两级公司规章制度进行梳理、分析和承接，确保经营活动依法依规。完善法律管理体系，梳理法律风险点164项并制定防范措施。理顺制度审批流程，规范审核内容，修订、颁发公司级制度31项，废止38项。建立重大项目技术方案可研，以及初步设计技术指导、审查把关和追踪评价工作机制，科学论证，优化方案，提升项目投入后的经济效果。坚持和完善"三查"发布制度，围绕环保、成本、投资项目管理等开展12期专项调研，查找管理问题90多项，对17个次单位落实包保核考核，追究逐级责任316人次，跟踪复查，形成闭环，促进管理水平提升。

（刘　军、房胜军、叶利鹏）

【设备管理】　首钢矿业公司推行"全员参与、分级管控、效益优先"设备管理理念，坚持科技、管理两手抓，全面提高设备性能。设备综合故障停机率0.04%，比计划提高0.82%。设备综合检修停机率4.3%，比计划提高0.19%。调动生产厂矿与协力公司的积极性，着手打造精干、高效、复合型维检队伍。推行预知维修管理，对537个点检仪器、327个工具进行动态管理。持续推进标杆区域建设，完成20个区域的标杆建设工作。

（王春林、房胜军）

【资源接替】　首钢矿业公司稳步推进矿产资源接替。

首钢总公司争取政府支持,河北省政府调整马城铁矿资源配置协议出让给首钢总公司。首钢矿业公司成立首钢马城项目筹备组,完成费用核实、现场工程量清点、相关资料交接、初步设计方案调整等交接前工作。杏山勘查区勘探工程完成钻探进尺15388米。二马地采项目采矿权变更登记工作取得新进展,解决二马的注册问题、生态修复金缴纳等问题。

（闫　伟、叶利鹏）

【资源综合再利用】　首钢矿业公司强化生产线的整改、理顺,实施设备改造和技术力量投入,提升杏山道砟生产能力。加大周边市场开发,全年销售资源再利用产品99.08万吨。按照示范基地建设总体规划组织示范基地项目建设,通过国土资源部、财政部组织的年度核查评估,获中央财政资金2119万元,累计获得10964万元。

（房胜军、叶利鹏）

【重点工程】　首钢矿业公司实施烧结老系统脱硫、球团二系列烟气脱硫、实业公司北区锅炉烟气脱硫工程并投入使用,形成稳定减排能力。杏山一期倒段延伸工程,巷道累计掘进6438米。水厂尾矿库恢复使用工程完成尾矿库180米水平排渗垫层、辐射井、在线监测、坝面排水沟、排洪隧道封堵等工作;水厂铁矿K2皮带机完成路基边坡加固治理工程。新建球团公辅设施、球团高压辊磨、烧结白灰细磨等工程。改善生产、生活及办公条件,完成子弟学校运动场大修、体育馆东侧小广场及28亩地出行道路、北门桥翻建、机械厂道路大修、大石河绿化硬化及建筑物修缮、烧结办公楼等项目。

（代鲁飞）

【数字矿山建设】　首钢矿业公司实施核心交换机升级改造项目,采用虚拟技术,实现核心交换机双机冗余配置,优化核心交换机下联二、三级交换机80多台,尝试并实现两大网络设备系统的融合、兼容并轨运行。搭建"首钢矿业公司设备管理数据分析系统"平台,提高信息系统决策支持水平,为数据仓库项目建设积累经验。将烧结厂、球团厂脱硫白灰业务纳入ERP系统。实施水厂铁矿尾矿库位移变化、浸润线埋深情况在线监测,实现尾矿库降雨量、排渗水量、水位、位移、浸润线埋深的实时显示、历史查询和安全预警。适应铁前一体化,完成首钢集团KPI经营管理平台、进口矿管理平台贸易矿部分以及进口矿计划平台涉及矿业部分的业务。

加强数学模型研究,有36个数学模型在生产经营管理中得到应用。

（杨慧芳）

【绿色矿山建设】　首钢矿业公司落实企业社会责任,推进治污减排工作,投资1.27亿元,实施一系列除尘脱硫改造项目,采取脱硫措施治理二氧化硫污染源。落实"环保设施运行不正常不生产"的组织原则,确保达标排放,赢得政府环保补贴奖励100万元。落实经济用能管理,全年能源消耗总量75.30万吨标煤,比上年降低10.80万吨。实施烧结3号冷风机永磁涡流柔性传动技术节能改造,小时节电550千瓦以上,节电率30%以上。全年减少电费支出1467万元。利用电网功率因数激励政策,全年功率因数达到电网奖励上限,获奖励453.69万元。实施复垦绿化,栽植树木84.49万棵,新增绿化面积751.70亩。

（贾延来、叶利鹏）

【安全管理】　首钢矿业公司推进以岗位达标、专业达标和企业达标为内容的安全生产标准化建设。推进岗位操作安全标准化,实施跟踪写实、危险辨识,研究技术措施,编写418个岗位的《操作安全标准化作业指导书》。实施检修施工安全标准化,建立危险辨识、完善措施、现场安全教育交底、逐级检查签认等规范,制定21个典型检修施工项目安全措施样板,修订、完善检修施工方案5787项、安全措施196项。

（吴玉德）

【综合治理】　首钢矿业公司制止厂区公物被盗、矿产资源被盗、铁路运输物资被盗127起,抓获移交公安机关处理18人,截扣机动车41辆,回收被盗物资价值90万元。组织整改治安防范、防火、要害部位存在隐患1230项,隐患整改率百分之百。矿业公司被首钢总公司评为消防安全先进单位称号。受理群众来访410件次,其中集体访27件次。矿业公司被首钢总公司党委评为年度信访维稳工作先进单位。

（刘　科、陈革命、刘兴堂）

【员工提素】　首钢矿业公司强化青年职工培训管理,选拔314名青工与技术骨干签订师徒协议。开展班组长提素培训10期,参训593人,点检人员134人315学时。组织新员工和劳务工1724人参加安全教育培训和考试。开展岗位写实测定,对312个岗位写实371次,解决问题412项。组织职工参加技能竞赛,6人在北京市级比赛中获得"北京市工业和信息化高级技术能手"称号,13人获得"首钢技术能手"称号,103人获得"矿业技术能手"称号,1人获得2014年"享受北京市政府技师特殊津贴人员"荣誉。拥有技师、高级技师416人。

(张 华)

【人才工作】 首钢矿业公司坚持干部选拔任用标准,新提职厂处以上干部12人、厂处助理2人、科级干部18人,调整基层单位领导班子10人次,交流科级以上干部217人次,免职(解聘)厂处助理3人、科级干部11人,选配首钢马城项目筹备组成员32人。确定部厅级后备干部12人、处级后备干部113人、科级后备干部417人。选拔后备干部30人到厂处助理、科级岗位挂职锻炼。厂处以上干部79人申报个人有关事项。开展干部培训提素活动,15人参加首钢领导干部特训班、短训班,45人参加青年后备干部强化培训班,科级干部70人参加中层干部管理技能提升培训班,组织领导干部大讲堂、专家讲座和论坛类活动136期,开展读书活动,交流读书体会110篇,对新提职及岗位发生变动的科级以上干部140人进行党纪法规、岗位责任制等相关知识测试。招收高校毕业生26人,大专以上学历6058人。15人被评为"首钢优秀青年人才"。评选第六批矿业公司技术专家62人、技术带头人125人。工程技术人员完成研究课题545项。加强创新团队建设,制定《学习创新团队建设操作指南》,整合学习创新团队184个,开展课题攻关700多项。召开"弘扬三创精神,打造百年矿业"典型经验交流会,2个厂矿、1个团队介绍经验。计控室马著学习团队,围绕提升杏山地采自动化水平,攻克井下-180米水平电机车远程遥控难题,通过冶金矿协组织鉴定,被专家认定为国际领先,国内首创。

(金德新、李云龙、房胜军)

【党群工作】 首钢矿业公司表彰首钢级模范基层党委1个、模范党支部5个、先进党支部10个、先进党小组25个、模范共产党员14人、优秀共产党员58人,表彰矿业公司级"六好"班子7个、先进基层党委2个、先进党支部11个、先进党小组32个、优秀共产党员122人。开展基层党支部换届工作,145个在职党支部全部选举产生新一届委员会。探索基层党支部建设途径和方法,以"抓规范、创特色、建堡垒"为主线,组织特色党支部创建活动,总结优秀基层党支部典型经验30个,编辑《党支部工作案例汇编》。矿业公司党委《"抓规范、建堡垒"创建特色党支部》创新实践案例,获得北京市国企党建研究会课题成果优秀奖。组织承办中国冶金矿山企业协会企业文化教育专业委员会第十一届年会。7篇论文在中国冶金矿山企业协会获奖,其中矿业公司党委《艰苦创业 严格管理 实现人与企业和谐发展》论文获一等奖。5项党建成果在第十二届首钢党建和思想文化创新课题与研究中获奖。开展矿山文化传承教育,挖掘矿山历史和感人故事,组织"铁源记忆"、"矿山故事"文章采写和宣传,编发"铁源记忆"文章8篇,收录13万余字,照片400多幅。组织"首钢人的故事"宣传活动,开展宣讲活动10多场次,宣讲先进团队和个人70多个,矿业公司《用GPS为"梦想"定位》参加总公司演讲报告会,被评为最感动人的"首钢人的故事"之一,矿业公司被评为"优秀组织单位"。开展"奋斗的青春最美丽"第一届首钢"最美青工"评选活动,102人入选优秀青年库,10人当选第一届首钢"最美青工"。4人作为首批北京企业系统志愿者,完成毛主席纪念堂志愿服务活动。矿业公司团委获得"全国钢铁行业五四红旗团委标兵"、"北京市优秀企业志愿者组织"称号。举办第19届首钢矿山文化节,组织摄影、书画、球类等文艺和体育比赛活动73项500余场。

(邢建军、葛海涛、高继龙、房胜军)

【纪检监察】 首钢矿业公司落实党风廉政建设党委主体责任和纪委监督责任,开展"牢记宗旨讲党性、严明纪律正党风"主题教育活动,举办领导干部反腐倡廉大讲堂和预防职务犯罪法制教育培训班,培训300余人次。开展逐级诫勉谈话2370人次。加强党员干部操办婚丧喜庆事宜监督管理。开展"北京廉政故事"和"廉政微短剧"创作征集活动,24部作品在总公司获奖,矿业公司被首钢总公司评为优秀组织单位。实施效能监察项目38项,避免和挽回经济损失1068万元。严格外委外购项目审批,减少外委费用741万元。设备备件质量索赔、废旧金属回收效能监察等4个项目被评为首钢优秀效能监察成果。受理信访41件,办结38件,查实15件,处理30人。矿业公司纪(监)委被评为首钢先进纪检监察组织。加强审计工作,审计项目14项,查处和整改问题51项。

(杨延福、叶利鹏)

【群众路线教育活动】 首钢矿业公司推进党的群众路线教育实践活动,完成"查摆问题、开展批评"环节工作，召开矿业公司党的群众路线教育实践活动总结大会。加强矿业公司机关作风建设，制定《机关工作人员行为规范》和《机关党委关于作风建设考核评价的实施意见》等文件，成立机关作风建设领导小组，建立"考核评价"、"监督教育"、"量化约束"三项机制，按季度组织民主测评、作风建设座谈研讨会，持续研究加强和改进机关作风建设措施，机关作风得到改进。

（房胜军）

【全员健康】　首钢矿业公司落实全员健康推进计划安排，围绕"一个平台，四个支柱"工作主线，推进职工健康管理工作。体检 12607 人，体检率 98.50%。对慢病高危人群进行网络筛查，随访职工 600 余人，使健康服务延伸到一线。开展创建"无烟单位"活动，球团厂被评为北京市首批、首钢第一家"无烟单位"，矿业公司通过国家卫计委、北京市爱卫会组织的"健康示范企业"验收，被评为北京市第一批"健康示范企业"。

（李富军）

【教育医疗】　首钢矿山职工子弟学校有教学班 111 个，学生 3737 人；教师 349 人，包括研究生 29 人，高中级职称 173 人。教学计划率 100%，高考升学率 95.3%，本科录取率 85.92%，名列石景山区前三名，其中理科 4 人、文科 2 人分别进入石景山区前 10 名。中考升学率 99.04%，4 人进入石景山区前 10 名，41 人考入北京市重点高中。701 人次教师在各级论文评比与教学竞赛中获奖。参加石景山区第 28 届四联展活动，学生 47 人获优秀奖，教师 8 人获优秀指导奖。9 幅学生作品、8 幅教师作品被收入石景山区"追逐梦想绽放生命的美丽"画册。开发课外活动课程 76 项，学生 2401 人参与，参与率 96%。矿山职工子弟学校获得石景山区教育科学研究先进学校、石景山区教育学会教育科研课题组织工作先进集体。

首钢矿山医院是北京市二级甲等医院、医保定点医院、工伤医疗定点医院、职业健康检查定点医院、爱婴医院、石景山区大病统筹定点医院、唐山市医保定点医院、华北煤炭医学院定点教学医院。中医科开展针刺百会和照海穴治疗椎动脉型颈椎病，康复科开展四联疗法治疗腰椎间盘突出症，检验科开展微生物鉴定与药敏实验。投资 228 万元，新增医疗设备 37 台套，补充病床 70 张。加强污水处理，新建洗衣房和车库，改善医院整体布局。

（孙玉兰、玄　艳、叶利鹏）

【和谐矿山】　首钢矿山街道居民管理委员会接待居民法律咨询 236 件，调解民事纠纷 120 起。发放低保金 135.25 万元。发放"阳光基金" 21.02 万元，救助 463 人次。"爱心家园"发放粮油 1542.68 千克，救助 113 家 235 人。为矿区居民 2672 人办理北京、迁安养老和大病医疗参保。解决义务兵优待金问题。为 60 岁以上 214 人办理老年优待证、优待卡。为 80 岁以上 135 人核发高龄津贴 14.08 万元。创新服务模式，发放居家养老服务补贴 1889 人次 18.89 万元。强化失业人员动态管理，健全登记管理信息，完善 1903 人失业人员档案。举办"最美家庭主题沙龙走进首钢矿山社区"活动等活动，推进社区精神文明建设。

（孙　斌、房胜军）

【形势任务】　首钢矿业公司在全球经济复苏乏力的大背景下，国际铁矿石行业产能过剩、价高品低，成本压力、环境承载压力加大，铁矿石行业结束"黄金十年"，矿业公司面临着前所未有的严峻形势，进入发展的"寒冬期"。矿业公司贯彻落实党的十八届三中全会、十八届四中全会、中央经济工作会议和首钢"两会"精神，适应发展新常态，以经济效益为中心，增强危机意识、责任意识、经营意识，坚持依法治企，严格管理，深挖潜力，提升矿产主业应对市场的经济运营能力，提升非矿产业转型发展求生存的开拓能力，提升企业持续发展的综合竞争力，维护职工根本利益，弘扬优良传统，艰苦奋斗，奋力拼搏，全面完成各项目标任务。

（房胜军、叶利鹏）

【调研交流】

1 月，首钢总公司党委书记、董事长靳伟，党委副书记姜兴宏等一行 6 人到矿业公司慰问干部职工。

3 月，姜兴宏到矿业公司调研党委中心组学习情况。

3 月，迁西县县委书记白春明、县长詹晓阳、副县长张怀良及政府办、县委研究室、矿管办、国土资源局、支重办、尹庄乡等部门负责人到矿业公司调研。

4 月，迁安市委书记李忠，市委常委、秘书长侯旭，以及迁安市发改局、国土资源局、环保局等相关部门负责人到首钢矿山机械制造厂新厂区考察调研。

4 月，北京市安监局在矿业公司举办金属非金属矿山安全作业类、冶金（有色）生产安全作业类特种作业实操考官资格培训班。

5月,国家安全生产监督管理总局监察专员周彬、监管一司一处处长薛剑光,北京市安监局矿山处处长贾克成等一行8人组成专家组到矿业公司,检查验收杏山铁矿地下金属矿山数字化建设示范工程。

5月,北京市安全生产监督管理局局长张树森,副局长陈清、贾太保等一行14人到矿业公司检查指导安全生产工作。

6月,北京市爱卫会主任刘泽军、石景山区爱卫办副主任宋志钢等一行6人到矿业公司检查验收球团厂"无烟单位"创建工作。

6月,首钢总公司原总经理徐永起、原党委副书记高伯聪、原副总经理张燕林、原副总经理谢有润等离退休老领导一行23人到矿业公司考察指导工作。

7月,北京市安全生产监督管理局领导和有关专家到矿业公司检查指导安全生产工作。

7月,北京市安全生产监督管理局矿山处处长马存金一行到矿业公司检查水厂铁矿河西排土场和尹庄尾矿库、大石河铁矿大采尾矿库和孟家冲尾矿库,对防汛工作提出指导意见。

7月,北京市安全生产监督管理局副局长贾太保一行到矿业公司杏山铁矿调研,检查安全生产工作。

8月,矿业公司召开专题会传达首钢与河北钢铁集团公司签订马城铁矿协议的相关情况,决定成立资源土地、项目管理、工程管理、工艺技术、财务核算、新公司筹备6个工作组,全面开展马城铁矿接收前的筹备工作。

8月,迁西县县长贾京磊,常务副县长姬宝新,纪委书记王芳,县委常委、副县长张怀良及有关部门领导到矿业公司调研。

8月,安徽省霍邱县政府副县长王俊一行6人到矿业公司考察杏山铁矿数字化矿山建设情况。

9月,石景山区人民法院副院长陈石磊、庭长李晓东等一行4人到矿业公司调研。

9月,北京市食品药品监督管理局餐饮处处长翟献民、应急处处长赵英达、流通处处长王站鹰,石景山区食品药品监督管理局局长高德友、副局长鲁文胜等到矿业公司调研检查食品卫生管理工作。

9月,北京华夏建龙矿业科技有限公司总经理助理金伟一行30余人到矿业公司参观交流。

9月,召开矿业公司水厂铁矿新水村尾矿库恢复使用工程安全设施竣工验收会议,北京市安监局矿山处处长马存金、有关专家及设计单位、监理单位、评价公司、施工单位有关领导、专业人员,以及首钢总公司领导刘建辉参加。

10月,国家安全生产监督管理总局安全监督管理一司巡视员周彬、干事李永密到矿业公司召开"双超"(超大规模、超深井)金属矿山开采安全关键技术研究等工作座谈会。

10月,靳伟到矿业公司调研。

10月,唐山市国资委副主任、沿海办副主任吕来存,唐山市工信局副局长、沿海办副主任娄向明等一行3人,到矿业公司调研。

11月,召开首钢马城铁矿初步设计调整方案专家论证会。

11月,北京市国资委组织市属新闻媒体领导等20余人到矿业公司参观考察。

12月,贾太保、马存金及有关专家到矿业公司开展季度安全工作督查。

12月,北京市国土局在矿业公司组织2010～2012年度首钢矿业公司资源综合利用以奖代补项目审查会,北京市国土局、财政局有关领导及有关专家参加。

12月,国家卫计委、北京市爱卫办领导到矿业公司检查调研健康促进示范单位工作。

(黄红军、房胜军)

首钢矿业公司大石河铁矿

【大石河铁矿领导名录】

矿　长:赵艳春(12月任职)
　　　　李大凯(12月离任)
副矿长:闫尚敏
　　　　张韶敏(3月任职,12月离任)
　　　　黄建新(10月任职)
党委书记:王海军(3月任职)
　　　　　赵宝舟(3月离任)

(梁　庆、李光磊)

【概况】　首钢矿业公司大石河铁矿1959年建矿,有设备2938台套,固定资产原值8.55亿元,采剥能力2000万吨/年,原矿处理能力835万吨/年。设有生产科、机动科、技术科、计财科、人力资源科、安全科、办公室(政工科)、保卫科、二马地采筹备组,孟家沟工程队、大采工程队、二马采矿车间、杏山工程队、选矿车间、供料车间、尾矿车间、动力车间。从业人员 1024 人,含技术业务职称人员 155 人。受托管理迁安首矿建材有限公司,从业人员 20 人。

(梁　庆、李光磊)

【主要指标】　2014 年,大石河铁矿处理铁矿石 468.48 万吨,生产精矿粉 133.03 万吨,其中干选矿石产粉 23.23 万吨,超计划 8.23 万吨。销售固废产品 25.64 万吨,超计划 3.64 万吨。16 项选矿对标挖潜指标有 4 项进入同行业前三名,其中 2 项排名第一;23 项选矿技术经济指标全部完成年度计划。

(梁　庆、李光磊)

【降本增效】　大石河铁矿坚持“科学核定、总量控制、压力传导”的成本管控模式,推行全面预算管理。以打产提效、提质降耗为突破口,落实增收节支方案,实现效益 2946 万元。实施柴油消耗全过程管理,月均消耗同比上年降低 141.82 吨,吨矿消耗降低 2.01 千克,降幅 31.44%。

(梁　庆、李光磊)

【生产组织】　大石河铁矿落实“按系列、按小时”的组织要求,深化选矿经济运行。按照“工艺技术以流程稳定为重点、生产组织以设备长周期稳定运行为基础、生产过程以台时稳定为中心”的原则,做到“停机有安排、检修有计划”,实现生产组织均衡、稳定。球磨机台时同比上年提高 1.29 吨/小时。落实躲峰节电措施,减少过滤真空泵转车台数,研究尾矿提浓措施,优化大井转车模式,完善电平衡系统,将电耗分解到岗位,取得一定效果。峰谷比 0.70,比计划降低 0.02;选矿精矿电耗 82.34 千瓦时/吨,比计划降低 3.64 千瓦时/吨,节约用电 484.23 万千瓦时。供矿计划兑现率完成 99.44%,同比提高 0.22%。

(梁　庆、李光磊)

【工艺升级】　大石河铁矿开展选矿标准化流程建设,实施以一次磨矿分级自动化升级、复合振网筛替代电磁振网筛、淘洗磁选机替代复合闪烁磁场精选机、新增浓缩磁选机等为核心的流程升级和工艺优化改造,完成 4 个系统改造。改造后台时提高 5.46%,精矿成本降低 1.25 元/吨。

(梁　庆、李光磊)

【设备管理】　大石河铁矿以提升“点检质量、修理质量、分析质量、设备运行环境质量”为中心,实行选矿单系列流程检修,规范逐级验收程序,促进设备检修的标准化、精细化和规范化。完成 F4、F5、G3 后进皮带和粗破区域的标杆治理。完成 7 台次主体设备、55 台次一般设备的大修工作。

(梁　庆、李光磊)

【重点工程】　大石河铁矿推进二马地采项目手续审批,形成《环境影响报告书(报批版)》,取得国家发改委节能评估报告批复,编制《社会风险稳定分析篇章》,项目核准取得进展。维护深井系统设备,完成选矿站铁路清水管大修及厂区主管道更换,处理水源地线路周边树木等供用电系统隐患,保证供水、供电系统稳定。

(梁　庆、李光磊)

【人才建设】　大石河铁矿调整车间领导班子 7 个、科级干部 39 人次。问责科级干部 19 人次。举办领导干部大讲堂 7 次。管理人员完成调研课题 53 项,表彰、交流优秀课题 7 项。评选两级专家、技术带头人 9 人。中级以上专业技术资格人员 62 人,初级专业技术资格人员 93 人。开展职业技能培训鉴定,392 人取得高级工及以上证书,387 人取得中级工证书,699 人取得多技能证书。

(梁　庆、李光磊)

【突出工作】　大石河铁矿克服干选资源殆尽、选比增大等不利因素,深挖干选矿石潜力,入选 70.66 万吨,超计划 25.66 万吨。受国际矿价下滑及干选矿石成本超过警戒线影响,10 月杏山工程队干选停产,裴庄、二马、柳河峪干选均减产 50%,年底全部停产。2005 年至 2014 年,裴庄、二马、杏山和柳河峪 4 个干选采区先后投入粗精一体化干选机 7 台,累计回收土线干选矿石 666.89 万吨,生产精矿粉 217.87 万吨。

(梁　庆、李光磊)

首钢矿业公司水厂铁矿

【水厂铁矿领导名录】

矿　长:傅志峰(12 月任职)
　　　　黄佳强(12 月离任)
副矿长:孟庆一　陆云增
　　　　康计纯(10 月任职)
　　　　张韶敏(12 月任职)

党委书记:王爱兵

党委副书记:李　昕(9月离任)

（林振法）

【概况】　水厂铁矿始建于 1968 年,有采、选两个生产系统,矿岩采剥能力 6000 万吨/年,选矿原矿处理能力 1448 万吨/年。设备 2629 台套,其中牙轮钻机、电铲、130 吨、150 吨、170 吨、190 吨电动轮矿车、排岩机等大型设备 88 台,破碎机、球磨机、过滤机 107 台,以及边坡钻机、碎石机、挖掘机、大型推土机、平路机、皮带机、磁选机等,固定资产原值 21.64 亿元。露天采矿,采用汽车运输和汽车—破碎—胶带半连续联合运输方式,建有 3 条半连续胶带运输系统。选矿工艺为三段一闭路破碎与阶段磨选,精矿粉产品于 1979 年、1987 年获得国优金奖,累计生产精矿粉总量突破一亿吨。设生产科、机动科、工程师室、计财科、劳资科、安全科、保卫科、政工科、办公室、穿爆车间、采掘车间、汽运作业区、西排车间、东排车间、破碎车间、磁选车间、尾矿车间、动力车间、输送车间、河东干选车间、筑路排土车间、开发服务车间,从业人员 1798 人。

（林振法）

【主要指标】　2014 年,水厂铁矿完成采剥总量 5885.87 万吨,铁矿石 1031.81 万吨,输出精矿粉 344.13 万吨,品位 67.50%,超计划 24.13 万吨。在 30 项可比技术经济指标中,10 项达到国内同行业前三名,其中 7 项排名第一。

（林振法）

【成本增效】　水厂铁矿运用信息化提高成本计划及时性、预测准确性、管控严密性,抓好全员降成本,落实电耗、油耗、物耗、台班费等 5 类 10 个方面 63 项措施,完善管理办法,严格成本否决制度,增强全员成本意识,降本增效 5911.72 万元。

（林振法）

【科技创新】　水厂铁矿发挥技术研究所和创新团队作用,开展群众性课题研究,发动职工建言献策,采纳职工合理化建议 201 条,实施并完成课题攻关 102 项,创效益 1658 万元。获总公司级科技奖励 2 项,矿业级奖励 6 项,《剥离围岩中磁铁矿大规模回收系统关键技术与装备》获得总公司科技进步二等奖,《露天矿山胶带运输系统大型设备搬迁工程组织模式的创新与实践》获钢协创新三等奖,胶带排岩在线矿石干选机获得国家发明专利。

（林振法）

【数字矿山】　水厂铁矿创新优化生产信息系统和技术管理平台,实现数据综合查询和图表分析。完善水量采集和电平衡系统,开发电机管理信息系统。实施老主厂球磨分级自动化改造,提升球磨机效率。

（林振法）

【技术管理】　水厂铁矿强化采矿管理,完成北区运输公路改造,拓宽采场空间,为东排破碎站下移创造条件。加快西部大扩帮工程,回收挂帮矿 374.93 万吨。落实逐级巡视制度,运用信息化手段加强对采场边坡动态监测。组织 K2 路基边坡加固、上盘削坡减载治理工程,消除安全隐患。组织主厂 3 个系列标准化改造,推广应用电磁振动高频筛、二次浓缩磁选机、全自动淘洗磁选机。理顺工艺流程,整改制约工艺设备稳定运行的关键点位,提升现场技术状况。开展新水尾矿库恢复使用工作,通过北京市安监局现场验收和安全达标评审,正式投入生产运行。

（林振法）

【设备管理】　水厂铁矿落实预知维修和点检定修,推进设备标准化和达标升级。落实点检职责,完善全员管理责任体系。完成东排转场工程,排岩系统稳定运行。开展电气预防性试验,组织配电柜、油浸电缆更新,提升供电安全性能。完成新系统皮带增容、X3 皮带跑车换型改造和具有完全自主知识产权的 80 吨洒水车的技术改造。

（林振法）

【资源利用】　水厂铁矿按照"资源化、产业化"思路,加强资源综合利用,河东排土场回收矿石 69.66 万吨,河西排土场回收矿石 79 万吨,缓解主采场供矿压力,创造经济效益。

（林振法）

【和谐矿山】　水厂铁矿开展群众路线教育实践活动,整改职工提出意见 41 项,完成西山职工浴池扩建改造、水厂二中至刘官营主干公路大修、西排车间夜班通勤等项目。开展学习创新团队课题研究和攻关活动,总结先进典型和经验,举办开放式、多层级"大讲堂"。开展矿山文化节文体活动,组织篮球、羽毛球、乒乓球等传统联赛。参加矿业公司竞技拔河比赛,取得较好成绩。获得第 19 届矿山文化节优胜单位。

（林振法）

首钢矿业公司杏山铁矿

【杏山铁矿领导名录】

　矿　　长:田本昌(9月离任)
　副矿长:付振学(10月任职;主持工作)
　　　　　李新明
　党委书记:张金刚
　党委副书记:李新明

（赵晓杰）

【概况】　　杏山铁矿 2006 年 7 月 11 日成立,是首钢矿业公司率先由露天转为地下开采的矿山,有设备 610 台套,固定资产原值 7.79 亿元。杏山铁矿设生产科、机动科、技术科、安全科、保卫科、计财科、人力资源科、办公室、开拓作业区、采矿作业区、井巷作业区、碎运作业区、提升作业区、动力作业区,从业人员 736 人。

（赵晓杰）

【主要指标】　　2014 年,杏山铁矿矿岩采掘总量 325.99 万吨,采出矿石 270.05 万吨,入选矿石 268.16 万吨。在国内 28 家地采矿山中,16 项可比技术经济指标有 1 项排名第一、2 项进入前三。国内首家通过国家安全生产监督管理总局"地下金属矿山数字化建设示范工程"验收。

（赵晓杰）

【生产组织】　　杏山铁矿以溜井生产为中心,主井提升台时效率 540 吨,日生产 1.05 万吨以上。探索躲峰生产经济转车模式,峰谷比 0.75,实现经济用电。按照截止品位放矿和两点法出矿,矿石回采率 79.53%。组织爆堆取样实验,刻槽取样 1068 个,地质编录 7930 米,为储量核算、工程设计、供配矿管理提供科学依据,矿石品位完成 27.08%,入选矿石稳定率 89.72%。

（赵晓杰）

【工程管理】　　杏山铁矿实施-161 米至-180 米措施斜坡道,提前 3 个月实现-180 米分段大杏山部位开拓掘进,在-143 米及-161 米分段划定储渣区域并指定放矿溜井,为矿岩运输创造条件。推进一期倒段延伸工程,掘进 8.78 万立方米,-143 米、-161 米水平等点位供矿生产工程竣工,为采场调整创造条件。

（赵晓杰）

【地采管理】　　杏山铁矿建成国内首批非煤矿山地下安全避险"六大系统"健全完善系统功能,完成副井井口封闭施工改造;建立安全管理信息化平台,实现安全管理信息共享。优化生产监控、设备管理、检修计划管理、电平衡等信息化平台。完成基础管理平台、技术管理平台的开发上线,风机、-378 米水平破碎机等设备关键参数实现在线监测。完善综合管理平台,形成信息化管理体系。-180 米水平电机车远程操控运行稳定。实施全面预算管理,建立成本绩效考评机制,增加、细化成本工效挂钩指标,可控变动成本 29.41 元/吨,比计划降低 4.07 元/吨。

（赵晓杰）

【人才工作】　　杏山铁矿落实"出效益、出经验、出人才"要求,开展"主讲一次论坛、完成一项课题、撰写一篇论文、精读一本好书、培养一种兴趣"为主题的"五个一"活动。举办领导干部大讲堂 12 场次,专业技术小讲堂 283 场次,主讲论坛 40 人次,攻关课题 26 项。组织职工岗位练兵和技术比武 83 场,培训近 1100 人次,表彰岗位操作能手 36 人。2 人完成大学本科在职教育,4 人完成大学专科在职教育,7 人晋升中级职称,37 人晋升初级职称。175 人参加提升、通风、巷道维护、井下电气等 6 个地采特种作业培训和取证考试。承办矿业公司 1354 台车、281 台车、14 吨电动铲运机、6 吨柴油铲运机等项目技能大赛,获得"优秀组织单位"荣誉称号。采矿、动力作业区学习创新团队获得矿业公司"十佳创新团队"荣誉称号,开拓作业区掘进技术青年创新团队获得北京市"青年文明号"荣誉称号。杏山铁矿党委获得首钢模范党委称号。

（赵晓杰）

【安全和谐】　　杏山铁矿贯彻"安全第一、预防为主、综合治理"理念,推进"安全·和谐"矿山建设。加强粉尘治理,6 个矿业公司级粉尘重点治理区域达标。新增碎石机、道砟皮带等 12 个"无隐患单元",查处安全隐患 2338 项,68 个"无隐患单元"动态管理达标。贯彻国家安监总局 62 号文件,加强地采外委施工安全管理。

（赵晓杰）

首钢矿业公司烧结厂

【烧结厂领导名录】

　厂　　长:焦光武

副厂长:刘延兵　刘占江

党委书记:焦光武(5月离任)

　　　　　宋振武(5月任职)

党委副书记:刘延兵

（祁卫新）

【概况】　矿业公司烧结厂有 1 台 360 平方米和 6 台 110.5 平方米烧结机,固定资产原值 18.58 亿元,烧结矿产能 1150 万吨。烧结厂设有生产技术科、机动科、计财科、人力资源科、安保科、办公室,原料车间、一烧车间、二烧车间、成品车间、能环车间、白灰车间,从业人员 891 人。2015 年 1 月 1 日,首钢股份公司将延伸管理首钢矿业公司烧结厂。

（祁卫新）

【主要指标】　2014 年,烧结厂生产烧结矿 1015.54 万吨。54 项技术经济指标中,28 项超上年,碱度稳定率、合格率等 14 项指标创历史最好水平。24 项主要技术经济指标有 19 项进入国内同行业前三,其中 13 项第一。

（祁卫新）

【铁前一体化】　烧结厂加强铁前一体化配矿工作,建立配矿小组会议制度,形成铁前成本一体化协调、沟通渠道。围绕优化配料,提高入炉冶炼综合效益,开发《低成本优化配矿》软件,实现烧结矿实物质量、成本、效益最佳配矿方案的动态查询分析。开展“降返提效”攻关,稳定料比操作和混合料水碳,强化厚料操作,实施成品筛分周期倒筛制度,提高烧结实物质量,全年高返单耗完成 188.05 千克/吨。

（熊大林）

【工艺升级】　烧结厂优化燃料粒级,实施无烟煤筛分改造工艺,Y5 振动筛筛分效率由 43.6%提高到 90%以上,8 毫米~5 毫米无烟煤含量增加 3%至 4%、-1 毫米含量降低 2%、-3 毫米含量降低 2%至 3%,无烟煤加工成本降低。升级一烧配料加水工序系统。编制配料混合自动加水程序,自动控制水位。开展矿粉、迁钢固废烧结性能研究和化学成分全分析,研究烧结矿低粉指标影响因素,组织 3 个阶段 54 个方案的烧结杯实验,烧结矿低温还原粉化指数由 68.83%提高到 72.22%,减少低粉波动。

（熊大林）

【设备管理】　烧结厂围绕设备管理,开展精密点检。

强化高压系统管控,调整动力调度、高配值班电工职责,修订《烧结厂停送电牌使用管理规定》《烧结厂电工两票实施办法》。开展动力管线普查,更换隐患管道 1900 米。改造一烧圆盘给料机 26 台,圆盘给料机短节的寿命周期延长至 10 倍以上,配料室的粉尘浓度明显降低。改造 3 号冷风永磁涡流,节电率 35.98%。完成老系统进线电缆增容改造,提高烧结老系统供电稳定性。

（甄晓初）

【科技创新】　烧结厂加强科技改造,实施具有自主知识产权的热风烧结新技术,开展除尘软化水站自动化、电磁站烟雾报警系统、脱硫增压风机与烧结机联锁、140 平方米除尘风机变频等升级改造工作。建设脱硫白灰制备系统,满足烧结老系统及球团二系列脱硫剂供应。发表科技成果论文 6 篇。《360 平方米筛分布袋除尘用风优化》等 5 个项目通过矿业公司科技成果鉴定,《烧结厂风量匹配优化》项目通过总公司科技成果鉴定。《优化匹配风机风量,降低电耗》等 5 个项目受到矿业公司科技成果表彰。《一种钢丝带接口》和《用于皮带输送机的防护装置》项目,获得实用新型专利授权。

（甄晓初）

【节能减排】　烧结厂老系统 6 台烧结机烟气脱硫改造项目,11 月通过河北省环保局专家组验收。改造老系统机头除尘器工艺,实施机头 200 平方米除尘器加灰仓项目,解决除尘气力输送系统运行不畅问题。贯彻《关于落实河北省钢铁水泥电力玻璃行业大气污染治理攻坚行动方案的通知》,10 月拆除 360 平方米烧结脱硫设施旁路。落实重污染天气预警紧急状态生产组织方案,污染物综合排放合格率 97.16%。新、老系统工序标煤能耗分别完成 46.41 千克/吨、44.13 千克/吨。

（张志强）

【职工培训】　烧结厂围绕建设“基石型”操作队伍,开展精准操控、问题处置、现场管理、数据分析等技能培训。课题成果 134 项,评比表彰优秀创新项目 42 项,奖励 4.82 万元。完成论文 213 篇,第四期《首钢矿业科技》刊出 26 篇。组织技术骨干与 58 名高校毕业生进行“一对一”帮带。组织 21 个工种的“学练赛选”技术比赛。职工中研究生学历 12 人,大专以上学历占 50.1%。高级职称 8 人,中级职称 48 人。

（许长虹）

【行业荣誉】　烧结厂 360 平方米烧结机在中华全国总

工会机冶建材工会和全国重点大型耗能钢铁企业节能降耗减排对标竞赛中,获得全国重点钢铁企业烧结组冠军炉荣誉称号。

（祁卫新）

首钢矿业公司球团厂

【球团厂领导名录】

厂　　长:杨金保

副厂长:付　民

党委书记:杨金保

（董作福）

【概况】　首钢矿业公司球团厂 1985 年建厂,有两条氧化球团生产线,固定资产原值 4.48 亿元。采用链箅机—回转窑—环冷机工艺,从配料、混合、造球、布料、焙烧到冷却全部由计算机控制,生产技术达到国际先进水平,设计年产球团 300 万吨。球团厂设有计划财务科、生产技术科、机动科、安全保卫科、办公室（政工科）,原料区、焙烧一区、焙烧二区、动力综合区,从业人员 483 人。2015 年 1 月 1 日,首钢股份公司延伸管理首钢矿业公司球团厂。

（董作福）

【主要指标】　2013 年,球团厂生产氧化球团矿 323.62 万吨,供迁钢 322.64 万吨。32 项主要技术经济指标中,有 25 项指标超计划,16 项比上年有所提升,7 项超历史最好水平。12 项可比技术经济指标保持国内同行业领先水平。在矿业公司评比中,两次获得清洁工厂评比第一,两次获得安全生产综合考评第一。

（董作福）

【生产组织】　球团厂一、二系列日生产水平分别稳定在 3800 吨、7000 吨。实施主枪技术改造和助燃风机增容,窑况稳定。新建高压辊磨系统,70 多天完成建设并投入运行,调试摸索 2 个月后矿粉处理达到 400 吨/小时的设计能力,秘细粉的比表面积提高 200 平方厘米/克。秘细粉配加比例逐步提高并稳定在 35%,两个系列综合品位 65.66%,SiO_2 含量降低到 5% 以下。

（董作福）

【设备管理】　球团厂实施二系列链箅机大修、回转窑大齿圈更换、环冷机框架调整、多管除尘器大修、电除尘大修等项目。组织一系列高压柜改造、一系列造球圆盘

托料皮带改造、空压机改型升级,提高设备运行稳定性。新建一座 10 千伏配电室,生产用电稳定。

（董作福）

【环保管理】　球团厂优化改造一系列脱硫系统,解决塔底板结、不下料及循环慢的问题,外排二氧化硫 180 毫克/立方米以下,并申请国家专利。《适用于球团工艺的烟气脱硫除尘一体化技术研究与应用》科技成果,通过中国钢铁工业协会评价（鉴定）会,该项目在设备一体化、能耗和稳定运行等方面被认定达到国际领先水平。拆除一系列烟气脱硫系统旁路。二系列脱硫系统建设一次性试车成功并投入运行。

（董作福）

【安全管理】　球团厂狠抓全员、全过程、全方位、全天候安全管理,开展危害辨识和创建无隐患单元活动。按照"全覆盖、零容忍、严检查、重实效"要求,强化现场安全检查和隐患排查处理,杜绝安全生产事故。按照"重现场、抓源头"原则,粉尘治理浓度 3.6 毫克/立方米,比上年降低 0.2 毫克/立方米,球团厂粉尘合格率 100%。

（董作福）

首钢矿业公司协力公司

【协力公司领导名录】

经　　理:刘云龙

副经理:钱　毅　郭　刚

党委书记:刘云龙

党委副书记:田义春

（王会彬、宋光伟）

【概况】　协力公司 2003 年 12 月成立,从事设备检修、工程施工和汽车吊装运输等业务,具有冶金、矿山设备检修、大中修改造、结构件制作、安装施工、客货和危险品汽车运输、大型设备吊装等资质,固定资产原值 1.85 亿元。设有办公室、计财科、安保科、人力资源科、维检管理科,维检一车间、维检二车间、维检三车间、维检五车间、维检六车间、维检七车间、维检八车间、维检九车间、维检十车间、汽运一队、汽运二队、机运队、机械安装工程队,从业人员 2206 人。2014 年公司产值 2.91 亿元。获得矿业公司先进基层党委、"六好"班子、创建学习型企业先进单位等称号。

（王会彬、宋光伟）

【检修服务】 协力公司推进"安全检修",开展安全隐患排查和检修施工安全标准化,治理隐患5145项。推进"高效检修",主动参与设备管理,查找薄弱环节,开展技术攻关。维护项目日计划兑现率99.67%。优化跨区域检修组织,完成跨区域检修42次,投入13845人次。推进"绿色检修",完成38个固定区域治理和6个结构件制作场地建设。改进零部件加热拆装工艺,治理设备设施跑冒滴漏,推进料场除尘设施建设。推行"三不落地"管理,减少零部件和环境污染。

（王会彬、宋光伟）

【挖潜创效】 协力公司强化内燃设备管理,车辆完好率97.6%。开展黄标车治理,报废车辆30台,新购24台。推行单车核算管理,降低备件油料消耗。发挥技术优势,承担10个系列选矿工序标准化升级改造、水厂东排升段、破碎皮带系统增容、采矿排水供电工程,以及球团高压辊磨安装、球烧电除尘器大修、物资公司羊崖山火药库电气设备安装等252项任务,创收879.5万元。

（王会彬、宋光伟）

【人才工作】 协力公司举办领导干部周末大讲堂15期,57人交流管理经验。开展"清茗品书"活动,撰写读书体会300余篇。选拔交流28人次。推行"369"职工提素工程,打造专业化技能型职工队伍。开展导师带徒、岗位练兵等学练赛选活动。举办第九届职工技能运动会,14个岗位300余名职工同台比拼技能。技术骨干刘建军被评为北京市政府技师特殊津贴人员。高中级工占操作人员93.2%,多技能人员占84.82%。

（王会彬、宋光伟）

【信息化建设】 协力公司加强检修资源管控（MRC）系统应用情况调研,整改基础数据和系统管理问题5622项。完善检修效率、出勤率、工时利用等5项分析功能。开发车辆管理模块,并融合安全措施、考核管理、基础工作等专业管理软件,实现"一体化"管理,"一键式"操作。MRC系统获得矿业公司管理创新成果一等奖。

（王会彬、宋光伟）

【党群工作】 协力公司深化"一线工作法",管理人员制定课题120余个。换届选举14个党支部。开发廉政预警软件,处理风险预警326项。采用写实手法撰写新闻、典型稿件,改变文风。开展领导干部与困难职工结对子帮扶的"暖冬"行动。发放困难补助金6.5万元,报销职工互助保险13.8万元,捐赠衣物200余件。开展"无烟单位"创建活动,组织职工健康体检。获得第19届矿山文化节优胜单位称号。

（王会彬、宋光伟）

首钢矿业公司物资公司

【物资公司领导名录】

经　理:王恩宇（9月任职）

　　　　何　冰（9月离任）

副经理:王恩宇（9月离任）　王新华

　　　　马学兵（10月任职）

党委书记:何　冰（5月任职）

　　　　宋振武（5月离任）

（郭　彪）

【概况】 物资公司2001年成立,负责矿业公司生产建设用18类原燃材料、7类备品备件的采购供应和专业管理。设有办公室、计划科、信息化管理科、财务科、经销科、调度室、化电采购科、备件采购科、金属采购科、原料采购科、工程组、劳资培训科、保卫科、纪监委、政工科、总料场、总油库、总仓库、北区仓储库、火药加工车间。从业人员563人,其中研究生4人,本科学历131人,大专学历164人;高级职称5人,中级职称38人。2015年1月1日,保卫科、总料场业务和人员,调度室部分业务和人员划转首钢股份公司管理,原料采购科业务和人员调入首钢供应公司。

（郭　彪）

【主要指标】 2014年,物资公司供应总额73.49亿元。采购总额72.05亿元,同比减少30.92亿元。大宗原燃料采购59.91亿元,实现降价效益971.13万元;材料备件采购11.19亿元,实现降价效益3532.77万元。材料备件流动资金占用1.27亿元,比计划降低2261万元。仓储管理费8275万元,与计划持平。采购申请处理率97.59%,比计划提高2.59%;采购订单到货率96.54%,比计划提高1.54%;零购物资到货率92%,比计划提高2%。资源再利用产品销售92.09万吨,超计划22.09万吨。炸药外销2304.15吨,废旧物资销售452.68万元,物资经营利润390.79万元。

（郭　彪）

【降本增效】 物资公司研发"价格信息集成系统",加强对主要原材料市场价格信息数据的收集,提升价格决策能力。深化价格对标,及时掌握市场价格走势。引进电商网购,实现效益 3.53 万元,降价率 25.41%。实施年度分类集中采购,实现效益 550 万元。对接厂家直接采购,实现效益 164.61 万元。推行采购资金预算管理,建立定期分析机制,删减不合理计划 1238 项,节省采购资金 1283.22 万元。加强物料消耗管控,矿产品材料备件单耗 35.03 元/吨,同比降低 1.43 元/吨。

（郭 彪）

【生产供应】 物资公司采购金属料 555.63 万吨、燃料 65.23 万吨、熔剂 198.26 万吨。优化工程物资采购,建立急用料管理机制,保证物资供应。大宗原燃料质量稳定率 77.47%,比计划提高 0.47%。

（郭 彪）

【管理创新】 物资公司创建标准化库区,定期跟踪检查,改善库容库貌。强化散状物料管理,动态监控大宗原燃料进出厂过程,控制品种间的盘库差异。盘库准确率 100%。制定《炸药销售管理办法》,建立客户联动机制,销售利润 265.02 万元。强化废旧物资销售及提货过程监管。物资公司加强重点岗位人员交流,调整管理人员 8 人。岗位交流 4 人。运用微信公众平台开展反腐倡廉警示教育。完成与首钢股份公司大宗原燃料等业务调整和人员整合。落实薪酬分配制度改革,调动干部职工创业积极性。

（郭 彪）

【工程项目】 物资公司新建乳化炸药生产线,3 月通过国家民爆行业主管部门验收。8 月完成乳化基质地面站建设,井下和露天 4 台混装车相继投入使用,产品性能经国家主管机构检测达到国标标准。改造二马油库柴油定量自动装车系统,提升安全管理和工作效率。

（郭 彪）

首钢矿业公司计控室

【计控室领导名录】
> 主　　任:张立成(10月离任)
> 副主任:李　文(10月主持工作)
> 党总支书记:李　文(10月任职)
> 　　　　　　张立成(10月离任)

（李中良）

【概况】 计控室成立于 1983 年,承担矿业公司自动

化、计算机、计量、电信等专业管理、设备维护、技术开发、项目施工,拓展社会市场,提供技术服务。设有管理科、政工科、计控科、电信科、计衡车间、信息技术开发中心、信息系统运行维护中心、管理速力科技有限公司。从业人员 392 人,其中研究生 11 人,大学学历 174 人;高级职称 14 人,中级职称 47 人,高级技工 100 人。

（李中良）

【优化管理】 计控室通过北京市质量技术监督局授权复核计量标准 15 项。优化自动化专业信息管理系统,规范通用备件,减少备件种类 268 种。开展软件正版化工作。检修主流程自控设施 470 项次,检定计量器具 12600 台(件),完成物资计量 2754 万吨。实施自动化技术改造项目 57 项、主流程自动化建设项目 7 项。完成矿业内部网核心交换机升级改造、DNS 服务器升级和公司邮件系统升级。变更内部应用软件 50 余项,完善厂矿信息化软件 30 余项。

（李中良）

【团队建设】 计控室推进创新团队建设,完成课题攻关 66 项。地采自动化团队研究井下电机车精确定位取得新突破;电动轮电控系统研发团队完成 240 吨交流电控系统的设计、制作、安装及整车空载运行试验;GPS 研发团队开发油槽车加油管理系统,用北斗导航系统提高矿车自动调度系统精准度;信息开发中心团队研发基于 easyUI 技术框架通用的 MES 产品和矿业公司设备管理数据分析系统。开展"学练赛选"活动,举办技术比赛 12 场,培训交流 28 次。通过技能鉴定 28 人,获得技术职称 13 人。

（李中良）

【科技成果】 计控室《杏山铁矿-180 米水平电机车地面远程操控系统》项目荣获冶金矿山科学技术一等奖、矿业公司科技成果特等奖。《杏山铁矿设备管理平台》获得矿业公司科技成果二等奖。《首钢矿业公司生产日报系统升级》获得矿业公司科技成果三等奖。《矿业公司 ERP 四级系统升级》获得矿业公司优秀管理创新成果二等奖。《构建自动化专业管理平台,推进设备精细化管理》获得矿业公司优秀管理创新成果三等奖。

（李中良）

【资质升级】 计控室取得建筑智能化工程专业承包三级资质。应用软件研发及服务、计算机信息系统集成通

过 ISO9001:2008 标准质量管理体系认证。"冶金矿山智能化工程技术研究中心"通过中国冶金矿山企业协会评审。地采生产管理系统、劳动人事管理系统、职工健康管理系统、井口封闭管理系统取得计算机软件著作权证书。"高精度 GPS 牙轮钻机自动布孔系统"取得国家发明专利证书。井下电机车地面远程遥控系统,进入国家专利实质审查阶段。

（李中良）

【社会市场】 计控室加大社会市场推介、拓展力度,实施太原钢铁(集团)有限公司矿业分公司尖山铁矿 GPS 卡车调度系统、通化钢铁集团股份有限公司球烧自动化系统、北京华夏建龙矿业公司物资终身管理与核算系统等 16 项自动化、信息化项目,社会产值 3015 万元。

（李中良）

首钢矿业公司质量检验中心

【质检中心领导名录】

主　任:迟春革

党总支书记:迟春革

（刘建新）

【概况】 质检中心 1996 年成立,负责矿业公司进厂原燃料、半成品、成品理化检验和专业管理。设有理化管理科、综合管理科、安全设备科、中心实验室、原料检验站、水厂检验站、成品检验站。从业人员 377 人。9 月份,成立安全设备科,政工科并入综合管理科;水厂分站从原料检验站划出,成立水厂检验站。

（刘建新）

【主要指标】 质检中心对进厂原燃料、厂际间及输出产品质量检验率为百分之百。质量抽验率 5.68%,超计划 1.01%;质检抽验合格率 99.79%,超计划 0.06%;产品检验与外部抽查差值为零;主要物料检验时限缩短率 17.53%,超计划 0.81%。质检中心获得矿业公司质量效益杯两次,获得第 19 届矿山文化节优胜单位。质检中心党总支获得矿业公司党风廉政建设先进集体称号。

（刘建新）

【质检服务】 质检中心完成物资公司新增炸药生产线试生产期间各型炸药爆速、密度、殉爆距离和猛度等新增检验任务和项目,调整炸药生产配比,指导新炸药生产线验收和生产。新建羊崖山炸药实验室,完成 9 个新品种 24 个项目的检验方法试验、人员操作培训及规程修订审批。

（刘建新）

【质检攻关】 质检中心优化火焰原子吸收光谱法测定铁矿石中钠元素方法。分析烧结脱硫产物石膏的化学成分,检测其中 $CaSO_3$、$CaSO_4$ 含量,填补之前不能对石膏进行检测的空白。

（刘建新）

【质检自动化】 质检中心仪器设备资金投入 200 余万元,引进烧结矿大型自动取样机、手持分析仪、湿煤破碎机、灰石多功能破碎缩分联合破碎机、三级振动筛、氧化球自动筛分器、红外碳硫仪等设备。研制大石河铁矿溢流原矿取样机、皂土膨胀倍、胶质价自动摇样器、大块灰石自动筛分机。优化进厂白灰和水厂尾矿取样机、标样混样器等设备。新安装杏山干选尾皮带中部取样机。更新破碎机、过滤机、磁选管等检验设备 40 余台套,提升检化验精度。

（刘建新）

【实验室认可】 质检中心实验室通过国家认可委监督评审,维持原认可能力。连续 11 年通过北京中实国金国际实验室能力验证研究有限公司能力验证,完成认可体系监督评审和能力验证工作。

（刘建新）

【优化管理】 质检中心探索设备"全员维护、故障预防、故障反思、创新改善"的管理思路,推进"5+X"管理模式。强化红黄绿风险预警平台考评管理。实施电子考勤。构建实时库存动态查询系统。应用班长专业工作激情考评软件。完善薪酬分配体系。

（刘建新）

【风险防控】 质检中心实施廉政风险管控管理创新项目。创新"构筑三道防线,打造涉外质检风险防控三横五纵新格局"项目,增加岗位职责 22 条,制定保证机制 5 个,完善相关措施 67 项次,增强涉外质检管控能力。创新"企业外购大宗原燃料质检廉政风险防控体系的构建与实施"项目,健全完善全员廉政风险防控体系。质检责任质量异议率为零。检验发现外购大宗原燃料不合格率 30% 以上,退货 15 批次、188 车。

（刘建新）

首钢矿山机械制造厂

【首钢矿机领导名录】

厂　长:姜　猛

副厂长:李淑玲　夏成军

党委书记:崔　勇(12月任职)

　　　　赵艳春(3月任职,12月离任)

　　　　郝　壮(3月离任)

(马　威)

【概况】　首钢矿机是集冶炼、铸造、金属结构、机加工、热处理于一体的矿山及冶金机械制造专业厂,具有设计、制造、安装、服务综合能力。设有生产机动科、技术质量科、经销科、财务科、办公室、铸造分厂、机加工分厂、金结分厂、滚筒项目部、精铸项目部、技术改造项目部(7月成立),固定资产原值2.9亿元,从业人员661人。

(马　威)

【主要指标】　2014年,首钢矿机完成产值19288.78万元,社会收入7038.63万元,同比上年分别降低19.56%和22.78%;全员劳产率24.97万元/人·年,同比增长5.63%。

(马　威)

【产品质量】　首钢矿机调整生产经营部署,突出质量和效益,开展"质量翻身仗"活动,健全质量制度体系,修订质量管理办法,树立"质量第一"理念,贯彻"较真、求变"思想,强化细节操作、技术攻关和研发管理,着力提升产品质量,取得较好效果。发生质量索赔79.33万元,同比降低116.4万元。

(马　威)

【降本增效】　首钢矿机通过比价采购,降低大宗物资、材料采购成本323万元。强化物资管理,清查库存,登记建账。严格采购计划审批,加强库存物资利用和调拨,降低库存资金399万元。减少材料浪费,降低消耗127.47万元。优化人力资源,正式职工、劳务用工费用分别降低1319万元和284万元。强化班组成本核算,减少消耗和外委费用。

(马　威)

【产品开发】　首钢矿机首次研发制作加拿大诺狄克矿业钢结构技术有限公司(简称NMT)地采设备卸矿车备件、北京首嘉钢结构有限公司立体车库等项目,并取得成功。完成45R钻机设计、250A钻机改进、7.5米造球机设计、6米造球机改进。按期保质完成沈阳阿普善德公司衬板制作。

(马　威)

【队伍建设】　首钢矿机改造秦涛工作室,购买技术书籍500余册。加强职工培训,营造学技术氛围,4人参加北京市和总公司焊工技术比赛。加强操作骨干、后备班组长及工艺技术、设计研发、产品销售等专业青年人才培养,16人到班组长、管理和科级岗位挂职锻炼。

(马　威)

首钢矿业公司耐磨材料厂

【耐磨材料厂领导名录】

厂　长:崔　勇(12月离任)(机构撤销)

党总支书记:崔　勇(12月离任)(机构撤销)

(王树彪)

【概况】　耐磨材料厂2007年5月1日成立,是集锻球、轧球于一体的生产专业厂,采用中频穿透加热技术和热处理技术制造多种规格锻钢球、轧钢球,产能3万多吨。设有经营科、生产科,从业人员127人,中级以上职称人员8人。围绕思维方法、市场营销、热处理知识等,4个月培训职工160人次,取得良好效果。2015年1月1日,耐磨材料厂成建制划入首钢矿山机械制造厂。

(王树彪)

【主要指标】　耐磨材料厂生产锻轧钢球1.86吨,产值8217.73万元,社会收入3930.9万元,利润142.06万元。全员劳产率64.70万元/人·年。

(王树彪)

首钢矿业公司电力修造公司

【电修公司领导名录】

经　理:张建军

副经理:郭志辉　李洪河(5月任职)

党委书记:张建军

(李　伟)

【概况】 电修公司具有电力设施安装、检修、试验三级资质、锅炉安装改造维修三级资质、压力管道安装资质、防爆电气设备安装修理资质及矿用一般型高、低压真空开关柜制作资质。承担矿区列车发电（5月29日停止发电）、烧结余热发电热电联供生产，3个110千伏、6个35千伏变电站和54个6千伏～10千伏配电室的电气试验和检修改造，25兆瓦及以下电力设备维护检修，3200千瓦以下交直流电机大中修，风机大叶轮检修及动平衡试验，锅炉安装、检修和压力管道安装，配电箱柜、电机线圈、弧焊机、等离子切割机等8类50多种产品的生产，以及首钢迁钢公司电力分厂、北京首钢生物质能源科技有限公司发电设备维护业务。设有计财科、生产经营科（7月更名为生产科）、经销科、安全保卫科（7月取消）、党委办公室（7月更名为办公室）、机电分公司、热电分公司（11月取消并入机电分公司）、电修一分公司、电修二分公司、实业分公司。从业人员371人，其中大专以上学历153人、高中初级职称技术人员72人、高级技师3人、技师17人、高级技工117人。2015年1月1日，烧结余热发电热项目及66名职工划转首钢股份公司管理。

2014年，电修公司以"作风提升年"为切入点，巩固"电机修理、电气预试、电气设备制造安装、发电设备维护检修"四大产业，扩大周边电机修理市场，承揽北京首钢生物质能源公司发电机组维护检修项目，成为首钢集团具有发电全流程维检能力的队伍。开发并批量生产成套高压开关柜。

（李 伟）

【主要指标】 电修公司产值10212.95万元、社会收入1144.22万元，劳产率28.21万元/人·年。承担烧结余热运营项目，完成发电量5075万千瓦时。

（李 伟）

【节能减排】 电修公司落实国家节能减排政策，5月29日7点30分，服役46年的列车电站发电机组解列停机，停止发电，仅保留35吨锅炉用于冬季供暖。

（李 伟、张惠泉）

【资质升级】 电修公司取得额定电流2500A、额定短路开断电流31.5KA，额定电流3150A、额定短路开断电流40KA高压开关柜生产资质。制作安装调试烧结、球团脱硫工程69面高压柜。

（李 伟、张惠泉）

【科技创新】 电修公司"余热发电7号锅炉经济运行"项目获矿业公司科技成果类优秀科技项目三等奖，"大石河铁矿400千瓦同步机改造，实现备件互换"项目获矿业公司科技成果类优秀科技项目四等奖。《一种组合式缠绕装置》和《一种工业管道补漏装置》项目获中华人民共和国国家知识产权局颁发的实用新型专利证书。电修公司党委《立足市场创新，提升服务能力，打造具有竞争力的电力业务综合服务商》论文，获得矿业公司思想政治类论文评比一等奖。

（李 伟、张惠泉、郭春涛）

北京首钢矿山建设工程有限责任公司

【首矿建公司领导名录】

董事长：刘立东（兼）

副董事长：周新林（9月任职）
　　　　　刘贵彬（9月离任）

董　事：段明奇　李忠民（职工代表）
　　　　　周新林　马卫国
　　　　　王方全（7月任职）
　　　　　黄军县（7月离任）

监　事：白东月　卢建兴
　　　　　路　平（职工监事）

经　理：刘贵彬（9月离任）

副经理：郭会明（9月任职，主持工作）
李忠民　周新林（9月离任）

党委书记：周新林（9月任职）
　　　　　刘贵彬（9月离任）

党委副书记：周新林（9月离任）

（李树学）

【概况】 首矿建公司2008年10月成立，注册资本5770万元。主营矿山工程、房屋建筑工程、冶炼工程土和石方工程、电子工程、钢结构工程、爆破与拆除工程施工，兼营劳务分包。检修矿山及冶金机械设备；销售建筑材料、机械设备、钢材、五金交电、金属矿石、非金属矿石、金属材料；租赁建筑机械设备；检修矿山及冶金机械设备；劳务服务；建设工程项目管理；技术咨询。拥有矿山工程施工总承包一级，房屋建筑工程施工总承包、冶炼工程施工总承包、土石方工程专业承包、钢结构工程专业承包二级，机电设备安装工程专业承包、电子工程专业承包、爆破与拆除专业承包三级资质(限人工与机械),获得 ISO9001 质量管理体系认证、ISO14001 环境管理体系认证和 OHSAS18001 职业健康安全管理体系认证。设有经营部、市场部、工程技术质量部、机动供应部、安全保卫部、财务部、政工部(人力资源部)、办公室、土建分公司、金结分公司、采矿一分公司、采矿二分公司、井巷分公司,从业人员 193 人。建安产值 4.3 亿元,利润 601 万元。

(李树学)

【社会市场】 首矿建公司承揽青龙天兴选矿扩建工程、河北华奥选厂工程、承德铜兴朝梁子尾矿库工程、承德黑山地采工程,社会收入 2.2 亿元。

(李树学)

【合作开发】 首矿建公司探索项目运营新模式,派遣 4 名工程技术人员赴中钢公司,合作参与新疆鄯善帕尔岗矿区鄯开铁矿建设,派出 2 名管理人员参与北京首科兴业工程技术有限公司承建安阳球团脱硫项目管理。

(李树学)

北京首钢重型汽车制造股份有限公司

【重汽公司领导名录】

> 董事长:郭志辉
>
> 副董事长:黄建兵
>
> 董　　事:刘凤祥　刘守新
>
> 　　　　　余亚军(11 月任职)
>
> 监　　事:白东月　罗　维　刘立伟
>
> 总经理:梁国强
>
> 副总经理:孙立舟　罗东武
>
> 总工程师:刘肇飞(4 月离任)
>
> 财务总监:李大发
>
> 销售总监:于晓飞(10 月任职)
>
> 　　　　　刘家麟(10 月离任)

(莫思文)

【概况】 首钢重汽公司 2006 年 7 月改制成立,注册资本 8600 万元,2011 年 9 月广西柳工收购首钢重汽公司 42% 股权,成为第二大股东。公司主要拥有 SGA3550 型、SGA3722 型、SGR50 型、SGR50C 型、SGE150 型、SGE170 型、SGE190 型、SGE190AC 型、

SGE240 型等系列矿用汽车,以及 SGA5650 型矿用洒水车、SGA9650 型废钢车、SGA92150 型矿用拖车等系列产品。公司设有财务部、综合管理部、研究所、质量控制部、矿用车营销公司、生产制造部、采购物流部,从业人员 165 人。矿用车及洒水车整机销售 15 台,销售收入 3089.01 万元。

(莫思文)

【新产品研发】 首钢重汽公司成功研制 SGR50C 型矿用卡车新产品,4 月 8 日下线并成功举行新产品下线仪式,6 月 20 日交付首钢马兰庄铁矿客户试验 1500 小时,第二台样机于 12 月送往北京试验场并完成可靠性试验。SGR50C 型是柳工加盟首钢重汽公司后自主研发的一款全新产品,2015 年将推向市场。11 月 25 日~28 日,SGR50C 型新产品参加在上海新国际博览中心举行的第七届中国国际工程机械、建材机械、工程车辆及设备博览会 Bauma China 2014(上海宝马展),吸引众多竞争对手及客户关注。

(莫思文)

【降本增效】 首钢重汽公司优化岗位人员配置,梳理岗位富余人员 11 人,采取待岗培训方式优化人员效率,终止 18 名劳动合同到期员工的合同。生产工艺文件配备率 70% 以上,改善和提升现场生产效率。借助首钢矿业公司及广西柳工采购平台,优化整合及开发供货方,可比采购成本降低 15.09%。

(莫思文)

北京首矿工程技术有限公司

【首矿工程公司领导名录】

> 董事长:刘立东(兼)
>
> 董　　事:李新明　张保刚
>
> 　　　　　黄军县(7 月任职)
>
> 　　　　　刘　军(职工董事)
>
> 　　　　　况盛阳(7 月离任)
>
> 监　　事:肖恩增　费志勇
>
> 　　　　　王景红(职工监事)
>
> 经　　理:李新明

(薛连民)

【概况】 首矿工程公司 2008 年 10 月改制成立,注册资本 1000 万元,北京首钢矿业投资有限责任公司、首矿工

程公司职工分别占股权 60% 和 40%。拥有冶金行业金属冶炼工程、冶金矿山工程设计资质及工程总承包资格,通过中国质量认证中心质量、环境、职业健康安全"三标"体系认证。掌握含磷、钛、硫等复杂难选磁铁矿选别工艺技术和露天采矿、中小型矿山地下开采技术。具备 60 万吨～200 万吨球团项目、90 平方米～360 平方米烧结机全套工艺设计能力。设有 3 个职能管理部、6 个专业设计室,从业人员 73 人,其中研究生 10 人,高中级职称 45 人。

(薛连民)

【主要指标】 2014 年,首矿工程公司以"设计水平提升、市场开发能力提升"为目标,打破设计业务单一制约瓶颈,探索转型发展新思路,不断提高自我生存发展能力,产值收入 5860.19 万元,同比提高 34.83%,利润 274.65 万元,同比提高 8.36%。

(薛连民)

【市场开发】 首矿工程公司巩固滦平、隆化、宽城、平泉、涞源等区域目标市场,承揽宽城中加矿业公司新型破碎站、承德创远矿业有限公司膨润土生产线扩能改造、涞源京源城矿业有限公司 800 万吨干选站、平泉兴隆源矿业新建破碎站矿石干选等设计项目。开发迁安、卢龙、青龙等周边市场,承揽卢龙龙舟实业公司选矿厂、青龙天兴公司选厂技改项目、青龙隆兴矿业选矿扩建工程、迁安宏达工贸有限公司灰石加工等设计项目。完成首钢京唐公司矿选分厂一期改造总包工程、宽城中加矿业公司新型破碎站 EPC 总包工程,从图纸设计、施工组织、设备选型、设备安装到重试、打产,全程负责。承揽首钢钢渣厂建筑垃圾处理、机械厂浴池空气源热泵改造、迁钢 1 号高炉冲渣水余热利用等设计项目。学习掌握节能减排、资源循环利用技术。

(薛连民)

首钢矿业实业公司

【实业公司领导名录】

经理:杨立文

副经理:冀小杰

党委书记:杨立文

(张志刚)

【概况】 实业公司 2001 年 1 月由原矿业公司生活服务公司、房产公司、厂容绿化队等后勤单位组建而成。承担矿区生活区供水、供电、供暖及物业、职工餐饮、住宿、厂容绿化等服务工作。设有经营管理科、生活管理科、计财科、劳资科、办公室、物业公司、绿化公司、南区生活服务公司、北区生活服务公司、动力工程公司,从业人员 619 人。2014 年,管理费用 5475 万元,非矿产值 6225.2 万元,超计划 1225.2 万元;社会收入 1064.45 万元,超计划 64.45 万元。

(张志刚)

【后勤保障】 实业公司实施南区生活水净化工程,滨河村及龙山两个清水泵站增加消毒及过滤设施,厂区宿舍安装步进式开水器,南区食堂安装一体化水处理设施,提升饮用水质量。修建体育馆东侧职工休闲广场。组织龙山 19 号楼北侧道路、机械厂道路、大石河磁选车间至烧结厂道路、28 亩地小区道路大修及机械厂北门桥翻建工程。组织家属区屋面防雨、室内外暖气及上水大修工程,更换部分家属区楼栋雨排管。

(张志刚)

【环保治理】 实业公司组织北区 4 台供暖锅炉脱硫改造,实现排放达标。实施机械厂浴池空气源热泵供热,改造污水泵站。2 月向迁钢试送生活污水,逐步稳定污水输送。

(张志刚)

北京首钢矿业投资有限责任公司

【矿投公司领导名录】

党委书记兼董事长：胡　军

副董事长：李　岩

董　事：孟祥春　谭　琴

监　事：李岩岩　孙月红

总经理：冯国庆

副总经理：耿云虹（12月任职）

（张存记）

【综述】　矿投公司由首钢总公司、中国首钢国际贸易工程公司共同出资，2003年12月1日注册成立，主营投资咨询、矿产品生产销售、贸易等业务。按照首发〔2013〕13号文件要求，矿投公司于2013年1月作为总公司二级公司运营，负责矿产资源开发管理，按发展战略研究开发矿产资源；作为总公司矿产资源投资合作平台，以总公司名义投资合作矿产资源类项目；承担矿产资源投资项目管理及与集团钢铁业经营生产衔接管理。矿投公司设财务处、经营管理处、审计处、办公室。为适应长远发展需要，增强战略发展和资金管理等职能，2014年9月，矿投公司以规范投资项目管理、提高投资权益为重点，调整机构设置，搭建"经营管控中心、战略发展中心、审计监督中心、人事行政中心"4个常设机构和1个专家委员会。矿投公司管理辽宁丹东、河北承德及宁夏吴忠等地区共14个矿产资源类项目。

2014年，矿投公司树立过紧日子的观念，从管理、技术等方面着手，制定措施方案，严格组织实施。在克服自身资源禀赋条件差、市场降价等不利因素情况下，通过职工共同努力，实现销售收入8.03亿元，利润1.21亿元，完成年度计划任务。

（张存记、于海峰）

【体制机制建设】　矿投公司坚持"集中管理、独立经营"的工作方针，为实现对投资项目"管得住、放得开"的管理目标，围绕6个方面完善制度体系，探索适应"一业多地"的管控模式：一是在独立法人治理结构下的分权制，明确"三会一层"权限划分；二是实施重大事项报告制度，建立快速反应机制；三是建立在预算体系下的激励机制，发挥和调动经营团队积极性；四是加强资金集中管理，提高矿投公司整体的资金使用效率；五是进行多层面的人员交流，锻炼人才队伍；六是开展内部审计和监督，规范项目运营，促进由"事后分析"向"事前预防"转变。

（张存记、于海峰）

【资源整合】　按照总公司提出的第一批资源整合要求，矿投公司落实宁夏阳光等4个项目划转工作。已完成神华蒙西股权划转；在宁夏阳光项目双方股东不再投入的情况下，为盘活项目资产，组织开展引入第三方合作者，与政府就解决剩余采矿权价款问题初步达成一致意见。按季度对集团矿产资源项目经营情况进行总结分析，完成通钢、水钢、伊钢等24个境内项目的现场调研。完成集团外部海洋铁矿等6个有合作意向资源项目的现场考察。退休专家发挥作用，指导编制《对外投资手册》，从投资原则、信息收集、调研准备、试验和预可研、立项、审批与实施等，提出每个环节的工作内容与标准，作为后期对外投资工作遵循的样板，规范投资决策流程。

加强市场信息分析与研判，融合专业机构力量，编写季度铁矿、煤炭市场运行报告，指导投资经营工作。启动对国内铁矿企业的基础调查，收集各企业的资源储量、技术指标、产品成本、经营状况等信息，建立资源项目信息库，筛选当前财务费用高、由于资金困难而陷入经营困境的潜力项目进行重点跟踪，在市场低迷期，寻找投资合作机会，为获取优质资源、稳定发展创造条件。

（张存记、于海峰）

【重点项目】　矿投公司引导投资项目按铁矿石62%普氏指数倒推算账，研究降成本措施方案，提高应变的超前性、主动性。丰宁三赢公司消化全部降价因素后，比上年减亏1200万元，其他项目全年实现盈利。辽宁硼铁公司研究高压辊磨超细碎工艺，完成方案论证和设计，开展硼镁联产试验，形成"先镁后硼"工艺技术，两个项目已纳入技改工作计划。信通首承公司把握经营生产的重要环节,巩固特色产品优势,稳定销售规模;把握销售时机,坚持零库存策略,精细化管理,全年实现利润2.06亿元,创历史最好水平。隆化顺达、新村两公司通过减员增效、技术改造、对标找差、利用货币时间价值、加大对外沟通力度等,向生产、经营、管理各个环节要效益,克服市场降价影响,盈利能力居矿山项目前列。

(张存记、于海峰)

首钢控股有限责任公司

【首钢控股领导名录】

(朱晓未)

董事长:靳 伟(12月任职)

副董事长:徐 凝

董 事:靳 伟(12月任职)

　　　　徐 凝 李志强

　　　　许春明(12月任职)

　　　　邹立宾(12月任职)

总经理:李志强

副总经理:陈立军(12月离任)

　　　　许春明(1月任职)

　　　　徐景海(1月任职)

财务总监:周一萍(1月任职)

总经理助理:王 强 任黎鸿 李 猛 罗 虹

(朱晓未)

【综述】 首钢控股有限责任公司是面向市场实行新机制新体制的大型产业类综合型金融控股公司。2004年11月24日注册成立,2005年7月正式运营,公司本部设在北京市石景山区石景山路乙18号院国际资源大厦。注册资本10.8亿元,首钢总公司、晋京资源投资有限公司、中国首钢国际贸易工程公司分别占股权的91.51%、5.71%、2.78%。

首钢控股公司实施"以金融为先导、以资源为支撑"的发展战略,投资煤矿、铁矿、钢铁、稀有金属与非金属、金融、物流、传媒、生物能源、高新技术企业9个板块,实现快速发展。公司本部设机构管理部、审计与发展部、计划财务部、人力资源部、综合办公室,有博士、硕士学位的员工占60%以上。

2014年,首钢控股公司围绕总公司战略部署,团结拼搏,直面挑战,优化结构,增强资产保值增值能力。

【首钢伊犁项目】 2008年11月,新疆维吾尔自治区、伊犁州政府与首钢签订战略合作框架协议,支持首钢对伊犁河谷的钢铁产业进行整合,以达到500万吨产能。2009年8月,首钢控股公司落实战略合作协议重组伊犁兴源实业有限公司,更名为首钢伊犁钢铁有限公司。首钢伊钢本部位于伊犁州新源县,注册资本10亿元,首钢控股公司占股权75%,经过前期运作,公司本部初步形成煤矿、铁矿、焦化、烧结、炼铁、炼钢、轧钢的产业链,产品以热轧窄带钢为主,钢材综合产能60万吨,并控股经营巴州凯宏矿业、库车天缘煤焦化、库车金沟煤矿、乌恰其克里克煤矿等资源性子公司。首钢伊钢具备年产70万吨铁、120万吨钢、60万吨带钢生产能力,原料配套具备70万吨烧结矿、150万吨铁精粉、70万吨焦炭生产能力。2014年,首钢伊钢生产生铁56.81万吨,钢坯56.97万吨,带钢56.85万吨,钢管17.9万吨,铁精粉128万吨,焦炭40万吨;销售收入19.09亿元,利润8037万元。

(朱晓未)

【首钢通钢项目】 通钢集团是有50多年历史的吉林省大型企业,是国务院振兴东北老工业基地重点支持的企业,主营铁矿采选、钢铁冶炼、焦化、冶金设计等,钢铁产能560万吨,资产总额300亿元,职工2万余人,2009年排名中国企业500强第203位。2009年7月24日,发生"通钢7·24"事件。2010年7月16日,吉林省政府与首钢签订战略合作框架协议,支持首钢以增资扩股方式重组通钢集团,持有通钢77.59%股权,其中首钢控股持有通钢53.36%股权。首钢通钢集团总部位于长春市,有通化钢铁、通钢矿业、磐石钢管、四平制品、通钢国贸、通自信等控股参股公司。

（朱晓未）

【首旺煤业项目】 2005 年首钢控股公司通过拍卖方式全资收购地方国有山西临汾翼城牢寨煤业有限公司全部股权,2009 年更名为山西翼城首旺煤业有限公司。该公司矿区井田面积 12.52 平方公里,煤炭地质储量 1.78 亿吨,可采储量 1.35 亿吨,设计可采储量 1.05 亿吨,煤炭品质优良,包括特低硫、低中灰、高热值贫煤,是优质气化、动力用煤;9 号、10 号煤层为高硫、中灰、高热值的优质气化、动力用煤。公司铁路公路交通便利。首钢控股公司引进设备,对该矿进行现代化改造,由炮采转为机械化综采,产能从 60 万吨提高到 120 万吨,成为山西临汾地区单一最大矿井。2014 年,首旺煤业全年共生产 230 天,原煤产量 75.68 万吨,入洗原煤产量 60.21 万吨,洗精煤产量 42.56 万吨;销售煤炭产品 66.31 万吨;全年累计实现销售收入 2.3 亿元,实现利润 1399.98 万元。

（朱晓未）

【西沟煤矿项目】 2008 年,首钢控股公司收购重组新疆昌吉呼图壁县小西沟煤炭有限责任公司。该矿始建于 1993 年,井田面积 0.9 平方公里,煤炭储量 2 亿吨,可采煤层有 4 层,总厚度 21 米,煤种为长焰煤,灰分少,含硫量低,发热值高。2009 年,首钢控股公司收购重组与该矿毗邻的地方国有大西沟煤炭有限公司。大西沟煤矿始建于 1958 年,2003 年改制成有限责任公司,矿区井田面积 6.25 平方公里,资源储量约 1.2 亿吨。

（朱晓未）

【华兵矿业项目】 丰宁华兵矿业有限责任公司位于承德西部丰宁满族自治县,主要生产矿产品。2008 年,首钢控股公司收购该公司绝对控股权。2011 年 12 月,华兵矿业更新采矿许可证,矿区面积扩大到 8.99 平方公里。公司注册资本 8100 万元,首钢控股公司占股 97.25%。华兵矿业落实发展规划,当地投资建设年产 60 万吨铁、30 万吨磷、10 万吨钛的综合加工项目。

（朱晓未）

【宜昌铁矿项目】 2007 年,首钢控股公司开发湖北宜昌长阳土家族自治县火烧坪乡的高磷铁矿项目,注册成立全资子公司长阳新首钢矿业有限公司,完成高磷铁矿选矿工业化试验,设计一期项目年采选高磷铁矿 60 万吨。2014 年,长阳新首钢矿业矿山井巷井上井下工程全部完工,完成井下电气、安全避险六大系统、采矿设备安装。

（朱晓未）

【村镇银行项目】 南阳村镇银行是中国银监会试点的首家地市级村镇银行。2010 年 8 月,天津市政府、首钢控股公司提议并协调,启动南阳村镇银行筹建工作。9 月,首钢控股公司作为发起人之一,向南阳村镇银行出资取得 10% 的股权。加上首钢控股公司已投资的关联方河南天冠集团、南阳天利酶制剂有限公司持有南阳村镇银行 15% 的股权,实际控制权 25%。2010 年 12 月 30 日,南阳村镇银行总行、宛城支行、淅川支行挂牌营业,是中国第一家地市级总部的村镇银行。2011 年上半年,邓州、新野、镇平、内乡、社旗、西峡 6 家支行相继营业,年底实现南阳市 13 个区县全覆盖。2012 年初实现盈利。南阳村镇银行项目是首钢控股公司实施"以金融为先导"战略的重要举措。2014 年底,南阳村镇银行存款余额 35 亿元、贷款余额 30 亿元、实现净利润 8660 万元。

（朱晓未）

【柔性加工及无人机项目】 2012 年 3 月,首钢控股在镇江新区投资成立江苏首控制造技术有限公司,注册资本 1 亿元。该公司是制造重型柔性化机械加工设备和高端复合材料联动生产自动线的高新技术企业,核心产品 FMS9000M3A·B-12"多龙门嵌套加工系统",具有加工工艺调整和设备重组功能,最大加工长度 180 米～200 米,最大加工宽度 15 米,用于高端复合材料联动生产线和航材、智能、功能材料及梯度工程结构体产品的生产制造,拥有自主知识产权。2014 年,江苏首控完成龙门和导轨基座系统机械部分的全部安装,并完成龙门控制系统的安装和调试。另外,长航程无人驾驶飞机、四旋翼直升机已初步试飞。

（朱晓未）

【人才队伍建设】 首钢控股公司持续优化人才队伍结构,加强项目公司的干部队伍建设。做好二级单位领导班子考核、干部考察、后备干部选拔工作,加大本部与二级单位的干部交流、挂职力度。组织全体员工观看习总书记讲话,开展多样化培训,组织本部全员培训 31 次,鼓励员工参加业务培训和在职攻读博士、硕士学位,提高员工队伍的素质和能力,通过登山、消防演练、环厂跑等活动,以及为员工购买电影票、游泳票、办理公园年票,丰富员工业余文化生活,密切党群关系、增强凝聚力。

（朱晓未）

【荣誉称号】 首钢控股公司评选首钢三创标兵1人,优秀共产党员1人,党务工作热心人1人,党员示范岗

称号2人,优秀青年人才2人。首钢控股公司三创标兵11人,首钢控股公司先进职工98人,首钢控股学习标兵1人。

（朱晓未）

北京首钢鲁家山石灰石矿有限公司

【首钢鲁矿领导名录】
董事长:张竞先
副董事长:吴 秦(女)
董 事:张竞先 吴 秦(女)
　　　　李文康 张山林 郭金保
总经理:张山林
副总经理:王金波 王 海 郇红星
　　　　倪任付(8月任职)
党委书记:张竞先
纪委书记:张竞先
工会主席:张竞先
总会计师:倪任付

（柳 岩）

【综述】 北京首钢鲁家山石灰石矿有限公司(简称首钢鲁矿)生产冶金用石灰石、白云石、石灰系列产品,1951年建矿,2006年改制。公司注册资本3600万元,总资产4亿元。首钢鲁矿主要经营业务为石灰石、白云石开采加工,石灰石、白云石焙烧及生石灰的深加工和消石灰生产。在露天矿山设计、开采、加工及新型节能环保石灰竖窑、氢氧化钙生产线的设计、制造、安装方面具有较强实力。拥有全国通用营业性爆破作业资质,可承揽爆破工程设计施工。经营机械制造,普通货物运输,生产建筑材料,内燃设备维修,会议服务,销售建筑材料等业务。首鲁矿总部设在门头沟石龙开发区石龙高科大厦,下设7个部室、2个车间,分别是:党群部、经理办、人力资源部、财务部、经营部、技术开发部和安全部,以及鲁采车间、维检中心。下辖4个全资子公司、2个合资控股子公司,分别是:首秦石业、京唐石业、唐县

石灰石矿、龙世源度假村,卢龙白云石矿和建昌石灰石矿。在册职工175人,其中在岗职工171人。

（柳 岩）

【主要指标】 2014年,首钢鲁矿采取有效措施,发挥整体协同优势,全年实现销售收入2.6亿元,完成计划的18.2%;利润6813万元,完成计划的258.58%;上缴投资回报378万元。主产品产量245.6万吨。其中:石灰石159.2万吨,白云石72.1万吨,生石灰9万吨,轻烧白云石3.8万吨,消石灰1.5万吨。

（郭金保）

【重点工作任务】 首钢鲁矿开展矿山恢复治理工作,累计投入资金约700万元,修复采场道路两侧的植被;完成生产线的全部封闭及除尘改造;以及生产线周边及北侧边坡的地质环境恢复治理工作,6月首钢鲁矿北京南区正式被国土资源部批准为国家级绿色矿山试点单位。启动办理南区采矿证延续手续,12月8日取得北京市国土资源局颁发的采矿许可证,批准采矿面积0.2425平方公里,采矿期限6年,自2014年12月8日至2020年12月7日。矿山环保设施完善、环境治理和设备迁移、改造项目均按计划完成。累计投资近2000万元对北京南区、卢龙矿、建昌、唐县矿和首秦石业上平山矿实施环保治理项目和周边环境整治。

（郭金保）

【环保治理项目】 首钢鲁矿对北京南区6号线进行整体封闭和增加环保除尘设施;新建卢龙矿2号生产线3600平方米封闭厂房和除尘设施。完成建昌矿1号生产线检修和设备改造,新建600平方米储煤大棚等;完成唐县矿1530平方米生产线封闭、设备改造和上除尘

设施;首秦石业上平山矿完成两座灰窑拆除、生产线整体迁移和改造项目。小部落新建石粉加工线项目和首秦石业院内新建脱硫灰生产线等。

（郭金保）

【人员安置工作】 首钢鲁矿为妥善解决南区富余人员的再分流再安置问题,制定分流安置方案,8月15日召开职工代表会议,通过具体方案并组织实施。共分流安置15人,其中双方协商解除劳动合同12人,外地实体工作3人。

（郭金保）

【会议服务】 首钢鲁矿完成全国冶金体协第五届理事代表大会在度假村的接待服务工作。对现有房屋及设备设施进行检修,做好人员服务准备。会议期间,公司主要领导和相关部门参与接待,配合度假村做好服务保障,受到与会领导的好评,完成上级交办的任务。

（郭金保）

【技术创新】 首钢鲁矿白灰竖窑自有技术研发、创新和申请专利工作取得历史性突破。先后在设计建设混料机械化小粒度石灰窑、石灰竖窑布料器、石灰竖窑多点出灰装置和石灰竖窑上料装置等方面形成自有技术。获得石灰窑体、布料器、上料装置和多点出灰装置四项专利,首钢鲁矿首次实现无技术专利的突破。

（郭金保）

【市场开发】 首秦石业下半年开始恢复对首秦公司烧结灰的供应,上调了产品价格。脱硫灰进入首秦烧结厂,首秦石业供应首秦公司的产品增加到5个。建昌矿先后与河北钢铁集团燕山钢铁有限公司、鑫达钢铁公司等单位建立产品供应关系,扩大了产品产量。针对河北地区加大治理运输车辆超载力度,产品运输能力下降50%,石灰石运费上涨20%的实际情况,公司抓产品质量,提高石灰石、石灰质量稳固社会市场用户和产品价格,保持了社会产品利润水平。通过采取降低破碎加工费用和将石灰石成块率由50%提升到52%等措施,降低了成本。全年实现销售收入1.12亿元,利润939.9

万元,均创最好水平。建昌矿已初步形成对首钢鲁矿的重要支撑,成为了资源基地快速发展的新亮点。

（郭金保）

【企业管理】 首钢鲁矿狠抓制度建设,加强基础管理工作。一是根据总公司监事会监督检查提出的公司制度不完善、修订不及时等问题,全面加强制度建设。通过抓好全面清理审核,修订完善和汇编成册等环节的工作,各项制度、规定、单位部门及个人的岗位职责和基础台账符合实际需要,利于执行、检查和考核。二是对财务、计量、《生产日报》《销售日报》、货物编码、供应商编码以及客户编码等重新统一编码。加装各地计量系统网络版的操控软件,实现计量数据的同步上传,强化监督作用。三是加强矿权确界工作。先后完成北京南区、建昌矿和上平山矿的矿界确认和埋桩工作,加强地界的巡视次数。四是京唐石业按照京唐公司的统一要求和标准,开展6S项目管理达标工作,通过京唐公司6S项目管理的检查验收。五是公司单独设立安全管理机构,调整公司《安全生产委员会》组成人员;完善安全生产管理网络,开展新《安全法》培训。

（郭金保）

【党群工作】 首钢鲁矿开展党的群众路线教育实践活动,转变干部作风。解决职工的异地补贴、交通和吃饭补贴不统一问题,提高补贴标准、明确补贴范围;实施全员性工资普调和每年按比例实行工资晋级的举措,维护和解决职工的切身利益和合理诉求。首钢鲁矿党委充分发挥工会组织作用,通过召开职代会等多种形式扩大和保证职工对企业的知情权和管理企业的参与权。开展帮困助学和"两节"期间送温暖活动。为会员办保险,职工参保率98.92%,有6名职工住院获赔8385.61元;组织帮困助学捐助,174人捐款9220元,有6名特困（困难）职工的4名子女获得帮困助学资金1.1万元。为特困退休职工捐款1.1万元;走访慰问职工40户,送去慰问品34份,发放困难职工补助2.46万元。

（郭金保）

园区开发管理

新产业开发管理部

【新产业开发管理部领导名录】
　　部　长:李小平(7月离任)
　　副部长:袁新兴(7月任职,主持工作)
　　　　　　闫　杰(9月离任)
(刘小飞)

【综述】　首钢总公司新产业开发管理部前身为高端产业开发部,按照总公司《关于完善园区和新产业开发管理组织架构的通知》精神,高端产业开发部重组更名为新产业开发管理部。主要行使新产业开发综合协调管理职能,负责研究国家和地方政府有关产业发展政策,代表总公司与政府相关部门对接产业政策和项目开发等工作,负责新产业发展趋势预测及开发建议,组织制定新产业发展规划和项目开发实施计划,组织新产业开发项目前期调研论证和效益分析评估,负责新产业项目合作组织,协调新产业项目开发及日常管理等。新产业开发管理部下设新产业开发处、政策研究处、协调管理处和综合管理处,定员23人,在岗人员15人,80%以上为本科学历,其中博士2人,硕士6人。
(刘小飞)

【新产业开发】　按照总公司打造城市综合服务商,进入城市基础设施产业的要求,新产业开发管理部通过多渠道汇总梳理北京市拟建和在建的全部311个城市基础设施项目,对项目逐个进行研究,提出可参与设计、施工的项目27个;可参与投资、运营环节的项目66个;可跟踪进展,力争参与的项目102个。新产业开发管理部将拟建和在建项目分解给相关单位,并跟踪了解项目进展,首钢完成APEC会议首都重大活动服务保障、可升降路桩和防撞护栏、平原造林等城市基础设施项目。完成借助中关村管委会展示平台宣传首钢新产业、新技术成果的前期工作。与工业和信息化部、北京市发展与改革委员会(简称市发展改革委)、北京市经济与信息化委员会(简称市经济信息化委)对接,了解新产业和新项目趋势,开展与深圳光启研究院、瑞士皮拉图斯飞机制造公司、葛洲坝能源重工有限公司等对接沟通和项目

争取工作。
(赵　平)

【新产业协调】　新产业开发管理部按照总公司的要求,组织与中关村管委会召开第一次工作对接会、签署合作备忘录,完成在中关村展示中心展示首钢的"新一代可循环钢铁制造流程"等14项产品及成果的提报工作。组织环境产业公司作为首批会员企业加入中关村智慧环境产业联盟。17家具备纳入中关村重点服务范畴的企业情况报送中关村管委会产业处。会同技术研究院、北冶公司、环境产业公司、京西重工等与中关村管委会产业处等就纳入中关村开放实验室事宜进行对接。会同首钢相关单位与海尔集团,就租赁西十筒仓及在首钢园区建设海尔孵化器、展览展示中心及实验室事宜等进行沟通,海尔北京创新中心的智慧烤箱项目已落户京西创业公社,完成工商注册等手续。组织园区开发部和京西创业公社等申报中关村现代服务业试点项目,其中京西创业公社的新型产业链孵化平台项目评审通过,获得财政资金支持。与中关村管委会规划处等就首钢建设中关村特色产业基地具体事宜进行对接。与清华电机就在首钢市场推广无功补偿装置,与合力清源公司对接餐厨垃圾制天然气示范项目等进行对接。完成北京华胜天成公司下属新云公司租用微电子公司厂房改造相关工作,并争取到北京市财政资金支持。利用与北京市科委等组建的科技成果筛选与转化平台,对科拓实创公司推荐的两批共17个项目进行研究,并与北京大学工学院就动力学仿真技术项目等进行对接沟通。参加首钢微电子产业发展研讨会,并对产业发展和规划方案等提出建议意见。
(刘　辉)

【政策研究与对接】　新产业开发管理部与北京市交通委、北京市发展改革委、北京市经济信息化委、北京市质量监督局等政府部门对接了解北京市立体车库和充电桩相关规划、政策资金支持信息,并向总公司领导专题汇报。与北京市公联公司及公联安达停车管理有限公

司、北京金地停车管理公司等对接立体车库和充电桩项目合作。组织首建公司、机电公司等研究申报北京市科委"关于'立体停车库充电设施研制及示范'课题"。协调首建公司取得平面移动式立体车库的特种设备制造及安装维修许可证。收集北京市2014年及未来三年市政重点建设项目及前期项目等信息,以及开展业务所需资质条件,向总公司进行专题汇报。根据《北京市新增产业的禁止和限制目录(2014年版)》,与机电公司、京西重工、首自信、吉泰安等企业进行沟通,并向总公司领导进行汇报。梳理《石景山区新增产业的禁止和限制目录》,提出相关建议意见,报石景山区发展改革委。梳理国家、北京市取消和调整行政审批项目的相关文件,并向涉及的业务公司等进行沟通。协助首钢环境产业公司取得中关村高新技术企业认证,完成首钢总公司取得中关村高新技术企业认证工作。

(严 慧)

【综合管理】 新产业开发管理部起草总公司职代会附件"新产业发展计划安排"。起草并完善《首钢新产业中长期发展规划纲要(2014～2020)》。组织云翔公司、首钢医院、体育文化公司等单位申报国有资本金经营预算。协助北京市经济信息化委、北京市科委等在首钢金顶街五区举办"新能源汽车进社区"活动,并推介机电公司充电桩。组织编发新产业工作周报,向总公司定期反馈工作进展;每月向石景山区经济信息化委报送《首钢地区转型发展过程中存在的问题及工作进展》;每季度编写《首钢北京地区产业转型与新产业开发工作分析》,并报送总公司。起草首钢转型发展初步思路及主要内容,与中关村管委会进行对接沟通,完成与中关村管委会的工作对接方案。研究起草首钢新材料有关内容,并向北京市经济信息化委进行了汇报。提供总公司向北京市委市政府上半年形势分析会所需要的新产业发展素材。研究《关于首钢污染土壤修复项目立项的请示》提出建议意见,汇总园区开发部、园区管理部2014年在建、拟建项目报北京市发展改革委。起草第二届钢铁行业非钢产业大会会议材料并参会,与参会单位进行研讨交流。参加中法龙马巡演经验总结交流会,与参会单位进行交流。统计新产业信息,完成日常信息报送、董事会执行情况反馈、专项材料汇报等工作。

(刘小飞)

园区管理部

【园区管理部领导名录】
    部　长:李国庆(6月任职)
    　　　　周大沆(6月离任)
    副部长:付庆来　吴光蜀(12月离任)
    部长助理:周光磊
    党委书记、纪委书记、工会主席:李小平(6月任职)
(孙文学)

【综述】 园区管理部于2013年3月14日成立,主要负责园区内停产资产、拆迁组织、基础设施以及铁、钢、轧管理处的管理等。2014年4月,总公司重新调整了园区管理部架构,将一线材等7个管理处、保卫武装部的北京园区保卫和防火业务、资本运营部的园区报废和闲置资产处置业务、规划发展部的北京园区房地产管理业务、办公厅厂容监理绿化以及园区土地和房屋资产相关业务、供应公司废旧材料回收加工业务等划入园区管理部,形成10个专业处、7个实体、3家考核管理单位的新机构。2014年9月15日,经总公司批准成立园区管理部党委。截至2014年末,在岗职工3475人(含各管理处),其中专业管理人员647人,操作岗位2828人;研究生及以上学历33人,大学本科学历498人,大专学历731人。

(孙文学)

【资产处置】 2014年,园区管理部共处置资产原值46.60亿元,净值17.10亿元,涉及设备14157台套,重量约6万吨,建筑物85项,面积6.65万平方米。其中各基地利旧资产28项,资产原值13.42亿元,净值7.47亿元;对外盘活上市资产38项,资产原值16.13亿元,净值4.91亿元,成交17项,成交资产原值4.08亿元,净值

1.09亿元;报废资产原值17.05亿元,净值4.72亿元。

（孙文学）

【拆迁工作】 园区管理部完成型材厂二车间、古城南路地块、机械厂特重厂房和大壁画、晾水池东路、二焦炉90米烟囱、筒仓区域第二批设备设施、配合热力管线拆除、动力厂退运电缆拆除等40项拆除项目。全年回收废钢3.4万吨,拆除建(构)筑物面积15.5万平方米,实物拆除总量是过去3年总和的1.3倍。

（孙文学）

【基础设施建设】 园区管理部完成园区过渡期供电、供热改造以及长安街西延线临时围墙3项新(改)建工程项目。9月,园区内部电网强化以及九总降至永定站110千伏线路外线主体工程全部完成。园区过渡期供热改造工程完成3座换热站、3.69万米管线、1701组暖气片的安装冲洗打压验收工作,40多个供热点全部按期送热。西延线临时围墙(除庞村段暂不具备施工条件外)全部施工完毕。完成首钢水厂可研、环评、地勘报告的编写工作,对首钢地区水源管网进行规划,形成水源管线的布置方案和配水管线设计工作。

（孙文学）

【转型分流】 园区管理部坚持以"新项目转移为主导、

多元化项目为辅助、人员退出机制为补充"的原则,稳妥推进人员转型分流工作。引导职工进入新岗位及退出企业;调整业务模式、开展"三定"工作,全面清退劳务用工并压缩保安人员。全年转型分流退出438人,清退劳务工106人、保安99人。

（孙文学）

【费用节降】 园区管理部全面开展费用节降工作,按照月度费用计划指标的5%向各单位逐月下达降低费用指标。核算每一笔费用支出,严格控制每一笔费用的发生;开展群众性的降费活动,测算每个灯泡、每个水龙头的费用。全年预算费用55838万元,比年计划降低9549万元,降低率14.60%。

（孙文学）

【综合管理】 园区管理部制定园区综合管理办法,实现全面管控,贯彻落实安全生产责任制,加强管理做到"不出事";强化工程管理,制定实施工程承包管理方案,按期完成工程项目,做到"不误事";实行紧急重要事项工作单制度,提高办事效率,推进重点工作,解决实际问题,做到"干实事"。

（孙文学）

北京首钢建设投资有限公司(园区开发部)

【首建投公司领导名录】

北京首钢建设投资有限公司

董事长:孙永刚

副董事长:刘　桦

董　　事:方建一(2月离任)

　　　　　郭　荣(12月离任)

　　　　　邹立宾　马东波(12月任职)

专职董事:周大沆(12月任职)

监　　事:范大义　王保民　张清暖

总经理:马东波

副总经理:胡立柱(7月离任)

　　　　　兰新辉(7月任职)

　　　　　王达明　雷日赣(9月离任)

金洪利(9月任职)

财务总监(副部厅):尹雪梅(10月任职)

总经理助理:胥　延(7月任职)

总规划师:白　宁

总经济师:张之琴

园区开发部

部　　长:马东波

副部长:胡立柱(7月离任)

　　　　兰新辉(7月任职)

　　　　王达明　雷日赣(9月离任)

　　　　金洪利(9月任职)

财务总监(副部厅):尹雪梅(10月任职)

（冯尧刚）

【综述】 北京首钢建设投资有限公司(以下简称首建投公司)2010 年 6 月 21 日注册成立,是首钢总公司的全资子公司,承担首钢北京地区搬迁腾退土地的开发任务。主营项目投资与管理、土地开发、房地产开发、施工总承包、专业承包、商品房销售、房地产经纪、房地产价格评估、物业管理、物资销售、技术咨询与服务,承担新首钢高端产业综合服务区的开发建设。2013 年 1 月 23日,首钢总公司印发《首钢总公司关于完善园区和新产业开发管理组织架构的通知》(首发〔2013〕18 号),整合首建投公司和管委会办公室(高端产业开发部)有关业务,设立园区开发部,与首建投公司一套机构两块牌子,按总公司授权承担和推进园区土地开发工作,负责组织收集、研究、分析国家和地方政府有关园区开发政策和规定等,园区土地开发规划、实施方案、办理授权等园区开发管理与实施组织,工业区厂中村等公共民用建筑和设施拆迁组织管理工作。代表管委会牵头组织与市区有关部门业务对接工作并协调园区开发工作;负责园区开发招商合作管理工作,传达和组织落实管委会决定、决议,督促、检查、反馈、考核有关工作事项落实情况。

首建投公司(园区开发部)内设 9 个专业管理部门和 4 个项目管理部,分别是办公室、人力资源部、计划财务部、开发部、规划设计部、招商政策部、工程管理部、合同预算部、招标采购部及养老产业项目管理部、项目管理一部、项目管理二部、项目管理三部。

首建投公司(园区开发部)定编 125 人,在编员工82 人,其中博士 3 人,硕士 26 人,本科学历 47 人,高级职称 11 人,中级职称 29 人。

(冯尧刚、刘玉川)

【政策争取】 3 月,按照国办发 9 号文件和国家发展改革委有关文件,北京首钢园区成功纳入全国城区老工业区搬迁改造试点范围。北京市政府颁发《关于推进首钢老工业区改造调整和建设发展的实施意见》,明确了给予首钢按照新规划用途落实供地、专项使用首钢土地收益、创新投融资模式、合作招商选资引智、建立健全工作机制等六项政策支持。

(冯尧刚)

【基础设施】 首建投公司(园区开发部)配合北京市公联公司实现长安街西延项目园区内进场施工;配合北京市自来水集团完成长安街供水管线选线工作;配合北京市热力集团实现西北热电中心热力管线项目如期开工。

就北辛安路北段项目,与石景山区重点工程建设中心和北京市公联公司建立对接机制,配合完成道路红线的定桩放线及红线内绿植测绘;就轨道 S1 线与石景山区重点工程建设中心、北京市轨道交通建设管理有限公司、北控磁浮公司建立了对接机制,围绕拆迁、拆改移范围以及征地模式等事项沟通,并开始地块拆除工作;配合丰沙线改建工程建设指挥部完成社会稳定风险评估及前期调研;配合完成丰沙线东滨河路道路方案。

(冯尧刚)

【专项规划】 首建投公司(园区开发部)为深入贯彻习近平总书记视察北京时关于北京城市建设的重要指示精神,做好首钢北京园区规划,在北京市规划委的直接领导和支持下,于 11 月启动园区城市风貌专题研究工作。由中国工程院副院长徐德龙、院士吴良镛、张锦秋、程泰宁等专家组成,建立以中国工程院联合北京市规划院、北京市建筑设计研究院、清华大学建筑学院等单位的工作平台,共同开展首钢园区城市风貌研究设计工作。此外,城市设计导则专项研究完成控制原则和概念性城市设计图则阶段性成果;地下空间规划完成控制要求和概念性规划控制引导图;人防专项规划完成设计单位选定并基本完成地下空间资源调查;绿色生态规划完成概念性规划方案;交通专项规划研究取得最终成果;智慧园区规划顺利通过国家智慧城市试点终审。

(冯尧刚)

【招商合作】 首建投公司(园区开发部)联合市投促局、侨办、区政府等单位多次举办专场招商活动;利用科博会、京交会、京港洽谈会等平台对园区项目进行推介;利用互联网渠道对外宣传推广首钢园区及先期启动项目。据不完全统计,累计联系市场企业 500 余家,接待意向投资企业 70 余家。落实北京市与招商局集团战略合作协议的有关要求,与招商局集团洽谈中国网谷合作项目。在国侨办和北京市侨办的领导下,联合侨商资源,推进世界侨商创新中心项目。

(冯尧刚)

【项目建设】 首钢西十筒仓改造项目开展主体工程改造及部分配套工程建设,进行精装施工。二型材改造项目按照绿色建筑三星标准,完成立项及概念性方案、景观概念设计方案和建筑方案完善深化等工作。国际生态健康产业园项目一期(一耐养老项目)完成可行性研究论证及内部立项,完成项目概念性方案设计,启动场地评价、规划水资源论证、建筑方案设计等工作,办理控规调整。首钢广场项目和古城南路招商局合作项目完成拆除工作,进行项目论证。晾水池东路取得北京市规划委道路工程设计方案批复,完成部分专业施工图设计。特钢绿能港科技中心项目完成用地控规调整并纳入北京市绿色审批通道,完成方案征集、立项备案、规划

条件办理等工作。二通园区南区建设棚改定向安置房项目获得北京市住建委批复,原二通厂机装车间和厂办公楼改造一中院审判业务用楼项目完工并交付使用,首意工坊项目实现成功招商。

(冯尧刚)

北京首钢园区综合服务有限公司

【园区服务公司领导名录】
董事长:孙永刚(11月任职)
许建国(11月离任)
副董事长:孙永刚(11月离任)
董　事:李国庆(12月任职)
　　　　周光磊　戴　利
　　　　周大沆(7月离任)
专职董事:周大沆(12月任职)
监　事:王志坤
党委书记:戴　利
党委副书记:车宏卿(3月离任)
总经理:戴　利
副总经理:汪　兵　张立新
经理助理:石宗砚

(李　晋)

【综述】　北京首钢园区综合服务有限公司(简称园区服务公司),成立于2013年6月6日,注册资金900万元,是首钢总公司全资子公司,集项目设计施工、制作安装,城市服务于一体,承接市政基础施工、机电安装、汽车租赁、生活服务、物业管理、园林绿化、景观设计等业务。公司以"服务城市,让首钢服务成为客户首选"为宗旨,着力打造城市综合服务商;坚持以人为本,感动客户,成就员工,追求为客户提供优质的服务产品,为员工创造满意的职业生涯,实现员工与园区开发共成长。园区服务公司设经营审计部、工程技术部、人力资源部、采购部、财务部、安全保卫部、党群工作部、办公室8个职能部门,园区建设事业部、机电安装事业部、增值服务事

业部、设备租赁项目部、物业公司、绿化公司6个实体部门。2014年底园区服务公司在册职工1088人,平均年龄44岁,其中硕士2人,本科98人,大专202人;高级职称4人,中级职称9人;高级技师10人,技师76人,高级工359人,中级工168人。

2014年,园区服务公司在首钢总公司确定的"北京首钢园区要成为国际一流和谐宜居之都的示范区,成为首都创新驱动的承载平台及最有活力的区域之一"战略定位指导下,拓展六大板块业务,完成一批重点工程和服务项目,初步实现稳中求变、创新发展,在"履行社会责任,做新型城市综合服务商"的道路上迈出坚实步伐。

(李　晋)

【经营指标】　园区服务公司全年实现收入17482万元,为年计划15940万元的109.68%,其中,公司本部7762万元,物业公司852万元,绿化公司8868万元;全年发生费用21325万元,比年计划增加1959万元,主要原因是新接收园区职工295人,相应增加费用2336万元;全年利润比年计划减亏35万元。

(李　峰、张红卫)

【经济增长点】　园区服务公司完成原首房物业100%股权划转及名称变更,成立首钢物业公司;完成首钢绿化公司35%股权的划转;完成红楼、文馆、月季园等9个项目的接收工作;取得机电设备安装施工专业承包三级资质、园林绿化设计施工一级资质、物业管理二级资质、道路运输许可证等11项资质,为开拓社会市场打下良好基础。探索园区开发和管控体制,调整组织架构,转变开发思路,在服务、物业、园林绿化等业务板块上拓展

经营范围和服务项目。

（董升飞）

【维修看护】 园区服务公司完成铁区、钢区、轧区、供应公司、技术研究院等7个区域设备设施维护及园区550台空调维护检修工作；琳苹小区及园区开发部23部电梯维护；承接大物流的看护工作及建工部设备处、设备部备件处等库房的代管，代管面积42万平方米，设备2.65万台套，资产65700万元。

（李璟华）

【拆解拆除】 园区服务公司拆除二炼钢、三炼钢、铁区管理处电缆130万米310吨；拆除铁区、轧区变压器共78台300吨；二型材车床44台177吨；张仪村钢轨1.33万米1150吨；拆除三高炉、五高炉钢结构589吨；拆移博物馆文物30台套200吨；破解、倒运西十筒仓废钢8950吨；为伊钢修复拆包、拆炉机2台。

（李璟华）

【设备设施安装】 园区服务公司完成中央空调安装项目，约2万平方米，合同额609万元；完成西十筒仓25300平方米暖通空调安装，合同额1270万元；完成初轧食堂电梯迁移改造；参与西十筒仓14部电梯安装；完成西长安街2078米、首钢老区1号至4号高炉1080米围挡制作安装；完成西十筒仓5块广告牌60吨钢结构的制作安装任务和古城南路新建围墙的修建及旧围墙改造任务。

（朱　戈、陈　颖）

【基础设施】 园区服务公司完成群明湖防渗排水40万立方米，封堵6处，浇筑砼422立方米；修缮小西门、煤制气等厂区道路2600平方米；完成5号站超市、厂区3座浴室及焦化食堂改造项目；完成铁区、钢区、轧区、运输管理处、一线材防雨设施2.8万平方米；完成5号转运站、初轧食堂等地过渡期供暖改造10260平方米；修缮铁区、钢区、轧区围墙650平方米；完成建筑垃圾分类存放20万立方米。

（陈　颖）

【租赁业务】 园区服务公司签订车辆租赁合同96份，合同金额659万元，其中外部合同11份，合同金额69万元；完成园区内部临时用车331台次，收入44.5万元；与中联重科签订战略合作协议，引进吊车14台，货车10台，装载机3台；开展汽车修理业务。

（孙　辉）

【贯标工作】 园区服务公司梳理编写管理体系程序文件23个，规范原始记录清单表样99个，识别环境因素89项、危险源102项，法律法规134个，梳理规章制度120项，分解落实管理体系目标、指标66条，编制完成管理手册；3月18日体系开始试运行，5月份内审发现问题42项，开具不符合项12项，通过整改，初步形成自查、自改机制；一阶段现场审核后，针对外审提出的9项整改意见，完成现场整改各项工作；7月16日，通过中国船级社质量认证公司质量、环境、职业健康安全管理体系认证，8月6日取得管理体系认证证书。

（刘春梅）

【物业服务】 园区服务公司承担焦化、初轧、地下餐厅3个食堂和7个送餐点的餐饮服务，日供餐1500人次；承担厂区内3个浴室服务管理工作，实现收入500万元；承接琳琅庄园、苹果园四区、信园小区和迁钢小区等住宅物业管理，面积35.68万平方米；承担园区开发部、管理部等办公楼近10万平方米的物业服务，安置转型职工281人；在园区建立公共自行车租赁点；完成红楼、文馆等9个点的接收工作；开办首钢服务社，8个月营业额530万元；开发南官山生态园，开展种植、养殖工作。

（王素芹）

【园林绿化】 园区服务公司完成京唐公司、迁钢公司、迁焦公司和顺义首钢冷轧公司312万平方米的绿化美化工程及养护工作；与社会单位合作或独立开发、承揽完成部分北京市平原造林、公共绿地景观提升及居民区绿化工程；完成杨庄中区绿化、老山休闲中心景观提升、法海寺门前广场、大兴平原造林、门头沟平原造林、门头沟石门营安置小区景观提升、河北松钢、燕钢绿化工程与养护等项目。实现销售收入8800万元，首钢集团外创收2899万元，获北京市"优秀园林企业"、北京市园林绿化行业AAAA级守信企业称号。

（彭燕艳）

【培训转型】 园区服务公司按照首钢党委提出的"用世界眼光、战略思维，分析和解决当前面临的矛盾和困难"的要求，建设学习型企业。一是领导干部带头学。中层以上干部坚持每天早间半小时集中收看中央新闻联播、首钢新闻和园区服务公司视频新闻。二是结合实际专题学。举办17期管理人员培训班，开展学制度、学流程、学职责、学业务专题培训。三是走出去交流学。

组织中层干部和管理人员到龙湖物业、秀铁主题餐厅、创业公社等地参观学习交流。四是开展留守职工转型发展技术培训。全年共培训4917人次,举办各种培训班27个,围绕新产业开发组织电梯安装维修等特种作业人员培训40人,初步掌握轻钢制作、空调、电梯安装技术,培养骨干队伍,通过师带徒、互帮互学等形式,形成三支专业化安装队伍,留守职工实现转型发展。举办首届职工技能大赛,成立王文华焊工大师工作室,为培训高技能人才创造条件。

(李 辉、田 力)

【薪酬分配】 园区服务公司认真落实首钢深化改革指导意见,建立干部能上能下,收入能涨能落,职工能进能出的用人机制和薪酬机制。坚持效率优先、兼顾公平的原则,完善考核分配体系,调整考核指标体系,制定专业考核细则,先后3次调整各单位考核指标,发挥激励作用,促进任务完成。

(李 辉、李 亮)

【党群工作】 在群众路线教育实践活动中,园区服务公司党委班子、党支部征求职工意见,召开座谈会12次,针对问题认真整改,为职工排忧解难,对47人次发放困难补助金19100元;物业公司干部职工为困难职工捐款万余元;政工专业人员常态化深入基层,及时了解职工思想动态,做好矛盾疏解工作;开展季度立功评奖活动,树立正面典型,表彰先进集体25个,先进个人114人次;组织文体活动17次,开办阅览室、活动室,丰富职工业余文化生活。营造团结协作、和谐奋进的浓厚氛围,企业的凝聚力和向心力提高。

(秦俊彪)

【信息化建设】 园区服务公司完善信息基础设施、深化信息技术应用,完成物业4号楼和初轧办公楼网络部署、筒仓项目部Wi-Fi部署、饮料瓶智能回收机投放、10台云桌面产品测评及实施、乐享平台门户开发部署、餐饮和商超界面设计及切图。

(李丽萍)

【安全保卫】 园区服务公司全年日常专业检查189次;签订各项施工安全、保卫、环保协议103项,开展施工现场安全隐患检查56次,下发隐患整改通知单18份,整改隐患24项,下发处罚通知书15份,罚款金额11400元,确保各施工项目安全、顺利完成;组织15人参加总公司内部安全管理人员培训取证工作,全部取得合格证书,安全管理人员业务水平提高;下发各项规章制度5项,重新修订1项;完善"党政同责、一岗双责、齐抓共管"的责任管理体系;分10次组织558名干部、职工,观看新安法变动教育课件;组织开展"我的安全我负责,别人安全我有责"安全承诺签认活动;完成园区服公司质量、环境、职业健康安全三标一体认证工作,初步建立环境及职业健康两大管理体系;百名职工与石景山区武装部组建民兵应急分队,参加华北地区民兵考核比赛,取得优异成绩,受到石景山区武装部及首钢总公司表扬。

(潘庆军、吕 菲)

北京首钢源景文化发展有限公司

【源景公司领导名录】
　　副经理:张世明(主持工作)
　　　　　张亚男(4月任职)
　　　　　王　炜(4月离任)

(余向民)

【综述】 北京首钢源景文化发展有限公司(简称源景公司)是首钢总公司下属全资子公司,负责首钢文化创意产业资源整合、项目开发、招商引资、合资合作、项目投资与实施等业务。许可经营项目为零售国内音像制品、公开发行的图书、电子出版物;演出经纪(机构)。一般性经营项目为组织文化交流活动;承办展览展示;影视策划;摄影摄像服务;资料编辑;租赁影视器材;会议服务;技术培训;销售工艺美术品;设计、制作、代理、发布广告;公园管理。公司注册资金3000万元。源景公司下设经营部、重大项目部、工程部、财务部、办公室。在岗职工34人。其中大学本科以上学历20人,高级职称3人,中级职称3人。

2014年,源景公司发挥首钢文化创意产业开发平台作用,根据首钢党委扩大会、首钢职代会和《中共首钢总公司委员会关于首钢全面深化改革的指导意见》精神,调整源景公司战略定位和发展方向,对主营业务及切入点进行甄选与确定。针对首钢石景山园区内开展市政道路、安全消隐、开发改造等大规模施工状况及不利于源景公司主营业务(工业旅游、影视拍摄接待、广告招商等)开展的情况,调整业务内容、运营方式,保证公司经营业务正常进行。全年源景公司利润100万元,销售收入1183万元,完成首钢总公司对源景公司考核指标。

(余向民)

【首钢文化创意产业】 源景公司利用首钢国有大型企业的优势和国家产业政策,整合首钢北京地区文化创意产业资源。首钢文化创意产业尚处在初创阶段,其发展发向、主营产业的内涵均在按照国内外文化创意产业发展趋势进行探索、调整和初步实践。源景公司为开拓首钢文化创意产业主要开展三方面工作,一是调整与明确发展定位,即将源景公司建设成首钢文化创意产业平台公司,通过统筹整合首钢内外资源,培育与发展首钢文化创意产业,致力于打造文化创意产业经营平台、文化服务平台等两个平台,未来发展文化与金融相融合等三个产业方向,努力建设成为首钢城市文化产业综合服务商。二是进一步丰富首钢石景山园区人文、历史元素,提升园区综合品质。如为三高炉"北京市中小学生社会大课堂教育基地"增建了炉前工十八般"兵器"(利用扩增实景技术)、"铁是怎样炼成的"幻影成像、仿真生产人物雕塑三个科普项目;结合第十届首钢月季园赏花会的举办,实施群明湖湖心岛绿化美化工程,并正式面向社会开放首钢雕塑艺术馆等。三是通过组织活动进一步提升首钢石景山园区社会影响,为招商引资营造良好氛围。如举办了第十届首钢月季园赏花会、"蘸墨释怀·徐景辉书法展"、区文联"美丽石景山书画展"、"闪耀北京2014光影文化季暨第三届首钢灯光节"等活动。

(余向民)

【重点项目】 源景公司组织实施大小工程21项,完善园区文化创意产业硬件设施。

首钢五高炉露天文化广场供电改造工程。2月26日至6月13日,首钢五高炉露天文化广场供电改造工程新增、新旧变压器各一台,从一总降、六总降敷设电缆5500余米,首钢五高炉露天文化广场供电输出容量从800KVA提高到1250KVA,满足举办大型活动用电需求。实施首钢五高炉露天文化广场厕所完善及VIP北院清整改造工程,提高该广场整体品质。

氧气厂区域清理、绿化美化工程。氧气厂6500厂房清理,破拆大量钢筋混凝土,完成厂房及北侧广场清理工作。对氧气厂2D12厂房北侧、办公楼前凉水塔周边、群明湖湖心岛进行绿化美化,改造和加装氧气厂周边护栏。4月21日至9月26日,共清理场地4500平方米,路面铺砖704平方米,敷设碎石100立方米,敷设草坪5300平方米,种植各类花草66000株,栽种各种树木32棵,修剪树木22棵,改造和新增围挡及护栏1458米。首钢综合利用厂三台闲置电铲作为工业遗存景观移至氧气厂区域内,其中两台放置在6500厂房前,一台放置在群明湖湖心岛。

首钢雕塑艺术馆完善工程。动力厂动修车间在已作为雕塑作品展陈空间基础上,通过装修改造及安装广播、监控系统,以及对区域环境、装饰进行清整美化,建成"首钢雕塑艺术馆",对社会开放。3月7日该工程开工,封堵南厂房南侧窗户,粉刷厂房及房间,清理厂房内设备,改造供电系统,加装监控、广播系统等,4月21日工程完成。

(余向民)

【首钢雕塑艺术馆】 5月22日,在第十届首钢月季园赏花会上,首钢雕塑艺术馆正式开馆。首钢雕塑艺术馆利用动力厂动修车间厂房进行清整改造建成,主要由雕塑艺术家王洪亮的红色雕塑系列作品、雕塑艺术家赵成民的钢铁雕塑系列作品组成。王洪亮是清华大学美术学院雕塑研究所所长,其作品突出歌颂中国共产党的主题,把中国共产党成立到领导中国人民走向胜利的历程刻画得栩栩如生。赵成民是北京画院艺委会委员、国家一级美术师、中国美术家协会会员、著名雕塑家、水墨画家、书法家。近十多年,他将废钢铁变成艺术作品,在国内外展出。利用停产后的老厂房展出红色雕塑和钢铁雕塑系列作品,丰富首钢工业旅游内涵,提升园区综合品质。

(余向民)

【文化活动】 5月22日,第十届首钢月季园赏花会举行,活动内容包括首钢雕塑艺术馆开馆、"钢铁与微笑"3D画展、"首钢·巧克力铸造工厂系列产品"艺术展、首钢馆藏书画艺术展等。5月28日,"走进曹妃甸,唱响新首钢"——中国三大男高音慰问演出在首钢京唐公司举行,曹妃甸区委领导、曹妃甸工业区领导、首钢总公司领导及京唐公司领导与干部职工4500多人观看了由著名男高音歌唱家戴玉强、魏松、莫华伦组成的"中国三大男高音"的演出。6月25日,在氧气厂2D12厂房"首钢书画艺术展厅"举办"蘸墨释怀·徐景辉书法艺术展",展出作品130余件。石景山区领导、首钢总公司领导、名人名家、书法爱好者等300多人参加活动。徐景辉任北京书法家协会会员、石景山区书协副主席。9月25日,"'美丽石景山'书法美术作品展"在氧气厂2D12厂房"首钢书画艺术展厅"开幕,展出作品160余件。200多人出席。9月26日,"2014光影文化季暨第三届首钢灯光节"在首钢石景山园区群明湖湖心岛启动。

(余向民)

【影视拍摄】 源景公司与64个各类影视拍摄剧组开展合作,其中电影10部、微电影17部、电视剧4部、广告9个、MV5个、平面摄影11次、学生毕业作品5个、摄影活动2次、发布会1次。总计收入115.52万元,同比增长13.26%。接待知名导演、演员等。

(余向民)

【工业旅游】 源景公司全年接待游客102批次12070人,同比增长28%;收入71.18万元,同比增长224.87%。3月31日,接待龙潭中学师生500余人来首钢石景山园区参观,为第一次接待大规模参观团体。6月12日,北京市社会大课堂办公室、石景山区教委等组成的调研组到首钢进行中小学生社会大课堂基地发展情况调研。11月29日~30日,源景公司接待通州四中1500名师生来首钢参观。12月12日,源景公司组织北京信息科技大学65名师生到迁钢考察学习,这是首钢工业旅游开拓外埠新线路的第一单业务。师生们参观迁钢炼铁、炼钢、轧钢生产主流程,并与迁钢干部、职工举行座谈。

(余向民)

【文化产品开发】 源景公司完成18个具有首钢特色文化产品开发设计方案,实施开发、引进7个系列产品,包括首钢·巧克力铸造工厂系列产品、"漠肇恬波"乾隆御笔墨宝拓片、首钢馆藏书画高仿精品、青花瓷优盘、废钢铁科幻昆虫系列产品、科幻蒸汽朋克打击乐器系列产品、科幻钢铁装置艺术系列产品等。全年实现销售收入25.15万元。

(余向民)

【争取政策资金支持】 源景公司跟踪并研读国家和北京市有关支持高新产业、文化创意产业发展的相关政策,结合所开展的各项业务,争取政府对首钢文化创意产业发展的政策支持资金。全年实现政策支持资金785万元。

(余向民)

【学习培训】 4月21日,由首钢党校和源景公司共同举办的文化创意产业培训讲座在首钢党校举行,邀请日本久留米大学经济学部教授、知名文化产业经济研究专家驮田井正作了题为"文化产业在现代社会中的意义"的演讲,110人参加学习。7月18日,源景公司赴承德鼎盛王朝文化发展有限公司观摩实景剧《康熙大典》。12月13日~14日,源景公司到"第九届中国北京国际文化创意产业博览会"参观学习,了解、收集文创产业发展最新动态。

(余向民)

【获评资质】 4月,源景公司接到北京市质量技术监督局、北京市教育委员会联合发布的文件《关于命名2013年"北京市中小学质量教育社会实践基地"的通知》,经市质监局和市教委专家组审定,首钢总公司(首钢石景山主厂区)等25家单位成为北京市中小学质量教育社会实践基地,配合本市各中小学开展质量教学活动。12月12日,首钢被北京市教委评为北京市第四批市青少年学生校外教育基地并授牌。

(余向民)

【获奖荣誉】 9月10日,在由北京市旅游委主办的第三届北京国际旅游商品博览会开幕式上,举行第11届"北京礼物"旅游商品大赛颁奖典礼。其中,源景公司设计制作的"首钢·巧克力铸造工厂系列产品"获得景区组金奖。

(余向民)

北京首钢基金有限公司

【首钢基金公司领导名录】

董事长：靳　伟（兼）

总经理：赵天旸

副总经理：梁衡义　罗　静

　　　　　徐　量　游文丽

（邱加萍）

【综述】　北京首钢基金有限公司是在北京市政府支持下，由首钢总公司设立的全资子公司，2014年12月22日注册成立，注册资本100亿元。该公司管理北京京冀协同发展产业投资基金，母基金规模为200亿元，其中北京市财政出资100亿元，首钢总公司出资100亿元。首钢基金吸引优质社会资本，以公私合营（PPP）、设立子基金（FOF）、直接投资等方式投资，支持新首钢高端产业综合服务区和北京（曹妃甸）现代产业发展试验区开发建设，促进首钢老工业区振兴、首都功能疏解和京津冀协同发展。公司设综合部（投资者关系部）、融资创新部、PPP基金部、股权投资部、风险管理部（投后管理部）、财务部（税务统筹部）6个部门，职工13人，分别来自会计师事务所、律师事务所、政府部门、企业等。

（邱加萍）

【首钢基金记事】　2013年12月17日，首钢总公司建议设立首钢发展基金，打造创新型投融资平台，形成千亿元以上资金池，为新首钢高端产业综合服务区开发建设和京冀协同发展服务。2014年8月21日，北京市常务副市长李士祥、副市长张工听取首钢基金设立方案的汇报，原则同意设立首钢基金的方案，要求基金管理和运营坚持市场化原则。同月22日，北京市市长王安顺主持召开新首钢高端产业综合服务区发展建设领导小组第二次会议，会议明确市政府支持与首钢总公司共同设立北京京冀协同发展产业投资基金，抓紧组建基金管理公司，推进首钢老工业区改造调整和曹妃甸园区开发建设，加快京冀协同发展。12月1日，北京市财政局出台《北京京冀协同发展产业投资基金设立运行方案》（京财企〔2014〕2440号文件）。同月22日，北京首钢基金有限公司注册成立。同月25日，首钢基金战略指导委员会办公室召开第一次会议。同月31日，北京京冀协同发展产业投资基金第一批资金到位。

（邱加萍）

电子机电制造

北京首钢自动化信息技术有限公司

【首自信公司领导名录】

董事长:顾里云

副董事长:刘宗乾

董　事:董　钢(兼)

　　　　刘宗乾(兼)　张炳成(兼)

　　　　关绍博　陈　志　张宗先

党委书记:顾里云

总经理:关绍博

副总经理:顾里云　陈　志　张宗先

　　　　佘国平　胡丕俊　徐　量

总工程师:陈　志

（梁志强）

【综述】 北京首钢自动化信息技术有限公司(简称"首自信公司")位于北京市石景山区石门路1号院,2008年8月完成改制新公司登记注册,是首钢所属软件信息技术企业。30多年来,首自信公司依托服务首钢的丰富经验和技术积累,培养造就了一支技术水平较高、专业配套较全、熟悉工艺、经验丰富、能打硬仗的工业自动化和信息化技术队伍,形成了集企业信息化规划、工厂自动化系统设计、软件开发、系统集成、安装调试、运行维护服务于一体的综合服务能力,可提供具有自主知识产权的大型钢铁企业信息化解决方案、自动化系统集成、自动化信息化系统运行维护的系列产品和服务,并积极探索向非钢新产业领域拓展,致力于在智慧园区、智能建筑、电子商务、云计算服务、土壤治理等领域创造新的辉煌业绩,持续为用户提供增值服务,与用户共同成长。

首自信公司实行集中领导下的专业事业部制,设有运行事业部、首迁运行事业部、首秦运行事业部、京唐运行事业部、顺义运行事业部、信息事业部、自动化事业部、传动事业部、工程事业部、电信事业部、自动化研究所等11个事业部(所);公司机关设经营部、生产部、业务部、计财部、供应部、党群部、人力资源部、办公室、审计室等7部2室;公司投资设立秦皇岛首信自动化系统工程有限公司、迁安首信自动化信息技术有限公司、唐山首信自动化信息技术有限公司、北京首冶仪器仪表有限公司计4个全资子公司;对外投资控股北京中关村华夏科技有限公司、北京华夏首科科技有限公司、天津首钢电气设备有限公司计3家企业;对外投资参股天津贝思特电力电子有限公司、北京首泰众鑫科技有限公司、深圳首实科技有限公司、北京首新电子有限公司、北京大和衡器有限公司计5家企业。2014年末,全公司(含全资子公司)在岗职工3903人,大专及以上学历人员占在岗职工总数85.52%,其中,博士9人、硕士132人。高级技术职称91人,中级技术职称261人,高级技师42人,技师48人,平均年龄35岁。

2014年,首自信公司加大自主创新力度,自动化信息化研发应用取得新成果;打造优质服务产品,运维服务能力提升;精心组织,全面完成自动化信息化重点工程建设任务;围绕培育城市综合服务等新产业新业务,开拓非钢及外部市场取得新成效;改进工作作风,促进职工与企业共同发展。首自信公司全年实现利润11068万元,销售收入101486.6万元。

（李　琴）

【技术水平】 首自信公司是北京市高新技术企业、北京市级企业技术中心,拥有混合流程工业自动化系统及装备技术国家重点实验室首钢分实验室,具备计算机信息系统集成二级资质、电信与信息服务业务经营资质,是首钢集团唯一的自动化信息化专业公司;通过承担3项国家"863计划"中的重点科研项目,技术研发实力取得长足进步,成为北京地区一支具有行业特色的科技创新队伍;通过实施国家"十一五"曹妃甸重点工程项目,在"首钢建设具有世界影响力的综合性大型企业集团"进程中发挥重要作用。近年来,首自信公司获国家、行业及省市科技进步奖9项,其中,国家科技进步二等奖1项,北京市科技进步二等奖2项。截至2014年12月,公司共申请90项国家发明专利,其中44项已获授权,获得软件著作权96项。首自信公司下属的技术中心为公司的专业研发机构,有员工 241 人,其中博士 8 人,出站博士后 1 人,硕士 108 人,副高级以上技术职称 36 人。

(张 琳)

【科研体系建设】 2014 年,首自信公司科研工作紧扣钢铁服务商和城市运营商两大产业协同发展规划要求,围绕精耕细作钢铁四级自动化和培育发展新产业做好科研重点工作。坚持问题导向、需求导向,主动、超前服务,在开发品种、提升质量上下功夫,确保为钢铁业各项技术支撑保障落实到位。通过加大研发投入规模,加强自主创新、合作创新力度,加强创新体系和制度建设,实现关键技术突破等重点工作,自主创新能力实现新突破。组织完成"863"计划项目"面向可循环流程钢铁企业的多目标优化与智能决策 MES 开发及应用"中期评估,组织开展"智慧城市顶层设计"等 5 项新产业项目开发,投入资金 546 万元,拓展非钢铁新产业方面迈出坚实步伐。

(凌 杰)

【科研成果】 首自信公司 4 项科技成果通过首钢总公司科技成果验收评价,其中"迁钢公司酸连轧机组模型系统优化与开发"达到国际先进水平;"首钢迁钢 1580 平整机组自动轧制控制系统"、"长材销售信息系统自主研发与应用"及"PROFIBUS-DP 网络诊断平台在首秦公司的应用"居国内先进水平。首自信公司参与完成 2 项自主知识产权重大科研成果获 2014 年度冶金科学技术奖,其中,"'留渣+双渣'转炉炼钢新工艺技术创新"获冶金科学技术一等奖;"减量化高强钢筋产线的开发与实践"获冶金科学技术三等奖。首自信公司 5 项科技成果获 2013 年度首钢科学技术奖,其中,一等奖 1 项,二等奖 3 项,三等奖 1 项。

(刘佳瑜)

【专利技术】 首自信公司全年申请专利 24 项,其中发明专利 15 项,实用新型专利 9 项。全年取得专利授权 19 项,其中包括发明专利 11 项,实用新型专利 8 项。截至 2014 年底,公司累计申请专利 115 项,拥有已授权专利 64 项。首自信公司运用各级政府对企业专利工作的优惠政策和专利试点单位待遇,取得北京市专利资助金、中关村科技园区专利促进金等共计 7.2 万元,减免各项专利费用 5.96 万元。首自信公司获"石景山区知识产权工作先进单位"称号;被北京市知识产权局认定为"第六批北京市专利示范单位"并获授牌。

(刘佳瑜)

【软件著作权】 首自信公司全年注册"热轧钢卷库自动仓储管理系统"等软件著作权 19 项,登记"首欣物业管理系统"等软件产品 8 项。截至年底,公司累计申请软件著作权 96 项,注册软件产品 32 项。

(刘佳瑜)

【论文及学术交流】 首自信公司 40 篇优秀科技论文被"第十九届自动化应用技术交流会"、"2014 年全国炼铁生产技术会暨炼铁学术年会"、《冶金自动化》、《轧钢》等学术会议及行业权威期刊录用;19 篇论文参加第八届冶金年会论文评选活动并获一等奖 2 篇、二等奖 4 篇、三等奖 5 篇、优秀奖 8 篇。首自信公司协办、中国自动化学会应用专业委员会和浙江大学共同主办的"2014 全国第十九届自动化应用技术学术交流会"于 10 月 17 日~18 日在浙江大学召开。会议以"自动化和信息化技术促进企业转型升级和绿色生产"为主题,围绕冶金企业如何应用智能制造、大数据和云计算等先进技术应对转型升级面临的挑战展开交流,来自首钢、武钢、太钢、通钢、重钢、中冶集团、宝信、中国瑞林等冶金企业和浙大、中南大学、北科大、燕大等高校院所的专家 140 余人参加大会;信息事业部部长许剑、自动化研究所炼钢首席工程师邱成国、轧钢首席工程师郭立伟分别就"钢铁企业在线质量全流程分析与管控系统研究及应用"、"首钢炼钢工艺与控制一体化"、"数据挖掘技术在冷轧模型优化中的应用研究"作专题报告。

(刘佳瑜)

【成果转化】 2014 年,首自信公司多项科技成果得到实施。"面向冶金行业的 MES 敏捷开发平台"在通化钢铁股份有限公司"高强度钢产销一体化"和首钢集团"进口矿管理信息化"项目中实施;"大宗物料管控系统"在台湾台塑河静钢铁兴业责任有限公司"原辅料及资源管理系统(ARMS)"项目中实施;"长材销售系统平台"、"安保中心平台系统"等成果在首钢、长钢、贵钢等建设项目中应用。

(闫秀萍)

【迁钢 SGRS 工艺模型开发】 首自信公司根据 SGRS 工艺特点,设计 SGRS 自动化系统平台,开发 SGRS 工艺模型,形成新工艺的自动化炼钢技术;2014 年完成迁钢一炼钢三座转炉系统离线测试、在线测试及在线投入、系统运行跟踪及优化完善工作。

（闫秀萍）

【热连轧自动化系统升级】 首自信公司对迁钢 2160 热轧引进的西门子自动化系统的系统软硬件过时、系统功能不完善等问题进行升级改造；完成二级自动化系统的系统硬件选型、场内测试工作，二级系统升级后的所有服务器成功投入生产使用现场。

（闫秀萍）

【单机架二级系统研发】 首自信公司以迁钢单机架冷轧产线二级系统为基础，以引进—消化吸收—自主开发为工作主线，开发具有自主知识产权的单机架过程控制系统。2014 年完成系统设计和功能实现，初步进行模块单体测试；2015 年将继续完成系统的集成测试、系统测试和仿真测试。

（闫秀萍）

【棒材卷取自动控制研究】 首自信公司通过对通钢大盘圆加勒特卷取生产线自动化控制系统的研究和调试，自主研发、设计棒材大盘圆一级自动化控制系统，实现全面掌握大盘圆加勒特卷取生产线的自动化控制核心技术和单独设计调试加勒特卷取机的能力；完成现场生产运行测试，5 月份一次盘卷热试成功。

（闫秀萍）

【平整机过程自动化研究】 首自信公司研究开发具有延伸率控制、张力控制、顺序控制和数据通讯、数据采集、数据管理、轧件跟踪、记录报表、设定值计算、模型自学习等功能的平整机自动化控制系统；完成现场生产运行调试，实现延伸率控制、轧制控制模型等关键技术的开发与应用；二级系统运转率达到 99.8%，二级系统 CPU 负荷率小于 20%，HMI 画面刷新时间小于 2 秒，数据更新时间小于 1 秒，轧制力控制精度小于±0.2%，延伸率控制精度小于±0.1%，完全满足现场生产控制的要求。

（闫秀萍）

【首钢采购电子商务平台】 首自信公司围绕钢铁企业供应链管理流程，研究形成首钢采购电子商务业务模式及运营体系并投入运营；2014 年完成采购平台的开发测试工作，5 月份正式投入使用。

（闫秀萍）

【国家电子基金招标项目】 首自信公司承接国家电子基金招标项目，研究冶金行业在线产品质量的智能化分析技术，研发具有自主知识产权的在线产品质量智能化分析和管控平台；2014 年完成在迁钢的研发工作，上线试运行。2015 年继续在迁钢及其他基地进行应用验证及优化。

（闫秀萍）

【国家 863 计划项目】 首自信公司参与研发的"面向可循环流程钢铁企业的多目标优化与智能决策 MES 开发及应用"，是国家"十二五"863 计划项目"支持节能降耗和智能决策的冶金行业 MES 开发及应用"专题的子课题之一。该项目旨在研发一套全面集成物流与能流协调优化、多目标决策、全流程智能分析的钢铁行业 MES 产品和工具集，提供面向钢铁企业的多目标优化与智能决策 MES 解决方案，实现支持钢铁制造过程生产优化和节能降耗的多目标决策与闭环管控。2014 年完成面向钢铁生产过程的在线监控与实时分析平台和工具集的开发；结合＠SW 平台，研发并实施满足面向可循环流程的钢铁企业多目标优化与智能决策的 MES 软件产品，包括：在线订单评审系统、全流程智能分析系统、原燃料采购系统等。2015 年将全面进行应用验证阶段。

（闫秀萍）

【智慧城市顶层设计】 智慧城市是首自信公司转型的重要方向之一，依托首钢总公司开展规划设计，2 月份启动。顶层规划设计目标旨在形成具有特色的设计及其方法论，成为未来首钢新园区智慧城市建设的行动纲领，为国家第三批智慧城市试点及政策资金支持提供基础素材。8 月份形成顶层设计文档，通过首钢集团内部领导评审；9 月通过外部专家评审。以顶层设计为基础，形成国家第三批智慧城市试点申报材料，通过北京市城乡与建设委员会审核，市建委正在上报住建部进行国家级评审。首钢新园区顶层规划设计完成后，首钢园区开发部、管理部、服务公司、源景公司、创业公社等部门，依据规划内容进行深化设计以及具体的项目实施。

（王树成）

【迁顺合同评审项目】 1 月份，项目正式立项，10 月 20 日单线运行。历时 2 个多月的运行，系统评审 10570 个行项目。迁顺意向订单平均评审时间由原来的一周提升为 70 小时。迁钢热轧平均 20 小时可完成评审，意向订单评审、销售询单响应速度显著提高。

（王树成）

【首钢 EDI 系统项目】 7月份，项目启动，12月上线；利用国际上广泛应用的 EDI 技术建立首钢 EDI 中心，与首钢上游战略大客户实现计划协同、订货协同、物流协同、结算协同，构建大客户通道；实现与美的集团9个电子单据的对接，与上海钢材交易中心质保书接口对接，最大化提升双方信息交换速度，节省交易成本。

（王树成）

【迁钢质量过程控制（QPC）项目】 12月16日，项目上线运行；完成以硅钢产品为主的二炼钢、1580热轧、一冷轧产线32个机组6967项参数项的海量数据采集；实现炼钢、热轧、酸轧、连退四条产线的在线质量判定；建立起岗位监控、趋势性监控、集中监控"三位一体"的监控方式，实现对过程质量控制点的全面监控；通过对指标逐级分解、层层分析，以 SPC 图形分析进行质量参数关联性分析等质量数据分析手段，实现对质量数据的科学精确分析。

（王树成）

【台塑 LIMS、ARMS 项目】 台湾台塑河静钢铁兴业责任有限公司 LIMS 项目，处于出厂测试阶段。该项目实现客户服务满意度最高化、检验效率最优化、检验精度最适化，药品/耗材库存量降至最低化、服务附加值最高化。成本降低最优化、人力调度最优化、达成实验室 ISO/IEC 1025 认证。1月份，信息事业部与台塑公司签订 ARMS 项目合同。通过 ARMS 项目实施，实现台塑公司废钢、合金等原辅料的采购、预报、运输、计量、质量检验及库存的全流程管理；实现厂内生产性固杂料回收加工的合流程管理；实现煤化学副产品回收销售流程管理，达到台塑企业对生产精细化管理的要求。

（王树成）

【重庆旗能电铝 MES 项目】 4月8日，项目正式启动，包括旗能电铝所有业务流程，涉及生产性原燃料、半成品、产成品，对备品备件的采购收货及发货进行管理；功能设计划分，涉及生产主流程，包括设备缺陷、班组绩效管理内容。除班组管理及后补充的无线手持部分外，首批模块于12月8日上线运行。

（王树成）

【首钢长钢信息化规划项目】 本项目12月16日正式启动。它是在首钢长钢公司总体发展战略基础上，根据业务模式管理需求和信息化现状，参考国内同行业信息化的最佳实践，规划信息化总体架构，制定信息化的实施路线，指导首钢长钢公司未来五年的信息化建设工作，促进管理创新和转型发展，主要以运营管理业务和制造管理业务为主，涵盖钢铁业铁、钢、轧生产主流程全部产线；重点完成业务规划阶段中的现状调研及现状业务流程梳理工作。

（王树成）

【冷轧薄板厂搬迁项目】 首自信承担首钢冷轧薄板厂自动化、电信专业北京地区的搬迁、京唐地区的承建工作；根据指挥部要求按期完成北京厂区内的拆迁工作，确保工艺项目的拆除进度；在京唐厂区，首自信公司按照计划节点施工；其中，电缆敷设共计293618米，控制柜安装112台套，按计划完成施工任务。

（齐　勇、王学军）

【京唐自动化工程】 首自信承担2号镀铝锌自动化电气、电信设备修配改、主线方面的自动化、电气专业和全场电信专业的施工。300台设备完成修配改，具备发货条件；轧线仪表573台检测完好，检测不合格69台，进行 HMI 画面系统电脑16台软件编制；炉区现场设备计707台套设备，其中346台检测完好，具备发货条件，185台检测不合格，需重新订货。电信修配改：生产线主要摄像机、监视器等设备，293台套，完成全面清洗、修配改及厂内调试结束，具备发货条件。现场施工预埋阶段结束，配合设备安装进度做电缆槽铺设工作，完成680米。在冷轧厂搬迁自动化电信项目中，传动事业部和电信事业部组织得力，现场施工配合顺畅，确保实现指挥部要求的试车节点。

（齐　勇、王学军）

【迁钢自动化工程】 首自信公司继续承建迁钢 CCPP、线材拆迁改造、二冷轧、能源中心等项目，确保工程按投产节点进度完成。CCPP（饱和蒸汽发电）项目，1月至10月份配合土建进行前期预埋施工，累计完成建安实物量；10月15日，30万立方米高炉煤气柜消防水泵房自动化打点、试车；11月17日，30万立方米高炉煤气柜消防水泵房试水；12月10日，消防水泵房工程竣工验收。能源中心项目，涉及电信、自动化，延续上年度自动化编程调试；年初筹备为一、二期设备改造准备，进行自动化编程程序数据完善修改；下半年进行能源中心物资计量远程值守施工，交付生产；电信报量结算全额完成，待设备封口后办理入出库。1580平整线项目，传动及自动化设备完成安装调试597台套；1月14日，5台电机空载调试完成;5月5日性能测试;11月25日完成与外方的FAT签认;按指挥部要求节点顺利完成。

(齐　勇、陈　辉)

【贵阳特钢自动化工程】　贵钢搬迁项目,包括公辅区和炼钢区,全面进入施工及试生产阶段。公辅区涉及大河村取水泵站自动化施工、取供水泵站自动化施工、生活水加压泵站自动化施工、污水泵站自动化施工、钢轧集中空压站自动化施工、高位水池及水泵房自动化施工6个项目,其中5个项目完成施工、监理审核及报量报验工作。炼钢区,电炉炼钢涉及4流连铸机、上料系统、炼钢公辅水系统、除尘系统等22个自动化施工项目,完成18项并投入使用,炼钢系统调试工作基本完成。

(齐　勇、付建忠)

【信息维护工作】　SAP系统用户控制及系统优化工作,对ECC系统和BW系统的用户进行控制,按照2013年制定的实施方案,大幅缩减用户数,使资源得到有效利用;对XI系统进行参数调优,调整XI数据库参数2个、xiprd1实例参数27个、xiprd2实例参数25个、负载均衡实例参数4个,使XI系统故障率显著降低。首钢信息安全系统升级工作,DMZ区18台Linux系统安装防病毒软件,WAF结构调整、VPN产品更换;首钢资金平台防病毒系统搭建、资金平台防火墙与企业防火墙对联;深信服上网行为管理产品及网域星云防火墙替换的测试、选型、实施方案形成工作;完成McAfee网关内核升级工作;完成DMZ区安全防护建议及方案。视频会议系统保障工作,完成1601个视频会议护航工作,较2013年增加40%,其中总公司级视频会议200余起(包括每周总公司行政领导会、经理办公会、经营例会、分析会、后备领导干部周末大讲堂等),部厅级1200余起,其他单位200余起;协助总公司各部门、各外埠单位进行30余次视频会议系统调研、设备安装及调试工作。

(王树成)

【运行维护工作】　2月,首自信公司与北京首钢生物质能源科技有限公司签订低压电气及自动化设备维护服务协议;12月,与唐山中泓炭素化工有限公司签订自动化设备维护服务合同;首自信公司运维服务业务在稳固首钢迁钢、首秦、京唐和顺义等各基地维护的基础上,向钢铁领域之外和外部市场拓展。

(王　绪)

【劳动管理改进工作】　首自信公司采取减员后不补充或少补充人员和主动开展协商解合减员等措施,降低人工成本。根据智慧城市、首钢园区等即将形成的项目需要,与智联招聘等合作,扩大公司知名度,利用网上及线下招聘会等渠道收集各类人才信息。通过参加首钢组团赴东北、西北等传统合作高校招收和线下单独招聘等方式,招收各类毕业生44人,为新项目提前储备人力资源。全公司在岗员工净减员1.6%,劳务用工净减少6.94%。各单位按照管理流程和原则规定进行劳动合同的管理,特别是到期终止、解除人员,严格执行劳动合同法有关规定,按规定支付补偿金等,没有出现劳动争议。对全公司劳务用工人员进行调查分析,对存在的问题进行梳理,制定分步实施方案,组织整改。全年制定规章制度12个,修订制度41个。

(周　衍)

【薪酬奖励机制】　首自信公司完善薪酬分配体系,调整优化各分配单元的比例,组织调整了工资等级线标准。进行全员考核评定,对3823人调增岗位基本工资。执行激励先进的调资机制,对表现突出的员工增加一级岗位工资。完善分配激励制度,对事业部减员增加激励力度;调整部门领导的薪酬考核办法,增加年终兑现考核部分;调整年度特别奖励办法,即依据贡献率对各单位分档考核奖励。执行内退人员收入增长机制,同时调增内退人员年功工资标准,增加内退人员收入;在公司挂钩指标超额完成的基础上,职工平均收入水平保持平稳增长。

(郭学永)

【员工培训】　2014年,首自信公司举办培训班476个,培训16792人次;赴外培训62人次;特殊工种人员取证及复审培训630人;专业技术管理人员参加各类继续教育培训1293人次;岗前培训率100%;在岗职工参培率100%;人均培训70学时;高技能人才占操作岗位职工人数比例16.7%。组织开展职业技能鉴定培训,首自信公司446人取得新的职业资格,其中初级254人、中级159人、高级33人。组织开展2014年作业长管理知识培训班2期,作业长79人参加培训。首自信公司联合首钢技师学院举办"2014年网络安全"培训班。采取远程教育培训形式,在北京、迁钢和京唐设立3个培训点,北京、迁钢、首秦和京唐四地从事ERP专业管理及技术人员参加培训,90人参加培训。聘请海天起点公司讲师开展为期5天的ORACLE培训,保障首钢重点工程项目顺稳运转;由国信培训讲师授课,举办为期3天的数据库仓储培训;邀请内外6位资深项目经理交流项目预算、验收、需求调研及管理、CMMI5级落地、年轻项目经理成长及PMBOK相关内容的培训;聘请国信讲师为北京地区的技术人员开展为期3天的Hadoop培训;按计划完成MQ培训工作及Weblogic培训工作、与ERP相关的BO和HANA培训的全部工作。根据迁钢线材新产线及CCPP、冷轧取向三个重点项目工程对员工素质的需求,组织开展生产工艺技术、自动化仪表、传动设备及控制系统等技术培训。共计培训160人次。首自信公司举办"自动化维护工"职业技能竞赛,6人获首自信公司级"技术能手"称号。按照首钢总公司要求,承办首钢总公司"网络管理员"项目的竞赛工作,代表首钢集团参加北京市网络管理员技能竞赛,4人分别获此项赛事的第三名、第七名、第八名和第十名,为首钢和首自信公司赢得荣誉,同时激发职工钻研业务技术的热情,加速人才队伍建设。根据北京市及首钢总公司的专业要求,首自信公司组织1034名专业技术和管理人员参加《把握城市功能定位,促进首都持续健康发展》公共知识培训;和首钢工学院一起举办管理人员"视频编辑与合成"的影视知识讲座,120人参加。

(杨素梅)

【管理创新】 首自信公司"打造综合延伸性产业链,支撑企业转型升级"管理成果获首钢总公司一等奖、北京市管理成果一等奖;"建立为人力资源增值的职工培训与继续教育体系"获首钢总公司管理创新成果三等奖。

(郭学永)

【荣誉称号】 1月,首自信公司被评为2013年度北京市无偿献血工作突出贡献单位。2月,连续第七年被评为首钢维稳工作先进单位。2月,面向冶金行业的MES软件产品(Q-MES)获"2013年度中国软件和信息服务钢铁行业最佳产品奖"。4月,被评为"北京市诚信创建企业"。4月,获"石景山区知识产权工作先进单位"称号。8月,被评为"北京市专利示范单位"。10月,获"2013年度制造业十大信息技术服务龙头企业奖"。

(李琴)

【党群工作】 6月13日~14日,首自信公司组织先进基层党组织、优秀党员代表100余人,赴狼牙山、西柏坡革命圣地参观学习,进行红色教育洗礼。10月23日,首自信公司"相聚、相爱、相伴——首自信"2014年青年集体婚礼在首钢文馆隆重举行,31对新人喜结良缘。9月5日,首自信公司举办以"促转型、作贡献、展风采"为主题的"首钢人的故事"职工宣讲报告会,营造"树典型、学先进,为企业转型发展争作贡献"氛围。

(关福生)

【群众路线教育实践活动】 3月14日,首自信公司召开党的群众路线教育实践活动总结大会,党委书记、董事长顾里云作总结讲话;首钢党委第二督导组组长张志忠讲话。首自信公司总经理、教育实践活动领导小组副组长关绍博主持会议。参会人员对首自信公司领导班子及班子成员开展教育实践活动情况进行民主评议。首自信公司党委按照"三严三实"要求深化整改工作,加大对办公用车、会员卡、公款吃喝、"庸懒散"等方面专项整治,取得明显实效。在推动作风建设方面坚持不懈,制订作风建设制度计划,巩固教育实践活动成果,形成群众路线长效机制。

(梁志强)

【首自信2014大事记】

1月10日 首自信公司召开安全生产视频会议。

1月17日 首自信公司召开干部大会,传达首钢总公司"两会"精神。

2月21日 首自信公司召开第二届职工代表大会第三次会议,首钢总公司副总经理强伟出席会议并作重要讲话。

3月 首自信公司开展以"家庭梦·事业梦·中国梦"为主题的系列庆祝活动,深入开展女职工关爱活动。

4月8日 首自信公司召开党风廉政建设工作会议。

5月8日 首自信公司标准计量站23项企业最高计量标准通过北京市质量技术监督局组成的专家评审组现场复评审。

5月30日 首自信公司组织召开炼钢系统运维技术和管理经验交流会。

6月13日 首自信公司组织先进基层党组织、优秀党员代表100余人,赴狼牙山、西柏坡革命圣地参观学习,进行红色教育洗礼。

7月4日 首自信公司举行庆"七一"先进表彰大会。

7月 首自信公司举办"第五届青年歌手大赛"

活动。

8月8日　首自信公司召开二届三次董事会、第七次股东会。

8月28日　在首钢总公司举办的"首钢职工2014年全民健身日活动暨第九套广播体操比赛"中,首自信公司代表队夺得比赛第一名。

9月5日　首自信公司举办以"促转型、作贡献、展风采"为主题的"首钢人的故事"职工宣讲报告会。

10月11日　首自信公司召开干部大会,学习传达贯彻首钢2014年"创新创优创业"经验交流会精神。

10月28日　首钢总公司董事长、党委书记靳伟,党委副书记何巍,党委常委、工会主席梁宗平,副总经理强伟一行带领总公司信息部、资本运营部、计财部、劳动工资部、办公厅等部门负责人到首自信公司调研。

11月6日　首自信公司自主研发的4项创新成果通过首钢总公司科技成果验收。

11月28日　首钢总公司召开首自信公司领导班子换届工作会议。首钢总公司党委副书记、考察组组长许建国出席会议并作动员讲话。

12月11日　第十六届北京市工业信息化职业技能竞赛落下帷幕,首自信公司代表首钢集团参加本届网络管理员技能竞赛,分别获第三名、第七名、第八名和第十名。

12月29日　首钢总公司党委召开首自信公司干部大会,宣读首钢总公司党委关于调整首自信公司领导班子的决定:张宗先担任北京首钢自动化信息技术有限公司党委书记、纪委书记、工会主席、董事长,余国平担任北京首钢自动化信息技术有限公司党委副书记、董事、总经理,并按规定履行任职程序。

（朱重阳）

【先进集体和先进个人】

首都劳动奖章
　米　岩
首钢劳动模范
　米　岩　邱成国
首钢"三创"标兵
　顺义运行事业部　　　祖双庆
　首迁运行事业部　　　李　杰
　京唐运行事业部　　　刘　涛
　传动事业部　　　　　毛振兴

　自动化事业部　　　　祖怀礼
　电信事业部　　　　　饶铁军
　首自信公司机关　　　王勤兴
首钢"三创"先进集体
　顺义运行事业部酸轧班
　传动事业部李洁创新工作室
首自信公司先进单位
　顺义运行事业部
　京唐运行事业部
　自动化研究所
　天津首钢电气设备有限公司
首自信公司先进集体
　顺义运行事业部生产技术中心
　首秦运行事业部轧钢作业区
　首迁运行事业部公辅作业区
　首迁运行事业部冷轧作业区
　京唐运行事业部技术中心
　京唐运行事业部炼铁作业区
　传动事业部设计室
　自动化事业部计算机室
　信息事业部MES应用技术中心
　信息事业部办公室
　工程事业部项目五部
　电信事业部迁钢分部
　电信事业部业务管理科
　自动化研究所轧钢研究室
　首自信公司供应部综合科
首自信公司先进班组
　运行事业部生物质筹备组
　首秦运行事业部炼铁作业区烧结班
　首秦运行事业部轧钢作业区轧钢班
　首迁运行事业部热轧作业区2160维护班
　首迁运行事业部计量作业区计量班
　首迁运行事业部炼铁作业区一炼二班
　首迁运行事业部炼钢作业区一炼二班
　京唐运行事业部传动作业区一冷传动班
　京唐运行事业部炼钢作业区精炼班
　京唐运行事业部冷轧作业区一冷连退班
　京唐运行事业部焦化作业区焦炉班
　传动事业部设计室项目四班

自动化事业部设计室设计二组
信息事业部迁钢分部 MES 软件服务组
信息事业部迁钢分部 IT 运维服务组
信息事业部京唐分部拓展软件运维组
工程事业部项目一部京唐施工班
电信事业部京唐分部焦化维护班
电信事业部维护车间通信设备维护班
电信事业部首秦分部工程班
自动化研究所首钢迁钢 SGRP 工艺模型研究与
　开发项目组
首自信公司先进职工
　运行事业部　　牛国胜
　顺义运行事业部　陈思骏　李海英　韩　明
　　　　　　　　刘　超
　首秦运行事业部　贾占军　廖宝峰　盘湘江
　　　　　　　　刘俊鹏　张　雷
　首迁运行事业部　王　坤　于晓磊　王志永
　　　　　　　　高志勇　李　达　张小龙
　　　　　　　　王宝林　马广江　刘得鹏
　　　　　　　　张余海　王晓宇　宋佳帅
　　　　　　　　刘国伟　叶　林　曹京飞
　　　　　　　　王浩杰　高永强　郑文瑞
　　　　　　　　张　斌　刘　健　仲德云
　京唐运行事业部　李　辉　柳万鹏　宋海明
　　　　　　　　赵跃进　齐春彪　赵　鑫
　　　　　　　　李自强　刘国峰徐永强
　　　　　　　　武增东　宋德瑞　王　震
　　　　　　　　张　锐　刘　峰　于长新
　　　　　　　　薛　涛　都洪亮　赵　桐
　　　　　　　　刘国冰
　传动事业部　　冯　斌
　自动化事业部　杨国平　赵长春
　信息事业部　　屈乐圃　刘　聪　任立辉
　　　　　　　　王春辉　周文国　王　雷
　　　　　　　　赵　兆　张朝亮　郝德才
　　　　　　　　樊登旺　李　斌
　工程事业部　　李东辉　于洪庆　曹宏伟
　电信事业部　　延伟亮　刘　达　潘　晖
　　　　　　　　牛宝宝　李建民　向　捷
　　　　　　　　茅春琴　赵文朋　王明伟

　　　　　　　　　　　夏明奇　白林超　欧阳占楼
　自动化研究所　龚彩军　杨伟强
　公司机关　　　宋国贞　孙立明　付建忠
　联营总支　　　牛　犇
首钢模范党委
　电信事业部党总支
首钢模范党支部
　首迁运行事业部炼钢党支部
　信息事业部京唐分部党支部
首钢模范共产党员
　传动事业部　李　洁
　自动化研究所　钱宏智
　公司机关　陈　志
首钢先进党支部
　京唐运行事业部冷轧区域党支部
　传动事业部设计室党支部
　工程事业部项目二部党支部
首钢先进党小组
　顺义运行事业部办公室党小组
　首秦运行事业部机关支部业务科区域党小组
　首迁运行事业部冷轧作业区党小组
　京唐运行事业部炼铁作业区料场班党小组
　自动化事业部计算机室党小组
　电信事业部维护车间网络视频班党小组
首钢优秀共产党员
　运行事业部　　　　付　祥
　顺义运行事业部　　金洪军
　首秦运行事业部　　张立伟
　首迁运行事业部　　高启涛
　首迁运行事业部　　张世凯
　京唐运行事业部　　王会全
　京唐运行事业部　　路来顺
　自动化事业部　　　王艳凯
　信息事业部　　　　连丽华
　信息事业部　　　　管锋利
　工程事业部　　　　刘　彤
　电信事业部　　　　周海伦
　公司机关　　　　　孙桂华
　华夏科技公司　　　吴大雨
首自信公司六好班子

电信事业部党总支

首自信公司先进党支部

  运行事业部综合党支部

  首秦运行事业部轧前党支部

  自动化事业部第二党支部

  电信事业部京唐分部党支部

  自动化研究所党支部

  机关业务部生产部党支部

  北京华夏首科科技有限公司党支部

首自信公司先进党小组

  首迁运行事业部炼铁作业区炼铁二党小组

  京唐运行事业部能源作业区供水党小组

  传动事业部经营科党小组

  信息事业部 IT 党支部 IT 运维党小组

  工程事业部项目一部京唐施工班党小组

  公司机关计财部审计室党支部第二党小组

  天津贝思特电力电子有限公司党小组

首自信公司优秀共产党员

  运行事业部   赵 艳

  顺义运行事业部 张 亮

首秦运行事业部	安永浩	王安龙	
首迁运行事业部	王 钢	邢文来	王 峥
	郭英彪	贾懋君	王松山
京唐运行事业部	张瑞合	杜 蒙	户少华
	李铁亮	董润胜	康 陶
传动事业部	彭利剑	孙燕京	
自动化事业部	王 鹏	赵 博	
信息事业部	宫雪飞	周 淘	王树成
	刘路璐	石云峰	马伟亮
	赵 戈		
工程事业部	王 玮	段长安	李茂生
	赵建军		
电信事业部	张 浩	王 洋	李玉芝
	梁晓强	朱俊杰	张翠红
	孙 磊	刘大力	
自动化研究所	陈 丹		
公司机关	王海峰	杜秀然	韩 军
	吴广顺	王振霞	周 衔
联营党总支	陈松叶	高 明	

（梁志强）

北京首钢机电有限公司

【首钢机电领导名录】

董事长:白 新(兼)

副董事长:张满苍 刘 强

董 事:刘宗乾 李建设 张秀怀 王三恒

监事会主席:韩春林

监 事:郭军杰 徐国生 王信书 刘丽宏

总经理:张满苍

副总经理:张秀怀 王三恒

党委副书记(主持工作):刘 强

纪委书记:刘 强

工会主席:刘 强

（陶晓海）

【综述】 首钢机电公司 2008 年 12 月完成整体改制,注册资本金 1.8 亿元,其中,总公司法人股 8820 万元(占 49%),自然人股 9180 万元(占 51%)。首钢机电以服务首钢钢铁业为前提,形成首钢京唐、迁钢、首秦三大钢铁企业设备修复、备件国产化和检修基地,具备机电液配套服务一体化、设备修复再制造系列化、设备点检定修专业化的大型设备修复检修服务能力;在河北省大厂县建设一流技术水平的大型成套装备制造基地,全面提升核心竞争力,形成生产专业化、品种系列化、技术高端化、产品品牌化的发展格局。首钢机电下设大厂机电公司、电机厂、成套设备分公司、设计研究院、曹妃甸分公司、迁钢分公司、秦皇岛分公司等 7 个独立经营单位,资产总额 31.02 亿元;年末在册职工 1343 人,其中工程技术人员 180 人。

2014年,首钢机电面对市场低迷、竞争异常激烈、资金回收难等困难,干部职工以"三创"精神,全面完成机电公司整体搬迁调整,在市场开发、产品开发、新产业开发、增收节支、新基地建设、党建和人才工作取得成效。

（陶晓海）

【主要指标】 2014年,首钢机电公司实现利润-1084万元;销售收入5.6亿元,同比提高6.6%,其中,经营部26237万元,大厂机电公司3240万元,迁安机械分公司10443万元,曹妃甸分公司6158万元,秦皇岛分公司1729万元,电机厂5466万元,成套分公司3471万元,设研院198万元,液压中心903万元,计财部1445万元;在岗人均劳产率34.6万元,同比提高8%。

（陶晓海）

【市场开发】 2014年,首钢机电公司市场承揽合同5亿元,同比增长7%,其中社会合同1.6亿元。在外部市场方面,先后承揽长安街沿线安保防控设施项目;中国重型机械研究院连铸机项目;唐山东海、文丰、敬业及中天集团4套转炉项目;河北敬业公司转炉倾动系统及辽宁前杜公司、青岛钢厂2套无料钟炉顶设备;深圳福盈公司、青岛青新阳光公司、中铁隧道二处等6家公司管片模具项目;山东宝力生物质能源公司乙醇发酵设备项目;安徽无为华塑公司破碎生产线项目等。管片模具项目共计承揽38套,属于外部市场承揽业务中的亮点。在首钢公司内部,承接京唐公司、迁钢公司、首秦公司的机电液备件及现场维检计2.3亿元,其中包括承接京唐公司2号镀锌线改造项目。靳伟书记到机电公司大厂调研,帮助解决首钢机电任务不足问题,给予"一亿元增量"的帮助,也得到首钢相关兄弟单位支持。一亿元增量项目,形成销售收入9000万元左右。截至年末,公司在手合同额2.6亿元;各单位不同程度地存在任务缺口。

（陶晓海）

【产品开发】 首钢机电公司围绕打造城市服务商,加大非钢产品开发力度,完成生物质能源项目、新型风电塔座项目和盾构机扩径改造等项目;完成天安门广场防护栏和长安街沿线及前门地区防碰撞装置的设计和制造任务;针对立体车库和充电桩项目,成立专项研发小组,完成样机设计;开发粮食自动卸车装置,完成设计和制造任务;与湖北宜昌葛洲坝集团总部就战略协议问题进行磋商;非钢产品研发资金投入近300万元。2014年,首钢机电公司在备件国产化方面取得较大进展,迁钢公司结晶器铜板修复项目上线使用,并在京唐、首秦公司推广使用;冷轧环形炉内罩项目国产化生产取得成功;完成二十辊轧辊项目的热处理工艺技术、加工定型等关键技术准备;先后完成热轧开卷卷取整机和芯轴等修复,京唐公司2250热轧牌坊现场焊接加工修复及580平方米环冷机大修等项目。

（陶晓海）

【基地建设和搬迁调整】 机械厂、二通厂、电机厂、液压中心陆续组织整体搬迁,设备搬迁6月底全部完成,9月份机械厂与园区管理部完成交接,标志着机电公司整体搬迁全部完成。大厂建设稳步推进,大部分设备完成安装调试,四个主要分厂全面投产运行;已上岗职工900人;指标正式核算后,已完成入库产值4000万元。

（陶晓海）

【深化改革和转变机制】 首钢机电公司成立深化改革领导小组,研究搬迁调整后一系列改革事项。整合各单位技术研发和经销资源,成立设计研发中心和经营部。加大干部人事制度改革力度,内部公开竞聘厂处级干部;结合机构改革,全员竞聘科级干部,由176人调整到125人;选拔80后年轻后备干部10人挂职锻炼并相继重用。改革领导干部年薪制度。制定《机电公司3～5年人才队伍建设发展规划》,通过"全员提素"计划,开展焊工、质检等技能培训工作。对工作在大厂基地的职工进行薪酬改革,按400元、600元、800元水平适度晋升。

（陶晓海）

【人员分流安置】 首钢机电公司对每名职工负责,尊重职工自主选择,尊重职工合理诉求,尊重职工切身利益,各项工作细化到人,确保机电公司稳定大局。最大限度地在大厂基地进行安置,先后安置职工607人,其中,科级以上领导干部55人,管理职能和工程技术岗位107人,一线操作岗位405人,电机厂迁钢基地和曹妃甸基地安置81人。为新基地职工创造良好的生活和文化娱乐环境。到大厂异地工作的职工执行统一工资标准,实行异地工作补贴、交通补贴和工作餐补贴;创造较好的居住条件,统一配备电视、空调等设施;建立文化娱乐中心,设有乒乓球室、羽毛球室、台球室、卡拉OK厅、阅览室等,室外建立篮球场地及其他体育健身设施。拓宽安置渠道,按政策选择自谋职业分流职工487人;在机电公司北京地区内部安置97人,在首钢园区服务公司和篮馆中心、首钢物业等单位安置93人。

（陶晓海）

【党建工作】 首钢机电公司以开展党的群众路线教育实践活动为契机，通过编发专题学习材料和定期组织理论学习等方式强化各级领导班子建设，改进领导干部工作作风，提高执行力，保证工作落实。维护职工利益，关心职工生活，发放慰问及补助金175000元，为职工建立

职工保险、意外伤害保险和重大疾病保险。组织开展系列文化体育活动。推进办公自动化和信息化建设。各级党组织做到思想政治工作到人，开展"一对一"的思想政治工作，通过家访和谈话等方式，收到较好效果，大多数职工能够通过合法渠道表达个人诉求，保证机电公司整体搬迁的平稳运行。

（陶晓海）

北京京西重工有限公司

【京西重工领导名录】
董事长：韩　庆
副董事长：张耀春
总　裁：王　中（7月离任）
　　　　蒋运安（7月任职）
副总裁：丹·沃伦　祁　京　费　凡　赵子健
助理总裁：约翰·比尔斯　汤姆·古德
　　　　吴　涛（10月任职）
党委书记：王　中
纪委书记：张耀春
工会主席：张耀春

（李　梦）

【综述】 北京京西重工有限公司（以下简称"京西重工"）成立于2009年3月23日，股东分别为首钢总公司和房山国有资产经营管理公司；注册资本金13.2亿元，其中首钢出资7.32亿元，占股比例55.45%，房山国资公司出资5.88亿元，占股比例44.55%。京西重工有5家工厂，分别在墨西哥、波兰、英国、中国上海和北京；有6个研发中心，其中美国2个，4个分别在法国、波兰、中国上海和北京；有6个客户服务中心；业务涉及10余个国家和地区。京西重工主营减震器和制动器两项业务；有主动减震、被动减震、控制制动、基础制动4条生产线。减震器主要产品有：磁流变减震器、主动式稳定杆、磁流变发动机悬置、被动式减震器、单双筒减震器等；制动器主要产品有：电子稳控系统、防抱死装置、制动角模块、转向节等。其中，双筒式被动式减震器、磁流

变（MR）主动式减震器和悬置系统、主动稳定杆系统（ASBS）、后制动角、电子稳定性控制系统等产品技术和竞争能力属世界一流水平。全球员工4618人，其中管理人员834人，技术工程人员845人，生产工人2939人。京西重工总部员工51人，其中硕士25人，本科学历23人，具有高级职称5人，中级职称14人。

2014年，京西重工在首钢和房山两家股东支持下，在首钢新领导班子直接帮助、指导下，顺利完成新老班子调整；在公司领导班子和全球各团队共同努力下，克服全球整车市场增速减缓压力，超额完成销售收入、实现利润和运营现金流等经营指标；完成京西国际在香港上市和第一轮资产注入工作；企业在市场开发能力、技术研发能力、总部集中管控能力、资本运作能力、企业软实力等全面提升。

（李　梦）

【年度指标】 2014年，京西重工全年销售收入53.48亿元，比计划49.95亿元增加3.53亿元；利润8698万元，比计划7710万元增加988万元；流动资产周转率2.69次，比计划2.06次增加0.63次；客户项目投放无瑕疵率92%，比计划提高2%。

（李　梦）

【市场和工程开发】 2014年，京西重工克服全球整车市场增速放缓的不利条件，继续把市场开发工作放在首位，为实现可持续发展奠定基础。全年完成新订单10.42亿美元，其中减震器业务6.6亿美元，制动器业务3.82亿美元。减震器业务方面取得法拉利142M和

福特野马磁流变减震器业务、捷豹路虎 L560 空气弹簧模块业务、宝马 LU 和 L7 轻量化被动式减震器业务等；制动器业务方面，取得潍柴亚星 V6590 ABS 业务、中汽零俄罗斯拉达 A3 ABS 业务、北汽银翔 M20S/30 ABS 业务、众泰 T22/B01 ESC/ABS 业务、通用雪弗兰赛欧 RV328 ABS 业务、捷豹路虎 D7 ABS 业务、东风裕隆 GPS15 ESC/ABS/轮速传感器业务等，其中潍柴是 2014 年京西重工获得的新客户。

（李 梦）

【公司上市工作】 2014 年 1 月 27 日，京西重工完成重组香港上市公司"北泰创业"（股票代码：02339）工作，将上市公司更名为"京西重工国际有限公司"（简称"京西国际"）。3 月份，公司正式启动第一轮京西重工资产注入京西国际的工作（简称"蓝海项目"）；注入资产为京西欧洲，包括位于欧洲的两个生产工厂，两个研发中心、两个销售服务站点；12 月 23 日，有关京西欧洲的股份收购交易正式按期完成，为京西国际进一步健康发展奠定前提条件。京西欧洲成为京西国际全资子公司。本次收购完成后，京西重工持有京西国际 65.53% 的股份。

（李 梦）

【群众路线教育实践活动】 2014 年期间，京西重工全面完成群众路线教育实践活动整改落实情况，21 项整改措施全部推进，包括工作经营方面整改 8 项、"四风"方面 12 项以及意见建议等。起草编制京西重工"从严从实深化整改"工作总结，协助首钢第二检查组检查落实整改情况；对检查出的问题，及时下达催办通知进行整改。全年教育实践活动取得预期效果，为京西重工完善经营发展起到促进和推动作用。

（李 梦）

【京西重工大事记】

1 月 27 日 京西重工在香港证券交易所以重组的方式成立的子公司——京西重工国际有限公司（简称京西国际）正式复盘，股票代码 02339。

3 月 10 日 京西重工举行群众路线教育活动总结大会。

4 月 9 日 京西重工董事长韩庆赴京西重工上海工厂参观。

6 月 23 日 首钢总公司领导许建国、韩庆、总公司党委组织部部长郭荣以及组织部干部处处长孙炜，会同京西重工领导班子成员在京西重工总部召开干部大会。

7 月 3 日 京西重工蓝海项目在首钢召开专题会议。

10 月 10 日 京西重工（上海）有限公司党总支成立大会在京西上海举行。

10 月 19 日～21 日 中国国际汽车商品交易会在上海新国展召开，京西重工参展。

11 月 13 日 京西重工首批 3 亿股融资，每股 0.33 港元，与当日收盘价折让 12%，融资额 1 亿港元。

11 月 20 日 宝马集团董事长德雷格及其他高管到京西重工房山减震器工厂参观考察。

（李 梦）

【年度亮点】 2014 年，京西重工在明确母子公司双层董事会职责定位、加强对各子公司管理的基础上，组织制定部分公司董事会议事规则，加强对子公司的管制。在充分研究各地法律法规、各控股公司的公司章程以及有效结合董事会决策权归属的基础上，合理有效地设计各公司的董事会构成，及时完成相关变更工作。

（李 梦）

北京首钢金属有限责任公司

【北京首钢金属有限责任公司领导名录】

总经理：张 军（7 月离任）

副总经理：李延辉 刘 鹏

瞿建游（7 月任职）

执行董事：赵民革（11 月离任）

刘建辉（11 月任职）

监 事：范大义（7 月离任）

（乔洪民）

【综述】 北京首钢金属有限责任公司（简称"金属公司"）是首钢总公司全资子公司，是打造和运营管理集团高端金属材料板块的平台，主要承担两项功能：一是作为高端金属材料新增项目的开发和投资平台，代表总公司以出资人的身份，负责新增项目的调研论证、招商引资、寻找合作伙伴、洽商谈判、签约与项目实施等；二是作为总公司高端金属材料项目管理运作平台，负责整合集团高端金属材料产业资源，发展专业化、规模化的金属成型等高端金属材料业务，行使总公司高端金属材料产业板块归口管理功能，打造具有国际化品牌的首钢高端金属材料板块。

金属公司设综合办公室、项目管理部和计财部，2014 年末在册职工 17 人，本科及以上学历 17 人，其中硕士 5 人，博士 2 人；高级职称 6 人。

（乔洪民）

【夯实基础管理】 2014 年，金属公司结合自身管理需要颁发《首钢 MA 金属公司试用期员工管理办法》、《首钢 MA 金属公司劳动防护用品管理办法》等管理制度 6 个；对合资企业试用期员工的管理责任、期限界定、考核转正、合同解除与试用期工资等方面给予明确的解释和说明；对加强和规范劳动防护用品的发放和使用、对员工出勤、休假、遵守劳动纪律等方面作出明确规定，推动合资企业规范、有序、高效健康发展。

【人员招聘和培训】 金属公司通过社会招聘形式为合资企业引进质量、电气、设备维检、焊接操作等方面的人才 8 人，保障生产线流程工作的需要。组织合资公司质量经理、销售经理前往 MA 公司欧洲工厂进行培训和学习，为合资企业工厂的批量化生产及质量体系的建设创造条件。

【降低生产成本】 金属公司合资公司 X82 项目早期生产所需原材料 DX54D+Z 和 HX380LAD+Z 依靠外部采购。为降低生产成本及推进首钢汽车板销售，经 MA 公司与法国雷诺协商，与技术研究院共同探索利用首钢 MA 公司的平台完成首钢相关钢材的认证及切换工作。6 月 12 日之前，完成首钢试验用 DX54D + Z 和 HX380LAD+Z 两种钢材的试制、性能试验、剪切、性能检测及样件冲压试验，向 MA 法国公司提交相关材料。8 月底，MA 法国公司正式发函通知 X82 项目部件可以使用首钢料进行生产。据统计，2014 年合资公司按计划订单共生产雷诺 X82 项目级进模冲压部件 78 万个，全部发往 MA 法国公司，全部合格，实现"零质量事故"。

（乔洪民）

【质量体系培训】 北京首钢 MA 金属有限责任公司正式启动 ISO/TS16949 质量管理体系的认证工作，全面建立起满足客户要求的质量管理体系总体目标。3 月份，公司接受客户过程审核，面对客户及主机厂质量管理人员的双重审查，共计编写 29 个程序文件、31 个三级文件、242 个管理记录、逾万字的质量手册，于 5 月 24 日顺利通过 TUV 莱茵检测认证（中国）有限公司组织的 ISO9001：2008 及 ISO/TS16949：2009 质量管理体系认证。质量体系建设，为合资公司产品质量的稳定和持续改进提供保证。

（乔洪民）

【合资公司简介】 北京首钢 MA 金属有限公司是北京首钢金属有限责任公司与全球知名金属成型汽车零部件供应商意大利 MA 公司于 2012 年 4 月在北京成立的合资公司，从事汽车车身及底盘冷冲压件、辊压件及其组装件的生产与销售，旨在发展专业化、规模化的金属成型业务；在北京顺义设立工厂，为北京奔驰、华晨宝马、北汽福田、通用等主机厂提供配套服务；项目总投资 1.42 亿元，公司注册资本金 8680 万元，其中，首钢金属公司与意大利 MA 公司各占 50% 股份，公司注册地址在北京市顺义区，目前已引进一条 600 吨级进模压机成形线、一条高强辊压线以及一条焊接组装线。

（乔洪民）

建筑与房地产

北京首钢国际工程技术有限公司

【首钢国际工程公司领导名录】

董事长:张福明(7月任职)
　　　　何　巍(7月离任)
副董事长:刘宗乾(7月任职)
　　　　　胡雄光(7月离任)
董　事:袁文兵(7月任职)
　　　　侯俊达(7月任职)
　　　　李长兴(10月任职)　李国庆
　　　　马东波(7月任职)
　　　　孙桂华(7月离任)
　　　　李永进(7月离任)
　　　　张福明(7月离任)
　　　　董双良(7月离任)
总经理:何　巍(7月离任)
副总经理(主持工作):袁文兵(7月任职)
副总经理:侯俊达(4月任职)
　　　　　李长兴(10月任职)
　　　　　刘　燕(7月任职)
　　　　　张　建(7月任职)
　　　　　孙桂华(7月离任)
　　　　　张福明(7月离任)
　　　　　董双良(7月离任)
　　　　　兰新辉(7月离任)
　　　　　袁文兵(7月离任)
副总工程师:董双良(7月任职)
　　　　　　赵嘉康　侯俊达(4月离任)
党委书记、纪委书记、工会主席:张福明(7月任职)
　　　　　　　　　　　　　　　孙桂华(7月离任)
党委副书记:袁文兵(7月任职)

（齐　岳）

【综述】　北京首钢国际工程技术有限公司(简称"首钢国际工程公司")始创于1973年,是由北京首钢设计院改制成立、首钢集团相对控股的国际型工程公司,注册资本1.5亿元。首钢国际工程公司是国家重点高新技术企业和北京市设计创新中心,拥有工程设计综合甲级资质,主营冶金、市政、建筑、节能环保等行业的规划咨询、工程设计、设备成套、项目管理、工程总承包业务,综合实力和营业收入排名全国勘察设计企业前列。作为钢铁全流程工程技术服务商,为钢铁企业工程建设、环保搬迁、升级改造、挖潜增效、节能减排等提供技术服务;将传统优势技术升级应用于城市市政工程、建筑设计、节能环保等领域,为建设生态宜居城市和信息智慧城市提供技术服务。5年间完成200余客户近800项优质工程,完成国家"十一五"重点项目首钢京唐钢铁厂的总体设计。注重技术研发和自主创新,有300项专利和专有技术,承担多个国家级重大科技课题的研发工作,主编或参编多项国家和行业标准规范,获国家科学技术奖和全国优秀设计奖近100项,获冶金行业和北京市优秀设计及科技进步奖300余项,连获全国建筑业企业工程总承包先进企业、全国冶金建设优秀企业、中国企业新纪录优秀创造单位、全国企业文化优秀单位、全国建筑业信息化应用示范单位、北京市"守信企业"等称号。

首钢国际工程公司设战略运营部、国际市场部、设计管理部、项目管理部、采购部、人力资源部、财务部、科技质量部、办公室、党群工作部、信息网络部11个管理部门,焦化、烧结、炼铁、炼钢、轧钢、工业建筑、民用建筑、总图、能源环保、电气自动化、技术经济11个设计研究所,工业炉、测绘2个事业部,有中日联、考克利尔、山西首钢国际、贵州首钢国际等11家投资公司。在册职工1029人,平均年龄39岁,其中,博士4人、硕士257人、本科641人、大专104人;教授级高工64人、高级工程师272人、工程师329人。

2014年,面对严酷的市场形势,首钢国际工程公司明确战略发展思路,稳健推进各项工作,生产经营平稳顺行,深化改革实现良好开局,转型发展迈出坚实步伐。

（齐　岳）

【主要经济指标】　2014年,首钢国际工程公司经济运行平稳有序,实现营业收入 16.66 亿元,利润 1.53 亿元,人均收入 16.49 万元。签订设计合同 1.56 亿元,完成年度计划的 103.7%;签订总包合同 18.92 亿元,完成年度计划的 42.1%。

（齐 岳）

【明确发展战略】 首钢国际工程公司坚持问题导向,加强顶层设计,确立"1234"发展战略。一个发展目标,创建国际一流工程技术公司;双轮驱动发展,做优做强钢铁技术服务业,大力拓展城市综合服务业;三项支撑战略,科技创新、人才强企和差异化营销;四全服务,全流程、全方位、全生命周期、全天候;四型企业,创建学习型、创新型、科技型、国际型企业。

（齐 岳）

【市场营销】 首钢国际工程公司坚持实施"走出去"战略,加大国内外市场营销力度。承揽湘钢 3 号高炉技改、创远球团二期等设计任务,签订长钢焦化、宣钢高线及加热炉改造、唐山汇丰等 6 套干熄焦总承包合同。加强国际目标市场重点项目跟踪,参加伊朗、美国冶金展及学术交流会,联合大型央企、金融机构等社会资源,拓宽海外市场开发路径。利用优势技术打造非钢新产业板块,开拓外部市场,承揽民用建筑、节能环保、城市污水处理、市政交通等领域项目。

（齐 岳）

【服务首钢园区】 首钢国际工程公司全方位服务首钢园区开发建设,通过强化管理、优化机构设置、构建专业团队、联合优质资源,提升技术能力和服务质量。编制完成北区开发总体布局策划方案,全面参与园区专项规划、单体建筑、基础设施、拆改移以及外围配套等项目,组织实施西十筒仓改造、园区过渡期供暖、办公厅改造等设计项目和园区过渡期供电、长安街西延线拆改移等总承包项目。

（齐 岳）

【项目实施】 首钢国际工程公司强化统筹策划和协同管理,稳步推进项目实施工作。重点组织完成包钢球团、宣钢烧结以及京唐 2 号镀锌、首贵中空钢、钎具钢等设计项目,推进实施伊朗 MK 球团、浦项托盘、青钢 2 号高炉、临沂华商球团等总承包项目,客户满意度不断提高。

（齐 岳）

【管理创新】 首钢国际工程公司坚持深化改革、创新驱动,转型发展,推行实施全成本核算、专业部所模拟事业部运行,构建高效低成本运行管理体系的改革措施。为应对影响经营生产的核心问题,制定实施《国内外项目营销销售奖励办法》《资金回收目标奖励考核办法》,激励政策的导向作用得到有效发挥。

（齐 岳）

【科技创新】 首钢国际工程公司加大科技开发投入,完成科技开发课题 69 项,同比增加 4 项,课题经费直接投入 958.55 万元。申报专利 86 项,同比增加 22 项。获行业科技进步奖、优秀工程设计、总承包奖 38 项。推进企业技术中心建设,制定技术专家委员会工作管理办法,完成人员配置工作。申报"北京市级企业技术中心"、"北京市冶金三维仿真设计工程技术研究中心"并通过认定,"高新技术企业"复评再获通过。

（齐 岳）

【开展"三化三力"活动】 首钢国际工程公司围绕影响企业发展的"技术、人才、管理"三个核心要素,推进开展"三化三力"实践活动,即,加强"技术专业化、人才职业化、管理规范化"建设,提升"市场竞争力、岗位执行力、发展创新力"。注重与经营生产实践相结合,通过"走出去、请进来、下基层"等方式,就企业发展的重大课题,开展深入调研和探索。

（齐 岳）

【投资企业管理】 首钢国际工程公司加强对投资企业的管理和指导,11 家投资企业全年共实现净利润 6290 万元,同比增长 26.3%。考克利尔公司组织实施华菱 CGL、米其林 2 号线等项目,销售收入同比增长 37.7%,净利润同比增长 86.6%。中日联公司干熄焦市场取得良好成绩,积极研发干熄焦旋风式一次除尘、应用焦炉煤气脱硫技术装备、探索城市垃圾处理技术应用。山西公司立足服务长钢签订多项总承包合同,协同母公司推动长钢焦化工程总承包落地,销售收入增长 137.3%,净利润增长 280.7%。贵州公司在水钢外部市场份额占到 96.6%,获贵州省勘察设计类一等奖 1 项。

（齐 岳）

【人才工作】 首钢国际工程公司加强人力资源管理,引进建筑创意、景观设计专业社会人才 3 人,完成民用建筑设计研究所的人员调整和配置工作;结合 2014 年度绩效考评工作,对 118 人的岗级和薪酬进行调整;提高劳动生产率,对合同到期的退休返聘和项目制员工妥善安置;加强干部队伍建设,调整领导干部25人,选拔、建立后备干部队伍;组织开展公司级培训41期,有2200余人次参加,培训内容涵盖创新思维、项目管理、海运管控、法律法规、三维设计等。

（齐　岳）

【党群工作】　首钢国际工程公司按照群众路线教育实践活动整改方案要求,制定22项整改措施。贯彻落实党风廉政建设责任制,全面完成8项35条主要任务。深入开展班子民主生活会,切实改进工作作风。建立党支部书记汇报制度,加强基层党组织建设。关注职工职业健康,组织全员体检,开展健康知识讲座和咨询活动。采取体育比赛、特色健身文体活动相结合的方式,扩大文体活动的参与人群。组织开展对困难职工和长期驻外人员340余人的慰问活动和慰问金发放。组织青年

职工参加北京市工业创新大赛、建筑创意设计大赛等活动,开展演讲与口才等比赛,为青年提供锻炼和展示平台。

（齐　岳）

【企业文化】　首钢国际工程公司加强企业文化和宣传工作。弘扬优秀企业文化,组织开展"光荣与梦想"先进表彰会、温馨部所评选表彰、"和衷共济、共创未来"春节联欢会等特色主题文化活动。加强企业品牌形象宣传,改版品牌宣传册,制作《客户杂志》及专业多媒体演示光盘。与《中国冶金》等多家媒体开展合作,宣传公司优势技术和工程业绩。荣获全国"企业文化顶层设计与基层践行优秀单位"和"首都文明单位"荣誉称号。

（齐　岳）

首钢地质勘查院

【首钢地勘院领导名录】
院　长:邓　斌(8月任职)
　　　　赵宪敏(8月离任)
党委书记:赵宪敏(8月任职)
　　　　邰克农(8月离任)
副院长:邓　斌(8月离任)
　　　　庄桂成(8月离任)
院长助理:王自文

（唐　灏）

【综述】　首钢地质勘查院(简称"首钢地勘院")是在北京市编办登记的差额补贴的事业法人单位。境内有首钢地质勘查院地质研究所、北京爱地地质勘察基础工程公司、北京金地通检测技术中心、北京首勘金结水暖管道中心等具有法人资质的实体单位,拥有国土资源部核发的固体矿产勘查与地质钻探甲级资质,住房和城乡建设部核发的地基与基础工程专业承包一级及工程勘察综合类甲级资质,国家测绘局颁发的测绘甲级资质,国土资源部核发的地质灾害治理工程勘查、设计、施工甲级资质,北京市国土资源局核发的工程地质、水文地

质、环境地质调查、区域地质调查、地球物理勘查乙级资质,北京市住房和城乡建设委员会核发的地基基础与桩基检测专项检测资质及CMA计量认证。境外独资设立"首勘矿产地质勘查有限责任公司(秘鲁)",控股设立"华夏矿业评估有限公司(香港)",具有秘鲁能矿部核发的地质勘查资质,国家经贸部核发的在境外进行工程承包的资格,具有香港证券会批准的在香港对涉矿类企业上市进行评估的资格。是中国地质协会会员、中国勘察学会会员、中建地勘协会会员、中国建筑杂志社会员、北京勘察协会事理单位、中矿联地勘分会理事单位。在职职工228人,其中大学及以上学历113人;有教授级高工10人,高级工程师31人,中级职称67人;有首钢专家4人,首钢专业技术带头人6人,享受北京市特殊津贴1人,国家注册岩土工程师9人,国家注册一级建造师14人。

（唐　灏）

【年度经营指标】　2014年,首钢地勘院产值1.59亿元,同比提高3.1%;经营总收入1.3亿元,同比降低2.3%;利润893.57万元,同比提高10.19%;增加值

5930 万元,同比提高 3.82%;国有资产保值增值率 114.45%。

（唐 灏）

【创新发展】 首钢地勘院面对严峻的市场形势,围绕各自主业,在产业链延伸、业务渠道拓展、业务区域覆盖等领域实现新突破。地勘业首次申请到河北省地勘基金项目,被河北省国土资源厅列入驻冀国有地勘单位行列,取得进入地方财政项目领域的新突破。拓展商业性地质领域,实现在地质延伸领域社会化服务的开拓。工勘业坚持稳定战略客户、抢抓大客户、开拓新客户的市场策略,强化战略合作关系。全年承接工程量近 800 万元,实现开拓新客户的战略构想。注重质的提升,以实现由外延式发展向内涵式发展的转变。进入热力集团、朝阳水务局勘察与测量市场,服务首钢园区开发,爱地公司市场开发的质量结构提升。检测业经营效果创新高。以北京市场为基础,与珠江地产、合生地产续签战略合作协议,多方获取信息参与项目的招投标。业务地域拓展取得突破,以山西为突破口的外埠市场开发成效显著,全年在山西社会市场承揽接近总量三分之一的工程量,树立良好形象。

（唐 灏）

【开拓市场】 首钢地勘院地矿业全年新签订合同(或获得任务书)5 项,合同金额 6208 万元。其中,首钢内部 3 项,国内 2 项,合同金额 3486 万元,国外 1 项,合同额 264.8 万美元(折合人民币 1642 万余元);首钢外市场 2 项,合同金额 1080 万元。工勘业全年签订各类合同 103 项,合同金额 8863.20 万元。其中,勘察项目 72 项,合同金额 1791.62 万元;施工项目 31 项,合同金额 7071.58 万元。所有项目中首钢项目 35 项,合同金额 3514.2 万元,占总合同额的 39.65%。全年在施项目 106 项,其中,工程勘察项目 72 项,测绘项目 4 项,总产值 2009 万元。检测业全年共签订合同 162 项,合同金额 2200 万元。其中首钢项目 5 项,合同价款 230 万元;社会项目 157 项,合同价款 1970 万元;项目涉及北京、山西、河北、贵州等地区。印刷业加强内部核算体系建设,抓成本管理,减少亏损。

（唐 灏）

【科研工作】 首钢地勘院完成 4 项部优报告申报材料编制及网上申报工作,全部获得冶金行业优秀工程勘察设计奖。其中,一等奖 1 项,二等奖 2 项,三等奖 1 项。

取得国土资源部颁发的地质灾害勘查、设计、施工甲级资质,开展工程勘察钻探劳务资质的申报取证工作。完成勘察综合甲级及测绘甲级资质的换证工作,完成年度三标四规范一体化贯标的外审换证工作。全年提交报告及设计 209 项,其中岩土工程设计 65 项;勘察及检测报告 85 项;提交岩土工程施工报告 14 项;测量项目 45 项。优秀项目 73 项,良好项目 133 项,优秀率 35.0%,优良率 100.0%。依据《首钢地质勘查院职工撰写论文的规定及奖励办法》,评选优秀论文二等奖 8 个,鼓励奖 17 个,地勘院形成学技术、钻业务的良好气氛。

（唐 灏）

【强化管理】 首钢地勘院以成本控制、绩效管理为主线,加大内控体系建设及项目成本的核算管理,向管理要效益。一是完善和建立各项规章制度和工作标准。制定下发《首钢地质勘查院 2014 年规章制度新建、修订方案》,修订完善规章制度 57 项。二是明确部门岗位职责内容,清晰岗位职责界限,完成对各职能部门及各管理岗位职责的编制确认工作。三是制定、下发《首钢地质勘查院机关岗位测评实施方案》,组织各单位 49 人测评人员对院机关 24 个管理岗位进行测评,依据测评结果,确定各岗位的相对价值和等级,为薪酬分配提供重要依据。四是组织签订安全责任状和保证书,推进安全生产标准化进班组工作,确保地勘院经营生产安全平稳运行。五是加强院内环境综合治理和出租房屋管理工作。

（唐 灏）

【信息化建设】 首钢地勘院 OA 自动化办公系统相继增加《业务接待审批及报销》和《职工投票管理》功能,对规章制度板块进行优化。建立经营生产信息平台,规范经营生产流程,确保经营生产数据准确及时。对所属单位相关岗位人员进行培训,确保每个专业管理岗位、项目部至少有 1 人能操作、使用系统。

（唐 灏）

【党建与队伍建设】 首钢地勘院深入开展党的群众路线教育实践活动,针对领导班子查找出问题 35 条,班子成员共查找问题 87 条,制定地勘院领导班子整改方案,提出 4 个方面 19 条整改措施,全部整改落实。地勘院发展党员 2 人,完成预备党员 4 人转正工作。开展党员民主评议工作,评选优秀党员 12 人、合格党员 87 人。组织开展"遵章守制做表率,夯实基础我带头"创先争优主题实践活动,评选出首钢级先进党小组 1 个,优秀党员 1 人,地勘院级优秀党员 5 人。做好基层党支部换届选举工作,确保 4 个党支部换届选举工作圆满完成。推进干部队伍建设。按照优势互补、发挥专长、群众认同、不求全责备的思路,中层干部岗位调动 10 人,为年度经营生产工作顺利完成提供组织保障。

（李海锋）

【为职工办实事】 首钢地勘院保持单位效益增长与职工收入同步增长,全年在岗职工人均年收入较上年增长 1.09%。结合地勘特点,以创建"无隐患工序"为载体,从岗位安全责任制入手,开展安全标准化建设,提升安全管理水平。院主要领导经常带队深入一线检查指导,杜绝重大事故发生。围绕深化全员健身推进计划,率先对女职工增加健康体检项目。鼓励并推动全员健身活动的开展。开展环境综合治理。做好门卫管理、外来人员管理、停车管理、亮灯工程,修缮仓库、改进矿山分部食堂,从点滴做起,改善地勘院环境面貌,提升地勘院形象。

（李海锋）

北京首钢建设集团有限公司

【首建集团领导名录】
董事长:王文利
副董事长:刘宗乾
董　　事:李国庆　徐小峰　张志忠
　　　　　苏宝珍　张永祥
总经理:徐小峰
副总经理:苏宝珍　张永祥　杨　波
总会计师:张桂芬
总工程师:孟令阁(6 月任职)
　　　　　刘耀齐(6 月离任)
总经济师:任立东
总经理助理:金洪利(3 月任职,9 月离任)
党委书记:王文利
党委副书记:徐小峰　张志忠

（刘晓东）

【综述】 北京首钢建设集团有限公司(简称"首建集团")成立于 1956 年,是首钢集团旗下专业的建筑施工企业;2008 年初改制成立有限责任公司,公司注册资金 4 亿元。首建集团是首批中国工程建设企业社会信用评价 AAA 企业、中国建筑施工综合实力百强企业。

公司拥有近 60 年丰富的工程施工经验和业绩,具有冶炼工程施工总承包特级;房屋建筑工程、市政公用工程、机电安装工程施工总承包一级;公路工程、矿山工程施工总承包三级;钢结构工程专业承包一级;送变电工程、起重设备安装工程、环保工程等专业承包二级,建筑装饰装修工程设计与施工一体化一级;钢结构制造企业特级;特种设备安装改造维修(锅炉安装、压力管道、压力容器、起重机械);冶金行业甲级设计和建筑行业(建筑工程)乙级设计等资质。

公司按照首钢集团总部打造城市综合服务商的总体要求,在经营理念上不断改革创新,明确以建筑业、产品制造业、房地产开发、建筑/设备维检综合服务业和国际工程为主要业务的"4+1"经营模式,形成以建筑业为主,多种业务并行的综合性建筑企业集团。

公司坚持创新驱动,视质量为企业的生命,注重技术创新和质量创优,近年来累计获国家级优质工程 33 项,省(市)、部级优质工程 73 项,国家级工法 4 项,部级工法 20 项,国家专利 82 项,主编和参编 12 部国家、行业规程和规范。

截至 2014 年底,公司拥有各类工程技术、经营管理和项目管理人员 2755 人,其中高级及以上技术职称 282 人、中级技术职称 455 人、建造师 252 人;下设 19 个分公司;9 个直属项目部、指挥部;6 个子公司和 3 个控、参股公司。

公司以"诚实敬业、自强不息"为宗旨,以建立"选择首钢建设就是选择了放心"为品牌理念,争创具有综合服务能力,具有国际竞争力的建筑企业集团。

（刘晓东）

【主要指标】 2014 年,首建集团营业收入 58.4 亿元,完成总公司计划的 102.5%;利润 1.22 亿元,完成总公司计划;签约额 75.8 亿元,完成内部计划的 84.2%;其中,首钢外部签约量 55.2 亿元,占总签约量的 72.8%。全年无质量事故发生,获国家级优质工程奖 1 项,获省部级优质工程奖 6 项。生产安全死亡事故零、重伤事故零、轻伤事故率控制在 1.8‰以下。

（刘晓东）

【科技创新】 2014 年,首建集团投入科研经费 2116 万元,立项 73 个技术攻关课题,完成重点科技项目 9 项。"大型高炉透平压缩机安装技术"等 2 项科技成果通过行业技术鉴定,综合技术水平国内领先,其中 1 项达到国际先进水平。全年获首钢总公司级以上科技奖 6 项,获国家级工法 1 项,部级工法 6 项,申请受理专利 11 项,授权专利 9 项,其中授权发明专利 2 项。全年获国家级优质工程质量奖 1 项,省部级优质工程质量奖 6 项,其中"承德市区路网建筑三期工程隧道"项目获河北省市政公用建设优质工程奖。首建集团连续 4 年获中施企协科技创新先进企业称号。

（刘晓东）

【市场开发】 首建集团结合总公司打造城市综合服务商的整体战略,加大开拓北京市政基础设施建设市场力度,抓住京津冀一体化的市场机遇,不断扩大社会市场份额。成功承揽北京热力集团石景山区 3464.89 米、合同额约 1.1 亿元的热力管线工程。全年在京津冀地区签订合同 390 项,签约金额 30.18 亿元。持续做好首钢园区项目的开发工作,全年签订首钢园区合同 47 份,签约金额 3.94 亿元。通过提升海外项目管理水平,增强总包工程的组织能力,海外市场呈多元化发展。以 EPC 方式承揽合同额为 5431 万元的蒙古国乌兰巴托市樱花办公楼工程;与浙江投资集团合作,中标 1.6 亿元的阿尔及利亚体育场钢结构项目;与中航技组成联合体,承接科特迪瓦垃圾处理再生能源及行政办公楼改造项目。

（刘晓东）

【工程管理】 2014 年,首建集团将打造"精品力作"的理念和兑现优质工程的承诺,作为工作标准根植于日常项目管理中,管控水平明显提升,一批重点工程出色完成,"首钢建设"的品牌影响力扩大。完成国家级政治

任务 APEC 会议鸟巢 LED 网幕及 APEC 会徽结构制作工程,首建集团在北京市的影响力进一步扩大。青岛钢厂搬迁项目,首建集团赢得业主信任,在主线项目以外还承接水处理、渣处理等近 1 亿元的后续项目。通钢新 360 平方米烧结机主厂房钢结构工程获中国工程建设焊接协会评选的"全国优秀焊接工程奖"。凭借海洋新城等项目,首建集团被秦皇岛市授予"诚实守信企业"称号。在承揽首钢京唐公司维检项目中大力推行"6S"管理工作,积极融入业主文化,赢得一致好评。

（刘晓东）

【企业管理】 首建集团积极推进制度建设,强化职能管理,基础管理工作进一步加强。公司将 2014 年确定为制度建设年。全年共修订制度 97 项、换文号 64 项、新建 15 项、废止 48 项,为企业转型发展提供有效的制度保证。继续推进区域化管理,稳固区域市场,降低管理成本。在市场相对成熟的地区成立山东分公司、内蒙古分公司、宁夏分公司、一冶建公司和二冶建公司,为集团总体市场布局奠定良好基础。围绕"结算收入、利润及上缴、项目管理"三方面,开展历时一个月的落实"明责、问责、追责"(简称"三责")工作大检查活动,针对发现的问题,发出"三责工作检查联络单"18 份,提出工作建议类问题 10 项,提出要求整改闭合的问题 25 项,经过检查组持续跟踪、督促催办,2014 年底全部整改完成。

（刘晓东）

【人才建设】 首建集团加强人才引进和人才培养工作。全年招聘应届本科毕业生 101 人。重点工程技术专业方面直接引进社会人才 19 人,其中博士生 1 人,充实集团人才队伍。开通区域公司属地化招聘的人才引进渠道,为集团跨区域人才引进探索新路。组建规模为 400 余人的"首建集团项目经理人才库",收集每人业绩,为重点工程项目经理团队的人才选拔提供参考依据。

（刘晓东）

【党群工作】 首建集团坚持维护职工利益,加大福利投入,为职工办好事、办实事,职工物质文化生活提升。对职工在教育实践活动中提出的 53 条意见和建议,集团领导班子逐条制定整改措施,机关各部室细化实施方案和推进计划。邀首钢艺术团送艺术到一线 7 场次、组织城市乐跑等各类竞技比赛 13 次;全年累计组织职工

参加各类文体活动4791人次,企业凝聚力增强。开展为职工"送温暖"、"送凉爽"活动,用行动践行"务实心系职工,多地共筑和谐"的主题精神。建立起可满足50个会场同步进行的视频会议系统,工作效率提高,行政办公费用节约近百万元。增加取暖费报销面积,扩大报销的地域范围,商品房取暖费基本实现全额报销。职工健康管理体系开始建设,努力让企业红利惠及每名职工。

(刘晓东)

【大事记】

1月22日 首建集团举行第一届职工代表大会第七次会议,首钢总公司、资本运营部、监事会负责人以及首建集团各级单位成员代表120余人出席。

1月29日 国家住房和城乡建设部发布公告,批准由首建集团主编的《钢铁企业余能发电机械设备工程安装与质量验收规范》为国家标准,编号为GB50971-2014,自2014年10月1日起实施。

4月10日 首建集团承建的"万科假日润园项目",获得"2013年度烟台万科工程质量奖"。

6月17日 首钢总公司党委书记、董事长靳伟,副总经理白新等率有关部门负责人到首建集团调研。靳伟向首建正式提出打造"精品力作"工程的要求。

6月26日 首建集团与俄罗斯KORSTON酒店集团在莫斯科KORSTON酒店签订"下诺夫哥罗德城市综合体"项目战略合作协议。KORSTON酒店集团总裁库兹涅索夫、金融副总裁利桑德罗、莫斯科银行投资部负责人丹尼斯等出席签约仪式。

8月 首建集团获北京市安全生产月最佳实践活动奖。

9月22日 北京市委副书记、市长王安顺来到国家体育场(鸟巢),对首建集团承建的APEC会议鸟巢LED网幕工程进展情况进行工作调研,要求首建集团继续发扬敢打硬仗、不怕苦、不怕累、争创一流的精神,以更高的标准、更严的要求,打造精品工程,不辜负人民群众的期待。

10月 首建集团承建的通钢新360平方米烧结机主厂房钢结构工程,获中国工程建设焊接协会评选的优秀焊接工程奖。

11月5日 首建集团信息化建设成果获中国施工企业管理协会授予的"工程建设行业信息化推荐案例"。

12月12日 首建集团获全国诚信施工十佳企业称号。

(刘晓东)

北京首钢房地产开发有限公司

【首钢地产领导名录】

董事长:吴福来(11月任职)
　　　　刘　桦(11月离任)
副董事长:关　山
董　事:吴福来(11月任职)
　　　　关山　李　斌　陈国立　李小平
　　　　乔裕奎　刘　桦(11月离任)
总经理:关　山
副总经理:缪双林　李　斌　陈国立
党委书记:吴福来(11月任职)

(杨淋淇)

【综述】

北京首钢房地产开发有限公司是房地产开发、商品房销售、家居装饰、房地产咨询专业化公司,具有房地产开发一级资质。首钢地产下设计划财务部、工程管理部、投资策划管理部、规划设计部、协调管理部、合同预算部、审计法务部、人力资源部、办公室、党群工作部、二通项目管理部及新北京、南戴河分公司,首房宏大、秦皇岛首房物业、重庆首金及首钢宝泉(天津)子公司,控股经营北京首钢中基太业投资、北京首钢创意产业投资、吉林蛟河首钢房地产、秦皇岛江盟房地产、福建首鑫建设发展、安徽首钢房地产等控股公司,参股北京万年花城、唐海国际专家服务中心。职工179人,其中研究生 31 人,本科 117 人;高级职称 36 人,中级职称 76 人。

(杨淋淇)

【主要指标】 2014 年,首钢地产新开工面积 21.8 万平方米,销售收入 24.66 亿元,利润 4.12 亿元,销售利润率 16.7%,超额完成总公司下达的 3.6 亿元利润目标。

(杨淋淇)

【项目开发建设】 重庆公司全年竣工面积 20.8 万平方米,新开工面积 20.95 万平方米;销售收入 11.54 亿元,利润 2.11 亿元;美利山项目获国家住建部"全国物业管理示范小区"称号。

秦皇岛江盟公司销售价格位居秦皇岛海港区首位;签约面积 7844 平方米,签约额 8138 万元,销售回款 8539 万元,利润 4185 万元。

福建首鑫公司销售业绩良好。紫云嘉苑项目如期竣工备案,交房 575 户,占总户数的 93.5%,车位签约 152 套;销售签约额 8878.48 万元,回款 1.24 亿元,超额完成任务。

万年花城项目 3 号地块入市,剩余 6 号地已具备上市条件。

贵钢项目,完成项目策划方案,已开展公司组建等相关工作。

安徽宿州公司首御一期住宅按期实现交房;二期低密度住宅项目规划方案待审批中。希尔顿逸林酒店运行平稳。首御项目建筑工程获安徽省绿色建筑创新奖,成为宿州城市发展的名片。

8 月,首钢宝泉天津宝坻项目取得宝坻区地热探矿权,与法国薇姿公司、箱根公司合作完成项目可研报告。唐泉尚苑一期 1 号楼完成销售签约额 4709 万元,回款 3449 万元。

南戴河鸥洲项目全力抓销售,全年实现销售签约额 6365 万元。

二通南区项目取得北京市政府重大项目绿色审批通道确认。

铸造村厂南区限价房项目完成控规调整、土地权属审查、污染土处置挖运、外租商户的拆迁、地价评估和地价三级评审。

铸造村三期集资房项目,提前一个月完成 7 栋楼及地下车库建设任务,达到竣工交付使用条件;提前完成 10 号综合楼、12 号城管楼、13 号清洁站施工节点,为市政道路及电力施工创造条件;工程技术人员通过优化设计及施工方案,节约成本 1048 万元。

龙烟厂史馆修复工程完成外立面装修、外线施工、加固改造、景观绿化等。

首钢地产对金顶阳光小区近 50 万平方米四个园区持续 5 年的保修合同全部履行完毕;11 月 18 日通过物业单位的签字验收,圆满完成对该小区的维保工作。

首房宏大公司金顶阳光小区底商出租率 88%,全年收回租金 2098 万元,收缴率 100%,超额完成计划任务。追缴拖欠房租及电费 349 万元。

(杨淋淇)

【园区建设】 二通园区开发取得实效。完成园区大市政基础设施综合设计变更,取得 6 条市政道路及地下管线的《建设项目规划条件》。完成 110KVA 电站土建施工,治理污染土取得市环保局场地验收行政批复,提前完成园区内东四、东五路非宅建筑物的拆除及清渣任务。年内签订 14 亿元的借款合同,已签约一中院和艺术中国一期两个项目。

(杨淋淇)

【企业管理】 首钢地产持续提升管理能力,确保各项经营目标实现。

投资管理。首钢地产继续深化和完善动态管理制度。对季度动态管理及分析报告进行优化调整,常态化推进。在动态管理中实现成本控制的深化。通过对重庆首金、秦皇岛江盟安徽宿州等项目公司进行分期测算效益的变化,对影响效益的因素及存在的问题提出建议和改进措施。实时了解项目动态数据,为保证效益目标实现和总部决策提供依据。

财务管理。在资金预算编制中坚持开源节流、还本付息等原则。完善月度资金预算、资金分析制度,严格时限要求,保证总部对资金预算进行核实调整后下发执行;各分子公司按时上报资金变动情况。严格执行返本付息制度,实现资金回流。2014 年,首钢地产收回分子公司借款利息 1.34 亿元,重庆首金公司股利分配 1.6 亿元。首钢地产归还总公司利息 2.22 亿元。形成首钢地产资金管控,探索建立首钢地产风险储备基金,统筹使用,调剂余缺,提高资金预算的准确性和严肃性。

挖掘自身资源,突破融资瓶颈。2014 年新签订贷款合同 20 亿元,其中二通一级开发 14 亿元,重庆美利山 6 亿元。落实贷款放款 14.37 亿元,其中重庆 7.5 亿元,二通 5.7 亿元,安徽 1.17 亿元,有效缓解公司资金紧张局面。按开发进度有计划地安排放款节奏,提高资金效率。

信息化建设取得阶段性成果。建立收支两条线的管理平台,实现移动会签审批。销售和成本信息系统覆盖首钢地产所有在售、在建项目,实现全公司成本管理的可知、可控和可预测。打造全面预算体系管控平台,实现总部对经济线和管理线的把控以及公司财务借款、费用报销、招标申请、评标报告的网上审批。

人员管理。首钢地产在岗职工人均收入增长5.19%,其中职工 34 人工资晋升,全年引进各类专业骨干 20 人。干部职工积极为企业作贡献,《首钢日报》刊登计财部王志清事迹,陈春国被称为“救火队长”。

2014 年,围绕完善法人治理结构,修订完善董事会工作制度,成立首钢地产战略委员会、审计委员会和薪酬与考核委员会,制定工作制度和管理办法。完成《首钢房地产业资质体系报告》及《中长期发展规划》,先后通过 ISO9001 质量管理体系认证和一级企业资质重审。

（杨淋淇）

【党群工作】 首钢地产党委加强党建工作,改进作风,召开首钢地产党风廉政责任制建设大会,全员签订“党风廉政建设责任状”和“廉洁从业保证书”,党风廉政建设等取得新成效。党的群众路线教育实践活动中的 25 项整改措施,完成 23 项,取得实效;开展基层党支部换届选举,成立机关党支部,加强基层党组织建设;开展以“遵章守制做表率,夯实基础我带头”为主题的创先争优活动,10 人被评为首钢地产党员示范岗,发展新党员 3人;获 2013 年度首钢党建和思想文化创新成果三等奖。

（杨淋淇）

【深化改革】 首钢地产党委从深化改革重大意义、改革目标、改革原则、改革步骤等方面全方位开展工作,9月 30 日中共北京首钢房地产开发有限公司委员会贯彻落实《中共首钢总公司委员会关于首钢全面深化改革的指导意见》,启动首钢地产全面深化改革工作,收到全公司 21 家单位 8 类 100 多个问题和建议,为首钢地产深化改革提供问题导向。11 月 4 日,首钢总公司党委书记靳伟对首钢地产的工作汇报给予肯定,对首钢地产未来房地产产业发展思路表示认同,希望首钢地产增强责任感和使命感,尽快打造成首钢的实力板块,把项目做成精品,通过自身发展带动首钢相关产业发展,为首钢总公司、首钢职工增添全面深化改革的信心。

（杨淋淇）

【努力方向】 首钢地产全体干部职工必须增强“交账意识”和危机意识,发挥主观作用,应对挑战,肩负起自己的责任。所有项目都要算大账,看长远,实现现金流和收益项目的互补。认真贯彻习总书记提出的“加减乘除”的概念。首钢地产的“加法”,是深耕细作在手项目,挖掘首钢自有土地资源,在市场上取得有价值的增量项目。“减法”,是有序退出劣势项目,盘活低效资产,实现资源的合理配置。“乘法”,是全面深化改革,推进管理创新、机制体制创新、盈利模式创新,提升核心竞争力。“除法”,是采取多种措施,增加公司整体投资收益,提高运行效率。按照“管住、管好、管活”的原则,重新搭建组织架构、梳理公司部门职责、优化管控模式和流程,清晰平台总部的权责、界定、形成全面二级管理的管控模式,适应多元化、跨区域、多项目管控特点。

（杨淋淇）

服务业

生活管理办公室

【生活办领导名录】

主　任:陈四军

副主任:毛　波

（陈四军）

【综述】　首钢总公司生活管理办公室负责总公司房改实施方案的立项报批和组织实施工作,审核子公司、自管房单位的房改方案,指导和协调首钢一业多地相关单位开展房管、房改业务工作;组织首钢家属区房屋建筑以及小区设备设施的大修改造等福利措施工程项目。住房分配、调整及迁出迁入管理,开展公有住房租金管理和租金减免审批工作。食品卫生安全、饮用水卫生、各类公共场所卫生管理;首钢北京市集体户口职工申请北京市保障房的受理、初审、调查和上报等工作。首钢生活区土地和房屋产权产籍等资产管理,办理国有土地使用证书和房屋的公有权属证书,总公司生活类设备设施资产的管理,办理资产盘活、调拨、报废手续;组织制定并完善职工的餐饮、浴室、物业管理、班车管理办法;对服务单位的服务质量等情况进行监督、检查、考核和评比,做好生活后勤保障。在岗职工15人,其中研究生学历1人,本科学历7人,大专学历4人。

（陈四军）

【为职工家属办实事】　2014年,生活办改善和提高首钢北京地区家属区生活条件和居住环境,对家属区住宅建筑、配套设备设施及小区环境等9个项目实施大修更新改造工程,包括《电梯监控加装不间断电源及模南小区监控系统更新》、《首钢家属区部分电梯大修》、《首钢家属区消防器材完善管道更新及新建消防系统》、《首钢家属区部分电力电缆及配电设施更新》、《家属区排水管道及供水泵站设备更新》、《首钢家属区防雨大修》、《首钢家属区综合治理》、《首钢家属区公共设施改造》、《首钢家属区部分电梯更新》项目。完成《首钢家属区部分燃气管道大修》项目。

（毛　波、徐建利）

【生活服务】　生活办每周两次组织检查家属区物业服务、厂区职工食堂、浴室等服务情况,重点做好家属区供电、供水、电梯、消防、监控等设施运行保障,小区道路畅通、环境良好。开展跟踪住户零维修报修情况、电话回访住户,征询职工对物业服务满意度。完善首钢家属区用地施工管理,减少施工对住户生活和出行的影响。推进浴室人性化智能化服务工作,在节能降耗的同时提高浴室的条件和环境。建立职工就餐卡信息库,形成统一充值、就餐结算的管理模式。加强食堂食品安全和供餐服务质量的督促检查,监控菜肴和食品的价格。改进供餐制作模式,改造食堂燃气系统,实行现场炒制,增加菜肴品种和品味。定期组织审核菜肴食品价格,组建首钢厂区工作餐管理委员会,听取职工意见建议,督促服务单位改进工作质量。

（徐建利、董林迎）

【老旧小区综合整治】　生活办利用北京市政策,以市区两级政府投资为主,在首钢老山、古城等12个住宅小区开展老旧小区综合整治改造工作,住宅楼改造113栋,其中1990年以前建成的住宅楼106栋、建筑面积45.41万平方米,采取节能改造的措施;1980年以前建成的住宅楼17栋,建筑面积5.23万平方米,实施抗震加固和节能改造。

（翟　艳、时卫东）

【公共卫生管理】　生活办开展食品卫生安全、饮用水卫生、各类公共场所卫生专业管理,下发《关于加强生活饮用水卫生安全管理的通知》等文件,规范饮用水供水单位和使用单位的管理职能,强化管理,完善规章制度、明确人员职责。组织完成矿业公司生活水泵站改造项目卫生审查验收,对2个集体食堂、1个生活饮用水供水泵站进行预防性卫生审查。协助基层单位食堂办理餐饮许可证。对总公司大型活动、会议做好食品安全保障。组织对京唐公司、迁钢公司、矿业公司及北京地区的集体食堂、生活供水泵站、各类公共场所卫生进行检查。

（宋立宁）

【房改房管专业管理】 生活办开展首钢铸造村集资建房相关政策的调研。完成首钢家属区金顶街二区集资建房1号、3号、4号楼大房产证的领证工作。办理职工房改购房、标准价改成本价等房改手续,发放职工个人房屋所有权证。办理公有住房承租人变更。按照房改政策,为困难和特殊职工家庭办理租金减免手续,共有128户家庭享受租金减免政策。

（王迎武、李燕红）

【专业管理】 生活办办理首钢北京籍集体户口职工子女随父（母）落户证明手续;受理首钢集体户口职工家庭申请保障性住房的初审及上报,已备案家庭的复核、核查和变更工作。

（翟　艳、时卫东）

北京首钢实业有限公司

【首钢实业领导名录】

董事长:岳文会

副董事长:刘　刚　杨　鹏（8月任职）
　　　　　吴福来（8月离任）

总经理:刘　刚

副总经理:王立新　尹亚虹（女）　汤　红（女）

总经理助理:薛　伟　王树芳

党委书记:岳文会

纪委书记:岳文会

工会主席:岳文会

（郑　金）

【综述】 北京首钢实业有限公司（简称"首钢实业"）是经营服务业的企业法人,2008年由首钢实业公司（首钢生活服务管理中心）改制成立,首钢总公司持有股份35%,经营团队和员工持股65%,公司地址在石景山区八角西街85号。公司机关设办公室、党群工作部、财务部、规划发展部、培训部、信息部、审计部（监事会办公室）、市场运营管理中心,管理9家全资子公司、14家控参股公司。员工1361人,其中有研究生39人,大学专科以上学历725人;高级职称11人,中级职称87人;国家认定的技师63人。高级工138人;女职工563人。员工平均年龄41.5岁。

2014年,首钢实业继续发扬"创新、创业、创优、创效"的企业精神,巩固和开发首钢内外两个市场,深化改革重组,实现实业公司"十二五"规划发展目标,全年营业收入18.64亿元,盈利5108万元。

（郑　金、王兆丰）

【深化改革】 首钢实业通过优化组织架构、下放管理权限,完成部分法人公司股份置换,推进深化改革工作,实业公司具备了撤销事业部向投资型集团转变的条件。分别对9家公司进行增资;通过转让下属公司的控股权,实现二级法人公司投资、管理、产权三者的统一,并完成9家分公司、子公司的清撤。同时,转变总部机关管理职能,整合部门业务,下放资金管理权限、人事管理权限,优化了管理流程,机关管理岗位定编由61人减为55人,减员9.8%。

（郑　金）

【开拓市场】 首钢实业社会市场开发取得新进展,共有社会市场运行项目78个,同比增加13个,增长20%。全年新增市场开发项目19个,其中,物业服务9个、餐饮服务9个,工业服务1个,各单位跟踪项目93个,跟踪项目领域涉及工商企业、教育领域、政府机构、部队保障及高科技园区。各单位努力开发市场的工作,给企业发展带来了积极效应:首欣物业公司在中国物业服务百强企业排名晋升至第31位,承接了中关村软件园一期物业管理项目,是实业公司社会市场开发首个"千万元"级项目;首钢饮食公司承接九中食堂,进入北京市学生营养餐市场;工业产业包装材料正式向太钢供货,成功打入社会市场;幼教中心跟进京津冀协同发展,渤海幼儿园开园运营;首钢国旅完成美国分公司注册并已开展业务运营,北京市内旅游连锁门店数量接近 30 家,社会市场直客收入逐月递增,增幅达 20% 以上;养老产业继续跟进居家养老项目,对现有设施进行改造,探索多元化的产业发展模式,为首钢发展养老产业提供了宝贵的实践经验。

（郑　金）

【信息化建设】　首钢实业完成网站全面升级改造工作,1 月,公司网站的主站上线。4 月,工业、幼教、养老三家子站上线,与建设完成的物业、餐饮、旅游三大产业网站,通过数据集成的方式形成了信息共享的实业公司网站集群平台。餐饮信息化管理平台的建设项目顺利推进。通过餐饮信息化平台系统把控团餐每餐的从生产到销售过程,精细管理,精确成本核算,从而优化餐饮业务管理。1 月,首欣物业信息管理系统启动运行,增加了与实业公司 ERP 系统对接功能。系统使用覆盖率达到 100%,为 ERP 财务提供更加精细的现金流数据,且减少生成财务凭证的工作量,压缩了业务处理时间。

（郑　金）

【科技创新】　首钢实业使用科研项目资金 500.28 万元,用于碳酸钙（$CaCO_3$）/聚乙烯复合材料微发泡性能研究、多媒体教学对幼儿绘画学习的作用的研究、碳酸饮料及外包装标签设计研究、敬老院信息化管理系统等重点项目的研发,以及科技项目评审和先进表彰的支出。3 月,实业公司召开第一届科技工作会议,全面总结 2013 年科技创新工作,首次组织科技创新先进单位和优秀科技工作者评选工作,评选一等奖 1 项、二等奖 1 项、三等奖 2 项,评选 12 人为"优秀科技工作者"。

（郑　金）

【培训体系】　首钢实业成立培训部,组织建立集团层面的多元化、专业化、系统性、长效性的培训体系,完善实业公司中长期人员培训计划。全年分 5 批组织开展项目经理轮训,共计轮训项目经理级中层骨干人员 192 人;共组织 5 批次 110 余人次参加公司高层管理梯队人员培训;选报 7 人参加在职工程硕士研究生班的学习。共安排公司、行业、专业培训项目 73 个,各单位分解实施 234 项次,参培人员达 9660 余人次,课时达 7800 余个,员工培训覆盖率 100%,在岗人均培训 48 学时/人·年。

（郑　金）

【人才晋升】　首钢实业制定中长期人才发展规划,确定"151"人才工程阶段性工程目标。"十二五"末到"十三五"初期,以培养引进"三强、三优、三新"产业领军人才和经营管理、专业技术、高技能人才为重点,突出企业核心团队的建设。年内,公司按照知识化、年轻化的要求,加强高管后备人才的培养和梯队建设,通过考察、培养、选拔、挂职锻炼等方式,完善企业两级班子后备干部的调整、配备,安排后备干部 7 人挂职锻炼,为企业健康持续发展提供人才保障。

（郑　金）

【提升软实力】　首钢实业通过全面升级改版企业网站,丰富网站版面的内容,形成实业公司各大产业网站集群,利用该平台,加大宣传实业公司的企业文化、服务品牌和经营发展动态,让更多人了解实业公司及子公司的企业文化理念,促进母子公司文化的融合;另一方面组织撰写《一切为创美好生活》丛书,记载实业公司各个阶段的发展历程,传承首钢实业人的优良传统,传递改革创新发展的正能量,提高员工企业文化的认知度和认同度,同时,加强品牌的建设推广,编辑《北京首钢实业有限公司 2013 年社会责任报告》,以全新的方式宣传实业公司及各产业的品牌实力,提升"首钢实业"服务的社会影响力,并按照品牌建设"整体规划,分步实施,指标量化"的总体要求,研究制订实业公司和各法人公司品牌宣传推广方案,制作生产经营目标、"十大服务标兵"等企业宣传展板,通过典型人物先进事迹宣传实业公司的服务品牌。

（郑　金）

【首欣物业】　北京首欣物业管理有限责任公司（以下简称首欣物业）系北京首钢实业有限公司所属全资子公司。2000 年进入市场,2004 年注册为首欣物业公司,2006 年发展成为国家一级资质物业管理企业。2014 年,首欣物业开拓外部市场,社会市场管理规模进一步扩大。全年先后接管石景山检察院项目、金顶街 9 号院、软件园一期项目等 9 个物业服务项目,新增物业管理面积 138.5 万平,新增年收入 2099.09 万元。截至年底,首欣物业已接管外部市场物业项目 62 个,社会市场物业管理面积 713.58 万平方米。

首欣物业完成总公司立项投资的家属区部分燃气管道大修等 10 项工程,以及历年结转的家属区部分电梯更新等 7 项工程项目,工程产值合计 5347.67 万元,工程组织实施管理水平取得新的突破。在保质保量完成家属区内部工程施工的同时,先后承揽首钢模西家属区部分燃气管道大修工程、首钢家属区部分室内给水管道更新工程、二通一中院审判业务用房外线工程、首钢家属区公共设施改造工程、首钢家属区综合治理等项目的施工,全年产值 7078.24 万元。机电维保产业提升电梯和技术防范监控设备系统的维护保障能力,富通电梯公司累计电梯维保数量突破 1000 台,达 1017 台,其中内部 322 部、外部 695 部。工程施工业务(电梯及技防设备大修、更新等)累计产值 1827.1 万元。全年新增电梯维保 196 部,承揽军事科学院 3 部杂物梯更新、软件园 3 部电梯大修、海特花园 2 部电梯大修、京唐钢指挥中心电梯大修、西十筒仓 14 部电梯安装、西井敬老院监控系统安装、金顶阳光小区更换钢丝绳及轴承、溪城家园小区门禁及楼宇对讲系统更新、浩运园小区监控系统改造维修、新城阳光小区更换维修门禁系统等施工工程,累计实现产值 129.8 万元。

(艾　千、姚锡平)

【首钢饮食】 北京首钢饮食有限责任公司(简称首钢饮食公司)是首钢实业有限公司的全资子公司,伴随着首钢集团 90 多年的建设与发展,经过几代首钢餐饮人的努力,首钢饮食公司现已发展成为一家多业态、跨区域经营的大型综合餐饮服务企业。2014 年首钢饮食公司先后承接石景山检察院、北京第九中学、北京振远护卫门头沟、石景山、平谷三个基地项目、福田欧辉客车、石景山区金顶街街道办事处、门头沟区食药局、北京潞通洪运工业园、河北华电储运公司等 10 个项目,签约合同金额 1217.35 万元。完成 14 个原有项目协议或补充协议的签订工作,新增合同续约收入 84.76 万元。完成原京唐服务分公司和原迁钢服务分公司的清撤,迁安分公司和曹妃甸分公司的注册成立,北京首钢今时宾馆全民所有制变更和股权转让,以及迁安市福膳缘有限责任公司股权转让等工作。6 月 28 日,首钢饮食公司组织完成北京市考察代表团和河北省主要领导到京唐公司考察、调研的接待工作;郭金龙书记对首钢饮食公司给予表扬。

注重假日经济。首钢饮食公司围绕重大节日,推出各种特色服务。迁安分公司组织生产春节食品 14000 余份;首钢饮食公司为一业三地生产元宵约 1500 斤 3 万个,包括黑芝麻、五仁等 7 种馅心口味的元宵;公司各餐厅共计供应粽子约 6.56 万个,销售额 10.05 万元,品种包括:小枣、豆沙、蜜枣、红豆、葡萄干、什锦等;中秋销售月饼 13.84 万块,销售额 93.43 万元。

(吴丽娜)

【首融汇】 北京首融汇科技发展有限公司(简称首融汇)是实业公司下属的全资子公司,注册资本 1000 万元,企业坐落于北京中关村石景山科技园区,公司负责全面统筹实业公司现各类工业项目,包括首钢顺义冷轧、首钢迁钢公司、首钢京唐公司、天津一扎集团的冷轧卷、硅钢卷产品包装业务,非金属包装材料的自主研发与生产业务,辅以首钢"一业多地"的工业保洁、汽车客运业务及钢铁产品贸易。下属迁安首实包装服务有限公司、保洁项目部 2 家独资公司,以及北京首成包装服务有限公司、唐山曹妃甸工业区首瀚鑫实业有限公司、北京金安源汽车运输有限公司和北京鼎盛成包装材料有限公司及天津分公司 4 家合营公司。全年完成包装量 972550 卷 875.38 万吨。

(樊莹莹)

【幼教中心】 首钢幼儿保教中心隶属于北京首钢实业有限公司,始建于 1953 年,2003 年 7 月与中国台湾大地幼教联盟实现合作办园。有 13 所幼儿园(北京市 11 所、河北省 2 所),在园幼儿 4500 人;1 所培训学校,学员 2800 人,是一个跨地区、多领域,集幼教、培训于一体的幼教集团。幼教中心为加强安全体系和应急管理体系建设,构筑科学合理的安全防线。各园所根据本单位实际,分别针对园所级的 5 个现场处置方案通过现场演练、推桌演练、模拟演练沙盘演练等形式进行演练 64 次。其中,参与职工 3500 余人次、参与幼儿达 13500 余人次。通过预案的演练、观摩,完善 7 个中心级应急预案,其中突发事件综合预案 1 个,专项预案 6 个。

2014 年,模式口幼儿园承担的《多媒体教学对幼儿绘画学习的作用》被列入北京市"十二五"重点课题;在北京市幼儿园环境创设评优活动中,苹果园幼儿园荣获人文教育模范奖、古城幼儿园荣获园所环境创意奖。4 月 28 日,石景山区妇幼保健系统在八角幼儿园举办保健专业全区半日开放、观摩、培训活动。保健医生重点从健康教育、五官保健、体质测试和传染病防控四个方面进行现场专业培训,观看保健资料、参观班级环境、食堂、观摩户外活动等。9 月 1 日渤海幼儿园正式开园。7 月份,在老山西里举办高端幼儿英语课程——摩奇英语试点观摩活动和颁牌仪式。

(张春红、孙丽凤)

【老年福敬老院】 北京市石景山区老年福敬老院隶属于北京首钢实业有限公司。敬老院现有2所机构,分别位于西井小区和模式口西小区,入住率80%以上。2011年11月与苹果园、金顶街街道联办居家养老日间照料室,2012年、2013年连续两年获得北京市居家养老三等奖,苹果园、金顶街街道居家养老一等奖。2014年获得苹果园、金顶街街道居家养老三等奖。

老年福敬老院遵循"一切为了老人、一切服务于老人"的服务理念,在多年的为老服务工作中,不断总结和积累经验,探索先进的养老服务体系。收到老人和家属感谢信、锦旗500余件,满意率95%以上。管理、服务工作规范化、标准化、精细化,多次受到民政部门的表扬,2005年被评为"北京市文明敬老院",2012年被评为"敬老爱老、为老服务示范单位"。

2008年,老年福敬老院达标为北京市二星级养老机构,2011年完成二星级复验,2013年获得石景山区质监局标准化示范试点项目,2014年二星级第二次复验合格,并与北京标准化协会达成技术服务协议,启动建立老年福敬老院标准体系。2014年,老年福敬老院注册资本由5万元增加到500万元,与日本NEC科技有限公司合作建立"首钢实业老年福智慧养老信息化管理平台",依靠科技进步促进企业发展,采用科技化管理手段对敬老院的日常管理和服务工作进行实时监测、跟踪、提醒和记录。开展第15周年院庆、主题为"情满九月九,最美夕阳红"重阳节大型庆祝活动、元旦联欢会、老人"生日宴"和春节聚餐活动,丰富老人生活,让敬老院的老人切实感受到老有所养、老有所依、老有所乐。

(苏　好)

【首钢国旅】 北京首钢国际旅游有限公司(简称首钢国旅)于1993年注册成立,2012年增资改制,成立北京首钢国际旅游有限公司。目前在全国拥有全资公司和控股分公司4家、黄山宾馆、岠嵎岛宾馆等直接管理的酒店及30余家旅行连锁门店。与30多个国家的200多家旅行商建立长期稳定的合作关系,初步形成了"立足首都、放眼全球"的现代化、国际化经营网络。通过资本运作和行业战略整合,首钢国旅成功获取了签证服务、机票代理、酒店管理等旅行和差旅服务的所有经营资质和资源要素,产品线也迅速覆盖到美洲、日韩、欧洲、澳新、非洲、中东、邮轮、海岛及国内外主要旅游城市和地区。依托首钢集团雄厚的教育科研背景,首钢国旅与耶鲁大学、芝加哥大学等众多境外研究机构紧密合作,在促进中外企业交流和提升企业国际化水平等事业领域中发挥着极大的促进作用。目前,公司拥有市场部、欧洲部、澳洲部、东欧部、海岛部、直客中心、渠道管理中心、签证中心、质量标准部等多个核心业务和管理部门,业务涵盖传统出入境旅游组团和接待、差旅定制服务、要客来宾接待、会议会务安排、工业旅游、考察、培训、大型项目策划执行等。公司在首钢社区范围内全面铺开的"旅游进社区"便民服务网络的项目建设获得了北京市政府和旅游主管单位的高度认可。2014年4月10日首钢国旅直营部门新开签证中心;4月12日与云南大理旅游委签订框架合作协议;6月27日,首钢国旅美国分社(SGTS USA)成立。

(张聪聪)

【先进集体和先进个人】
首钢劳动模范
　　幼儿保教中心迁钢金苹果幼儿园园长:张素洁
　　物产管理部富通电梯检修中心电工班班长:车玉钢
首钢"三创"标兵
　　幼儿保教中心主任:张春红
　　餐饮事业部首实福膳缘餐饮公司经理:刘庆生
　　工业产业事业部技术研发部部长:王彦鸿
首钢"三创"先进集体
　　物产事业部市场开发部
　　餐饮事业部迁安分公司
首钢实业先进单位
　　物产管理事业部
　　幼儿保教中心
首钢实业有限公司先进车间
　　物产管理事业部古城项目部
　　首钢富通电梯有限责任公司机电中心
　　餐饮管理事业部曹妃甸分公司华润电厂项目部
　　餐饮管理事业部昌平国家检察官学院项目部
　　工业产业事业部保洁项目部
　　幼儿保教中心金苹果幼儿园
　　幼儿保教中心古城幼儿园
首钢实业先进科室
　　物产管理事业部工程管理部

餐饮管理事业部计财部

工业产业事业部经销部

实业公司机关计财部

首钢实业先进班组

物产管理事业部

苹东项目部管工班

老山项目部电工班

城区项目部业务班

房地产项目部迁安发展基地工作组

软件园项目部保洁班

餐饮管理事业部

今时宾馆餐厅班

惠新东街项目部面点班

军科项目部餐厅

疗养院京唐钢厂前区 1 号楼服务班

工业产业事业部

鼎盛成包装公司天津分公司宜兴埠塑料板生产班

迁安首实包装服务有限公司钢加工作业区乙班

保洁项目部顺义项目组

迁焦维检项目部化工标段风机班

幼儿保教中心

老山东里幼儿园国五班

首钢国旅

直客中心

首钢实业先进职工

物产管理事业部

韩 利　甄恒奎　曹志华　侯 君

米双久　刘斯彪　季小兵　田国胜

董艳萍　蔡建民　姚树乔　查光庆

范汉基　张淑琴

餐饮管理事业部

刘建国　刘 伟　贾 莹　杨国锋

王桂兰　胡贵茹　王进红　王 杰

高大军　任玉荣　周凤兰

工业产业事业部

张海林　李 贺　史建军　于水利

杨 明　孙建国

幼儿保教中心

张桂苹　马宝丽

首钢国旅

王旭升　刘 毅

老年福敬老院

苏 妤　徐 然

实业公司机关

王树芳　孟建华　沙景禄　杨 瑞

（李慧民）

北京大学首钢医院

【首钢医院领导名录】

院　长:陈仲强

副院长:向平超　雷福明　张祥华　王健松

党委书记:刘慧琴(女)

党委副书记:向平超(4月任职)

（吴妍彦）

【综述】　北京大学首钢医院是一所集医疗、教学、科研、预防保健于一体的非营利性三级综合医院,北京市医保 A 类定点医院。医院占地面积 6.84 万平方米,建筑面积 10.9 万平方米,有 36 个临床科室、10 个医技科室、23 个职能科室、4 个社区卫生服务中心。医疗设备固定资产总值 2.69 亿元,其中,2014 年购置医疗设备总值 3461 万元,包括 10 万元(含)以上设备 65 台(套),100 万元(含)以上设备 9 台(套)。职工 1894 人,其中,在编职工 1171 人,卫生技术人员 1528 人;正高级职称 36 人,副高级职称 99 人,中级职称 464 人。

（吴妍彦）

【机构设置】　2 月 21 日,首钢医院院务会议研究决定:

教学办公室并入教育处,其人员及职责划归教育处;创伤急救中心并入急诊科,其人员及职责划归急诊科。4月9日,首钢医院院务会议研究决定:恢复泌尿外科机构名称,原吴阶平泌尿外科医学中心的人员及职责划归泌尿外科。乳腺疾病科纳入普通外科,原有管理模式不变。11月1日,首钢医院开设造口伤口护理专业门诊。

(吴妍彦)

【改革与管理】 2月25日,首钢医院召开第18届职工代表大会第一次会议。3月12日,首钢医院召开党的群众路线教育实践活动总结大会。首钢总公司教育实践活动第四督导组成员、医院领导以及职工代表出席总结大会。4月29日,首钢总公司党委经研究决定:向平超任北京大学首钢医院党委副书记。10月~12月,首钢医院党委进行党支部换届选举工作,党支部由11个调整为25个。完成《临床各科急救流程》、《科室质量管理手册——急诊科分册》、《科室质量管理手册——外科系统分册》、《医务人员依法执业手册》、《应知应会手册——护理部分》的编印工作。制定"病历管理规定"、"新生儿安全管理制度"、"辐射安全管理制度"、"高危孕产妇接诊及转诊实施方案"、"深化优质护理服务工作方案"等制度和方案;以首诊负责制、三级查房制度、交接班制度等核心医疗制度为抓手,开展质量小组活动,加强关键科室、关键环节和关键时间的监督检查工作。开展题为《重医德,塑医者仁心;保廉洁,创美好生活》的廉洁教育培训;修订和制定《北京大学首钢医院总务后勤系统检修、维保、设备物资购置项目管理办法(试行)》、《北京大学首钢医院医疗设备采购管理办法》、《北京大学首钢医院工程招投标管理办法(试行)》、《北京大学首钢医院信息系统软硬件设备采购管理办法》等;转发《北京市卫生和计划生育委员会关于印发〈北京市医药购销领域商业贿赂不良记录实施意见〉的通知》文件。首钢医院医务人员拒收"红包"55人次,共计5.86万元;收到表扬信148封、锦旗137面。

(吴妍彦)

【医疗工作】 全年首钢医院门诊、急诊量1049193人次,编制床位1006张,开放857张,出院患者25781人次,同比增长2.91%;住院病人手术6370例,同比增长2.87%;病床使用率89.62%,出院患者平均住院日10.9天,同比缩短0.15天;医院患者药占比53.42%,其中住院患者药占比37.41%。三、四级手术量同比增长114.64%;医院服务能力(DRG组数是560)、技术难度(CMI1.12)均优于北京市三级综合医院平均水平。

医药技术管理。开展新技术项目49项,其中关节镜等11项诊疗技术获北京市技术准入;《应用骨搬移技术治疗慢性骨髓炎》等6项获医院新技术项目专项奖。

临床路径管理。实施临床路径的科室12个,管理1682人,入径率70.17%,完成率60.76%。

单病种质控指标达标率均值同比有所提高。急性心肌梗死38例,心力衰竭36例,肺炎255例,脑梗死176例,髋、膝关节置换术31例,冠状动脉旁路移植术5例,围手术期预防感染301例。

预约挂号管理。采取网络、窗口、电话、诊间预约和社区转诊预约等,开放号源比例20%,预约挂号人次占门诊比例约2.5%。

医院感染管理。医院感染发生率1.73%。按照《人感染H7N9禽流感医院感染预防与控制制度》开展培训和督查工作;修订《多重耐药菌管理多科协作及联系制度》和《医院感染在职教育与培训制度》等文件。

医疗保险工作。医疗保险患者出院17471人次,同比增长2.92%;出院医保病人总费用32757万元,次均费用18747元。

医疗对口支援。医院对口支援内蒙古自治区丰镇市医院和北京大兴红星医院,累计87天,包括临床诊疗、教学培训和查房、疑难病例讨论、学术讲座等,并附送教学光盘1000余张。对口支援社区卫生服务工作,保证古城、苹果园、老山、金顶街社区卫生服务中心每天都有医院主治医师以上人员出诊。6月13日,首钢医院医联体启动仪式举行。截至年底,医院与医联体成员单位双向转诊1000余人次,接待进修人员18人,带教9次,会诊38次。9月,首钢医院在门诊大厅,石景山区古城公园、金顶街社区、五里坨高井街道卫生服务中心,内蒙古丰镇市医院和大兴区红星医院进行大型义诊活动。7月11日,首钢医院体检科新址启用,总面积1000平方米,实现医检分开、一站式服务模式。全年体检55353人次,其中为首钢"一业多地"企业单位18087人次提供上门医疗服务。开展首钢职工健康管理系统项目工作,完成业务架构的初期模型。开展宣传义诊活动17次,发放健康教育处方8889张;自制宣传材料8041份;参加患者27042人次。为医务人员举办健康教育讲座34次。

医疗纠纷处理。年参加医疗保险 1427 人，保险缴费 97.32 万元，赔付 94.86 万元。北京市医疗纠纷人民调解委员会调解 16 起；经法院判决 5 起。

社区医疗。社区卫生服务管理 211739 人，共计 68390 户。全年接诊患者 506507 人次，提供家庭病床服务床日 13140 天，上门服务 1123 次。发放宣传材料 2.74 万份、家庭医生 111 人，签约 133352 人，46383 户。管理高血压病患者 15566 人，糖尿病患者 4645 人，冠心病患者 425 人，脑血管病患者 367 人，精神病患者 1372 人，恶性肿瘤患者 36 人。预防接种 54186 人次，接种率 100%，新生儿管理覆盖率 100%，计划生育指导 2758 人，孕期保健 6073 人，产妇访视 3270 人，新生儿访视 4516 人。

制定社区医疗中长期发展规划，确定以康复和中医适宜技术进社区为先导，信息化建设为支撑，带动其他学科支持社区的发展模式。增加设备、技术投入，增设专科门诊，提升社区医疗服务能力。

（吴妍彦）

【护理工作】　首钢医院护士 708 人，ICU 床位 45 张，优质护理评分平均 98.3 分，分级护理质量总平均分 98.1 分，患者非常满意度 88.4%。病区落实责任制整体护理。不良事件上报率、整改率 100%。修订完善护理规章制度 40 项，其他 30 项。有 3 项课题通过院级立项；护理人员发表论文 5 篇。护理临床实（见）习带教 232 人，其中本科生 8 人，大、中专生 224 人。继续教育学习达标率 99.9%，通过北京市抽查。进修学习 7 人，参加专科护士取证培训 13 人。3 月 31 日，首钢医院举行护理论文交流会、护理创新评比暨品管圈活动成果评比大会。4 月 25 日～27 日，2014 年石景山区护理专业论坛在首钢医院举行。5 月 7 日，首钢医院召开庆祝“5·12”国际护士节表彰大会，表彰优秀护理团队和个人。

（吴妍彦）

【科研工作】　首钢医院新增课题 12 项，其中卫生部医药卫生科技发展研究中心课题 2 项、医学部交叉学科种子基金项目 2 项、中华医学会项目 1 项、首钢总公司管理创新课题 2 项。发表论文 107 篇，其中 SCI 文章 11 篇，核心期刊收录 69 篇，非核心期刊 27 篇。5 月 30 日～6 月 1 日，首钢医院主办的“2014 中国内镜微创保胆取石高峰论坛”在北京召开。6 月 6 日～7 日，首钢医院与石景山区医学会联合举办为期两天的“2014 年北

京西部医学论坛”。7 月 10 日，首钢医院院长、骨科首席专家陈仲强当选北京医学会骨科学分会第 11 届委员会主任委员。7 月 24 日～8 月 8 日，北京医药行业协会第一届药物临床试验机构专业委员会成立，陈仲强当选副主任委员。8 月 9 日，首钢医院与石景山区医学会、石景山区影像质量控制办公室共同主办“第三届北京西部医学影像论坛”研讨会。10 月 10 日，北京医学会第 11 届骨科学分会学组成立，首钢医院院长陈仲强任脊柱组委员，骨科主任张光武任骨科学分会委员及骨肿瘤、骨感染、骨结核学组委员和创伤学组委员，科研处处长范东伟任基础学组委员，骨科副主任吴四军任微创学组委员，骨科副主任医师刘正任青年委员会委员，骨科护士长梁玉焕任护理学组委员。10 月 24 日，石景山区卫生局到首钢医院呼吸内科和金顶街社区卫生服务中心老年医学科区级医学重点学科进行评估检查，对首钢医院取得的成绩给予肯定。12 月 19 日～21 日，首钢医院和中国医师协会心血管分会及北京大学心血管内科学系共同举办北京大学心血管专科医师培训课程暨冠心病介入治疗围手术期护理管理学习班。

（吴妍彦）

【医学教育】　首钢医院完成北医 2010 级生物医学英语专业临床教学任务和 2011 级海外口腔专业 44 人 929 学时教学，辽宁医学院 2010、2011 级 57 人 866 学时临床教学。培养硕士研究生 6 人、博士研究生 2 人。1 月 8 日，经过北京大学学位评定委员会审核批准，北京大学首钢医院外科学（骨外）成为北京大学医学部博士研究生培养点。医院医师共 125 人参加市卫生局专科医师规范化培训，其中一阶段 77 人，二阶段 48 人。医务人员 1062 人参加继续教育培训；培养进修生 37 人，脱产学习 53 人，院外进修 20 人。录取研究生 40 人，其中硕士研究生 36 人、博士研究生 4 人。接待美国 William W. Chu 教授、奥地利 Georg Gaul 教授和澳大利亚墨尔本林延龄教授等进行学术交流；出国考察、学术交流 2 人次。参加广州、深圳、济南等地学术交流 53 人次。

（吴妍彦）

【信息化建设】　首钢医院新建电子病历、体检信息（健康体检、职业病体检）、院感管理控制、输血管理、消防信息、B 超排队叫号等系统；医院实现 OA 系统的应用，完成机房搬迁改造、医疗保险服务器集群建设；手麻、重症信息系统上线中，启动预算管理系统、社区医疗保险

服务器升级等项目,完成"银医通"的调研论证工作,门诊静脉输液信息系统在科室试点运行。

(吴妍彦)

【医院管理】 首钢医院新门急诊医技大楼项目通过方案设计;医院立体停车楼(含营养食堂)建设进入前期改造阶段;门诊楼医疗总体布局设计启动;完成体检科、康复医学科、门诊检验和新核磁机房的改扩建工程,完成干部保健科门诊和病房、住院大楼4层血液科、免疫

风湿科病房和4个社区卫生服务中心等设施改造和升级项目17项,改善医院就医环境、提供优质的就医服务、实现患者优质的就医体验。全年风、水、电、气等保障设备安全平稳运行,实现安全生产6个方面零事故,保障医院医疗工作的正常运行。加强能源管理,实施节能改造,推进非医疗物资采购集中管理工作,实现"零库存",采购成本下降20%。

(吴妍彦)

首钢总公司培训中心

【培训中心领导名录】

首钢总公司培训中心
主　　任:王传雪(7月离任)
副主任:段宏韬(5月任职)　王　林
　　　　胡立柱(7月任职)
主任助理:段宏韬(5月离任)　张百岐
　　　　周伯久(女,4月任职)
党委书记:黄吴兵
首钢工学院
院　　长:白　新(兼)
常务副院长:王传雪(7月离任)
副院长:段宏韬　王　林
　　　　胡立柱(7月任职)
党委书记:黄吴兵
首钢技师学院
院　　长:王传雪(7月离任)
副院长:段宏韬　王　林
　　　　胡立柱(7月任职)
　　　　张百岐(3月任职)
党委书记:黄吴兵

(徐　励)

【综述】 首钢总公司培训中心(简称培训中心)成立于1996年2月,前身是首钢总公司教育委员会。培训中心是首钢教育培训办学实体,与首钢工学院、首钢技师学院实行一体化管理,开展全日制中高等职业教育、成人学历教育、专业技术人员继续教育、高技能人才培养、职业技能鉴定培训和面向社会的资质培训等。位于石景山区晋元庄路6号,占地面积16.75万平方米,建筑面积12.56万平方米,固定资产原值1.65亿元。设有办公室(外事办)、党群工作部、纪(监)委、项目办(临时机构)、职业教育培训处、教务处(教育督导室)、学生处(团委)、招生就业办公室、人事处、计财处、总务处、保卫处、基础部、经济管理系、信息工程系、机电工程系、建筑与环保工程系、继续教育学院、技师(工)学部、实习实训中心(7月新设立)、网管中心和图书馆。教职工536人,其中研究生学历119人、本科学历321人;高级职称137人,中级职称183人。信息化职工培训系统平台有831门课程(其中技能类145门、管理类538门),课件资源1050GB。

2014年,培训中心贯彻落实全国职业教育工作会议精神以及首钢"两会"和"三创"会议精神,坚持创新发展,办学收入10113万元,培训3.18万人次,中高职和成人学历教育在校注册学生1.13万人(其中技师学院在校生4815人,工学院全日制在校生3193人、成人本专科在册生870人、合作办学网络教育在册生2455人)。首钢技师学院招生2268人,首钢工学院全日制高职招生909人、成人学历教育招生1232人。完成国家高技能人才培训基地建设项目,通过终期评审验收。《高端引领　校企融合　构建完备系统的高技能人才培训体系》课题成果获得第29届北京市企业管理现代

化创新成果一等奖。首钢技师学院公共实训基地改造立项申请获批。由首钢工学院牵头、全国13所职业院校共同参与申报的《开发冶金材料类企业生产实际教学案例库》课题立项获得教育部批准。

(徐 励)

【发展思路】 2月20日，培训中心召开六届三次教代会，审议并通过王传雪作的题为《团结奋进，攻坚克难，努力实现培训中心创新发展新目标》工作报告。报告总结2013年的工作，分析培训中心改革发展面临的新形势、新变化，提出2014年的总体工作思路、主要任务目标和工作要求。7月~12月，培训中心学习贯彻全国职教工作大会精神和首钢党委《关于全面深化改革指导的意见》文件精神，召开3次领导干部专题会研究转型发展和全面深改工作，形成恢复本科方案和深改方案。

(徐 励)

【职工教育培训】 培训中心面向集团内部开展多层次、多类型的职工培训或远程在线培训，全年完成内部培训2.45万人次。一是为首钢高层次、高技术人才培养服务。与东北大学、北京科技大学合作培养工硕生，共招收在职人员攻读工程硕士学位研究生61人，有110人完成学业取得工程硕士研究生学位，工硕生在读学员409人。有22人通过东北大学EMBA企业高级管理人员培训项目毕业论文答辩、取得硕士学位。6月举办首钢36名技能操作专家参加的创新能力研修班。7月首钢集团计财专业岗位人员培训班43名学员毕业。12月首钢国际贸易培训班开班，40人参加为期半年的脱产培训。在"北京市专业技术人员继续教育基地项目"建设中，共完成总公司信息化、金融财会、文化创意、工业自动化4个专业在职人员培训4647人次，近12万学时·人的培训量。二是为首钢新基地和外埠企业开展培训服务。为首钢京唐、迁钢、首秦、顺义冷轧等新基地企业和长钢、贵钢、通钢等培训技师、高级技师950人次，培训技工操作人员7450余人次，培训班组长610余人次，培训管理和专业技术人员1.6万余人次。应用远程在线学习系统培训940余人次，迁钢公司在线培训与取证考试1320余人次。11月27日，京唐公司培训工作站揭牌成立。

(徐 励)

【社会教育培训】 首钢技师学院毕业生1277人，首钢工学院全日制高职毕业生1068人，成人教育本专科毕业生489人，合作办学网络教育毕业生531人。两校全日制毕业生就业率98%以上，毕业生就业率继续保持北京市先进水平。承办北京市焊工、维修电工、钳工等3个工种技师研修培训，105人参训64学时；2月承办市电力总公司智能电表安装操作专项培训，参训1987人；4月承办全国钢铁企业优秀班组长研修培训，参训42人；6月承办市安监局执法监察总队安全检查执法培训，参训240人；7月~11月承办石景山区安全生产、环卫系统班组长、高技能人才培训，参训193人。

(徐 励)

【国家级建设项目】 国家中职教改示范校项目。首钢技师学院按照教育部等三部委批复的《建设方案》《任务书》，完成项目分解明细表中的建设任务442个，形成专业调研报告、人才培养方案、课程标准和典型案例等成果。

国家高技能培训基地项目。11月17日，北京市职教专家组一行7人莅临首钢技师学院，验收评审"国家级高技能人才培训基地建设项目"。专家组对项目的组织管理、培训体系、资金管理、项目产出、建设成效等进行审核验收。11月30日市人社局发通知，给出"全部18项指标考核优秀，通过国家级高技能人才培训基地建设项目终期评审"的验收评价意见。

(徐 励)

【校园文化建设】 6月5日，评选出首钢工学院的校歌《奔向明天的辉煌》和首钢技师学院的校歌《搏击在蓝天之上》；7月4日评选出两校的徽志设计图案；11月14日评选出两校的校旗设计图案，校旗分横幅、竖幅两种，横纵比3∶2。

(徐 励、李凤娟)

【人才工作】 培训中心晋升副高职称16人，取得高级职业资格17人，取得博士学位1人；招收应届毕业生15人，其中，硕士研究生9人，本科毕业生6人。首钢技师学院机电技术应用专业一体化团队入选北京市人社局一体化教师团队培养计划，王冠雄、龙浔、李晓霞教师入选北京市人社局一体化课程负责人培养计划。该计划实施期为两年，教师团队获资助经费15万元/年、课程负责人获资助经费2.5万元/年。

(徐 励)

【教学成果】 首钢工学院和首钢技师学院教学改革工

作取得成绩和实效。一是新专业、新教研项目获批。首钢工学院申办国际商务、模具设计与制造、环境工程技术三个新高职专业获得市教委批准;首钢技师学院申办"护理专业"中(高)级养老护理员培养方向获得市人社局批准。11月26日,由首钢工学院为课题组长单位、山东工业职业学院等全国13所职业院校为参与单位,共同申报的《开发冶金材料类企业生产实际教学案例库》课题获教育部行指委同意立项批复。二是实训基地改造项目取得进展。液压中心厂房改造为公共实训基地项目获得北京市发改委批复同意立项。三是教学成果和师生竞赛获奖。获得全国职教行业和北京市级教学成果111项。徐紫阳荣获第六届全国数控技能大赛决赛第4名并获"全国技术能手"荣誉称号,1人荣获首钢总公司职工技能比赛装配钳工决赛第1名。学生参加全国行业和北京市级技能竞赛获奖40项,其中,首钢工学院代表队在第六届全国高校市场营销大赛总决赛中获二等奖;在第五届全国软件专业人才与创业大赛总决赛中,1人获高职高专组C/C++程序设计二等奖;在北京市技工院校焊接技术比赛中,首钢技师学院学生贾海潮获得第1名,入围2015年全国职业院校技能大赛决赛并获"全国技能雏鹰奖"荣誉称号。

(徐 励)

【学生工作】 培训中心学生教育与管理坚持"育人为本,立德树人"的理念,坚持全面育人方向。一是安全稳定工作。通过法校、军校共建对学生开展法制教育。

10月,培训中心针对校园学生公寓发生的意外恶性伤人事件,制定下发《校园安全稳定工作实施方案》,学生公寓专职辅导员32人,组建了覆盖宿舍楼、寝室间的学生干部安全预防队伍,做好学生心理疏导和排查预防等工作,落实平安校园长效机制。二是选优推优。评选第三届校级名生7人,发展学生党员80人。首钢工学院推选出1个市级优秀班集体、4名市级三好生、1名市级优秀团干部,有2人获国家奖学金、105人获国家励志奖学金,有24人参军入伍。首钢技师学院选出市级三好学生5人,其中1人获"北京市优秀学生"称号,有38人获政府奖学金。三是文体活动与比赛成绩。承办北京市技工院校学生军训30周年汇演活动。举办学生文化艺术节和科技体育节,围绕一个主题开展文体活动,每月组织学生志愿者参加学雷锋、助老助残等社会服务与实践活动。参加市大学生运动会中获单项比赛1银2铜;参加市大学生篮球联赛分获高职组男、女篮球亚军,参加市技工院校系统男子篮球联赛获得冠军。

(徐 励)

【为师生办实事】 培训中心44名教职工困难补助2.13万元,15名教职工获得帮困基金补助和重大疾病理赔款3.25万元;慰问离退休人员、困难教职工等240人次;安排在册教职工体检。改造更新校园食堂、洗衣房、宿舍楼洗浴间等设施。组织开展教职工文体活动10次。

(徐 励)

独立经营单位

北京首钢耐材炉料有限公司

【首钢耐材领导名录】

董事长：刘宗乾

副董事长：谢春生（12月离任）

董　事：许福山　赵俊敏　王德春

董事会秘书：赵连清（7月任职）

总经理：张山林（12月任职）

党委副书记（主持工作）：许福山（12月离任）

副总经理：杨　可　李道忠　王德春

　　　　　许福山　谢春生（12月离任）

总经理助理：黄同生　宋嘉喜　葛振林

财务总监：毕宇红（7月离任）

党委书记：张竞先（12月任职）

　　　　　谢春生（12月离任）

纪委书记：张竞先（12月任职）

　　　　　谢春生（12月离任）

工会主席：张竞先（12月任职）

　　　　　谢春生（12月离任）

（马锦凯）

【综述】　北京首钢耐材炉料有限公司（简称"首钢耐材"）2008年由首钢第一、第二耐火材料厂整体改制成立，注册资本5000万元，首钢、经营团队及员工、北京国际信托有限公司分别占股份35%、50%、15%。主营冶金石灰、炉料和耐火材料的研发、生产、销售及服务。总部设在北京，设生产供应协调部、计财部、人力资源部、技术研发中心、经理办公室、党群工作部6个职能部门；北京、迁钢、京唐、首秦和长钢5个直属生产作业区；设有1家子公司、2家分公司、4家控股公司和4家参股企业。2014年末固定资产16140万元，在岗职工355人，其中有高中级职称10人，初级职称35人，大专以上学历136人。

（马锦凯）

【年度经营指标】　首钢耐材克服市场形势复杂多变，内部白灰和耐材产品价格下降、炮泥改变结算方式、套筒窑检修影响等困难，保证经营生产正常运行。全年生产冶金石灰161.2万吨，同比减少5.7万吨，其中套筒窑活性石灰153.3万吨，熔剂灰5.7万吨，合成渣1.8万吨，钢包覆盖剂1.3万吨。耐材总产量完成11568吨，同比增加148吨，其中定型产品46吨，不定型产品301吨，三大件484吨，炮泥10395吨（出口1224吨），氮化制品342吨。全年销售收入25467万元，同比减少19.47%；利润1771万元，同比增加1447万元；销售收入劳产率69.2万元/年·人，同比减少7.26万元/年·人。上交首钢总公司投资回报105万元。

（马锦凯）

【创收增效】　首钢耐材围绕创收增效、降低成本制定措施。全部由自产白灰供应迁钢公司，增加烧结灰末和小粒灰渣供应首秦公司。全年向首秦供应轻烧白云石13587吨，向京唐供应高钙灰石33500吨。提前9天完成首秦套筒窑中修、提前10天完成京唐2号套筒窑中修。耐材整体承包供应首秦100吨转炉、迁钢铁沟料、京唐1号脱磷转炉，与中信公司签订435万元、1224吨炮泥出口合同，开发"新抚顺"铁沟料大包、石家庄瑞兴油泥、石家庄炳欣炉料等市场。组织氮化硅铁生产线达产达效攻关，增加产量；回收利用白云石渣、灰石渣和筛下灰末，采用均化矾土替代棕刚玉等措施，降低成本，消化库存，盘活资金745万元。通过资本运作及抵账创利242万元，贸易创收增利344万元，注销迁安分公司，年节省费用40余万元。

（马锦凯）

【定型产品生产线建设】　即秦皇岛年产两万吨定型产品生产线项目，2013年10月开工建设，新建建筑面积3700余平方米，7月引进设备到港，8月北京630吨和1000吨压砖机等利旧设备完成搬迁，至年底工程进入设备安装、调试阶段。为投产进行相应技术、生产和人员准备，整理规范技术类文件，清理模具并补充加工，完成高陶公司中心试验室改造设计和第一批22台（套）设备的招标，编制"三规一制"，进行岗位定员和培训工作。

（马锦凯）

【鲁矿公司托管首钢耐材】 12月19日,首钢总公司作出决定,由北京首钢鲁家山石灰石矿有限公司托管北京首钢耐材炉料有限公司,调整首钢耐材领导班子。总公司成立托管工作领导小组和工作组,总公司资本运营部制定《鲁矿公司托管耐材公司工作实施方案》。12月29日首钢耐材召开董事会、股东会,审议通过鲁矿公司托管首钢耐材《议案》。

（马锦凯）

【党群工作】 首钢耐材开展群众路线教育实践活动,召开领导班子专题民主生活会,针对查找的"四风"方面问题制定整改方案,对教育实践活动进行总结,落实"回头看"和建章立制工作,对整改措施落实情况进行自查。完成党支部"分类定级"和换届选举工作;开展党员民主评议和中层干部"双评",全年发展党员3人,按期转正党员4人;表彰党内"创先争优"活动先进基层党组织2个和优秀党员8人。制定《2014年反腐倡廉主要任务分工方案》,开展多种形式的宣教活动,编发《简报》15期,参观"抗日战争纪念馆"、观看影片《永远的焦裕禄》,在OA办公系统开辟"廉政建设专区",开展廉政知识和党纪法规学习测试,3人参加首钢党校有业务处置权人员培训班、61人参加法人授权及《合同法》讲座培训。开展"企业管理年"、增产增效劳动竞赛,表彰先进集体6个,先进个人41人;5个团组织获首钢红旗团支部、首钢青年文明号称号,10人获优秀团员、青年岗位能手称号。开展"送温暖、连民心、促和谐"活动,节日慰问外埠职工,为372人申办住院、意外伤害及重大疾病保险,为48人办理保险赔款76395元,为59人办理困难补助11800元,困难职工9人获"捐资助学"5940元。筹措资金27万元进行卢沟桥家属区防雨、赵山家属楼净水管线改造。履行《集体合同》,妥善处理劳动争议。持续开展安全生产检查和隐患治理,坚持联动值班护厂机制。做好宣传思想工作,弘扬社会主义核心价值观,促进和谐企业建设。

（马锦凯）

北京首钢吉泰安新材料有限公司

【吉泰安公司领导名录】

董事长:王彦杰

副董事长:闫 杰

董事:张连生 李耐松 顾建忠

董事会秘书:刘祥鹏（8月任职）

　　　　　彭 佳（4月离任）

监事会主席:赵小平

监 事:韩春林 张 毅

总经理:王彦杰

副总经理:顾建忠 赵小平 李耐松

总经理助理:马国庆 李 刚

（刘祥鹏）

【综述】 北京首钢吉泰安新材料有限公司（简称"吉泰安公司"）始建于1956年,2008年由北京首钢钢丝厂改制成立,公司设在昌平区沙河镇,主营加工电热合金丝、带材、高温合金钢丝、盘条、不锈钢丝材、非晶和微晶带材等。产品用于家电、工业炉窑、汽车、试验设备、电力化工等行业。产品销往韩国、日本、美国、德国等20个国家。吉泰安公司设技术部、制造部、市场部、计财部、企管部、总工室和炼轧、拔丝、非晶、冷轧作业区,在岗职工629人,技术人员24人,中级职称5人。

2014年,吉泰安公司落实调结构、保质量、挖潜力、精管理、促转型等工作方针,应对市场变化,抓质量管理,强化供产销结合,加强专业管理,确保经营生产稳步运行。

（刘祥鹏）

【主要指标】 2014年,吉泰安公司实现利润1400万元,与计划持平,销售收入14230万元,完成首钢公司计划。产品销售量3560吨,钢、钢材和钢丝产量分别达到4526吨、4556吨和3177吨。高端金属材料销售量扩大,冷轧带材产品销售905万元,非晶产品销售1120万元。比计划降成本405万元。

（刘祥鹏）

【技术质量管理】 2014年初,吉泰安公司组织制定质量管理工作方案,确立全面强化质量过程控制,落实已有管理制度,提高重点产品质量的基本工作思路。召开产品质量大会,查找梳理产品质量问题及原因,发布三批产品质量负面清单,逐项整改;制作产品质量宣传教育片,组织公司全体员工观看;成立细丝质量攻关组和盘条黑线攻关课题组,排查、解决产品质量缺陷;加强工艺过程控制,制定二批强化工艺过程控制措施,完善生产工艺方案50份,设立成品出厂终检人员,试验盘条带温拔制工艺,超前启动冬季防脆断措施,加强按炉送钢制度落实和考核。公司试验中心项目通过环评立项,纤维钢丝通过北京市金属协会产品专家鉴定,取得国家标准独家定标权,获产品发明实用专利权3项,与钢研总院签订1吨铁铬铝大钢锭合作研制协议。通过高新企业复审。

（刘祥鹏）

【节能环保】 2014年,吉泰安公司万元产值能耗262千克,比昌平区下达指标下降4.7%,少消耗标煤近2000吨。实施三相电渣炉扩容改造,生产辅助用电下降13.1%;非晶母合金实施热锭红转,每吨钢减少用电846度;粗拔工序对井式炉、烘干洞和沾水槽的改造,节电效果明显;细丝工序退火炉收放线电机改为变频电机,电耗下降约40%;开展环保知识宣传教育,举办两期新环保法讲座,制订公司环保治理工作计划;正式启动清洁生产审核工作,强化内部环保治理,每周检查发布,整改效果与考核挂钩,制定三批环保治理措施,完成供暖煤锅炉改造、冷轧修磨线粉尘治理、食堂油烟净化处理、轧钢循环水浮油清理、拔丝油废油再生利用等一批环保治理项目。

（刘祥鹏）

【党群工作】 吉泰安打造学习型企业。开展员工队伍素质培训等10余个培训班,与首钢工学院联合开办的冶金大专班完成学业,PLC电控短训班结业,举办拔丝"钢花杯"技工操作大赛。开展以"我为创效出份力,我为转型出一招"为主题的党内"争先创优"立功竞赛,取得经济效益420余万元。4人参加总公司特训班,后备干部6人上岗锻炼,提拔使用年轻干部2人。对公司规章制度进行全面清理,下发公司新版制度汇编。围绕党的群众路线教育实践活动整改措施落实,公司党委逐项落实上年度职代会提出的为员工办实事措施。提高员工工资收入,增加员工效益奖,提高员工夜班费补助水平,生产一线员工收入增长10.2%,全公司平均增长8.4%。提高食堂服务水平,改善食堂就餐条件,增加夜班用餐,丰富早点花样,开展季度食品展销,全年员工饭补68万元。解决多年遗留的1号宿舍楼房产证问题,修缮家属区300平方米院墙,增建3、4号楼高空防坠落设施,花园村宿舍楼启动外墙保温工程。为全公司员工进行健康体检,建立员工职业健康台账。组织公司第四期"爱心基金捐款活动",先后救助困难员工5人。坚持厂务公开,每季度召开公司经营活动分析会,以钢花报、宣传栏等形式公开公司重大活动情况,建立厂领导民主接待日制度,先后接待员工来访9人次,所反映问题得到解决或合理解释,建立供暖费报销制度,完善厂内车辆管理。

（刘祥鹏）

北京北冶功能材料有限公司

【北冶公司领导名录】

董事长:董 哲

副董事长:李本海

董 事:降向冬 闫 杰 张 荣

监事会主席:刘淑波

总经理:董 哲

副总经理:降向冬 吕 健 赵书田 薛轶青

党委书记:董 哲

党委副书记:刘淑波（12月离任）

工会主席:刘淑波

（刘翠莺）

【综述】 北京北冶功能材料有限公司（简称"北冶公

司”)的前身北京冶金研究所始建于 1960 年 1 月 18 日，2005 年由北京首钢冶金研究院改制成立公司，地址在北京市海淀区清河小营东路 1 号。公司注册资本 5000 万元，首钢总公司、公司经营团队、公司员工分别占股权 35%、40%、25%。北冶公司是国内专门从事金属功能材料研发和生产的基地之一，软磁合金、永磁合金、弹性合金、膨胀合金、双金属、电阻电热合金、高温合金、特种不锈钢等材料及制品的研发生产达到国内领先水平，部分新材料填补国内空白，达到国际水平，产品用于航空航天、能源、石化、计算机、通信、自动控制、交通、家电等领域。公司先后被认定为北京市科技创新企业、银行信誉 AA 级企业、北京市高新技术企业、国家高新技术企业、中关村科技园区创新型企业试点单位、中关村科技园区企业信用 A 级单位、国家火炬计划重点高新技术企业。北冶公司现有材料研究所、理化研究室，有特冶分厂、冷加工分厂、热加工分厂、大兴分厂 4 个生产分厂，以及铁芯、磁钢（拔丝）和元器件部等制品部门，一个全资控股子公司。有技术先进、配套齐全的生产、试验装备和较齐全的理化检测手段。有高精度特种金属材料冷轧带材生产线、特种金属材料棒材生产线、软磁铁芯及制品生产线、铸造高温合金生产线、磁钢精密铸造中试线、特种材料丝材中试线、复合金属材料生产线等 7 条生产线。公司在岗员工 782 人，其中，有大学本科及以上学历 177 人，大中专学历 175 人；高中级职称 97 人；高中级技工 337 人。

（邵林增）

【主要指标】 2014 年北冶公司实现回款 58220.62 万元，同比增长 13.22%；外贸回款 546.2 万美元，同比增长 48.02%；实现利润总额 3685.95 万元，同比增长 5.31%。钢锭总产量（含高温）6720.47 吨，同比增长 18.26%，其中：精密合金产量 5296.21 吨，同比增长 15.09%；成品材产量 2837.79 吨，同比增长 16.24%；精密合金冷带产量 2439.32 吨，同比增长 16.67%；高温母合金产量 1125.95 吨，同比增长 17.59%。晶态铁芯产量 975.14 万支，同比降低 2.12%。子公司北京首冶磁性材料科技有限公司非晶铁芯产量 3322.39 万支，同比增长 24.89%；实现收入 4978.13 万元，同比增长 8.35%；利润降低 85.56 万元，同比降低 116.40%。

（赵书田）

【科技创新】 北冶公司材料研究所李明扬博士项目组

承担的《压水堆核电站反应堆压力容器 C 型密封环专用材料国产化研制》科研项目，在江苏太仓由国家能源局和中国机械工业联合会组织召开的鉴定会上获得通过。北冶公司“压力容器 C 型密封环用材料”在国家工信部和黑龙江省人民政府共同主办的哈尔滨第三届中国国际新材料产业博览会上获产品金奖。

北冶公司“引线框架材料的研发生产”获北京市职工技术协会“中国移动杯”暨第八届北京发明创新大赛职工技术创新奖，北京市职工技术协会、北京发明协会“中国移动杯”暨第八届北京发明创新大赛银奖。北冶公司“铁镍型集成电路引线框架用材料（BYP27）”被北京市科委、市发改委和市经信委等有关部门联合认定为中关村国家自主创新示范区新技术新产品。

北冶公司被中国航天科技集团公司评为中国航天优秀供应商。北冶公司科技奖励委员会对 2014 年员工申请的专利、论文、科技项目进行奖励。北冶公司获 2014 年度北京市科技情报学会“优秀会员单位”。

北冶公司材料研究所科研员吴会云的《高温耐蚀合金 HGH625 合金研发与开发》和李明扬的《700℃超超临界燃煤电站用镍基焊丝研制》、科技部高工陈军的《4J72 锰基合金冷带批量生产研究》、特冶分厂副厂长李崇巍的《新型锭模对降低钢锭探伤废品率的技术研究》，获 2014 年度“海淀区职工优秀技术创新成果”荣誉称号。

（李占青）

【科研新产品】 2014 年，北冶公司在研科研、新产品开发项目 76 项，其中国家项目 12 项，北京市科委项目 1 项，横向委托项目 4 项，公司内部研发项目 59 项，外部资助科研经费到位 619.32 万元。2014 年通过上级、用户和公司科学技术委员会验收各级各类项目 20 项，申报国家发明和实用新型专利 8 项，并有 2 项专利获得授权。参加国家科研项目竞标，1 项负责项目竞标成功，获国家研制经费 214 万元；1 项合作项目申请成功，获国家研制经费 395 万元。

北冶公司开发新产品 27 项，完成新产品、试制产品及特殊产品合同 335 项，产量 721.6 吨，产值 12846 万元。开发的 HGH625 合金，掌握了合金成分精确控制技术，合金热加工、冷加工和热处理工艺控制等多项技术，使镍基高温合金冷带成材率大幅提高，产品质量稳定、焊接性能优异，达到国外同类产品水平。

北冶公司开发的 C 型密封环用合金经国家能源局和中国机械工业联合会组织召开的压水堆核电站反应堆压力容器 C 型密封环工程样件及专用材料鉴定,合金的技术性能达到国外同类产品先进水平,填补国内空白。开发的 4J72 锰基合金,解决了批量生产中多项技术难题,掌握了合金冶炼浇注、热加工、冷加工过程中的关键技术,获低气体含量金属锰的制备、锰基合金金相显示等专利技术;该项目通过首钢总公司组织的项目鉴定,获首钢科技进步一等奖。

（高春红）

【技术改造】 2014 年,北冶公司在建工程项目共计 24 项,其中 2014 年新建项目 7 项,且 2 号热处理炉开卷机改造、引进电感耦合等离子体光谱仪、引进德国粗糙度测量仪、研究所（原托儿所）楼房改造等当年完成并投入使用。北冶公司新增复合线、高温棒材修磨线、德国剪机、捷克剪机和滚筒式抛丸机等相继投入正常生产。

（信　飞）

【管理创新】 5 月 22 日～23 日,北京军友诚信质量认证有限公司审核组对北冶公司国标、国军标质量管理体系进行监审,审核组对北冶公司的有关工作给予肯定,并通过年度审核。北冶公司颁发北冶人力资源发〔2014〕25 号《专家管理办法（试行）》,营造有利于优秀人才脱颖而出、充分施展才能的环境;产生北冶公司第一批职工专家。技术专家:科技部高级工程师方威;技能专家:维修分厂电工班班长、高级技师龙明华和理化研究室金相班长、试验员韩峰。北冶公司召开 2014 年设备点检定修工作会议,对公司重点生产设备实施点检定修。

（高　勇、丁　彤、信　飞）

【安全环保】 北冶公司组织突发事件应急演练。组织"119"消防演习,暨灭火实战演练、接消防水带演练。举办主题为"找火灾隐患、保家庭平安"消防知识培训讲座。

北京国济医院体检科到北冶公司,从事有毒有害岗位的员工 171 人参加职防体检。北京市职业健康疾病控制中心来北冶公司进行现场环境检测,主要检测噪声、粉尘、高温、酸碱、微波电磁场等。全年组织岗前体检 40 人,离岗体检 16 人。

北冶公司开张安全生产标准化工作。受海淀区安监局委托,北京中安质环技术评价中心安全生产标准化评审小组对北冶公司进行标准化复评的评审,评定分数为 913 分,评审结果合格。11 月 5 日,北京市海淀区安监局向北冶公司颁发"安全生产标准化三级企业"证书,北冶公司"安全生产标准化企业"达标复评通过验收。

北冶公司响应北京市政府《2013～2017 年清洁空气行动计划》,计划投资 400 余万元实施特冶分厂粉尘排放治理项目,已报环保局。北冶公司响应北京市环保局"辐射安全示范单位"创建活动,认真完善各项管理制度,规范企业辐射管理。

（吴学锋、郭彩芬）

【职工培训】 北冶公司"自我研修"论文评审委员会对员工论文进行验收,4 人获一等奖;6 人获二等奖,10 人获三等奖。按照年度职工培训计划,举办网络培训班,邀请北京万方数据公司的专家讲授"万方网络数据库知识应用"。举办"国军标质量管理体系之产品实现"培训班和 GJB9001B 专题培训班。组织"专家系列讲座之五——3D 打印技术在金属零部件制作中的应用"的讲座。举办班组长培训班、"信息安全形势与防护"的培训班、职防培训班、新员工培训班、保密工作培训班和安全工作培训等。

（刘翠莺、邵林增）

【党群建设】 北冶公司举行党的群众路线教育实践活动总结大会,首钢技术研究院督导组成员沈立柱到会并讲话。召开庆祝中国共产党成立 93 周年暨表彰 2014 年度党内"创先争优"活动先进集体、优秀共产党员和优秀党务工作者。组织主题党日教育活动,组织党员和入党积极分子赴国博参观"复兴之路"展览,150 人参加活动。组织部分党员赴西柏坡参观学习。举办组织工作培训班,支部书记、支部委员 28 人参加培训。组织召开党支部工作研讨会。组织开展党支部换届选举工作。要求每名党员在工作中佩戴党徽,自觉接受群众监督。北冶公司热加工分厂热轧班班长薄利荣获首都劳动奖章,受到区委和区政府表彰。

（刘翠莺、邵林增）

【企业文化】 北冶公司获 2014 年"北京市职工体育示范单位"荣誉称号,职工书屋获 2014 年中华全国总工会"职工书屋"示范点荣誉称号。5 月 21 日海淀区总工会党组书记、主席惠远霖,常务副主席冀国瑞、组织部部长郑春芳到北冶公司,向党委书记、董事长兼总经理董哲和党委副书记、工会主席刘淑波颁发北京市"模范职工之家"奖牌和证书。

北冶公司邵林增撰写的《探索企业思想政治工作的新思路》获北京市科研院所企业文化建设协会2013年度论文一等奖。摄影作品《强将带精兵》(作者:邵林增)参赛北京市政研会和市企业文化建设协会联合举办的叶青大厦杯"最美员工"摄影大赛,《中外企业文化》2014年4月(上旬刊)刊登。

北冶公司职工梁毅、杜同勋、陈晓光参加海淀区总工会第二届职工围棋比赛,梁毅、杜同勋分别获个人第二名、第三名,陈晓光获第六名。北冶公司获团体第二名及优秀组织奖。北冶公司员工排球协会在文体中心成立,这是公司成立的第四个员工文体协会。

(刘淑波、邵林增)

【北冶公司2014年大事记】

3月28日　北冶公司成立由董哲任组长、吕键和薛轶青任副组长的空气重污染应急小组;颁发北冶科技发〔2014〕9号《关于发布〈空气重污染应急预案〉的通知》和《空气重污染应急预案》。

4月4日　北京市总工会权益部部长司健、常务副部长许玉德等一行4人到北冶公司检查指导职工权益保障等有关工作;海淀区总工会副主席马廷波等陪同。

4月21日~25日　北京市特训中心在北冶公司组织的天车司机取证理论培训和现场实际操作培训,北冶公司和北京市其他单位共计54人参加培训。

4月24日　海淀区民防局检查组到北冶公司检查人防工程情况。

6月10日　全国总工会宣教部副巡视员万珍丽等3人、北京市总工会宣教部部长张宇晶,副部长黄秀芳及海淀区总工会副主席马廷波、宣教部部长许小健一行到北冶公司进行《2014年全国职工思想状态调研》。

7月14日　海淀区总工会在北冶公司职工文体中心举行"海淀区职工文体协会书画分会成立大会暨关爱农民工子女公益活动启动仪式",市总工会宣教部部长张宇晶、区总工会主席惠远霖、副主席马廷波,北冶公司党委书记、董事长兼总经理董哲,党委副书记、工会主席刘淑波等领导出席,区工会宣教部部长许小健主持仪式,众多著名书画家、有关单位基层工会的书画爱好者、农民工及子女100多人参加仪式。

8月19号　北京市政府监督室、市国资委、市环保局、市经信委,以及海淀区国资委、区环保局、区经信委、首钢总公司能环处,共8个上级行政主管部门联合到北冶公司检查指导环保工作。

8月12日~13日　首钢总公司组织人事处考察组来北冶公司,通过测评表、座谈会和个别谈话等形式,对北冶公司12名将参加首钢领导干部培训班学员人选进行组织考察。

8月25日　北冶公司在月季园会议室召开第三届四次董事会、第三届三次监事会及第十次股东会,全体董事、监事及股东代表近28人出席会议,公司高管列席会议。审议通过2013年度财务决算、2014年度财务预算、董事会、监事会工作报告等十一项议程。

9月3日　由北冶公司主办,东方锅炉股份有限公司(东锅)、上海锅炉厂有限公司(上锅)和哈尔滨锅炉厂有限责任公司(哈锅)协办的"700℃超超临界燃煤电站用镍基合金焊材研制及应用"研讨会在北京召开。

9月28日　北冶公司颁发北冶科技发〔2014〕22号《关于发布〈突发环境事件应急预案〉的通知》。

10月24日　"浙江省低压电器产业技术创新战略联盟"一行30人到北冶公司参观、考察。

12月24日　北京市海淀区职工技协冶金行业技能竞赛颁奖暨"师带徒"活动启动仪式在北冶公司职工文体中心举行。海淀区总工会副主席、区职工技协会长姚绍霞主持仪式,北京市职工服务中心主任孙立冬、海淀区总工会党组书记惠远霖,北冶公司党委书记、董事长兼总经理董哲等领导,以及有关单位职工近90人参加启动仪式。

(邵林增)

北京首钢氧气厂

【氧气厂领导名录】
　　厂　　长：张成群
　　副厂长：范华刚　赵光明
　　　　　　张长海（6月任职）
　　党委书记：马银川（10月任职）
　　　　　　高和平（10月离任）
（韩广军）

【综述】　北京首钢氧气厂（简称"氧气厂"）是具有法人资格的首钢集团成员单位，企业经营范围：工业气体制造；医用氧气制造；标准气配置；气瓶充装、检验；普通货物运输；危险货物运输；施工总承包；工业设备修理；技术开发、技术服务；产品设计；货物进出口；技术进出口；代理进出口等。主要产品包括氧气、氮气、氩气、氦气、氖气、氪气、氙气、氢气、液氧、液氮、液氩、医用氧。氧气厂管理机构设销售部、计财部、设备部、安全保卫部、生产技术部、氧通业务部、人力资源部、党群工作部、经理办公室、顺冷、迁钢、京唐作业区。职工344人，其中研究生学历13人，本科学历76人，大专学历84人，占在岗职工的43%；高级职称17人，中级职称18人，初级职称15人；技师和高级工103人，占操作人员的42%。持有两种及以上技能证的职工100人，占操作人员的41.5%。
（韩广军）

【主要指标】　2014年，氧气厂石景山地区稀有气体延续生产，11月，顺义新稀有气体生产设备完成性能考核。生产氖气48070立方米，同比增加29384立方米；生产氦气11244立方米，同比增加7206立方米；生产氪气2545立方米，同比减少1671立方米；生产氙气164立方米，同比减少168立方米；委托经营的顺冷作业区生产输送氮气6065万立方米，同比增加781万立方米；输送氢气161万立方米，同比减少18万立方米；输送压缩空气12329万立方米，同比增加35万立方米；管排车氢气充装85258立方米，同比减少288525立方米。京唐作业区管排车氢气生产充装28.99万立方米，同比增加1.72万立方米；迁钢作业区管排车充装氢气29.4万立方米，同比减少53.36万立方米。氧气厂销售收入完成24534万元，同比增加1528万元；完成利润594万元，实现扭亏增盈目标。氧气厂获北京市石景山区交通安全先进单位。
（韩广军）

【新稀有氖氦精制工程】　氧气厂组织完成新稀有部分遗留问题的处理，通过与中首公司和设备制造商德国林德公司进行交涉，11月份完成设备的性能考核，确保该装置的投运稳产，为氧气厂开发新客户打下坚实基础。
（韩广军）

【安全生产】　氧气厂开展隐患排查12次，抽考职工148人次，发现隐患95处，整改率100%。组织开展经营许可证申请办理，完成厂应急预案修订完善和评审备案。完成北京、河北等地危化车辆运输通行证办理7次25张。组织开展有限空间作业等安全生产培训4期221人次。结合新稀有和迁钢LNG项目投产、四地设备检修、800立制氢罩退管道改造、吹扫试压及销售运输等工作做好安全监管，实现生产、消防、交通安全无事故。
（韩广军）

【国军标质量体系认证管理】　氧气厂组织国军标管理体系的内审及管理评审工作，经过北京天一正认证中心专家现场评审检查，1月27日取得国军标质量管理体系认证证书。
（韩广军）

【武器装备科研生产管理】　经过现场评审，12月15日，国家国防科工局向北京氧气厂颁发《中华人民共和国武器装备科研生产许可证》。
（韩广军）

【资产盘活处置】　组织三万制氧机组资产评估和挂牌上市拍卖，拍卖成交价格1840万元，较评估值736万元，高1104万元，设备于5月完成拆除。组织小王庄制氧房屋、设备资产清理工作，与相关单位完善看护、处置和租赁手续。

（韩广军）

【碳排放交易创收】 氧气厂根据北京市碳排放交易工作的履约程序,对氧气厂履约后可交易的 10 万吨排放配额,按照市场行情进行上市交易,累计交易 75474 吨,增加营业外收入 643.14 万元。

（韩广军）

【薪酬改革实施】 9 月,氧气厂实施年功工资,完成厂内 31 个技能操作岗位分档,核定气瓶检验等 7 个艰苦岗位,完成艰苦岗位津贴核定和发放,11 份完成岗位工资套改。完善激励机制,修订《氧气厂考核分配管理办法》、《氧气厂单项奖励管理办法》、《氧气厂增收节支奖励办法》等分配制度。

（韩广军）

【职工培训】 氧气厂组织开展中层及后备干部培训,专业技术及管理人员继续教育培训,国军标、武器装备相关知识培训等 11 个培训班,参培 672 人次。加强操作人员综合技能的培养,5 名后备班组长取得班组长合格证书,4 人考取高级技师,12 人考取技师,54 人取得移动式压力容器充装、有限空间作业等特种作业证。开展空分制氮、稀有气体制取等 6 个工种的职业技能竞赛,参加人数 125 人。

（韩广军）

【党建工作】 氧气厂制定《领导班子成员下基层联系点和调研制度》、《领导班子成员与职工座谈制度》等 15 个党内新制度,加强执行情况的监督检查,巩固和扩大活动群众路线教育实践活动成果。3 月 10 日,氧气厂召开党的群众路线教育实践活动总结大会。组织"我为氧气厂发展献一计"、"挖潜增效好建议"、党支部课题攻关等党内系列活动,收集党员各类意见建议 74 条,确立实施党支部攻关课题 5 项,评选出"责任区"最佳党员 12 人。

（韩广军）

【凝聚力工程】 氧气厂全年共走访慰问职工 270 户,对伤病和退休职工 70 人次发放困补金 25700 元。组织全厂正式职工 346 人和协力工 33 人参加健康体检。开展以"创新、创效、和谐、发展"为主题的氧气厂第九届企业文化节。组织群众性劳动竞赛活动,职工共提合理化建议 35 件,采纳 20 件,实施 20 件,创造经济效益 650 万元,评出公司级标兵先进个人 7 人,厂级标兵先进个人 31 人。完成顺义基地浴室改造和老厂区浴室的建设投用。

（韩广军）

【差距与不足】 氧气厂气体产品市场开发力度有待加强,快速响应市场能力不足,氢气产品销售严重滞后于实际产能;专业管理部门的服务意识和经营意识不强;人才队伍建设不能适应企业转型发展的需要。部分干部职工作风不实、能力不强,缺乏责任意识、担当意识和创新意识。

（韩广军）

海外事业

中国首钢国际贸易工程公司

【首钢国际领导名录】

董事长：王保民（3月任职）

　　　　胡　斌（3月离任）

副董事长：张炳成（7月任职）

　　　　　李　岩（2月离任）

总经理：张炳成（7月任职）

　　　　胡　斌（7月离任）

副总经理：李本海（8月任职）

　　　　　苏根强　曹跃进

　　　　　陶仲毅　高育军

　　　　　王春生（10月任职）

　　　　　李少峰（8月离任）

总经理助理：李晓黎　韩瑞峰

　　　　　　丁汝才（5月离任）

党委书记：王保民（3月任职）

　　　　　李　岩（2月离任）

工会主席：王保民（3月任职）

　　　　　李　岩（2月离任）

党委书记助理：王德春

（董月强）

【综述】　中国首钢国际贸易工程公司（简称"首钢国际"）1992年成立，是首钢的工贸公司和跨国经营实体，公司注册资本5亿元，主要经营进出口贸易、海外工程承包、国际经济技术合作、货运代理、物流、物业及国内贸易。首钢国际下设计财部、矿产资源部、设备进口部、贸易部、海外工程部、投资管理部、组织人事部、党群工作部、法律事务部、办公室，管理北京首钢宾馆开发公司、安徽首文高新材料有限公司、北京首钢华夏国际贸易有限公司等境内企业，以及首钢国际（新加坡）有限公司、首钢国际（马来西亚）有限公司、首钢国际（奥地利）有限公司、首钢国际（加拿大）投资有限公司、首钢国际（印度）有限公司、首钢国际（韩国）有限公司、首钢国际（香港）投资有限公司、首钢控股贸易（香港）有限公司（2014年2月13日注册成立）、首钢国际哈拉雷办

事处等境外企业或办事处。受首钢总公司委托代管首钢秘鲁铁矿股份公司。首钢国际在册职工375人，其中高级职称69人，中级职称170人，助理级职称69人。

2014年，首钢国际紧跟首钢转型发展步伐，以提供一流服务为宗旨，统一思想，凝聚共识，努力拼搏，战胜了来自各方面的困难和挑战，较好地完成各项主要经济指标。全年实现利润22.5亿元，销售收入421.9亿元，出口创汇10.68亿美元，钢铁产品出口量168.94万吨，集团进口矿量2155万吨。

（董月强）

【矿石进口】　首钢国际面对国际铁矿石市场单边下滑，降幅过半的不利影响，采取应对措施。通过与供应商进行块矿溢价谈判，改变定价模式，实施波段采购等方式，保证进口矿在数量和成本上满足钢铁生产需要。根据首钢京唐、迁焦等单位对进口焦煤的实际需求，开发新品种；根据市场价格波动情况，缩短定价周期，提前锁定价格，全年进口焦煤254万吨。克服港口卸货拥港、堆场有限、陆运限载等方面压力，全年完成内陆运输总量891万吨，累计降低采购及运输成本4.33亿元。

（董月强）

【钢材出口】　首钢国际依照钢铁产品出口抓重点、稳增量，遵循"月保季、季保年"的原则，逐月落实出口合同的组织、签约、执行。重点产品汽车板、管线钢、硅钢的出口量创出历史最好水平。根据市场需求调整其他出口品种和数量，增加国内外价差较高的冷轧、冷硬产品，通过优化品种结构，扩大出口产品比例，提高首钢综合价格和整体效益。

（董月强）

【设备引进】　首钢国际完成京唐公司冷轧罩退机组、1号镀锡机组机械等5个设备的最终验收工作；完成迁钢冷轧两台圆盘剪、迁钢热轧加热炉改造等4个项目的最终验收工作。全年累计签约金额964万美元；累计到货135批，累计到货金额3474万美元；为基地累计办理减免税585万元人民币。首钢国际设备部累计提供现场

服务 1670 人次。

（董月强）

【海外工程】 首钢国际承揽新项目，组织团队参与国际工程招投标，在谈项目 22 项，其中工程项目 9 项，单体设备项目 13 项。有秘鲁铁矿新区扩建、印度塔塔公司干熄焦项目、加拿大热风炉改造、美国年产 300 万吨球团等，部分项目完成技术方案和商务报价。全年共签订备件合同 34 项，签约额 344.3 万美元。首钢国际与北京首钢国际工程技术有限公司召开海外工程交流会，明确以"建立合作平台、风险共担、利益共享，合作开拓首钢海外工程市场"为原则，实现优势资源互补和营销双赢。双方签订战略合作协议，共同开发海外工程市场。

（董月强）

【综合服务业】 首钢国际大厦物业公司 15 家到期租户续租 11 家，面积 4496 平方米。通过多种渠道推介不再续约的房屋，做到"无缝衔接"，全年房屋综合出租率 95% 以上。根据市场行情调整租金增加收入约 1000 万元。北京东直门国际公寓针对一、二期公寓和餐饮收入下降的不利影响，利用别墅区的出租面积和地段环境优势，提高平均房价并通过接收国内客户提高出租率，超额完成年度收入计划。中关村皇冠假日酒店通过宣传推介，深挖内部成本潜力，增加收入 769 万元，减少营业支出 1135 万元。

（董月强）

【投资项目】 首钢国际境内合资联营企业处于经营管理相对稳定。按照《首钢总公司关于颁发〈首钢股权投资项目 2014 年退出计划安排〉的通知》精神，首钢国际完成 5 家企业退出工作。改制企业华夏国贸克服主营矿石销售价格和利润大幅度减少的困难，做好上下游客户工作，拓展销售渠道，增加非矿贸易收入。

马来西亚综合钢厂项目。12 月 24 日，马来西亚综合钢厂出铁，12 月 30 日出钢，12 月 31 日试生产出首批合格的板坯。

加拿大盖森煤田项目。由于当地原住民的强烈反对，项目开发困难，全球煤炭市场的持续低迷，影响盖森项目开发的经济可行性。该项目需要重新进行论证评估，降低资金投入。

境外成立新公司。2 月 13 日在香港注册成立首钢控股贸易（香港）有限公司，为进出口贸易搭建商贸平台，为基地产品出口提供融资平台。

（董月强）

【教育实践活动】 首钢国际巩固教育实践活动成果，为职工解决问题办实事。制定《中首公司党委关于加强党的建设工作安排意见》，开展"抓党建、强信念、严作风、促服务"活动；组织党委理论学习中心组扩大学习会 19 次；发动党员建言献策征集意见建议 470 条；5 个基层党委（总支）、26 个支部、63 个党小组均实现机构和人员配备齐全。征集涉及福利待遇、劳动保护、民主权利、个人发展等意见建议 152 条。解决部分职工长期地下室办公、上班无停车位、就餐及洗浴等问题。成立 8 个志愿者服务队，为长期驻外人员家庭困难和困难职工家庭提供帮扶。开展"务实心系职工，多地共筑和谐"的送温暖活动，筹捐善款 7.62 万元，困难补助 17 人次，慰问住院职工 33 人次，为 459 人办理住院医疗保险、意外保险、重大疾病互助保险。组织保龄球、乒乓球、登山、羽毛球比赛等活动，参加 2100 人次。

（董月强）

【高效协同】 首钢国际按照董事会、党委会、经理会三会规则和实际情况，制定党政联席会、经营例会、视频专题会制度，领导班子议事决策民主化、规范化、制度化。以现存问题为导向深化管理，开展"查问题、明方向、定措施、促发展"，收集问题 71 条，制定整改措施 177 项，制定并落实任务责任书。梳理现行规章制度及业务流程，与总公司现行制度对接。

（董月强）

【队伍建设】 首钢国际加强干部交流、后备干部和人才培养。调整高管人员 26 人次，干部交流调整 14 人次，向总公司输送 9 人。举办培训班 20 次，770 人次参加。开办全脱产首钢国际贸易培训班，40 人参训。组建兼职通讯员队伍，全脱产培训 5 天，参训 21 人。继续教育培训超过 72 学时，培训计划完成率 95%，员工培训合格率 100%。

（董月强）

【首钢国际 2014 年大事记】

1 月　首钢国际开展"献爱心、送温暖"活动，682 人捐款 7.62 万元；春节前慰问劳模、退休老干部，困难、住院、病休职工，驻外不能回家过节的职工家庭共 38 户。

3 月 4 日　首钢国际召开干部大会，传达学习习近平总书记到北京视察时的重要讲话精神,市委书记郭金龙在北京市委十一届五次全会上的讲话精神,首钢党委书记靳伟的讲话精神。

3月13日　首钢国际召开群众路线教育实践活动总结大会,50人参加会议,首钢党的群众路线教育实践活动督导组参加会议。

5月14日　首钢国际举办党委理论学习中心组扩大会,邀请中海散货运输有限公司总经理邱国宣以《底部爬坡、更待合作促双赢,审慎乐观、迎接发展新春天》为主题,分析全球经济环境下的干散货航运市场发展趋势。

7月　首钢国际推荐的《"海工女"的情怀》《破解碳纤维谜团的人》两篇文章刊登在《首钢日报》头版。

8月1日　首钢国际团委举办"重温历史、勿忘国耻、奉献青春、圆梦中华"主题团日活动,38人参加。参观卢沟桥、中国抗日战争纪念馆,并进行宣誓,重温入团誓词。

8月　《中首公司全面推进查问题明方向定措施促发展活动》和《中首公司实心实意解决职工关注的热点问题》两篇文章刊登在《首钢日报》头版。

8月29日　首钢国际志愿者服务队成立。服务分队的代表分别与15个中首驻外机构代表进行结对子签约。

8月29日　首钢国际党委理论学习中心组扩大会成员赴国家博物馆参观"复兴之路"展览。

9月　首钢国际在党员领导干部和有业务处置权岗位人员中,开展"廉政知识学习测试活动",301人参加,其中处级以上干部43人、科级干部50人、党员及有业务处置权岗位人员208人。

10月11日　首钢国际党委组织科级以上干部、后备干部80人参观中关村国家自主创新示范区展示中心,学习中关村自主创新观念和方式。

（董月强）

首钢秘鲁铁矿股份有限公司

【首钢秘铁领导名录】

董事长:陶仲毅
总经理:孔爱民
副总经理:李宝辉　吴忆民
　　　　孟祥春(4月任职)
总经理助理:叶宝林(8月任职)
　　　　朱振财(8月离任)
新区项目总指挥:孟祥春(4月任职)
　　　　陆文达(4月离任)
总指挥助理:马为民(3月任职)
　　　　段明奇(8月任职)

（杜保岐）

【综述】　首钢秘鲁铁矿股份有限公司(简称"首钢秘铁")是首钢1992年收购的控股子公司,总部在秘鲁首都利马市耶稣玛利亚区智利共和国大道262号,矿区在利马东南520公里的伊卡省纳斯卡县马尔科纳地区。

首钢在秘企业还有首钢秘鲁电力股份有限公司、首钢阿格纳夫企业集团有限公司。首钢秘铁主要设备有:钻机8台,电铲9台,矿车33辆,旋回、鄂式破碎机各1台,中破机3台,细破机6台,棒磨机9台,球磨机10台,过滤机26台,造球机11台,带式焙烧机2台,港口装船设备1套。产品有球团矿、细精矿粉、粗精矿粉、马尔科纳粗精矿粉、粗粒度矿,大粒度矿,选矿厂年设计生产能力750万吨。首钢秘铁设生产技术部、工程部、物资部、安全环保部、财务部、人事行政部、办公室、审计室、法律室。员工1927人,其中首钢派驻43人,官员和职员820人,工人1064人。

2014年,首钢秘铁克服秘鲁地方选举和政府大选带来的政治、经济和劳工环境的进一步恶化,应对国际矿产品价格持续下降给销售收入和利润带来的巨大影响,加强技术改造、完善产品工艺流程,实现稳产增产,产销量再创历史新高;加强公关工作,罢工时间比上年减少10天;通过总理府对话平台,与当地政府达成城市发展用地协议,为企业创造良好的外部环境。

（杜保岐）

【主要经营指标】 2014年,首钢秘铁产品产量1072.9万吨;销售量1069.2万吨;首钢在秘企业预计销售收入6.43亿美元,其中首钢秘铁预计6.05亿美元;首钢在秘企业预计利润2.64亿美元,其中首钢秘铁预计利润2.54亿美元;完成固定资产投资2.3亿美元。

（杜保岐）

【生产组织】 首钢秘铁完成153个孔深15396米的钻孔资源勘探,探明资源储量21.33亿吨;制订3年～5年的中长期采掘规划、年度计划,对剥岩、开采做出安排;通过强化三班作业、改善爆破质量、合理安排检修、提高设备作业率、安排第三方公司供矿等措施,保证供矿稳定。全年采场采剥总量2223.2万吨,破碎矿石1643.5万吨,皮带运输1481万吨,采场开拓矿量1737万吨,回采矿量491万吨,备采矿量74.1万吨,满足选矿生产需求。

（杜保岐）

【提高产品产量质量】 首钢秘铁完成1号破碎站改造,增加一台中破机和两台振动筛、两台磁干选辊筒,1号破碎站具备处理低品位矿石的能力,破碎粒度从75毫米降低到50毫米,改造后1号破碎站能够处理低品位矿石,方便采场的生产组织。完成粗粉生产线过滤系统改造,降低粗粉水分,提高粗粉系统作业效率。完成粗粒度磁干选系统改造,加装一台磁滚筒,保证粗粒度产品品位,扩大生产能力。完成送矿皮带供电系统改造,增加一个变电站,大皮带系统由采选两厂分别供电改为由采场统一供电,皮带系统运行稳定。完成成品堆场防尘网及采场粗破站、选厂1号细破站除尘项目,改善劳动条件。

（杜保岐）

【设备管理】 首钢秘铁针对部分生产设备设施老旧破问题,强化日常检查巡查和交接班管理,发现问题及时处理,保证设备设施处于良性运行状态;加强设备维护保养,落实检修计划,先后对部分送矿皮带、10号球磨机衬板、131细破机的围板、动锥等进行更换;利用罢工时间,组织设备检修和项目施工。更换送矿皮带6B全长29000英尺;7号球磨机更换筒体;更换8跨1A皮带架子;6、7、8球磨机基础水泥结构维修;过滤皮带170号、175号架子更换3跨;装船皮带108号滚筒基础处理;磁选厂8号变电站移位;供水、供电、尾矿线路全面检查维修。

（杜保岐）

【装船销售】 首钢秘铁以保证船舶按期到港、提高装船率、降低费用为重点,抓产销有机衔接,做好产品销售。一是确保总公司用矿需求。加强对到港船舶管理,保证装船作业,产销部门配合,满足总公司在品种、数量上的需求。二是加强船期管理,提高装船效率。针对冬季(6～8月份)坏天气多及罢工多集中在此时段的情况,从年初开始采取非均匀的装船安排,提前办理船只进出港手续,争取有效作业时间。同时加强设备维护,提高装船机作业率,全年装船量比上年同期增加19.9万吨。

（杜保岐）

【新技术攻关】 首钢秘铁开展产品调整和工艺完善工作。开展了首钢用氧化矿实验、烧结细粉试验和淡水漂洗选矿试验等3项课题攻关,从技术、工艺、经济角度向首钢总公司提出建议和意见。

（杜保岐）

【新区建设】 首钢秘铁加快落实扩建项目一期工程剩余合同的招评标、压价谈判和合同签署工作。截至年底,包括采区基建剥岩、半移动式粗破站、分支胶带机、中破站及产品堆场、下山胶带机、混匀堆场、产品堆场、60KV变电站、220KV变电站、破碎运矿系统供配电及自动化等合同均签署完毕,调整新区组织架构、进行人员配备。按照合同进行施工,部分设备到货,项目建设按照锁定期限推进。

（杜保岐）

【安全生产和员工培训】 首钢秘铁坚持"本质安全"理念,发挥安全生产管理委员会和职能部门作用,定期开展安全工作分析研究,对安全环保工作加强指导。实现安全检查常态化,坚持每月进行安全、环境检查,利用安全和经营例会督促限期整改问题。围绕安全管理、质量控制和重点设备操作等培训员工10022人次,67539学时。

（杜保岐）

【社区关系】 8月18日至9月7日,首钢秘铁工人工会举行罢工,进行工资谈判。为降低罢工给生产造成的影响,首钢秘铁将采场钻机司机、推土机司机和炸药工等工人岗位转为职员,罢工期间采场继续组织生产,多备矿石。借助第三方公司力量进行设备检修、改造施工,为罢工结束后的生产恢复创造条件。8月29日、9月2日、9月3日,首钢秘铁分别与新工会职员、利马职员代表和工人小工会签署协议。9月5日伊卡劳工局下达最终裁决,增资及补贴额基本与首钢秘铁同其他三个工会达成的协议持平,为期近10个月的工资谈判至此结束。

2014年,秘鲁地方政府选举,向选民许愿承诺,首钢秘铁面临的社区矛盾更加突出。2013年以前马尔科纳市政府通过议员向国会提交城市发展法案,要求将首钢秘铁矿权区部分土地用于工业和城市发展用地,多名国会议员走访马尔科纳社区,并在国会全会上公开支持马尔科纳占地及城市扩展要求;年初相继发生非法占用矿权区问题,通过做工作占地问题得到有效控制;4月份秘鲁总统乌马拉通过其顾问致电中国驻秘大使,要求敦促首钢秘铁支持地方发展;同月在总理府组织的马尔科纳持续发展对话会上,两次专题讨论马尔科纳的城市扩展问题,马尔科纳市长提出300公顷的居民用地需要;5月2日总统乌马拉走访马尔科纳社区,支持马尔科纳的城市发展,帮助马尔科纳水、电等基础服务实现独立运营。首钢秘铁一是明确表态支持马尔科纳城市的有序、科学发展,但必须分期实施,反对非法占用矿权区和盲目扩张;二是明确首钢秘铁在矿权区地表的优先使用权,必须依法维护企业利益;三是希望利用总理府对话平台,解决多年的非法占地问题,并敦促地方政府承担相应区域的水、电服务;四是加强公关工作,与律师一起拜访提案的国会分权委员会议员及其顾问,阐明公司立场,争取理解与支持。10月24日首钢秘铁与总理府、伊卡省、纳斯卡和马尔科纳市共同签署协议,首钢秘铁82公顷城市周边矿权区地表用于马尔科纳城市发展居民住房用地的协议,为妥善处理城市发展和矿权区矛盾找寻一条合理解决途径,为进一步缓和社区矛盾创造条件。

(杜保岐)

【视察与交流】 1月16日,中国驻秘鲁使馆经参处商务参赞高金宝、二等秘书侯荬到首钢秘铁进行春节慰问。2月20日~25日,北京市国资委副局级专职监事韩世春到首钢秘铁进行工作检查并查看生产现场。2月22日~26日,首钢总公司总经理助理韩庆到首钢秘铁考察。3月5日~7日,国土资源部总工程师钟自然到首钢秘铁考察马尔科纳矿区。4月1日,贵州省副省长蒙启良到秘鲁访问,首钢秘铁董事长陶仲毅、总经理孔爱民参加使馆组织的欢迎及座谈会,并进行工作交流。5月10日~14日,北京市人民政府副秘书长朱言、国有资产监督管理委员会副主任孟韬、首钢总公司副总经理孙永刚、北京市经济信息委员会装备处处长艾滨等4人到首钢秘铁访问,并到马尔科纳矿区考察。6月22日,全国政协副秘书长、致公党中央常务副主席蒋作君率领的中国致公党代表团,在访问秘鲁期间与中资企业协会各会员单位领导进行座谈。首钢秘铁陶仲毅董事长出席并主持座谈会,向代表团提出中资企业应参与马尔科纳圣胡安港口开发建设的建议。8月6日~8日,首钢总公司党委书记、董事长靳伟到首钢秘铁矿区进行考察,参加发改委、驻秘使馆举办的座谈会并发言,看望中秘双方员工。10月9日,宝钢集团有限公司副总经理赵昆到首钢秘铁访问并参观马尔科纳矿区。10月21日~22日,中铁建二院的工程技术人员到马尔科纳和纳斯卡地区考察两洋铁路南线路由及出海口情况,进行现场踏勘。11月19日~26日,首钢总公司副总经理韩庆到秘鲁工作,拜会中国驻秘鲁大使、出席秘鲁国会为张德江委员长举行的授勋仪式、参加秘中友谊馆揭牌仪式、出席中资企业"走出去"座谈会并作汇报发言。11月23日~25日,韩庆对新区项目破碎、运矿系统施工路由、22万伏变电站施工现场等进行勘察,了解施工进展、工程管理、承包方营地建设等情况,提出工作要求。

(杜保岐)

首钢控股（香港）有限公司

【香港首控领导名录】

董事长：徐　凝

副董事长：李少峰

董　　事：陈舟平（9 月离任）　张文辉

总经理：李少峰

副总经理：陈舟平（9 月离任）　张文辉

丁汝才（9 月任职）

（宋清秋）

【综述】　首钢控股（香港）有限公司（简称"香港首控"）是首钢总公司全资子公司，1992 年 10 月依照香港法律注册成立，公司法定地址在香港湾仔告士打道 56 号东亚银行港湾中心 7 楼。香港首控设行政部、财务部、秘书部，从业人员 18 人，其中有首钢职工 13 人。香港首控除了下属的首钢国际贸易（香港）有限公司外，参股多家上市公司，包括首长国际、首长宝佳、首长四方、首长科技，间接持有香港上市公司首钢资源、环球数码和澳洲铁矿石公司 Mount Gibson 的股权。2014 年，香港首控未经审计营业收入预计 225.16 亿港元，预计亏损 5.02 亿港元；预计年末总资产 73.17 亿港元，预计年末净资产 16.2 亿港元。

（宋清秋）

【开辟融资新通道】　香港首控围绕香港资本市场开发度高，资金成本低的特点，探讨境外融资的可行性，年初形成"贸易资金差额与融资租赁相结合"的方案。2014 年香港首控透过首长四方及其所属南方租赁公司向贵港和水钢各 2 亿元融资（其中水钢为 2 亿元额度）。

（宋清秋）

【京西重工上市】　香港首控协助京西重工上市。1 月 23 日完成上市公司股份交割，同月 27 日在港交所复牌上市。7 月 21 日，首钢总公司董事会批准京西重工将京西欧洲资产注入京西国际。11 月 13 日，京西国际以 0.33 港元/每股价格配售 3 亿股，筹资 9900 万港元。11 月 26 日，京西国际获得香港证监会和联交所关于此次蓝海项目资产注入的全部主要批准。12 月 23 日完成交割，蓝海项目第一步资产注入完成。

（宋清秋）

【资产重组】　香港首控与香港新世界集团于 2010 年开始合作，并推动首钢总公司与香港新世界集团达成战略合作意向，经过双方高层的多次交流，就多方面达成具体的合作方案。香港首控协调首钢矿投公司和新世界旗下新矿资源公司，运作总公司部分矿业资产在海外的上市工作，已经形成具体方案。

（宋清秋）

大事记

2014 年首钢总公司大事记

一 月

9 日　北京市市长王安顺、市政府秘书长李伟等到首钢生物质能源项目现场调研,总公司领导靳伟、徐凝陪同调研。

13 日　中共首钢总公司第十七届委员会第八次全体(扩大)会议在首钢篮球中心召开,靳伟作题为《深入贯彻党的十八届三中全会精神,坚持改革创新,推动转型发展》的报告,表决通过会议决议。徐凝主持会议。

14 日～15 日　首钢第十八届职工代表大会第二次会议暨集团工作会议在首钢篮球中心召开,徐凝作题为《深化改革创新,全面加强管理,着力打好首钢转型发展攻坚战》的工作报告,靳伟作总结讲话,通过会议决议。

27 日　北京京西重工国际有限公司于香港联交所主板上市。

29 日　北京首钢股份有限公司收到中国证券监督管理委员会《关于核准北京首钢股份有限公司重大资产重组及向首钢总公司发行股份购买资产的批复》文件,首钢股份公司重大资产重组工作进入实质操作阶段。

29 日　首秦公司船板正式获得挪威船级社(DNV)免检资格,成为全国首家 DNV 船板免检的生产企业。首秦公司已累计取得 KR、BV、DNV 三家船级社船板免检资格。

二 月

20 日　河北省乐亭县委书记王东群、县长董立群访问首钢,总公司领导靳伟、徐凝、张功焰接待。

21 日　日本瑞萨电子株式会社代表取缔役社长鹤丸哲哉等一行访问首钢,总公司领导强伟及相关部门负责人接待。

24 日　国土资源部总工程师钟自然一行到首钢检查指导工作,总公司领导徐凝、张功焰接待。

27 日　北京市工商局党组书记、局长杨艺文带领班子成员到北京京西创业投资基金管理有限公司及创业公社调研,石景山区区委书记牛青山,区委常委、常务副区长文献及首钢总公司领导孙永刚等陪同调研。

三 月

12 日　北京市经信委副主任樊健,三一集团董事长梁稳根一行访问首钢,总公司领导靳伟、徐凝等接待。

12 日　首钢总公司与山西焦煤集团签署战略合作备忘录。首钢总公司领导靳伟、徐凝、张功焰,山西焦煤集团董事长武华太、副总经理刘生瑞等出席签字仪式。武华太和徐凝代表双方在《战略合作备忘录》上签字。

24 日　北京市经信委副主任樊健,富力集团董事长张力一行访问首钢,总公司领导靳伟、张功焰接待。

31 日　首钢科技大会在文馆召开,明确 2014 年科技工作的总体思路和目标任务。靳伟讲话,徐凝主持会议,姜兴宏宣读表彰决定。赵民革作题为《坚持科技创新,打好首钢转型发展攻坚战》的工作报告。同时颁发首钢科学技术特殊贡献奖、科学技术项目奖、首钢钟香崇青年科技奖,对首钢第十四届管理创新成果、第六批"首钢优秀青年人才"进行表彰。

四 月

2 日　中共中央政治局委员、北京市委书记郭金龙,市委副书记、市长王安顺等领导接见夺得 2013～2014 赛季中国男子篮球职业联赛冠军的北京首钢男篮队员,总公司领导靳伟、徐凝、许建国参加接见。

9 日　石景山区委书记牛青山、区长夏林茂等到首钢考察,总公司领导靳伟、姜兴宏等接待。

10 日　长安街西延线首钢厂区工程正式启动。

11 日　在陶楼召开北京首钢股份有限公司 2014 年度第一次临时股东大会。审议并通过《北京首钢股份有限公司关于董事调整的议案》,靳伟当选为公司董事。北京国枫凯文律师事务所律师出席会议,并出具法律意见书。在随后召开的北京首钢股份有限公司五届三次董事会会议上,靳伟董事全票当选为北京首钢股份有限公司董事长。

17日~18日　北京市委副书记、市长王安顺,副市长张工以及市有关委办局领导到首钢京唐公司调研,实地了解企业发展情况、慰问一线职工。

22日、25日　《北京首钢股份有限公司关于重大资产重组资产完成过户的公告》和《北京首钢股份有限公司股份发行及新增股份上市公告书》在深交所指定的证券报刊和网站公开披露,标志着自2010年底首钢位于北京市石景山区的钢铁主流程全部停产开始,历时3年多的首钢股份重大资产重组工作最终完成。

28日　首钢在文馆召开庆"五一"暨先进集体、先进个人表彰大会。总公司全体领导、各单位负责人、受表彰的首钢劳动模范及各单位职工代表约400人参加。靳伟讲话,徐凝主持大会,姜兴宏宣读表彰决定。

4月　首钢国际工程公司和首钢京唐公司联合申报的能源科技与节能技术成果——《海水淡化联合发电关键技术研究与应用》荣获北京市科学技术二等奖。

五　月

17日　中共中央政治局委员、北京市委书记郭金龙,市人大常委会主任杜德印,市政协主席吉林,在总公司领导靳伟、徐凝、何巍等陪同下参观"第十七届中国北京国际科技产业博览会"首钢展台。

20日　北京市副市长张延昆一行到首钢生物质能源项目现场调研。门头沟区委书记韩子荣、丰台区副区长钟百利等陪同调研。总公司领导靳伟、徐凝接待。

六　月

27日　北京首钢股份有限公司2013年度股东大会在陶楼召开。董事长靳伟主持会议。审议并表决通过《北京首钢股份有限公司2013年度董事会报告》、《北京首钢股份有限公司关于独立董事调整的议案》、《北京首钢股份有限公司2013年度监事会报告》等十项议案。

28日~29日　中共中央政治局委员、北京市委书记郭金龙,市长王安顺率北京市代表团到河北省学习考察,期间到首钢京唐公司调研并亲切看望慰问一线干部职工,受到总公司领导靳伟、许建国、何巍、王毅、张功焰、梁宗平、白新、顾章飞及首钢京唐公司广大干部职工的热烈欢迎。

七　月

30日　蚌埠市委书记周春雨与北京市经信委副主任樊健等访问首钢,与总公司领导靳伟等座谈。

31日　全国钢铁工业先进集体先进工作者和劳动模范表彰大会在北京召开。首钢集团共有9个先进集体和18名劳动模范受到表彰。

八　月

12日　首钢总公司与中关村管委会召开第一次工作对接会,签署合作备忘录,总公司领导靳伟、白新;中关村管委会主任郭洪、副主任宣鸿等参加会议。

22日~23日　由中国钢铁工业协会指导、首钢总公司和中国冶金报社共同举办的"2014'转型发展·钢铁强国之路'高峰论坛暨京津冀协同发展首钢实践研讨会"在北京会议中心举行。第十届全国政协副主席、中国工程院主席团名誉主席、中国金属学会理事长徐匡迪,中国钢铁工业协会名誉会长、原国家冶金局局长蒲海清,中国工程院院士、原冶金工业部副部长殷瑞钰,宝钢集团总经理陈德荣,武钢集团总经理马国强,以及来自企业、协会、研究机构、政府管理部门的领导、专家、企业家、行业精英等300余人出席论坛。首钢总公司领导靳伟、徐凝等出席。徐匡迪作题为《创新驱动促进钢铁业转型发展》的演讲。

九　月

19日　北京首钢股份有限公司2014年度第二次临时股东大会在首钢陶楼召开。审议通过了《北京首钢股份有限公司关于董事调整的议案》、《北京首钢股份有限公司章程(修改案)》等。

25日　首钢老工业区改造调整意见和实施计划新闻发布会在北京市发展改革委召开,北京市发展改革委副主任洪继元及有关领导,首钢总公司党委副书记何巍等,以及人民日报、新华社、中央电视台等多家新闻媒体的记者参加新闻发布会。

9月　首建集团再次获得天安门广场国庆花坛钢结构制作安装任务。

十 月

9 日　第二期领导干部特训班、短训班开学典礼在文馆举行。总公司领导靳伟、许建国、何巍、梁宗平，总公司机关部厅领导，特训班、北京地区短训班学员共200 余人参加。靳伟代表总公司党委向特训班授旗并讲话。

15 日　由首钢总公司、石景山区政府和北京市投资促进局联合主办的"2014 驻京中外知名企业投资首钢行"活动在文馆举办。北京市投资促进局局长周卫民、副局长苏宏，北京市发改委副主任洪继元，石景山区副区长司马红，总公司领导靳伟、徐凝、何巍、孙永刚等出席。包括大型国企、民企、跨国公司、股权投资机构等近 300 家企业代表参加活动。

24 日　国务院侨务办公室副主任庄荣文、北京市侨务办公室主任刘春锋一行到首钢调研，总公司领导靳伟、孙永刚接待。

10 月　由中国钢铁工业协会和中国金属协会组织评审的 2014 年冶金科学技术奖公布，首钢集团有 8 个科技创新项目获奖。

十一月

1 日　2014～2015 赛季中国男子篮球职业联赛在北京五棵松万事达中心拉开揭幕战。卫冕冠军北京首钢队赢得开门红。开幕式上，中国篮协举办上赛季总冠军颁奖仪式。国家体育总局篮球运动管理中心副主任胡加时等为首钢男篮队员颁发象征中国篮球最高荣誉的"至尊钻戒"；北京市体育局局长李颖川，首钢总公司党委书记、董事长靳伟向首钢男篮教练员和运动员颁发由首钢集团为纪念北京首钢队获得 CBA 总冠军特制的金质纪念奖章。

5 日　首钢在文馆举办学习贯彻党的十八届四中全会精神报告会，邀请中央党校政法教研部教授王立峰作"全面推进法治中国建设"专题报告；总公司全体领导、各单位负责人聆听报告。

14 日　CMI 公司工业部总裁让·儒蔼一行访问首钢，总公司领导何巍接待。

17 日　加快西部地区转型发展，推进"世界侨商创新中心"建设战略合作协议签署仪式暨中国侨商会首钢行活动在文馆举行。靳伟代表首钢总公司作《关于

在新首钢高端产业综合服务区内建设"世界侨商创新中心"相关工作》的汇报，石景山区副区长司马红作《全面深度转型，高端绿色发展》的主题推介。北京市政府侨办主任刘春锋，石景山区政府区长夏林茂，首钢总公司党委书记、董事长靳伟共同签署《加快西部地区转型发展，推进"世界侨商创新中心"建设战略合作协议》。国务院侨务办公室主任裘援平、副主任庄荣文；北京市委常委、统战部部长牛有成，北京市副市长程红；全国政协经济委员会副主任许荣茂；首钢总公司领导靳伟、徐凝、何巍、梁宗平、孙永刚等出席。国务院侨办，中国侨商会，北京市发展改革委、科委、经信委、国土局、规划委、商务委、国资委、金融局、中关村管委会、北京市政府侨办，石景山区政府领导及来自 11 个国家和地区的 40 余位侨商代表活动。

19 日　北京市国资委经济运行督导组到首钢调研，北京市国资委主任林抚生等领导与总公司领导靳伟、徐凝、梁宗平进行座谈。

21 日　北京市地税局局长杨志强、副局长朱元广一行访问首钢，与总公司领导靳伟、徐凝、张功焰、孙永刚进行座谈。

十二月

11 日　东北大学校长赵继、中国工程院院士王国栋、副校长左良一行访问首钢，总公司领导靳伟、徐凝、许建国、张功焰接待。

16 日　国务院侨务办公室"第五期海外侨领高级研修班"学员到首钢考察，首钢总公司领导靳伟、徐凝、孙永刚接待。

16 日　北京市国资委召开"国企楷模·北京榜样"主题颁奖会，首钢职工 3 人入选。首钢总公司党委副书记何巍参加会议。

23 日　由市委讲师团、市国资委党委和首钢总公司联合举办的市国资委系统学习贯彻中央经济工作会议精神报告会在首钢文馆召开；邀请中国社会科学院经济研究所副所长王振中作"深化理解 2014 中央经济工作会议精神"专题报告。市国资委党委副书记赵林华主持报告会，首钢总公司领导何巍、王毅、梁宗平等参加会议。

27 日　弘扬社会主义核心价值观"首钢人的故事"演讲报告会在首钢文馆举行。总公司领导靳伟、徐凝、

许建国、何巍、梁宗平、顾章飞,各单位负责人等400余人参加。水钢公司、贵钢公司等外埠单位通过视频会议系统参加报告会。

12月　2014年冶金产品实物质量认定名单揭晓,首钢共有11项产品实物质量达到国内先进水平,被中国钢铁工业协会授予"金杯奖"。

12月　首钢迁钢公司高俊明、张月林,首秦公司储世亮等3人在"宝钢杯"第七届全国钢铁行业职业技能竞赛上获"全国钢铁行业技术能手"荣誉称号。

12月　首钢成立全面深化改革领导小组。领导小组组长靳伟,副组长徐凝、许建国、何巍、梁宗平。主要职责是贯彻落实党中央国务院和北京市委市政府关于全面深化改革的重大决策部署;研究确定首钢全面深化改革的各阶段工作重点;研究确定各项改革方案;组织推进各项改革方案的实施。

12月　首钢西十筒仓改造项目在第三届亚太商业地产建筑设计效能高峰论坛上荣获"亚太商业先锋大奖"。来自亚太地区知名开发商、酒店管理集团、规划设计机构270余名代表参会,40余家国内外媒体参会报道。

12月　第十六届中国专利奖评选,首钢总公司申请的"一种提高热轧钢板控制冷却温度均匀性的方法"荣获中国专利优秀奖。

荣誉表彰

2014 年度首钢先进党组织

首钢总公司"六好"班子

京唐公司
销售公司
总公司运输部
实业公司
国际工程公司

首钢总公司模范基层党委

京唐公司焦化作业部党委
迁钢公司炼铁作业部党委
冷轧薄板公司党委
矿业公司杏山铁矿党委
水钢公司水电(氧气)厂党委
长钢公司烧结厂党委
贵钢公司铁路运输处党委
通钢集团通化钢铁烧结厂党委
供应公司党委
北京大学首钢医院党委
生物质能源科技有限公司党总支
首建集团国际工程分公司党委
首自信公司电信事业部党总支
首钢幼儿保教中心党委
鲁家山石灰石矿有限公司党委

首钢总公司模范党支部

京唐炼钢作业部炼钢区党支部
京唐制造部党支部
迁钢炼钢作业部机关第二党支部
迁钢硅钢事业部精整作业区党支部
迁钢动力作业部供风作业区党支部
首秦能源部供水作业区及点检站党支部
首秦秦皇岛首秦钢材加工配送公司技术质管部党支部
冷轧公司连退作业区党支部
矿业大石河铁矿供料车间党支部

矿业水厂铁矿汽运作业区党支部
矿业球团厂焙烧二区党支部
矿业烧结厂原料车间党支部
矿业质检中心原料站党支部
水钢炼钢厂二连铸车间党支部
长钢炼铁厂9高炉车间党支部
贵钢炼钢厂装备科党支部
通钢通化钢铁炼铁厂高炉四车间党支部
通钢矿业公司板石选矿厂碎矿车间党支部
供应公司废钢处党支部
销售公司热轧销售处党支部
培训中心成教学院党支部
机电公司机械厂一分厂党支部
机电公司重型机器分公司结构分厂党支部
首建第二建筑工程分公司管铁项目部党支部
首建第一冶金建设分公司京唐热轧维检专业公司党支部
首建第二冶金建设分公司第一工业项目部党支部
首建国际工程分公司本格拉项目部党支部
首自信首迁运行事业部炼钢党支部
首自信信息事业部京唐分部党支部
实业公司物产管理事业部古城项目部党支部
实业公司首钢幼儿保教中心苹果园幼儿园党支部
国际工程公司炼铁所党支部
吉泰安公司拔丝作业区党支部
房地产公司投资策划管理部党支部
特钢公司开发部党支部
总公司园区管理部铁区管理处高炉护厂作业区党支部
技术研究院薄板研究所党支部
总公司计财部第一党支部
总公司生产部党支部

首钢总公司先进党支部

京唐炼铁作业部烧结分厂党支部

京唐热轧作业部 2250 分厂党支部
京唐冷轧作业部第三冷轧分厂党支部
京唐供应管理部铁区供料党支部
京唐设备部设备备件党支部
迁钢热轧作业部设备管理室党支部
迁钢电力作业部压差发电作业区党支部
迁钢设备维检中心炼钢维检作业区党支部
迁钢质量检查站化学分析室党支部
迁钢供应管理部一废钢供应作业区党支部
迁钢生产部党支部
首秦炼钢部炼钢作业区党支部
首秦轧钢部热轧党支部
首秦制造部白班党支部
首秦设备部备件党支部
首秦秦皇岛首钢板材公司调度丙班党支部
冷轧公司镀锌作业区党支部
矿业杏山铁矿开拓作业区党支部
矿业电修公司热电分公司党支部
矿业首矿建公司金结分公司党支部
矿业协力公司维检一车间党支部
矿业物资公司火药加工车间党支部
矿业计控室计控科党支部
矿业实业公司北区生活服务公司党支部
矿业职工子弟学校第一中学党支部
矿业矿山医院门诊党支部
矿业生产处党支部
水钢炼铁厂制粉车间党支部
水钢轧钢厂运行作业区党支部
水钢电气自动化公司制造修理车间党支部
长钢设备检修部机动车间党支部
长钢瑞达公司维修动力车间党支部
贵钢轩钢厂职能党支部
通钢通化钢铁炼轧厂轧钢车间党支部
通钢通化钢铁型钢连轧厂连轧车间党支部
通钢矿业公司塔东矿选矿厂党支部
供应公司迁钢派驻站党支部
销售公司首钢上海销售分公司党支部
总公司运输部机务段党支部
中首公司贸易部党支部
中首公司设备部党支部

氧气厂顺冷作业区党支部
北京大学首钢医院机关党支部
培训中心技师学部培训综合科党支部
环境产业公司首钢资源公司加工一车间党支部
矿投公司丰宁三赢公司党支部
机电公司机械厂经销公司党支部
机电公司电机厂迁安分厂党支部
机电公司液压中心迁钢分厂党支部
首建第三建筑工程分公司丰台旧小区改造工程项目部
　党支部
首建钢构分公司迁钢项目部党支部
首建北京首建设备维修有限公司顺义维检部党支部
首建北京首建恒信劳务有限公司第五项目部党支部
首建物资分公司迁钢工程管理部党支部
首建东北分公司阳光颐水铭苑项目部党支部
首建山东分公司党支部
首建机关市场开发部党支部
首自信京唐运行事业部冷轧区域党支部
首自信传动事业部设计室党支部
首自信工程事业部项目二部党支部
实业公司物产管理事业部检修中心党支部
实业公司餐饮管理事业部昌平区域党支部
实业公司工业产业事业部北京鼎盛成包装材料有限公
　司党支部
实业公司北京首宇工贸有限责任公司服装厂党支部
国际工程公司设备开发成套部党支部
耐材炉料公司首秦区域党支部
鲁家山矿建昌县融成钙业有限公司党支部
特钢公司物业部巡逻队党支部
特钢公司北京首特房地产开发有限责任公司党支部
总公司园区管理部动力厂供水作业区党支部
总公司园区管理部一线材管理处机关党支部
技术研究院综合党支部
发展研究院钢铁产业研究所党支部
保卫武装部治安防控二大队党支部
资本运营部迁安首钢设备结构有限公司迁钢检修分公
　司党支部
总公司设备部备件处党总支
党校办公室党支部
总公司党委组织部党支部

总公司首钢日报社党支部

总公司审计部党支部

总公司办公厅秘书处党支部

总公司古城八角地区离休干部第一党支部

首钢总公司先进党小组

京唐焦化作业部炼焦区甲班党小组

京唐炼铁作业部炼铁分厂看水班党小组

京唐炼钢作业部生产技术室工艺党小组

京唐热轧作业部设备工程室第一党小组

京唐冷轧作业部第一冷轧分厂机械党小组

京唐运输部铁路分部第一党小组

京唐能源与环境部环保技术党支部技术党小组

京唐供应管理部采购综合党支部综合党小组

京唐设备部资材处耐材机电党小组

京唐质检监督部原料分析中心第二党小组

京唐板材加工部轧机党支部轧机党小组

京唐计财部预算管理处党小组

迁钢炼铁作业部二高炉作业区乙班党小组

迁钢炼钢作业部一炼钢精炼作业区甲班党小组

迁钢热轧作业部二热轧轧钢作业区乙班加热党小组

迁钢硅钢事业部二作业区乙班党小组

迁钢钢材加工作业部设备管理室党小组

迁钢动力作业部一供水作业区配水党小组

迁钢电力作业部设备室党小组

迁钢制氧作业部制氧作业区配电党小组

迁钢设备维检中心热轧维检作业区检修班党小组

迁钢质量检查站原料质检作业区白班党小组

迁钢供应管理部生产技术室党小组

迁钢技术质量部技术科党小组

迁钢计财部第三党小组

首秦能源部设备及能源管理党小组

首秦市场部新产品开发科党小组

首秦经营部原燃料管理科党小组

首秦安全部保卫党小组

首秦质量部原燃料质检作业区取制样监督党小组

首秦秦皇岛首钢机械厂华盛公司党小组

冷轧公司酸轧作业区丙班党小组

冷轧公司动力作业区甲班党小组

矿业大石河铁矿选矿车间磨选甲班党小组

矿业大石河铁矿动力车间水源二班党小组

矿业水厂铁矿磁选车间运转丁班党小组

矿业水厂铁矿破碎车间 X 系统党小组

矿业杏山铁矿采矿作业区爆破党小组

矿业球团厂动力综合区甲班党小组

矿业烧结厂一烧车间甲班党小组

矿业机械制造厂机加工分厂机加工三班党小组

矿业机械制造厂金结分厂总装班党小组

矿业耐磨材料厂调度室党小组

矿业电修公司机电分公司内线班党小组

矿业首矿建公司采矿一分公司天宝采区党小组

矿业协力公司维检二车间综合二班党小组

矿业协力公司维检三车间老破碎党小组

矿业协力公司机械安装工程队吊车班党小组

矿业物资公司调度室党小组

矿业计控室速力公司党小组

矿业质检中心原料站料场班党小组

矿业实业公司北区生活服务公司食堂党小组

矿业职工子弟学校第四中学初三党小组

矿业矿山医院药械科第一党小组

矿业矿山街委滨西居委会党支部第五党小组

矿业保卫处护卫队公司门卫党小组

矿业财务处成本科党小组

矿业办公室卫生科党小组

水钢炼铁厂辅助车间党支部第一党小组

水钢动力厂汽机车间党支部发电党小组

水钢煤焦化公司炼焦车间党支部热工党小组

水钢水钢公司纪委（监察审计部）党支部第二党小组

水钢观音山矿业公司铁矿石采矿车间党支部检修党小组

水钢博宏石灰矿业分公司运输车队党支部矿山运输保产党小组

长钢 H 型钢厂准备车间第一党小组

长钢铁运部厂区工务段第二党小组

长钢机运公司维修车间党小组

长钢动力厂电力车间变电党小组

长钢生产处调度党小组

贵钢机关党委技术中心党小组

贵钢金麟房地产开发公司城管队党小组

通钢通化钢铁动力厂热力发电车间第二工段党小组

通钢通化钢铁汽运公司汽车一队第一党小组

通钢通化钢铁保卫处消防大队第二党小组

通钢通化钢铁高速线材厂轧钢车间轧钢四工段党小组

通钢矿业公司板石铁运处综合段 602 放矿党小组

通钢矿业公司大栗子矿炼铁厂第一党小组

通钢矿业公司板石球团厂动力区党支部生产三班党
小组

通钢磐石钢管公司热轧三车间设备党小组

供应公司首秦派驻站材料作业区党小组

销售公司汽车板销售处销售科党小组

销售公司运输管理处冷轧派驻站成品发运班组党小组

运输部车务段党支部选矿站乙班党小组

运输部运用段党支部选矿供料班党小组

运输部工务电务段党支部水厂党小组

中首公司海工部第一党小组

中首公司东湖别墅第三党支部第一党小组

氧气厂生产技术部党小组

北京大学首钢医院肾内科党小组

北京大学首钢医院康复医学科党小组

培训中心教务处党支部网管中心党小组

培训中心工学院机电工程系党支部机电工程党小组

环境产业公司设计技术中心第一党小组

地堪院北京爱地公司党支部第五党小组

微电子公司动力部技术党小组

机电公司机械厂结构分厂铆焊班党小组

机电公司机械厂三分厂焊工班党小组

机电公司电机厂迁安分厂维检党小组

机电公司重型机器分公司机装分厂机二党小组

机电公司液压中心生产技术党小组

首建第一建筑工程分公司机关第三党小组

首建第三建筑工程分公司迁安颐景园项目党支部材料
组党小组

首建第一冶金建设分公司京唐精密设备维检一工段党
小组

首建第二冶金建设分公司板坯精整作业区综合党小组

首建国际工程分公司物流管理部党小组

首建首建恒信劳务有限公司保安大队党小组

首建物资分公司采购部党小组

首建秦皇岛分公司悦尚时代广场党小组

首建机关审计管理部党小组

首自信顺义运行事业部办公室党小组

首自信首秦运行事业部业务科区域党小组

首自信首迁运行事业部冷轧作业区党小组

首自信京唐运行事业部炼铁作业区料场班党小组

首自信自动化事业部计算机室党小组

首自信电信事业部维护车间网络班党小组

实业公司物产管理事业部市场开发部党小组

实业公司餐饮管理事业部首钢迁安会议中心党小组

实业公司工业产业事业部首瀚鑫实业有限公司包装一
车间党小组

实业公司首钢幼儿保教中心老山西里幼儿园党小组

实业公司老年福敬老院西井党小组

实业公司北京首宇工贸有限责任公司计财部党小组

实业公司北京爱思济印刷有限责任公司印刷班党小组

国际工程公司焦化设计研究所第二党小组

国际工程公司工业建筑设计研究所第二党小组

耐材炉料公司京唐区域点检班党小组

鲁家山矿京唐公司溶剂制备站党小组

吉泰安公司炼轧作业区炼钢党小组

房地产公司二通项目管理部党支部第三党小组

特钢公司人力资源部机关党小组

园区服务公司绿化公司机关党支部经营生产部党小组

总公司园区管理部钢区管理处二炼护厂作业区党支部
白班党小组

总公司园区管理部轧区管理处线材作业区丁班党小组

总公司园区管理部厂区运输管理处设备看护党支部检
修维护党小组

总公司园区管理部冷轧镀锌薄板厂北区第三党小组

总公司园区管理部动力厂供电作业区二总降党小组

技术研究院冶金过程研究所热轧仿真党小组

技术研究院北京北冶功能材料有限公司冷加工党支部
第二党小组

保卫武装部警卫队第五党小组

资本运营部迁安首钢设备结构有限公司京唐检修分公
司检修党小组

资本运营部北京诚信工程监理有限公司党支部综合党
小组

资本运营部合营企业管理处党小组

总公司园区开发部第一党小组

总公司信息部信息化运行管理处党小组

总公司计财部结算处党小组　　　　　　总公司工会权益保障部党小组
总公司计财部销售财务中心第二党小组　　总公司首钢电视台总编室技术部党小组
总公司办公厅行政处客车队行车二班党小组

2014 年度首钢先进共产党员

首钢模范共产党员

京唐公司	吴　峥	曹连成	张建英
	董大军	刘瑞林	王文忠
	杜阳清	陈朝明	贺兰香
	马如文		
迁钢公司	王金成	闫　勇	冀建卫
	李万平	马向辉	阎　波
	谢洪文	杜士毅	吴　耐
首秦公司	杨宝森	孙　博	王喜帅
	马建辉		
冷轧薄板公司	齐春雨	邓国宝	
矿业公司	张云生	焦光武	李保海
	王海东	张福红	张志学
	李文明	王长涛	韦长滨
	刘君胜	阎　杰	于志强
	戴新奇	邢桂冬	
水钢公司	王为环	罗焕军	赵福华
长钢公司	郭　林	崔建明	
贵钢公司	王　青		
通钢集团公司	王招杰	孙长青	靳　旭
供应公司	宋开永		
销售公司	肖京连		
运输部	刘立新	刘贵民	
北京大学首钢医院	刘慧琴	祝振忠	
培训中心	凡明春		
矿业投资公司	李士全		
机电公司	王　亮		
首建集团	李伟波	邓翠芬	李占魁
	张学平		
首自信公司	陈　志	李　洁	钱宏智

实业公司	刘　刚	张素洁	
国际工程公司	兰新辉	张岩岗	
房地产公司	王志清		
特钢公司	李贺同		
园区服务公司	石宗砚		
总公司园区管理部	张贵林	齐恩祥	付庆来
技术研究院	邱冬英	陈　斌	
保卫武装部	李富强		
资本运营部	李　浩		

首钢优秀共产党员

京唐公司	李　鹏	赵淑雅	赵景军
	古　晋	刘伯洋	贾　凤
	李金柱	杨国武	景财良
	黄财德	苏立恒	张佩立
	袁秉文	王泽举	管宝伟
	肖激杨	李　众	黄永帅
	张宝龙	牛子伟	董建新
	欧贤钟	陈　波	葛　枫
	罗林林	崔胜国	庄钢强
	张丽娜	唐智新	宿光清
	纪秋博	王海楠	常龙旺
	郑明月	朱永军	吴宝田
	王鹤更	王雪青	张　杰
	王宝江	郑　权	
迁钢公司	侯继云	董志元	闫俊华
	刘　永	鲁克成	张　涛
	安保军	杜雪青	高占晓
	俞学成	张富彬	张小辉
	杨德生	彭文涛	贺春地

	张凯	滕玉江	石云鹏	水钢公司	陈黔湘	刘军	肖利
	贺新军	李艳丰	夏元杰		张群	王伟林	
	董阔	牛枫	蔡耀清	长钢公司	徐兵伟	张树平	王惠
	程华	王德宾	孟祥鲲	贵钢公司	刘春堂		
	张建民	杜斌	李娟	通钢集团	耿方军	马东辉	于金奎
	刘斌	张树艳	宋鹏飞		于洪河	张福利	
	张立丰	陶金	王贵玉	伊钢公司	刘奎		
	白银锁	刘金明	李国超	首黔公司	冯进鹰		
	宋光	王铁良	周阳	首矿大昌公司	简毅鸣		
	陈扩彦	李彦锁	张建	供应公司	陈小勇	李想	周润一
	龚娟娟				赵长富		
首秦公司	蒋海涛	田士平	张绍军	销售公司	张亮	谢健	赵金奎
	张铭柱	吕福忠	张建超		熊怡文	郝洪涛	马玉新
	张同	孟刚	杨志惠	运输部	杨建军	王来生	高立民
	冯超	张尧	白玉波		杨彪	曹盈国	王建军
	张雨	孟冬立	杨毅		康纪彬	丁文京	杨舜
	丁志勇	周海春	李建华	中首公司	孔爱民	陈静	刘学军
冷轧公司	陈其超	李恩	刘金生		郭云坡	于强	赵俊
	张民	商进	杨海建	氧气厂	罗文铭	宋金凯	
	郑建	孙建华		首钢医院	高秀	刘淑琴	左晓霞
矿业公司	马金亭	李刚	梁建		范爽斐	王炯	
	杨彬	任树清	李昕	培训中心	王林	李凤	杨彦娟
	史胜利	信春华	张开阳	环境产业公司	冯向鹏	孙守顺	
	宋秋生	孙宏伟	王慧武	京西重工	陈元庆	孙韵生	
	尹芝足	张金刚	蔡信	地质勘查院	李顺利		
	郭永生	韩杰	刘金	矿业投资公司	荣成钢		
	宋振武	郭山峰	付瑞成	微电子公司	张新建		
	高小军	许长虹	赵乃民	机电公司	梁文泉	侯建军	马德福
	张立国	王焕东	董林		边振友	景明方	关会
	刘英春	范学义	杨向荣		王艳辉	张全	曹大成
	聂宏杰	高文忠	尹红卫		张国	郝广民	
	李万友	韩同祥	韩雁冰	首建集团	王宗诣	张宏来	徐景雨
	尹东林	王玉华	刘海平		李景圆	冯瑞敏	肖树坤
	郭春生	刘建国	霍大庆		张彦华	张伟	刘跃进
	郑洪武	张帅	郑刚		李成龙	赵德山	高新增
	刘鑫	迟春革	潘玉柱		许胜利	高存泽	康京山
	武会军	任春梅	武书育		邓俊刚		
	杜娟	王玉华	马宏	首自信公司	金洪军	付祥	张立伟
	宋文武	徐军	刘止秋		高启涛	张世凯	王会全
	余建业				路来顺	王艳凯	连丽华

	管锋利	刘 彤	周海伦
	吴大雨	孙桂华	
实业公司	马明智	闫树清	赵 钧
	马 来	张 慧	张立建
	李 桐	李 萍	
国际工程公司	姚 轼	姚 远	操义顺
	李弘哲	陶文武	陈 罡
	罗晓阳		
耐材炉料公司	樊志良	张 强	
鲁家山矿	陈长龙		
铁合金公司	张承刚		
吉泰安公司	宁永顺		
首运物流公司	蔡文荣		
房地产公司	陈春国		
特钢公司	陈世雄	董玉鸣	董 健
园区服务公司	赵宝成	程 伟	曹贵生
	牛长青		
园区管理部	李树华	冯保华	丁 涛

	陶礼华	赵洪飞	李艳平
	翟志承	李宗顺	赵晓光
	陈 宏	曹玉峰	梁小东
	李 杰	李卫东	
技术研究院	马泽军	曹 杰	刘兴全
	张 玮	刘 洋	路 桥
	刁凌福		
发展研究院	陈 霞		
保卫武装部	李 岩	何 磊	李 强
资本运营部	张凤兰	焦少兵	刘 冰
设备部	李 刚	付建国	
党校	朱 彤		
总公司机关	王素玲	王达明	陈宇平
	华国珍	王国发	张英明
	丁立平	张亚杰	刘志强
	张敬东	张祎婧	林星华
	王 健	魏宝骥	毕先洲
	赵金祥		

2014 年度首钢"三创"先进集体

迁钢公司炼铁作业部三高炉作业区炉前甲班
迁钢公司炼钢作业部二炼钢精炼作业区 3 号 RH 丙班
迁钢公司炼钢作业部二炼钢炼钢作业区 5 号炉丙班
迁钢公司热轧作业部设备管理室一热轧白班点检班
迁钢公司硅钢事业部冷轧二作业区二十辊乙班
迁钢公司硅钢事业部取向硅钢攻关组
迁钢公司动力作业部管道运行作业区丁班
迁钢公司电力作业部一循环发电作业区运行甲班
迁钢公司质量检查站化学分析室油品耐材班
迁钢公司设备维检中心热轧维检作业区检修班
迁钢公司炼铁作业部一烧结作业区丁班
冷轧薄板公司连退作业区甲班小组
冷轧薄板公司镀锌作业区甲班小组
营销管理部迁安派驻站储运科冷轧班
供应公司炉料处合金采购科

京唐焦化作业部化工分厂集控冷凝循环水作业区
京唐炼铁作业部烧结分厂脱硫作业区
京唐炼钢作业部炼钢区转炉作业区
京唐热轧作业部 1580 热轧分厂丙班作业区
京唐冷轧作业部生产技术室模型组创新工作室
京唐能源与环境部供气区空分集控作业区
京唐运输部铁路分部装卸作业区
京唐供应管理部供返料作业区
京唐质检监督部进厂物料检查站作业区
京唐板材加工部酸洗作业区
首秦炼铁事业部经营采购科
首秦炼钢事业部炼钢作业区
首秦轧钢事业部热处理作业区
首秦能源事业部燃气及介质管网作业区
首秦设备事业部计控中心信息化组

首秦安全部有害气体防护站

矿业大石河铁矿动力车间调度室

矿业机械制造厂耐磨项目部锻球乙班

矿业计控室计控科杏山自动化团队

矿业矿山建设工程公司井巷工程项目部

矿业实业公司动力工程公司供暖班

矿业协力公司维检八车间开拓维检班

矿业杏山铁矿李文明创新工作室

矿业运输部机务段运转甲班

矿业水厂铁矿磁选车间选矿001工作室

矿业水厂铁矿筑排车间王利创新工作室

水钢炼铁厂准备车间白班

水钢运输部机务段检修班

水钢动力厂热力车间锅炉甲班

水钢煤焦化公司欧春华创新工作室

水钢生产组织攻关组

水钢钢铁料消耗攻关组

长钢炼钢厂连铸车间

长钢炼铁厂八高炉加料区域

长钢轧钢厂型钢车间加热炉作业区

长钢设备检修部二车间

长钢生产处生产组织科

长钢计财处融资科

贵钢炼钢厂丙大班

贵钢钎钢厂热处理工段

贵钢金麟房开公司综合管理部

通化钢铁公司第一钢轧厂轧钢电气车间自动化控制班

通化钢铁公司动力厂供电车间总降变电所

通化钢铁公司机电修造公司锻铆车间焊工班

通钢矿业公司上青矿西采车间台车维修班

通钢矿业公司选矿厂碎矿车间维修班

通钢磐石无缝钢管公司冷拔车间设备工段

伊钢公司生产部

首矿大昌金属材料有限公司设备部

氧气厂迁钢作业区

中首公司贸易部业务二室

首矿投承德球团经营团队

微电子公司动力部

北京京西重工房山技术中心样件中心及测试实验室筹备组

首钢医院干部保健科内科

首钢医院重症监护科

首钢医院医学影像科

培训中心技师学院示范校建设机电应用技术项目组

地勘院爱地公司市场开发部

环境产业公司生物质能源科技有限公司发电作业部丁班

机电公司大厂重装分厂钳工班组

机电公司曹妃甸检修分公司结晶器维修班

机电公司经营部一分部

首建集团第二冶金建设分公司迁钢电气维检项目部万星超电调班

首建集团钢构分公司重钢孟宪彪金结班

首建集团炉窑分公司筑炉车间王玉民瓦工班

首自信传动事业部李洁创新工作室

首自信顺义运行事业部镀锌班

首自信京唐运行事业部炼铁作业区烧结班

实业公司物产事业部天兆项目部

实业公司餐饮事业部国家检察官学院集成项目部

实业公司幼教中心金苹果幼儿园

鲁家山矿技术开发部

耐材炉料公司李道波创新工作室

新钢联公司沈阳分公司

特钢公司物业部物业科

园区服务公司物业公司迁安分公司

园区服务公司绿化公司第四经理部一班

园区管理部铁区管理处高炉区域三高炉班组

运输管理处设备检修作业区养路班组

安全保卫处警卫队国旗班

冷轧镀锌薄板厂资产清算组

园区过渡期供暖工程改造项目管理组

园区人员转型发展专项工作小组

技术研究院刘宏电焊工首席技师工作室

首钢总公司机关

北京首钢篮球俱乐部女子篮球队

首钢职工创新工作室

股份公司	南宁创新工作室	矿业公司	王爱民创新工作室
	董晟创新工作室	水钢公司	谢祥创新工作室
	柳智博创新工作室	通钢公司	陈兆惠创新工作室
京唐公司	刘胜歌创新工作室	氧气厂	尹金哲创新工作室
	宿光清创新工作室	技术研究院	刘李斌创新工作室

2014 年度首钢先进职工

首钢劳动模范

				贵钢公司	彭 钧		
首钢股份	彭开玉	陈小伟	李百征	通钢公司	吴 波	吉万刚	王玉华
	王大力	郝亚魁	赵松山		胡晓成	赵建明	秦斯延
	张希静	李转运	石存广		王 义		
	齐典旭	杨文科	张月林	伊钢公司	王道慧	阿衣本·阿新拜	
	徐厚军	黄东红	张小健	中首公司	高 磊		
	张 亮	张凤福	相远茂	房地产公司	张 焕		
	牛志军			矿投公司	彭立安		
京唐公司	孙建民	杨庆彬	王海龙	京西重工	沈国成		
	刘新伟	陈 香	杨彦广	首钢医院	杨珺楠	王海英	
	李 宁	王 涛	石长武	培训中心	湛文红		
	高晓峰	闫文佳	李松田	环境产业公司	赵伟滨		
	李银枝	程 政		首建集团	王日成	田 野	吴 江
首秦公司	闫智平	范秋凉	姚仲新	首自信公司	邱成国	赵云霞	
	马建辉			实业公司	刘 刚	车玉钢	
矿业公司	刘守新	武书育	王文超	国际工程公司	苏广朝		
	范鲁丰	王新星	许永涛	鲁家山矿公司	张山林	肖鹤林	
	王京连	张宇峰	陈浩永	首钢控股公司	张文辉		
	许亚滨	王今朝		特钢公司	满正芳		
水钢公司	王为环	常江恒	卢 军	园区管理部	马 刚		
	冯 江	刘占林		园区服务公司	戴 利		
长钢公司	高向军	王育兵		技术研究院	滕华湘	杨建炜	

资本运营部	刘循序			水钢公司	袁国雄	金怀刚	曾涛
总公司机关	米良君	王永海	孙炜		袁桂军	吴加书	秦亚伦
首控公司	李猛				王时刚	周秀山	罗焕军
医疗投资公司	杨月铜				王大兵	游鹏	蔡春梅
					曹金红	杨龙飞	王登峰
					向军		

首钢"三创"标兵

首钢股份	周阳	康大鹏	崔全法	长钢公司	范雄伟	张建林	平万里
	刘卫华	冯存印	高继奎		胡朝锋	王振飞	赵振杰
	张小辉	周广成	胡志远		侯建斌	刘辉	李灵义
	夏碧峰	祁永生	赵瑞丰		张国英	姜东红	王海玉
	李彦锁	关建东	李大伟	贵钢公司	杨云	卢凤忠	黄祥
	张涛	刘焕杰	王颖权		宋金		
	于强	张波	刘建勋	通钢公司	刘旭明	赵国越	王文平
	高瑞兵	王宏兴	净晓星		张玉生	姜成龙	潘岩峰
	张德君	马猛	熊伟		孙鸿蛟	李凯	刘佰军
	闫磊	孙长军	陈征		李如贵	张晓波	魏志刚
	程丙献	王文亮	李凤惠		董彦龙	于艳红	郝云飞
	杨成杰	蔡来水	田子健		刘长青	马增毅	冯宝卓
	董永革	王鑫		伊钢公司	陈志虎	刘辉军	
京唐公司	张贺顺	王松涛	乔士坤	首黔公司	高学朝	梁勇生	
	赵淑雅	顾学彬	范小斌	首矿大昌公司	张聪		
	邸贺龙	马勇健	郭小龙	氧气厂	耿文革		
	黄财德	张建华	高文刚	中首公司	谷广辉	杨新明	韩忠厚
	周纪名	王晓斌	闫林伟	房地产公司	侯锦山		
	黄永帅	李亚军	杨光宇	矿投公司	周弘强		
	张春海	刘洋	万黎明	微电子公司	王效		
	赵保付	曲胜利	赵毅锋	京西重工	宋柏明		
	陈超			首钢医院	骆勇	高秀	张滨
首秦公司	左广传	刘长喜	张旭强		郭秀英		
	石树东	高立元	张铁铮	培训中心	马正		
	张志国	郭志涛	徐卫民	地勘院	刘海彬		
	孙硕猛			环境产业公司	杨婷婷		
矿业公司	孟庆一	付振学	刘贵彬	机电公司	赵献荣	侯伟	
	杨小海	李刚	王利	首建集团	张云富	胡占锋	李成龙
	李贵斗	张彦东	张立坡		覃海雷	张自豪	张宏来
	李治国	王守利	李福廷		赵圣强	刘继金	柏洪强
	刘新民	潘玉柱	张英杰	首自信公司	田华	路来顺	龚彩军
	姜焕友	宋文云	陈红卫		贾鹏	王学文	王鹏
	曹伟	赵淑凤	王川	实业公司	李欣睿	田洋	袁霞
	魏志红	刘有文	褚海滨		李贺		

国际工程公司	毛庆武	张 征	俞 斌	技术研究院	罗家明	于 孟	陈 斌
鲁家山矿公司	王建勇	杨 阳			裴元东		
新钢联有限公司	钱 君			发展研究院	初德和		
特钢公司	尹海娟			党校	王洪骥	王会山	
园区服务公司	王建忠	梁 森	张凤有	资本运营部	曹 利	王东坡	
园区管理部	刘 旻	李 钧	张宝安	总公司机关	马东波	郭 伟	刘同合
	吕晓蓓	李 静	段晋东		王素玲	许利民	
	魏 晨	车振猛					

统计资料

2014 年首钢集团主要工业产品产量完成情况

指标名称	计量单位	2014 年实际
1. 采剥总量	万吨	8444.07
2. 铁矿石	万吨	2221.67
3. 铁精矿	万吨	872.53
4. 烧结矿	万吨	4248.60
5. 球团矿	万吨	985.76
6. 焦炭	万吨	390.87
7. 生铁	万吨	3137.77
8. 粗钢	万吨	3077.65
9. 成品钢材	万吨	2909.24
其中：棒材	万吨	75.59
钢筋	万吨	612.96
线材	万吨	182.11
特厚板	万吨	31.23
厚钢板	万吨	76.72
中板	万吨	133.94
中厚宽钢带	万吨	673.34
热轧薄宽钢带	万吨	214.01
冷轧薄宽钢带	万吨	383.55
镀层板（带）	万吨	261.64
10. 耐火材料总量	万吨	1.14
11. 铁合金总量	万吨	0.83
12. 钢丝	万吨	0.32
13. 发电量	万千瓦时	1034624
14. 煤气	万立方米	4748659
15. 机器人（本部贸易量）	台	1964

2014年首钢集团主要综合效益指标完成情况

指标名称	计量单位	2014年实际
一、综合指标		
1. 现价工业总产值	万元	12579256
2. 实现利润	万元	43559
3. 实现利税	万元	685287
4. 销售收入	万元	18280392
5. 资产总计	万元	41386460
6. 流动资产	万元	11838704
7. 长期股权投资	万元	3883438
8. 年末固定资产原值	万元	24186691
9. 年末固定资产净值	万元	16885562
10. 所有者权益	万元	11347671
11. 资产负债率	%	72.58
12. 资本保值增值率	%	102.75
13. 固定资产投资完成额	万元	683065
二、能源消耗指标		
1. 综合能源消耗量	万吨标煤	1243.61
2. 吨钢综合能耗	千克标煤/吨	600.85
3. 吨钢耗新水	立方米/吨	2.91
4. 吨钢转炉煤气回收	立方米/吨	100.43
三、环保及绿化指标		
1. 综合考核评价环保指标合格率	%	98.2
2. 工业粉尘排放合格率	%	100
3. 工业废气排放处理率	%	100
4. 工业废水排放处理率	%	100
5. 绿化面积(北京厂区)	万平方米	162
6. 绿化覆盖率(北京厂区)	%	39.07

2014 年首钢主要技术经济指标完成情况

指标名称	计量单位	2014 年实际
一、铁矿生产（矿业公司）		
1.采剥比	吨/吨	3.47
2.铁精矿品位	%	67.04
3.选矿金属回收率（实际）	%	80.74
4.选矿比（实际）	吨/吨	3.16
二、烧结生产		
1.烧结矿合格率	%	98.66
2.烧结机有效面积利用系数	吨/平方米·台时	1.29
3.烧结矿品位	%	56.14
4.烧结从业人员实物劳产率	吨/人·年	29496.19
三、高炉炼铁		
1.生铁合格率	%	100.00
2.高炉有效容积利用系数	吨/立方米·日	2.23
3.入炉矿品位	%	58.49
4.入炉焦比	千克/吨	324.13
5.喷煤比	千克/吨	148.90
6.综合焦比	千克/吨	486.43
7.炼铁从业人员实物劳产率	吨/人·年	12654.35
四、转炉炼钢		
1.钢铁料消耗	千克/吨	1.86.45
2.转炉日历作业率	%	57.09
3.转炉日历利用系数	吨/吨·日	22.52
4.转炉从业人员实物劳产率	吨/人·年	4979.51
五、连铸		
1.连铸坯合格率	%	99.83
2.连铸坯钢水收得率	%	97.64
3.连铸机日历作业率	%	62.15
4.连铸坯台时产量	吨/时	261.38
六、轧钢		
1.钢材合格率	%	99.77
2.综合成材率	%	94.75
3.轧机日历作业率	%	77.64
4.轧材工序单位能耗	千克标煤/吨	81.49

注：数据资料由计财部提供

2014 年首钢集团专利申请项目

序号	专利申请号	专利中文名称	申请日	专利类型
1	201410027224.1	一种降低低碳冷镦钢屈强比的控制方法	2014-01-21	发明
2	201410028400.3	一种高锰钢铸钢辙叉及钢轨堆焊修复工艺方法	2014-01-21	发明
3	201410028834.3	一种含锰钢连铸坯枝晶间距的测定方法	2014-01-21	发明
4	201410028835.8	采用 EBSD 表征热轧钢板截面氧化铁皮微观结构的方法	2014-01-21	发明
5	201410031209.4	一种预判钢包水口自开率的检测方法	2014-01-23	发明
6	201410032546.5	一种转炉高磷出钢冶炼耐候钢的方法	2014-01-23	发明
7	201410044509.6	一种在炼铁系统中使用铁矿粉的方法	2014-01-30	发明
8	201410044510.9	部分返矿不经制粒参与烧结的烧结方法	2014-01-30	发明
9	201410011056.7	一种硅锰氮合金配加钒铁生产 HRB400 钢的生产方法	2014-01-01	发明
10	201410045911.6	防止液体储槽污染的一种设计方法	2014-02-08	发明
11	201410047956.7	一种单机架可逆轧机轧制马口铁的调控方法	2014-02-11	发明
12	201410056931.3	高炉冲渣水余热实现低温多效海水淡化生产的系统及工艺	2014-02-19	发明
13	201410057804.5	一种刷辊的控制方法及系统	2014-02-20	发明
14	201410065009.0	一种实现铸机轧机柔性匹配直接热装的棒线材加热炉	2014-02-25	发明
15	201410065357.8	一种用于高温环境下的金属颗粒料螺旋输送装置	2014-02-25	发明
16	201410065596.3	一种带导流板的取向硅钢高温热处理炉用钢卷支撑装置	2014-02-25	发明
17	201410066735.4	高温取向硅钢电磁感应加热炉炉口密封装置及方法	2014-02-26	发明
18	201410067104.4	一种强化脱氮处理的 AO/SBR 系统及工艺	2014-02-26	发明
19	201410067354.8	一种钢包底吹透气砖拆除装置及其工作方法	2014-02-26	发明
20	201410067369.4	一种采用链斗机热装直接还原铁的方法	2014-02-26	发明
21	201410067378.3	一种脱苯再生一体塔负压蒸馏工艺系统	2014-02-26	发明
22	201410067715.9	一种盘圆卷取机前用预弯机	2014-02-26	发明
23	201410073981.2	一种提高特厚板坯表面质量的二冷工艺	2014-03-01	发明
24	201410073983.1	一种提高海底管线钢低温止裂韧性的生产方法	2014-03-02	发明
25	201410073985.0	一种智能化适应不同长度管的内高压成型方法	2014-03-02	发明
26	201410073990.1	一种电炉全铁水冶炼工艺生产高碳铬轴承钢的方法	2014-03-01	发明
27	201410073991.6	一种超低碳 IF 薄板金相组织的显示方法	2014-03-02	发明
28	201410073993.5	一种改善高碳钢线材心部组织的粗轧方法	2014-03-01	发明
29	201410074008.2	用高频燃烧红外吸收光谱对除尘灰中碳含量的测定方法	2014-03-02	发明
30	201410078541.6	一种冷轧碳素结构钢生产方法	2014-03-05	发明
31	201410079122.4	焦炭在高炉上部劣化程度的评价方法	2014-03-05	发明
32	201410079127.7	控制烧结矿锌含量和高炉入炉锌负荷的方法及装置	2014-03-06	发明

序号	专利申请号	专利中文名称	申请日	专利类型
33	201410079184.5	一种转炉炉口微压差调节方法及装置	2014-03-05	发明
34	201410079237.2	一种连续热镀锌线柔性预氧化装置及方法	2014-03-05	发明
35	201410079573.8	一种高炉料面测量装置	2014-03-05	发明
36	201410082996.5	一种连退镀锌冷轧钢卷的生产方法	2014-03-07	发明
37	201410087913.1	一种卷取机夹送辊"咬钢"瞬间控制方法及其装置	2014-03-11	发明
38	201410099503.9	一种烧结配料优化方法	2014-03-18	发明
39	201410102590.9	浓海水再浓缩装置	2014-03-19	发明
40	201410102608.5	一种热轧机的运行参数的确定方法及系统	2014-03-19	发明
41	201410102641.8	一种电、热、水联产方法及系统	2014-03-19	发明
42	201410102948.8	提高烟气二氧化碳浓度的烟气循环冷却设备及方法	2014-03-19	发明
43	201410115574.3	一种具有屈服平台的HRB500盘条螺纹钢筋生产方法	2014-03-26	发明
44	201410116557.1	重卡超厚钢制轮辐用钢及其制造方法	2014-03-26	发明
45	201410117387.9	一种矿用自卸车后桥试验台及后桥试验方法	2014-03-27	发明
46	201410124072.7	预测纯钙包芯线熔化及气化过程温度变化规律的方法	2014-03-28	发明
47	201410128278.7	一种热轧卷取机夹送辊压力调平设备及控制方法	2014-04-01	发明
48	201410129814.5	一种回收利用转炉终渣的转炉炼钢工艺	2014-04-01	发明
49	201410130820.2	一种定宽机夹送辊"板坯跟踪"的建立装置及方法	2014-04-02	发明
50	201410130867.9	一种板坯宽度的自动测量装置及方法	2014-04-02	发明
51	201410131317.9	一种快节奏出钢方法及装置	2014-04-01	发明
52	201410133621.7	一种磷铁中磷元素的连续光源原子吸收光谱测定方法	2014-04-03	发明
53	201410133681.9	一种冷轧热镀锌双相钢及其制备方法	2014-04-04	发明
54	201410133758.2	碱蒸汽发生速率调控方法及装置	2014-04-03	发明
55	201410134057.0	一种改善带钢连退炉内跑偏的工艺优化方法及装置	2014-04-03	发明
56	201410134353.0	一种增碳剂中氮含量的检测方法	2014-04-03	发明
57	201410136513.5	一种链篦机机速控制系统	2014-04-04	发明
58	201410136515.4	球团矿抗压强度检测装置	2014-04-04	发明
59	201410136826.0	屈服强度700MPa以上汽车大梁用钢及其制造方法	2014-04-04	发明
60	201410136827.5	超低碳搪瓷钢钢水增氮方法	2014-04-04	发明
61	201410136843.4	一种测定煤粉流动性能的装置及方法	2014-04-04	发明
62	201410136870.1	热轧百事泰表面检测系统花纹板破豆缺陷的检测装置及方法	2014-04-04	发明
63	201410137050.4	无取向电工钢及其生产方法	2014-04-04	发明
64	201410138073.7	一种烧结矿的制作方法	2014-04-08	发明
65	201410145329.7	井下电机车地面远程遥控系统	2014-04-11	发明
66	201410154025.7	定位异型坯轧制过程及轧制结束表面金属流变的方法	2014-04-17	发明
67	201410154374.9	一种捆带钢的激光焊接方法	2014-04-16	发明
68	201410173919.0	一种用于煤气-煤粉混烧电站锅炉的富氧燃烧系统及工艺	2014-04-28	发明
69	201410176094.8	一种出钢前加入改质剂的操作方法	2014-04-29	发明

序号	专利申请号	专利中文名称	申请日	专利类型
70	201410178212.9	一种分离高炉干法除尘灰中碱锌等有害元素的装置和方法	2014-04-29	发明
71	201410203293.3	一种检测冷轧板磷化膜厚度的方法	2014-05-14	发明
72	201410203451.5	Ti 微合金化中厚板及其生产方法	2014-05-14	发明
73	201410204206.6	一种镀层板镀层剥落检测方法	2014-05-14	发明
74	201410207199.5	一种检测高炉用含铁原料软熔性能的方法	2014-05-19	发明
75	201410209907.9	汽车用高抗弯性能热成形钢及其制造方法	2014-05-19	发明
76	201410209942.0	优化烧结矿冷却制度的方法及系统	2014-05-19	发明
77	201410210362.3	一种高强度热轧防弹钢板的制造方法	2014-05-19	发明
78	201410214940.0	一种高性能铁钴软磁合金锻材	2014-05-21	发明
79	201410214956.1	一种高阻尼锰铜减振合金及其制造方法	2014-05-21	发明
80	201410214958.0	一种新型高电阻率晶态软磁合金	2014-05-21	发明
81	201410214959.5	一种碳化物强化的高性能镍基铸造高温合金	2014-05-21	发明
82	201410222478.9	一种转底炉处理冶金含锌尘泥工艺烟气系统防粘结方法	2014-05-23	发明
83	201410223236.1	炼铁高炉熔渣水淬粒化过程的余热回收利用方法及装置	2014-05-25	发明
84	201410223238.0	一种带废风缓冲罐的热风炉废风回收装置	2014-05-25	发明
85	201410223316.7	采用超级电容驱动的重载运输车	2014-05-25	发明
86	201410223336.4	采用超级电容供电的重载物流运输系统	2014-05-25	发明
87	201410225359.9	一种真空室下出形式的 RH 工艺布置方法	2014-05-24	发明
88	201410225552.2	热风管道三角形柔性大拉杆装置	2014-05-24	发明
89	201410225556.0	铁水运输一罐到底工艺多功能铸铁机系统	2014-05-24	发明
90	201410225622.4	一种三孔式半剖导槽装置	2014-05-24	发明
91	201410226379.8	一种钢包底吹透气砖增压吹堵供气系统及方法	2014-05-24	发明
92	201410226412.7	一种预弯机用的导钢装置	2014-05-24	发明
93	201410238200.0	一种大壁厚深海管线钢用热轧平板及其制造方法	2014-05-30	发明
94	201410239039.9	高韧性 X80 弯管用热轧平板钢及其生产方法	2014-05-30	发明
95	201410239091.4	一种 X90 管线钢宽厚板及其生产方法	2014-05-30	发明
96	201410239998.0	一种干熄焦炉的升温方法及系统	2014-05-30	发明
97	201410240035.2	一种大壁厚海底管线钢用中厚板及生产方法	2014-05-30	发明
98	201410240349.2	低屈强比低裂纹敏感性 Q550CF 调质钢及生产方法	2014-05-30	发明
99	201410240436.8	一种复合抗酸管线钢基料用热轧平板及生产方法	2014-05-30	发明
100	201410240620.2	韧性优良的大壁厚 X80 低温站场用钢及其制造方法	2014-05-30	发明
101	201410240825.0	一种韧性优良的 X70 弯管用热轧平板及生产方法	2014-05-30	发明
102	201410247160.6	环焊缝性能优良的 X90 管线钢及其生产方法	2014-06-05	发明
103	201410247308.6	一种 5Cr 耐腐蚀用钢及其生产方法	2014-06-5	发明
104	201410249591.6	一种中速磨制粉系统取消废烟气引风机的设备	2014-06-07	发明
105	201410250831.4	一种解决齿轮钢棒材冷剪后侧向弯曲的方法	2014-06-06	发明
106	201410251479.6	一种导轨用冷轧连续退火带钢及其生产方法	2014-06-09	发明

序号	专利申请号	专利中文名称	申请日	专利类型
107	201410252046.2	一种连退带钢带头	2014-06-09	发明
108	201410252070.6	一种高屈强比热镀锌微碳铝镇静钢板及其生产方法	2014-06-09	发明
109	201410253224.3	独立单机架平整机用液压压下系统及控制方法	2014-06-09	发明
110	201410253592.8	辉光放电光谱仪用自动夹样机构及方法	2014-06-09	发明
111	201410253885.6	一种控制带钢宽度波动的方法	2014-06-10	发明
112	201410254245.7	冷轧废水处理方法	2014-06-10	发明
113	201410254943.7	用于净化处理冷轧有机废水的微生物的驯化方法	2014-06-10	发明
114	201410265730.4	一种圆柱模制作安装方法	2014-06-13	发明
115	201410267811.8	用于钢水脱硫的合金及其在RH精炼过程的使用方法	2014-06-16	发明
116	201410268116.3	一种在线测量板坯表面温度的装置和方法	2014-06-16	发明
117	201410268118.2	热连轧粗轧机中间坯镰刀弯的自动控制方法及系统	2014-06-16	发明
118	201410268119.7	控制高牌号无取向硅钢精轧穿带板形稳定性的方法及装置	2014-06-16	发明
119	201410268624.1	防止带钢在平整机平整过程中产生划伤缺陷的方法及装置	2014-06-16	发明
120	201410268835.5	一种热风炉系统热态维护用泵压送缓冲填料	2014-06-16	发明
121	201410270137.9	一种防止特厚板坯窄面鼓肚的分节足辊	2014-06-17	发明
122	201410270250.7	一种高碳当量厚规格钢板的火焰切割方法	2014-06-17	发明
123	201410271541.8	一种通廊分组空中组对安装方法	2014-06-18	发明
124	201410275797.6	副枪旋转机构稳定性的控制方法	2014-06-19	发明
125	201410281822.1	一种压力容器用调质高强度钢板及其生产方法	2014-06-21	发明
126	201410288697.7	利用乏汽、循环冷却水的多级闪蒸处理系统	2014-06-24	发明
127	201410293119.2	一种高磷钢水的冶炼方法	2014-06-25	发明
128	201410316873.3	一种延长二冷风机风门使用寿命的方法	2014-07-04	发明
129	201410317547.4	一种适合倒角结晶器稳定生产的连铸工艺	2014-07-04	发明
130	201420010825.7	一种烧结机自密封台车栏板机构	2014-01-08	实用新型
131	201420013222.2	板材高温摩擦系数测量装置	2014-01-09	实用新型
132	201420014847.0	一种圆钢成品齐头装置	2014-01-01	实用新型
133	201420017730.8	一种胶带自重清扫器	2014-01-01	实用新型
134	201420017742.0	一种抓斗钢丝绳的保护装置	2014-01-01	实用新型
135	201420039031.3	一种焊丝间歇性摆动焊接设备	2014-01-21	实用新型
136	201420067225.4	一种推焦机防振动推焦装置	2014-02-17	实用新型
137	201420070133.1	一种冷金属检测器防护装置	2014-02-18	实用新型
138	201420072135.4	液氩密封气管机构	2014-02-19	实用新型
139	201420081344.5	一种实现铸机轧机柔性匹配直接热装的棒线材加热炉	2014-02-25	实用新型
140	201420081549.3	一种带视镜的观察孔装置	2014-02-25	实用新型
141	201420081637.3	一种带导流板的取向硅钢高温热处理炉用钢卷支撑装置	2014-02-25	实用新型
142	201420081647.7	一种环形炉炉体钢结构立柱活动柱脚结构装置	2014-02-25	实用新型
143	201420082255.2	一种用于通入保护气体的连续退火炉上的防爆孔装置	2014-02-25	实用新型

序号	专利申请号	专利中文名称	申请日	专利类型
144	201420082595.5	一种用于高温环境下的金属颗粒料螺旋输送装置	2014-02-25	实用新型
145	201420083767.0	一种 RH 真空料斗称重装置的校称装置	2014-02-26	实用新型
146	201420084172.7	一种链箅机头部散料仓的导向翻板	2014-02-26	实用新型
147	201420084185.4	一种高温取向硅钢电磁感应加热炉炉口密封装置	2014-02-26	实用新型
148	201420084220.2	一种双卸料小车式皮带运输机	2014-02-26	实用新型
149	201420084436.1	非接触 B 型车双向翻转液压系统	2014-02-26	实用新型
150	201420084438.8	一种全管式固定筛装置	2014-02-26	实用新型
151	201420084439.2	一种盘圆卷取机前用预弯机	2014-02-26	实用新型
152	201420084739.0	一种回转窑热筛	2014-02-26	实用新型
153	201420092408.1	一种热模拟试验机全接触楔形铜夹具	2014-03-02	实用新型
154	201420092414.7	一种用于 X 射线衍射仪的样品架	2014-03-02	实用新型
155	201420092427.4	成形极限胀形试样检测夹紧装置	2014-03-02	实用新型
156	201420092429.3	一种钢样热处理夹钳	2014-03-02	实用新型
157	201420094845.7	一种多用途组合卡具	2014-03-02	实用新型
158	201420096873.2	斗轮堆取料机料斗装置	2014-03-04	实用新型
159	201420098551.1	一种连续退火多相钢和全马氏体钢共线生产的冷却装置	2014-03-05	实用新型
160	201420098727.3	用于带钢纠偏传感器的防护装置	2014-03-05	实用新型
161	201420099300.5	一种提高盒板防护效果的包装	2014-03-06	实用新型
162	201420101283.4	一种包芯线	2014-03-07	实用新型
163	201420101287.2	带有下粉量精确控制装置的包芯线成型设备	2014-03-07	实用新型
164	201420101288.7	带有质量监测装置的包芯线成型设备	2014-03-07	实用新型
165	201420101289.1	一种卷筒收线装置	2014-03-07	实用新型
166	201420101290.4	一种振捣装置	2014-03-07	实用新型
167	201420101296.1	带有包芯线清洁及铁屑收集装置的包芯线成型设备	2014-03-07	实用新型
168	201420101341.3	可变径高效铝杆切割设备	2014-03-07	实用新型
169	201420101546.1	带有铝粒收集传送装置的铝粒切割设备	2014-03-07	实用新型
170	201420103382.6	激光焊机支撑轮	2014-03-07	实用新型
171	201420103676.9	捆带锁扣的阻挡装置	2014-03-07	实用新型
172	201420106450.4	一种辊子托架	2014-03-10	实用新型
173	201420107242.6	一种带有定位功能的气体检测报警系统	2014-03-10	实用新型
174	201420114271.5	一种点焊电极寿命试验上料装置	2014-03-13	实用新型
175	201420115186.0	一种拼焊用装置	2014-03-13	实用新型
176	201420124789.7	低温多效蒸馏海水淡化系统	2014-03-20	实用新型
177	201420130207.6	铜质 H 型滑触线	2014-03-21	实用新型
178	201420141466.9	一种钢球式梭阀	2014-03-27	实用新型
179	201420141467.3	货箱举升限位装置	2014-03-27	实用新型
180	201420141469.2	一种液压举升缸	2014-03-27	实用新型

序号	专利申请号	专利中文名称	申请日	专利类型
181	201420141470.5	一种锥销	2014-03-27	实用新型
182	201420157854.6	一种热轧机刮水板到位信号检测装置	2014-04-02	实用新型
183	201420160781.6	一种剪板机斜裁挡料装置	2014-04-03	实用新型
184	201420161161.4	一种用于测量点焊飞溅与周围材料粘结量的装置	2014-04-03	实用新型
185	201420161936.8	一种点焊工艺辅助装置	2014-04-03	实用新型
186	201420165235.1	风口取样枪及装置	2014-04-04	实用新型
187	201420165267.1	一种高度可调式烧结杯测试装置	2014-04-04	实用新型
188	201420165268.6	一种喷吹可燃气风口	2014-04-04	实用新型
189	201420173006.4	一种轧制高速线材、棒材设备的活套辊	2014-04-02	实用新型
190	201420173007.9	一种轧制高速线材、棒材设备的活套	2014-04-02	实用新型
191	201420173263.8	一种高速线材精轧机辊箱气密封装置	2014-04-02	实用新型
192	201420186200.6	检测设备的自动吹扫装置	2014-04-16	实用新型
193	201420186217.1	一种电气室门防鼠装置	2014-04-16	实用新型
194	201420186413.9	可在线调整差压变送器水平位置的装置	2014-04-17	实用新型
195	201420186415.8	用于油雾环境下电气柜保护的防护装置	2014-04-17	实用新型
196	201420189383.7	一种折弯带钢带头的工具	2014-04-18	实用新型
197	201420189409.8	一种镀锌钢卷的包装结构	2014-04-18	实用新型
198	201420189421.9	一种酸槽排雾口	2014-04-18	实用新型
199	201420211327.9	一种喷嘴及其构成的吹扫装置	2014-04-28	实用新型
200	201420211355.0	一种冷轧退火炉加湿装置	2014-04-28	实用新型
201	201420214496.8	一种高炉氧煤枪富氧调节系统	2014-04-29	实用新型
202	201420246782.2	一种点焊焊点剥离扳手	2014-05-14	实用新型
203	201420249594.5	一种扫描电镜用薄板疲劳断口的夹持装置	2014-05-15	实用新型
204	201420249655.8	一种测定高炉喷吹煤粉燃烧率的装置	2014-05-15	实用新型
205	201420250520.3	烧结混料机滚筒出口的挡料装置	2014-05-15	实用新型
206	201420268286.7	一种轧辊用锁紧装置	2014-05-23	实用新型
207	201420269537.3	采用超级电容驱动的重载运输车	2014-05-25	实用新型
208	201420269835.2	一种副枪升降小车防坠性能离线测试装置	2014-05-25	实用新型
209	201420269889.9	一种可移动式液位检测装置	2014-05-25	实用新型
210	201420269900.1	采用超级电容供电的重载物流运输系统	2014-05-25	实用新型
211	201420272664.9	用于电磁感应加热炉板坯升降装置的气动工作销装置	2014-05-24	实用新型
212	201420272680.8	一种烧嘴砖嵌入式上下组合式双蓄热烧嘴	2014-05-24	实用新型
213	201420272780.0	一种用于一罐到底铁水运输工艺的铁水罐车	2014-05-24	实用新型
214	201420272791.9	热风管道三角形柔性大拉杆装置	2014-05-24	实用新型
215	201420272794.2	一种预弯机用的导钢装置	2014-05-24	实用新型
216	201420273584.5	一种剪刃锁紧装置	2014-05-24	实用新型
217	201420273596.8	一种提高冷剪对大规格棒材剪切能力的装置	2014-05-24	实用新型

序号	专利申请号	专利中文名称	申请日	专利类型
218	201420273600.0	一种剪刃快速更换装置	2014-05-24	实用新型
219	201420274219.6	一种高温合金复合垫块	2014-05-24	实用新型
220	201420274220.9	一种三孔式半剖导槽装置	2014-05-24	实用新型
221	201420276038.7	一种 V 字形钢筋马镫	2014-05-27	实用新型
222	201420279469.9	一种卷取机芯轴涨缩控制装置	2014-05-28	实用新型
223	201420297096.8	一种成形极限胀形试验凸模的改进装置	2014-06-05	实用新型
224	201420302374.4	一种用于重卷机组的弹簧辊装置	2014-06-09	实用新型
225	201420303933.3	独立单机架平整机用液压压下系统	2014-06-09	实用新型
226	201420305162.1	台式粗糙度仪单面偏心轮锁紧试样装置	2014-06-09	实用新型
227	201420306204.3	一种排料闸门机构	2014-06-10	实用新型
228	201420306323.9	一种 1700 酸轧产线的第五机架	2014-06-10	实用新型
229	201420309693.8	一种连铸机扇形段支座测量工具	2014-06-11	实用新型
230	201420309924.5	一种大型皮带输送机输送带拆除装置	2014-06-11	实用新型
231	201420318296.7	一种铁路金属箱型道口装置	2014-06-16	实用新型
232	201420321089.7	陶瓷复合垫板及使用该垫板的板坯翻转装置	2014-06-16	实用新型
233	201420321383.8	板坯中间包塞棒液压缸缸头连接机构	2014-06-16	实用新型
234	201420328812.4	一种鼓风机喘振自动控制系统	2014-06-19	实用新型
235	201420340575.3	一种精矫机稀油润滑装置及精矫机	2014-06-24	实用新型
236	201420342831.2	一种上卷小车升降液压控制回路	2014-06-24	实用新型
237	201420357634.8	一种高炉泥炮回转立柱及油路铰冷却装置	2014-06-30	实用新型
238	201410318083.9	一种扇形段机冷水水道气压水冲洗装置及方法	2014-07-04	发明
239	201410318084.3	一种扇形段喷淋系统在线与离线清理装置及制作方法	2014-07-04	发明
240	201410320701.3	一种石灰石冶炼低磷钢的转炉操作的方法	2014-07-04	发明
241	201410325857.0	一种多功能棒材分级控温轧制和控冷设备	2014-07-09	发明
242	201410327823.5	一种工业水除氟剂的制备方法	2014-07-10	发明
243	201410333704.0	一种高碳低合金锯片钢及其热轧钢板生产方法	2014-07-14	发明
244	201410334024.0	一种解决卷取机钳口卡钢的控制方法	2014-07-14	发明
245	201410334125.8	一种 USB 接口的声光报警装置	2014-07-14	发明
246	201410334194.9	一种加热炉热负荷分配方法及装置	2014-07-14	发明
247	201410335926.6	一种 225MPa 级别低屈服点建筑抗震用钢的制造方法	2014-07-15	发明
248	201410336037.1	一种 160MPa 级别低屈服点建筑抗震用钢的制造方法	2014-07-15	发明
249	201410336060.0	一种 100MPa 级别低屈服点建筑抗震用钢的制造方法	2014-07-15	发明
250	201410336076.1	一种热连轧板形二级工艺模拟方法	2014-07-16	发明
251	201410336328.0	一种顶燃式热风炉流场模拟装置及其模拟方法	2014-07-15	发明
252	201410336349.2	粗糙度仪检测时的试样固定装置及其使用方法	2014-07-15	发明
253	201410336384.4	焦化灰混合燃料、其制备系统和方法、应用系统和方法	2014-07-15	发明
254	201410336391.4	轧辊磨床静压托瓦失压保护装置及其保护方法	2014-07-15	发明

续表

序号	专利申请号	专利中文名称	申请日	专利类型
255	201410336393.3	连续退火生产线上清洗段刷辊使用方法	2014-07-15	发明
256	201410336403.3	一种镁质含钛球团矿的制备方法	2014-07-15	发明
257	201410336596.2	一种薄宽规格 IF 钢炉内瓢曲的处理方法	2014-07-15	发明
258	201410336797.2	一种板带轧机 E1 立辊	2014-07-16	发明
259	201410337286.2	一种烧结矿综合强度的检测方法	2014-07-15	发明
260	201410337369.1	一种 RH 快速脱碳方法	2014-07-15	发明
261	201410337631.2	为套管喷煤枪提供浓度可调氮氧混合气的富氧工艺及装置	2014-07-16	发明
262	201410337712.2	观测高炉炉料熔滴过程的方法及系统	2014-07-16	发明
263	201410337714.1	一种铝镇静钢中 B 类夹杂物行为的观测方法	2014-07-16	发明
264	201410337905.8	一种高 r 值厚规格 IF 汽车用钢及其生产方法	2014-07-16	发明
265	201410338917.2	无铜镍抗酸管线钢 X52MS 及其热轧板卷的制造方法	2014-07-16	发明
266	201410338920.4	一种焦炭反应性和热态强度测定装置及检测方法	2014-07-16	发明
267	201410338945.4	一种转炉底吹枪的布置方法及顶底复吹转炉	2014-07-16	发明
268	201410340009.7	一种立体卷铁芯变压器用无取向电工钢及其生产方法	2014-07-17	发明
269	201410340510.3	一种厚度≤1.6毫米的热轧酸洗带钢的生产方法	2014-07-17	发明
270	201410341667.8	实现油路自动切换的汽轮机组动力系统启动方法及装置	2014-07-17	发明
271	201410342311.6	锰基合金保护浇铸技术	2014-07-18	发明
272	201410345155.9	中深孔凿岩台车用油管布置结构	2014-07-18	发明
273	201410345593.5	在立式升降铣床上加工工件圆弧面的装置及方法	2014-07-18	发明
274	201410345595.4	报警装置及报警方法	2014-07-18	发明
275	201410354282.5	一种焊缝拉伸弯折实验仪	2014-07-23	发明
276	201410355517.2	一种钢丝绳新式编接方法	2014-07-24	发明
277	201410359032.0	一种利用 KR 脱硫二次除尘灰进行铁水冶炼方法	2014-07-25	发明
278	201410363676.7	降低轧钢加热炉钢坯氧化烧损的装置及其方法	2014-07-28	发明
279	201410364724.4	一种消除无取向电工钢表面黑线的方法	2014-07-28	发明
280	201410364743.7	一种冷连轧动态变规格时的控制方法	2014-07-28	发明
281	201410379418.8	一种不对称板坯连铸倒角结晶器用窄面铜板	2014-08-04	发明
282	201410382258.2	一种无机混合料	2014-08-06	发明
283	201410394368.0	一种含磷含硅含锰 IF 钢的制备方法	2014-08-12	发明
284	201410395222.8	厚窄规格冷轧带钢稳定通板的控制方法	2014-08-12	发明
285	201410395241.0	一种步进式加热炉炉底固定梁布置改造方法	2014-08-12	发明
286	201410395304.2	一种板坯凝固系统及凝固方法	2014-08-12	发明
287	201410397024.5	一种超厚规格 X70 热轧板卷的制造方法	2014-08-12	发明
288	201410399754.9	一种液压平衡回路	2014-08-14	发明
289	201410400689.7	一种减少高炉中碱金属富集的方法	2014-08-14	发明
290	201410401485.5	一种基于改变母液颜色生产纯净硫铵的方法	2014-08-13	发明
291	201410402869.9	一种热轧卷取机切换方法	2014-08-14	发明

序号	专利申请号	专利中文名称	申请日	专利类型
292	201410410159.0	一种转炉少渣冶炼的自动控制方法	2014-08-19	发明
293	201410418928.1	一种使用间歇式喷淋提高特厚板坯表面质量的二冷工艺	2014-08-22	发明
294	201410418998.7	一种高强压力钢管埋弧焊接专用焊丝	2014-08-22	发明
295	201410419261.7	一种测量冷轧薄板表面残留氯离子含量的方法	2014-08-22	发明
296	201410419281.4	一种管道及结构用管等压力钢管高速埋弧焊用烧结焊剂	2014-08-22	发明
297	201410429348.2	一种耐指纹彩色镀锌钢板及其制造方法	2014-08-28	发明
298	201410429588.2	一种全无铬钝化彩色镀锌钢板及其制造方法	2014-08-28	发明
299	201410431306.2	提高高表面等级IF钢延伸率的方法	2014-08-28	发明
300	201410432117.7	降低冷轧过程非焊缝断带发生率的生产方法	2014-08-28	发明
301	201410432234.3	一种600MPa级汽车桥壳钢及其生产方法	2014-08-28	发明
302	201410442427.7	一种卷取机侧导板压力控制方法	2014-09-02	发明
303	201410448262.4	一种带钢轧制方法	2014-09-04	发明
304	201410448625.4	一种基于GPS和北斗系统的能源对时系统	2014-09-04	发明
305	201410454293.0	一种入炉矿和烧结矿的集成配料方法	2014-09-07	发明
306	201410458227.0	可同时满足原油油船货油舱上甲板、内底板用耐腐蚀钢	2014-09-10	发明
307	201410465271.4	一种控制锌液流动的方法	2014-09-12	发明
308	201410465703.1	一种预制外墙板与钢结构框架柱拼接缝施工方法	2014-09-12	发明
309	201410465722.4	一种钢筋混凝土墙体钢筋保护层控制方法	2014-09-12	发明
310	201410466640.1	一种测定热镀锌钢板表面锌渣位置及密度分布的方法	2014-09-12	发明
311	201410466697.1	一种汽车用高加工硬化指数热镀锌钢板及其生产方法	2014-09-12	发明
312	201410466822.9	一种预制外墙板安装方法	2014-09-12	发明
313	201410466825.2	一种适用于杯口基础的柱子安装方法	2014-09-12	发明
314	201410466890.5	一种预制外墙板之间拼接缝施工方法	2014-09-12	发明
315	201410467748.2	一种改善动态变规格过程断带的控制方法	2014-09-15	发明
316	201410467811.2	一种改善超薄带钢取穿带的工艺优化方法	2014-09-15	发明
317	201410468841.5	一种热轧TRIP钢及其制备方法	2014-09-15	发明
318	201410468843.4	一种高强度薄钢板边缘裂纹敏感性的评价方法	2014-09-15	发明
319	201410469991.8	一种倒角面结晶器窄面铜板	2014-09-15	发明
320	201410470076.0	一种顶吹转炉采用高磷铁水生产合金焊线钢的脱磷方法	2014-09-15	发明
321	201410470097.2	防止含硫齿轮钢SAE8620H堵塞水口的方法	2014-09-15	发明
322	201410475574.4	一种电负荷快速解列的方法	2014-09-18	发明
323	201410479003.8	一种酸轧生产高强度IF钢的工艺控制方法及其装置	2014-09-18	发明
324	201410480139.0	一种预防带钢驱动侧浪形的工艺控制方法	2014-09-18	发明
325	201410482246.7	冷藏焊管用冷轧带钢连退生产系统和方法、该带钢和焊管	2014-09-19	发明
326	201410482250.3	一种冷轧处理线产品卷号预生成的方法及系统	2014-09-19	发明
327	201410487309.8	一种用于计算物业业务不同费用的收费系统及方法	2014-09-22	发明
328	201410489963.2	一种DP钢的生产方法、其用途、滚筒洗衣机及汽车	2014-09-23	发明

序号	专利申请号	专利中文名称	申请日	专利类型
329	201410490388.8	一种自动切断阀的泄露检测方法及 RH 循环气阀装置	2014-09-23	发明
330	201410490394.3	一种无取向电工钢的冶炼方法	2014-09-23	发明
331	201410492214.5	一种改善薄规格集装箱板边部浪形的方法	2014-09-23	发明
332	201410493927.3	解决 LCAK 钢酸洗后表面山水画缺陷的方法	2014-09-24	发明
333	201410513819.8	一种高磷含量钢的冶炼方法	2014-09-29	发明
334	201410514267.2	一种高钛含量合金结构钢的冶炼方法	2014-09-29	发明
335	201410522687.5	一种基于模糊层次分析的主数据归集方法	2014-09-30	发明
336	201410522717.2	一种冷轧生产机组带钢月牙缺陷检测系统及其方法	2014-09-30	发明
337	201410523134.1	一种混凝土烟囱拆除平台	2014-09-30	发明
338	201410535674.1	一种减轻过共析盘条心部网状渗碳体的方法	2014-10-12	发明
339	201410535837.6	一种连铸板坯倒角结晶器窄面铜板倒锥度工艺	2014-10-12	发明
340	201410536407.6	一种生产较薄规格 X65 管线钢的方法	2014-10-12	发明
341	201410536409.5	一种超低碳钢热轧盘条表面环形粗晶的控制方法	2014-10-12	发明
342	201410538999.5	一种搅拌头防粘渣涂料	2014-10-13	发明
343	201410539011.7	一种用于球团矿配料的控制方法	2014-10-13	发明
344	201410539106.9	控制高碳钢盘条同圈力学性能波动的高线生产方法	2014-10-13	发明
345	201410539437.2	一种线材轧后冷却特性的分析方法	2014-10-13	发明
346	201410539481.3	一种高均匀塑性变形的低成本高强度中厚钢板及其生产方法	2014-10-13	发明
347	201410539782.6	一种预测焦炭堆积形态的方法	2014-10-13	发明
348	201410539888.6	一种用于齿轮钢连铸坯枝晶形貌的显示方法	2014-10-13	发明
349	201410540075.9	多特性特厚高强钢板及其生产方法	2014-10-13	发明
350	201410542157.7	一种提高环冷机冷却效率的烧结矿预整粒方法	2014-10-14	发明
351	201410542359.1	一种消除带钢表面麻坑缺陷的工艺方法	2014-10-14	发明
352	201410543374.8	一种控制转炉冶炼回硫量的方法	2014-10-15	发明
353	201410543403.0	一种应用于平整机的辊形配置方法及平整机	2014-10-15	发明
354	201410545505.6	一种用于生产烧结矿的方法	2014-10-15	发明
355	201410586304.0	一种高炉料罐状态监测系统及方法	2014-10-26	发明
356	201410599182.9	一种焦化生化污泥浆的处理方法	2014-10-30	发明
357	201410626433.8	一种锚杆钢的生产方法	2014-11-07	发明
358	201410640868.8	一种量化高炉炉喉煤气分布的方法	2014-11-13	发明
359	201410641171.2	一种螺纹辊环返磨削的加工方法	2014-11-13	发明
360	201410641694.7	一种保护渣	2014-11-13	发明
361	201410641712.1	一种高炉炉缸活跃性定量评价的方法	2014-11-13	发明
362	201410642338.7	一种提高高炉护炉效率的方法	2014-11-11	发明
363	201410645482.6	一种检测升温过程中炉渣流动性的方法	2014-11-10	发明
364	201410645484.5	一种消除带钢浪形缺陷的热轧平整工艺方法	2014-11-10	发明
365	201410645518.0	一种焦炭的参数测量方法	2014-11-11	发明

序号	专利申请号	专利中文名称	申请日	专利类型
366	201410648431.9	一种基于多定尺、多铸流的浇铸终点控制装置及其方法	2014-11-14	发明
367	201410655609.2	切割石材及金属用高碳低合金锯片钢及其热轧钢板制造方法	2014-11-17	发明
368	201410664713.8	粗轧机机架辊定位槽的激光熔覆加在线机加工修复方法	2014-11-19	发明
369	201410670170.0	一种热轧轧制辊期计划编制方法	2014-11-19	发明
370	201410676823.6	一种高温、高湿、强紫外线地区的涂料生产方法	2014-11-21	发明
371	201410682914.0	利用焦炉荒煤气余热加热蒸氨循环废水的负压蒸氨工艺	2014-11-24	发明
372	201410683455.8	往复式三通卸料装置	2014-11-24	发明
373	201410685678.8	一种旋转密封布料机	2014-11-25	发明
374	201410687145.3	采用非接触式供电技术的重载物流运输系统	2014-11-25	发明
375	201410690420.7	一种铁水喷吹预处理生产高纯生铁的冶炼方法	2014-11-25	发明
376	201410690602.4	一种热轧带钢高压水除鳞设备	2014-11-25	发明
377	201410692671.9	一种带式焙烧机球团烟气净化吸附塔	2014-11-26	发明
378	201410693932.9	一种焦化脱硫废液过滤脱色系统	2014-11-26	发明
379	201410693953.0	采用超级电容供电的钢卷运输车	2014-11-26	发明
380	201410693957.9	采用超级电容供电车的循环运输系统	2014-11-26	发明
381	201410693964.9	用于提高50MW燃气-蒸汽联合循环发电量的方法	2014-11-26	发明
382	201410697059.0	一种预弯机和加勒特卷取机工作时连接定位装置	2014-11-26	发明
383	201410704797.3	一种焦炉煤气脱硫碱洗工艺	2014-11-26	发明
384	201410706247.5	一种控制套筒位置的带钢卷取方法	2014-11-27	发明
385	201410708307.7	一种低碳铝镇静钢热镀锌板及其生产方法	2014-11-28	发明
386	201410708324.0	一种减少耐候钢连铸板坯纵裂的方法	2014-11-28	发明
387	201410708344.8	一种热轧1580毫米平整机辊形配置方法	2014-11-28	发明
388	201410708980.0	一种计算带钢厚度减薄量的方法及系统	2014-11-28	发明
389	201410709542.6	一种不锈钢与碳钢复合钢板及其生产方法	2014-11-29	发明
390	201410709616.6	高韧性窄屈服强度桥梁管桩用中厚钢板及其生产方法	2014-11-29	发明
391	201410709638.2	一种消除超低碳钢表面麻点缺陷的方法	2014-11-28	发明
392	201410710665.1	实现将高温铸坯按序直接装炉柔性生产装置	2014-11-28	发明
393	201410715576.6	一种镍铬合金与碳钢复合板及其生产方法	2014-11-29	发明
394	201410715577.0	510MPa级经济型抗氢致开裂压力容器用钢及其生产方法	2014-11-29	发明
395	201410722663.4	一种热轧卷取张应力分段控制方法及其装置	2014-12-02	发明
396	201410725879.6	一种消除机清条纹的方法	2014-12-03	发明
397	201410727515.1	一种高炉铁水脱锰方法	2014-12-03	发明
398	201410729232.0	一种森基米尔轧机超薄带钢的轧制方法	2014-12-03	发明
399	201410730204.0	降低炼钢环节钢水氮的方法	2014-12-04	发明
400	201410740239.2	微碳铝镇静钢板及其生产方法	2014-12-05	发明
401	201410740773.3	冷轧厂废水处理站二沉池的泡沫消除系统及其方法	2014-12-05	发明
402	201410742142.5	一种断带穿带的方法	2014-12-05	发明

续表

序号	专利申请号	专利中文名称	申请日	专利类型
403	201410742569.5	一种控制冷轧平整延伸率的系统和方法	2014-12-05	发明
404	201410742582.0	汽车结构用钢及其生产方法	2014-12-05	发明
405	201410743830.3	耐火材料的半热态抗热震性实验装置及其方法	2014-12-08	发明
406	201410765337.1	一种特厚板坯结晶器足辊预紧力的检测装置及方法	2014-12-12	发明
407	201410769027.7	一种蓄热式加热炉残氧含量自动控制系统及其方法	2014-12-12	发明
408	201410770558.8	一种高炉上料系统节流开度的方法	2014-12-12	发明
409	201410779391.1	一种用来制备能表征钢铁材料晶粒滑移的样片的方法	2014-12-15	发明
410	201410779430.8	一种控制模拟高线斯太尔摩风冷线冷速的方法	2014-12-15	发明
411	201410786910.7	一种单侧切下角钢坯的轧制方法	2014-12-17	发明
412	201410787327.8	一种蓄热式加热炉出料炉门的节能控制方法	2014-12-17	发明
413	201410787329.7	一种高强韧性特厚低合金调质钢及其制备方法	2014-12-17	发明
414	201410787378.0	一种厚度400毫米连铸坯粗轧头部翘曲的控制方法	2014-12-17	发明
415	201410787380.8	一种实现圆盘剪剪刃堆焊修复的方法	2014-12-17	发明
416	201410787810.6	一种基于来料厚度和压下量的轧制线调整方法	2014-12-17	发明
417	201410788414.5	一种TMCP薄规格高强钢板形控制方法	2014-12-17	发明
418	201410789365.7	一种自扇风冷电机冷却风进风方法	2014-12-17	发明
419	201410795487.7	一种污水处理用电磁式凝聚器及其使用方法	2014-12-19	发明
420	201410797972.8	一种基于来料厚度和压下量的轧制线调整方法	2014-12-19	发明
421	201410805230.5	一种工业生产过程中数据采集回放系统和方法	2014-12-20	发明
422	201410809843.6	一种粗氩泵倒换装置及其倒换方法	2014-12-23	发明
423	201410815639.5	一种冷却风机变频控制方法及装置	2014-12-23	发明
424	201410817554.0	一种控制板坯加热的方法	2014-12-24	发明
425	201410817794.0	一种电力管件用钢生产方法及电力管件用钢	2014-12-24	发明
426	201410832110.4	一种面向离散库区的精准存储算法	2014-12-26	发明
427	201410832202.2	一种用于钒氮微合金化钢种在连铸过程中的增氮方法	2014-12-27	发明
428	201410832209.4	一种通条性能均匀的高韧性65Mn弹簧钢的生产方法	2014-12-28	发明
429	201410836105.0	一种抗氢致开裂容器钢的冶炼工艺	2014-12-27	发明
430	201410836163.3	一种深拉拔用高碳钢盘条夹杂物的控制方法	2014-12-28	发明
431	201410836970.5	一种测量镀锌板表面钝化液残留量的方法	2014-12-28	发明
432	201410837599.4	一种355MPa级大线能量焊接用钢及其制造方法	2014-12-29	发明
433	201410838487.0	一种高碳低氮绞线用钢生产方法	2014-12-29	发明
434	201410855872.6	一种给水管预留的定型模具及其制备和使用方法	2014-12-31	发明
435	201420365430.9	一种横切剪	2014--07--02	实用新型
436	201420366660.7	一种套筒窑低纯氧富氧燃烧装置	2014-07-03	实用新型
437	201420366876.3	一种光电开关及渣罐车	2014-07-03	实用新型
438	201420371799.0	一种烟气降温设备	2014-07-03	实用新型
439	201420387890.1	一种在循环流化床脱硫系统使用的自动输灰装置	2014-07-14	实用新型

序号	专利申请号	专利中文名称	申请日	专利类型
440	201420390757.1	一种连续退火炉冷却水的补水与稳压装置	2014-07-15	实用新型
441	201420391246.1	一种干熄焦余热锅炉装置	2014-07-15	实用新型
442	201420391396.2	一种高炉混喷石油伴生天然气和煤粉的工艺系统	2014-07-15	实用新型
443	201420391711.1	一种热轧平整机辊形配置结构	2014-07-15	实用新型
444	201420393453.0	一种解决酸轧中间辊换辊脱落的装置	2014-07-16	实用新型
445	201420393478.0	一种高炉用富氧喷吹天然气风口	2014-07-16	实用新型
446	201420401296.3	一种低压电机的控制回路无扰切换装置	2014-07-21	实用新型
447	201420412348.7	一种喷煤联锁控制系统	2014-07-24	实用新型
448	201420415083.6	一种海水脱硫系统	2014-07-25	实用新型
449	201420415795.8	一种炼钢吹炼氧气爬坡流量控制装置	2014-07-25	实用新型
450	201420415839.7	一种喷梁	2014-07-25	实用新型
451	201420419830.3	干熄炉斜道区拱形支腿	2014-07-02	实用新型
452	201420420117.0	一种鄂式阀	2014-07-28	实用新型
453	201420420878.6	一种用于防止冷却管吹飞密封沙的装置	2014-07-28	实用新型
454	201420427415.2	新型烧结矿筛分和布料系统	2014-07-30	实用新型
455	201420427432.6	一种烧结矿筛分和布料设备	2014-07-30	实用新型
456	201420440605.8	一种清扫装置	2014-08-06	实用新型
457	201420441165.8	一种钢包底吹砖吹扫装置	2014-08-06	实用新型
458	201420442946.9	一种组合式缠绕装置	2014-08-07	实用新型
459	201420444163.4	一种工业管道补漏装置	2014-08-07	实用新型
460	201420450348.6	一种带粉尘储存仓的除尘管	2014-08-11	实用新型
461	201420453539.8	一种高炉放散降尘装置	2014-08-12	实用新型
462	201420453738.9	一种翻板机的液压控制回路	2014-08-12	实用新型
463	201420456627.3	一种带钢跟踪装置	2014-08-12	实用新型
464	201420457433.5	一种皮带给料机	2014-08-13	实用新型
465	201420459580.6	一种炼焦炉焦侧工作车	2014-08-13	实用新型
466	201420461062.8	一种平整翻钢机	2014-08-14	实用新型
467	201420463315.5	用于带套筒钢卷的套筒拉拔回收装置	2014-08-15	实用新型
468	201420477579.6	卷扬式铁水包加盖系统	2014-08-22	实用新型
469	201420479255.6	一种单面镀镍试片夹具	2014-08-23	实用新型
470	201420479740.3	一种摆锤式连续撞击实验装置	2014-08-23	实用新型
471	201420479920.1	一种焊接试板变位试验平台	2014-08-23	实用新型
472	201420490465.5	一种全无铬钝化彩色镀锌钢板	2014-08-28	实用新型
473	201420491100.4	一种耐指纹彩色镀锌钢板	2014-08-28	实用新型
474	201420491427.1	一种毛细水含量测量装置	2014-08-28	实用新型
475	201420492479.0	一种实验焦炉用的装煤装置	2014-08-28	实用新型
476	201420508186.7	一种翻板倾倒装置	2014-09-04	实用新型

续表

序号	专利申请号	专利中文名称	申请日	专利类型
477	201420508548.2	一种拉矫机工作辊安装结构	2014-09-04	实用新型
478	201420519201.8	一种超薄板材激光焊接用夹具	2014-09-10	实用新型
479	201420519240.8	一种金属试样电化学充氢装置	2014-09-10	实用新型
480	201420521074.5	一种冷轧镀锌退火炉	2014-09-11	实用新型
481	201420525166.0	一种改善带钢拖地的装置	2014-09-11	实用新型
482	201420526996.5	一种带钢钝化处理温度串级调节控制装置	2014-09-12	实用新型
483	201420538576.9	一种电子显微镜样品台	2014-09-18	实用新型
484	201420539474.9	一种锥形轴联轴器螺母防松装置及扳手	2014-09-16	实用新型
485	201420539482.3	一种拉矫机辊缝标定工具	2014-09-18	实用新型
486	201420539544.0	用于夹持金相镶嵌试样的夹具	2014-09-18	实用新型
487	201420549127.4	一种应用于钢水处理的钙线	2014-09-23	实用新型
488	201420549448.4	一种管端密封机构及风压取样装置	2014-09-23	实用新型
489	201420549450.1	一种温压补偿一体式差压流量计	2014-09-23	实用新型
490	201420550153.9	一种溜槽装置	2014-09-24	实用新型
491	201420551978.2	一种六辊单机架平整机	2014-09-24	实用新型
492	201420552545.9	一种卸灰装置	2014-09-24	实用新型
493	201420555748.3	一种焦炉煤气精制系统	2014-09-25	实用新型
494	201420555782.0	一种边部吹扫系统	2014-09-25	实用新型
495	201420559427.0	一种耐磨三通分料器	2014-09-25	实用新型
496	201420559792.1	一种氮气加湿系统	2014-09-25	实用新型
497	201420575012.2	一种360°旋转可调的高温炉内成像装置	2014-09-30	实用新型
498	201420575047.6	磁性铁自动选别装置及其电路控制系统	2014-09-30	实用新型
499	201420576091.9	半干法密相塔脱硫剂立式搅拌装置	2014-09-30	实用新型
500	201420581448.2	接触器寿命监控装置	2014-10-09	实用新型
501	201420582004.0	空分内压缩氧气管网调节装置	2014-10-08	实用新型
502	201420593234.7	一种炼钢钢包用引流砂安息角测定仪	2014-10-14	实用新型
503	201420593859.3	一种中间包稳流器	2014-10-14	实用新型
504	201420596493.5	一种中包全保护浇注的装置	2014-10-15	实用新型
505	201420602224.5	一种皮带运输系统的打滑检测系统	2014-10-17	实用新型
506	201420636448.8	快速测渣器	2014-10-30	实用新型
507	201420636647.9	无烧损吹氧管喷头	2014-10-30	实用新型
508	201420636648.3	测量炉底高度的工具	2014-10-30	实用新型
509	201420645123.6	一种PF线驱动装置	2014-10-30	实用新型
510	201420663214.6	一种检修平台	2014-11-07	实用新型
511	201420675732.6	一种高速线材精轧机	2014-11-13	实用新型
512	201420678675.7	浮动式剪板机安全防护装置	2014-11-13	实用新型
513	201420679457.5	一种中间包盖浇注孔保护浇注的装置	2014-11-11	实用新型

序号	专利申请号	专利中文名称	申请日	专利类型
514	201420681364.6	一种管式电炉	2014-11-10	实用新型
515	201420681519.6	一种板材应力模拟测试装置	2014-11-10	实用新型
516	201420681552.9	一种大包下水口和长水口之间的浇注保护装置	2014-11-11	实用新型
517	201420683340.4	一种辊道定位装置	2014-11-14	实用新型
518	201420685689.1	一种对射型光电开关轴线对正指示装置	2014-11-14	实用新型
519	201420685691.9	一种滚筒	2014-11-14	实用新型
520	201420713008.8	一种发动机油堵拆卸工具	2014-11-24	实用新型
521	201420713471.2	一种全气动脱硫喷枪事故提升装置	2014-11-24	实用新型
522	201420713791.8	一种分体式 CAS-OB 氧枪	2014-11-24	实用新型
523	201420716033.1	带钢纠偏装置	2014-11-25	实用新型
524	201420716123.0	一种飞轮装置	2014-11-25	实用新型
525	201420717037.1	一种带驱动的转塔式圆盘剪	2014-11-25	实用新型
526	201420717362.8	一种带反冲集管的精轧除鳞箱	2014-11-25	实用新型
527	201420719262.9	一种圆盘剪剪刃重叠量调整装置	2014-11-25	实用新型
528	201420720429.3	一种热轧带钢高压水除鳞设备	2014-11-25	实用新型
529	201420721160.0	采用超级电容供电的钢卷运输车	2014-11-26	实用新型
530	201420721327.3	一种带式焙烧机球团烟气净化吸附塔	2014-11-26	实用新型
531	201420722170.6	一种带盖的钢水罐引流砂投放装置受料漏斗	2014-11-26	实用新型
532	201420724227.6	一种转炉炉口二次烟气围封捕集设备	2014-11-26	实用新型
533	201420724755.1	一种预弯机和加勒特卷取机工作时连接定位装置	2014-11-26	实用新型
534	201420724811.1	一种抗污染抗碳化油箱装置	2014-11-26	实用新型
535	201420734733.3	一种分料器行走装置	2014-11-28	实用新型
536	201420740020.8	实现将高温铸坯按序直接装炉柔性生产装置	2014-11-28	实用新型
537	201420747231.4	取转炉喷溅渣样勺	2014-12-03	实用新型
538	201420752592.8	一种液压缸活塞安装装置	2014-12-03	实用新型
539	201420752595.1	一种倒角结晶器窄面铜板	2014-12-03	实用新型
540	201420753138.4	一种电动润滑泵控制装置	2014-12-03	实用新型
541	201420753995.4	一种 RH 炉外精炼用真空槽	2014-12-03	实用新型
542	201420754552.7	泥炮机打泥机构更换装置	2014-12-04	实用新型
543	201420763582.4	一种橡胶套筒的快速卸载装置	2014-12-05	实用新型
544	201420763977.4	热镀锌板表面锌花形貌控制装置	2014-12-05	实用新型
545	201420764060.6	一种转向辊	2014-12-05	实用新型
546	201420765727.4	金相磨抛机多联动式夹样装置	2014-12-05	实用新型
547	201420766082.6	一种光整机工作辊换辊回抽工具	2014-12-05	实用新型
548	201420797120.4	一种耐火纤维保温帽	2014-12-15	实用新型
549	201420821789.2	一种装机装柜型逆变器更换装置	2014-12-20	实用新型
550	201420825977.2	一种出钢口及其端砖	2014-12-23	实用新型

续表

序号	专利申请号	专利中文名称	申请日	专利类型
551	201420826180.4	一种扒渣机托辊更换装置	2014-12-23	实用新型
552	201420826339.2	一种气缸式调节阀	2014-12-23	实用新型
553	201420826382.9	具有可移动式开关柜托架装置的开关柜	2014-12-23	实用新型
554	201420827315.9	一种炉辊轴承故障处理装置	2014-12-23	实用新型
555	201420830518.3	一种圆盘给料机及其导流装置	2014-12-24	实用新型
556	201420830541.2	一种拆卸或紧固装置	2014-12-24	实用新型
557	201420830752.6	一种填料盒装置	2014-12-23	实用新型
558	201420831362.0	电葫芦高位保护系统	2014-12-23	实用新型
559	201420831363.5	中间辊更换装置	2014-12-23	实用新型
560	201420831419.7	一种汽轮发电机组	2014-12-23	实用新型
561	201420833224.6	一种加工夹具	2014-12-24	实用新型
562	201420833360.5	一种防止钢卷退火中粘结的装置	2014-12-24	实用新型
563	201420844619.6	汽车用高强钢弯曲性能测试装置	2014-12-25	实用新型
564	201420845919.6	一种桩基载荷试验中受拉桩与钢梁间的连接转换装置	2014-12-27	实用新型
565	201420854207.0	一种排料装置	2014-12-29	实用新型
566	201420872101.3	一种可进行荷载分配的轧机牌坊吊装用平衡梁	2014-12-31	实用新型
567	201420872911.9	一种墙面甩浆拉毛用的网丝拍	2014-12-31	实用新型
568	201430321757.1	彩色镀锌钢板	2014-09-02	外观设计
569	201410027676.X	一种低碳 ER50-6 铸坯枝晶的热腐蚀和显示方法	2014-01-21	发明
570	201410067022.X	高炉炉体分段式软水密闭循环冷却系统	2014-02-26	发明
571	201410078544.X	一种用于消除边折印的平整优化方法	2014-03-05	发明
572	201410082073.X	激光焊机退火选择方法及系统	2014-03-07	发明
573	201410121333.X	一种降低特厚板坯头坯判废率的二冷水启动方法	2014-03-28	发明
574	201410178193.X	一种脱氯剂脱氯性能检测装置及方法	2014-04-29	发明
575	201410210169.X	一种高炉煤气干法脱氯化氢的装置及方法	2014-05-19	发明
576	201410218432.X	一种取样系统及方法	2014-05-22	发明
577	201410225526.X	一种烧嘴砖嵌入式上下组合式双蓄热烧嘴	2014-05-24	发明
578	201410226921.X	一种双机构组合式转炉挡渣出钢系统	2014-05-24	发明
579	201410252066.X	一种连退炉的炉压控制系统及其方法	2014-06-09	发明
580	201410268120.X	控制微合金钢板坯角部横裂纹的二次冷却方法	2014-06-16	发明
581	201410285690.X	一种轧机漏油的判定方法及系统	2014-06-23	发明
582	201410302968.X	一种空间狭窄部位墙体模板支设方法	2014-06-29	发明
583	201410320811.X	一种减小规定非比例延伸强度波动的控制方法	2014-07-07	发明
584	201410341670.X	高压水除鳞喷嘴打靶试验装置及方法	2014-07-17	发明
585	201410397120.X	一种 IF 钢、其冶炼方法、冶炼炉和冶炼系统	2014-08-12	发明
586	201410418784.X	一种高强度冶金锯片钢及其热处理方法	2014-08-22	发明
587	201410418858.X	一种 X90 管线钢环焊缝用气保护实心焊丝	2014-08-22	发明

序号	专利申请号	专利中文名称	申请日	专利类型
588	201410491518. X	解决热轧酸洗板表面色差缺陷的方法	2014-09-24	发明
589	201410497344. 8	一种牵车台运行控制系统	2014-09-25	发明
590	201410538245. X	一种提升粗轧节奏的方法	2014-10-13	发明
591	201410554081. X	一种平整机带头板形轧制参数的控制方法及平整机	2014-10-17	发明
592	201410647612. X	一种用于修正带钢头部秒流量的方法	2014-11-14	发明
593	201410689982. X	一种转炉喷吹除尘灰铁水脱磷方法	2014-11-25	发明
594	201410715579. X	屈服345MPa级抗氢致裂纹容器用钢的冶炼方法	2014-11-29	发明
595	201410729234. X	一种热轧带钢冷却装置及方法	2014-12-03	发明
596	201410776806. X	一种多辊轧机的安装检测方法	2014-12-15	发明
597	201410810582. X	一种固有转动惯量的测量方法	2014-12-23	发明
598	201410815358. X	一种精轧机活套起套方法及精轧机活套起套控制装置	2014-12-23	发明
599	201410836322. X	一种钢铁行业的动态质保书管理系统	2014-12-26	发明
600	201410837005. X	一种能够实时监测高炉料面变化的雷达扫描装置	2014-12-29	发明
601	201420062120. X	一种连铸用长水口	2014-02-11	实用新型
602	201420067224. X	一种焦炉装煤车煤粉防冻结装置	2014-02-17	实用新型
603	201420084018. X	一种用于硅钢环形退火炉上的安全过桥装置	2014-02-26	实用新型
604	201420084681. X	一种短应力线轧机辊缝调整减速机	2014-02-26	实用新型
605	201420125226. X	一种热轧带钢表面吹扫装置	2014-03-19	实用新型
606	201420164884. X	用于皮带输送机的防护装置	2014-04-04	实用新型
607	201420186411. X	一种液压缸活塞杆保护套	2014-04-17	实用新型
608	201420191265. X	安全水封	2014-04-18	实用新型
609	201420269830. X	转底炉处理冶金含锌尘泥工艺烟气处理防粘结装置	2014-05-23	实用新型
610	201420269887. X	一种旋流喷射混风装置	2014-05-23	实用新型
611	201420371800. X	一种PROFIBUS-DP总线网络闪断检测装置	2014-07-03	实用新型
612	201420391715. X	一种板带轧机E2立辊	2014-07-16	实用新型
613	201420415872. X	一种具有张力前馈控制的退火炉	2014-07-25	实用新型
614	201420420119. X	一种高温水冷辊	2014-07-28	实用新型
615	201420449442. X	一种应用于粉末高温熔化的制样装置	2014-08-08	实用新型
616	201420453775. X	一种下料溜槽	2014-08-12	实用新型
617	201420529677. X	一种多维倒角面结晶器窄面铜板	2014-09-15	实用新型
618	201420555401. 9	一种稳定控制迁车台运行系统	2014-09-25	实用新型
619	201420593655. X	一种烧结环冷工艺下的热矿预筛分设备	2014-10-14	实用新型
620	201420698344. X	一种应用于超大型高炉人工喷涂的综合保障平台装置	2014-11-19	实用新型
621	201420708221. X	一种炼钢连铸中间包覆盖剂的加入装置	2014-11-21	实用新型
622	201420715989. X	一种环冷机台车栏板与上罩之间的组合密封装置	2014-11-25	实用新型
623	201420743914. 2	一种用于测定烟煤粘结指数的搅拌丝	2014-12-01	实用新型
624	201420830829. X	一种曲管压力平衡式波纹补偿器	2014-12-23	实用新型
625	201420869108. X	一种悬索式水平防护装置	2014-12-31	实用新型

2014 年首钢专利授权项目

序号	专利申请号	专利中文名称	申请日	专利类型
1	201110439925.2	确保镀锌 DX51D+Z 成品厚度精度的厚度设定方法	2011-12-23	发明
2	201210206230.4	球团焙烧装置	2012-06-18	发明
3	201210269592.8	一种优化带钢炉内热瓢曲的系统和方法	2012-07-30	发明
4	201320332075.0	一种应用于气刀设备的边部挡板	2013-06-08	实用新型
5	201320331644.X	锌锅底渣捞渣装置	2013-06-08	实用新型
6	201320332127.4	一种冷轧横切剪剪刃间隙调节装置	2013-06-08	实用新型
7	201320328864.7	用于添加中间包覆盖剂的装置	2013-06-07	实用新型
8	201320295209.6	一种清洗段排烟装置	2013-05-27	实用新型
9	201320332097.7	清理锌锅炉鼻子内部锌灰的吊具	2013-06-08	实用新型
10	201320332061.9	一种被动传送带钢的导板	2013-06-08	实用新型
11	201320332072.7	一种应用于沉没辊刮刀的行走装置	2013-06-08	实用新型
12	201110091299.2	胶带排岩系统在线干选机	2011-04-12	发明
13	201210331647.3	一种连铸机二冷喷嘴水量分布的冷态检测方法	2012-09-07	发明
14	201110428752.4	一种用于 400 毫米特厚板坯事故处理设备控制的方法	2011-12-20	发明
15	201210474453.9	一种提高转炉脱磷阶段倒渣量的工艺	2012-11-21	发明
16	201210244423.9	一种薄规格低焊接裂纹敏感性水电用钢生产方法	2012-07-13	发明
17	201110282115.0	一种提高大壁厚管线钢边部和心部组织均匀性的方法	2011-09-21	发明
18	201210145157.4	一种降低转炉石灰消耗量的方法	2012-05-11	发明
19	201110448236.8	一种铝镇静钢热镀锌板及其生产方法	2011-12-28	发明
20	201110449151.1	一种提高薄规格带钢平整质量的方法	2011-12-28	发明
21	201210205826.2	一种汽车用低碳铝镇静钢板及其生产方法	2012-06-18	发明
22	201210210564.9	一种冷轧辊辊面的除锈方法	2012-06-20	发明
23	201210295318.8	一种高磁感取向硅钢的感应加热方法	2012-08-17	发明
24	201320520562.X	一种刮刀装置	2013-08-23	实用新型
25	201320470506.X	风机吸风口过滤装置	2013-08-02	实用新型
26	201110320161.5	一种降低普通压缩风管网运行压力的方法	2011-10-20	发明
27	201320692838.2	一种电弧自摆动焊接设备	2013-11-05	实用新型
28	201210141283.2	控制低碳钢盘条带状组织的高线生产方法	2012-05-08	发明
29	201210295704.7	一种厚板坯连铸机的驱动辊调整的设计方法	2012-08-17	发明
30	201010264346.4	一种高炉煤气氯化氢净化吸收复合装置及方法	2010-08-26	发明
31	201110171841.5	剪切机及其剪刃侧隙调节装置	2011-06-24	发明

序号	专利申请号	专利中文名称	申请日	专利类型
32	201110171827.5	一种能实现中途准确停位的液压缸控制装置	2011-06-24	发明
33	201110258059.7	一种转炉干法除尘灰冷固球团生产工艺	2011-09-02	发明
34	201110330095.X	高风温旋流喷射扰动熔融还原和预还原联合装置及方法	2011-10-27	发明
35	201210306057.5	一种炼铁高炉风口防灌渣装置	2012-08-24	发明
36	201210306938.7	一种采用直接还原铁冶炼不锈钢的方法	2012-08-24	发明
37	201210306640.6	一种不锈钢冶炼方法	2012-08-24	发明
38	201310012301.1	一种钢铁厂浓盐水零排放处理工艺	2013-01-13	发明
39	201320016564.5	一种厂房纵向缝柱顶限位装置	2013-01-13	实用新型
40	201320017208.5	一种改进型轧辊轴向固定装置	2013-01-13	实用新型
41	201320016937.9	一种用于转底炉粉尘净化工艺温度调节装置	2013-01-13	实用新型
42	201320017207.0	一种用于平整机的清辊装置	2013-01-13	实用新型
43	201320016616.9	一种双向振动给料机	2013-01-13	实用新型
44	201320017190.9	一种厂房纵向缝处双上柱门式刚架柱结构	2013-01-13	实用新型
45	201320016940.0	一种支承辊盘冷床辊盘轴的托辊装置	2013-01-13	实用新型
46	201320016962.7	一种剪刃侧隙可控的飞剪	2013-01-13	实用新型
47	201320016072.6	激光刻痕机组	2013-01-13	实用新型
48	201320016095.7	高温取向硅钢电磁感应加热炉耐热合金和陶瓷复合压头	2013-01-13	实用新型
49	201320185023.5	组合式飞剪	2013-04-12	实用新型
50	201320185509.9	一种炉顶设备布料规律研究系统	2013-04-12	实用新型
51	201320185693.7	一种用于组合式飞剪的回转刀架	2013-04-13	实用新型
52	201320186193.5	棒材轧机冷床裙板液压缸同步控制阀台	2013-04-13	实用新型
53	201320185695.6	一种立式轧机提升装置	2013-04-13	实用新型
54	201320185467.9	一种自平衡式接轴托架	2013-04-13	实用新型
55	201320186177.6	一种短应力线立式轧机机架更换小车	2013-04-13	实用新型
56	201320185702.2	一种焦炉煤气净化过滤器	2013-04-13	实用新型
57	201320186208.8	一种钢坯完全入炉检测装置	2013-04-13	实用新型
58	201320185482.3	高炉喷吹用煤原煤干燥装置	2013-04-13	实用新型
59	201320184665.3	一种压下装置	2013-04-13	实用新型
60	201320185472.X	一种带机械限位的集卷站双芯棒回转装置	2013-04-13	实用新型
61	201320190019.8	适用低温多效海水淡化系统用汽轮机的调节系统	2013-04-16	实用新型
62	201320499884.0	一种高炉软水密闭循环冷却系统	2013-08-15	实用新型
63	201320500356.2	一种取向硅钢电磁感应加热炉板坯装、出炉装置	2013-08-15	实用新型
64	201320502982.5	一种用于转炉煤气干法除尘工艺的煤气温度控制装置	2013-08-16	实用新型
65	201320502829.2	一种电絮凝、溶气气浮成套装置	2013-08-16	实用新型
66	201320500933.8	热风炉热风管道波纹补偿器内部耐火材料的砌筑结构	2013-08-16	实用新型
67	201320501137.6	一种热风炉热风管道补偿器砌筑结构	2013-08-16	实用新型

续表

序号	专利申请号	专利中文名称	申请日	专利类型
68	201320630669.X	烧结矿冷却温度检测装置	2013-10-12	实用新型
69	201320700509.8	一种方坯小辊道链节拆卸装置	2013-11-06	实用新型
70	201320346342.X	用于防止钢水 RH 精炼时增氮的浸渍管	2013-06-17	实用新型
71	201210142516.0	一种锌锅挡板安装方法及移动工具	2012-05-09	发明
72	201210142633.7	一种判断冷轧工作辊辊耗的系统和方法	2012-05-09	发明
73	201110281590.6	一种薄规格集装箱板及其生产方法	2011-09-21	发明
74	201210083659.9	一种平辊辊型磨削 CVC 辊型的方法	2012-03-27	发明
75	201210097926.8	一种在线检测带钢表面孔洞的系统	2012-04-05	发明
76	201210238760.7	一种酸再生脱硅系统非生产模式下压缩空气的控制方法	2012-07-10	发明
77	201210337277.4	炼铁余热梯级回收利用的方法	2012-09-12	发明
78	201320635834.0	一种脱锌装置反应器专用风口	2013-10-15	实用新型
79	201320705363.6	一种带钢头的折弯工具	2013-11-08	实用新型
80	201320705536.4	用于夹持金相镶嵌试样的夹具	2013-11-08	实用新型
81	201320570562.0	清除冷轧钢卷端面黏连异物的工具	2013-09-13	实用新型
82	201320705519.0	一种带轴向位置检测的旋转给油器止动装置	2013-11-08	实用新型
83	201320575118.8	冷轧厂循环冷却水回水热量回收利用系统	2013-09-17	实用新型
84	201110148903.0	一种转炉少渣冶炼工艺	2011-06-03	发明
85	201210576537.3	一种连铸坯生产水电站用特厚钢板的制造方法	2012-12-26	发明
86	201210474196.9	一种转炉高效脱磷的工艺	2012-11-21	发明
87	201110075799.7	一种优化控制高炉顶燃式热风炉燃烧换向周期的模型	2011-03-28	发明
88	201210236706.9	一种螺旋给料装置	2012-07-09	发明
89	201320635815.8	烧结矿环冷机冷却风分布的控制装置	2013-10-15	实用新型
90	201210402295.6	一种实现铸坯实时跟踪的系统和方法	2012-10-19	发明
91	201320694106.7	炉前铁沟预埋的热电偶监测装置	2013-11-05	实用新型
92	201320700510.0	一种冷却风机保护装置及冷却风机	2013-11-06	实用新型
93	201320696587.5	车削装置	2013-11-05	实用新型
94	201320700508.3	聚丙烯酰胺溶解装置	2013-11-06	实用新型
95	201320700457.4	高炉上料皮带机托辊运输装置	2013-11-06	实用新型
96	201320693109.9	反冲洗过滤器旋转轴安装导向装置	2013-11-05	实用新型
97	201320470626.X	抗腐蚀的高炉煤气换热器	2013-08-02	实用新型
98	201320696576.7	数控双端面铣床辅助定位装置	2013-11-05	实用新型
99	201320700456.X	连铸机二冷段电磁搅拌辊电磁力方向的测量装置	2013-11-06	实用新型
100	201320472274.1	高炉降料面探尺	2013-08-02	实用新型
101	201320693614.3	一种氧气管网压力监控系统	2013-11-05	实用新型
102	201210096427.7	一种建立在线表面质量检测系统缺陷库的方法	2012-04-01	发明
103	201320705386.7	具有高强度辊面的水冷辊	2013-11-08	实用新型

序号	专利申请号	专利中文名称	申请日	专利类型
104	201110281214.7	一种冷轧钢带的生产方法	2011-09-21	发明
105	201320735962.2	一种改善烧结台车间漏风的设备	2013-11-19	实用新型
106	201320199005.2	一种剪前侧导板	2013-04-19	实用新型
107	201320389000.6	用于高压辊磨料斗料位测量的装置	2013-07-01	实用新型
108	201320389064.6	盘式造球机成球区滴状水加水装置	2013-07-01	实用新型
109	201320312773.4	一种鼓风机自动控制系统	2013-05-31	实用新型
110	201320312780.4	一种风机系统拨风控制系统	2013-05-31	实用新型
111	201320310997.1	一种钢铁厂富余煤气处理系统	2013-05-31	实用新型
112	201320372307.5	一种移动车用改向滚筒	2013-06-25	实用新型
113	201320407016.5	一种冷轧离线带钢厚度测量记录装置	2013-07-09	实用新型
114	201320407049.X	一种油膜轴承封水装置	2013-07-09	实用新型
115	201320406858.9	一种钢卷上料小车高度对中装置	2013-07-09	实用新型
116	201320408349.X	钢包自动投放引流砂装置	2013-07-09	实用新型
117	201320817947.2	凸模胀形试样检测固定装置	2013-12-11	实用新型
118	201210139515.0	一种充分利用转炉炉渣的冶炼工艺	2012-05-08	发明
119	201110249721.2	一种预测热轧钢材奥氏体静态再结晶组织演变的方法	2011-08-26	发明
120	201210096327.4	一种火焰稳定器	2012-04-01	发明
121	201210335743.5	一种动态控制板坯连铸结晶器冷却的系统和方法	2012-09-11	发明
122	201210051701.9	一种在线检测热镀锌板表面锌花尺寸的方法	2012-03-01	发明
123	201210237500.8	一种兼顾带钢凸度与边降控制的工作辊及其辊形设计方法	2012-07-09	发明
124	201110439699.8	一种确保连退成品厚度精度的酸轧目标厚度设定方法	2011-12-23	发明
125	201210084480.5	一种自动判定子卷表面质量等级的系统和方法	2012-03-27	发明
126	201210408257.1	一种冶炼低磷钢水的工艺	2012-10-23	发明
127	201320868579.4	一种用于快速整体更换四辊轧机主传动轴的装置	2013-12-26	发明
128	201320824071.4	一种弧形砖及滑板挡渣转炉出钢口	2013-12-13	实用新型
129	201210274423.3	一种管线钢精轧翘头控制方法	2012-08-03	发明
130	201320694749.1	一种高炉炉顶点火枪	2013-11-05	实用新型
131	201320822134.2	皮带机风动吹扫器	2013-12-13	实用新型
132	201210421162.3	取消高炉中心加焦的方法	2012-10-29	发明
133	201210161863.8	两座型式相同的煤气柜与管网并网运行的方法	2012-05-23	发明
134	201210161045.8	一种基于加压机和阀组的燃气混合控制系统及其控制方法	2012-05-23	发明
135	201320425882.7	一种胎具	2013-07-17	实用新型
136	201320544425.X	一种用于高炉鼓风机的润滑系统	2013-09-03	实用新型
137	201320593960.4	工业鹰眼探测器	2013-09-23	实用新型
138	201320521479.4	内压缩流程制氧机管网送出系统	2013-08-23	实用新型
139	201320528064.X	一种烧结机台车篦条	2013-08-27	实用新型

序号	专利申请号	专利中文名称	申请日	专利类型
140	201320548759.4	耐磨梁	2013-09-04	实用新型
141	201320582202.2	一种轴接地装置	2013-09-18	实用新型
142	201110181642.2	喷吹煤综合性能评价方法	2011-06-30	发明
143	201320875605.6	一种焦炭转鼓粒级的筛分装置	2013-12-28	发明
144	201320824351.5	一种耐磨平行托辊	2013-12-12	实用新型
145	201320879210.3	一种重型平板车的引桥液压控制装置	2013-12-27	实用新型
146	201210468071.5	使用易熔低品位矿粉和难熔高品位矿粉制备烧结矿的方法	2012-11-19	发明
147	201210331663.2	一种连铸机二冷喷嘴冲击力的冷态检测方法	2012-09-07	发明
148	201210336679.2	一种去除管线钢中非金属夹杂物的方法	2012-09-12	发明
149	201420039031.3	一种焊丝间歇性摆动焊接设备	2014-01-21	实用新型
150	201210270618.0	一种镀铜精密焊管用钢带的生产方法	2012-07-31	发明
151	201110448179.3	热轧板卷外形缺陷凹凸量测量系统	2011-12-28	发明
152	201320879208.6	一种钢丝带接口	2013-12-27	实用新型
153	201210331170.9	一种电解提取和检测钢中细微夹杂物的方法	2012-09-07	发明
154	201420010825.7	一种烧结机自密封台车栏板机构	2014-01-08	实用新型
155	201110448179.3	热轧板卷外形缺陷凹凸量测量系统	2011-12-28	发明
156	201210162558.0	一种转炉炉渣固化的方法	2012-05-23	发明
157	201210387781.5	一种缩短加热炉内普碳钢的均热时间的方法	2012-10-12	发明
158	201320684967.7	一种双排式托盘运输结构	2013-10-31	实用新型
159	201210050724.8	一种同时测量腐蚀坑体积、面积、深度的方法	2012-02-29	发明
160	201210337352.7	利用高炉煤气实现高风温的方法	2012-09-12	发明
161	201420013222.2	板材高温摩擦系数测量装置	2014-01-09	实用新型
162	201110461576.4	一种加工线性轴承用异型丝的方法	2011-12-31	发明
163	201210331556.X	一种激光测试喷嘴粒度装置	2012-09-07	发明
164	201210233280.1	采用EBSD定量评价钢中残余奥氏体的方法	2012-07-05	发明
165	201110409289.9	HGC液压缸更换系统	2011-12-09	发明
166	201420090072.5	一种缓冲机构、缓冲支架及接近开关支架	2014-02-28	实用新型
167	201420092427.4	成形极限胀形试样检测夹紧装置	2014-03-02	实用新型
168	201420092414.7	一种用于X射线衍射仪的样品架	2014-03-02	实用新型
169	201420092408.1	一种热模拟试验机全接触楔形铜夹具	2014-03-02	实用新型
170	201210392953.8	一种连铸板坯倒角结晶器专用的引锭头	2012-10-16	发明
171	201210202635.0	一种提高低碳冷镦钢盘条氧化铁皮机械除磷性的方法	2012-06-15	发明
172	201420090073.X	辊道的辊子更换装置	2014-02-28	实用新型
173	201420090071.0	板坯电磁搅拌系统电缆插头的拆卸装置	2014-02-28	实用新型
174	201420096873.2	斗轮堆取料机料斗装置	2014-03-04	实用新型
175	201320825645.X	一种定点旋转T形卡具及锁块	2013-12-13	实用新型

序号	专利申请号	专利中文名称	申请日	专利类型
176	201420098727.3	用于带钢纠偏传感器的防护装置	2014-03-05	实用新型
177	201320503402.4	回转式飞剪机及其刀头装置	2013-08-16	实用新型
178	201320500149.7	一种换热管排可拆卸列管式换热器	2013-08-15	实用新型
179	201320711775.0	矿棉净化器	2013-11-12	实用新型
180	201320711302.0	一种具有翻转功能的非接触式供电运输车	2013-11-12	实用新型
181	201320711165.0	一种具有液压升降装置的非接触式供电重载运输车	2013-11-12	实用新型
182	201420098551.1	一种连续退火多相钢和全马氏体钢共线生产的冷却装置	2014-03-05	实用新型
183	201420087829.5	粗轧机轧辊擦辊装置	2014-02-28	实用新型
184	201210336433.5	一种超低碳、低硅和低氧钢及其冶炼方法	2012-09-12	发明
185	201420106450.4	一种辊子托架	2014-03-10	实用新型
186	201420099300.5	一种提高盒板防护效果的包装	2014-03-06	实用新型
187	201310005588.5	转炉全程底吹氮气生产中厚板用低硫钢的冶炼工艺	2013-01-08	发明
188	201420103382.6	激光焊机支撑轮	2014-03-07	实用新型
189	201210219875.1	完全气雾化二冷方式生产高品质特厚板坯的方法	2012-06-29	发明
190	201420115186.0	一种拼焊用装置	2014-03-13	实用新型
191	201210420559.0	高炉布料方法	2012-10-29	发明
192	201420125226.X	一种热轧带钢表面吹扫装置	2014-03-19	实用新型
193	201420161161.4	一种用于测量点焊飞溅与周围材料粘结量的装置	2014-04-03	实用新型
194	201420161936.8	一种点焊工艺辅助装置	2014-04-03	实用新型
195	201210422488.8	一种复相型低碳贝氏体高强度中厚钢板及其生产方法	2012-10-29	发明
196	201210408258.6	一种大倒角铸坯切割快速开口的方法	2012-10-23	发明
197	201210469218.2	一种转炉煤气回收系统及其方法	2012-11-19	发明
198	201420103676.9	捆带锁扣的阻挡装置	2014-03-07	实用新型
199	201210320216.7	一种能在线清洗换热器的冷却系统及其清洗方法	2012-08-31	发明
200	201320651648.6	卧式混合机的搅拌铲组件	2013-10-22	实用新型
201	201320585593.3	一种内接地绝缘轴承	2013-09-22	实用新型
202	201320652801.7	辊压机辊轮	2013-10-22	实用新型
203	201320653166.4	一种筛辊	2013-10-22	实用新型
204	201420165235.1	风口取样枪及装置	2014-04-04	实用新型
205	201420157854.6	一种热轧机刮水板到位信号检测装置	2014-04-02	实用新型
206	201210021388.4	一种防止船板表面麻坑的轧制方法	2012-01-31	发明
207	201210331675.5	一种激光测试喷嘴粒度的方法	2012-09-07	发明
208	201420164884.X	用于皮带输送机的防护装置	2014-04-04	实用新型
209	201420186415.8	用于油雾环境下电气柜保护的防护装置	2014-04-17	实用新型
210	201320630545.1	测定高炉喷吹煤粉爆炸性的实验装置	2013-10-12	实用新型
211	201420186217.1	一种电气室门防鼠装置	2014-04-16	实用新型

续表

序号	专利申请号	专利中文名称	申请日	专利类型
212	201420186413.9	可在线调整差压变送器水平位置的装置	2014-04-17	实用新型
213	201420165268.6	一种喷吹可燃气风口	2014-04-04	实用新型
214	201420191265.X	安全水封	2014-04-18	实用新型
215	201420186200.6	检测设备的自动吹扫装置	2014-04-16	实用新型
216	201420186411.X	一种液压缸活塞杆保护套	2014-04-17	实用新型
217	201420189409.8	一种镀锌钢卷的包装结构	2014-04-18	实用新型
218	201210488254.3	一种四切分高强抗震钢筋的生产方法	2012-11-26	发明
219	201210200132.X	一种多功能中心标板的埋设方法	2012-06-14	发明
220	201310020453.6	一种吊装高层井塔型建筑物内桥式起重机的施工方法	2013-01-20	发明
221	201320368532.1	一种高空汽车蹦极装置	2013-06-26	实用新型
222	201320625071.1	工程检测试验中现场主体结构检测定位工具	2013-10-10	实用新型
223	201320676943.7	一种带止水条的快易收口网	2013-10-30	实用新型
224	201320676415.1	一种带连接装置的止水条	2013-10-30	实用新型
225	201320766226.3	一种焙烧机环轨精调样板	2013-11-28	实用新型
226	201320782727.0	一种半自动埋弧焊机	2013-11-27	实用新型
227	201320764856.7	对称螺旋可涨套管	2013-11-28	实用新型
228	201420189421.9	一种酸槽排雾口	2014-04-18	实用新型
229	201420114271.5	一种点焊电极寿命试验上料装置	2014-03-13	实用新型
230	201310373839.5	一种防治柳絮污堵的方法	2013-08-23	发明
231	201320696120.0	刮渣机构	2013-11-05	实用新型
232	201210038411.0	轧机辊缝的标定方法	2012-02-20	发明
233	201210161415.8	一种带导流装置的转炉煤气柜入口结构	2012-05-23	发明
234	201210161460.3	一种两座煤气柜同时并网运行的控制方法	2012-05-23	发明
235	201320499115.0	氮气补充系统	2013-08-15	实用新型
236	201320758785.X	一种自清理式烧结箅条	2013-11-26	实用新型
237	201320453808.6	板坯翘曲度检测装置	2013-07-26	实用新型
238	201420249594.5	一种扫描电镜用薄板疲劳断口的夹持装置	2014-05-15	实用新型
239	201310031424.X	一种测量烧结料层燃烧带位置和温度的方法及装置	2013-01-28	发明
240	201210094347.8	一种可实现径向加压和液压压边的板材差温充液成形装置	2012-04-01	发明
241	201210564608.8	一种高强度及良好低温韧性风电钢板的生产方法	2012-12-21	发明
242	201420094845.7	一种多用途组合卡具	2014-03-02	实用新型
243	201420211355.0	一种冷轧退火炉加湿装置	2014-04-28	实用新型
244	201420250520.3	烧结混料机滚筒出口的挡料装置	2014-05-15	实用新型
245	201420246782.2	一种点焊焊点剥离扳手	2014-05-14	实用新型
246	201210163427.4	一种消除平辊工作辊局部磨损的方法	2012-05-23	发明
247	201320751413.4	光整机平衡缸高精度的检测及保护装置	2013-11-25	实用新型

续表

序号	专利申请号	专利中文名称	申请日	专利类型
248	201420070133.1	一种冷金属检测器防护装置	2014-02-18	实用新型
249	201420107242.6	一种带有定位功能的气体检测报警系统	2014-03-10	实用新型
250	201210150452.9	一种轧机SONY磁尺在线冗余的方法	2012-05-15	发明
251	201320713356.0	冷轧液压辊缝控制压力检测冗余切换系统	2013-11-12	实用新型
252	201320295319.2	一种拆卸热镀锌退火炉底盖的工具	2013-05-27	实用新型
253	201420062120.X	一种连铸用长水口	2014-02-11	实用新型
254	201110439837.2	一种适合于平整机组的板形曲线补偿方法	2011-12-23	发明
255	201420268286.7	一种轧辊用锁紧装置	2014-05-23	实用新型
256	201420279469.9	一种卷取机芯轴涨缩控制装置	2014-05-28	实用新型
257	201210238019.0	钢卷数据的同步方法	2012-07-09	发明
258	201210142267.5	一种冷轧无取向电工钢及其制备方法	2012-05-09	发明
259	201420305162.1	台式粗糙度仪单面偏心轮锁紧试样装置	2014-06-09	实用新型
260	201420306204.3	一种排料闸门机构	2014-06-10	实用新型
261	201420214496.8	一种高炉氧煤枪富氧调节系统	2014-04-29	实用新型
262	201420303933.3	独立单机架平整机用液压压下系统	2014-06-09	实用新型
263	201420302374.4	一种用于重卷机组的弹簧辊装置	2014-06-09	实用新型
264	201210331664.7	抗氢致裂纹BNS钢板及其生产方法	2012-09-07	发明
265	201310125363.3	减小四线切分线差与组织性能差的控制方法	2013-04-11	发明
266	201420297096.8	一种成形极限胀形试验凸模的改进装置	2014-06-05	实用新型
267	201210270065.9	罩式退火IF钢及其生产方法	2012-07-31	发明
268	201310136112.5	一种适用于高炉喷吹配煤方案的选择方法	2013-04-18	发明
269	201310277081.5	一种高炉烧结联动的低成本铁水生产方法	2013-07-03	发明
270	201420321089.7	陶瓷复合垫板及使用该垫板的板坯翻转装置	2014-06-16	实用新型
271	201210161405.4	密闭式电缆隧道氮气自动消防系统	2012-05-23	发明
272	201420321383.8	板坯中间包塞棒液压缸缸头连接机构	2014-06-16	实用新型
273	201420328812.4	一种鼓风机喘振自动控制系统	2014-06-19	实用新型
274	201210388688.6	热轧钢卷卸卷小车触卷到位的判断方法	2012-10-12	发明
275	201420087085.7	用于非密闭环境中处理烟煤发热、自燃的装置	2014-02-28	实用新型
276	201420124789.7	低温多效蒸馏海水淡化系统	2014-03-20	实用新型
277	201420165267.1	一种高度可调式烧结杯测试装置	2014-04-04	实用新型
278	201420092429.3	一种钢样热处理夹钳	2014-03-02	实用新型
279	201310041878.5	一种干法熄焦焦炭烧损率的测算方法	2013-02-04	发明
280	201420189383.7	一种折弯带钢带头的工具	2014-04-18	实用新型
281	201420340575.3	一种精矫机稀油润滑装置及精矫机	2014-06-24	实用新型
282	201420342831.2	一种上卷小车升降液压控制回路	2014-06-24	实用新型
283	201420160781.6	一种剪板机斜裁挡料装置	2014-04-03	实用新型

序号	专利申请号	专利中文名称	申请日	专利类型
284	201420365430.9	一种横切剪	2014-07-02	实用新型
285	201420371800.X	一种 PROFIBUS-DP 总线网络闪断检测装置	2014-07-03	实用新型
286	201420366660.7	一种套筒窑低纯氧富氧燃烧装置	2014-07-03	实用新型
287	201210420556.7	轧机活套台的检测方法	2012-10-29	发明
288	201210205031.1	一种 CVC 工作辊辊形及其控制方法	2012-06-18	发明
289	201110347349.9	一种实现特厚板板形控制的热矫直方法	2011-11-07	发明
290	201210232254.7	高炉风口组合砖修补方法	2012-07-05	发明
291	201420366876.3	一种光电开关及渣罐车	2014-07-03	实用新型
292	201310202782.2	一种低功率下连续退火炉烧嘴燃烧的控制系统及其方法	2013-05-28	发明
293	201210205028.X	一种表面涂镀基板用冷轧薄板的生产方法	2012-06-18	发明
294	201210205033.0	一种纠偏装置及使用方法	2012-06-18	发明
295	201420391715.X	一种板带轧机 E2 立辊	2014-07-16	实用新型
296	201320824072.9	一种升降机构及涂层装置	2013-12-13	实用新型
297	201420393453.0	一种解决酸轧中间辊换辊脱落的装置	2014-07-16	实用新型
298	201310311157.1	一种粉状固体料脱除 ZnO 的装置及方法	2013-07-23	发明
299	201420420117.0	一种鄂式阀	2014-07-28	实用新型
300	201420371799.0	一种烟气降温设备	2014-07-03	实用新型
301	201210472528.X	高强 IF 钢的冶炼方法	2012-11-20	发明
302	201210316733.7	一个料仓自动灌料系统及其方法	2012-08-30	发明
303	201210267219.9	一种适合生产现场的热轧钢板残余应力计算方法	2012-07-30	发明
304	201420393478.0	一种高炉用富氧喷吹天然气风口	2014-07-16	实用新型
305	201210410157.2	一种电磁感应炉自动控制系统及其方法	2012-10-24	发明
306	201420415795.8	一种炼钢吹炼氧气爬坡流量控制装置	2014-07-25	实用新型
307	201420415872.X	一种具有张力前馈控制的退火炉	2014-07-25	实用新型
308	201420415839.7	一种喷梁	2014-07-25	实用新型
309	201420420119.X	一种高温水冷辊	2014-07-28	实用新型
310	201420420878.6	一种用于防止冷却管吹飞密封沙的装置	2014-07-28	实用新型
311	201420391396.2	一种高炉混喷石油伴生天然气和煤粉的工艺系统	2014-07-15	实用新型
312	201420390757.1	一种连续退火炉冷却水的补水与稳压装置	2014-07-15	实用新型
313	201420427432.6	一种烧结矿筛分和布料设备	2014-07-30	实用新型
314	201210161864.2	电工钢横向厚差检测分析系统及方法	2012-05-23	发明
315	201310373598.4	一种测定烧结箅条粘结系数的方法	2013-08-23	发明
316	201310135935.6	一种降低低碳钢盘条拉拔动态时效的生产方法	2013-04-18	发明
317	201210150294.7	一种矫直严重翘头钢板的方法	2012-05-15	发明
318	201210207800.1	一种带钢 CPC 纠偏在线声光报警系统	2012-06-18	发明
319	201210488115.0	一种 CAS-OB 的自动控制方法	2012-11-26	发明

序号	专利申请号	专利中文名称	申请日	专利类型
320	201210422509.6	一种监控电机与负载连接器切断装置及其切断方法	2012-10-29	发明
321	201210474393.0	一种改善高炉多环布料料面偏析堆尖的布料系统及其方法	2012-11-20	发明
322	201210563849.0	一种带式焙烧机生产中预热和焙烧过程的控制方法	2012-12-21	发明
323	201320607964.3	一种根据罐重检测喷煤流量的装置	2013-09-29	实用新型
324	201420449442.X	一种应用于粉末高温熔化的制样装置	2014-08-08	实用新型
325	201420442946.9	一种组合式缠绕装置	2014-08-07	实用新型
326	201310476523.9	利用RH单联工艺冶炼高级别管线钢的方法	2013-10-12	发明
327	201420453539.8	一种高炉放散降尘装置	2014-08-12	实用新型
328	201420440605.8	一种清扫装置	2014-08-06	实用新型
329	201310300680.4	少渣冶炼条件下稳定转炉炉底残厚的溅渣方法	2013-07-17	发明
330	201420249655.8	一种测定高炉喷吹煤粉燃烧率的装置	2014-05-15	发明
331	201420453775.X	一种下料溜槽	2014-08-12	实用新型
332	201420444163.4	一种工业管道补漏装置	2014-08-07	实用新型
333	201420461062.8	一种平整翻钢机	2014-08-14	实用新型
334	201420456627.3	一种带钢跟踪装置	2014-08-12	实用新型
335	201420479920.1	一种焊接试板变位试验平台	2014-08-23	实用新型
336	201310373849.9	利用轧钢低温余热实现海水淡化的装置及其方法	2013-08-23	发明
337	201210336651.9	一种复合耐火材料及其制备方法	2012-09-12	发明
338	201420441165.8	一种钢包底吹砖吹扫装置	2014-08-06	实用新型
339	201420457433.5	一种皮带给料机	2014-08-13	实用新型
340	201420463315.5	用于带套筒钢卷的套筒拉拔回收装置	2014-08-15	实用新型
341	201420508186.7	一种翻板倾倒装置	2014-09-04	实用新型
342	201420453738.9	一种翻板机的液压控制回路	2014-08-12	实用新型
343	201210566465.4	一种油气管道加压站场用热轧钢板及其生产方法	2012-12-21	发明
344	201420519201.8	一种超薄板材激光焊接用夹具	2014-09-10	实用新型
345	201210338622.6	低磷钢的冶炼方法	2012-09-13	发明
346	201210567194.4	一种烧结中使用钢渣的方法	2012-12-24	发明
347	201310136410.4	一种低碳、超低硫钢的冶炼方法	2013-04-18	发明
348	201310363497.9	一种高碳钢盘条在线时效高线生产方法	2013-08-20	发明
349	201210517301.2	大展宽比高强级别管线钢的边部平面形状控制方法	2012-12-06	发明
350	201420538576.9	一种电子显微镜样品台	2014-09-18	实用新型
351	201420306323.9	一种1700酸轧产线的第五机架	2014-06-10	实用新型
352	201420539474.9	一种锥形轴联轴器螺母防松装置及扳手	2014-09-16	实用新型
353	201420067224.X	一种焦炉装煤车煤粉防冻结装置	2014-02-17	实用新型
354	201420067225.4	一种推焦机防振动推焦装置	2014-02-17	实用新型
355	201420101341.3	可变径高效铝杆切割设备	2014-03-07	实用新型

序号	专利申请号	专利中文名称	申请日	专利类型
356	201420101546.1	带有铝粒收集传送装置的铝粒切割设备	2014-03-07	实用新型
357	201420101287.2	带有下粉量精确控制装置的包芯线成型设备	2014-03-07	实用新型
358	201420101288.7	带有质量监测装置的包芯线成型设备	2014-03-07	实用新型
359	201420101289.1	一种卷筒收线装置	2014-03-07	实用新型
360	201420101283.4	一种包芯线	2014-03-07	实用新型
361	201420101290.4	一种振捣装置	2014-03-07	实用新型
362	2.0142E+11	带有包芯线清洁及铁屑收集装置的包芯线成型设备	2014-03-07	实用新型
363	201310241339.6	连续退火炉碳套炉辊结瘤的处理方法	2013-06-18	发明
364	201420539544.0	用于夹持金相镶嵌试样的夹具	2014-09-18	实用新型
365	201420479255.6	一种单面镀镍试片夹具	2014-08-23	实用新型
366	201420549448.4	一种管端密封机构及风压取样装置	2014-09-23	实用新型
367	201210231845.2	压下丝母更换系统	2012-07-05	发明
368	201210319733.2	一种消除含硼钢连铸坯角部横裂纹缺陷的方法	2012-08-31	发明
369	201420549450.1	一种温压补偿一体式差压流量计	2014-09-23	实用新型
370	201420559427.0	一种耐磨三通分料器	2014-09-25	实用新型
371	201310714976.0	一种鱼雷罐内衬修补喷补料	2013-12-20	发明
372	201310127972.2	一种用于高炉喷煤原煤预热脱水工艺	2013-04-13	发明
373	201320020468.8	大型板带轧机步进梁式加热炉的节能液压控制装置	2013-01-13	实用新型
374	201310358999.2	以微污染地表水为水源制备钢铁厂用脱盐水的工艺	2013-08-16	发明
375	201320712626.6	一种具有自适应支架的非接触式供电运输车	2013-11-12	实用新型
376	201320711196.6	一种具有电动升降装置的非接触式供电重载运输车	2013-11-12	实用新型
377	201310357445.0	热风炉热风管道波纹补偿器内部耐火材料的砌筑结构	2013-08-16	发明
378	201420081647.7	一种环形炉炉体钢结构立柱活动柱脚结构装置	2014-02-25	实用新型
379	201420081549.3	一种带视镜的观察孔装置	2014-02-25	实用新型
380	201420084018.X	一种用于硅钢环形退火炉上的安全过桥装置	2014-02-26	实用新型
381	201420081637.3	一种带导流板的取向硅钢高温热处理炉用钢卷支撑装置	2014-02-25	实用新型
382	201420084185.4	一种高温取向硅钢电磁感应加热炉炉口密封装置	2014-02-26	实用新型
383	201420082255.2	一种用于通入保护气体的连续退火炉上的防爆孔装置	2014-02-25	实用新型
384	201420083767.0	一种RH真空料斗称重装置的校称装置	2014-02-26	实用新型
385	201420084220.2	一种双卸料小车式皮带运输机	2014-02-26	实用新型
386	201420084172.7	一种链算机头部散料仓的导向翻板	2014-02-26	实用新型
387	201420084438.8	一种全管式固定筛装置	2014-02-26	实用新型
388	201420084739.0	一种回转窑热筛	2014-02-26	实用新型
389	201420084681.X	一种短应力线轧机辊缝调整减速机	2014-02-26	实用新型
390	201420084436.9	非接触B型车双向翻转液压系统	2014-02-26	实用新型
391	201420084439.2	一种盘圆卷取机前用预弯机	2014-02-26	实用新型

序号	专利申请号	专利中文名称	申请日	专利类型
392	201420081344.5	一种实现铸机轧机柔性匹配直接热装的棒线材加热炉	2014-02-25	实用新型
393	201420082595.5	一种用于高温环境下的金属颗粒料螺旋输送装置	2014-02-25	实用新型
394	201420272791.9	热风管道三角形柔性大拉杆装置	2014-05-24	实用新型
395	201420269887.X	一种旋流喷射混风装置	2014-05-23	实用新型
396	201420269830.X	转底炉处理冶金含锌尘泥工艺烟气处理防粘结装置	2014-05-23	实用新型
397	201420272680.8	一种烧嘴砖嵌入式上下组合式双蓄热烧嘴	2014-05-24	实用新型
398	201420272664.9	用于电磁感应加热炉板坯升降装置的气动工作销装置	2014-05-24	实用新型
399	201420274219.6	一种高温合金复合垫块	2014-05-24	实用新型
400	201420269835.2	一种副枪升降小车防坠性能离线测试装置	2014-05-25	实用新型
401	201420269889.9	一种可移动式液位检测装置	2014-05-25	实用新型
402	201420272780.0	一种用于一罐到底铁水运输工艺的铁水罐车	2014-05-24	实用新型
403	201420272794.2	一种预弯机用的导钢装置	2014-05-24	实用新型
404	201420269900.1	采用超级电容供电的重载物流运输系统	2014-05-25	实用新型
405	201420269537.3	采用超级电容驱动的重载运输车	2014-05-25	实用新型
406	201420274220.9	一种三孔式半剖导槽装置	2014-05-24	实用新型
407	201420273600.0	一种剪刃快速更换装置	2014-05-24	实用新型
408	201420273584.5	一种剪刃锁紧装置	2014-05-24	实用新型
409	201420273596.8	一种提高冷剪对大规格棒材剪切能力的装置	2014-05-24	实用新型
410	201210408309.5	排土机整体升段方法	2012-10-23	发明
411	201420555748.3	一种焦炉煤气精制系统	2014-09-25	实用新型
412	201420559792.1	一种氮气加湿系统	2014-09-25	实用新型
413	201420551978.2	一种六辊单机架平整机	2014-09-24	实用新型
414	201420508548.2	一种拉轿机工作辊安装结构	2014-09-04	实用新型
415	201420525166.0	一种改善带钢拖地的装置	2014-09-11	实用新型
416	201420550153.9	一种溜槽装置	2014-09-24	实用新型
417	201420552545.9	一种卸灰装置	2014-09-24	实用新型
418	201420529677.X	一种多维倒角面结晶器窄面铜板	2014-09-15	实用新型
419	201420539482.3	一种拉矫机辊缝标定工具	2014-09-18	实用新型
420	201420391711.1	一种热轧平整机辊形配置结构	2014-07-15	实用新型
421	201310263995.6	一种退火炉泄露点封堵方法	2013-06-28	发明
422	201310149304.X	一种提高低碳钢盘条表面质量的粗轧方法	2013-04-26	发明
423	201310410052.1	一种研究制管变形对管线钢氢致开裂性能影响的方法	2013-09-10	发明
424	201310236561.7	原油油船货油舱内底板用耐蚀钢板的制造方法及钢板	2013-06-14	发明
425	201210407383.5	一种特厚钢板兼顾板形及探伤性能的双机架轧制方法	2012-10-23	发明
426	201420415083.6	一种海水脱硫系统	2014-07-25	实用新型
427	201210442739.9	转炉冶炼过程中防止干法除尘系统泄爆的控制方法	2012-11-08	发明

序号	专利申请号	专利中文名称	申请日	专利类型
428	201420593859.3	一种中间包稳流器	2014-10-14	实用新型
429	201310221544.6	提高440MPa级碳素结构钢加工硬化值的生产方法	2013-06-05	发明
430	201420491427.1	一种毛细水含量测量装置	2014-08-28	实用新型
431	201420593234.7	一种炼钢钢包用引流砂安息角测定仪	2014-10-14	实用新型
432	201420427415.2	新型烧结矿筛分和布料系统	2014-07-30	实用新型
433	201210544378.9	一种脱磷造渣剂及其生产方法	2012-12-14	发明
434	201420555782.0	一种边部吹扫系统	2014-09-25	实用新型
435	201420593655.X	一种烧结环冷工艺下的热矿预筛分设备	2014-10-14	实用新型
436	201310345104.1	一种转炉出钢口部位炉衬修补方法	2013-08-08	发明
437	201420519240.8	一种金属试样电化学充氢装置	2014-09-10	实用新型
438	201420521074.5	一种冷轧镀锌退火炉	2014-09-11	实用新型
439	201210410598.2	一种电工钢横向厚差控制系统及其方法	2012-10-24	发明
440	201420072135.4	液氩密封气管机构	2014-02-19	实用新型
441	201210161440.6	一种预先确定自备发电机组发电负荷的方法	2012-05-23	发明
442	201420211327.9	一种喷嘴及其构成的吹扫装置	2014-04-28	实用新型
443	201210211568.9	一种在连续退火生产线上清洗段碱液的使用方法	2012-06-20	发明
444	201420387890.1	一种在循环流化床脱硫系统使用的自动输灰装置	2014-07-14	实用新型
445	201210190434.3	一种高强度预应力钢棒用盘条的生产方法	2012-06-11	发明
446	201110332391.3	一种钎具用中空钢的轧制工艺	2011-10-28	发明
447	201220408034.0	一种炼钢方坯连铸火焰切割机	2012-08-10	实用新型
448	201320246293.2	内燃机车智能燃油回油检测控制器	2013-05-09	实用新型
449	201320341577.X	双齿挂渣斗	2013-06-16	实用新型
450	201320341578.4	结晶器三角导向装置	2013-06-16	实用新型
451	201320674500.4	用于调整高炉鼓风机隔板同心度的假轴	2013-10-30	实用新型
452	201320751392.6	鼓风机双电源自动切换装置	2013-11-26	实用新型
453	201320758831.6	翻车机系统防止车皮掉道自动监控装置	2013-11-27	实用新型
454	201320826808.6	高速线材预精轧更换压下装置专用吊装器	2013-12-16	实用新型
455	201320829148.7	用于高速线材生产的叶丝直管	2013-12-17	实用新型
456	201320854118.1	低温液体液位测量的稳定装置	2013-12-23	实用新型
457	201320729881.1	一种带陶瓷衬板的水冲渣沟	2013-11-11	实用新型
458	201320732337.2	一种保护短应力线轧机张力柱轴面的密封套	2013-11-11	实用新型
459	201420017742.0	一种抓斗钢丝绳的保护装置	2014-01-01	实用新型
460	201420173006.4	一种轧制高速线材、棒材设备的活套辊	2014-04-02	实用新型
461	201420173007.9	一种轧制高速线材、棒材设备的活套	2014-04-02	实用新型
462	201420173263.8	一种高速线材精轧机辊箱气密封装置	2014-04-02	实用新型
463	201420419830.3	干熄炉斜道区拱形支腿	2014-07-02	实用新型

2014 年末首钢集团各单位职工分类构成情况

单位	期末人数	女性	厂处级及以上	科级	班组长	专业技术管理	生产操作人员	行政管理人员	工程技术人员	服务人员	不在岗职工	在岗职工
首钢集团	119340	27810	1994	5019	8263	30598	74075	14381	16217	7486	7181	112159
股份公司	11032	1482	153	463	905	2690	8178	1520	1170	31	133	10899
京唐公司	8651	661	253	238	726	2263	6388	739	1524			8651
首秦、秦板、秦机	3539	464	46	197	369	1044	2392	309	735	49	54	3485
矿业公司	11930	2702	87	424	555	2066	8159	975	1091	1528	177	11753
水钢公司	17795	5678	158	721	876	3301	10718	2215	1086	1550	2226	15569
长钢公司	14834	4532	155	458	1018	2386	10076	1470	916	1036	1336	13498
贵钢公司	4604	1132	10		405	808	2448	501	307	238	1110	3494
通钢公司	18950	3703	233	496	2006	2830	15111	1135	1695	450	559	18391
伊钢公司	1767	334	35	38	163	163	1489	87	76	115		1767
凯西公司	616	136	5	29	79	117	460	87	30	39		616
首黔公司	43	3	7	12		37		30	7	6		43
首矿大昌	564	137	8			142	413	90	52	9		564
总公司直属单位	8677	1913	334	546	496	3105	3749	1515	1590	1193	630	8047
特钢公司	789	106	39	25	23	275	200	271	4	47	267	522
园区综合服务公司	1088	190	7	29	94	167	706	93	74	165	50	1038
中首公司	374	104	75	50	1	353		353		11	10	364

续表

单 位	期末人数	女性	厂处级及以上	科级	班组长	专业技术管理	生产操作人员	行政管理人员	工程技术人员	服务人员	不在岗职工	在岗职工
房地产公司	179	62	35	9		139		61	78		40	139
首钢医院	1895	1442	5	95	33	1739		118	1621	147	9	1886
地勘院	228	44	3	20	8	168	36	55	113	8	16	212
环境公司	294	46	13	28	13	132	144	50	82	10	8	286
京西重工	272	68	6	13		139	133	63	76			272
首控公司	40	15	5	32		37	3	37				40
金属公司	17	4	4			13		13			4	13
矿投公司	121	5	6	27		20		20			101	20
医疗投资公司	14	9	2			12		12		2		14
源景文化公司	34	15		8		34		34				34
微电子公司	436	175	3	15		145	291	50	95			436
氧气厂	344	81	5	21	31	101	237	67	34	3	3	341
机电公司	1343	275	36	153	100	490	641	300	190	90	122	1221
首自信公司	1285	414	37	83	86	751	458	283	468		76	1209
首建公司	4349	830	85	598	170	2755	1373	790	1965	68	153	4196
实业公司	1515	599	67	138	67	812	4	674	138	634	65	1450
国际工程公司	1029	299	62			1015	0	64	951	12	2	1027
鲁家山矿	175	27	6	22	9	80	75	62	18	15	5	170
耐材炉料公司	380	58	5	25	30	132	193	101	31	30	25	355
新钢联公司	137	65	4	6		137		137				137

2014年末首钢集团离退休人员和费用构成情况

单位	离退休人数(人)				离退休人员费用(元)		离休费(元)	企业负担(元)	退休费(元)	企业负担(元)
	合计	女性	离休	退休	总计	年人均				
首钢集团	89261	37620	546	88715	3500979958	39384	43019175	5633588	3457960783	194680552
股份公司	38	8		38	3482596	49751			3482596	99130
首秦 素板 素机	1028	563	6	1022	33963303	33727	504438	53586	33458865	957023
矿业公司	11098	3780	21	11077	472921078	42934	1982527	30235	470938551	31768687
水钢公司	14358	6497	55	14303	405717833	28636	4023724	1898930	401694109	44320138
长钢公司	9511	3686	70	9441	313798951	33709	6612102	2749105	307186849	9928309
贵钢公司	5484	2253	39	5445	135305340	25052	3736527	67692	131568813	1069596
总公司直属单位	14357	4903	272	14085	616879769	43623	17712027	736520	599167742	32252152
特钢公司	8649	3329	58	8591	369804534	42350	5896938	66890	363907596	22174742
园区综合服务公司	818	534		818	51546009	63247			51546009	1850145
中首公司	186	62	2	184	8909648	48687	297660	5340	8611988	428911
房地产公司	11	2		11	721870	72187			721870	16078
首钢医院	1278	1036	19	1259	57284370	45000	1775188	22860	55509182	2906418
地勘院	496	113	4	492	21751634	43590	326196		21425438	1161817
环境公司	6	2		6	8633786	42531	151848	2430	8481938	435231
金属公司	2	2		2	111104	55552			111104	2114
氧气厂	131	63		131	5094308	39491			5094308	282708
机电公司	5576	3074		5576	344593752	61799			344593752	11931187
首自信公司	1255	704		1255	52967828	42716			52967828	2657798
首建公司	9444	3559		9444	386770183	40606			386770183	20901277
实业公司	3099	2354		3099	102893222	33570			102893222	5740163
国际工程公司	651	332		651	34614030	53252			34614030	1750176
鲁家山矿	310	119		310	16764614	42658			16764614	797524
耐材炉料公司	1475	647		1475	56450196	37962			56450196	1249228

2014 年末首钢集团职工年龄和政治面貌构成情况

首钢集团	合计	在岗职工	其中:				25岁及以下	26-30岁	31-35岁	36-40岁	41-45岁	46-50岁	51-55岁	56岁及以上
			女性	班组长	厂处级及以上	科级								
合计	119340	112159	27755	6729	1955	4887	7697	16998	13683	17928	25104	21547	12362	4021
其中:														
中共党员	37448	35693	6346	3031	1836	4057	871	3884	4755	4432	8326	7942	5151	2087
中共预备党员	778	768	175	62	3	51	124	255	181	93	82	34	9	
共青团员	12569	12402	2717	367	1	71	4655	7174	707	29	3	1		
民革会员	10	10	3		3				1	1	3	1	5	
民盟盟员	16	15	8			2				4	2	4	5	1
民建会员	3	3			2						2	1		
民进会员	8	8	5							1	2	3	3	
农工党员	2	2			1			1					1	
致公党员	5	5	1			2						2	1	1
九三学社	18	17	9	1	3					3	4	6	4	1
台盟盟员														
无党派民主人士	14	13	1		3					2	1	3	7	1
群众	68469	63223	18490	3268	103	704	2047	5684	8039	13363	16680	13550	7176	1930

制度目录

2014年首钢总公司颁发制度性文件目录索引

编号	制度类别	制度文件名称	发文单位	发文字号	发文日期	拟稿单位	发放范围
1	财务管理	首钢总公司关于颁发《首钢总公司内部借款管理办法》的通知	首钢总公司	首发〔2014〕22号	2014年1月21日	计财部	有关单位
2	经营管理	首钢总公司关于印发《首钢总公司资产评估管理办法》的通知	首钢总公司	首发〔2014〕44号	2014年2月12日	计财部	各单位
3	人力资源	首钢总公司关于颁发《首钢总公司职工违规行为处理办法》的通知	首钢总公司	首发〔2014〕50号	2014年2月19日	劳动工资部	各单位
4	人力资源	首钢总公司关于颁发《首钢总公司单项奖管理办法》的通知	首钢总公司	首发〔2014〕94号	2014年3月27日	劳动工资部	各单位
5	安全管理	首钢总公司关于颁发《首钢总公司危险化学品安全管理办法》的通知	首钢总公司	首发〔2014〕85号	2014年3月19日	生产部（安全处）	各单位
6	生产技术	首钢总公司关于颁发《首钢总公司钢铁科技项目管理办法》的通知	首钢总公司	首发〔2014〕141号	2014年5月13日	技术质量部	有关单位
7	生产技术	首钢总公司关于颁发《首钢总公司科技创新与技术进步委员会工作管理办法》的通知	首钢总公司	首发〔2014〕142号	2014年5月13日	技术质量部	有关单位
8	生产技术	首钢总公司关于颁发《首钢总公司科技成果管理办法》的通知	首钢总公司	首发〔2014〕143号	2014年5月13日	技术质量部	有关单位
9	设备管理	首钢总公司关于印发《首钢总公司固定资产实物管理办法》的通知	首钢总公司	首发〔2014〕162号	2014年5月28日	设备部	各单位
10	人力资源	首钢总公司关于印发《首钢总公司特聘研究员管理办法（试行）》的通知	首钢总公司	首发〔2014〕178号	2014年6月30日	组织人事部	各单位
11	行政管理	首钢总公司关于颁发《首钢总公司会议管理办法（试行）》的通知	首钢总公司	首发〔2014〕181号	2014年6月27日	办公厅	各单位
12	行政管理	首钢总公司关于颁发《首钢总公司公务接待管理办法（试行）》的通知	首钢总公司	首发〔2014〕182号	2014年6月27日	办公厅	各单位

编号	制度类别	制度文件名称	发文单位	发文字号	发文日期	拟稿单位	发放范围
13	行政管理	首钢总公司关于颁发《首钢总公司业务接待管理办法(试行)》的通知	首钢总公司	首发〔2014〕183号	2014年6月27日	办公厅	各单位
14	人力资源	首钢总公司关于印发《首钢总公司领导干部退出现职领导岗位和退休返聘薪酬待遇实施办法(试行)》的通知	首钢总公司	首发〔2014〕186号	2014年6月30日	劳动工资部	各单位
15	财务管理	首钢总公司关于颁发《首钢总公司业务活动费用管理办法(试行)》的通知	首钢总公司	首发〔2014〕191号	2014年6月30日	计财部	各单位
16	监督检查	中共首钢总公司委员会首钢总公司关于认真执行有关工作制度严格遵守各项纪律的通知	中共首钢总公司委员会首钢总公司	首党发〔2014〕114号	2014年6月12日	办公厅	各单位
17	监督检查	首钢总公司董事会关于颁发《首钢总公司内部监事会管理制度(试行)》的通知	首钢总公司	首董发〔2014〕19号	2014年6月30日	监事会工作办公室	各单位
18	监督检查	首钢总公司董事会关于颁发《首钢总公司钢铁企业监督管理办法(试行)》的通知	首钢总公司	首董发〔2014〕20号	2014年6月30日	监事会工作办公室	各单位
19	监督检查	首钢总公司董事会关于颁发《首钢总公司专职监事管理办法(试行)》的通知	首钢总公司	首董发〔2014〕21号	2014年6月30日	监事会工作办公室	各单位
20	监督检查	首钢总公司董事会关于颁发《首钢总公司监事工作专员管理办法(试行)》的通知	首钢总公司	首董发〔2014〕22号	2014年6月30日	监事会工作办公室	各单位
21	监督检查	首钢总公司董事会关于颁发《首钢总公司监管企业日常监督实施细则(试行)》的通知	首钢总公司	首董发〔2014〕23号	2014年6月30日	监事会工作办公室	各单位
22	监督检查	首钢总公司董事会关于颁发《首钢总公司内部监事会行使职权的规定(试行)》的通知	首钢总公司	首董发〔2014〕24号	2014年6月30日	监事会工作办公室	各单位
23	监督检查	首钢总公司董事会关于颁发《首钢总公司派出董事管理办法(试行)》的通知	首钢总公司	首董发〔2014〕26号	2014年6月30日	办公厅董事工作管理办公室	各单位
24	设备管理	首钢总公司关于颁发《首钢总公司特种设备管理办法》的通知	首钢总公司	首发〔2014〕195号	2014年7月2日	设备部	有关单位
25	人力资源	首钢总公司关于颁发《首钢总公司劳动纪律管理办法》的通知	首钢总公司	首发〔2014〕204号	2014年7月9日	劳动工资部	各单位

续表

编号	制度类别	制度文件名称	发文单位	发文字号	发文日期	拟稿单位	发放范围
26	行政管理	首钢总公司关于颁发《首钢总公司因公出国（境）管理办法》的通知	首钢总公司	首发〔2014〕208号	2014年7月11日	海外事业管理部	各单位
27	监督检查	首钢总公司关于颁发《首钢总公司规章制度管理制度补充规定》的通知	首钢总公司	首发〔2014〕210号	2014年7月15日	管理创新部	各单位
28	经营管理	首钢总公司关于颁发《首钢总公司闲置实物资产处置管理办法》的通知	首钢总公司	首发〔2014〕215号	2014年7月24日	资本运营部	各单位
29	安全管理	首钢总公司关于颁发《首钢总公司危险作业安全管理办法》的通知	首钢总公司	首发〔2014〕229号	2014年8月4日	生产部（安全处）	有关单位
30	生产技术	首钢总公司关于颁发《首钢总公司理化检验管理办法》的通知	首钢总公司	首发〔2014〕230号	2014年8月1日	技术质量部	有关单位
31	生产技术	首钢总公司关于颁发《首钢总公司科技保密管理办法》的通知	首钢总公司	首发〔2014〕231号	2014年8月1日	技术质量部	有关单位
32	生产技术	首钢总公司关于颁发《首钢总公司专利管理办法》的通知	首钢总公司	首发〔2014〕232号	2014年8月1日	技术质量部	有关单位
33	人力资源	首钢总公司关于颁发《首钢总公司异地工作补贴管理办法（境内）》的通知	首钢总公司	首发〔2014〕241号	2014年8月20日	劳动工资部	有关单位
34	设备管理	首钢总公司关于颁发《首钢总公司工业建筑管理办法》的通知	首钢总公司	首发〔2014〕243号	2014年8月20	设备部	各单位
35	设备管理	首钢总公司关于颁发《首钢钢铁业电气设备管理办法》的通知	首钢总公司	首发〔2014〕244号	2014年8月20	设备部	有关单位
36	人力资源	首钢总公司关于颁发《首钢总公司年功工资实施办法》的通知	首钢总公司	首发〔2014〕267号	2014年9月16日	劳动工资部	有关单位
37	人力资源	首钢总公司关于颁发《四地钢铁业艰苦岗位津贴实施办法》的通知	首钢总公司	首发〔2014〕277号	2014年9月23日	劳动工资部	有关单位
38	人力资源	首钢总公司关于颁发《首钢总公司四地钢铁业外委外包业务管理制度（试行）》的通知	首钢总公司	首发〔2014〕285号	2014年10月8日	劳动工资部	有关单位
39	经营管理	首钢总公司关于颁发《首钢总公司对外战略合作协议管理办法（试行）》的通知	首钢总公司	首发〔2014〕289号	2014年10月9日	规划发展部	各单位
40	生产技术	首钢总公司关于颁发《首钢总公司技术操作和设备事故管理办法》的通知	首钢总公司	首发〔2014〕290号	2014年10月13日	技术质量部	有关单位

编号	制度类别	制度文件名称	发文单位	发文字号	发文日期	拟稿单位	发放范围
41	生产技术	首钢总公司关于颁发《首钢总公司钢铁新产品开发管理办法》的通知	首钢总公司	首发〔2014〕291号	2014年10月13日	技术质量部	有关单位
42	设备管理	首钢总公司关于颁发《首钢总公司设备点检定修管理制度》的通知	首钢总公司	首发〔2014〕303号	2014年10月20日	设备部	有关单位
43	人力资源	首钢总公司关于颁发《首钢总公司四地钢铁业岗位工资套改实施办法》的通知	首钢总公司	首发〔2014〕319号	2014年11月4日	劳动工资部	有关单位
44	经营管理	首钢总公司关于颁发《首钢总公司投资项目后评价管理办法》的通知	首钢总公司	首发〔2014〕321号	2014年11月5日	计财部	各单位
45	经营管理	首钢总公司关于颁发《首钢总公司担保管理办法》的通知	首钢总公司	首发〔2014〕325号	2014年11月6日	计财部	各单位
46	经营管理	首钢总公司关于颁发《首钢总公司国有资本经营预算管理办法》的通知	首钢总公司	首发〔2014〕330号	2014年11月21日	计财部	各单位

2014 年首钢总公司废止制度性文件目录索引

编号	制度类别	废止制度性文件名称	发文单位	发文字号	发文日期	拟稿单位	发放范围
1	财务管理	首钢总公司关于颁发《首钢总公司内部借款管理办法（试行）》的通知	首钢总公司	首发〔2006〕429 号	2006 年 10 月 27 日	计财部	有关单位
2	人力资源	首钢总公司关于颁发《首钢总公司职工过失行为处理暂行办法》的通知	首钢总公司	首发〔2010〕20 号	2010 年 2 月 2 日	劳动工资部	各单位
3	人力资源	首钢总公司关于颁发《规范经营管理者单项奖管理的暂行规定》的通知	首钢总公司	首发〔2006〕270 号	2006 年 7 月 10 日	劳动工资部	各单位
4	人力资源	首钢总公司关于颁发《首钢总公司单项奖励考核分配管理通则（试行）》的通知	首钢总公司	首发〔2006〕406 号	2006 年 10 月 9 日	劳动工资部	各单位
5	安全管理	首钢总公司关于颁发《首钢总公司危险化学品安全管理规定》的通知	首钢总公司	首发〔2004〕489 号	2004 年 12 月 3 日	生产部（安全处）	各单位
6	生产技术	首钢总公司关于颁发《首钢科技项目管理办法（试行）》的通知	首钢总公司	首发〔2007〕410 号	2007 年 10 月 10 日	技术质量部	有关单位
7	生产技术	首钢总公司关于颁发《首钢总公司"短、平、快"项目管理办法》的通知	首钢总公司	首发〔2006〕514 号	2006 年 12 月 29 日	设备部	有关单位
8	生产技术	首钢总公司关于颁发《首钢科技创新与技术进步委员会工作管理办法（试行）》的通知	首钢总公司	首发〔2003〕301 号	2003 年 8 月 21 日	技术质量部	有关单位
9	生产技术	首钢总公司关于颁发《首钢科学技术成果管理办法（试行）》的通知	首钢总公司	首发〔2007〕284 号	2007 年 7 月 24 日	技术质量部	有关单位
10	设备管理	关于印发《首钢总公司固定资产实物管理办法》的通知	首钢总公司	首发〔2007〕100 号	2007 年 3 月 2 日	设备部	各单位
11	行政管理	首钢总公司关于颁发《涉外活动中收受礼品暂行管理办法（试行）》的通知	首钢总公司	首发〔1992〕476 号	1992 年 6 月 1 日	办公厅	各单位

编号	制度类别	废止制度性文件名称	发文单位	发文字号	发文日期	拟稿单位	发放范围
12	行政管理	首钢总公司关于颁发《首钢工作人员在国内交往中收受礼品实行登记制度的规定》的通知	首钢总公司	首发〔1995〕306号	1995年8月11日	办公厅	各单位
13	财务管理	首钢总公司关于颁发《首钢总公司业务招待费开支标准、列支渠道暂行管理办法》的通知	首钢总公司	首发〔2011〕384号	2011年12月19日	财务部	各单位
14	财务管理	关于印发《首钢总公司因公出国人员费用标准的规定(试行)》的通知	首钢总公司	首发〔1992〕794号	1992年9月4日	财务部	
15	财务管理	首钢总公司关于补充、修改《因公出国人员费用标准的规定(试行)》的通知	首钢总公司	首发〔1992〕1054号	1992年12月24日	财务部	
16	财务管理	关于补充、修改《因公出国人员费用标准的规定(试行)》的通知	首钢总公司	首发〔1996〕142号	1996年4月21日	财务部	
17	监督检查	关于印发《首钢集团内部监事会管理办法》的通知》	首钢总公司	首发〔2000〕346号	2000年10月17日	监事会办公室	各单位
18	监督检查	关于印发《首钢总公司派驻子公司监事会工作细则(试行)》的通知	首钢总公司董事会	首董发〔2001〕28号	2001年11月21日	监事会办公室	各单位
19	监督检查	关于印发《关于辅业改制企业中首钢总公司派出监事管理办法（试行）》的通知	首钢总公司董事会	首董发〔2008〕14号	2008年6月17日	监事会办公室	各单位
20	监督检查	关于颁发《首钢钢铁企业监督管理办法(试行)》的通知	首钢总公司董事会	首董发〔2013〕7号	2013年5月6日	监事会办公室	各单位
21	监督检查	关于印发《首钢总公司派驻监事会行使职权暂行规定》的通知	首钢总公司董事会	首董发〔2009〕13号	2009年8月7日	监事会办公室	各单位
22	设备管理	关于颁发《首钢总公司特种设备管理办法>的通知	首钢总公司	首发〔2007〕234号	2007年6月8日	设备部	有关单位
23	设备管理	关于下发《首钢总公司空分装置冷箱设备中压力容器定期检验的管理规定》的通知	首钢总公司	首发〔2004〕111号	2004年4月12日	设备部	有关单位
24	人力资源	首钢总公司关于印发《首钢总公司劳动纪律专业管理办法》的通知	首钢总公司	首发〔2012〕10号	2012年1月11日	劳动工资部	各单位

编号	制度类别	废止制度性文件名称	发文单位	发文字号	发文日期	拟稿单位	发放范围
25	行政管理	关于下发《首钢因公出国（境）工作的管理规定（试行）》的通知	首钢总公司	首发〔1996〕246 号	1996 年 7 月 22 日	海外事业管理部	各单位
26	行政管理	首钢总公司关于颁发《因公出国（境）工作管理规定》补充办法的通知	首钢总公司	首发〔2008〕283 号	2008 年 8 月 5 日	海外事业管理部	各单位
27	行政管理	首钢总公司关于下发《申办 APEC 商务旅行卡暂行管理办法》的通知	首钢总公司	首发〔2009〕328 号	2009 年 12 月 29 日	海外事业管理部	各单位
28	行政管理	首钢总公司关于实施因公出国（境）工作的管理规定补充办法的通知	首钢总公司	首发〔2013〕53 号	2013 年 3 月 7 日	海外事业管理部	各单位
29	经营管理	关于下发《首钢停用闲置实物资产处置管理办法》的通知	首钢总公司	首发〔2007〕11 号	2007 年 1 月 11 日	资本运营部	有关单位
30	安全管理	关于印发《首钢总公司危险作业安全管理办法（试行）》的通知	首钢总公司	首发〔2007〕338 号	2007 年 8 月 28 日	生产部（安全处）	有关单位
31	安全管理	首钢总公司关于颁发《首钢总公司有限空间作业安全管理办法（试行）》的通知	首钢总公司	首发〔2009〕178 号	2009 年 7 月 9 日	生产部（安全处）	有关单位
32	生产技术	首钢总公司关于下发《理化检验管理制度》的通知	首钢总公司	首发〔2005〕53 号	2005 年 2 月 2 日	技术质量部	有关单位
33	生产技术	首钢总公司关于颁发《首钢总公司科技保密管理办法》的通知	首钢总公司	首发〔2007〕497 号	2007 年 12 月 13 日	技术质量部	有关单位
34	生产技术	首钢总公司关于颁发《首钢专利管理办法（试行）》的通知	首钢总公司	首发〔2007〕496 号	2007 年 12 月 13 日	技术质量部	有关单位
35	人力资源	关于颁发《首钢钢铁主业支援新项目激励机制实施办法》的通知	首钢总公司	首发〔2008〕165 号	2008 年 5 月 5 日	劳动工资部	有关单位
36	设备管理	关于印发《首钢总公司工业建筑管理办法》的通知	首钢总公司	首发〔2007〕97 号	2007 年 3 月 6	设备部	有关单位
37	设备管理	关于印发《首钢总公司供电设备管理办法》的通知	首钢总公司	首发〔2007〕95 号	2007 年 3 月 6 日	设备部	有关单位
38	人力资源	关于颁发《首钢总公司关于实行年功工资的有关规定》的通知	首钢总公司	首发〔1995〕349 号	1995 年 9 月 20 日	劳动工资部	各单位

编号	制度类别	废止制度性文件名称	发文单位	发文字号	发文日期	拟稿单位	发放范围
39	安全管理	关于下发《首钢总公司保健食品管理办法》的通知	首钢总公司	首发〔2000〕390号	2000年11月14日	生产部(安全处)	各单位
40	人力资源	首钢总公司关于颁发《首钢总公司四地钢铁业外委外包业务管理制度(试行)》的通知	首钢总公司	首发〔2013〕119号	2013年5月30日	劳动工资部	有关单位
41	生产技术	首钢总公司关于颁发《首钢总公司钢铁生产技术操作事故管理办法》的通知	首钢总公司	首发〔2011〕348号	2011年11月15日	技术质量部	有关单位
42	生产技术	首钢总公司关于颁发《钢铁新产品开发管理办法》的通知	首钢总公司	首发〔2003〕36号	2003年1月15日	技术质量部	有关单位
43	生产技术	关于颁发《首钢总公司试制新产品价格管理办法(试行)》的通知	首钢总公司	首发〔2007〕215号	2007年5月22日	技术质量部	有关单位
44	设备管理	关于颁发《首钢总公司完善设备点检定修体系管理制度》的通知	首钢总公司	首发〔2011〕256号	2011年9月9日	设备部	有关单位
45	经营管理	首钢总公司关于颁发《首钢总公司投资项目后评价管理办法(试行)》的通知	首钢总公司	首发〔2013〕139号	2013年6月9日	计财部	各单位
46	经营管理	首钢总公司关于颁发《首钢总公司银行借款担保管理办法》的通知	首钢总公司	首发〔2005〕224号	2005年5月31日	计财部	各单位
47	经营管理	首钢总公司关于颁发《首钢总公司辅业改制企业银行借款担保管理办法(试行)》的通知	首钢总公司	首发〔2008〕197号	2008年6月2日	计财部	有关单位
48	经营管理	首钢总公司《关于颁发首钢总公司国有资本经营预算管理办法(试行)》的通知	首钢总公司	首发〔2013〕103号	2013年5月14日	计财部	各单位

《首钢年鉴 2015》编辑人员

《首钢年鉴 2015》组稿编辑人员

序号	组稿人	单位名称	联系电话
1	李　娟	规划发展部	(010)88295194
2	刘晓飞	高端产业开发部	(010)88293159
2	高永生	计财部	(010)68875101
3	许　辉	资本运营部	(010)88292374
4	宁伟明	审计部	(010)88292662
5	王素玲	监事会工作办公室	(010)88291193
6	左国良	信息部	(010)88296294
7	于志刚	生产部	(0315)7708136
8	何亚平	设备部	(010)88293025
9	宛　贞	能源环保产业事业部	(010)88293871
10	王大帅	能源环保部	(010)88291345
11	梁淀平	建设工程管理部	(010)88292749
12	魏松民	总工程师室	(010)88293570
13	谭子筠	技术研究院	(010)88296012
14	颉天经	物资供应公司	(010)88291322
15	董建成	营销管理部	(010)88294349
16	葛梅伟	发展研究院	(010)62273246
17	魏云胜	劳动工资部	(010)88291170
18	于福荣	管理创新部	(010)88293759
19	秦　巍	保卫武装部	(010)88291545
20	王惠明	办公厅	(010)88295449
21	韩　蕾	法律事务部	(010)88293045
22	闫　琳	组织人事部	(010)88292773
23	郑　昕	党委宣传部	(010)88293095
24	袁德祥	首钢日报社美影室	(010)88293089
25	郭小兵	纪(监)委	(010)88293754
26	金光先	首钢工会	(010)88293070
27	高鹏飞	首钢团委	(010)88294476
28	邰克农	机关党委	(010)88293023
29	师　兵	首钢党校	(010)68873302
30	杨国光	北京首钢股份有限公司	(010)68874359
31	张兆伟	北京首钢股份有限公司第一线材厂	(010)69731520
32	刘　更	北京首钢冷轧薄板有限公司	(010)81477803
33	郝占起	北京首钢特殊钢有限公司	(010)88915870

序号	组稿人	单位名称	联系电话
34	杨国光	河北省首钢迁安钢铁有限责任公司	(0315)7703039
35	张泰成	迁安中化煤化工有限责任公司	(0315)5357455
36	孙娟娟	秦皇岛首秦金属材料有限公司	(0335)7127624
37	乔士坤	首钢京唐钢铁联合有限责任公司	(0315)8872816
38	姜联宇	首钢长治钢铁有限公司	(0335)5084971
39	张志喜	首钢水城钢铁(集团)有限责任公司	(0858)8922868
40	万建华	首钢贵阳特殊钢有限责任公司	(0851)5595740
41	冯世勇	首钢通化钢铁集团股份有限公司	(0431)88623566
42	孙 欣	首钢伊犁钢铁有限公司	(0999)5293018
43	黄紫云	北京凯西钢铁有限公司	(0591)6852272
44	房胜军	首钢矿业公司	(0315)7710398
45	宋 帅	首钢矿业投资公司	(010)88903078
46	朱晓未	首钢控股有限责任公司	(010)88698701
47	柳 岩	北京首钢鲁家山石灰石矿有限公司	(010)61881058
48	李 琴	北京首钢自动化信息技术有限公司	(010)88293417
49	陶晓海	北京首钢机电有限公司	(010)88291309
50	李 梦	北京京西重工有限公司	(010)58810323
51	乔洪民	北京首钢金属有限责任公司	(010)88297701
52	齐 岳	北京首钢国际工程技术有限公司	(010)88292244
53	李海峰	北京首钢地质勘查院	(010)68820857
54	刘晓东	北京首钢建设集团有限公司	(010)88294086
55	杨淋淇	北京首钢房地产开发有限公司	(010)88929497
56	陈 傲	北京首钢建设投资有限公司(园区开发部)	(010)88291928
57	孙文学	园区管理部	(010)88293765
58	周海涛	园区服务公司	(010)88292185
59	余向民	首钢源景文化发展有限公司	(010)88293797
60	毛 波	首钢总公司生活管理办公室	(010)88293032
61	郑 金	北京首钢实业有限公司	(010)88921007
62	吴妍彦	北京大学首钢医院	(010)57830827
63	徐 励	首钢总公司培训中心	(010)59805995
64	韩广军	北京首钢氧气厂	(010)52857877
65	马锦凯	北京首钢耐材炉料有限公司	(010)88292565
66	闫 军	首钢总公司运输部	(010)88296855
67	刘祥鹏	北京首钢吉泰安新材料有限公司	(010)80713667
68	邵林增	北京北冶功能材料有限公司	(010)62949558
69	董月强	中国首钢国际贸易工程公司	82291111-2260
70	郑 凡	首钢(香港)控股有限公司	82291111-2256
71	陈百基	首钢秘鲁铁矿股份有限公司	82291111-2260
72	车宏卿、李淑萍、刘冰清	发展研究院史志年鉴办公室	(010)62273234

索　引

说明：

1. 本索引采用主题词索引法编辑,取主题词(专用词、人名)首字的汉语拼音字母,按从 A 到 Z 的英文字母顺序排列。

2. 主题词后面的数字表示内容所在的页码。

3. 以阿拉伯数字或特别符号开头的主题词排在索引的末尾。

A

安全保卫　79,163,220,308,313,314,326,328,376,401
案件查处　110,180

B

棒材卷取自动控制研究　336
保密　128,166,189,374,446,450
保卫武装部　25,161,163—165,201,323,395,397,398,400,454
北京大学首钢医院　111,363—365,394,395,397,398,455
北京老厂区利旧拆迁　142
北京名片　32

C

采购策略　134,152,283
差异化发展　236,294
拆迁　14,18,45,46,118,141,163,203,323,325,337,355
创先争优　101,125,148,155,172,173,188,206,217,222,229,242,266,269,284,352,356,371,374
村镇银行项目　318

D

单机架二级系统研发　336
党风廉政建设　46—49,153,155,179—181,189,201,206,217—219,229,232,274,301,311,339,350,356
党群工作　111,151,156,188,198,201,203,209,211,217,222,236,238,244,254,262,264,269,272—275,278,279,288,293,295,301,309,320,326,328,339,348,350,353,354,356,359,366,370—372,376,380

党委组织部(组织人事部、党委统战部)　172
档案管理　166,168,276,279
地勘院　112,350—352,401,403
点检管理　209
董事管理　22,26,125,161,166,167,445
对外宣传报道　176

F

发展循环经济　7,8,69,222,258,294
发展研究院　107,109—111,126,155,156,160,249,395,400,404,454,455
法律事务部　168,169,380,454
服务体系　17,44,93,95,131,153—155,162,202,226,362

G

改制企业　21,42,63,65,66,68,84,85,108,111,118,123—127,172,183,381,449,451
概述　296
高志平　75,222,230
工序管理　203,266,299
工业旅游　17,45,276,329,330,362
管理创新部　107,109,158,160—163,252,446,454
规划发展　118,246,249,359
规划发展部　107,109,118,204,252,282,323,359,446,454
贵阳特钢自动化工程　338
郭洪　82,174,175,232,389
国防后备力量　164,165
国家863计划项目　336
国家电子基金招标项目　336
国家级建设项目　367

国家重点新产品　150

H

海外事业管理部　40,161,169
华兵矿业项目　318

J

机构整合　43,209,271,273
机关党委　148,188,189,231,252,302,396,454
集团管控架构　157
技术创新　7,43,69,72—74,91,92,96,100,140,147—151,
　160,176,182,183,199,210,244,253,254,256,273,320,335,
　352,373,375
加热炉改造　212,349,380
监事会工作办公室　49,127—129,180,194,239,454
建设工程管理部　141,454
建筑垃圾　17,28,45,92,96,139,140,146,315,327
降低成本　27,28,38,42,62,68,77,108,119,134,145,214,
　264,277,370
进口贴息　170
京唐自动化工程　337
境外信息　170

K

客户满意度　154,162,163,349
矿业球烧整合　203

L

劳动工资部　87,109,127,129,157—160,180,182,187,340,
　444—451,454
老工业区改造调整和建设　16,18,19,325
老年福敬老院　362,363,397
冷轧薄板厂搬迁　337
六西格玛　43,68,81,95,159,162,199,201,207,217—219,
　221,227,230,232
绿色矿山　300,319

M

马城铁矿　62,68,118,144,300,303
民主评价制度　248,249,251

N

能源管理　44,107,108,132,140,141,202,227,241,264,293,
366,396
能源环保部　107,109,140,141,149,198,454
年度冠军炉　204,205

P

皮带管理　299
品牌产品和推进产品　149
平整机过程自动化研究　336

Q

QPC 系统　207
企业管理现代化　101,109,139,156,160,162,230,233,257,
　264,367
汽车园区管理　236,237
迁钢 SGRS 工艺模型开发　335
迁钢质量过程控制(QPC)项目　337
迁钢自动化工程　337
迁顺合同评审项目　336
迁顺在线　93,131
取向硅钢生产　93,207

R

热连轧自动化系统升级　336
柔性加工及无人机项目　318
软件著作权　139,286,311,334,335

S

社会责任　6,107,109,140,166,177,197,202,278,283,300,
　326,360
审计部　126,127,158,180,182,194,195,252,326,359,396,
　454
生产部　80,93,108,133—136,153,157,161,195,198,201,
　243,275,295,334,342,394,395,397,401,444,446,448,450,
　451,454
生活管理办公室　161,358,455
生物质项目　120,139
十讲十重十做到　252,255—259,262,263,269,271,273,277,
　278
市场化　17,66,85,151,331
首钢 EDI 系统项目　337
首钢博物馆　17,44,111,174,178
首钢采购电子商务平台　336
首钢长钢信息化规划项目　337

首钢党委宣传部(企业文化部) 174,176
首钢地产 354—356
首钢地质勘查院 350,351,455
首钢雕塑艺术馆 176,329
首钢工会 182—185,454
首钢国旅 359,362,363
首钢机电 104,342—344,455
首钢鲁矿 319,320
首钢耐材 112,152,169,245,370,371,455
首钢日报 APP 178
首钢实业 106,107,111,126,359—363,455
首钢通钢项目 317
首钢团委 185—189,454
首钢伊钢 293—295,317
首钢伊犁项目 317
首钢饮食 359,361
首钢职工创新工作室 402
首钢总公司党委巡视工作领导小组办公室 181
首钢总公司党校 189
首钢总公司纪委(监察部) 194
首钢总公司培训中心 366,455
首秦嘉华 241,245,246
首秦龙汇 241,245
首融汇 361
首旺煤业项目 318
首欣物业 335,359,360
数字矿山 300,305

T

TPM 管理 199,205,209,211,213,217,219—221,241,268
台塑 LIMS、ARMS 项目 337
泰康医院 239
碳排放 45,141,377
铁前一体化 39,108,157,300,307

W

外埠企业 30,38,40,41,46,68,82,83,162,168,367
文化创意 9,17,45,93,96,111,177,236,328—330,367
物流体系 154

X

西沟煤矿项目 318
闲置资产 125,237,323
香港首控 40,42,45,385

新产业开发管理部 40,108,322,323
新钢 7,10,121,123,129,176,199,212,401,404
新稀有氖氦精制工程 376
薪酬分配制度 22,30,43,64,68,84,157,160,203,227,310
信息部 25,93,107,109,130—133,293,340,359,397,454
信息维护 338
徐凝 7,20,175,176,185,193,225,232,388—391
巡视制度体系 181,182

Y

宜昌铁矿项目 318
营销体系 93,154
影视拍摄 329,330
油品国产化 205
幼教中心 224,359,361,401
园林绿化 146,243,326,327

Z

招商 11—13,15,18,39,44,45,65,69,234,236,237,325,326,
328,329,346
职工权益 30,127,182,183,238,375
指导书和手顺书 220
质量体系建设 218,346
智慧城市顶层设计 133,146,335,336
中关村科技创新中心 69,175
钟香崇 100,102,388
重庆旗能电铝 MES 项目 337
周末大讲堂 2,20,22,24,29,52—54,61,88,128,182,189,
190,224,255,309,338
转型分流 324
资本运营部 108,123—127,180,323,340,354,371,395,397,
398,400,403,404,446,450,454
资产置换 43,66,120,123,157,195—197,202,203
资产重组 2,123,195,197,202,385,388,389
资金管理 43,119,120,122,132,283,316,359,367
总工程师室 143—145,147,298,454
租赁 66,118,120,123,168,170,237,274,279,313,322,326—
328,377,385
组织架构 39,149,322,325,326,356,359,383

1580 平整机组调试及产能攻关 209
2014 年度首钢先进党组织 394
2014 年度首钢先进共产党员 398
2014 年度首钢先进职工 402

2014 年首钢集团主要工业产品产量完成情况　406

2014 年首钢集团主要综合效益指标完成情况　407

2014 年首钢主要技术经济指标完成情况　408

2014 年首钢专利授权项目　426

2014 年首钢总公司大事记　388

2160 维护区域管理　209

责任编辑:宋军花
装帧设计:徐　晖
内文设计:鲍春琴
责任校对:吕　飞

图书在版编目(CIP)数据

首钢年鉴·2015/首钢总公司史志年鉴编委会 编. -北京:人民出版社,2016.2
ISBN 978-7-01-015656-9

Ⅰ.①首… Ⅱ.①首… Ⅲ.①首都钢铁公司-2015-年鉴 Ⅳ.①F426.31-54

中国版本图书馆 CIP 数据核字(2015)第 314652 号

首钢年鉴·2015
SHOUGANG NIANJIAN 2015

首钢总公司史志年鉴编委会　编

人民出版社 出版发行
(100706　北京市东城区隆福寺街 99 号)

北京盛通印刷股份有限公司印刷　新华书店经销

2016 年 2 月第 1 版　2016 年 2 月北京第 1 次印刷
开本:889 毫米×1194 毫米 1/16　印张:30.25
字数:925 千字

ISBN 978-7-01-015656-9　定价:368.00 元

邮购地址 100706　北京市东城区隆福寺街 99 号
人民东方图书销售中心　电话 (010)65250042　65289539

ISBN 978-7-01-015656-9
9 787010 156569 >